westermann

Peter Limpke, Hans Jecht, Marcel Kunze, Rainer Tegeler, Markus Lichtner, Ahmet Gevci,
Tobias Fieber

Herausgeber: Peter Limpke

Außenhandel

Kaufmann/Kauffrau für Groß- und Außenhandelsmanagement – 3. Ausbildungsjahr

1. Auflage

Bestellnummer 12440

Die in diesem Produkt gemachten Angaben zu Unternehmen (Namen, Internet- und E-Mail-Adressen, Handelsregistereintragungen, Bankverbindungen, Steuer-, Telefon- und Faxnummern und alle weiteren Angaben) sind i. d. R. fiktiv, d. h., sie stehen in keinem Zusammenhang mit einem real existierenden Unternehmen in der dargestellten oder einer ähnlichen Form. Dies gilt auch für alle Kunden, Lieferanten und sonstigen Geschäftspartner der Unternehmen wie z. B. Kreditinstitute, Versicherungsunternehmen und andere Dienstleistungsunternehmen. Ausschließlich zum Zwecke der Authentizität werden die Namen real existierender Unternehmen und z. B. im Fall von Kreditinstituten auch deren IBANs und BICs verwendet.

Zusatzmaterialien zu Außenhandel – Kaufmann/Kauffrau für Groß- und Außenhandelsmanagement – 3. Ausbildungsjahr

Für Lehrerinnen und Lehrer

Lösungen: 978-3-427-12446-7
Lösungen Download: 978-3-427-12443-6

BiBox westermann
inkl. E-Book

BiBox Einzellizenz für Lehrer/-innen (Dauerlizenz): 978-3-427-12449-8
BiBox Kollegiumslizenz für Lehrer/-innen (Dauerlizenz): 978-3-427-12452-8
BiBox Kollegiumslizenz für Lehrer/-innen (1 Schuljahr): 978-3-427-83549-3

Für Schülerinnen und Schüler

BiBox westermann
inkl. E-Book

BiBox Einzellizenz für Schüler/-innen (1 Schuljahr): 978-3-427-12458-0

westermann GRUPPE

Druck und Bindung: Westermann Druck GmbH, Georg-Westermann-Allee 66, 38104 Braunschweig

ISBN 978-978-3-427-12440-5

Vorwort

Die Auszubildenden im neuen Ausbildungsberuf **Kaufmann/-frau für Groß- und Außenhandelsmanagement mit der Fachrichtung Außenhandel** stehen in ihrem Ausbildungsberuf vor **neuen Anforderungen und Herausforderungen**:

- Sie müssen in ihrem Berufsleben in den Geschäftsprozessen des Außenhandels die fortschreitende Digitalisierung sowie die wachsende Bedeutung des E-Commerce berücksichtigen.
- Ihnen muss bewusst sein, dass in ihrem Arbeitsalltag das Lösen von Problemen immer wichtiger wird.
- Sie müssen in der Lage sein, prozessorientierte Arbeitsabläufe durchzuführen bzw. zu steuern. Beherrscht werden muss daher ebenfalls ein professionelles Projektmanagement.
- Sie müssen die Chancen des internationalen Handels wahrnehmen, aber gleichzeitig dessen besondere Risiken erkennen und möglichst vermeiden.
- Für ein erfolgreiches Handeln müssen sie zwar nach wie vor über umfassende Fach- und Methodenkompetenzen verfügen, zusätzlich gewinnt in diesem Zusammenhang jedoch immer mehr das Beherrschen von Soft Skills (wie Teamarbeit, Präsentationsfähigkeit, Kommunikationsfähigkeit, Konfliktmanagement usw.) an Bedeutung.

Das vorliegende Schulbuch „Außenhandel" möchte vor diesem Hintergrund die Handlungskompetenz der Lernenden explizit und nachhaltig fördern.

Unter „Handlungskompetenz" verstehen wir „die Fähigkeit des Einzelnen, sich in beruflichen, gesellschaftlichen und privaten Situationen sachgerecht, durchdacht sowie individuell und sozial verantwortlich zu verhalten" (KMK). Die Schülerinnen und Schüler sollen auf die selbstständige Bewältigung der zunehmend komplizierteren und komplexeren Praxis in den Außenhandelsunternehmen vorbereitet werden.

Dieses Schulbuch fördert die Entwicklung der im Rahmenlehrplan für den neuen Ausbildungsberuf **Kaufmann/-frau für Groß- und Außenhandelsmanagement im 3. Ausbildungsjahr** mit der Fachrichtung Außenhandel beschriebenen Kompetenzen,

- die betriebliche Kosten- und Leistungsrechnung durchzuführen und mit deren Hilfe bei der Steuerung des Unternehmens mitzuwirken (Lernfeld 10 Kosten- und Leistungsrechnung),
- internationale Warentransporte zu organisieren und durchzuführen (Lernfeld 11 Internationale Warentransporte abwickeln),
- Außenhandelsgeschäfte abzuwickeln und deren kurz- und mittelfristigen Finanzierungsbedarf zu ermitteln und zu steuern (Lernfeld 12 Außenhandelsgeschäfte abwickeln und finanzieren),
- ein Projekt mit außenwirtschaftlichem Schwerpunkt zu planen, durchzuführen und zu bewerten (Lernfeld 13 Ein Projekt im Außenhandel planen und durchführen).

In dem von dem neuen Rahmenlehrplan geforderten Unterricht muss ein Schulbuch

- den von den Lernsituationen ausgelösten Lernprozess strukturieren,
- die zur Erreichung der geforderten Kompetenzen notwendigen Inhalte und Methoden darstellen,
- zum Lesen und zum Lernen bewegen und motivieren.

Durchgehend basiert das Buch auf einem **Modellunternehmen** – dem Außenhändler Ehlers & Gehrenberg KG. Das Modellunternehmen soll es den Lernenden erleichtern, die Strukturen, Prozesse, Phänomene und Probleme abzubilden und nachzuvollziehen, mit denen sie auch in ihrem späteren Berufsleben konfrontiert werden.

Die einzelnen Kapitel dieses umfassenden und verständlichen Schulbuchs sind einheitlich gegliedert:

1. **Einstiegssituation:** Jedes Kapitel beginnt mit einer anschaulichen Fallschilderung oder Darstellung, die auf die Problemstellung des Kapitels hinweist.

2. **Information:** Es schließt sich ein ausführlicher Informationsteil mit einer großen Anzahl an Beispielen und weiteren Veranschaulichungen an.

3. **Zusammenfassung:** Im Anschluss an den Informationsteil werden die wesentlichen Lerninhalte in Form einer farblich hervorgehobenen Übersicht als Post-Organizer zusammengefasst. Die Übersicht eignet sich sehr gut zur Wiederholung des Gelernten.

4. **Aufgaben:** Die dem Kapitelaufbau folgenden Lernaufgaben, die der Erschließung des Textes dienen, sollen von den Schülern mithilfe des Informationsteils selbstständig gelöst werden.

5. **Lernsituationen** für einzelne Kapitel oder für mehrere Kapitel: Hier werden die jeweiligen Lernfelder konkretisiert. Die Lernsituationen weisen einen klaren Bezug zu beruflichen Situationen auf und enthalten komplexe Handlungsaufgaben, die problemlösend bearbeitet werden. Im Rahmen der Bearbeitung vollziehen die Schülerinnen und Schüler vollständige berufliche Handlungen nach. Die Lernsituationen fördern das problem- und entscheidungsorientierte Lernen und damit die Fähigkeit, die zunehmend kompliziertere und komplexere Praxis in den Außenhandelsunternehmen selbstständig zu bewältigen.

Durch die übersichtliche Gestaltung der Kapitel, die ausführlichen Erläuterungen der Fachbegriffe, die leicht verständliche Textformulierung und die vielen Beispiele und Abbildungen werden die Inhalte so veranschaulicht, dass das Lernen wesentlich erleichtert wird.

Das umfangreiche Sachwortverzeichnis am Schluss des Buches soll dem schnellen und gezielten Auffinden wichtiger Inhalte dienen.

In diesem Buch werden viele Begriffe – wie z. B. „Verkäufer“ und „Kunde“ – neutral verwendet, d. h., sie bezeichnen Personen aller Geschlechter. Wir bitten um Verständnis dafür, dass wir zugunsten der Lesefreundlichkeit auf die zusätzliche Erwähnung der anderen Formen verzichtet haben.

Die **Lösungen** zu dem Schülerband sind separat erhältlich.

BiBox – Die Bildungsbox für Ihren Unterricht
Zu diesem Lehrwerk sind ergänzende digitale Unterrichtsmaterialien als BiBox erhältlich. In unserem Webshop unter www.westermann.de finden Sie hierzu unter der Bestellnummer des vorliegenden Schülerbuchs weiterführende Informationen.

Sommer 2021 — Der Herausgeber und die Verfasser

Inhaltsverzeichnis

Das Modellunternehmen Ehlers & Gehrenberg KG

Einstiegssituation

Allan Stevenson, Anna Ruiz-Gonzales, Sandra Krollmann und Jakob Osterhoff sind Auszubildende zur Kauffrau bzw. zum Kaufmann für Groß- und Außenhandelsmanagement im 3. Ausbildungsjahr beim Handelshaus Ehlers & Gehrenberg in Hamburg.

Arbeitsaufträge

1. Vergleichen Sie dieses Unternehmen mit den Abteilungen Ihres Ausbildungsbetriebes.
2. Führen Sie auf, wo es Gemeinsamkeiten bzw. Unterschiede gibt.

Ehlers & Gehrenberg KG – das Unternehmen

Ehlers & Gehrenberg KG

Kurz nach dem Zweiten Weltkrieg gründeten Carl Ehlers und Hermann Gehrenberg das Handelshaus Ehlers & Gehrenberg in Hamburg. Das Handelshaus Ehlers & Gehrenberg ist seit 75 Jahren weltweit im Im- und Export in den Bereichen Chemie und Textilien tätig. Es hat direkte Geschäftsverbindungen zu Kunden und Lieferanten in mehr als 60 Ländern und 20 Niederlassungen im In- und Ausland.

Das Handelshaus Ehlers & Gehrenberg hat die Rechtsform einer Kommanditgesellschaft. Eingetragen ist es beim Amtsgericht Hamburg unter HRA 200178 Hamburg. Komplementäre (Vollhafter) sind Michael Ehlers – der Enkel von Carl Ehlers – und Susanne Gehrenberg – die Enkelin von Hermann Gehrenberg. Hinzu kommen noch fünf Kommanditisten (Teilhafter).

Die Ehlers & Gehrenberg KG besitzt am Standort Hamburg ein Lager mit einer Lagerfläche von 25 000 m^2. Sie führt sowohl Lagergeschäfte als auch Streckengeschäfte durch.

Definition

Lagergeschäfte sind Handelsgeschäfte, bei denen der Handelsbetrieb die von seinem Lieferanten gelieferte Ware zunächst in seinem Lager einlagert, um sie zu einem späteren Zeitpunkt an seine Kunden auszuliefern.

Streckengeschäfte sind der Handel mit Waren, die nicht das Lager des Handelsbetriebes berühren, sondern vom Lieferanten des Handelsbetriebs unmittelbar zum Kunden des Handelsbetriebs geliefert werden.

Die Zentrale befindet sich am Stammsitz in Hamburg. Hier werden alle wichtigen Unternehmensentscheidungen getroffen.

Sitz der Firma:
Am Sandtorkai 24, 20457 Hamburg
Postfach 21 31 41, 20604 Hamburg
Telefon: 040 750610-0
Fax: 040 750610-11
E-Mail: service@ehlers-wvd.de
Internet: www.ehlers-wvd.de

USt-ID: DE 183 034 912
Steuernummer: 2320 041 014
USt.-ID-Nr.: DE 124700165/Finanzamt Hamburg, Mitte Altstadt
EORI-Nr. (Zoll-Nr.) DE6115209
Handelsregister Hamburg, HRA 200178
Erfüllungsort und Gerichtsstand: Hamburg
Geschäftsjahr: 1. Januar bis 31. Dezember

Bankverbindungen:
Joh. Behrenberg, Gossler & Co.
Kontonummer: 517 321
BLZ: 201 200 00
BIC: BEGODEHHXX
IBAN: DE95 2012 0000 0000 5173 21

Commerzbank Hamburg
Kontonummer: 141 919 100
BLZ: 250 400 00
BIC: COBADEHHXX
IBAN: DE95 2504 0000 0141 9191 00

Das Unternehmen in Hamburg

In der Zentrale in Hamburg sind fast 50 Mitarbeiter beschäftigt. Der Anteil der Auszubildenden beträgt in der Regel etwa 10 %.

Zum 1. August 20.. haben Sandra Krollmann, Anna Ruiz-Gonzales, Jakob Osterhoff und Allan Stevenson bei der Ehlers & Gehrenberg KG eine Ausbildung zur Kauffrau bzw. zum Kaufmann für Groß- und Außenhandelsmanagement begonnen. Sie befinden sich jetzt im letzten Ausbildungsjahr.

Die Ehlers & Gehrenberg KG ist nach Produktbereichen und Funktionsbereichen organisiert. Für die Produktbereiche ist jeweils ein Mitglied der Geschäftsleitung verantwortlich. Für jeden Funktionsbereich ist ein Abteilungsleiter zuständig. Um einen reibungslosen Ablauf im betrieblichen Geschehen zu gewährleisten, wird mindestens einmal pro Woche eine Abteilungsleiterkonferenz einberufen, bei der alle wichtigen Informationen ausgetauscht und Themen von Bedeutung besprochen werden.

Über die Beschäftigten, die am 1. August bei der Ehlers & Gehrenberg KG am Standort Hamburg angestellt sind, gibt der folgende **Gesamtstellenplan** Auskunft:

Personal

Planstelle	Abteilung	Tätigkeitsbezeichnung	Name
101	Stabsstelle Organisation/EDV	Organisator/EDV-Unterstützung	Herr Mitschke
102	Sekretariat Geschäftsleitung	Sekretärin	Frau Sander
201	Verwaltung	Abteilungsleiterin	Frau Schwab
202	Verwaltung	Sachbearbeiter	Herr Wehrheim
203	Verwaltung	Sachbearbeiter	Herr Wilkinson
204	Verwaltung	Sachbearbeiterin	Frau Wolicki
205	Verwaltung	Ausbildungsleitung	Frau Schneider
206	Verwaltung	Sachbearbeiter Poststelle	Herr Kreckler
301	Rechnungswesen	Abteilungsleiterin	Frau Bertram
302	Rechnungswesen	Sachbearbeiterin	Frau Diedrichs
303	Rechnungswesen	Sachbearbeiterin	Frau Duchnik
304	Rechnungswesen	Sachbearbeiter	Herr Eris
305	Rechnungswesen	Sachbearbeiter	Herr Frank
4	Produktbereich Chemikalien	Bereichsleitung	Herr Ehlers
401	Einkauf	Abteilungsleiter	Herr Hetzel
402	Einkauf	Sachbearbeiter	Herr Hickel
403	Einkauf	Sachbearbeiter	Herr Hoffmann
411	Logistik	Abteilungsleiter	Herr Kreipe
412	Logistik	Lagerarbeiter	Herr Kruk
413	Logistik	Lagerarbeiter	Herr Landsberg
421	Verkauf	Abteilungsleiter	Herr Staub
422	Verkauf	Sachbearbeiterin	Frau Vosges
423	Verkauf	Sachbearbeiter	Herr Weidner
5	Produktbereich Textilien	Bereichsleitung	Frau Gehrenberg
501	Einkauf	Abteilungsleiterin	Frau Janssen
502	Einkauf	Sachbearbeiter	Herr Bittner
503	Einkauf	Sachbearbeiterin	Frau Kolrep
511	Logistik	Abteilungsleiter	Herr Freese
512	Logistik	Lagerarbeiter	Herr Schwalenberg
513	Logistik	Lagerarbeiter	Herr Spöhr
521	Verkauf	Abteilungsleiter	Herr Bauer
522	Verkauf	Sachbearbeiterin	Frau Zahn
523	Verkauf	Sachbearbeiter	Herr Fellmann

Personalvertretung

Im Unternehmen sind ein Betriebsrat und eine Jugend- und Auszubildendenvertretung eingerichtet. Der Betriebsrat vertritt die Interessen der Arbeitnehmer gegenüber dem Arbeitgeber und hat Rechte bei Kündigungen und Einstellungen. Er wird für jeweils vier Jahre durch die Arbeitnehmer gewählt. Die letzte Wahl fand vor einem halben Jahr statt. Vorsitzende des Betriebsrats ist Frau Diedrichs, ihr Stellvertreter Herr Weidner. Daniela Stange ist Vorsitzende der Jugend- und Auszubildendenvertretung. Diese vertritt die Interessen der jugendlichen Arbeitnehmer.

Einmal im Quartal wird eine Betriebsversammlung durchgeführt, bei der alle Mitarbeiter die Gelegenheit bekommen, neue Ideen vorzuschlagen, Verbesserungsvorschläge zu machen, aber auch aktuelle Probleme anzusprechen. Dadurch herrscht bei der Ehlers & Gehrenberg KG ein ausgesprochen gutes Betriebsklima. In regelmäßigen Abständen finden für die Mitarbeiter Schulungen statt.

Produktbereiche

Produktbereich Chemie

Der Produktbereich Chemie der Ehlers & Gehrenberg KG umfasst den Handel mit

- Chemischen Rohstoffen
  - Industriechemikalien
  - Polymere
- Produkten für die Öl- und Gasindustrie
- Petrochemischen Produkten
  - Propylen
  - Bio-Ethanol
  - Methanol
- Industriemineralien
- Spezialchemikalien deutscher und europäischer Hersteller
- Agrochemikalien
- Pflanzenschutzmittel
- Spezialdüngemittel
- Lebensmittel- und Futtermittelzusatzstoffe

Produktbereich Textilien

Der Produktbereich Textilien der Ehlers & Gehrenberg KG umfasst

- Beschaffung und Export von
  - Sportbekleidung
  - Funktionskleidung
  - Arbeitskleidung
  - Fashion für Damen, Herren und Kinder
- Beschaffung von Stoffen für ökologische Textilien aus nachhaltiger Herstellung

Sehr früh ergänzte die Ehlers & Gehrenberg KG ihre reinen Handelsaktivitäten um Produktionsstandorte in Südostasien. Die dort hergestellten Textilien werden über das eigene Handelshaus an Produktionsbetriebe, Einzelhandels- und andere Großhandelsbetriebe sowie Hotel- und Gaststättenbetriebe vertrieben.

Unternehmensphilosophie

Immer mehr ist in der Wirtschaft das Bewusstsein für wirtschaftsethische Fragen gestiegen. Viele Kunden halten die folgenden Aspekte bei der Produktion bzw. dem Verkauf von Gütern für sehr wichtig:

- **Umweltverträglichkeit der Produkte**
  Verbrauchern wird zunehmend deutlich, dass das Kollektivgut Umwelt immer mehr bedroht ist. Die Umweltaktivitäten von Unternehmen werden deshalb beobachtet und kritisch hinterfragt.

- **Gesundheitsverträglichkeit von Waren**
  Die Produktion bzw. der Verkauf gesundheitsverträglicher Artikel wird immer mehr zu einem entscheidenden Verkaufsargument bei Verhandlungen zwischen Lieferanten und Kunden.

- **Sozialverträglichkeit von Waren**
  Viele Unternehmen verpflichten sich, soziale, menschenrechtliche und arbeitsmedizinische Mindeststandards in der eigenen Produktion und in der ihrer Lieferanten einzuhalten.
  Die Ehlers & Gehrenberg KG hat beschlossen, diese Aspekte besonders zu beachten. Sie nimmt regelmäßig an einem Ökoaudit teil und hat sich eine Umweltcharta gegeben.

Auch das Unternehmensleitbild geht darauf ein.

Ein Auszug aus dem Leitbild der Ehlers & Gehrenberg KG, das die Unternehmensphilosophie wiedergibt:

- ...

- Wer nicht ständig versucht, besser zu werden, hat aufgehört, gut zu sein. Dieser Erkenntnis ist die Ehlers & Gehrenberg KG verpflichtet.

- Zu Recht erwarten unsere Kunden und die Öffentlichkeit auch in den Bereichen
  - Umwelt und
  - Gesellschaftspolitik

  großes Verantwortungsbewusstsein und überdurchschnittliche Leistungen. Wir sind konsequent bestrebt, diese Ansprüche mit Spitzenleistungen zu erfüllen – zum Nutzen aller.

- Der Schutz natürlicher Ressourcen ist ein wichtiger Bestandteil unserer unternehmerischen Tätigkeit.

- Dabei haben wir nicht nur innerhalb unseres Unternehmens große Fortschritte für den Umweltschutz erzielt. Die Ehlers & Gehrenberg KG bezieht konsequent auch Lieferanten und Partnerunternehmen in ihre Bemühungen mit ein.

- Viele Menschen sind weltweit direkt oder indirekt für die Ehlers & Gehrenberg KG tätig – innerhalb des Unternehmens ebenso wie bei Produzenten und Zulieferern. Um der großen sozialen Verantwortung für diese Menschen gerecht zu werden, versuchen wir Beschaffungsverhaltensregeln einzuhalten, die die Einhaltung von Sozial- und Umweltstandards gewährleisten. Wir liefern nur Qualitätstextilien, die nachhaltig und unter Einhaltung sozialer Standards hergestellt werden.

- Wir pflegen den kooperativen Führungsstil. Jeder Produktbereich erhält Umsatzvorgaben. Mit welchen Mitteln und Aktivitäten diese Zielgrößen erfüllt werden, liegt im Ermessen der jeweiligen Produktbereichs. Dabei beteiligen die Bereichsleiter/-innen die Mitarbeiter/-innen am Entscheidungsprozess. Ihr Partizipationsmaß umfasst zumindest die Beratungsfunktion.

- Wir fördern die kontinuierliche Weiterbildung unserer Beschäftigten. Neben fachlichem Wissen werden auch personale Kompetenzen gefördert. Wir arbeiten ständig daran, methodische Kompetenzen sowie soziale Kompetenzen (wie Eigeninitiative und Selbstständigkeit) auszubauen.

- Wir stellen vorzugsweise Mitarbeiter/-innen ein, die aufgrund ihrer Lebensumstände und/oder Arbeitserfahrungen über ein hohes Maß an Methoden- und Sozialkompetenzen verfügen.

- In unsere Unternehmenspolitik fließt die Erkenntnis ein, dass motivierte und zufriedene Mitarbeiter einen entscheidenden Wettbewerbsfaktor darstellen.

- Wir streben flexible Arbeitszeiten an. Wir realisieren daher ein Arbeitszeitmodell, nach dem die Mitarbeiter/-innen sowohl den Umfang als auch die Lage ihrer Arbeitszeit selbst bestimmen können. Das auf die individuellen Gegebenheiten zugeschnittene Wochenarbeitszeitkontingent wird so verteilt, dass ein Tag frei bleibt und ganz für familiäre Verpflichtungen zur Verfügung steht. Die Abstimmung über die Arbeitseinsätze findet zwischen den Mitarbeiter/-innen in den Abteilungen statt. Die Führungskraft spielt bei den Absprachen die Rolle des neutralen Faktors und legt die getroffenen Entscheidungen in den wöchentlichen Dienstplänen nieder.

- Die Organisationsstruktur der Ehlers & Gehrenberg KG soll eine flache Hierarchie mit wenigen Stufen aufweisen.

- ...

Wichtige Geschäftspartner der Ehlers & Gehrenberg KG

Lieferanten

Produktbereich Chemie

11001	AGRI FERT SRL	Via Dei Fornai	76121 Barletta, ITALIEN	Düngemittel
10004	AGRO – Düngermanufaktur	Bahnhofstraße 12	37339 Ferna	Düngemittel
10005	ASTARA Feinchemikalien GmbH	Bahnhofstraße 42	69115 Heidelberg	Industriechemikalien, Zusatzstoffe für die Lebensmittelindustrie
10006	Behrens GmbH	Ernst-Eisenlohr-Straße 12	79410 Badenweiler	Industriechemikalien, Chemikalien für die Erdölindustrie
10010	Bios Chemicals GmbH	Parsevalstraße 34	06749 Bitterfeld	Industriechemikalien, Biochemikalien
10012	Freese Chemie GmbH	Körberstraße 3	49565 Bramsche	Polymere

10017	Friedrich Thalheimer Chemie GmbH	Kardinal-Galen-Straße 45	47051 Duisburg	Industriechemikalien, Zusatzstoffe für die Lebensmittelindustrie
12002	Hechenbichler GmbH	Theresienstraße 9	6020 Innsbruck, ÖSTERREICH	Düngemittel
10019	Jos. Schmidt GmbH	Bergedorfer Straße 32	22459 Hamburg	Industriechemikalien, Zusatzstoffe für die Lebensmittelindustrie
10020	Knorr Functional Chemicals GmbH	Liebigstraße 23	07973 Greiz	Polymere
10024	Krug Chem. Fabrik GmbH	Schillerstraße 4	67271 Kleinkarlbach	Industriechemikalien
10026	Möhringer Chemie GmbH & Co KG	Hebbelstraße 6	86643 Rennerts-hofen	Polymere
10027	Nemitz GmbH	Kennedydamm 19	40599 Düsseldorf	Polymere
10028	PCB Chemie GmbH	Hermannstraße 56	42551 Velbert	Petrochemische Erzeugnisse
10031	Reimers Chemie GmbH	Hakenort 37	33609 Bielefeld	Industriechemikalien, Spezial-chemikalien
10033	Staufenberg Petro GmbH	Paul-Thomas-Straße 56	40476 Düsseldorf	Petrochemische Erzeugnisse
10038	Stegemühlen-Chemie GmbH	Wilhem-Liebknecht-Straße 254	42719 Solingen	chemische Erzeugnisse für die Petrochemie und Raffinerie
10041	Struck Chemicals GmbH	Insterburger Straße 44	60487 Frankfurt	Lebensmittelzusatzstoffe

Produktbereich Textilien

28001	APPAREL CORP	Hwanghak-dong, Jung-gu	124-799 Seoul SÜDKOREA	Damenoberbekleidung
29004	ANIMA FASHION LTD	Hariharpara, Enayet-nagar, Fatullah	1400 Narayanganj BANGLADESCH	Hemden
29005	COLOR FASHION	366/5, Road No 6	1210 Dhaka BANGLADESCH	Damenoberbekleidung
28002	DAEDONG TEXTILE CO	167-23, 2F MyeongJi BLDG, SAMSING-DONG KANGNAM-GU	137-429 SEOUL SÜDKOREA	Gewebe
26002	DINGYISHENG TEXTILE CO., LTD	No.26 Hongda Road, Qingdao	372040 Shaoxing CHINA	Bekleidung
28007	DONG HYEOK CO., LTD.	5834 Paltan-Myeon, Jiwol-Ri, Hwaseong-Si, Gyeonggi-Do	445-917 Hwasung SÜDKOREA	Arbeitskleidung und Sicherheitskleidung
28008	HYESEONG CORPORATION	50-35 Gasa -do G, Geumheo -gu	162-675 Seoul SÜDKOREA	Damenoberbekleidung
29006	INTER FASHIONS LTD.	House: 21, Road: 1, Sector:19, Uttara	1230 Dhaka BANGLADESCH	Jeans und Freizeit-kleidung
24001	MALATEX	Kocasinan Merkez Mah. Ardic Sokak No. 4/4	44900 Malatya TÜRKEI	Bekleidungsstoffe
24003	MAPATA TEKSTIL	Sanli Caddesi No. 162/A	16210 K. Balikli/Bursa TÜRKEI	Freizeitbekleidung

28011	NOROTEX CO., LTD	Manchon 2-dong, Suseong-gu	706-034 Daegu SÜDKOREA	Damenoberbekleidung
25001	PLANET CONFECTION	Ave De La Liberte – Rte De Mesjed Aissa	Ouardanine Riadh 3047 TUNESIEN	Herrenoberbekleidung
29007	PROTEX INTERNATIONAL	Dream Tower 72, Siddeshwari Road	1217 Dhaka BANGLADESCH	Damenoberbekleidung, Herrenoberbekleidung, Kinderkleidung
26004	QINGDAO CHARM FASHION	No. 2-504 Xingyue West Section Keqiao Zhe Jiang Province	246062 Qingdao CHINA	Bekleidung
26008	QINGYUAN TEXTILE	Honglong Textile Industrial Area, Jinxiu Road	362700 SHISHI, QUANZHOU, FUJIAN CHINA	Baumwollstoffe
29007	SARTEX INTERNATIONAL	Regal Abode, 514-516, Link road	1216 Dhaka BANGLADESCH	Sportbekleidung
29008	SCHON TEX FASHION	215/1, north kamalapur	1230 Dhaka BANGLADESCH	Bekleidung
28012	SEWONTEXTILE CO., LTD	1340, Sindang-dong, Dalseo-gu	704-239 Taegu SÜDKOREA	Bekleidung
29009	SHRISTY COLLECTION LTD	Flat: A1, House- 23, Road: 17, Sector: 17	1230 Dhaka Uttara BANGLADESCH	Bekleidungsstoffe
25002	STE JMC	15, Rue De L'imprimerie Z.i. Ksar Said Douar	Hicher Riadh 2034 TUNESIEN	Arbeits- und Sicherheitskleidung
25003	STE SPORTEX	27, Rue Hannibal	Zeramdine Riadh 3042 TUNESIEN	Herrenoberbekleidung
29011	TEXPOWER	House-14, road-16, sector-12, uttara, dhaka	1230 Uttara BANGLADESCH	Herrenoberbekleidung
25004	TISSAGE DU SUED	Rue 2 Mars Akouda	Riadh 3022 TUNESIEN	Gewebe
28014	TRAD-TEX	276-21 Seongsu-dong Seongdong-gu	142-210 Seoul SÜDKOREA	Gewebe
29014	TWO STAR LTD.	Aut Para, Chandana Chowrasta, Tangail Road	4200 Chittagong BANGLADESCH 5000 Gazipur BANGLADESCH	Kinder- und Babybekleidung, Damenoberbekleidung, Herrenoberbekleidung
27001	V.T.C	Rue Huong Lo 80, Commune De Vinh Loc	70000 Ho Chi Minh Ville VIETNAM	Bekleidung
28015	WOOSUNG SITEK	1675 Daemyeong-Dong, Nam-Gu	705-816 Daegu SÜDKOREA	Gewebe
	YANAR TEKSTIL	Merkez Mahalle Birahane Sokak No 15-A Bomonti şişli	32379 Istanbul TÜRKEI	Damenoberbekleidung

Kunden

Produktbereich Chemie

31001	AGROBUSINESS INTERNATIONAL	Rua celso camparoti 421	13140008 São Paulo Paulinia BRASILIEN	Landwirtschaftliche Produkte, landwirtschaft-liches Saatgut
37001	ALLAN CHRISTIE HARRISON LIMITED	Marlborough House254 Regents Pk Rd	London N3 2SZ VEREINIGTES KÖNIGREICH	Organische Chemie – Grundstoffe und Produkte, anorganische Chemie – Grundstoffe und Produkte
32001	BAJA RECICLA	Convento Concepcion 52	40000 Mexico GUERRERO MEXIKO	Lebensmittel
34002	BTO INTERNATIONAL	1709 – 130 King Street West	M5X1E3 Toronto KANADA	Chemie – Import/Export
34005	CLARK ENTERPRISE INC.	Strathmore Cres. Ontario	L3M 4L1 Mississauga KANADA	Kunststoffe
32002	COMPAÑIA AGROCULTURA	AV BANDERA NACIONAL 7	56370 Ixtapaluca MEXIKO	Landwirtschaftliche Produkte
31002	DA SILVA HEALTH GROUP	Rua Doutor Diogo de Faria, 1038 Cj 105	04037-001 Sao Paulo l BRASILIEN	Chemie und Pharmazeutik, Nahrungszusätze
33003	GLOBAL CHEMICAL CO. INC.	12472 Leffingwell Ave.	90890 Santa Fe Springs VEREINIGTE STAATEN	Chemie – Grundstoffe und Produkte
32003	GLOBALTRADE MÉXICO	Av. Naciones Unidas 93	6301 Jalisco MEXIKO	Kunststoffe
33004	MCLEAN, LLCVP	6605 Heritage Ln	34705 Bradenton VEREINIGTE STAATEN	Chemie, Fäden aus reinem Acryl
33005	NEW YORK CHEMICAL	175 Huguenot Street	10702 New Rochelle VEREINIGTE STAATEN	Produkte der organischen und anorganischen Chemie
31003	SOARES TRADING	Leonidas Branco 432	68740000 São Francisco Do Sul BRASILIEN	Landwirtschaftliche Produkte
33008	TECHNOLOGIES IMPORT-EXPORT	3708 Cypress Creek	77068 Houston VEREINIGTE STAATEN	Chemie – Import/Export, Chemische Zusatzstoffe für Lebensmittelindustrie, chemische Rohstoffe
31004	TEJO CHEMICAL	Rua Sete De Setembro, 721 – Centro	15270-000 Macaubal/sp BRASILIEN	Gummi und Kunststoff Weiterverarbeitung
37003	WATSON CHEMICALS LTD	Marsh Trees House-Marsh parade	Newcastle Under Lyme Staffordshire ST53BT VEREINIGTES KÖNIGREICH	Chemische Produkte für die chemische und petroche-mische Industrie

Produktbereich Textilien

40005	Adlatus GmbH	Rosenstr. 3	50733 Köln	Sportartikel
42006	BaBa GmbH	Neuer Weg 27	26135 Oldenburg	Textilwaren
41012	Bätje OHG	Brühlstr. 13	30165 Hannover	Textilwaren
46001	BJARNE SØRENSEN AS	Kokstaddalen 25 PB 13	5863 Bergen NORWEGEN	Textilien und Bekleidung
47003	CAMDEN INTER- NATIONAL LIMITED	247 High Rd	London NW10 2CH VEREINIGTES KÖNIGREICH	Bekleidung
46002	CHRISTOFFER JOHNSEN AS	Verkseier Furulunds Vei 12 A	0613 Oslo NORWEGEN	Textilien und Bekleidung
43007	Dieter Molzanski GmbH	Lehnhast 40	55122 Mainz	Textilwaren
40006	ELKO AG	Marktstr. 55	44289 Dortmund	Textilgroßhandel
43004	Elser GmbH & Co KG	Wangener Str. 22	88069 Tettnang	Textilwaren
45006	Ernst Puszkat KG	Pfarrer-Brantzen-Str. 84	31542 Bad Nenndorf	Bekleidung
47004	HARRIS MENSWEAR LTD	237 Dewsbury Rd	Leeds LS11 7GF VEREINIGTES KÖNIGREICH	Herrenbekleidung
45002	Hessing GmbH	Sickingerstr. 9	01309 Leipzig	Textilwaren
40001	Holzhäuser GmbH & Co KG	Turmstr. 18	45470 Mülheim	Textileinzelhandel
47005	JOHNSON & HOFFMAN LIMITED	Peggys Walk	Saffron Walden CB17 5TG VEREINIGTES KÖNIGREICH	Bekleidung, Arbeitsklei- dung und Sicherehits- kleidung
	LADIES FASHION LIMITED	12 Wigmore Street	London W1X 1HW VEREINIGTES KÖNIGREICH	Damenbekleidung
43008	Martin Kaiser	Rheinstr. 25	35260 Schweinsberg	Sportartikel
41013	Nachhaltige Produkte GmbH	Brühlstr. 7	30165 Hannover	Textilwaren
43007	PAGRO AG	Blumenweg 118	55595 Gutenberg	Sportartikel
45005	Peter Pührt	Kohlerstr. 33	90480 Nürnberg	Textilwaren
41004	StaWa AG	Mainzer Str. 75	60329 Frankfurt	Textilwaren
44009	STO AG	Nadelweg 5	44532 Lünen	Textilwaren
44010	Stockmann OHG	Bachstr. 38	75180 Pforzheim	Textilwaren
41001	Tankert AG	Heerstr. 109	81247 München	Textilwaren
46003	VILA NORGE AS	Fabrikkveien 29 PB 72	4066 Stavanger NORWEGEN	Textilien und Bekleidung
47006	WILLIAM G ROBINSON	152 Millmead Rd.	London WC2B 5ST VEREINIGTES KÖNIGREICH	Textilien und Bekleidung
41010	Wodsack KG	Soltaustr. 17	31134 Hildesheim	Textilwaren

Zusammenfassung

Unternehmen haben u. a.

Aufbauorganisationen
Gliederung des Unternehmens in Abteilungen und Stellen

Verkaufsformen und Produktionsformen
- Art und Weise, wie der Kunde Ware auswählen kann
- Art und Weise, wie das Unternehmen Produkte herstellt

Warensortimente
ein von der Branche und der Betriebsgröße abhängiges Warenangebot

Rechtsform
Aus der Rechtsform lassen sich Art und Ausmaß der Merkmale
- Haftung,
- Leitungsbefugnis,
- Gewinnverwendung,
- Kapitalaufbringung usw.

erkennen

Betriebsformen
Art des Unternehmens, die sich unterscheiden kann nach Merkmalen wie
- Standort,
- Größe,
- Umfang des Sortiments,
- Abnehmer.

Aufgaben

1. Was bedeutet der Handelsregistereintrag *HRA 200178 Hamburg*?
2. Erläutern Sie den Zusatz *KG* in Ehlers & Gehrenberg KG.
3. Wie ist die Ehlers & Gehrenberg KG Hamburg organisiert?
4. Welche Aussagen kann ein Unternehmensleitbild enthalten?
5. Worauf legt die Ehlers & Gehrenberg KG bei der Einstellung von Mitarbeitern besonderen Wert?
6. Wer kann Kunde der Ehlers & Gehrenberg KG sein?
   a) Textilabteilung der Ambiente Warenhaus AG
   b) Privatkundin Helena Frey
   c) Agrargenossenschaft Böblingen
7. Beschreiben Sie den Weg einer Ware vom Beschaffungsmarkt durch die Ehlers & Gehrenberg KG bis zum Absatz.
8. Welche Beziehungen bestehen zwischen der Ehlers & Gehrenberg KG und
   a) dem Finanzamt,
   b) weiteren Behörden des Staates?

9. Erstellen Sie – am besten mithilfe eines entsprechenden Programms – eine Mindmap, die das Unternehmen Ehlers & Gehrenberg KG beschreibt.

10. Im Kapitel „Personal" finden Sie eine Übersicht über alle Beschäftigten in der Hamburger Zentrale der Ehlers & Gehrenberg KG.
    a) Entscheiden Sie, welche Vollmachten jeder einzelne Mitarbeiter benötigt, um seine Aufgaben erfüllen zu können.
    b) Gestalten Sie mit der Ihnen zur Verfügung stehenden Standardsoftware eine Übersicht, in der den einzelnen Mitarbeitern die jeweils notwendigen Vollmachten zugeordnet sind.
    c) Präsentieren Sie Ihre Übersicht in Ihrer Klasse und begründen Sie Ihre getroffenen Entscheidungen.

11. Erkunden Sie Ihr Ausbildungsunternehmen. Anschließend sollen Sie dieses kurz der Klasse vorstellen.
    Fertigen Sie dazu ein Plakat an, das alle wichtigen Angaben visualisiert, also übersichtlich darstellt.

Lernfeld 10: Kosten- und Leistungsrechnung durchführen

1 Geschäftsbuchführung und Kosten- und Leistungsrechnung

Einstiegssituation

Kurz vor Jahresende. Sandra Krollmann unterstützt Frau Duchnik im Rechnungswesen.

Sandra Krollmann:
„So, jetzt nur noch diesen außerordentlichen Zinsertrag gebucht, dann haben wir für heute die Buchführungsarbeiten erledigt. Dann können wir uns ja langsam dem Jahresabschluss zuwenden."

Frau Duchnik:
„Langsam, langsam ... Rechnungswesen besteht nicht nur aus der Geschäftsbuchführung, wir müssen uns noch um die Kosten- und Leistungsrechnung kümmern."

Sandra Krollmann:
„Kosten- und Leistungsrechnung: Was ist das überhaupt? Wozu brauchen wir das?"

Arbeitsauftrag

Geben Sie an, wozu Unternehmen eine Kosten- und Leistungsrechnung durchführen.

Das Rechnungswesen hat die Aufgabe, für ein Unternehmen Informationen zur Verfügung zu stellen. Es besteht in den meisten Unternehmen aus mindestens zwei Bereichen, der Geschäftsbuchführung einerseits, der Kosten- und Leistungsrechnung andererseits.

Die Geschäftsbuchführung

Die Geschäftsbuchführung (oft auch Finanzbuchführung genannt) ist die lückenlose, planmäßige und ordnungsgemäße Aufzeichnung aller Geschäftsfälle eines Unternehmens. Alle unternehmensbezogenen Vorgänge, die sich in Zahlenwerten ausdrücken lassen, werden sachlich und zeitlich geordnet erfasst und mithilfe von Konten gebucht und dokumentiert.

Aufgezeichnet werden

- der aktuelle Stand und die Veränderungen des Anlage- und Umlaufvermögens bzw. des Eigen- und Fremdkapitals;
- die angefallenen Aufwendungen und Erträge.

Die Geschäftsbuchführung bildet die finanziellen Beziehungen des Unternehmens des Betriebes zu seiner Umwelt ab. Sie ist zudem die Grundlage für den handels- und steuerrechtlich geforderten Jahresabschluss: Die Ergebnisse fließen also in die Bilanz sowie in die Gewinn-und-Verlust-Rechnung des Unternehmens ein. Je nach Größe bzw. Gesellschaftsform des Unternehmens werden dabei jeweils bestimmte rechtliche Anforderungen an den Jahresabschluss gestellt.

Die Geschäftsbuchführung stellt also die Vorgänge in dem Unternehmen in einem Zahlenwerk dar. Dabei hat sie überwiegend die Aufgabe eines externen Informationsinstruments. Außenstehende – z. B. Steuerprüfer – müssen transparent den Erfolg des Unternehmens (Gewinn oder Verlust) beurteilen können.

Die Geschäftsbuchführung liefert Informationen für:

- Eigentümer
- Gläubiger
- Belegschaft
- Lieferanten
- Kunden
- Finanzämter
- andere Behörden
- und die Öffentlichkeit

Ermittlungsziel der Geschäftsbuchführung
Aufwendungen des Unternehmens
– Erträge des Unternehmens
= Unternehmenserfolg (Gewinn oder Verlust) → jährliche Ermittlung

Intern liefert sie zwar auch einige Informationen. Hier liegt ihre Bedeutung jedoch in der Bereitstellung der Ausgangsdaten für die anderen Bereiche des Rechnungswesens, der Kosten- und Leistungsrechnung sowie der Finanzrechnung.

Teilbereiche des Rechnungswesens			
Geschäftsbuchführung	**Kosten- und Leistungsrechnung**	**Statistik**	**Planung**
▪ unterliegt gesetzlichen Vorschriften ▪ erfasst die Vermögens- und Kapitalbestände (und deren Veränderung), um so den Erfolg eines Rechnungszeitraums (Jahr, Monat) zu ermitteln ▪ ermöglicht es externen Geschäftspartnern sowie dem Staat, die wirtschaftliche Lage des Unternehmens sofort zu erkennen ▪ hat eine Rechenschafts- und Dokumentationsaufgabe ▪ ist Datenquelle für die anderen Bereiche des Rechnungswesens ▪ wird überwiegend in *Konten* durchgeführt	▪ überwacht die Wirtschaftlichkeit der betrieblichen Tätigkeit ▪ vermittelt einen Überblick über den innerbetrieblichen Wertefluss bzw. Werteverzehr ▪ richtet sich an interne Nachfrager von Informationen ▪ muss keine gesetzlichen Anforderungen erfüllen ▪ wird überwiegend in *Tabellen* durchgeführt	▪ liefert in Form von *Kennzahlen* wichtige Informationen einerseits zur Überprüfung des Betriebsgeschehens, andererseits für die zukünftige Unternehmensplanung	▪ Die Vorschaurechnung stellt die Sollzahlen für begrenzte Zeiträume oder Projekte auf. ▪ Mithilfe in der Vergangenheit gewonnener Daten können Strategien für die Zukunft entwickelt werden. ▪ Aufgabe ist die Entscheidungsvorbereitung für unterschiedliche Organisationseinheiten des Unternehmens.

Die Kosten- und Leistungsrechnung

Die Geschäftsbuchführung ermittelt das Gesamtergebnis des Unternehmens. Dieses kann oft auch zufällig entstanden sein. Das Unternehmen bekommt dann keine Informationen darüber, ob es in seinem Kerngeschäft tatsächlich erfolgreich war.

Beispiel

Die Gewinn-und-Verlust-Rechnung der Großhandlung Kalemi GmbH zeigt einen Gesamtgewinn von 1.200.000,00 €. Dieser wird stark beeinflusst durch einen außerordentlichen Ertrag in Höhe von 2.000.000,00 €, der beim Verkauf von Wertpapieren durch eine extrem starke Kurssteigerung zustande kam. Berücksichtigt man diesen außerordentlichen Ertrag nicht, wird deutlich, dass die Großhandlung nicht gut gearbeitet hat. In ihrem eigentlichen Kerngeschäft – nämlich Ware einzukaufen, zu lagern und zu verkaufen – hat die Kalemi GmbH sogar einen Verlust von 800.000,00 € gemacht.

Die Geschäftsbuchführung ermöglicht also nur eine pauschale Kontrolle der Wirtschaftlichkeit – und das auch überwiegend nur jährlich. Das Unternehmen benötigt jedoch eine ständige und sehr detaillierte Kontrolle: Es braucht Angaben über die Wirtschaftlichkeit einzelner Teilbereiche oder auch Produkte. Vor diesem Hintergrund entstand die Kosten- und Leistungsrechnung. Die Kosten- und Leistungsrechnung ist im Gegensatz zur Geschäftsbuchführung eine betriebsinterne, kalkulatorische und kurzfristige Rechnung, die sich zudem nicht an gesetzliche Vorschriften halten muss.

„Wer zu spät an die Kosten denkt, ruiniert sein Unternehmen. Wer immer zu früh an die Kosten denkt, tötet die Kreativität."

Quelle: VNR Verlag für die Deutsche Wirtschaft AG: Zitat von Philip Rosenthal. In: www.zitate.de. o. ED. https://www.zitate.de/autor/Rosenthal%2C+Philip [19.04.2021].

Die manchmal auch Betriebsbuchführung genannte Kosten- und Leistungsrechnung ermittelt das Betriebsergebnis. Dieses ergibt sich durch Gegenüberstellung des durch die eigentliche betriebliche Tätigkeit verursachten Wertzuwachs (= Leistungen) mit dem aus dem gleichen Grund entstandenen Werteverzehr (= Kosten). Die Kosten- und Leistungsrechnung dient somit der verursachungsgerechten Zurechnung der Kosten auf die einzelnen Leistungen, um Informationen für die Verbesserung der Wirtschaftlichkeit des Betriebes zu bekommen.

Ermittlungsziel der Kosten- und Leistungsrechnung
Kosten des Betriebs
– Leistungen des Betriebs
= Betriebsergebnis → ständige kurzfristige Ermittlung

Die Hauptaufgaben der Kosten- und Leistungsrechnung sind:

- Unterstützung der Preisgestaltung:
  Die Kosten- und Leistungsrechnung ermittelt die Selbstkosten eines produzierten oder angebotenen Artikels. Von diesen geht man bei der Gestaltung des Verkaufspreises aus. Die Selbstkosten umfassen alle Kosten des Unternehmens, die bis zur Ver-

marktung des Artikels bzw. Produkts anfallen. Sie sind die Grundlage für die Gestaltung des Verkaufspreises.

- Controlling:
  Eine reine Ermittlung der Selbstkosten reicht in Unternehmen nicht aus. Sie müssen auch ständig kontrolliert werden. Will man am Markt bestehen, müssen die Kosten permanent gesenkt und der Marktsituation angepasst werden.

- Grundlage für Entscheidungen:
  Erkenntnisse, die aus der Kosten- und Leistungsrechnung gezogen werden, zählen zu den wichtigsten Grundlagen für die Entscheidungen eines Unternehmens.

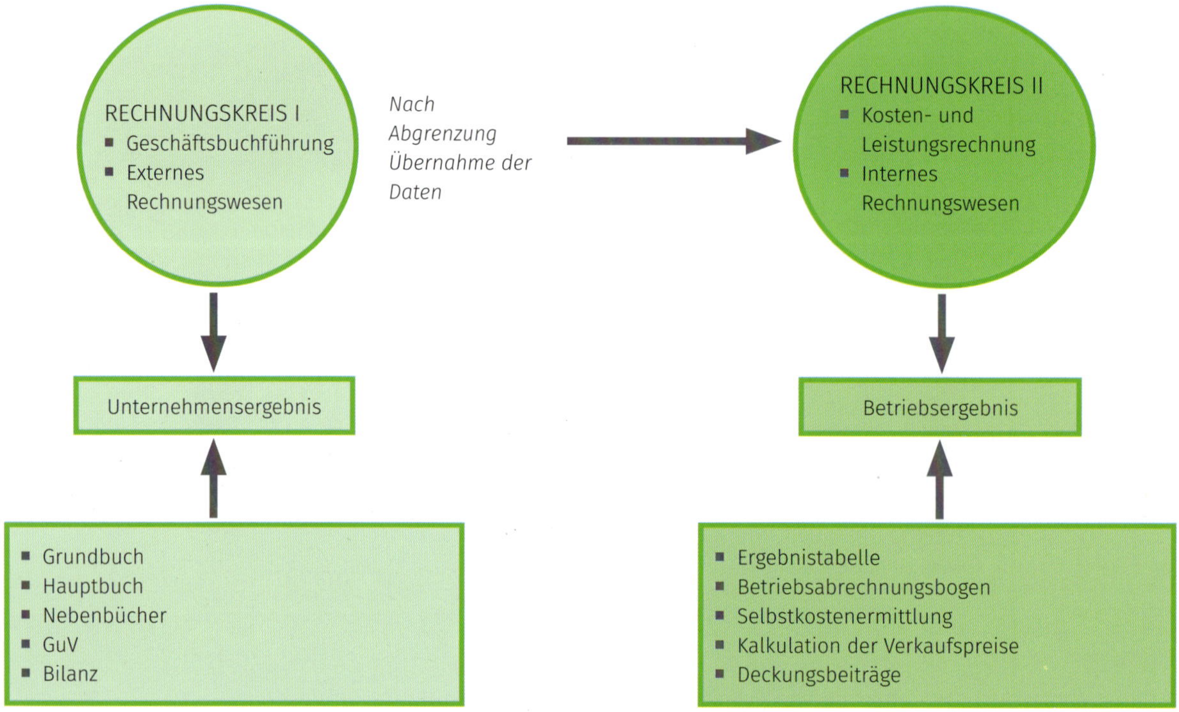

Aufbau der Kosten- und Leistungsrechnung

Die Kostenartenrechnung

Die Kostenartenrechnung trennt alle im Betrieb anfallenden Kosten einer Abrechnungsperiode von den insgesamt im Unternehmen verursachten Aufwendungen und erfasst sie systematisch nach Art ihrer Entstehung. Es wird also durch Herausfiltern aus den Aufwendungen und Erträgen ermittelt, welche Kosten und welche Leistungen im Betrieb entstanden sind.

Definition

Die **Kostenartenrechnung** beantwortet die Frage: Welche Kosten sind in welcher Höhe entstanden?

Die Kostenstellenrechnung

In der Kostenstellenrechnung wird ermittelt, welche Stellen im Betrieb (z. B. das Lager oder die Produktion) welche Kosten verursachen: Alle angefallenen Kosten werden den in Anlehnung an die Aufbauorganisation des Betriebs gebildeten Kostenstellen zugeordnet.

Definition

Die **Kostenstellenrechnung** beantwortet die Frage: Wo (also in welcher Organisationseinheit) im Betrieb sind Kosten entstanden?

Die Kostenträgerrechnung

Mit der Kostenträgerrechnung wird berechnet, wie teuer es für den Betrieb ist, ein bestimmtes Produkt (bzw. eine bestimmte Dienstleistung) anzubieten.

Definition

Die **Kostenträgerrechnung** beantwortet die Frage: Wofür sind die Kosten angefallen?

Begrifflichkeiten der Kosten- und Leistungsrechnung

Die Kosten- und Leistungsrechnung arbeitet mit verschiedenen Begrifflichkeiten, um genaue Informationen zu liefern. Diese Fachbegriffe dürfen nicht verwechselt werden, damit es nicht zu Verfälschungen bei der Interpretation kommen kann.

Begrifflichkeiten	Veränderung von Beständen	Bereich des Rechnungswesens
Einzahlungen/Auszahlungen	Liquide Mittel (Kasse und Bank)	Geschäftsbuchführung
Einnahme/Ausgabe	Geldvermögen	
Ertrag/Aufwand	Gesamtvermögen	
Leistung/Kosten	Betriebsnotwendiges Vermögen	Kosten- und Leistungsrechnung

Es müssen also einerseits die Begriffe Aufwand, Kosten, Auszahlung und Ausgaben trennscharf unterschieden werden.

Begriff:	Erläuterung:	Beispiel:
Auszahlung	▪ Bar- oder Buchgeld verlässt den Betrieb ▪ Liquide Mittel (Bankguthaben und Kasse) des Unternehmens vermindern sich ▪ Zahlungsmittelabflüsse nach außen	Herr Hoffmann kauft für die Ehlers & Gehrenberg KG ein spezielles Briefpapier im örtlichen Schreibwarenhandel bar ein.
Ausgabe	▪ Ausgänge in Geldeinheiten, die auf den Finanzkonten gebucht werden. ▪ Ausgaben vermindern das Nettogeldvermögen ▪ Ausgaben = Auszahlungen + Forderungsabgang + Schuldenzugang	Die Ehlers & Gehrenberg KG kauft Waren auf Ziel ein.

Begriff:	Erläuterung:	Beispiel:
Aufwand	▪ Wert aller vom gesamten Unternehmen erzeugten Vermögensabgänge, durch die das Eigenkapital vermindert wird ▪ In Geld gemessener gesamter Verbrauch von Gütern und Dienstleistungen ▪ Werteverzehr	Die Ehlers & Gehrenberg KG spendet an eine gemeinnützige Organisation.
Kosten	▪ Betriebsbedingter Werteverzehr ▪ Aufwand, der aus dem betrieblichen Leistungsprozess heraus entstanden ist	Am 30. des Vormonats zahlt die Ehlers & Gehrenberg KG die Löhne der Mitarbeiter.

Andererseits haben auch die Begriffe Einzahlungen, Einnahme, Ertrag und Leistung unterschiedliche Bedeutungen.

Begriff:	Erläuterung:	Beispiel:
Einzahlung	▪ Bar- oder Buchgeld kommt in den Betrieb ▪ Liquide Mittel (Bankguthaben und Kasse) des Unternehmens vermehren sich ▪ Zahlungsmittelzuflüsse (Geldstrom) von außen	Die Ehlers & Gehrenberg KG verkauft auf einer Messe ein Ausstellungsstück gegen Barzahlung.
Einnahme	▪ Eingänge in Geldeinheiten, die auf den Finanzkonten gebucht werden ▪ Einnahmen vergrößern das Nettogeldvermögen ▪ Einnahmen = Einzahlungen + Forderungszugang + Schuldenabgang	Die Ehlers & Gehrenberg KG verkauft an die Larstadt Warenhaus AG Waren auf Ziel.
Ertrag	▪ Wert aller vom gesamten Unternehmen erzeugten Vermögenszuwächse, durch die das Eigenkapital vermehrt wird ▪ In Geld gemessener gesamter Verbrauch von Gütern und Dienstleistungen ▪ Wertezufluss	Die Ehlers & Gehrenberg KG bezieht Dividenden aus Aktien.
Leistung	▪ Betriebsbedingter Wertezufluss ▪ Wertzugang aller in Erfüllung des eigentlichen Betriebszwecks erstellten Gütern oder Dienstleistungen eines Zeitraums	Die Ehlers & Gehrenberg KG erzielt einen Umsatzerlös in einer neuen Warengruppe in Höhe von 230.035,00 €.

Die Unterscheidung zwischen den einzelnen Begrifflichkeiten ist in der Kosten- und Leistungsrechnung von besonderer Bedeutung. Es müssen genau abgegrenzt werden:

Einzahlungen und Einnahmen			
Einzahlung	Einzahlung, aber keine Einnahme	Ein Kunde der Ehlers & Gehrenberg KG begleicht seine Rechnung in Höhe von 10.000,00 €.	
Einzahlung	Einzahlung und Einnahme	Barverkauf einer Ware auf einer Messe	**Einnahme**
	Einnahme, aber keine Einzahlung	Verkauf von Waren auf Ziel durch die Ehlers & Gehrenberg KG	**Einnahme**

Auszahlungen und Ausgaben			
Auszahlung	Auszahlung, aber keine Ausgabe	Die Ehlers & Gehrenberg KG begleicht eine Verbindlichkeit in Höhe von 20.000,00 € per Banküberweisung.	
Auszahlung	Auszahlung und Ausgabe	Barkauf auf einer Messe	
	Ausgabe, aber keine Auszahlung	Einkauf von Waren auf Ziel durch die Ehlers & Gehrenberg KG	**Ausgabe**

Einnahmen und Erträge

Einnahme	Einnahme, aber kein Ertrag	Die Ehlers & Gehrenberg KG verkauft Regale zum Buchwert von 2.500,00 €.	
Einnahme	Einnahme und Ertrag	Ein Firmen-Pkw mit dem Buchwert von 3.000,00 € wird für 5.000,00 € verkauft.	**Ertrag**
	Ertrag, aber keine Einnahme	Die Ehlers & Gehrenberg KG bedruckt T-Shirts und nimmt sie auf Lager (verkauft werden sie im nächsten Jahr).	**Ertrag**

Ausgaben und Aufwendungen

Ausgabe	Ausgabe, aber kein Aufwand	Die Ehlers & Gehrenberg KG kauft einen neuen Lkw für 67.000,00 €.	
Ausgabe	Ausgabe und Aufwand	Die Ehlers & Gehrenberg KG kauft für die die Herstellung personalisierter (durch entsprechenden Aufdruck) T-Shirts 100 unbedruckte Exemplare und verbraucht sie im gleichen Jahr.	**Aufwand**
	Aufwand, aber keine Ausgabe	Die Ehlers & Gehrenberg KG schreibt ein Gebäude planmäßig ab.	**Aufwand**

Leistungen und Erträge

Erträge	Erträge, aber keine Leistungen	Einem Kunden der Ehlers & Gehrenberg KG werden Verzugszinsen in Rechnung gestellt.	
Erträge	Erträge und Leistungen	Die Ehlers & Gehrenberg KG produziert Textilien und verkauft diese auch.	**Leistungen**
	Leistungen, aber keine Erträge	Differenzen bei der unterschiedlichen Bewertung der Vorräte zwischen Geschäftsbuchführung und Kosten- und Leistungsrechnung	**Leistungen**

Kosten und Aufwendungen

Aufwand	Aufwand, aber keine Kosten	Die Ehlers & Gehrenberg KG spendet für die Opfer einer Hochwasserkatastrophe.	
Aufwand	Aufwand und Kosten	Ehlers & Gehrenberg KG versichert die Warenvorräte.	**Kosten**
	Kosten, aber kein Aufwand	In der Ehlers & Gehrenberg KG wird der Unternehmerlohn für Herrn Ehlers, der im Unternehmen mitarbeitet, einkalkuliert.	**Kosten**

Rechnungswesen

Geschäftsbuchführung
- erfasst alle Geschäftsvorfälle
- liefert Basisinformationen für die anderen Bereiche des Rechnungswesens
- für externe Zwecke (aufgrund handels- und steuerrechtlicher Vorschriften)
- ermittelt das Gesamtergebnis des Unternehmens

Kosten- und Leistungsrechnung
- überwiegend für interne Zwecke
- überwacht die Wirtschaftlichkeit der betrieblichen Tätigkeit
- ermittelt das Betriebsergebnis

Statistik
- Kennzahlenermittlung für Kontrolle und Planung

Planungsrechnung
- Vorausschaurechnung zur Entscheidungsvorbereitung

Verwendet unterschiedliche Begrifflichkeiten

Auszahlungen/Einzahlungen
- Liquide Mittel (Bargeld/Bankguthaben)

Ausgaben/Einnahmen
- Geldvermögen

Aufwendungen/Erträge
- Gesamtvermögen

Kosten/Leistungen
- Betriebsnotwendiges Vermögen

Drei Bereiche der Kosten- und Leistungsrechnung

Kostenartenrechnung
- Welche Kosten werden verursacht?

Kostenstellenrechnung
- Wo werden die Kosten verursacht?

Kostenträgerrechnung
- Wodurch werden die Kosten verursacht?

Aufgaben

1. Aus welchen Teilbereichen besteht das Rechnungswesen?

2. Wodurch unterscheiden sich die Kosten- und Leistungsrechnung von der Geschäftsbuchführung?

3. Aus welchen drei Bereichen besteht die Kosten- und Leistungsrechnung?

4. Was verstehen Sie unter den Begriffen
   a) Auszahlungen,
   b) Einnahmen,
   c) Ertrag,
   d) Kosten?

5. Welcher Begriff der Kostenrechnung ist gemeint?
   a) Zufluss von Zahlungsmitteln
   b) Darunter versteht man den bewerteten Verbrauch von Gütern und Dienstleistungen in einem bestimmten Zeitraum.
   c) Diese Minderungen des Geldvermögens eines Unternehmens setzen sich zusammen aus den Abgängen liquider Mittel sowie kurzfristiger Forderungen und dem Zugang von Verbindlichkeiten.

6. Entscheiden Sie bei den folgenden Buchungssätzen, um welche(n) Grundbegriff(e) der Kosten- und Leistungsrechnung (bzw. des Rechnungswesens) es sich handelt.
   a) Aufwendungen für Ware und Vorsteuer an Bank
   b) Aufwendungen für Ware und Vorsteuer an Verbindlichkeiten
   c) Forderungen an Umsatzerlöse und Umsatzsteuer

7. Beurteilen Sie die folgenden Fälle aus Sicht der Ehlers & Gehrenberg KG:
   a) Letzte Woche wurden von der Ehlers & Gehrenberg KG mehrere Kartons farbiges Kopierpapier bei einem Schreibwarengroßhändler bestellt. Diese sind heute Morgen zusammen mit der Rechnung über 420,00 € abzüglich 3 % Skonto bei sofortiger Zahlung geliefert worden. Anna Ruiz-Gonzales nimmt gerade die Überweisung vor.
   b) Die Ehlers & Gehrenberg KG hat Ware an die Larstadt Warenhaus AG geliefert. Die Ware muss erst in 90 Tagen bezahlt werden.
   c) Gestern wurde in einen Lagergebäude der Ehlers & Gehrenberg KG eingebrochen. Gestohlen wurden Anzüge einer italienischen Nobelmarke im Wert von 120.000,00 €
   d) Es werden fünf neue Drucker auf Ziel (120 Tage) gekauft.
   e) Heute Morgen wurde ein Darlehen zurückgezahlt, mit dem ein Lagergebäude der Ehlers & Gehrenberg KG finanziert wurde.

8. Eine sehr schöne Einführung in die Kostenrechnung finden Sie im ersten Teil des E-Learning-Lernprogramms „Einführung in die Kostenrechnung“ unter der Adresse *https://www.wiwi-treff.de/E-Learningfuer-WiWis/E-Learning-Einfuehrung-in-die-Kostenrechnung/Artikel-4242*
   Jede Lektion dauert ca. 45 Minuten.
   Arbeiten Sie die erste Lektion durch.

9. In der Kosten- und Leistungsrechnung müssen Einnahmen, Erträge und Einzahlungen sowie Ausgaben, Aufwand und Auszahlungen genauestens voneinander getrennt werden.

Welche Situation liegt in den folgenden Fällen jeweils vor?

a) Die Ehlers & Gehrenberg KG begleicht ihre Schulden in Höhe von 50.000,00 € per Banküberweisung bei der Möbius AG.
b) Ein Firmen-Lkw hat momentan einen Buchwert von 6.000,00 €. Er wird nun für 4.000,00 € verkauft.
c) Herr Ehlers lässt die Warenvorräte im Lager der Ehlers & Gehrenberg KG versichern.
d) Die Ehlers & Gehrenberg KG bedruckt T-Shirts. Diese werden auch verkauft.
e) Das Firmengebäude der Ehlers & Gehrenberg KG wird planmäßig abgeschrieben.
f) Ein Firmen-Pkw mit einem Buchwert von 4.000,00 € wird für 4.000,00 € verkauft.
g) Die Ehlers & Gehrenberg KG kauft Waren auf Ziel ein.
h) Der Kunde Gerhard Frost begleicht seine Rechnung in Höhe von 252,00 €.
i) Dem Kunden Ernst Merke werden von der Ehlers & Gehrenberg KG Verzugszinsen in Rechnung gestellt.
j) Die Ehlers & Gehrenberg KG spendet einer Hilfsorganisation 5.000,00 € für die Opfer einer Erdbebenkatastrophe.

10. Die Teilbereiche des Rechnungswesens arbeiten mit unterschiedlichen Mitteln. Welche sind dies in den folgenden Beispielen?
a) Daten der Vergangenheit
b) Kennzahlen
c) Tabellen
d) Konten

2 Kostenarten

Einstiegssituation

Sandra Krollmann schaut Frau Duchnik interessiert über die Schulter:

Sandra Krollmann:
„Wieso arbeiten Sie denn nicht mit einem Konto? Das sieht mir ja nach einer Tabelle aus!"

Frau Duchnik:
„Stimmt. Das ist eine Ergebnistabelle. Ich verrechne gerade kalkulatorische Abschreibungen."

Sandra Krollmann:
„Kalkulatorische Abschreibung, Ergebnistabelle: Ich glaube, da müssen Sie mir noch einiges erklären.
Ich dachte, ich könnte mittlerweile die Buchführung."

Frau Duchnik:
„Die können Sie prima, aber hier geht es um die Kostenartenrechnung."

Arbeitsauftrag

Erläutern Sie, warum im Rechnungswesen mit Ergebnistabellen gearbeitet wird.

Ziel der **Kostenartenrechnung** ist die artmäßige Erfassung aller Kosten: Alle kalkulierbaren Kosten werden nach ihrem Charakter aufgeschlüsselt.

In der Geschäftsbuchführung verbucht jedes Unternehmen Aufwendungen, die mit dem eigentlichen Betriebszweck nichts zu tun haben. Als erstes werden daher in der Kostenartenrechnung die Aufwendungen von den Kosten getrennt. Anschließend müssen jedoch noch Kosten hinzugerechnet werden, die entweder überhaupt keinen Aufwand darstellen oder sich in der Höhe von den entsprechenden Aufwendungen unterscheiden. Diese Kosten nennt man kalkulatorische Kosten.

Die Abgrenzung von Aufwand und Kosten

Unter Aufwand versteht man den gesamten Verzehr von Gütern bzw. Dienstleistungen innerhalb eines bestimmten Zeitraums. In einem ersten Schritt muss von dem gesamten Aufwand der neutrale Aufwand abgezogen werden.

Der neutrale Aufwand

Neutraler Aufwand wird in der Geschäftsbuchführung erfolgswirksam verbucht. Da er grundsätzlich nicht im Zusammenhang mit der Erreichung des Betriebszwecks steht, darf er in der Kostenrechnung nicht beachtet werden.

Zum neutralen Aufwand gehören:

- **Betriebsfremder Aufwand:**
  Diese Aufwandsart entsteht nicht im Zusammenhang mit der eigentlichen betrieblichen Tätigkeit.

Beispiele

- Die Ehlers & Gehrenberg KG spendet für ein Waisenhaus in Guatemala.
- Die Ehlers & Gehrenberg KG besitzt ein größeres Aktienpaket einer niederländischen Textilfabrik. Hier kommt es zu Verlusten.

- **Außerordentlicher Aufwand:**
  Zwar entsteht dieser Aufwand betrieblich bedingt, er tritt aber nur vereinzelt, unregelmäßig oder zufällig auf.

Beispiele

- Ein Lkw wird von der Ehlers & Gehrenberg KG unter dem Buchwert verkauft.
- Ein wichtiger Kunde der Ehlers & Gehrenberg KG wird insolvent. Es entsteht ein Forderungsverlust in Höhe von 12.000,00 €.

- **Periodenfremder Aufwand:**
  Dieser betrieblich bedingte Aufwand entsteht nicht in dem Abrechnungszeitraum, sondern zu einem späteren Zeitpunkt.

Beispiel

Die Ehlers & Gehrenberg KG muss 17.000,00 € Steuern nachzahlen.

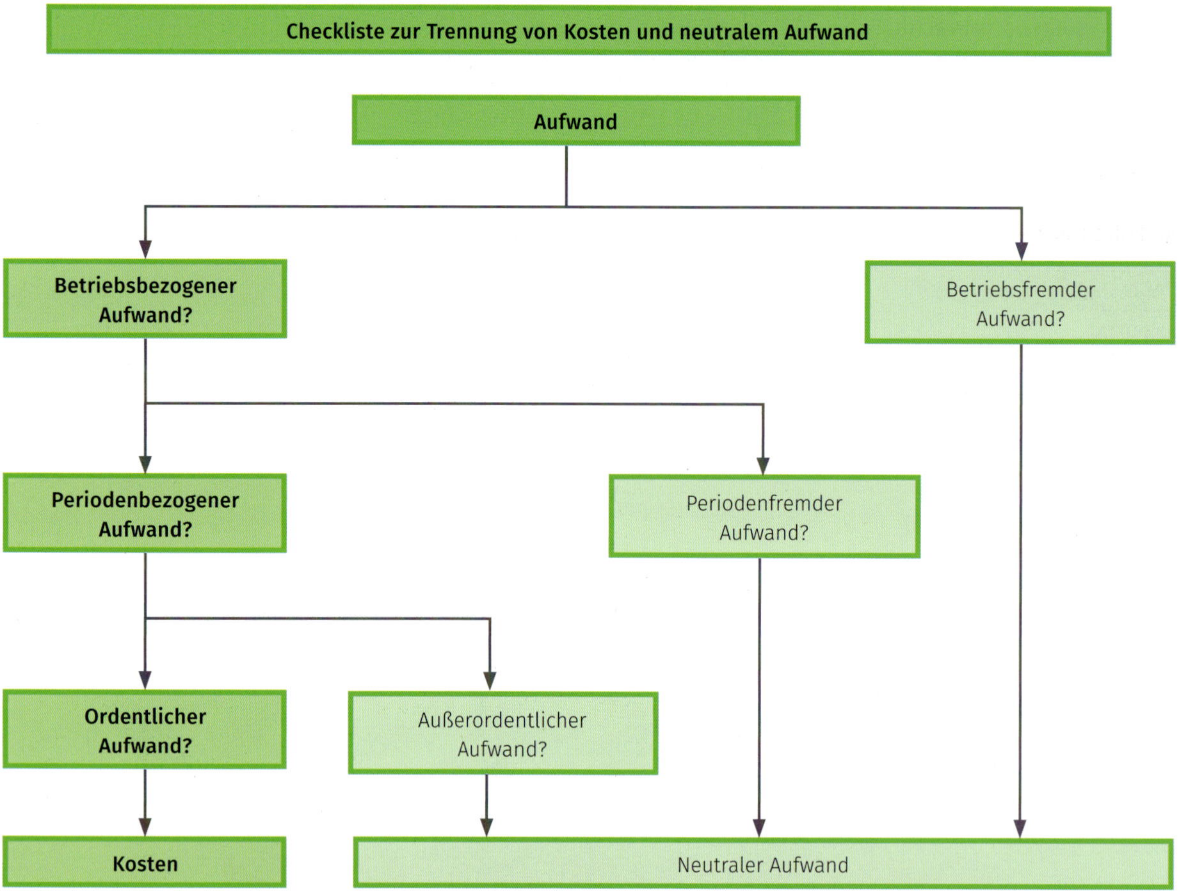

Grundkosten und Zweckaufwand

Hat man vom gesamten Aufwand den neutralen Aufwand abgezogen, bleibt der *Zweckaufwand* übrig. Dieser Begriff der Geschäftsbuchführung wird in der Kosten- und Leistungsrechnung **Grundkosten** genannt. Dies sind Kosten, die in gleicher Höhe sowohl als Aufwand in die Geschäftsbuchführung eingehen als auch als Kosten in der Kostenrechnung verrechnet werden. Grundkosten sind also Kosten, die ebenfalls Aufwendungen sind.

Beispiel

Die Ehlers & Gehrenberg KG verbucht in einer Warengruppe Aufwendungen für Waren in Höhe von 87.000,00 €. In der Kostenrechnung wird dies in gleicher Höhe als Grundkosten verrechnet.

Kalkulatorische Kosten

Manche Kosten sind in der Geschäftsbuchführung nicht oder nicht in dem Umfang enthalten, der nötig ist, um richtige betriebliche Entscheidungen treffen oder realistische Verkaufspreise kalkulieren zu können.

Kalkulatorische Kosten entsprechen also nicht direkt einer Aufwandsart der Geschäftsbuchführung. Sie werden in der Kosten- und Leistungsrechnung bei der Ermittlung des Betriebsergebnisses hinzugerechnet, um vorweggenommene Kosten bereits in die Kalkulation der Verkaufspreise einfließen zu lassen. Unternehmen verwenden – ohne Rücksicht auf handels- oder steuerrechtliche Vorschriften nehmen zu müssen – die kalkulatorischen Kosten zur Abbildung des tatsächlichen Werteverzehrs der für die Leistungserstellung eingesetzten Produktionsfaktoren. Im Gegensatz zu den Kosten der Geschäftsbuchführung liegen ihnen keine Verträge oder Rechnungen zugrunde.

Kalkulatorische Kosten setzen sich zusammen aus Zusatzkosten und Anderskosten.

Aufwand der Geschäftsbuchführung			
Neutraler Aufwand	**Zweckaufwand (Aufwand, dem in gleicher Höhe Kosten entsprechen)**		
	Grundkosten (Kosten, denen in gleicher Höhe Aufwand entspricht)	**Kalkulatorische Kosten**	
		Anderskosten (haben eine Entsprechung als Aufwand, unterscheiden sich aber in der Höhe von diesem)	Zusatzkosten (diesen entspricht gar kein Aufwand in der Geschäftsbuchführung)
	Kosten der Kosten- und Leistungsrechnung		

Zusatzkosten

Zusatzkosten steht überhaupt kein Aufwand gegenüber.

Kalkulatorische Miete
In der Kosten- und Leistungsrechnung wird die kalkulatorische Miete für Räumlichkeiten berechnet, die zwar betrieblichen Zwecken dienen, aber keine Mietzahlungen verursachen. Dadurch wird die Kalkulation eines Unternehmens mit eigenen Gebäuden mit der Kostenrechnung eines Unternehmens, das Räumlichkeiten gemietet hat, vergleichbar: Beide Unternehmen können auf der gleichen Kostengrundlage kalkulieren.

Kalkulatorische Zinsen des Eigenkapitals
Wenn nur die tatsächlich gezahlten Zinsen für das Fremdkapital in die Kalkulation der Verkaufspreise eingehen würden, bekäme ein Unternehmer nicht die Zinsen für sein bereitgestelltes Eigenkapital über die Verkaufspreise in das Unternehmen zurück. Für eine genaue Kalkulation muss also von dem gesamten betriebsnotwendigen Kapital (Fremdkapital, aber auch Eigenkapital) ausgegangen werden. Die kalkulatorischen Zinsen sorgen also dafür, dass in den Verkaufspreisen die Zinsen sowohl für das im Betrieb arbeitende fremde als auch für das eigene Kapital enthalten sind.

Kalkulatorischer Unternehmerlohn
Wenn Einzelunternehmer oder Gesellschafter von Personengesellschaften (KG/OHG) in dem Unternehmen mitarbeiten, werden diese Arbeiten nicht als Betriebsausgaben in Form von Personalkosten in der Geschäftsbuchführung erfasst. Um einerseits Kapital- und Personalgesellschaften gleichzustellen, andererseits eine korrekte und realistische Kalkulation zu bekommen, müssen die kalkulierten Verkaufspreise diese im Prinzip eingesparten Personalkosten enthalten.

Anderskosten

Wird in der Kostenrechnung der Güterverbrauch anders berechnet als in der Geschäftsbuchführung, liegen Anderskosten vor.

Kalkulatorische Wagnisse

Besondere Risiken in der betrieblichen Tätigkeit werden durch kalkulatorische Wagnisse in der Kostenrechnung abgebildet.

Beispiel

In die Geschäftsbuchführung der Fairtext fließt ein Forderungsausfall in der tatsächlich angefallenen Höhe ein. In der Kostenrechnung werden jedoch vorsichtig kalkulierte Durchschnittswerte angesetzt.

Kalkulatorische Abschreibungen

Den Unternehmen werden in der Geschäftsbuchführung vom Gesetzgeber handels- und steuerrechtliche Vorschriften für die Berechnung der Abschreibungshöhe vorgegeben. Oft kann jedoch der Fall eintreten, dass die Abschreibungshöhe im Hinblick auf den tatsächlichen Werteverzehr eines Anlageguts zu hoch oder zu niedrig ist. Die kalkulatorischen Abschreibungen sorgen deshalb für eine Erfassung der tatsächlichen Wertminderung der Anlagegüter.

Kalkulatorische Zinsen des Fremdkapitals

Unterscheiden sich die tatsächlich zu bezahlenden Fremdkapitalzinsen (verbucht in der Geschäftsbuchführung) von den in der Kostenrechnung angesetzten Beträgen, liegen kalkulatorische Fremdkapitalzinsen vor.

Kosten

Jetzt sind die gesamten Kosten des Betriebes ermittelt. Sie ergeben sich durch Zusammenrechnung der Grundkosten mit den Zusatz- sowie Anderskosten.

Die Abgrenzungen von Erträgen und Leistungen

Die Berechnung der Leistungen erfolgt analog dem Vorgehen bei der Abgrenzung von Aufwand und Kosten. Im Zuge eines Prozesses werden die Leistungen von den Erträgen getrennt. Zudem werden noch Zusatz- und Andersleistungen hinzugerechnet.

Erträge

Erträge stellen den Wertzuwachs an Gütern und Dienstleistungen innerhalb eines bestimmten Zeitraums dar. Von diesen werden zunächst die neutralen Erträge abgegrenzt.

Neutrale Erträge

Neutrale Erträge, die grundsätzlich nicht im Zusammenhang mit der Erreichung des eigentlichen Betriebszwecks im untersuchten Zeitraum stehen, setzen sich aus folgenden Erträgen zusammen:

- **Betriebsfremde Erträge**
  Betriebsfremde Erträge haben keinen Bezug zur eigentlichen betrieblichen Tätigkeit.

  Beispiel

  Die Ehlers & Gehrenberg KG ist an einer Schweizer Unternehmung beteiligt, die einen beträchtlichen Gewinn ausschüttet.

- **Außerordentliche Erträge**
  Außerordentliche Erträge werden zwar betrieblich bedingt, treten aber nur unregelmäßig, vereinzelt und oft zufällig auf.

  Beispiel

  Die Ehlers & Gehrenberg KG verkauft einen Pkw über dem Buchwert.

- **Periodenfremde Erträge**
  Periodenfremde Erträge sind betrieblich verursachte Erträge, die jedoch in einem andern Zeitraum anfallen.

  Beispiel

  Die Ehlers & Gehrenberg KG bekommt überraschend im Vorjahr gezahlte Steuern zurückerstattet.

Grundleistungen und Zweckerträge

Wurden von den gesamten Erträgen die neutralen Erträge abgezogen, bleibt der Zweckertrag übrig. In der Leistungsrechnung ist dies die Grundleistung.

Kalkulatorische Leistungen

Zur Berechnung der gesamten Leistungen werden zu den Grundleistungen noch die Andersleistungen und die Zusatzleistungen hinzugerechnet.

Zusatzleistungen

Zusatzleistungen steht kein Ertrag in der Geschäftsbuchführung entgegen.

Beispiel

Die Ehlers & Gehrenberg KG nutzt bei der Textilproduktion ein eigenes Patent.

Andersleistungen

Werden in der Geschäftsbuchführung und in der Leistungsrechnung Leistungen unterschiedlich bewertet, werden Andersleistungen in die Berechnung aufgenommen.

Beispiel

Ein Grundstück der Ehlers & Gehrenberg KG in Rostock hat einen enormen Wertzuwachs bekommen. In der Geschäftsbuchführung darf in der Bilanz nur der Wert bis maximal zum ursprünglichen Anschaffungspreis angesetzt werden. Die Leistungsrechnung dagegen darf auch den Marktpreis als Andersleistung einkalkulieren.

Einteilung der Kosten

Nach Abgrenzung der Kosten von den Aufwendungen unterteilt die Kostenartenrechnung die Kosten nach einer Vielzahl von Kriterien. Die identifizierten Kosten werden also – um später besser Informationen gewinnen zu können – nach bestimmten Merkmalen eingeteilt: Von besonderer Bedeutung für die Kostenrechnung sind einerseits die Unterscheidung von Einzel- und Gemeinkosten, andererseits die Unterteilung der Kosten in fixe und variable Kosten.

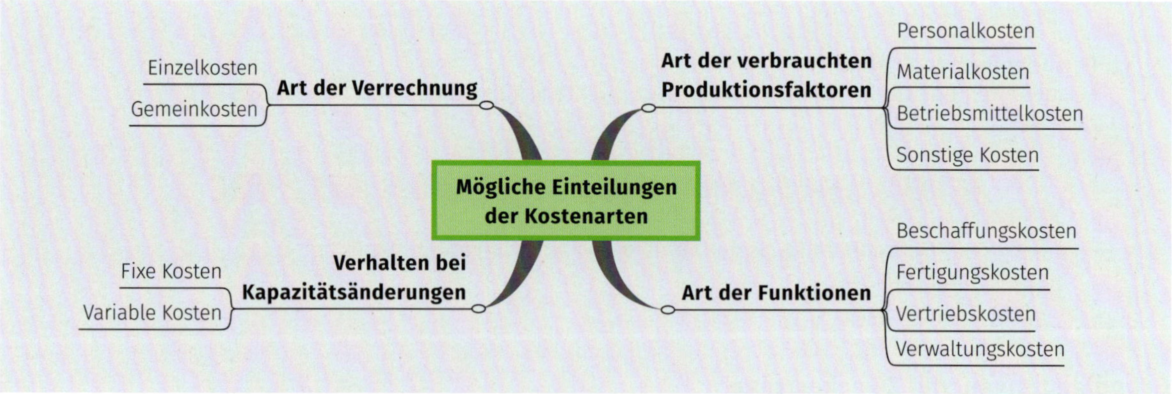

Aufteilung der Kosten nach der Zurechenbarkeit

Einzelkosten

Einzelkosten nennt man Kosten, die einem einzelnen Kostenträger (z. B. einem Artikel) direkt zugerechnet werden können. Oft werden sie auch als direkte Kosten bezeichnet.

Beispiel

Ein Artikel verursacht im Lager der Ehlers & Gehrenberg KG direkt nachweisbare Lagerkosten von 0,75 € pro Stück im Jahr.

Gemeinkosten

Gemeinkosten werden durch mehrere oder alle Kostenträger im Betrieb verursacht. Sie fallen für den Betrieb insgesamt an, können aber nicht direkt einem Kostenträger zugerechnet werden. Sie werden oft auch indirekte Kosten genannt.

Beispiel

Herr Trzensik, Hausmeister der Ehlers & Gehrenberg KG, verursacht Personalkosten, die nicht direkt einem Kostenträger zugeordnet werden können.

Aufteilung der Kosten nach der Veränderbarkeit des Leistungsumfangs

Kosten werden hier danach aufgeteilt, wie sie sich bei einer Änderung der betrieblichen Auslastung verhalten.

Wirtschaftswissenschaftler sprechen im Zusammenhang mit dieser Variation des Leistungsumfangs oft auch vom Beschäftigungsgrad.

Fixe Kosten

Diese Kosten bleiben bei Schwankungen der Auslastung konstant.

Beispiel

Die Ehlers & Gehrenberg KG hat in Braunschweig ein Lagergebäude angemietet. Die Miete fällt an, egal ob das Lager leer oder gefüllt ist.

Die fixen Kosten können grafisch dargestellt werden:

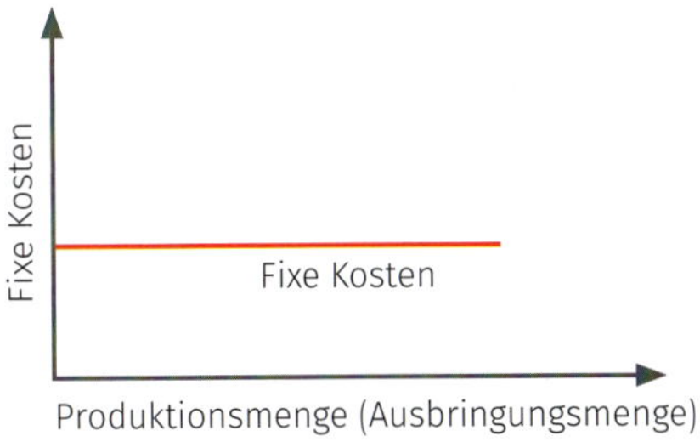

Die fixen Kosten bleiben bei zunehmender Produktionsmenge gleich.

Beispiel

Unabhängig davon, ob in einem Industriebetrieb z. B. 3 000 oder 6 000 Stück hergestellt werden (oder in einem Handelsbetrieb dieselben Stückzahlen verkauft werden), bleiben die fixen Kosten (z. B. 20.000,00 € für Miete von Räumen oder für Gehälter) gleich.

Untersucht man den Verlauf der **fixen Stückkosten**, ermittelt man, wie viel fixe Kosten für ein hergestelltes Stück anfallen.

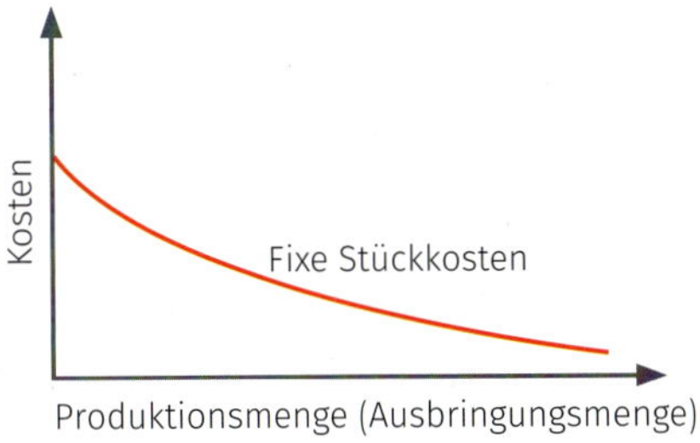

Je mehr ein Unternehmen herstellt, desto geringer werden die *fixen Stückkosten*.

Beispiel

Bei einer Produktion (Ausbringung) von 3 000 Stück fallen 6,66 € fixe Kosten pro Stück an.
(Rechnung: 10.000,00 € / 3 000 Stück = 6,66 €)
Wird die Produktion dagegen auf 6 000 Stück gesteigert, sinken die fixen Kosten pro Stück auf 3,33 €.

Variable Kosten

Variable Kosten verändern sich als mengenabhängige Kosten bei Änderung der Produktions- bzw. Absatzmenge.

Beispiel

Je mehr ein Industrieunternehmen im Bereich der Textilproduktion anfertigt, desto größer werden die Beschaffungskosten für die Rohstoffe.

Bei einer Erhöhung der Produktionsmenge steigen also die variablen Kosten.

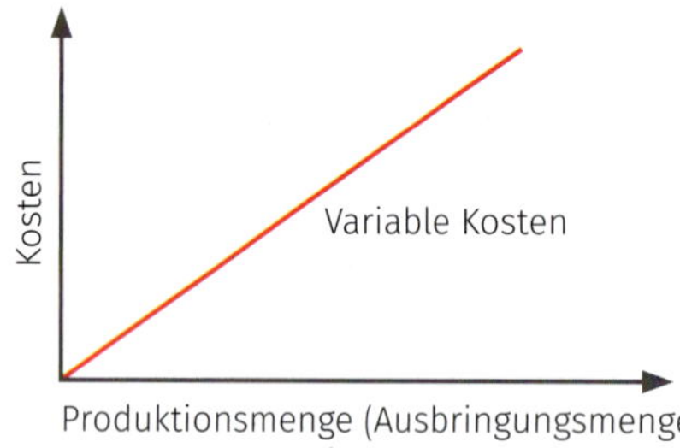

Beispiel

Fallen für ein Stück eines Produkts 5,00 € variable Kosten pro Stück an, ergeben sich variable Kosten für die Erstellung von 1 000 Stück in Höhe von 5.000,00 €.

Die *variablen Stückkosten* bleiben immer gleich, egal wie viel Stück hergestellt werden.

Beispiel

Egal, ob ein Stück oder 1 000 Stück produziert werden, die variablen Kosten pro Stück betragen immer 5,00 €.

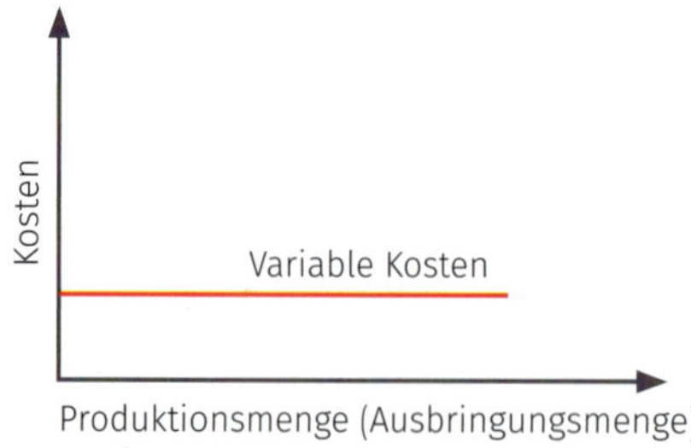

Verlauf variabler Kosten

Variable Kosten sind zwar beschäftigungsabhängig (also direkt beeinflusst durch die Ausbringungsmenge), können aber einen unterschiedlichen Verlauf haben:

Bei **proportionalen** Kosten verändern sich die variablen Kosten im gleichen Verhältnis wie die Ausbringungsmenge.

Degressive Kosten liegen vor, wenn die Kosten langsamer als z. B. die Produktionsmenge steigen.

Beispiel

Beim Bezug von Rohstoffen kann die Ehlers & Gehrenberg KG durch Abnahme größerer Mengen Mengenrabatte und bessere Bezugskonditionen erzielen.

Bei **progressiven** Kosten nehmen die variablen Kosten bei steigender Ausbringungsmenge stärker zu.

Beispiel

Lohnkosten verteuern sich durch Überstundenzuschläge. Es kommt vermehrt zu Reparaturen aufgrund der Überbeanspruchung von Maschinen.

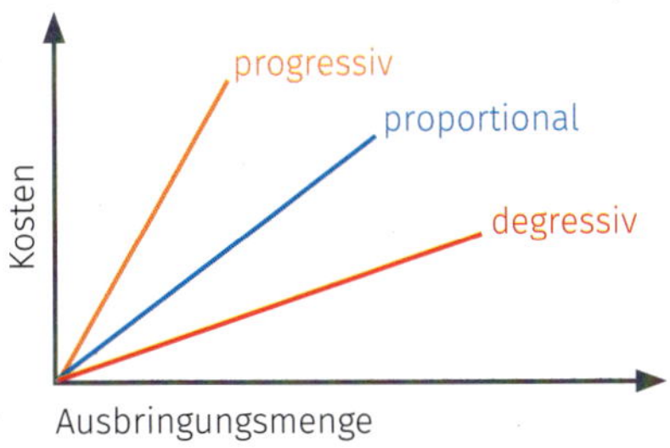

Ein Sonderfall sind die **sprungfixen** Kosten: Ab einer bestimmten Ausbringungsmenge ändert sich – sprunghaft – die Höhe der Fixkosten.

Beispiel

Ab einer gewissen Ausbringungsmenge muss ein Industrieunternehmen ein weiteres Gebäude für die Fertigung anmieten.

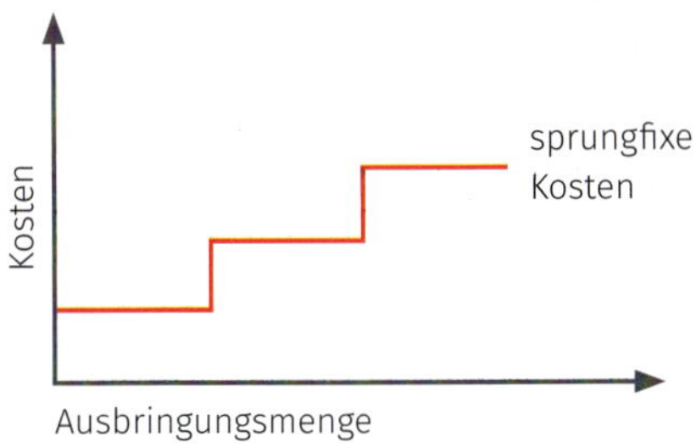

Gesamtkosten

Die Beziehung zwischen fixen und variablen Kosten lässt sich auch grafisch darstellen.

Beispiel

Sandra Krollmann soll die Gesamtkosten eines Bereichs des Lagers berechnen. Frau Duchnik nennt ihr als fixen Anteil dieses Bereichs an der Lagermiete den Betrag von 3.500,00 €. Pro gelagerten Artikel fallen noch 0,70 € pro Stück an.
Sandra Krollmann macht sich noch einmal klar:
Gesamtkosten = fixe Kosten + variable Kosten
Sie stellt daher die folgende Gleichung auf:
$y = 3\,500{,}00 + 0{,}70 \cdot x$
Wenn sie nun die Gesamtkosten für einen durchschnittlichen Lagerbestand von 12 000 Stück berechnen soll, ergibt sich folgende Rechnung:
$y = 3.500{,}00\ € + 0{,}70\ € \cdot 12\,000$
$y = 3.500{,}00\ € + 8.400{,}00\ €$
$y = 11.900{,}00\ €$
Die Gesamtkosten der Lagerung betragen somit 11.900,00 €.

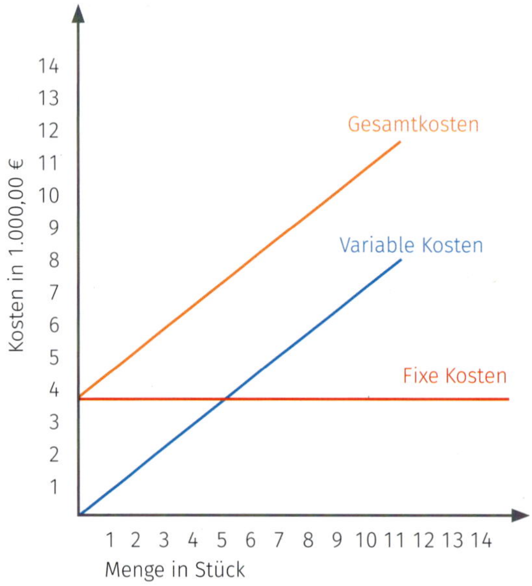

Das Gesetz der Massenproduktion

Je mehr ein Unternehmen produziert, desto stärker wird sich dessen Kostenstruktur verbessern. Dies sagt das Gesetz der Massenproduktion aus: Je höher die Ausbringungsmenge bei der Produktion von Gütern ist, desto geringer werden die gesamten Stückkosten.

Beispiel

Die Ehlers & Gehrenberg KG produziert personalisierte T-Shirts zu variablen Kosten in Höhe von 30,00 € je Stück.
In einem Monat fallen 14.000,00 € fixe Kosten an.
Im Juli produziert die Ehlers & Gehrenberg KG 4 000 Stück, im August wird die Fertigung auf 6 000 Stück gesteigert.
Sandra Krollmann bekommt den Auftrag, die Kostensituation zu untersuchen.

		€	
		Juli	August
Variable Kosten	Stückzahl · 30,00 €	12.000,00	18.000,00
Fixe Kosten		14.000,00	14.000,00
Gesamtkosten	Variable und fixe Kosten	26.000,00	32.000,00
Gesamtkosten pro Stück	Gesamtkosten Herstellungsmenge	650,00	533,00

Sandra Krollmann erkennt, dass hier das Gesetz der Massenproduktion vorliegt: Mit steigender Produktionsmenge sinken die Gesamtkosten pro Stück.

Die Ergebnistabelle

Der Gewinn oder Verlust aus dem Gewinn- und Verlustkonto der Geschäftsbuchführung sagt noch nichts über den Erfolg der eigentlichen betrieblichen Tätigkeit aus. Zur Ermittlung dieses Betriebsergebnisses (Betriebsgewinn oder Betriebsverlust) benötigt das Unternehmen die genaue Höhe der Kosten und Leistungen. Dazu wird in der Kosten- und Leistungsrechnung die Ergebnistabelle verwendet. Zur Berechnung des Betriebsergebnisses grenzt diese die neutralen Aufwendungen und Erträge von den Kosten und Leistungen ab und erfasst diese gegliedert und systematisch geordnet.

Als wesentliches Instrument der Kostenartenrechnung hat die Ergebnistabelle die folgende Struktur.

GESCHÄFTSBUCHFÜHRUNG				**KOSTEN- UND LEISTUNGSRECHNUNG**					
Rechnungskreis I				**Rechnungskreis II**					
Erfolgsbereich				Abgrenzungsbereich				KLR-Bereich	
				Unternehmensbezogene Abgrenzungen	Kostenrechnerische Korrekturen			Betriebsergebnisrechnung	
Kto. Nr.	Kontenbezeichnung	Aufwendungen	Erträge	Aufwendungen	Erträge	Aufwendungen	Erträge	Kosten	Leistungen

Der erste größere Teil der Ergebnistabelle (der linke Bereich) erfasst unter der Überschrift „Rechnungskreis I" die Salden aller Aufwands- und Ertragskonten aus den Erfolgskonten der Geschäftsbuchführung. Er bildet den Inhalt des Gewinn- und Verlustkontos einschließlich des Gesamtergebnisses ab.

Der zweite größere Bereich der Ergebnistabelle ermöglicht unter der Überschrift „Rechnungskreis II" sowohl die Berechnung der Abgrenzungsergebnisses als auch die des Betriebsergebnisses. Dieser gesamte Bereich fasst alle Berechnungen der Kosten- und Leistungsrechnung zusammen.

Es findet hier noch eine Untergliederung statt in

1. Abgrenzungsrechnung:

- Aus dem Rechnungskreis I werden einerseits unter der Überschrift „Unternehmensbezogene Abgrenzungen“ die neutralen Aufwendungen und Erträge übernommen, die nichts mit dem betrieblichen Leistungsprozess zu tun haben. Ermittelt wird das neutrale Ergebnis (neutraler Verlust oder neutraler Gewinn).
- Mithilfe der kostenrechnerischen Korrekturen werden die eigenen kalkulatorischen Kosten (z. B. für die Abschreibung) in die Kostenrechnung aufgenommen. Da die kalkulatorischen Kosten die betriebliche Wirklichkeit besser abbilden, ist es realistischer, diese auch in das Betriebsergebnis einfließen zu lassen.
- Kalkulatorische Kosten, die in der Kosten- und Leistungsrechnung als Kosten verrechnet werden, erscheinen in den kostenrechnerischen Korrekturen quasi als Erträge. Diese werden den Aufwendungen gegenübergestellt, die in der Geschäftsbuchführung des Rechnungskreises I erfasst wurden. Sie werden einerseits also in der Kostenrechnung als Kosten angesetzt, andererseits aber auch außerordentliche Erträge, damit das Gesamtergebnis nicht verfälscht wird.

2. Betriebsergebnisrechnung:
Aus dem Rechnungskreis I werden alle Kosten und Leistungen eingetragen. Ermittelt wird das Betriebsergebnis.

Beispiel

Sandra Krollmann soll für eine Filiale eine Ergebnistabelle aus der Gewinn-und-Verlust-Rechnung erstellen. Kalkulatorische Kosten und Leistungen muss sie zunächst nicht berücksichtigen.

S	Gewinn- und Verlustkonto		H
2010 Außerord. Aufwendungen	34.500,00	2420 Betriebsfremde Erträge	262.800,00
2030 Periodenfremder Aufwand	120.000,00	26 So. Zinsen und ä. Erträge	107.700,00
2040 Verluste a. D. Abgang v. AV	17.100,00	8010 Warenverkauf	4.500.000,00
3010 Wareneingang	2.880.000,00		
40 Personalkosten	810.000,00		
42 Steuern und Beiträge	293.700,00		
44 Werbe- und Reisekosten	33.660,00		
48 Allgemeine Verwaltungskosten	56.760,00		
GEWINN	624.780,00		
	4.870.500,00		4.870.500,00

Sandra stellt die folgende Ergebnistabelle auf:

GESCHÄFTSBUCHFÜHRUNG				**KOSTEN- UND LEISTUNGSRECHNUNG**					
Rechnungskreis I				**Rechnungskreis II**					
Erfolgsbereich				**Abgrenzungsbereich**				**KLR-Bereich**	
				Unternehmensbez. Abgrenzungen		**Kostenrechnerische Korrekturen**		**Betriebsergebnis-rechnung**	
Kto. Nr.	**Kontenbe-zeichnung**	**Aufwen-dungen in €**	**Erträge in €**	**Aufwen-dungen in €**	**Erträge in €**	**Aufwen-dungen in €**	**Erträge in €**	**Kosten in €**	**Leistungen in €**
2010	Außero. Aufwend.	34.500,00		34.500,00					
2030	Perioden-fremder Aufw.	120.000,00		120.000,00					
2040	Verluste a. D. Abgang v. AV	17.100,00		17.100,00					
3010	Wareneingang	2.880.000,00						2.880.000,00	
40	Personal-kosten	810.000,00						810.000,00	
42	Steuern und Beiträge	293.700,00						293.700,00	
44	Werbe- und Reisekosten	33.660,00						33.660,00	
48	AVK	56.760,00						56.760,00	
2420	Betriebsfr. Erträge		262.800,00		262.800,00				
26	So. Zinsen und ä. Erträge		107.700,00		107.700,00				
8010	Warenverkauf		4.500.000,00						4.500.000,00
	Summen:	4.245.720,00	4.870.500,00	171.600,00	370.500,00			4.074.120,00	4.500.000,00
	Salden	624.780,00	0	198.900,00				425.880,00	
		4.870.500,00	4.870.500,00	370.500,00	370.500,00			4.500.000,00	4.500.000,00

Sie ermittelt folgende Ergebnisse:

Gesamtergebnis =	Abgrenzungsergebnis	+ Betriebsergebnis
hier: Gesamtgewinn	hier: Abgrenzungsgewinn	+ hier: Betriebsgewinn
624.780,00 € =	198.900,00 €	+ 425.880,00 €

Berücksichtigung der kalkulatorischen Kosten in der Ergebnistabelle

Auch die kalkulatorischen Kosten müssen in der Ergebnistabelle berücksichtigt werden.

Beispiel

Frau Duchnik erklärt Sandra Krollmann mit einem einfachen Beispiel (zum besseren Verständnis), wie sie dabei vorzugehen hat. Sie nimmt an, dass das Unternehmen als einzigen Ertrag 600.000,00 € für Umsatzerlöse erzielt hat. Als einzige Aufwendung wurde in der Geschäftsbuchführung nur eine Abschreibung in Höhe von 200.000,00 € gebucht. In der Kostenrechnung müssen aber 250.000,00 € kalkulatorisch abgeschrieben werden. Sandra Krollmann muss in der Spaltengruppe „Kostenrechnerische Korrekturen" die auf das Gesamtunternehmen bezogenen Aufwendungen der Finanzbuchführung von den betriebsbezogenen Aufwendungen abgrenzen. Muss sie wie in diesem Fall in der Kosten- und Leistungsrechnung höhere Kosten verrechnen als Aufwendungen in der Geschäftsbuchführung, so wird sie das im Vergleich zum Gesamtergebnis zu gering ausgewiesene Betriebsergebnis durch den Ausweis eines entsprechenden Mehrertrags ausgleichen und neutralisieren.

GESCHÄFTSBUCHFÜHRUNG				**KOSTEN- UND LEISTUNGSRECHNUNG**					
Rechnungskreis I				**Rechnungskreis II**					
Erfolgsbereich				**Abgrenzungsbereich**				**KLR-Bereich**	
				Unternehmensbez. Abgrenzungen		**Kostenrechnerische Korrekturen**		**Betriebsergebnis-rechnung**	
Kto. Nr.	**Kontenbe-zeichnung**	**Aufwen-dungen in €**	**Erträge in €**	**Aufwen-dungen in €**	**Erträ-ge in €**	**Aufwen-dungen in €**	**Erträge in €**	**Kosten in €**	**Leistungen in €**
	Umsatzerlöse		600.000,00						600.000,00
	Abschrei-bungen	200.000,00	→	→	→	200.000,00	250.000,00 ←	250.000,00	
	Summen:	200.000,00	600.000,00			200.000,00	250.000,00	250.000,00	600.000,00
	Salden	400.000,00				50.000,00		350.000,00	
		600.000,00				250.000,00	250.000,00	600.000,00	600.000,00

Als Ergebnis liest sie ab:

Gesamtergebnis =	Abgrenzungsergebnis	+ Betriebsergebnis
hier: Gesamtgewinn	hier: Abgrenzungsgewinn	hier: Betriebsgewinn
400.000,00 € =	50.000,00 €	+ 350.000,00 €

Beispiel

Sandra Krollmann erfährt gerade noch rechtzeitig, dass die vorläufig aufgestellte Gewinn-und-Verlust-Rechnung korrigiert wurde: Abschreibungen in Höhe von 100.000,00 € mussten noch berücksichtigt werden. Die Gewinn-und-Verlust-Rechnung sieht nun folgendermaßen aus:

S	**Gewinn- und Verlustkonto**		**H**
Außerord. Aufwend.	34.500,00	Betriebsfremde Erträge	262.800,00
Periodenfremder Aufw.	120.000,00	So. Zinsen und ä. Erträge	107.700,00
Verluste a. D. Abgang v.AV	17.100,00	Warenverkauf	4.500.000,00
Abschreibungen	100.000,00		
Wareneingang	2.880.000,00		
Personalkosten	810.000,00		
Steuern und Beiträge	293.700,00		
Werbe- und Reisekosten	33.660,00		
Allgemeine Verwaltungskosten	56.760,00		
GEWINN	524.780,00		
	4.870.500,00		4.870.500,00

Frau Duchnik weist Sandra darauf hin, dass in der Kostenrechnung aber noch 150.000,00 € kalkulatorisch abgeschrieben werden müssen. Sie stellt die folgende Ergebnistabelle auf:

GESCHÄFTSBUCHFÜHRUNG			**KOSTEN- UND LEISTUNGSRECHNUNG**					
Rechnungskreis I			**Rechnungskreis II**					
Erfolgsbereich			**Abgrenzungsbereich**				**KLR-Bereich**	
			Unternehmensbez. Abgrenzungen		**Kostenrechnerische Korrekturen**		**Betriebsergebnisrechnung**	
Kontenbezeichnung	**Aufwendungen in €**	**Erträge in €**	**Aufwendungen in €**	**Erträge in €**	**Aufwendungen in €**	**Erträge in €**	**Kosten in €**	**Leistungen in €**
Außero. Aufwend.	34.500,00	0,00	34.500,00					
Periodenfremder Aufw.	120.000,00	0,00	120.000,00					
Verluste a. D. Abgang v.AV	17.100,00	0,00	17.100,00					
Abschreibungen	100.000,00				100.000,00	150.000,00	150.000,00	
Wareneingang	2.880.000,00	0,00					2.880.000,00	
Personalkosten	810.000,00	0,00					810.000,00	
Steuern und Beiträge	293.700,00	0,00					293.700,00	
Werbe- und Reisekosten	33.660,00	0,00					33.660,00	
AVK	56.760,00	0,00					56.760,00	
Betriebsfr. Erträge	0,00	262.800,00		262.800,00				
So. Zinsen und ä. Erträge	0,00	107.700,00		107.700,00				
Warenverkauf	0,00	4.500.000,00						4.500.000,00
Summen:	4.345.720,00	4.870.500,00	171.600,00	370.500,00	100.000,00	150.000,00	4.224.120,00	4.500.000,00
Salden	524.780,00	0,00	198.900,00		50.000,00		275.880,00	
	4.870.500,00	4.870.500,00	370.500,00	370.500,00	150.000,00	150.000,00	4.500.000,00	4.500.000,00

Als Ergebnis liest Sandra ab:

Gesamtergebnis =	Abgrenzungsergebnis	+ Betriebsergebnis
Hier: Gesamtgewinn	Hier: Abgrenzungsgewinn	+ hier: Betriebsgewinn
524.780,00 =	248.900,00 (198.900,00 + 50.000,00)	+ 275.880,00

Kostenartenrechnung

ermittelt, welche Kosten im Betrieb entstanden sind.

trennt Aufwendungen (Erträge) von Kosten (Leistungen)

- Aussonderung
- betriebsfremder
- außerordentlicher
- periodenfremder

Aufwendungen (Erträge)

trennt Aufwendungen (Erträge) von Kosten (Leistungen)

- Zusatzkosten: Zusatzkosten steht überhaupt kein Aufwand gegenüber
- Anderskosten: Kosten werden in anderer Höhe als in der Geschäftsbuchführung angesetzt

identifiziert die Art der Kosten

- z. B. Einzelkosten/Gemeinkosten
- z. B. fixe/variable Kosten

ermittelt das Betriebsergebnis

Betriebsergebnis: Erfolg der eigentlichen betrieblichen Tätigkeit

Instrument: Betriebsergebniskontrolle

GESCHÄFTSBUCHFÜHRUNG	KOSTEN- UND LEISTUNGSRECHNUNG	
Rechnungskreis I	Rechnungskreis II	
Erfolgsbereich	Abgrenzungsbereich	KLR-Bereich
↓ Unternehmensergebnis	↓ Neutrales Ergebnis	↓ Betriebsergebnis

Aufgaben

1. Was versteht man unter neutralen Aufwand?

2. Was gehört zum neutralen Aufwand?

3. Was versteht man unter Grundkosten?

4. Beurteilen Sie die folgende Aussage:
„In der Kosten- und Leistungsrechnung werden auch Kosten angesetzt, die keinen Aufwendungen in der Geschäftsbuchführung entsprechen."

5. Um welche Kosten handelt es sich?
   a) Ein Lkw der Ehlers & Gehrenberg KG wird mit 2.000,00 € in der Bilanz abgeschrieben.
   b) In der Kostenrechnung wird der Lkw der Ehlers & Gehrenberg KG aber mit 3.000,00 € abgeschrieben, da der Wiederbeschaffungswert in der Zwischenzeit gegenüber dem ursprünglichen Anschaffungswert erheblich gestiegen ist.
   c) Herr Ehbrecht arbeitet mit in der Ehbrecht KG.
   d) Für das von Herrn Ehbrecht in die Ehbrecht KG eingebrachte Eigenkapital werden 30.000,00 € Zinsen, für die vom Unternehmen eigentlich keine verpflichtende Zinszahlungen zu leisten sind, in die Kostenrechnung aufgenommen.

6. Sandra Krollmann soll die Gesamtkosten einer Warengruppe im Lager ermitteln. Der Anteil an der Lagermiete beträgt 12.000,00 €. Pro Stück betragen die Lagerkosten 1,75 €. Durchschnittlich waren im Untersuchungszeitraum 40 000 Stück auf Lager.

7. Was ist eine Ergebnistabelle?

8. Wodurch unterscheiden sich die Rechnungskreise I und II?

9. Beurteilen Sie den Ausschnitt aus der folgenden Ergebnistabelle

GESCHÄFTSBUCHFÜHRUNG			**KOSTEN- UND LEISTUNGSRECHNUNG**					
Rechnungskreis I			**Rechnungskreis II**					
Erfolgsbereich			**Abgrenzungsbereich**				**KLR-Bereich**	
			Unternehmensbez. Abgrenzungen		**Kostenrechnerische Korrekturen**		**Betriebsergebnisrechnung**	
Kontenbezeichnung	**Aufwendungen in €**	**Erträge**	**Aufwendungen**	**Erträge in €**	**Aufwendungen in €**	**Erträge**	**Kosten in €**	**Leistungen**
Abschreibungen	40.000,00			40.000,00				
Kalkulatorische Abschreibungen					50.000,00		50.000,00	

10. Entscheiden Sie in den folgenden Fällen, ob jeweils Einzelkosten oder Gemeinkosten vorliegen.
    a) Die Ehlers & Gehrenberg KG hat im Wareneinkauf einer bestimmten Warengruppe Aufwendungen für Ware in Höhe von 456.954,00 €.
    b) An alle Auszubildenden der Ehlers & Gehrenberg KG in allen Filialen werden dieses Jahr insgesamt 678.900,00 € Ausbildungsvergütung ausgezahlt.

c) In einer Fachzeitschrift schaltet die Ehlers & Gehrenberg KG eine Anzeige, um sich bekannt zu machen.
d) Für den Versand der Artikel einer Warengruppe wird bei einem spezialisierten Lieferanten Verpackungsmaterial bestellt.
e) Am Anfang des Jahres ordert die Ehlers & Gehrenberg KG eine Palette mit Kopierpapier für die Kopiergeräte und Drucker des Unternehmens.

11. Beurteilen Sie die folgende Aussage: „Bei fixen Stückkosten bleiben die Kosten bei steigender oder fallender Absatzmenge gleich."

12. Entscheiden Sie in den folgenden Fällen, ob jeweils fixe oder variable Kosten vorliegen.
    a) Die für die Ehlers & Gehrenberg KG arbeitenden Vertreter erhalten ihre Provision.
    b) In einer Filiale der Ehlers & Gehrenberg KG werden 150.000,00 € Gehälter ausgezahlt.
    c) Die Ehlers & Gehrenberg KG hat im Wareneinkauf einer bestimmten Warengruppe Aufwendungen für Ware in Höhe von 456.954,00 €.
    d) Beim Versand bestimmter Waren fallen Ausgangsfrachten in Höhe von 640,00 € an.
    e) In Hamburg wird ein Lagergebäude von der Ehlers & Gehrenberg KG angemietet.
    f) Das neu gebaute Geschäftsgebäude der Ehlers & Gehrenberg KG in Köln wird versichert.

13. Die Ehlers & Gehrenberg KG muss überraschend Gewerbesteuer für das letzte Jahr nachzahlen. Was liegt vor?
    a) Zusatzkosten
    b) Anderskosten
    c) Grundkosten
    d) betriebsfremder Aufwand
    e) periodenfremder Aufwand
    f) außerordentlicher Aufwand

14. In die Kostenrechnung der Ehlers & Gehrenberg KG werden auch kalkulatorische Zinsen einkalkuliert. Geben Sie an, worum es sich bei kalkulatorischen Zinsen handelt.
    a) Anderskosten
    b) Zusatzkosten
    c) Aufwand
    d) Auszahlungen
    e) Ausgaben

15. Erstellen Sie aus folgender Gewinn-und-Verlust-Rechnung (Angaben in 1.000,00 €) eine Ergebnistabelle. Kostenrechnerische Korrekturen müssen Sie in dieser Aufgabe nicht vornehmen.

S		Gewinn- und Verlustkonto	H
Aufwend. f. Waren	3.570	Umsatzerlöse	10.500
Personalkosten	6.314	Zinserträge	21
Außerord. Aufwand	49		
Mietaufwand (Lager)	343		
Gewinn	245		
	10.521		10.521

16. Für eine Filiale der Ehlers & Gehrenberg KG wurde die folgende GuV-Rechnung (in 1.000,00 €) erstellt.

S		Gewinn- und Verlustkonto	H
Aufw. f. Ware	29.106	Umsatzerlöse	43.158
Zinsaufwand	660	Zinserträge	630
Personalkosten	7.182		
Abschreibungen	900		
Raumkosten (Lager)	2.418		
Allg. Verwalt.-Kosten	846		
Gewinn	2.676		
	43.780		43.780

In der Kostenrechnung müssen noch berücksichtigt werden:

- Kalkulatorischer Unternehmerlohn 786.000,00 €
- Kalkulatorische Abschreibungen 1.080.000,00 €
- Kalkulatorische Zinsen 780.000,00 €

17. Für eine andere Filiale der Ehlers & Gehrenberg KG wurde die folgende GuV-Rechnung (in 1.000,00 €) erstellt.

S		Gewinn- und Verlustkonto	H
Aufw. für Ware	1.425	Umsatzerlöse	5.040
Personalkosten	3.645	Mieterträge	828
Abschreibungen	195	Zinserträge	225
Außerord. Aufw.	48		
Allg. Verwalt.-Kosten	207		
Gewerbesteuer	81		
Zinsaufwand	90		
Gewinn	402		
	6.093		6.093

In die Kostenrechnung müssen noch einbezogen werden:

- Kalkulatorische Wagnisse 10.000,00 €
- Kalkulatorische Abschreibungen 210.000,00 €
- Kalkulatorische Zinsen 108.000,00 €

18. Die Berechnung des Betriebsergebnisses kann durch Anwendung von Tabellenkalkulationsprogrammen erheblich erleichtert werden.
    a) Erstellen Sie mithilfe von Excel eine Vorlage für eine Ergebnistabelle.
    b) Überprüfen Sie die Ergebnisse der Aufgabe 15 bis 17 mithilfe der von Ihnen erstellten Exceltabelle.

19. Die Ehlers & Gehrenberg KG produziert Hosen zu variablen Kosten in Höhe von 12,00 € je Stück.
    In einem Monat fallen 9.000,00 € fixe Kosten an.
    Im März produziert die Ehlers & Gehrenberg KG 3 000 Stück, im April wird die Fertigung auf 16 000 Stück gesteigert.
    Zeigen Sie anhand dieser Daten mithilfe einer Berechnung die Gültigkeit des Gesetzes der Massenproduktion.

20. Bei einem bestimmten Artikel der Ehlers & Gehrenberg KG liegt der folgende Kostenverlauf vor:

Ausbringungsmenge in Stück	Gesamtkosten in €
100	200,00
200	360,00
300	480,00
400	560,00
500	600,00

a) Welcher Kostenverlauf liegt vor?
b) Erstellen Sie einen grafischen Kostenverlauf mithilfe von Excel.

Lernsituation 1

Die Gewinn-und-Verlust-Rechnung (GuV) des Jahres 20.. der Ehlers & Gehrenberg KG wurde gerade von Sandra Krollmann erstellt. Stolz präsentiert Sandra Frau Bertram, der Abteilungsleiterin Rechnungswesen, ihre Ergebnisse:

S — Gewinn- und Verlustkonto — H

S		H	
7600 außerord. Aufwendungen	200.000,00	5500 Erträge aus Beteiligungen	340.000,00
7510 Zinsaufwendungen	29.380,00	5710 Zinserträge	8.400,00
6080 Aufw. f. Waren	16.000.000,00	5100 Umsatzerl. f. Waren	25.000.000,00
6300 Gehälter	2.800.000,00		
6700 Mieten	900.000,00		
7700 Gewerbesteuer	180.000,00		
6040 Aufw. f. Verpackungsmat.	270.000,00		
6050 Aufw. f. Energie u. Treibst.	300.000,00		
6870 Werbung	665.000,00		
6160 Fremdinstandhaltung	939.600,00		
6800 Allg. Aufw. f. Kommunikation	940.000,00		
6520 Abschreibungen	210.000,00		
Jahresüberschuss (EK)	1.914.420,00		
	25.348.400,00		25.348.400,00

Frau Bertram:
„Sehr schön, Sandra. Das sieht gut aus, damit können wir einen Jahresüberschuss ausweisen. Was wir aber noch ermitteln müssen, ist der Erfolg unserer **betrieblichen** Tätigkeit."
Sandra Krollmann:
„Gehören die Positionen der GuV denn nicht alle zu den betrieblichen Tätigkeiten?"
Frau Bertram:
„Nein. Mittels der **Kosten- und Leistungsrechnung** werden in einer rein betriebsbezogenen Sichtweise nur die betrieblichen Tätigkeiten genauer untersucht. Es gibt beispielsweise einen Unterschied zwischen Aufwendungen und Kosten sowie zwischen Erträgen und Leistungen. Diese müssen getrennt aufgestellt werden."
Sandra Krollmann:
„Und wie funktioniert diese Aufstellung?"
Frau Bertram:
„Es wird zwischen zwei Rechnungskreisen unterschieden. Mithilfe der Abgrenzungsrechnung werden dann die Kosten und Leistungen nach Kosten- und Leistungsarten gegliedert und das Betriebsergebnis sowie das betriebsneutrale Ergebnis ausgewiesen."
Sandra Krollmann:
„Kosten, Leistungen, Kostenarten, Rechnungskreise. Das sind viele neue Begriffe."
Frau Bertram:
„Das werden wir jetzt Schritt für Schritt erarbeiten. Erst einmal werden wir die allgemeinen Ziele der Kosten- und Leistungsrechnung herausarbeiten, dann die betrieblichen und betriebsneutralen Ergebnisse bestimmen und abschließend eine Übersicht zu den Bereichen der Kosten- und Leistungsrechnung erstellen."

1. Welche Fragen muss Sandra klären?
2. Sandra soll sich zunächst einmal grundlegend mit der Kosten- und Leistungsrechnung (KLR) auseinandersetzen. Dabei soll sie auch zwischen den beiden Rechnungskreisen I und II unterscheiden.
   a) Erklären Sie mit eigenen Worten, was unter der KLR zu verstehen ist und warum sie durchgeführt wird.
   b) Führen Sie die Unterschiede zwischen der Finanzbuchführung (Rechnungskreis I) und der Kosten- und Leistungsrechnung (Rechnungskreis II) auf.
3. Frau Bertram legt Sandra nun noch einmal die erstellte GuV vor.
   Frau Bertram:
   „Es ist wichtig, dass wir aus der Gewinn-und-Verlust-Rechnung die Kosten und die Leistungen unseres Unternehmens erkennen."
   a) Worin unterscheiden sich die Kosten von Aufwendungen und die Leistungen von Erträgen?
   b) Um die neutralen Aufwendungen und Erträge von den Kosten und Leistungen übersichtlich abgrenzen zu können, verwendet die Ehlers & Gehrenberg KG eine Ergebnistabelle. Hierbei werden links die Zahlen der Finanzbuchhaltung des Rechnungskreises I eingetragen. Diese Werte kommen aus der GuV. Rechts werden die Werte der Kosten- und Leistungsrechnung (Rechnungskreis II) eingetragen.
   Bei der Erstellung dieser Ergebnistabelle soll Sandra folgende Erläuterungen beachten:
   Der Rechnungskreis II ist in drei Teile aufgeteilt:
   - Unternehmensbezogene Abgrenzung
     Darstellung der neutralen Aufwendungen und Erträge.

- Kostenrechnerische Abgrenzung
  Darstellung von möglichen Abweichungen zwischen den Zahlen aus der Finanzbuchhaltung und den Zahlen aus der Kosten- und Leistungsrechnung (z. B. kalkulatorische Kosten).
  Aus den beiden Teilergebnissen wird das neutrale Ergebnis berechnet.
- Zahlen der Kosten- und Leistungsrechnung
  Darstellung des Betriebsergebnisses (mit Kosten und Leistungen).

Erstellen Sie eine Ergebnistabelle zu den Rechnungskreisen I und II für die Ehlers & Gehrenberg KG unter Berücksichtigung der GuV und der unter der Ergebnistabelle stehenden Zusatzangaben.

c) Nachdem Sandra nun die Ergebnistabelle erstellt hat, soll sie die Ergebnisse interpretieren.
Was bedeuten die verschiedenen errechneten Salden?

4. Frau Bertram erklärt Sandra, dass es in der Kostenrechnung drei Bereiche gibt. Dies sind die Kostenartenrechnung, die Kostenstellenrechnung und die Kostenträgerrechnung.
Erstellen Sie ein Übersichtsblatt unter Berücksichtigung folgender Aufgabenstellungen:

a) Kostenartenrechnung
Finden Sie Beispiele zu den Kostenarten, gegliedert nach Entstehungsursache, nach kalkulatorischer Verrechenbarkeit und nach ihrem Verhalten. Erläutern Sie des Weiteren die Begriffe der Istkosten, Normalkosten und Plankosten kurz.

b) Kostenstellenrechnung
Erläutern Sie die Aufgaben der Kostenstellenrechnung kurz. Finden Sie jeweils mehrere Beispiele für die Kostenstellen Einkaufsstellen, Lager, Vertriebsstellen und Verwaltungsstellen.

c) Kostenträgerrechnung
Erläutern Sie kurz, was Kostenträger allgemein sind, und finden Sie hier Beispiele. Erläutern Sie zudem die Kostenträgerzeitrechnung und die Kostenträgerstückrechnung kurz.

Lernsituation 2

Die Ehlers & Gehrenberg KG weist am Ende des Jahres in ihrer Filiale in Köln folgende Gewinn-und-Verlust-Rechnung auf:

S — Gewinn- und Verlustkonto — H

S		H	
6080 Aufw. f. Waren	5.705.000,00	5100 Umsatzerl. f. Waren	9.000.000,00
6160 Fremdinstandhaltung	206.000,00	5420 Eigenverbrauch v. Waren	20.000,00
6300 Gehälter	1.180.000,00	5400 Mieterträge	60.000,00
6400 soz. Aufwendungen	235.000,00	5410 Sonst. betr. Erlöse	15.000,00
6520 Abschreibungen	192.000,00	5490 Periodenfremde Erträge	24.000,00
6570 Abschreibungen auf Forderungen	34.000,00	5710 Zinserträge	120.000,00
6800 Allg. Aufw. f. Kommunikation	325.000,00		
6900 Versicherungsbeiträge	85.000,00		
7700 Steuern	28.000,00		
7510 Zinsaufwendungen	72.000,00		
7600 außerordentl. Aufwendungen	38.000,00		
Jahresüberschuss	1.139.000,00		
-------	9.239.000,00		9.239.000,00

Erstellen Sie eine Ergebnistabelle zu den Rechnungskreisen I und II für die Ehlers & Gehrenberg KG, Filiale Köln, unter Berücksichtigung der GuV und der unter der Ergebnistabelle stehenden Zusatzangaben.

- 6080 Aufw. f. Waren erfolgte zu Verrechnungspreisen mit 5.740.000,00 €;
- 6520 Abschreibungen: Es wurden kalkulatorische Abschreibungen auf 210.000,00 € angesetzt;
- 6160 Fremdinstandhaltung 26.000,00 € für Reparaturen an den vermieteten Räumen; Rest: Zweckaufwand;
- 6800 Allg. Aufw. f. Kommunikation 15.000,00 € an Aidshilfe; Rest: Zweckaufwand;
- 6900 Versicherungsbeiträge: 6.000,00 € für vermietete Gebäude; Rest: Zweckaufwand;
- 6570 Abschreibungen auf Forderungen: kalkulatorisch wurden 25.000,00 € angesetzt;
- 7700 Steuern: für vermietete Gebäude 4.000,00 €; Rest: Zweckaufwand;
- 7510 Zinsaufwand: Es wurden kalkulatorische Zinsen in Höhe von 90.000,00 € angesetzt;
- kalkulatorischer Unternehmerlohn 150.000,00 €

3 Kostenstellenrechnung

Einstiegssituation

Sandra Krollmann erzählt Frau Duchnik vom letzten Auszubildendenseminar, das in Berlin stattfand. Dort hatte sie Auszubildende aus anderen Außenhandelsunternehmen getroffen und sich lange mit ihnen unterhalten.

Sandra Krollmann:
„... und dann haben sich zwei Auszubildende eines Unternehmens mit Filialen in Braunschweig und Rostock fast in die Haare gekriegt. Es ging um die Fragen, welcher Standort besser gearbeitet hat und welche Abteilung jeweils nicht so gut war. Die haben sogar die Zahlen offengelegt. Das durften die doch eigentlich gar nicht. Ich habe die Zahlen dabei ..."

Frau Duchnik:
„Wir könnten uns ja mal aus dem jeweiligen Betriebsabrechnungsbogen der Kostenstellenrechnung die Zahlen besorgen – und die Fragen tatsächlich beantworten."

Sandra Krollmann:
„Ach ja, das geht?"

Frau Duchnik:
„Ja, hier sind die Zahlen aus Braunschweig und Rostock:"

Braunschweig	Plan	Ist
Material	290.000,00 €	310.000,00 €
Fertigung	560.000,00 €	624.000,00 €
Vertrieb	185.000,00 €	160.000,00 €
Verwaltung	78.000,00 €	89.000,00 €

Rostock	Plan	Ist
Material	280.000,00 €	335.000,00 €
Fertigung	540.000,00 €	720.000,00 €
Vertrieb	82.000,00 €	84.000,00 €
Verwaltung	88.000,00 €	91.000,00 €

> **Sandra Krollmann:**
> „Ja genau. Jetzt kann ich die Fragen auch beantworten. Aber das mit der Kostenstellenrechnung – das interessiert mich."
>
> **Arbeitsaufträge**
> 1. Stellen Sie fest und begründen Sie, welche Filiale erfolgreicher gearbeitet hat.
> 2. Ermitteln Sie, welche Abteilung nicht effizient gearbeitet hat.

Die **Kostenstellenrechnung** übernimmt die Aufgabe, die Kosten so zu erfassen, dass sie jeder Leistungseinheit eines Unternehmens (= Kostenstelle) zugeordnet werden können. Sie ordnet die Kosten also ihren Verursachungsbereichen zu. Die Kostenstellenrechnung identifiziert also wirtschaftliche bzw. unwirtschaftliche Bereiche des Betriebsprozesses. Sie dient damit einerseits der Gewinnung weiterer Informationen für die Kostenträgerrechnung, andererseits können dadurch einzelne Funktionsbereiche des Betriebes durch innerbetriebliche Vergleiche kontrolliert werden. Auch liefert sie Informationen für zukunftsorientierte Entscheidungen.

Die Kostenstellen

In der Kostenstellenrechnung wird das Unternehmen in kleine Teilbereiche – meistens sind dies Organisationseinheiten der Aufbauorganisation – zerlegt. Diesen werden die dort verursachten Kosten zugeordnet. Mit den ermittelten Kosten kann die betriebliche Tätigkeit kontrolliert werden. Wird beispielsweise eine Kostenüberschreitung bei einer Kostenstelle festgestellt, muss der für die Kostenstelle Verantwortliche Maßnahmen ergreifen. Die Kostenstellenrechnung ist ein wichtiges Mittel zur Unternehmenssteuerung durch den möglichen Vergleich zwischen Ist- und Sollzahlen.

Die Kostenstellenrechnung gliedert das gesamte Unternehmen in Abrechnungseinheiten, wo jeweils Kosten entstehen. Die Einteilung nach Kostenstellen kann nach unterschiedlichen Merkmalen erfolgen.

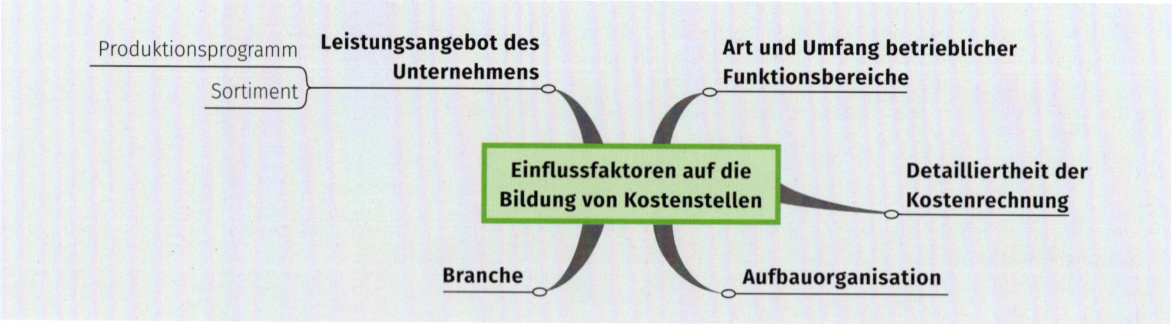

Sehr oft erfolgt die Einteilung der Kostenstellen nach den Funktionsbereichen eines Unternehmens.

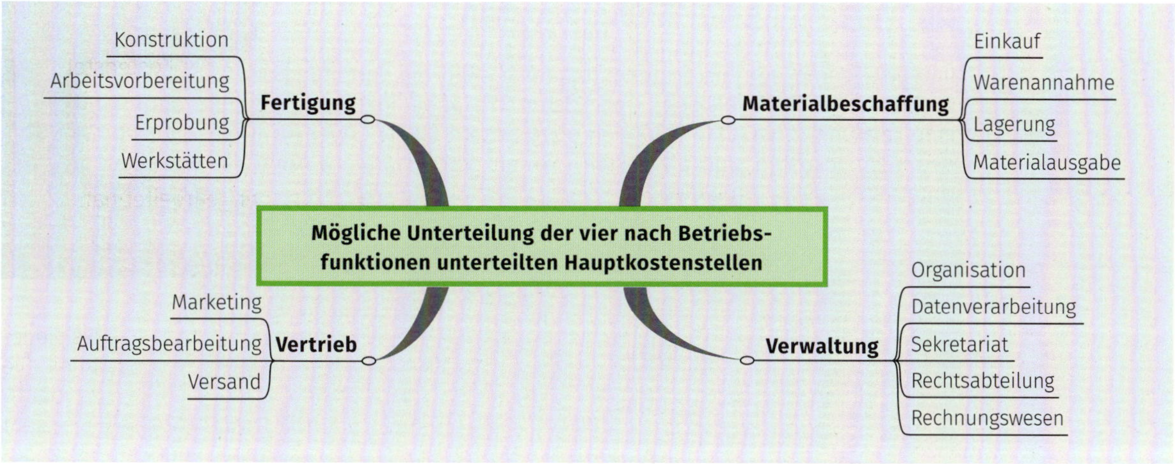

Beispiel

Die Textil AG hat folgende Kostenstellen:

Funktionsbereiche	Beispiele für mögliche Kostenstellen
Einkauf	▪ Einkauf ▪ Wareneingang ▪ Lager
Produktion	▪ Vorbereitung ▪ Montage ▪ Endkontrolle
Verwaltung	▪ Personal ▪ Rechnungswesen ▪ EDV
Vertrieb	▪ Auftragsbearbeitung ▪ Versand

Jede Kostenstelle kann entweder eine Hilfskostenstelle oder Hauptkostenstelle sein.

Hauptkostenstelle

Bei den Hauptkostenstellen erfolgt die eigentliche betriebliche Tätigkeit, nämlich die direkte Leistungserstellung.

Nebenkostenstelle

Sie unterstützen die Hauptkostenstellen bei der Erzeugung von deren Leistungen.

In vielen Unternehmen werden die verwendeten Kostenstellen in einem Kostenstellenplan aufgeführt.

Die Verteilung der Gemeinkosten

Im Vordergrund der Kostenstellenrechnung steht die Verteilung der Gemeinkosten auf die Kostenstellen. Gemeinkosten sind Kosten, die unbedingt nötig sind, um ein Produkt (bzw. eine Leistung) zu erstellen, können aber diesem Kostenträger nicht direkt zugeordnet werden. Gemeinkosten sind oft Kosten, die mit der Verwaltung, Kontrolle und Steuerung des Unternehmens zu tun haben.

Beispiele

Zu den Gemeinkosten gehören u.a. die Kosten, die verursacht werden durch
- das Rechnungwsesen,
- das Controlling,
- die Marketingabteilung,
- die Personalabteilung,
- das Qualitätsmanagement.

Je komplexer die Organisation oder das Leistungsspektrum des Unternehmens ist, desto häufiger fallen i.d.R. Gemeinkosten an.

Der einstufige Betriebsabrechnungsbogen

Das wichtigste Instrument der Kostenstellenrechnung ist der Betriebsabrechnungsbogen, oft mit BAB abgekürzt. Gelöst wird mit ihm ein Hauptproblem der Kostenrechnung: Er schlüsselt nämlich die Kostenarten, die sich auf mehrere Leistungen beziehen, entsprechend ihrer Kostenverursachung auf. In tabellarischer Form werden die auf jede Kostenstelle entfallenen Gemeinkosten als Zuschlagssatz auf die in der Kostenstelle verursachten Einzelkosten ermittelt. Mit den ermittelten Gemeinkostenzuschlagssätzen können später in der Kostenträgerrechnung Informationen darüber gewonnen werden, wie viel das Produkt kostet.

Werden die Gemeinkosten in einem Schritt umgelegt, liegt ein einstufiger Betriebsabrechnungsbogen vor. Dessen Struktur sieht immer in etwa wie folgt aus:

Betriebsabrechnungsbogen						
Gemeinkostenarten	**Zahlen aus der Kostenartenrechnung**	**Verteilungsgrundlagen**	**Kostenstellen**			
			Material	**Fertigung**	**Verwaltung**	**Vertrieb**
		Umlage nach Schlüsseln	*Verschiedene Kosten für die Beschaffung der Roh-, Hilfs- und Betriebsstoffe*	*Verschiedene Kosten der Produktion*	*Verschiedene Kosten der kaufmännischen Verwaltung*	*Verschiedene Kosten des Vertriebs und des Fertigwarenlagers*
Summe der Gemeinkosten			*Summe der Materialgemeinkosten*	*Summe der Fertigungsgemeinkosten*	*Summe der Verwaltungsgemeinkosten*	*Summe der Vertriebsgemeinkosten*
Zuschlagsgrundlage						
Zuschlagssatz						

Dabei haben die einzelnen Spalten und Zeilen die folgende Bedeutung:

- In der ersten Spalte des Betriebsabrechnungsbogens werden die in der Kostenartenrechnung ermittelten Kostenarten aufgeführt.
- Die zweite Spalte führt die Höhe der jeweiligen Kostenart auf.
- In die dritte Spalte wird die Verteilungsgrundlage für die Gemeinkosten eingetragen. Dieser Kostenschlüssel muss nachvollziehbar sein.
- Die folgenden Spalten stehen für die jeweiligen Kostenstellen. In sehr vielen Unternehmen wird mit den Kostenstellenbereichen Material, Verwaltung, Fertigung und Vertrieb gearbeitet.
- Die ermittelten Gemeinkosten werden dann nach den festgelegten Verteilungsgrundlagen auf die Kostenstellen bzw. Kostenstellenbereiche umgelegt.
- In der Zeile „Summe der Gemeinkosten" werden die gesamten angefallenen Gemeinkosten dieser Kostenstelle angegeben.
- In die Zeile „Zuschlagsgrundlage" werden die in den einzelnen Kostenstellen angefallenen Einzelkosten eingetragen.
- Anschließend kann in der Zeile „Zuschlagssätze" der jeweilige Zuschlagssatz ermittelt werden. Für dessen Berechnung gilt allgemein:

Formel

$$\text{Zuschlagssatz} = \frac{\text{Gemeinkosten}}{\text{Zuschlagsgrundlage}} \cdot 100$$

Beispiel

Frau Duchnik erläutert Sandra Krollmann das Prinzip des Betriebsabrechnungsbogens am Beispiel des kleinen Unternehmens ihres Mannes. Dort sind als Gemeinkosten angefallen:

Gehälter:	200 000,00 €
Abschreibungen:	80 000,00 €
Mieten:	40 000,00 €

Diese sind auf die vier Kostenstellen

- Material
- Fertigung
- Vertrieb
- Verwaltung

zu verteilen.

Als Verteilungsgrundlage für die Umlage der Gemeinkosten auf die jeweilige Kostenstelle wird angewandt der Verteilungsschlüssel ***(Material:Fertigung:Verwaltung: Vertrieb)***:

1:2:1:1 bei den Gehältern,
2:5:1:2 bei den Abschreibungen
1:2:7:8 bei den Mieten.

Als Zuschlagsbasis (Einzelkosten, die bei den Kosten angefallen sind) wurden ermittelt:
Material: 500.000,00 €
Fertigung: 850.000,00 €
Vertrieb: 1.600.000,00 €
Verwaltung: 1.000.000,00 €

Es ergibt sich der folgende Betriebsabrechnungsbogen:

Betriebsabrechnungsbogen						
Gemeinkostenarten	**Zahlen aus der Kostenartenrechnung**	**Verteilungsgrundlagen**	**Kostenstellen**			
			Material	**Fertigung**	**Verwaltung**	**Vertrieb**
Gehälter	*200.000,00 €*	1:2:1:1	*40.000,00 €*	*80.000,00 €*	*40.000,00 €*	*40.000,00 €*
Abschreibungen	*80.000,00 €*	2:5:1:2	*16.000,00 €*	*40.000,00 €*	*8.000,00 €*	*16.000,00 €*
Miete	*40.000,00 €*	1:2:7:8	*8.000,00 €*	*16.000,00 €*	*56.000,00 €*	*64.000,00 €*
Summe der Gemeinkosten	*320.000,00 €*		*64.000,00 €*	*136.000,00 €*	*104.000,00 €*	*120.000,00 €*
Zuschlagsgrundlage			*500.000,00 €*	*850.000,00 €*	*1.600.000,00 €*	*1.600.000,00 €*
Zuschlagssatz			*12,8 %*	*16 %*	*6,5 %*	*7,5 %*

Den Zuschlagssatz von 12,8 % berechnet Frau Duchnik unter Anwendung der Formel

$$\text{Zuschlagssatz} = \frac{\text{Gemeinkosten}}{\text{Zuschlagsgrundlage}} \cdot 100$$

$$\text{Zuschlagssatz} = \frac{64\,000}{500\,000} \cdot 100 = 12{,}8\,\%$$

Der Zuschlagssatz von 12,8 % bedeutet, dass jeder Einkauf von Material in Höhe von 100,00 € mit 12,80 € Materialgemeinkosten belastet wird. Als Materialkosten gehen dann später 112,80 € in die Produktkalkulation ein.

Die Berechnung der Gemeinkostenzuschlagssätze

Um später die Gemeinkosten auf einzelne Erzeugnisse verteilen zu können, werden im Rahmen des Betriebsabrechnungsbogens die Gemeinkostenzuschlagssätze ermittelt. Diese Prozentsätze beziehen sich i. d. R. auf bestimmte Zuschlagsgrundlagen.

Zuschlagssatz:	**Zuschlagsgrundlage:**	**Berechnung**
Materialgemeinkostenzuschlagssatz	Fertigungsmaterial	$\text{Materialgemeinkostenzuschlag} = \frac{\text{Materialgemeinkosten}}{\text{Fertigungsmaterial}} \cdot 100$
Fertigungsgemeinkostenzuschlagssatz	Fertigungslöhne oder Stoffkosten	$\text{Fertigungsgemeinkostenzuschlag} = \frac{\text{Fertigungsgemeinkosten}}{\text{Fertigungslöhne}} \cdot 100$

Zuschlagssatz:	Zuschlags-grundlage:	Berechnung
Verwaltungsgemein-kostenzuschlagssatz	Herstellkosten	$\text{Verwaltungsgemeinkostenzuschlag} = \frac{\text{Verwaltungsgemeinkosten}}{\text{Herstellkosten}} \cdot 100$
Vertriebsgemein-kostenzuschlagssatz	Herstellkosten	$\text{Vertriebsgemeinkostenzuschlag} = \frac{\text{Vertriebsgemeinkosten}}{\text{Herstellkosten}} \cdot 100$

Beispiel

Frau Duchnik und Sandra Krollmann berechnen im Rahmen des BAB die einzelnen Gemeinkostenzuschläge. Sie arbeiten mit den folgenden Werten:
Materialgemeinkosten (540.000,00 €) und Fertigungsmaterial (2.428.000,00 €)
Fertigungsgemeinkosten (190.000,00 €) und Fertigungslöhne (900.000,00 €)
Vertriebsgemeinkosten (74.000,00 €) und Herstellkosten (1.420.000,00 €)
Verwaltungsgemeinkosten (132.000,00 €) und Herstellkosten (1.420.000,00 €).

Als Gemeinkostenzuschlagssätze ergeben sich:

Gemeinkostenzuschlagssatz:	Materialgemeinkostenzuschlagssatz	Fertigungsgemeinkostenzuschlagssatz	Verwaltungsgemeinkostenzuschlagssatz	Vertriebsgemeinkostenzuschlagssatz
Berechnung:	$\frac{540\,000}{2.428.000} \cdot 100$	$\frac{190\,000}{900\,000} \cdot 100$	$\frac{132\,000}{1.420.000} \cdot 100$	$\frac{74\,000}{1.420.000} \cdot 100$
Ergebnis:	22,24 %	21,11 %	9,29 %	5,2 %

Exkurs: Der mehrstufige Betriebsabrechnungsbogen

Der **einstufige** Betriebsabrechnungsbogen arbeitet überwiegend mit den vier Hauptkostenstellen:

- Material,
- Fertigung,
- Vertrieb
- und Verwaltung.

Auf diese werden die Gemeinkosten in einem Schritt umgelegt.

Viele größere Unternehmen verwenden **mehrstufige** Betriebsabrechnungsbögen. Diese liefern noch detailliertere Informationen. Anwendung finden dabei:

- mehr als die vier Hauptkostenstellen.

Beispiel

Viele Unternehmen haben eine größere Anzahl von Fertigungsstellen:

- **allgemeine Kostenstellen**. Darunter versteht man Kostenstellen, die nicht zu den vier Hauptkostenbereichen zählen, ihre Leistung jedoch an alle anderen Kostenstellen abgeben können.

Beispiel

Eine Textilfabrik hat eine eigene Stromerzeugungsanlage, die den Strom an alle anderen Kostenstellen abgibt.

- **Hilfskostenstellen**. Diese geben ihre Leistungen ausschließlich an die Fertigungshauptstellen ab. Sie leisten im Vergleich zu den Hauptkostenstellen der Fertigung keinen direkten Beitrag zum Produktionsfortschritt der Erzeugnisse, sondern fördern diesen bzw. schaffen dafür die Voraussetzungen

Beispiel

Die Designabteilung einer Textilfabrik

In einem mehrstufigen Betriebsabrechnungsbogen erfolgt die Verteilung der Gemeinkosten auf die Kostenstellen in einem mehrstufigen Verfahren:

- Im ersten Schritt werden die Gemeinkosten auf die allgemeine Kostenstelle und die Hauptkostenstellen umgelegt.
- In einem zweiten Schritt werden die Kosten der allgemeinen Kostenstelle entsprechend ihrer Leistungsabgabe den anderen Hauptkostenkostenstellen zugeordnet.
- Schließlich werden in einem dritten Schritt die Kosten der Hilfskostenstellen den Fertigungshauptstellen zugerechnet.
- Abschließend kann nun die Zuschlagssatzbildung in den Hauptkostenstellen erfolgen.

Beispiel

In einem größeren Unternehmen wird ein mehrstufiger BAB (Betriebsabrechnungsbogen) erstellt.

- Zunächst werden wie beim einstufigen BAB die Gemeinkosten auf die Kostenstellen verteilt (hier aber nicht nur auf die vier Hauptkostenstellen, sondern zusätzlich über mehrere Fertigungshauptkostenstellen sowie eine allgemeine Kostenstelle und eine Fertigungshilfskostenstelle).
- Anschließend werden die Gemeinkosten der allgemeinen Kostenstelle auf die anderen Kostenstellen verrechnet.
- Abschließend werden noch die Gemeinkosten der Fertigungshilfskostenstelle auf die Hauptkostenstellen umgelegt.
- Nun können wie beim einstufigen BAB die Zuschlagssätze berechnet werden.

Gemeinkosten	Zahlen der Kostenarten-rechnung in €	Verteilungsgrundlage	Allgemeine Kostenstelle in €	Fertigungshilfskosten-stelle in €	Fertigungshauptkosten-stellen 1 bis 4 in €	Material in €	Vertrieb in €	Verwaltung in €
Personalkosten	24.000,00	4:2:1:0,5:0,25:0,25	12.000,00	6.000,00	3.000,00	1.500,00	750,00	750,00
Steuern und Versicherungen	36.000,00	0:0:2:2:0,4:0,4	6.000,00	0,00	6.000,00	6.000,00	12.000,00	12.000,00
Instandhaltungen und Reparaturen	15.000,00	1,5:2,5:0,5:0,4:0,05:0,05	4.500,00	7.500,00	1.500,00	1.200,00	150,00	150,00
Kalk. Miete	36.000,00	0:4:6:1:0,5:0,5	0,00	12.000,00	18.000,00	3.000,00	1.500,00	1.500,00
Sonstige Kosten	15.000,00	1:2:1:0,5:0,25:0,25	12.000,00	18.000,00	3.000,00	1.500,00	750,00	750,00
Summe der Gemeinkosten	126.000,00		19.500,00	31.500,00	31.500,00	13.200,00	15.150,00	15.150,00
Umlage der Allg. Kostenstelle			−19.500,00	3.900,00	5.850,00	3.900,00	2.925,00	2.925,00
Zwischensumme Gemeinkosten				35.400,00	37.350,00	17.100,00	18.075,00	18.075,00
Umlage der Ferti-gungskostenhilfs-stelle				−35.400,00	17.700,00	14.160,00	16.620,00	16.620,00
Summe der Gemeinkosten					55.050,00	31.260,00	34.695,00	34.695,00
Zuschlagsgrund-lage					2.000.000,00	800.000,00	40 0000,00	660.000,00
Zuschlagssatz					2,75	3,90	8,67	5,25

Kostenüberdeckung und Kostenunterdeckung

In der Praxis wird die Kostenrechnung mit Normalkosten durchgeführt.

Definition

Normalkosten sind die durchschnittlichen Kosten, die aus den Istkosten (dies sind die tatsächlich angefallenen Kosten eines Abrechnungszeitraums) mehrerer Rechnungsperioden gebildet werden.

Unternehmen rechnen im BAB zunächst einmal mit Sollzuschlagssätzen für die Gemeinkosten. Diese werden Normal-Zuschlagssätze genannt. Die sich daraus ergebenden Gemeinkosten werden als Normalgemeinkosten bezeichnet. Ermittelt werden sie aus dem Durchschnitt der Ist-Zuschlagssätze eines vergangenen Zeitraums. Ein Ist-Zuschlagssatz ist ein tatsächlich angefallener Zuschlagssatz z. B. für einen Monat.

Beispiel

Die Ehlers & Gehrenberg KG hat die Fertigung der personalisierten T-Shirts erheblich ausgeweitet. Frau Duchnik hat für den letzten Monat einen Ist-Zuschlagssatz für die Materialgemeinkosten von 9,4 % ermittelt. In den vorangegangenen Monaten betrugen die Materialgemeinkostenzuschläge 9,1 %, 9,5 %, 9,3 %, 9,1 % und 8,9 %.

Gründe für unterschiedliche Werte in den letzten Monaten können in Preis- oder Verbrauchsschwankungen liegen.

Frau Duchnik berechnet den Normalkostenzuschlagssatz:

$$\text{Normalzuschlagssatz} = \frac{9{,}4 + 9{,}1 + 9{,}5 + 9{,}3 + 9{,}1 + 8{,}9}{6}\ \%$$

$= 9{,}21\ \%$

Die Ist-Zuschlagsätze können von Monat zu Monat erheblich schwanken. Gründe dafür können einerseits in Änderungen der Zuschlagsgrundlagen als auch in der Höhe der Gemeinkosten liegen. Wenn jedoch evtl. jeden Monat mit anderen Zuschlagsätzen gerechnet werden muss, kann keine aussagekräftige Kalkulation vorgenommen werden. Auch die Abgabe von Angeboten wäre erheblich erschwert. Deshalb wird im BAB zunächst einmal mit den Normalzuschlagssätzen (Sollzuschlagssätzen) gearbeitet.

Möchte man die Kostenentwicklung entweder in den einzelnen Verantwortungsbereichen eines Unternehmens (= Kostenstellen) oder bei der Herstellung bestimmter Produkte (= Kostenträger) überwachen, sollte man die Kosten genau kontrollieren. Eine solche Kostenkontrolle dient also der Wirtschaftlichkeitskontrolle und erfolgt z. B. durch den Vergleich zwischen den Ist- und Normalkosten:

- Eine **Kostenüberdeckung** liegt vor, wenn die Normalkosten über den Istkosten liegen.
- Sind die Normalkosten kleiner als die Istkosten, spricht man von **Kostenunterdeckung**.

Beispiel

Herr Mitschke führt eine Kostenkontrolle durch. Momentan untersucht er die Fertigungskosten.
Er ermittelt eine Kostenunterdeckung in Höhe von 24.000,00 €

Kosten	**Normalkalkulation**	**Istkalkulation**	**Ergebnis der Kostenkontrolle**
Fertigungslöhne in €	640.000,00	640.000,00	
+ Fertigungsgemeinkosten in €	576.000,00	600.000,00	
= Fertigungskosten in €	1.216.000,00	1.240.000,00	24.000,00 Kostenunterdeckung

Herr Mitschke stellt anschließend Kostensteigerungen durch erhöhten Reparaturaufwand sowie erhöhte Abschreibungen als Gründe für die Kostenunterdeckung fest. Da diese negative Auswirkungen auf das Betriebsergebnis hat, muss die Ehlers & Gehrenberg KG sich Maßnahmen überlegen, um die Kostensituation bei den Fertigungskosten zu verbessern.

Zusammenfassung

Kostenstellenrechnung

ordnet Kosten den Verursachungsbereichen (= Kostenstellen) im Unternehmen zu

Die Kostenstellen werden sehr oft nach den Funktionsbereichen eingeteilt.

Material | **Fertigung** | **Vertrieb** | **Verwaltung**

Auf diese Kostenstellen werden die Gemeinkosten (= Kosten, die keiner Kostenstelle bzw. keinem Kostenträger direkt zugeordnet werden) umgelegt.

Betriebsabrechnungsbogen

Tabellarische Übersicht für die interne Kostenverrechnung, mit der die Zuschlagssätze für die Selbstkostenkalkulation gebildet werden können.

Aufgaben

1. Was ist eine Kostenstelle?

2. Welche Aufgabe hat die Kostenstellenrechnung?

3. Nach welchen Merkmalen können Kostenstellen eingeteilt werden?

4. Nennen Sie die vier üblichen Hauptkostenstellen (Grundkostenstellen).

5. Unterscheiden Sie Hauptkostenstellen und Nebenkostenstellen.

6. Erläutern Sie den Begriff Gemeinkosten.

7. Was ist ein Betriebsabrechnungsbogen?

8. Sandra Krollmann entnimmt einem BAB 19,8 % als Wert für den Materialgemeinkostenzuschlagssatz. Erläutern Sie diesen Wert.

9. Sandra entnimmt einem BAB als Wert für die Fertigungsgemeinkosten 762.000,00 € und als Wert für die Fertigungslöhne 3.654.000,00 €. Berechnen Sie den Fertigungsgemeinkostenzuschlagssatz.

10. Geben Sie an, welche der folgenden Stellen Hilfskostenstellen sind:
    a) Herr Kühn im Einkauf
    b) Der Facility-Manager (= Hausmeister) Herr Trzensik
    c) Frau Kielhorn in der Warenannahme
    d) Frau Unger in der Betriebskantine
    e) Herr Schneider im Einkauf

11. Die Kostenstellenrechnung zweier Filialen stellt folgende Informationen zur Verfügung:

München	**Plan**	**Ist**
Material	856.000,00 €	902.000,00 €
Fertigung	1.004.900,00 €	987.000,00 €
Vertrieb	328.000,00 €	321.000,00 €
Verwaltung	510.900,00 €	502.300,00 €

Dresden	**Plan**	**Ist**
Material	760.000,00 €	732.000,00 €
Fertigung	845.000,00 €	965.000,00 €
Vertrieb	224.000,00 €	213.000,00 €
Verwaltung	458.000,00 €	454.000,00 €

Stellen Sie fest und begründen Sie, welche Filiale erfolgreicher gearbeitet hat. Ermitteln Sie, welche Abteilung nicht effizient gearbeitet hat.

12. Berechnen Sie die einzelnen Gemeinkostenzuschläge mithilfe der in einem BAB enthaltenden Werte:
    - Materialgemeinkosten (480.000,00 €) und Fertigungsmaterial (2.228.000,00 €),
    - Fertigungsgemeinkosten (210.000,00 €) und Fertigungslöhne (1.900.000,00 €),

- Vertriebsgemeinkosten (174.000,00 €) und Herstellkosten (1.520.000,00 €),
- Verwaltungsgemeinkosten (162.000,00 €) und Herstellkosten (222.000,00 €).

13. In einer Filiale der Ehlers & Gehrenberg KG sind folgende Gemeinkosten angefallen:

Gehälter	120.000,00 €
Steuern	80.000,00 €
Kalkulatorische Kosten	180.000,00 €
Energie	36.000,00 €

Diese sind auf die vier Kostenstellen zu verteilen:
- Material
- Fertigung
- Vertrieb
- Verwaltung

Als Verteilungsgrundlage für die Umlage der Gemeinkosten auf die jeweilige Kostenstelle wird angewandt der Verteilungsschlüssel:

Gehälter:	1:2:6:1
Steuern:	1:4:3:2
Kalkulatorische Kosten:	3:4:6:2
Energie:	1:5:2:1

Als Zuschlagsbasis (Einzelkosten, die bei den Kosten angefallen sind) wurden ermittelt:

Material:	440.000,00 €
Fertigung:	548.000,00 €
Vertrieb:	328.000,00 €
Verwaltung:	187.000,00 €

14. Aus der Geschäftsbuchführung und den Vorarbeiten der Kostenstellenrechnung sind folgende Zahlen bekannt:

Gemeinkostenarten	Zahlen aus der Kostenartenrechnung	Verteilungsgrundlagen
Gehälter	98.000,00 €	1:2:5:2
Hilfslöhne	72.000,00 €	3:5:1:1
Energie	132.000,00 €	1:5:1:1
Instandhaltung	68.600,00 €	2:6:1:1
Steuern	156.000,00 €	3:9:2:1
Sonstige Kosten	434.000,00 €	2:4:1:1
Kalkulatorische Kosten	144.000,00 €	4:10:3:3

Zuschlagsgrundlagen:

Material	1.800.000,00 €
Fertigung	848.000,00 €
Verwaltung	624.000,00 €
Vertrieb	624.000,00 €

Erstellen Sie einen einstufigen Betriebsabrechnungsbogen.

15. Erstellen Sie mit den folgenden Informationen einen einstufigen Betriebsabrechnungsbogen.

Gemeinkostenarten	Zahlen aus der Kostenartenrechnung	Verteilungsgrundlagen
Gehälter	60.000,00 €	1:2:6:1
Instandsetzungen	20.000,00 €	1:3:-:1
Steuern	80.000,00 €	1:4:3:2
Energie	64.000,00 €	1:5:1:1
Sonstige Kosten	160.000,00 €	1:1:6:2
Kalkulatorische Abschr.	40.000,00 €	7:21:7:5
Kalkulatorischer Unternehmerlohn	80.000,00 €	1:2:5:2
Kalkulatorische Zinsen	48.000,00 €	3:5:2:2

Zuschlagsgrundlagen:

Material	4.237.000,00 €
Fertigung	2.939.000,00 €
Verwaltung	446.000,00 €
Vertrieb	446.000,00 €

Lernsituation

Sandra Krollmann, Auszubildende bei der Ehlers & Gehrenberg KG, und Frau Bertram, Leiterin der Abteilung Rechnungswesen, haben auf Basis der Gewinn-und-Verlust-Rechnung (GuV) des Jahres 20.. der Ehlers & Gehrenberg KG eine Betriebsergebnisrechnung erstellt.

Die beiden sollen aus dieser Aufstellung eine genauere Kostenanalyse vornehmen. Zunächst soll im Rahmen der Kostenstellenrechnung ein Betriebsabrechnungsbogen erstellt werden. Dort werden alle Gemeinkosten erfasst und den Kostenträgern zugeordnet. Anschließend sollen mithilfe der Kostenträgerzeitrechnung die angefallenen Kosten der Rechnungsperiode auf die Kostenträger verrechnet werden, um die Selbstkosten zu ermitteln. Bei den Kostenträgern handelt es sich um Damenmode (Kostenträger I) und Herrenmode (Kostenträger II).

			Einkauf		**Lager**		**Vertrieb**		**Verwaltung**
Gemeinkostenart (Kto.-Nr.)	**Buchungsbetrag**	**Verteilungsbasis**	**Kostenträger I**	**Kostenträger II**	**Kostenträger I**	**Kostenträger II**	**Kostenträger I**	**Kostenträger II**	
7510 Zinsaufwendungen	35.000,00 €	Werte	3.500,00 €	2.800,00 €	4.900,00 €	4.200,00 €	7.000,00 €	6.300,00 €	6.300,00 €
6300 Gehälter	2.800.000,00 €	Gehaltslisten	140.000,00 €	112.000,00 €	504.000,00 €	336.000,00 €	588.000,00 €	476.000,00 €	644.000,00 €
6700 Mieten	900.000,00 €	Raumgröße	150 m²	100 m²	650 m²	450 m²	350 m²	250 m²	300 m²
7700 Gewerbesteuer	168.000,00 €	Schlüssel	4	3	6	5	3	2	1
6040 Aufw. f. Verpackungsmat.	270.000,00 €	Verbrauch	21.600,00 €	32.400,00 €	78.300,00 €	48.600,00 €	35.100,00 €	29.700,00 €	24.300,00 €
6050 Aufw. f. Energie u. Treibst.	300.000,00 €	Verbrauch	60.000,00 €	45.000,00 €	15.000,00 €	12.000,00 €	75.000,00 €	54.000,00 €	39.000,00 €
6850 Reisekosten	665.000,00 €	Belege	133.000,00 €	99.750,00 €	33.250,00 €	26.600,00 €	166.250,00 €	119.700,00 €	86.450,00 €
6160 Fremdinstandhaltung	900.000,00 €	Belege	72.000,00 €	108.000,00 €	261.000,00 €	162.000,00 €	117.000,00 €	99.000,00 €	81.000,00 €
6800 Allg. Aufw. f. Kommunikation	904.000,00 €	Schlüssel	8	7	10	9	14	12	40
6520 Abschreibungen	250.000,00 €	Anlagenkartei	20.000,00 €	17.500,00 €	25.000,00 €	22.500,00 €	35.000,00 €	32.500,00 €	97.500,00 €
kalk. Unternehmerlohn	180.000,00 €	Schlüssel	3	2			5	4	10
Umlage der Vorkostenstelle Verwaltung			6	5	3	2	8	6	

Sandra bekommt auf Basis der oben stehenden Liste den Auftrag, einen Betriebsabrechnungsbogen zu erstellen und die Kostenträgerzeitrechnung durchzuführen. Abschließend soll sie den Erfolg der beiden Kostenträger ermitteln.

1. Welche Fragen muss Sandra klären?
2. Frau Bertram, Leiterin der Abteilung Rechnungswesen bei der Ehlers & Gehrenberg KG, erklärt Sandra, dass diese sich zunächst darüber im Klaren sein sollte, was die Kostenstellenrechnung umfasst.
   a) Erklären Sie mit eigenen Worten, was unter der Kostenstellenrechnung zu verstehen ist.
   b) Worin unterscheiden sich Kostenstelleneinzelkosten von Kostenstellengemeinkosten?
3. Sandra soll nun die Gemeinkosten der Ehlers & Gehrenberg KG auf die entsprechenden Kostenstellen und Kostenträger verteilen. Dazu hat sie von Frau Bertram einen Betriebsabrechnungsbogen bekommen.
   Erstellen Sie einen Betriebsabrechnungsbogen unter Berücksichtigung der angegebenen Betriebsergebnisrechnung (vgl. Lernsituation).
4. Frau Bertram erklärt Sandra, dass diese sich außerdem darüber im Klaren sein sollte, was die Kostenträgerzeitrechnung bedeutet.
   Erklären Sie mit eigenen Worten, was unter der Kostenträgerzeitrechnung zu verstehen ist.
5. Frau Bertram hat bereits nachfolgende Zahlen zu den Kostenträgern Damenmode (Kostenträger I) und Herrenmode (Kostenträger II) aus der Abrechnungsperiode ermittelt.

Kostenträger I
Wareneinsatz: 3.954.056,00
Verkaufserlöse 8.745.413,00
Vertreterprovision 397.916,00

Kostenträger II
Wareneinsatz 3.367.976,00
Verkaufserlöse 7.159.874,00
Vertreterprovision 352.270,00

   Sandra Krollmann soll nun die Selbstkosten sowie den Warenreingewinn für die beiden Kostenträger feststellen.
   a) Ermitteln Sie die Selbstkosten für die beiden Kostenträger.
   b) Ermitteln Sie den Warenreingewinn für die beiden Kostenträger.

4 Kostenträgerrechnung

Einstiegssituation

Die Ehlers & Gehrenberg KG führt in einer Warengruppe die Artikel Betty Jordan, Deco International, KTM und Steiger. Das Warenwirtschaftssystem liefert für diese Artikel folgende Daten:

	Betty Jordan	**Deco Int.**	**KTM**	**Steiger**
Absatzmenge in Stück	5	2	5	4
Nettoverkaufspreis in € je Stück	369,00	214,00	256,60	179,00
Bezugspreis in € je Stück	187,40	212,50	126,10	181,20
Kosten der Warenabgabe in € je Stück	2,00	2,00	2,00	2,00

Arbeitsauftrag

Prüfen Sie, welche Entscheidungen die Ehlers & Gehrenberg KG auf der Grundlage dieser Daten treffen sollte.

Bei der **Kostenträgerrechnung** werden die Kosten auf die Kostenträger umgelegt.

Die Kostenträgerrechnung ist die Methode der Kosten- und Leistungsrechnung, die insgesamt den größten Beitrag zur Steuerung von Unternehmen liefert. Die Kostenträgerrechnung ermittelt, für welches Produkt in welcher Höhe Kosten angefallen sind: Sie ermittelt also den Erfolg des Kostenträgers. Unter Kostenträger versteht man die Leistungen, deren Erstellung die Kosten verursacht hat.

Zeitliche Anwendung der Kostenträgerrechnung		
Vorkalkulation	**Zwischenkalkulation**	**Nachkalkulation**
▪ Vor der Leistungserstellung (z. B. Produktion) ▪ Berechnung der Verkaufspreise (für Angebote)	▪ Zeitlich zwischen Vorkalkulation und Fertigungsende ▪ Überwachung des Fertigungsprozesses ▪ Ermöglicht bei Fehlentwicklung sehr schnelle Maßnahmen der Gegensteuerung	▪ Am Ende des Fertigungsprozesses soll die Wirtschaftlichkeit ermittelt werden. ▪ Überprüft die Richtigkeit der Vor- und Zwischenkalkulation

Arten der Kostenträgerrechnung

Die Kostenträgerrechnung kann als Vollkostenrechnung oder als Teilkostenrechnung durchgeführt werden:

- Die **Vollkostenrechnung** berücksichtigt alle Kosten, also sowohl die fixen als auch die variablen Kosten. Diese werden dann auf die Kostenträger verrechnet. Die Vollkostenrechnung dient überwiegend der Ermittlung der Selbstkosten im Rahmen der Kalkulation.

- Bei der **Teilkostenrechnung** werden nur Teile der Gesamtkosten – in der Regel sind dies die variablen Kosten – erfasst und anschließend den Kostenträgern zugerechnet. Die Teilkostenrechnung dient hauptsächlich der Unterstützung betriebswirtschaftlicher Entscheidungen: Man kann mit ihr z. B. Deckungsbeiträge, kurzfristige Preisuntergrenzen und den Break-even-Point ermitteln.

Die Vollkostenrechnung

Bei der Vollkostenrechnung werden alle Kosten auf die Produkte umgelegt. Sie unterstützt die Kalkulation der Verkaufspreise. Dazu berechnet sie:

- **die Herstellkosten:**
  Zu diesen gehören alle anfallenden Kosten bis zur Fertigstellung der Produkte bzw. Aufnahme der Waren in das Lager. Die Herstellkosten umfassen also die Materialkosten und die Fertigungskosten.

- **die Selbstkosten:**
  Zu den Herstellkosten kommen noch die Vertriebs- und Verwaltungskosten hinzu. Die Selbstkosten umfassen also alle Kosten, die anfallen, um ein Produkt herzustellen bzw. zu lagern und am Markt anzubieten.

Möchte das Unternehmen einen Betriebsgewinn erzielen, muss der Verkaufspreis oberhalb der Selbstkosten liegen. Diese werden ermittelt durch Anwendung des Schemas zur Berechnung der Selbstkosten:

Materialeinzelkosten		
+ Materialgemeinkosten		
=	Materialkosten	
+ Fertigungseinzelkosten		
+ Fertigungsgemeinkosten		
	Fertigungskosten	
		= Herstellkosten
+ Verwaltungsgemeinkosten		
+ Vertriebsgemeinkosten		
		= Selbstkosten

Beispiel

Die Ehlers & Gehrenberg KG produziert nun auch pro Tag 500 Stück personalisierte Handschuhe. Dabei werden ein Rohstoff und zwei Hilfsstoffe verwendet. Diese haben folgende Bezugspreise:

- 2,00 €
- 0,65 €
- 0,35 €

An weiteren Einzelkosten wurde ermittelt:
Der Lohn der für die Zeit zur Erstellung eines Handschuhs bezahlt wird, beträgt 4,00 €.
Aus der Kostenstellenrechnung bekommt Sandra Krollmann die folgenden Werte:

- Materialgemeinkostensatz 20 %
- Fertigungsgemeinkostensatz 30 %
- Verwaltungsgemeinkostensatz 10 %
- Vertriebsgemeinkostensatz 20 %

Sandra Krollmann soll die Selbstkosten dieses Artikels ermitteln. Gleichzeitig soll sie überprüfen, ob bei einem Verkaufspreis von 13,00 € ein Gewinn erzielt wird.
Sandra Krollmann verwendet das Schema zur Ermittlung der Selbstkosten. Die Materialeinzelkosten in Höhe von 3,00 € bekommt sie, indem sie die Bezugspreise der in der Produktion verwendeten Materialien (2,00 € + 0,65 € + 0,35 €) addiert.

Materialeinzelkosten		3,00 €				
+ Materialgemeinkosten	20 %	0,60 €				
			Materialkosten	3,60 €		
+ Fertigungseinzelkosten		4,00 €				
+ Fertigungsgemeinkosten	30 %	1,20 €				
			Fertigungskosten	5,20 €		
					= Herstellkosten	8,80 €
+ Verwaltungsgemeinkosten	10 %	0,88 €				
+ Vertriebsgemeinkosten	20 %	1,76 €				
						2,64 €
					= Selbstkosten	11,44 €

Als Wert für die Selbstkosten ermittelt Sandra Krollmann 11,44 €.
Bei einem geplanten Verkaufspreis von 14,00 € würde die Ehlers & Gehrenberg KG pro Stück einen Gewinn von 2,56 € erzielen.
Wenn die Produktion pro Tag 500 Stück beträgt, erwirtschaftet die Ehlers & Gehrenberg KG einen Gewinn von 1 280 € pro Tag (500 · 2, 56 €).

Die Deckungsbeitragsrechnung im Rahmen der Teilkostenrechnung

Mit der Deckungsbeitragsrechnung werden die Beträge ermittelt, mit denen die einzelnen Artikel, Warenarten und Warengruppen eines Sortiments zur Deckung der umsatzunabhängigen Kosten (fixen Kosten) eines Betriebs beitragen.

Voraussetzung für die Deckungsbeitragsrechnung ist, dass alle Kosten des Betriebs in fixe und variable Kosten[1] getrennt werden:

Die **fixen** Kosten sind die Kosten der Betriebsbereitschaft. Sie entstehen unabhängig vom Umsatz, also selbst dann, wenn überhaupt keine Waren verkauft wurden.

Beispiel

Personalkosten, Mieten, Abschreibungen auf Sachanlagen, Abgaben und Pflichtbeiträge

Die **variablen** Kosten eines Betriebs verändern sich mit dem Umsatz. Sie steigen mit zunehmendem Umsatz und sinken bei einem Umsatzrückgang.

Beispiel

- Kosten des Wareneinsatzes (= Bezugspreis der verkauften Waren)
- Die variablen Handlungskosten, z. B.
  - Kosten der Warenabgabe und Warenzustellung (Frachten, Aufwendungen für Verpackungsmaterial)
  - Vertriebsprovisionen

Diese Kosten lassen sich den einzelnen Artikeln, Warenarten und Warengruppen direkt zuordnen.

Beispiel

	Artikel 1	Artikel 2
Wareneinsatzkosten	89,89 €	84,90 €
+ 10 % Provision	8,99 €	8,49 €
= variable Kosten	98,99 €	93,99 €

Die variablen Kosten setzen sich also zusammen aus den Kosten des Wareneinsatzes (Bezugspreisen) und den variablen Handlungskosten (in diesem Fall Provisionen).

1 vgl. auch LF 10, Kap. 2

Die drei Grundideen der Deckungsbeitragsrechnung

- Ein Verkaufspreis sollte mindestens die variablen Kosten des Produkts abdecken.
- Über die variablen Kosten hinausgehende Beträge liefern einen Beitrag (= Deckungsbeitrag) zur Abdeckung der Fixkosten.
- Ist der Deckungsbeitrag größer als die fixen Kosten, wird ein Betriebsgewinn erzielt.

Um die Deckungsbeiträge für die einzelnen Artikel, Warenarten und Warengruppen zu ermitteln, werden von den Verkaufserlösen der Artikel die jeweils durch sie verursachten variablen Kosten abgezogen. Die Deckungsbeiträge können je Stück oder für eine Periode ermittelt werden.

Ermittlung des Deckungsbeitrags je Stück

Nettoverkaufspreis
– Bezugspreis
= Rohgewinn je Stück
– Variable Handlungskosten je Stück
= Deckungsbeitrag je Stück

Beispiel Mantel von KTM

Nettoverkaufspreis	256,60 €
Bezugspreis	126,10 €
= Rohgewinn je Stück	130,50 €
– Variable Handlungskosten/Stück	2,00 €
= Deckungsbeitrag je Stück	128,50 €

Der Verkauf eines Exemplars dieses Artikels trägt also mit 128,50 € zur Deckung der fixen Kosten der Ehlers & Gehrenberg KG bei.

Ermittlung des Deckungsbeitrags für eine Periode

Umsatzerlöse (= Nettoverkaufspreis · verkaufte Menge)
– Wareneinsatz
= Rohgewinn für die Periode
– Variable Handlungskosten für die Periode
= Deckungsbeitrag für die Periode

Beispiel Mantel von KTM

Umsatzerlöse (= Nettoverkaufspreis · verkaufte Menge)	1.283,00 €
– Wareneinsatz	630,50 €
= Rohgewinn für die Periode	652,50 €
– Variable Handlungskosten für die Periode	10,00 €
= Deckungsbeitrag für die Periode	642,50 €

Der Verkauf dieser Artikel trug demnach in dieser Periode mit insgesamt 642,50 € zur Deckung der fixen Kosten der Ehlers & Gehrenberg KG bei.

Sortimentspolitische Entscheidungen auf der Grundlage der Deckungsbeitragsrechnung

Jeder Artikel, dessen Umsatzerlöse über den durch ihn verursachten variablen Kosten liegen, erbringt einen positiven Beitrag zur Deckung der fixen Kosten eines Betriebs und leistet damit einen positiven Beitrag zum Betriebserfolg.

Wenn ein Unternehmen über genügend freie Kapazitäten verfügt, ist es daher immer sinnvoll, alle Artikel mit positiven Deckungsbeiträgen im Sortiment zu belassen.

Ein Artikel, dessen Umsatzerlöse niedriger sind als die durch ihn verursachten variablen Kosten, erbringt einen negativen Beitrag zur Deckung der fixen Kosten und schmälert damit den Betriebserfolg. Durch die Herausnahme dieses Artikels aus dem Sortiment kann das Unternehmen seinen Betriebserfolg verbessern.

Beispiel

Die Ehlers & Gehrenberg KG führt in der Artikelgruppe „Badetücher" die Artikel MEWA, GOSSA, FRIWA und JOFA. Das Warenwirtschaftssystem der Ehlers & Gehrenberg KG liefert für diese Artikel folgende Daten:

	Umsatzerlöse	**Wareneinsatz**	**variable Handlungskosten**
MEWA	50.000,00 €	36.500,00 €	15.150,00 €
GOSSA	80.000,00 €	44.200,00 €	18.200,00 €
FRIWA	120.000,00 €	72.000,00 €	22.160,00 €
JOFA	74.000,00 €	41.500,00 €	17.300,00 €

Für die einzelnen Artikel ergeben sich folgende Deckungsbeiträge:

Artikel	**MEWA**	**GOSSA**	**FRIWA**	**JOFA**
Umsatzerlöse	50.000,00 €	80.000,00 €	120.000,00 €	74.000,00 €
./. Wareneinsatz	36.500,00 €	44.200,00 €	72.000,00 €	41.500,00 €
= Rohgewinn	13.500,00 €	35.800,00 €	48.000,00 €	32.500,00 €
./. variable Handlungskosten	15.150,00 €	18.200,00 €	22.160,00 €	17.300,00 €
= Deckungsbeitrag	– 1.650,00 €	17.600,00 €	25.840,00 €	15.200,00 €
Summe der Deckungsbeiträge	56.990,00 €			

Der Artikel MEWA weist einen negativen Deckungsbeitrag auf. Wenn dieser Artikel aus dem Sortiment herausgenommen wird, fallen die durch ihn verursachten variablen Kosten nicht mehr an. Durch die Herausnahme dieses Artikels aus dem Sortiment verbessert sich die Summe der Deckungsbeiträge um 1.650,00 € auf 58.640,00 €.

Ist das Ergebnis (wie bei GOSSA, FRIWA und JOFA) über 0, liegt ein **positiver Deckungsbeitrag** vor. Ist der Wert wie bei MEWA unter null, liegt ein **negativer Deckungsbeitrag** vor: Das Unternehmen verliert mit jedem zusätzlich verkauften Stück des Artikels Geld.

Ermittlung der Preisuntergrenze mithilfe der Deckungsbeitragsrechnung

Ein Unternehmen kann langfristig nur bestehen, wenn seine Gesamtkosten (fixe und variable Kosten) über den Verkaufspreis abgedeckt werden. Zahlreiche Situationen verlangen von den Unternehmen jedoch für einzelne Artikel oder Artikelgruppen eine Preisstellung, bei der vorübergehend oder ganz auf die Deckung von Teilen der Kosten verzichtet wird (Verkaufspreis < Selbstkostenpreis).

Beispiele

- Einführungspreise für neue Produkte
- Preissenkungen aufgrund niedrigerer Konkurrenzpreise
- Preise im Rahmen von Verkaufsförderungsaktionen

In solchen Situationen muss die Preisuntergrenze ermittelt werden, bis zu der eine Preissenkung für das Unternehmen möglich und wirtschaftlich sinnvoll ist. Diese kurzfristige Preisuntergrenze für einen Artikel liegt dort, wo der Verkaufspreis sämtliche durch diesen Artikel direkt verursachten Kosten deckt.

Die kurzfristige Preisuntergrenze lässt sich mithilfe der Deckungsbeitragsrechnung bestimmen.

Bei der Ermittlung der Preisuntergrenze mithilfe der Deckungsbeitragsrechnung wird auf die Deckung der fixen Handlungskosten verzichtet und nur die Deckung der variablen Kosten des Artikels angestrebt. Der Verzicht auf die Deckung der fixen Kosten lässt sich damit begründen, dass diese Kosten dem Betrieb auch entstanden wären, wenn er den betreffenden Artikel nicht führen würde beziehungsweise der Kundenauftrag abgelehnt worden wäre.

Beispiel

Kunden der Ehlers & Gehrenberg KG sind bereit, für Tischdecken der Marke „Exclusiv" höchstens 23,00 € je Tischdecke zu zahlen.
Die Ehlers & Gehrenberg KG kann diese Tischdecken zu einem Bareinkaufspreis je Stück von 20,00 € beziehen. Die Bezugskosten je Stück betragen 2,00 €, die variablen Handlungskosten (Manipulationskosten des Artikels) 0,50 € je Tischdecke.
Ermittlung der Preisuntergrenze:

Bareinkaufspreis	20,00 €
+ Bezugskosten	2,00 €
= Bezugspreis (Einstandspreis)	22,00 €
+ variable Handlungskosten	0,50 €
= Preisuntergrenze	22,50 €

Die Preisuntergrenze für die Tischdecke der Marke „Exclusiv" beträgt 22,50 €. Ein der Preisuntergrenze entsprechender Verkaufspreis deckt sämtliche durch diesen Artikel entstandenen variablen Kosten ab.
Der Verkauf der Tischdecken lohnt sich für die Ehlers & Gehrenberg KG, da der Verkaufspreis von 23,00 € über der ermittelten Preisuntergrenze von 22,50 € liegt. Er deckt nicht nur die variablen Kosten des Artikels, sondern leistet darüber hinaus einen positiven Deckungsbeitrag von 0,50 € je verkauftem Stück zur Deckung der fixen Kosten der Ehlers & Gehrenberg KG.

Ermittlung des Break-even-Points

Der Break-even-Point gibt an, ab welcher Absatzmenge *alle* Kosten (also sowohl die fixen als auch die variablen Kosten) durch die Umsatzerlöse gedeckt sind. Ermittelt wird somit, ab welcher verkauften Stückzahl das Unternehmen die Gewinnschwelle erreicht.

Beispiel

Die Ehlers & Gehrenberg KG produziert einen Wintermantel mit variablen Kosten in Höhe von 96,00 € pro Stück. Es fallen in einer Periode insgesamt 48.000,00 € fixe Kosten an. Sandra Krollmann soll ermitteln, welche Stückzahl bei einem Verkaufspreis von 144,00 € verkauft werden muss, um die Gewinnschwelle zu erreichen.

Sandra ermittelt zunächst den Deckungsbeitrag pro Stück:

Nettolistenverkaufspreis pro Stück	144,00 €
– variable Kosten pro Stück	96,00 €
= Deckungsbeitrag pro Stück	48,00 €

Mit dem Deckungsbeitrag pro Stück kann sie nun den Break-even-Pont berechnen:

$$\text{Break-even-Point} = \frac{\text{Fixkosten}}{\text{Deckungsbeitrag/Stück}} \cdot 100$$

$$\frac{48.000{,}00\ €}{48{,}00\ €} = 1\,000\ \text{Stück}$$

Ab einer Menge von 1 000 Stück erreicht die Ehlers & Gehrenberg KG also die Gewinnschwelle.

Vergleich von Vollkostenrechnung und Teilkostenrechnung				
Fall:	Bei der Produktion von Laufsocken fallen 400,00 € fixe Kosten an. Die variablen Kosten betragen 3,30 € je Paar. Produziert werden 600 Paar.			
Art der Kostenträgerrechnung:	**Vollkostenrechnung**		**Teilkostenrechnung**	
Berechnung:	Einzelkosten (variabel) + Gemeinkosten (fix) (400,00 €/600 Paar) Vollkosten pro Paar	3,30 € 0,66 € 3,96 €	Einzelkosten (variabel)	3,30 €
Ergebnis:	Die Selbstkosten eines Paars Laufsocken betragen 3,96 €.		Die Teilkosten pro Paar betragen 3,30 €.	
Zielsetzung:	Kalkulation der Verkaufspreise		Unterstützung betriebswirtschaftlicher Entscheidungen	
Fazit:	Im Rahmen der Kalkulation muss der Verkaufspreis pro Paar höher als 3,96 € angesetzt werden, um einen Gewinn pro Paar erzielen zu können.		Soll beispielsweise geprüft werden, ob ein Auftrag der Larstadt Warenhaus AG über 200 Stück zu einem Verkaufspreis in Höhe von 5,00 € pro Paar angenommen werden sollte, wird der Deckungsbeitrag berechnet: Nettoverkaufspreis 5,00 € – Gesamte variable Kosten 3,30 € = Deckungsbeitrag 1,70 € Als Deckungsbeitrag ergibt sich 1,70 € pro Paar. Würde der Auftrag angenommen, beträgt der Deckungsbeitrag für den gesamten Auftrag 340,00 € (200 Paar · 1,70 €).	

Die mehrstufige Deckungsbeitragsrechnung

In der normalen Deckungsbeitragsrechnung stellt der Deckungsbeitrag die Differenz zwischen den erzielten Erlösen und allen dafür aufgebrachten variablen Kosten dar. Prinzipiell lässt er sich wie folgt berechnen:

Deckungsbeitrag = Erlöse – variable Kosten

Der Deckungsbeitrag ist also der Beitrag, den ein Artikel zum Betriebserfolg beiträgt. Er sollte nach Möglichkeit positiv sein.

Wenn die fixen Kosten mittels des Deckungsbeitrages gedeckt wurden, wird durch den übersteigenden Betrag ein Betriebsgewinn erzielt.

Beispiel

Die Ehlers & Gehrenberg KG erzielt mit dem Verkauf eines bestimmten Geschenkartikel 20,00 € Umsatz. Die in diesem Zusammenhang stehenden variablen Kosten betragen 8,00 €. Der Deckungsbeitrag ist positiv und beträgt 12,00 €. Dieser Betrag stellt praktisch den Gewinn pro verkauftem Geschenkartikel dar. Er kann zumindest teilweise zur Deckung der Fixkosten bei der Ehlers & Gehrenberg KG genutzt werden.

Die Deckungsbeiträge können zur Berechnung des Betriebsergebnisses herangezogen werden:

Betriebsergebnis = Deckungsbeitrag – alle Fixkosten

In der normalen Deckungsbeitragsrechnung – sie wird auch als **einstufige Deckungsbeitragsrechnung** bezeichnet – werden die Fixkosten zusammengefasst in einem Fixkostenblock genutzt. Dadurch lassen sich wichtige Erkenntnisse zur wirtschaftlichen Situation eines Unternehmens gewinnen.

Erheblich mehr und detailliertere Informationen bekommt ein Unternehmen, wenn die Fixkosten in die Kosten von Produkten, Bereichen und Unternehmen aufgeteilt werden. Bei der **mehrstufigen Deckungsbeitragsrechnung** verschlüsselt man die Fixkosten verursachergerecht in Produktarten, Produktgruppen, Kostenstellen und Bereiche eines Unternehmens einzeln auf. Um genauere Ergebnisse zu bekommen, werden die Deckungsbeiträge weiter verfeinert:

Begriff:	**Erläuterung:**	**Beispiel:**
Nettoverkaufserlöse		100,00 €
Variable Kosten		30,00 €
= Deckungsbeitrag I	Dies ist der Deckungsbeitrag der einstufigen Deckungsbeitragsrechnung. Er zeigt an, was der einzelne Artikel zur Deckung der Fixkosten beiträgt. Er ist die maßgebliche Größe für die Produktbeurteilung.	70,00 €
– Erzeugnisfixe Kosten	Erzeugnisfixe Kosten sind fixe Kosten, die bei der Herstellung bzw. beim Verkauf eines Artikels verursacht und deshalb diesem Kostenträger direkt zugerechnet werden können. Diese z. B. durch Entwicklung, Fertigung und Vertrieb verursachten Kosten lassen sich nur der Gesamtzahl der Produkte innerhalb einer Periode zuordnen, nicht aber (wie bei den variablen Kosten) jedem einzelnen. In einem Industrieunternehmen während dies zum Beispiel die Abschreibungen für eine Maschine, nur einem bestimmten Artikel herstellt	15,00 €

Begriff:	Erläuterung:	Beispiel:
= Deckungsbeitrag II	Der Deckungsbeitrag II gibt den Beitrag der Kostenträger zur Deckung der restlichen Fixkosten an, die nicht kostenträgerbezogen sind.	55,00 €
– Erzeugnisgruppenfixe Kosten	Erzeugnisgruppenfixe Kosten sind Fixkosten die nicht mehr den einzelnen Artikeln, sondern nur noch Kostenträgergruppen wie zum Beispiel Warengruppen eindeutig zugerechnet werden können.	5,00 €
= Deckungsbeitrag III	Der Deckungsbeitrag III gibt Auskunft über die Fixkostendeckung der Erzeugnisgruppen.	50,00 €
– Unternehmensfixe Kosten	Zu den unternehmensfixen Kosten zählen alle fixen Kosten, die in übergeordneten Unternehmensbereichen entstehen, die für alle Betriebsbereiche verantwortlich sind. Als Beispiel können die Verwaltungskosten der der Unternehmensleitung der Ehlers & Gehrenberg KG genannt werden.	30,00 €
= Betriebsergebnis	Erst wenn man noch die unterenehmensfixen Kosten abzieht, bekommt man den Gewinn, den man mit dem jeweiligen Artikel erwirtschaftet hat.	20,00 €

In der Praxis wird sehr oft bis zum Deckungsbeitrag III gerechnet. Die mehrstufige Deckungsbeitragsrechnung kann jedoch auch noch verfeinert werden. In der Regel werden dann erzeugnisgruppenfixen Kosten in (Warengruppen-)Fixkosten und Bereichsfixkosten (für Abteilungen) weiter unterteilt.

Beispiel

	Ehlers & Gehrenberg KG					**Gesamt**
	Abteilung 1			**Abteilung 2**		
	Warengruppe A		**Warengruppe B**	**Warengruppe C**	**Warengruppe D**	
	Artikel 1	Artikel 2	Artikel 3	Artikel 4	Artikel 5	
Umsatz	21.000	15.000	18.000	9.000	6.000	69.000
– variable Kosten	6.000	4.500	5.400	2.400	1.500	19.800
= Deckungsbeitrag I	15.000	10.500	12.600	6.600	4.500	49.200
– produktfixe Kosten	2.400	2.100	1.800	1.500	1.200	9.000
= Deckungsbeitrag II	12.600	8.400	10.800	5.100	3.300	40.200
– Gruppenfixkosten		3.000	2.100	600	300	6.000
= Deckungsbeitrag III		18.000	8.700	4.500	3.000	34.200
– Bereichsfixkosten				9.000	30.00	12.000
= Deckungsbeitrag IV				1.7700	4.500	22.200
– Unternehmensfixkosten					6.900	6.900
= Deckungsbeitrag V					15.300	15.300

Die Verkäufe der aufgeführten fünf Artikel tragen mit 15.300,00 € zum Betriebsergebnis der Ehlers & Gehrenberg KG bei.

Zusammenfassung

Kostenträgerrechnung

- ermittelt, in welcher Höhe Kosten für einen Kostenträger (z. B. Produkt) entstanden sind.

Vollkostenrechnung

- Umlage *aller* Kosten (sowohl fix als auch variabel) auf die Produkte
- dient der Ermittlung der *Selbstkosten* im Rahmen der Verkaufskalkulation

Berechnung

Materialkosten
+ Fertigungskosten
= Herstellkosten
+ Verwaltungsgemeinkosten
+ Vertriebsgemeinkosten
= Selbstkosten

Teilkostenrechnung

- Nur *Teile* der Gesamtkosten (i. d. R. variable Kosten) werden auf die Produkte umgelegt
- dient der Unterstützung betriebswirtschaftlicher Entscheidungen
- ermittelt den *Deckungsbeitrag* (Betrag, mit dem einzelne Artikel oder Warengruppen eines Sortiments zur Deckung der Fixkosten beitragen)

Berechnung

Deckungsbeitrag pro Stück:
Nettoverkaufspreis
– Umsatzerlöse
= Rohgewinn je Stück
– variable Handlungskosten je Stück
= Deckungsbeitrag je Stück

Deckungsbeitrag je Periode:
Umsatzerlöse
– Wareneinsatz
= Rohgewinn je Periode
– variable Handlungskosten je Periode
= Deckungsbeitrag je Periode

Aufgaben

1. Was ist Aufgabe der Kostenträgerrechnung?

2. Führen Sie die drei Phasen auf, innerhalb derer die Kostenträgerrechnung angewandt wird.

3. Wodurch unterscheidet sich die Vollkostenrechnung von der Teilkostenrechnung?

4. Erläutern Sie die Begriffe
   a) Herstellkosten,
   b) Selbstkosten.

5. Was ist ein Deckungsbeitrag?

6. Aus welchen Bestandteilen setzen sich die variablen Kosten zusammen?

7. Welcher Zusammenhang besteht zwischen Deckungsbeiträgen und dem Betriebserfolg?

8. Wo liegt die kurzfristige Preisuntergrenze für einen Artikel des Sortiments?

9. Was versteht man unter dem Break-even-Point?

10. Sandra Krollmann hat als Fixkosten für eine Warengruppe 70.500,00 € und als Deckungsbeitrag pro Periode 108.700,00 € ermittelt.
    Berechnen Sie den Betrag, mit dem diese Warengruppe am Betriebsergebnis beteiligt ist.

11. Die Indux AG produziert pro Monat 900 Stück Anzüge. Dabei werden ein Rohstoff und zwei Hilfsstoffe mit folgende Bezugspreisen verwendet:
    - 90,00 €
    - 6,00 €
    - 2,00 €

    An weiteren Einzelkosten wurde ermittelt:
    Der Lohn der für die Zeit zur Erstellung eines Anzugs bezahlt wird, beträgt 48,00 €.
    Aus der Kostenstellenrechnung bekommt Carolin Saager die folgenden Werte:
    - Materialgemeinkostensatz 30 %
    - Fertigungsgemeinkostensatz 25 %
    - Verwaltungsgemeinkostensatz 15 %
    - Vertriebsgemeinkostensatz 25 %

    Ermitteln Sie mithilfe des Kalkulationsschemas zur Bestimmung der Selbstkosten die Selbstkosten dieses Artikels.
    Überprüfen Sie, ob bei einem Verkaufspreis von 400,00 € ein Gewinn pro Stück erzielt wird.
    Ermitteln Sie ggf. den Gesamtgewinn.

12. Die Indux AG produziert pro Monat 1 400 Mützen. Dabei werden ein Rohstoff und ein Hilfsstoff verwendet. Diese haben folgende Bezugspreise:
    - 6,10 €
    - 0,80 €

An weiteren Einzelkosten wurde ermittelt:
Der Lohn, der für die Zeit zur Erstellung einer Mütze bezahlt wird, beträgt 3,80 €.
Aus der Kostenstellenrechnung bekommt Carolin Saager die folgenden Werte:

- Materialgemeinkostensatz 15 %
- Fertigungsgemeinkostensatz 35 %
- Verwaltungsgemeinkostensatz 15 %
- Vertriebsgemeinkostensatz 20 %

Ermitteln Sie mithilfe des Kalkulationsschemas zur Bestimmung der Selbstkosten die Selbstkosten dieses Artikels.
Überprüfen Sie, ob bei einem Verkaufspreis von 18,00 € ein Gewinn pro Stück erzielt wird.
Ermitteln Sie ggf. den Gesamtgewinn.

13. Die Ehlers & Gehrenberg KG will die Artikel „Benzol 201" und „Petrol 102" als Sonderangebote im Rahmen einer Verkaufsförderungsaktion anbieten. Die Ehlers & Gehrenberg KG kalkuliert mit folgenden Daten:

	Benzol 201	**Petrol 102**
Listeneinkaufspreis	120,00 €	110,00 €
Liefererantenrabatt	40 %	50 %
Liefererantenskonto	3 %	2 %
Bezugskosten	2,00 €	2,00 €
variable Handlungskosten	5,00 €	4,00 €

Ermitteln Sie die Preisuntergrenzen für die Artikel „Benzol 201" und „Petrol 102".

14. Ein Unternehmen führt folgende Artikel:

Artikel	**1**	**2**	**3**	**4**
Absatz (Stück)	4 000	24 000	84 000	54 000
Nettoverkaufspreis (€)	100,00	120,00	70,00	80,00
Variable Handlungskosten je Stück (€)	40,00	100,00	30,00	50,00

Das Unternehmen gewährt seinen Kunden auf alle Erzeugnisse 3 % Skonto und 5 % Rabatt.
Ermitteln Sie die Deckungsbeiträge je Artikel und die Summe der Deckungsbeiträge.

15. Zur Verbesserung des Betriebsergebnisses will der Unternehmer das Sortiment verändern. Welche Sortimentsveränderung empfehlen Sie?

16. Die Indux AG produziert einen Anorak mit variablen Kosten in Höhe von 72,00 € pro Stück. Es fallen in einer Periode insgesamt 54.000,00 € fixe Kosten an. Ermitteln Sie, welche Stückzahl bei einem Verkaufspreis von 230,00 € verkauft werden muss, um die Gewinnschwelle zu erreichen.

17. Entwickeln Sie ein Excel-Arbeitsblatt zur Ermittlung der Deckungsbeiträge der Artikel einer Artikelgruppe, die Ihr Ausbildungsbetrieb in seinem Sortiment führt.

18. Die Sanitärhandlung Becker OHG führt in ihrem Sortiment drei verschiedene Waschtischarmaturen:

Armatur	Umsatzerlöse	Variable Kosten
WA123	70.000,00 €	63.000,00 €
WA264	80.000,00 €	59.000,00 €
WA186	90.000,00 €	92.000,00 €

Welche Sortimentsveränderung sollte die Sanitärhandlung Becker OHG durchführen, um das Betriebsergebnis zu verbessern?

19. Hakan Sachs bekommt den Auftrag, erstmals im Rahmen einer Vorkalkulation die Selbstkosten eines neuen Artikels der Indux AG, der neu gefertigt wird, vorzunehmen. Aus der Kostenarten- und Kostenstellenrechnung stellt er sich die folgenden Daten für die geplante Absatzmenge zusammen:

Materialkosten:	120.000,00 €
Materialgemeinkosten:	60.000,00 €
Fertigungsentgelte:	400.000,00 €
Fertigungsgemeinkosten:	120.000,00 €
Verwaltungsgemeinkosten:	40.000,00 €
Vertriebsgemeinkosten:	140.000,00 €

Pro Stück des Artikels fallen 600,00 € Materialkosten und 400,00 € Fertigungsentgelte an.

a) Ermitteln Sie den Materialkostenzuschlag und den Fertigungsgemeinkostenzuschlag.
b) Berechnen Sie die Herstellkosten.
c) Ermitteln Sie die Höhe des Verwaltungsgemeinkostenzuschlagssatzes und des Vertriebsgemeinkostensatzes.
d) Berechnen Sie die Selbstkosten pro Stück.

20. Ein anderer Artikel soll bei der Indux AG von Hakan Sachs kalkuliert werden. Zur Ermittlung der Selbstkosten verwendet er die folgenden Daten:

Materialkosten	40.000,00 €
Materialgemeinkosten	5.000,00 €
Fertigungsentgelte	150.000,00 €
Fertigungsgemeinkosten	40.000,00 €
Verwaltungsgemeinkosten	30.000,00 €
Vertriebsgemeinkosten	2.000,00 €

Pro Stück des Artikels fallen 72,00 € Materialkosten und 80,00 € Fertigungsentgelte an.

21. Sie bekommen den Auftrag, den Deckungsbeitrag für einen Anzug zu ermitteln. Es liegen folgende Daten vor:

Variable Handlungskosten	100,00 €
Bezugspreis	615,00 €
Barverkaufspreis	1.200,00 €

22. Hakan Sachs bearbeitet gerade die Warengruppe Luxus-Sakkos. Aus dem ERP-System hat er sich die folgende Liste ausgedruckt:

	Hoss	**Uno**
Einkaufsmenge in Stück	550	320
Bezugspreis in €/Stück	780,00	700,00
Absatzmenge in Stück	530	310
Barverkaufspreis in €/Stück	1.020,00	980,00
Deckungsbeitrag in €/Stück	210,00	225,00

Ermitteln Sie die variablen Kosten des Produkts von Hoss.
Berechnen Sie für den Artikel von Uno die Preisuntergrenze.

23. Hakan hat folgende Informationen über eine Warengruppe, in der pro Periode 6 000 Stück abgesetzt werden:

Umsatzerlöse:	1.260.000,00 €
Wareneinsatz:	480.000,00 €
Variable Handlungskosten:	140.000,00 €

a) Ermitteln Sie den Nettoverkaufspreis pro Stück.
b) Berechnen Sie die variablen Kosten je Stück.
c) Ermitteln Sie den Deckungsbeitrag pro Stück.
d) Geben Sie an, wo die kurzfristige Preisuntergrenze pro Stück liegt.

Lernsituation 1

Herr Bauer, Abteilungsleiter Verkauf im Produktbereich Textilien, kommt in die Abteilung Rechnungswesen. Er möchte gern eine genauere Aufstellung der Deckungsbeiträge über die vier verschiedenen Herrenanzüge, die in der Warengruppe „Herrenbekleidung" im abgelaufenen Geschäftsjahr verkauft wurden (Herrenanzüge „Elegance", „David Mac Ham", „Happy Size" und „Basic two").

Die Abteilung weist bei den Herrenanzügen zwar einen Gesamtgewinn in Höhe von 4.610,00 € aus, Herr Bauer möchte aber wissen, wie hoch die Deckungsbeiträge der einzelnen Artikel sind und ob eventuell absatzpolitische Entscheidungen getroffen werden müssen, um diesen Deckungsbeitrag zu erhöhen.

Frau Bertram, Leiterin der Abteilung Rechnungswesen, hat folgende Informationen bereitgestellt:

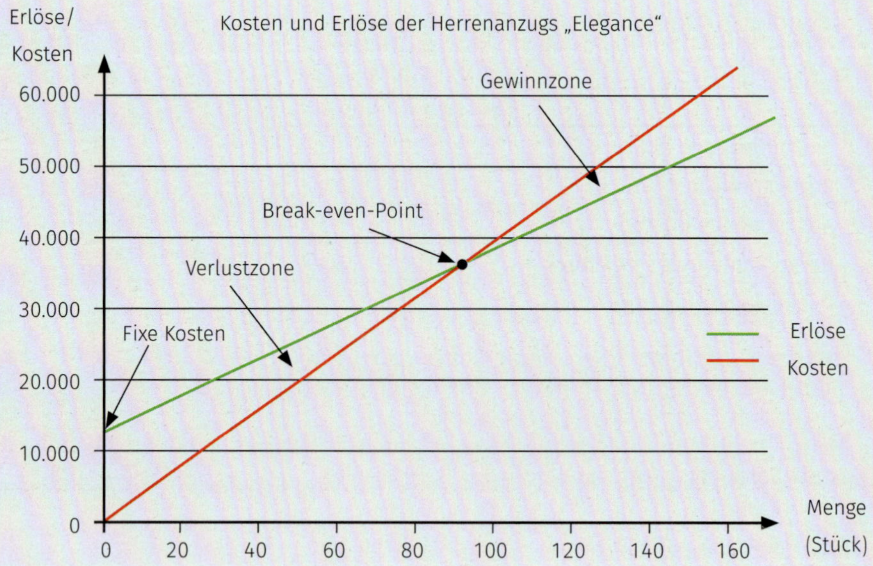

Verkaufs-menge	**Artikel**	**Verkaufs-preis**	**Warenein-satz**	**variable Stückkosten**	**fixe Kosten**
140	Herrenanzug „Elegance“	395,00 €/St.	210,00 €/St.	55,00 €	12.000,00 €
540	Herrenanzug „David Mac Ham“	175,00 €/St.	74,50 €/St.	56,50 €	19.500,00 €
650	Herrenanzug „Happy Size“	80,00 €/St.	40,00 €/St.	24,00 €	11.500,00 €
250	Herrenanzug „Basic two“	50,00 €/St.	45,00 €/St.	10,00 €	3.500,00 €

Frau Bertram und Jakob Osterhoff, Auszubildender bei der Ehlers & Gehrenberg KG, bekommen nun den Auftrag, für Herrn Bauer die oben stehende Grafik näher zu erläutern und die Deckungsbeiträge für diese vier Artikel für das vergangene Jahr aufzustellen.

1. Welche Fragen muss Jakob klären?
2. Der Herrenanzug „Elegance“ ist im vergangenen Jahr zu einem Verkaufspreis von 395,00 € verkauft worden. Die fixen Kosten betrugen 12.000,00 € für diesen Artikel und die variablen Kosten (Wareneinsatz + variable Handlungskosten) insgesamt 265,00 €. Der Sachverhalt ist grafisch in der Handlungssituation dargestellt.
   a) Wie könnte man die Erlöse (= Umsätze) und die Kosten als Funktionsgleichung darstellen?
   Erlösfunktion = Preis · Menge, hier: $E(x) = ?$
   Kostenfunktion = variable Kosten · Menge + fixe Kosten, hier: $K(x) = ?$
   b) Der Break-even-Punkt gibt die Verkaufsmenge an, ab der ein Unternehmen Gewinn macht. Lesen Sie die verkaufte Menge aus der Grafik ab und bestimmen Sie den Wert rechnerisch auf Basis von a).

c) Wie hoch wäre der Verlust für den Herrenanzug „Elegance", wenn die Ehlers & Gehrenberg KG diesen Artikel gar nicht verkaufen würde?

d) Worin unterscheiden sich grundsätzlich variable von fixen Kosten? Nennen Sie dabei auch je drei mögliche Beispiele für den Herrenanzug „Elegance".

3. Herr Bauer und Frau Bertram wollen nun die Deckungsbeiträge für die verschiedenen Artikel berechnen.

a) Wie würden Sie den Begriff „Deckungsbeitrag" mit eigenen Worten beschreiben?

b) Mit einer buchtechnischen Kostenspaltung sind Fixkosten für die vier verschiedenen Herrenanzüge in Höhe von 46.500,00 € ermittelt worden. Wie hoch sind die Deckungsbeiträge pro Stück, pro Artikel und insgesamt für das vergangene Jahr? Ermitteln Sie auch den Gewinn, indem Sie eine Tabelle nach folgendem Muster verwenden:

	Elegance	
	Gesamtrechnung	**Stückrechnung**
Umsatzerlöse		
– Wareneinsatz		
= Rohgewinn		
– variable Handlungskosten		
= Deckungsbeitrag		
– fixe Kosten		
= Gewinn		

4. Herr Bauer bekommt nun die Berechnung der Deckungsbeiträge auf den Tisch.

a) Welche Beurteilungen und Empfehlungen geben Sie Herrn Bauer bei den einzelnen Herrenanzügen?

b) Frau Bertram erklärt Jakob, dass die Deckungsbeitragsrechnung auch Probleme mit sich bringt. Sie sagt, dass kurzfristige Entscheidungen aufgrund der Deckungsbeitragsrechnung langfristig falsch sein können. Nehmen Sie am Beispiel des Herrenanzugs „Happy Size" Stellung zu dieser Aussage.

Lernsituation 2

Frau Bertram, Abteilungsleiterin der Abteilung Rechnungswesen bei der Ehlers & Gehrenberg KG, hat in letzter Zeit mehr und mehr das Gefühl, dass die Preise nicht richtig kalkuliert sind. Vor allem die in den letzten Jahren gestiegenen Gemeinkosten im Vergleich zu den Einzelkosten haben dazu geführt, dass die proportional auf den Bezugspreis berechneten Handlungskostenzuschlagssätze zunehmend ungenau geworden sind.

Frau Bertram nimmt an, dass die Unterstellung, die Gemeinkosten stiegen prozentual genauso an wie die entsprechende Zuschlagsbasis, nicht immer gegeben ist. Daher möchte sie eine Berechnung nach dem Kostenverursachungsprinzip durchführen. Sie fordert deshalb, mittels Prozesskostenrechnung die Prozesse (Kostentreiber) zu definieren und die Kosten pro Prozess (Prozesskosten) festzustellen.

Ein Schwerpunkt soll die Prozesskostenrechnung der Abteilung Logistik/Lager werden. Frau Bertram hat hier bereits die Gemeinkosten des Lagers zusammengestellt:

Gemeinkostenart (Kto.-Nr.)	**Lager**
7510 Zinsaufw.	4.900,00 €
6300 Gehälter	504.000,00 €
6700 Mieten	260.000,00 €
7700 Gew.-Steuer	42.000,00 €
6040 Aufw. f. Verpackungsmat.	78.300,00 €
6050 Aufw. f. Energie u. Treibst.	15.000,00 €
6850 Reisekosten	33.250,00 €
6160 Fremdinstandhaltung	261.000,00 €
6800 Allg. Aufw. f. Kommunikation	90.400,00 €
6520 Abschreibungen	25.000,00 €
Gesamt	1.313.850,00 €

Sandra Krollmann bekommt unter anderem den Auftrag, sich Gedanken über verschiedene (Teil-)Prozesse im Lager zu machen und eine Prozesskostenrechnung für die oben angegebenen Daten durchzuführen.

1. Welche Fragen muss Sandra klären?

2. Frau Bertram möchte, dass sich Sandra zunächst mit ein paar Grundlagen der Prozesskostenrechnung (PKR) auseinandersetzt.
   a) Beschreiben Sie mit eigenen Worten, was Sie unter der Prozesskostenrechnung verstehen.
   b) Warum können proportional auf den Bezugspreis berechnete Handlungskosten zu Ungenauigkeiten bei der Kalkulation führen? Erläutern Sie dies anhand eines Beispiels.

3. In einer Absprache mit Herrn Freese, dem Abteilungsleiter Logistik/Lager, hat Frau Bertram bereits mehrere Teilprozesse definiert bzw. festgelegt. Diese werden auch als Kostentreiber bezeichnet:
   - Warenannahme
   - Wareneinlagerung
   - Leitung Logistik/Lager

   Sandra soll Tätigkeiten nennen, die innerhalb des Teilprozesses im Lager/in der Logistik durchzuführen sind.

4. Frau Bertram hat alle (in der Ausgangssituation) vorliegenden Gemeinkosten der Kostenstelle Logistik/Lager analysiert und den vier in Aufgabe 3 definierten Teilprozessen zugeordnet. Bevor Sandra aber nun die Prozesskostenrechnung für die Kostenstelle Logistik/Lager durchführt, soll sie noch ein paar Grundfragen klären.
   a) Was sind leistungsmengeninduzierte (lmi) Teilprozesskosten und was leistungsmengenneutrale Teilprozesskosten (lmn)? Stellen Sie dazu auch die Berechnungsformel auf.
   b) Sandra bekommt nun die unten stehende Tabelle mit den von Frau Bertram berechneten Teilprozesskosten.
   Berechnen Sie die einzelnen Prozesskostensätze (lmi), die Umlagesätze (lmn) sowie die gesamten Prozesskostensätze.

Kostenstelle Lager/Logistik		
Teilprozess	Prozesskosten pro Jahr	Prozessmenge pro Jahr
Warenannahme	236.493,00 €	1.400 Warenannahmen
Wareneinlagerung	183.939,00 €	1.200 Wareneinlagerungen
Warenausgabe	683.202,00 €	5.400 Warenausgaben
Leitung Logistik/Lager	210.216,00 €	

c) Was bedeuten die von Ihnen berechneten gesamten Prozesskostensätze?

5 Kalkulation

Einstiegssituation

Die Ehlers & Gehrenberg KG hat von der Anima Fashion Ltd aus Bangladesh Hemden der Marke „Active Clothes" angeboten bekommen. Es ist nun fraglich, ob sie das Angebot dieses namhaften Herstellers annimmt und die Hemden in die Produktpalette aufnimmt oder nicht.

Frau Zahn aus der Verkaufsabteilung beauftragt Jakob Osterhoff damit, den Listenverkaufspreis der Hemden zu kalkulieren, um dann eine Entscheidung über das weitere Vorgehen zu treffen.

ANIMA FASHION LTD
Hanharpara Enayetnagar, Fatulla
1400 Narayanganj
BANGLADESH

Ehlers & Gehrenberg KG
Am Sandtorkai 24
20457 Hamburg

Angebot-Nr.: 221
Datum: 17-04-20..

Angebot

Pos.	Artikel-Nr.	Artikelbezeichnung	Menge und Einheit	Einzelpreis	Gesamtpreis
1	900612450	Herrenhemd „Active Clothes" diverse Farben und Größen	400 St.	45,36 €	18.144,00 €
Gesamtpreis					18.144,00 €
Rabatt				10 %	1.814,40 €
Warenwert					16.329,60 €
Umsatzsteuer				19 %	3.102,62 €
Gesamtbetrag					19.432,22 €

Bei Zahlung innerhalb von 7 Tagen gewähren wir 2 % Skonto.

Arbeitsaufträge

1. Erläutern Sie, warum es überhaupt sinnvoll ist, den Listenverkaufspreis auf der Basis des vorliegenden Angebots zu ermitteln.
2. Geben Sie an, welche Aspekte bei der Ermittlung des Listenverkaufspreises berücksichtigt werden müssen.

Gewinn als Ziel der Preiskalkulation

Das Hauptziel der unternehmerischen Tätigkeit ist die Erwirtschaftung von Gewinn durch die ausgeübten Handlungen. Damit ein Unternehmen durch den Verkauf von Handelswaren Gewinn erwirtschaften kann, ist es notwendig, dass die Verkaufspreise so kalkuliert werden, dass (der gewünschte) Gewinn erwirtschaftet wird.

Hierfür muss der Unternehmer zunächst berechnen, wie hoch die Kosten sind, die das Produkt bei ihm bis zum Verkauf verursacht. Diesen Betrag nennt man Selbstkosten. Auf diese Selbstkosten wird dann der Gewinn aufgeschlagen.

Beispiel 1

Die Ehlers & Gehrenberg KG möchte mit Herrenhemden der Marke „Active Clothes" einen Gewinn von 50 % erzielen. Die Selbstkosten betragen 51,00 € pro Hemd.
Gewinnzuschlag: 51,00 € · 50 : 100 = 25,50 €
Der Verkaufspreis muss also 51,00 € + 25,50 € = 76,50 € zzgl. 19 % Umsatzsteuer betragen.

Da sich der Absatz jedoch nicht nur durch das Angebot, sondern auch durch die Nachfrage bestimmt, ist der Preis so zu kalkulieren, dass er auf dem Absatzmarkt konkurrenzfähig ist.

Beispiel 2

Die Ehlers & Gehrenberg KG möchte die Herrenhemden der Marke „Active Clothes" für 76,50 € netto verkaufen. Die Konkurrenz bietet derartige Hemden für Preise zwischen 73,00 € (im Angebot) und 80,00 € netto an.
Der Preis für die Hemden erscheint somit konkurrenzfähig.

Somit kann ein Unternehmen also nicht einfach bei jedem Artikel einen beliebig hohen Gewinnzuschlag einkalkulieren. Vielmehr muss für jede Produktgruppe und wenn möglich sogar für jedes einzelne Produkt ein individueller Verkaufspreis kalkuliert werden.

Beispiel 3

Die Konkurrenz bietet derartige Hemden von „Active Clothes" (siehe obige Beispiele) für Preise zwischen 70,00 € (im Angebot) und 75,00 € netto an.
Der Preis für die Hemden erscheint nicht konkurrenzfähig.

Die Verkaufspreiskalkulation ist insbesondere bei der Einführung neuer Produkte wichtig. Wenn sich der Verkauf nicht in der gewünschten Weise rentiert, dann sollte das Produkt eventuell gar nicht eingekauft und angeboten werden.

Beispiel 4

Die Ehlers & Gehrenberg KG muss entscheiden, ob sie die Hemden trotzdem für 76,50 € netto verkaufen will oder ob sie für diese Produkte einen geringeren Gewinnzuschlag einplant, um zu konkurrenzfähigen Preisen anbieten zu können.

Nachdem der Gewinn aufgeschlagen wurde, muss der Unternehmer weitere Faktoren beachten, die den Verkaufspreis beeinflussen (z. B. Rabatt, Skonto). Ebenfalls sind die Selbstkosten nicht – wie in den bisherigen Beispielen – vorgegeben, sondern müssen vom Unternehmer errechnet werden. Die Kalkulation des Verkaufspreises einer Ware kann somit in der Praxis nicht so einfach erfolgen, wie dies in den vorangegangenen Beispielen erfolgt ist.

Bei der Preiskalkulation von Handelswaren sind folgende Fälle zu unterscheiden, die im Folgenden näher betrachtet werden:

1. Vorwärtskalkulation (zur Ermittlung des Verkaufspreises)
2. Rückwärtskalkulation (zur Ermittlung des maximalen Einkaufspreises)
3. Differenzkalkulation (zur Ermittlung des verbleibenden Gewinns)

Vorwärtskalkulation bei Handelswaren

Ein Handelsbetrieb kalkuliert in der Regel seinen Verkaufspreis, indem er vom Bezugspreis ausgehend alle Kosten und einen Gewinnaufschlag sowie eventuelle Rabatte und Skonti und die Umsatzsteuer einbezieht. Doch auch der Bezugspreis muss zunächst ermittelt werden.

Vom Listeneinkaufspreis zum Bareinkaufspreis

Die Kalkulation geht vom Listeneinkaufspreis, einem Nettowert, aus. Von dem Listeneinkaufspreis zieht der Händler die ihm gewährten **Rabatte** sowie eventuell mögliche **Skontobeträge** ab. Das Ergebnis wird als Bareinkaufspreis bezeichnet (Zwischenergebnis nach Abzug des Lieferantenrabatts = Zieleinkaufspreis).

Vom Bareinkaufspreis zum Bezugspreis

Vom Bareinkaufspreis ausgehend schlägt der Händler seine **Bezugskosten** (z. B. Transportkosten, Auslagen, Zölle oder Transportversicherung) auf. Es ergibt sich der Bezugspreis der Ware. Die Bezugskosten können als Prozentsatz oder auch als tatsächliche Kosten in Euro angegeben werden

Vom Bezugspreis zu den Selbstkosten

Auf den Bezugspreis werden die anteiligen **Handlungskosten** (z. B. Mitarbeiterlöhne, Lagerkosten, Werbekosten etc.) für das Produkt aufgeschlagen. Es ergeben sich die Selbstkosten.

Von den Selbstkosten zum Barverkaufspreis

Auf die Selbstkosten wird der geplante **Gewinn** aufgeschlagen, um den Barverkaufspreis zu ermitteln.

Vom Barverkaufspreis zum Zielverkaufspreis

Da der Unternehmer damit rechnen muss, dass auch seine Kunden einen Skontoabzug einfordern und dass er diesen gewähren wird, muss er auch den Betrag des **Kundenskonto** aufschlagen. Eine möglicherweise anfallende **Vertreterprovision** muss ebenfalls in diesem Schritt einkalkuliert werden. Es ergibt sich der **Zielverkaufspreis**.

Vom Zielverkaufspreis zum Listenverkaufspreis

Verschiedenen Kundengruppen wird der Unternehmer Rabatt oder Skonto gewähren. Damit dies nicht zulasten des geplanten Gewinns geht, muss der Unternehmer auch diesen **Kundenrabatt** hinzurechnen, um einen gut kalkulierten Listenverkaufspreis als Ergebnis zu erhalten.

Vom Listenverkaufspreis zum Bruttoverkaufspreis

Auf den Listenverkaufspreis wird dann noch die **Umsatzsteuer** mit dem korrekten Steuersatz aufgeschlagen, um den tatsächlichen Bruttoverkaufspreis zu erhalten.

Soweit die Abnehmer Unternehmer sind, haben diese in der Regel die Möglichkeit des Vorsteuerabzugs und werden wirtschaftlich nicht mit der Umsatzsteuer belastet. Daher ist für diese Kundengruppen der Listenverkaufspreis wichtig. Die Kalkulation ist dann mit der Ermittlung des Listenverkaufspreises beendet. (Im weiteren Verlauf wird die Kalkulation bis zum Listenverkaufspreis vorgenommen, also ohne die Umsatzsteuer.)

Bei den einzelnen Rechenschritten handelt es sich in der Vorwärtskalkulation lediglich um Prozentrechnungen mit dem einfachen beziehungsweise dem verminderten Grundwert.

In einem Schema sieht die Vorwärtskalkulation mit Rechenschritten wie folgt aus:

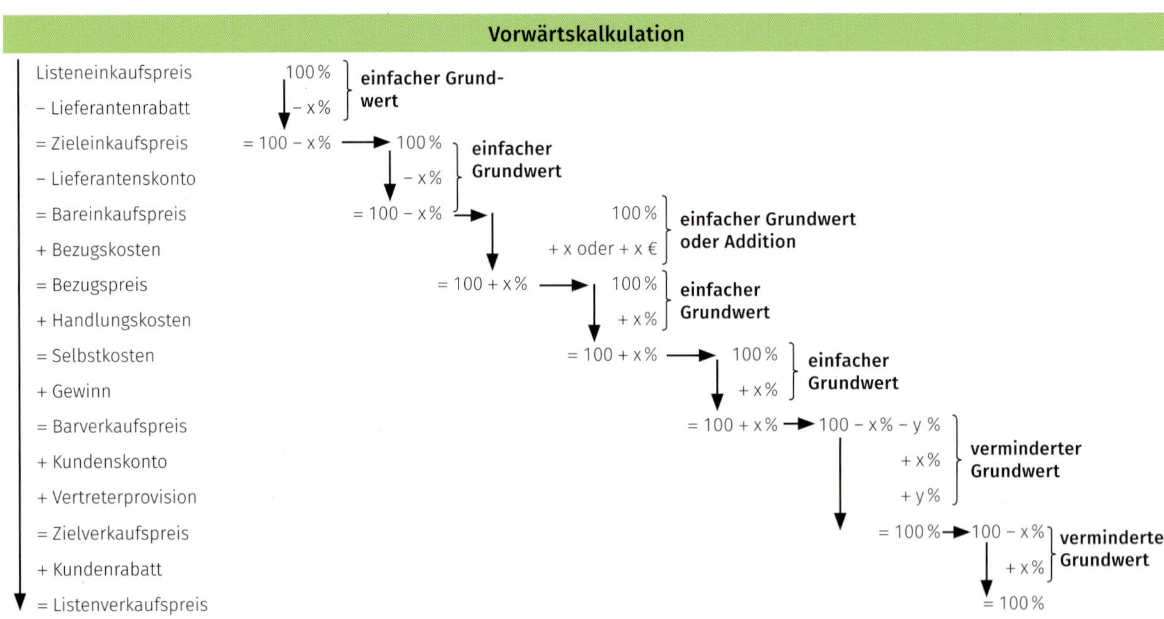

Die Berechnungen erfolgen in den ersten fünf Schritten mit dem einfachen Grundwert. Es kann eine einfache Prozentrechnung durchgeführt werden, z. B.

$$\text{Lieferantenrabatt} = \frac{\text{Listeneinkaufspreis}}{100} \cdot x$$

oder

$$\text{Gewinn} = \frac{\text{Selbstkosten}}{100} \cdot x$$

Da Kunden ihren Rabatt und ihr Skonto vom Rechnungsbetrag abziehen, muss hier mit einem verminderten Grundwert gerechnet werden. Das heißt, es kann nicht einfach durch 100 geteilt werden, sondern die 100 müssen zuvor um den Rabatt- bzw. Skontosatz gemindert werden, z. B.

$$\text{Kundenrabatt} = \frac{\text{Zielverkaufspreis}}{(100 - x)} \cdot x$$

Alle Zwischenergebnisse im Rahmen der Kalkulationsverfahren werden kaufmännisch auf zwei Nachkommastellen gerundet.

Beispiel 5

Die Hemden der Marke „Active Clothes" hat die Ehlers & Gehrenberg KG mit 2 % Skonto gezahlt. Für die Hemden rechnet sie mit 2,50 € Bezugskosten und einem Handlungskostenzuschlag in Höhe von 20 % auf den Bezugspreis für die Produktgruppe. Sie gewährt ihren Kunden ihrerseits 1 % Skonto und 5 % Rabatt, die in die Verkaufspreiskalkulation einfließen müssen. Außerdem fällt eine Vertreterprovision von ebenfalls 1 % an.

Vorwärtskalkulation

Listeneinkaufspreis	45,36	100 %											
– Lieferantenrabatt	① –4,54	–10 %											
= Zieleinkaufspreis	40,82	= 90 % →	40,82	100 %									
– Lieferantenskonto			② –0,82	–2 %									
= Bareinkaufspreis			40,00	= 98 % →	40,00								
+ Bezugskosten					+2,50 2,50 €								
= Bezugspreis					42,50 →	42,50	100 %						
+ Handlungskosten						③ +8,50	+20 %						
= Selbstkosten						51,00	= 120 % →	51,00	100 %				
+ Gewinn								④ +25,50	+50 %				
= Barverkaufspreis								76,50	= 150 % →	76,50	98 %		
+ Kundenskonto										⑤ +0,78	+1 %		
+ Vertreterprovision										⑥ +0,78	+1 %		
= Zielverkaufspreis										78,06	= 100 % →	78,06	95 %
+ Kundenrabatt												⑦ +4,11	+5 %
= Listenverkaufspreis												82,17	= 100 %

Berechnungen.

1. $\text{Lieferantenrabatt} = \frac{45{,}36\ €}{100} \cdot 10 = 4{,}45\ €$

2. $\text{Lieferantenskonto} = \frac{40{,}82\ €}{100} \cdot 2 = 0{,}82\ €$

3. $\text{Handlungskosten} = \frac{42{,}50\ €}{100} \cdot 20 = 8{,}50\ €$

4. $\text{Gewinn} = \frac{51{,}00\ €}{100} \cdot 50 = 25{,}50\ €$

5. $\text{Kundenskonto} = \frac{76{,}50\ €}{100 - 2} \cdot 1 = 0{,}78\ €$

6. $\text{Vertreterprovision} = \frac{76{,}50\ €}{100 - 2} \cdot 1 = 0{,}78\ €$

7. $\text{Kundenrabatt} = \frac{78{,}06\ €}{100 - 5} \cdot 5 = 4{,}11\ €$

Vereinfachte Vorwärtskalkulation mit Kalkulationszuschlag und -faktor

In der Praxis ist es sehr aufwendig, wenn die Vorwärtskalkulation für die Berechnung des Verkaufspreises jedes einzelnen Produkts durchgeführt werden muss. Aus Vereinfachungsgründen kann man mithilfe des Kalkulationszuschlages einen einheitlichen Zuschlag für Handlungskosten, Gewinn, Kundenskonto und -rabatt ermitteln und diesen auf alle Waren des gesamten Sortiments oder z. B. einer Warengruppe anwenden.

Ermittlung des Kalkulationszuschlags

Formel

$$\text{Kalkulationszuschlag in \%} = \frac{(\text{Listenverkaufspreis} - \text{Bezugspreis}) \cdot 100}{\text{Bezugspreis}}$$

Beispiel

Der Kalkulationszuschlag für die Hemden der Marke „Active Clothes" ermittelt sich wie folgt:

$$\text{Kalkulationszuschlag} = \frac{(82{,}17\ € - 42{,}50\ €) \cdot 100}{42{,}50\ €} = 93{,}34\ \%$$

Preisberechnung mit dem Kalkulationszuschlag

Die Anwendung des ermittelten Kalkulationszuschlags erfolgt dadurch, dass zunächst der Bezugspreis ermittelt wird. Auf den Bezugspreis wird dann der Kalkulationszuschlag angewendet. Anschließend werden die beiden Beträge addiert.

  Bezugspreis
+ Kalkulationszuschlag
= Listenverkaufspreis

Formel

Der Kalkulationszuschlag in Euro berechnet sich hierbei wie folgt:
Kalkulationszuschlag in € =
Bezugspreis x Kalkulationszuschlag in %

Der errechnete Kalkulationszuschlag wird dann zum Bezugspreis addiert, um den Listenverkaufspreis zu ermitteln:
Listenverkaufspreis =
Bezugspreis + Kalkulationszuschlag in €

Beispiel

Die Ehlers & Gehrenberg KG berechnet den Listenverkaufspreis für sämtliche Herrenhemden mit einem Kalkulationszuschlag von 90 %. Der Bezugspreis für die Hemden der Marke „Active Clothes" beträgt 42,50 €.
Ermittlung des Kalkulationszuschlages in Euro:

$$\frac{42{,}50\ € \cdot 90}{100} = 38{,}25\ €$$

Ermittlung des Listenverkaufspreises:

Bezugspreis:	42,50 €
+ Kalkulationszuschlag	38,25 €
Listenverkaufspreis:	80,75 €

Kalkulationsfaktor

Die Ermittlung des Listenverkaufspreises kann durch die Anwendung eines Kalkulationsfaktors noch weiter vereinfacht werden. Hierfür wird der ermittelte Listenverkaufspreis durch den Bezugspreis dividiert.

Formel

$$\text{Kalkulationsfaktor} = \frac{\text{Listenverkaufspreis}}{\text{Bezugspreis}}$$

Beispiel

Der Kalkulationsfaktor für die Herrenhemden bei der Ehlers & Gehrenberg KG ermittelt sich wie folgt:

$$\text{Kalkulationsfaktor} = \frac{80{,}75\ €}{42{,}50\ €} = 1{,}9$$

Der Kalkulationsfaktor für Herrenhemden beträgt bei der Ehlers & Gehrenberg KG 1,9.

Für weitere Produkte lässt sich dann einfach durch Anwendung des Kalkulationsfaktors auf den Bezugspreis der Produkte der Listenverkaufspreis ermitteln.

Beispiel

Es wird ein neues Herrenhemd der Marke „X-Style“ eingekauft. Der Bezugspreis beträgt 56,00 €. Der Listenverkaufspreis kann mithilfe des Kalkulationsfaktors einfach berechnet werden:

$56{,}00\ € \cdot 1{,}9 = 106{,}40\ €$

Der Listenverkaufspreis für das Hemd der Marke „X-Style“ beträgt 106,40 €.

Rückwärtskalkulation bei Handelswaren

Auf Märkten kann es vorkommen, dass der Verkaufspreis einer Ware marktseitig vorgegeben ist.

Dies kann zum Beispiel daran liegen, dass die Hersteller oder der Staat einen Verkaufspreis vorgeben, aber auch dadurch, dass die Konkurrenzsituation auf dem Markt sehr groß ist. Der Unternehmer ist dadurch an die Preise der Konkurrenz gebunden.

In einem solchen Fall kann der Unternehmer die Verkaufspreise nicht auf der Grundlage eines Angebotspreises kalkulieren. Er muss ausgehend vom Listenverkaufspreis rückwärts kalkulieren, um einen Listeneinkaufspreis zu ermitteln, zu dem er die Ware maximal einkaufen darf, um den marktseitig vorgegebenen Verkaufspreis einzuhalten.

Beispiel

Die Konkurrenz bietet die Herrenhemden der Marke „Active Clothes“ für 80,00 € an. Wenn die Ehlers & Gehrenberg KG zu den aktuellen Konditionen in den Markt einsteigt, kann sie das Hemd nur für 82,17 € anbieten. Die Kunden würden aber bei der Konkurrenz kaufen, da diese die Ware billiger anbietet.

Aufgrund dieser Problematik beschließt Frau Zahn, dass mit dem Lieferanten über das Angebot verhandelt werden muss. Jakob Osterhoff soll den maximalen Einkaufspreis berechnen, den die Ehlers & Gehrenberg KG zahlen kann, wenn sie das Hemd für 80,00 € anbietet. Alle anderen Konditionen bleiben gleich.

Die Rückwärtskalkulation erfolgt nach demselben Schema wie die Vorwärtskalkulation. Allerdings beginnt man mit den Berechnungen von unten.

Rückwärtskalkulation

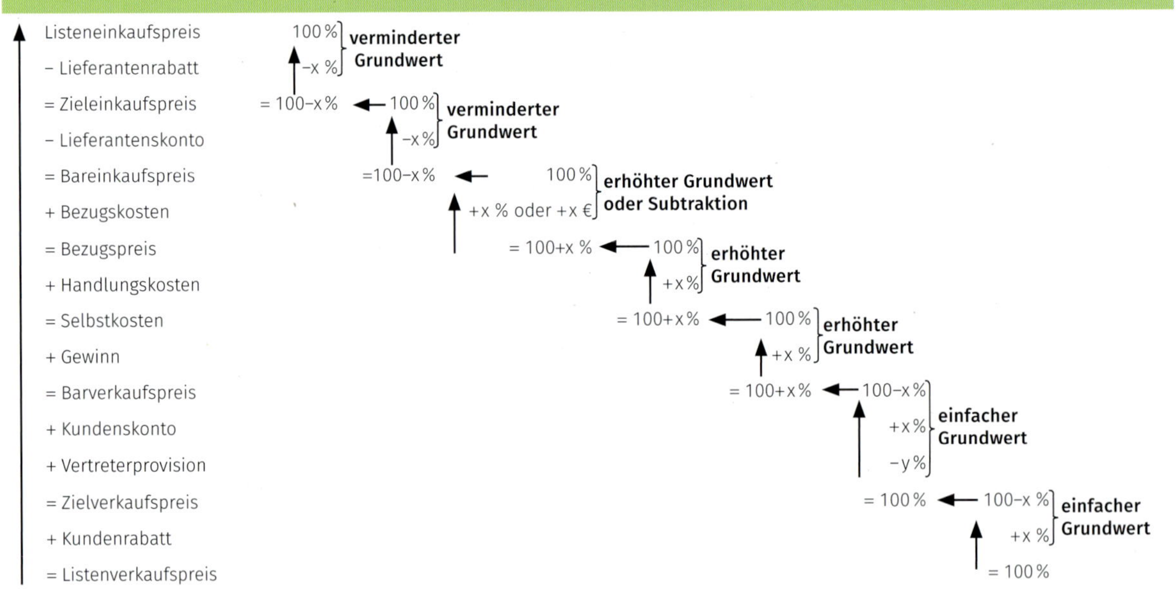

Die Berechnungen erfolgen in den ersten zwei Schritten mit dem einfachen Grundwert. Es kann eine einfache Prozentrechnung durchgeführt werden, z. B.

$$\text{Kundenrabatt} = \frac{\text{Listenverkaufspreis}}{100} \cdot x$$

In den nächsten drei Schritten erfolgt die Berechnung vom erhöhten Grundwert, das heißt man dividiert durch eine Zahl, die größer als 100 ist, z. B.

$$\text{Gewinn} = \frac{\text{Barverkaufspreis}}{(100 + x)} \cdot x$$

In den letzten beiden Rechenschritten wird wieder mit einem verminderten Grundwert gerechnet. Das heißt, man dividiert durch eine Zahl, die kleiner als 100 ist, z. B.

$$\text{Lieferantenrabatt} = \frac{\text{Zieleinkaufspreis}}{(100 - x)} \cdot x$$

Beispiel 6

Wenn die Ehlers & Gehrenberg KG die Hemden von „Active Clothes" zu dem vom Markt vorgegebenen Preis von 80,00 € anbieten will, muss Jakob Osterhoff mithilfe der Rückwärtskalkulation den maximalen Listeneinkaufspreis berechnen, der an die Anima Fashion Ltd gezahlt werden darf. Die Prozentsätze und die Bezugskosten bleiben unverändert.

Rückwärtskalkulation

Listeneinkaufspreis	44,07	100 %												
– Lieferantenrabatt	⑦ –4,41	–10 %												
= Zieleinkaufspreis	39,66	90 %	39,66	100 %										
– Lieferantenskonto			⑥ –0,79	–2 %										
= Bareinkaufspreis			38,87	98 %	38,87									
+ Bezugskosten					+2,50	2,50 €								
= Bezugspreis					41,37		41,37	100 %						
+ Handlungskosten							⑤ +8,28	+20 %						
= Selbstkosten							49,65	= 120 %	49,65	100 %				
+ Gewinn									④ +24,83	+50 %				
= Barverkaufspreis									74,48	150 %	74,48	98 %		
+ Kundenskonto											③ +0,76	+1 %		
+ Vertreterprovision											② +0,76	+1 %		
= Zielverkaufspreis											76,00	= 100 %	76,00	95 %
+ Kundenrabatt													① +4,00	+5 %
= Listenverkaufspreis													80,00	= 100 %

Berechnungen.

1. $\text{Kundenrabatt} = \frac{80{,}00\ €}{100} \cdot 5 = 4{,}00\ €$

2. $\text{Vertreterprovision} = \frac{76{,}00\ €}{100} \cdot 1 = 0{,}76\ €$

3. $\text{Kundenskonto} = \frac{76{,}00\ €}{100} \cdot 1 = 0{,}76\ €$

4. $\text{Gewinn} = \frac{74{,}48\ €}{100 + 50} \cdot 50 = 24{,}83\ €$

5. $\text{Handlungskosten} = \frac{49{,}65\ €}{100 + 20} \cdot 20 = 8{,}28\ €$

6. $\text{Lieferantenskonto} = \frac{38{,}87\ €}{100 - 2} \cdot 2 = 0{,}79\ €$

7. $\text{Lieferantenrabatt} = \frac{39{,}66\ €}{100 - 10} \cdot 10 = 4{,}41\ €$

Vereinfachte Rückwärtskalkulation bei Handelswaren

Auch für die Rückwärtskalkulation gibt es ein Verfahren, mit dem die Kalkulation des maximalen Bezugspreises bei einem vorgegebenen Listenverkaufspreis vereinfacht werden kann. Es handelt sich hierbei um die Handelsspanne.

Ermittlung der Handelsspanne

Formel

$$\text{Handelsspanne in \%} = \frac{\text{Listenverkaufspreis} - \text{Bezugspreis}}{\text{Listenverkaufspreis}} \cdot 100$$

Beispiel

Die Handelsspanne der Hemden von „Active Clothes" berechnet sich wie folgt:

$$\text{Handelsspanne} = \frac{80{,}00\,€ - 41{,}37\,€}{80{,}00\,€} \cdot 100 = 48{,}29\,\%$$

Bezugspreisberechnung mit der Handelsspanne

Wenn der Unternehmer die Handelsspanne für eine Warengruppe ermittelt hat, kann er für die übrigen Waren der Warengruppe den Bezugspreis ganz einfach berechnen.

Beispiel

Die Ehlers & Gehrenberg KG möchte Hemden der Marke „Rütter" in das Sortiment aufnehmen. Der Listenverkaufspreis ist marktseitig mit 65,00 € vorgegeben. Frau Zahn möchte nun wissen, wie hoch der maximale Bezugspreis sein darf.

Listenverkaufspreis:	65,00 €
– Handelsspanne 65,00 € · 0,4829 =	–31,39 €
= maximaler Bezugspreis	33,61 €

Der Bezugspreis für die Hemden der Marke „Rütter" darf maximal 33,61 € betragen.

Differenzkalkulation

Die Differenzkalkulation ist die dritte Form der Kalkulation von Handelswaren. Sie kommt zur Anwendung, wenn sowohl der Listeneinkaufspreis als auch der Listenverkaufspreis auf einem Markt vorgegeben sind. Dem Unternehmer bleibt dann nichts anderes übrig, als sich an die Preisvorgaben zu halten. Er kann mithilfe der Differenzkalkulation ermitteln, ob durch den Verkauf der Ware dennoch ein Gewinn erwirtschaftet werden kann oder ob es sich um ein Verlustgeschäft handelt. Auf der Grundlage des Ergebnisses der Differenzkalkulation kann der Unternehmer dann entscheiden, ob er das Produkt weiterhin in seinem Sortiment führen bzw. es in das Sortiment aufnehmen will oder nicht.

Die Differenzkalkulation ist eine Mischung aus der Vorwärtskalkulation und der Rückwärtskalkulation.

Vom Listeneinkaufspreis ausgehend führt man die Vorwärtskalkulation bis zu den Selbstkosten durch.

Vom Listenverkaufspreis führt man die Rückwärtskalkulation bis zum Barverkaufspreis durch.

Aus der Differenz von Barverkaufspreis und den Selbstkosten ergibt sich der Gewinn oder Verlust in Euro, der mit dem Produkt erwirtschaftet wird.

Definition

Barverkaufspreis – Selbstkosten = Gewinn/Verlust

Beispiel

Trotz Nachverhandlungen konnte Frau Zahn für die Hemden der Marke „Active Clothes“ keinen besseren Angebotspreis mit der Anima Fashion Ltd aushandeln. Aus diesem Grund bittet Frau Zahn Jakob Osterhoff um die Überprüfung, ob trotz des vorhandenen Angebots und der Preisvorgabe von 80,00 € bei sonst gleichen Konditionen ein Gewinn mit den Hemden erwirtschaftet werden kann. Frau Zahn möchte die Hemden der Trendmarke unbedingt in das Sortiment aufnehmen.

Differenzkalkulation

Listeneinkaufspreis	45,36	100 %												
– Lieferantenrabatt	–4,54	–10 %												
= Zieleinkaufspreis	40,82	= 90 % →	40,82	100 %										
– Lieferantenskonto			–0,82	–2 %										
= Bareinkaufspreis			40,00	= 98 % →	40,00									
+ Bezugskosten					+2,50	2,50 €								
= Bezugspreis					42,50 →		42,50	100 %						
+ Handlungskosten							+8,50	+20 %						
= Selbstkosten							51,00	= 120 % →	51,00	100 %				
+ Gewinn									23,48					
= Barverkaufspreis									① 74,48	150 % ←	74,48	98 %		
+ Kundenskonto											+0,76	+1 %		
+ Vertreterprovision											+0,76	+1 %		
= Zielverkaufspreis											76,00	= 100 % ←	76,00	95 %
+ Kundenrabatt													+4,00	+5 %
= Listenverkaufspreis													80,00	= 100 %

Berechnungen:

1. Gewinn = Barverkaufspreis – Selbstkosten
   74,48 € – 51,00 € = 23,48 €

2. Gewinn in Prozent

$$\frac{74{,}48\ €}{51{,}00\ €} - 1 = 46{,}04\,\%$$

Mit den Hemden der Marke „Active Clothes“ wird trotz der vorgegebenen Listeneinkaufs- und Listenverkaufspreises ein Gewinn in Höhe von 23,48 € erwirtschaftet. Dies entspricht 46,04 %. Der zu erzielende Gewinn ist geringfügig unter dem Gewinnziel von 50 % (bzw. 25,50 €). Frau Zahn kann nun entscheiden, ob das Produkt in das Sortiment aufgenommen werden soll oder nicht.

Entscheidungskriterien neben dem Gewinn

Ein Unternehmer kann die Entscheidung darüber, ob ein Produkt in das Sortiment aufgenommen werden bzw. im Sortiment verbleiben soll, nicht ausschließlich von dem Ergebnis der Preiskalkulation abhängig machen.

Andere Faktoren spielen bei derartigen Entscheidungen eine Rolle. Als solche kommen zum Beispiel infrage:

- Prestige durch das Anbieten eines bestimmten Produkts

Beispiel

Wenn ein Unternehmen exklusiv das neueste Handy eines namhaften Herstellers anbieten kann, dann wird es dies vielleicht auch tun, wenn der Gewinn unterdurchschnittlich ist.

- mögliche Folgeumsätze aufgrund des Verkaufs von Zubehör

Beispiel

Dadurch, dass ein Handy exklusiv von einem Unternehmen angeboten wird, wird zumeist auch das Zubehör exklusiv angeboten. Die Zubehörartikel haben möglicherweise eine höhere Gewinnspanne. In Summe ist das Anbieten des Artikels dann vielleicht wieder rentabel.

- Vervollständigung des Warensortiments

Beispiel

Von einem Elektrohändler wird erwartet, dass man dort auch noch alte Spiele für Spielkonsolen kaufen kann. Die Spiele werden folglich auch mit einem geringen Gewinn angeboten, um die Kunden weiterhin zu binden und das Ansehen zu waren.

Derartige Gründe können dazu führen, dass der Unternehmer Produkte anbietet, obwohl er mit ihnen keinen oder nur einen geringen Gewinn erzielt.

In der Kalkulation selbst können sich zusätzliche Möglichkeiten ergeben, die den Gewinn des Unternehmers steigen lassen. Indem zum Beispiel nicht alle Kunden den Skontoabzug ausnutzen oder einen Rabatt erhalten, erwirtschaftet der Unternehmer einen höheren Gewinn. Die Preiskalkulation wird jedoch unter Einbezug sämtlicher möglicher Kosten und Risiken vorgenommen. Der Unternehmer kann ein Produkt mit einer geringen Gewinnmöglichkeit anbieten, wenn er sicher ist, dass er die eingekaufte Ware zum kalkulierten Listenverkaufspreis verkaufen wird. Der kalkulierte Gewinn ist sicher, und hinzu können noch zusätzlich Erträge aus nicht genutzten Skonti und Rabatten kommen.

Kalkulationsverfahren

- **Vorwärtskalkulation**
  - Berechnung des Verkaufspreises bei vorliegendem Angebotspreis
  - Vereinfachung möglich durch Anwendung von
    - Kalkulationszuschlag
    - Kalkulationsfaktor
- **Rückwärtskalkulation**
  - Berechnung des maximalen Listeneinkaufspreises bei vorgegebenem Verkaufspreis
  - Vereinfachung möglich durch Anwendung von
    - Handelsspanne
- **Differenzkalkulation**
  - Berechnung des Gewinns bei vorgegebenem Einkaufspreis und Verkaufspreis

	Vorwärtskalkulation (↓)	Rückwärtskalkulation (↑)	Differenzkalkulation
Listeneinkaufspreis – Lieferantenrabatt	Einfacher Grundwert	Verminderter Grundwert	↓ Einfacher Grundwert
= Zieleinkaufspreis – Lieferantenskonto			
= Bareinkaufspreis + Bezugskosten		Erhöhter Grundwert	
= Bezugspreis + Handlungskosten			
= Selbstkosten + Gewinn			Subtraktion
= Barverkaufspreis + Kundenskonto	Verminderter Grundwert	Einfacher Grundwert	↑ Einfacher Grundwert
+ Vertreterprovision			
= Zielverkaufspreis			
+ Kundenrabatt			
= Listenverkaufspreis			

1. Führen Sie die Kalkulation des Listenverkaufspreises mithilfe einer verkürzten Vorwärtskalkulation zu den folgenden Produkten und Konditionen durch.

	a) Anzug „BC“	**b) Schnee-anzug „Pu-muckl“**	**c) Unter-hemd „Stan-dard“**	**d) Stirn-band „Nice“**	**e) Blazer „NYC“**
Bezugs-/ Einstandspreis	223,00 €	140,00 €	3,60 €	1,98 €	57,00 €
Handlungskosten	25,0 %	29,0 %	20,0 %	18,0 %	30,0 %
Gewinn	32,0 %	70,0 %	45,0 %	30,0 %	55,0 %
Kundenskonto	1,0 %	2,0 %	1,0 %	1,0 %	0,5 %
Vertreterprovision	0,0 %	0,0 %	1,0 %	0,0 %	1,5 %
Kundenrabatt	7,0 %	12,0 %	10,0 %	8,0 %	10,0 %

2. Führen Sie die Kalkulation des Listenverkaufspreises mithilfe der Vorwärtskalkulation zu den folgenden Produkten und Konditionen durch.

	a) Abend-kleid „Ro-mance“	**b) Pullover „Fashio-nista“**	**c) Hose „Robbie“**	**d) Sweat-shirt „Old-School“**	**e) Strumpf-hose „Lydia“**
Listeneinkaufspreis	500,00 €	42,00 €	50,00 €	12,50 €	0,50 €
Lieferantenrabatt	10,0 %	15,0 %	7,5 %	5,0 %	7,0 %
Lieferantenskonto	1,0 %	2,0 %	1,5 %	1,0 %	0,0 %
Bezugskosten	5,00 €	0,60 €	0,5 %	0,20 €	0,05 €
Handlungskosten	25,0 %	30,0 %	40,0 %	20,0 %	10,0 %
Gewinn	20,0 %	75,0 %	60,0 %	30,0 %	60,0 %
Kundenskonto	1,0 %	1,5 %	1,3 %	0,0 %	1,0 %
Vertreterprovision	1,0 %	0,5 %	0,7 %	0,0 %	0,0 %
Kundenrabatt	5,0 %	15,0 %	8,0 %	5,0 %	5,0 %

3. **a)** Ermitteln Sie für die Artikel aus Aufgabe 2 den Kalkulationszuschlag.
   b) Berechnen Sie mithilfe der Kalkulationszuschläge zu den Warengruppen aus Aufgabenteil a) die Verkaufspreise für:
   - den Blazer „Nobel“ mit einem Bezugspreis von 260,00 €.
   - den Damenpullover „NYC“ mit einem Bezugspreis von 27,85 €.
   - das T-Shirt „New Age“ mit einem Bezugspreis von 15,64 €.
   - die Herrenhose „Steven“, Bezugspreis 32,45 €.

   c) Ermitteln Sie für die Waren aus Aufgabe 2 nun die Kalkulationsfaktoren.

4. Die Ehlers & Gehrenberg KG will 850 Hemden der Marke „Meyer“ mit einem Listeneinkaufspreis von 34,50 € je Hemd einkaufen. Der Hersteller gewährt für gewöhnlich 7,5 % Rabatt und bei schneller Zahlung einen Skontoabzug von 2 %. Für die Anlieferung fallen laut Angebot 127,50 € an. Die Ehlers & Gehrenberg KG kalkuliert in dem Segment mit einem Handlungskostenzuschlag von 20 % und

einem Gewinn von 50 %. Ihren Abnehmern gewährt die Ehlers & Gehrenberg KG 10 % Rabatt und 0,5 % Skonto. Es fällt eine Vertreterprovision von 1,0 % an. Berechnen Sie den Listenverkaufspreis, den die Ehlers & Gehrenberg KG für ein Hemd der Marke „Meyer" mindestens verlangen sollte.

5. Der Ehlers & Gehrenberg KG liegt ein Angebot für einen neuen Herrenanzug vor. 400 Anzüge sollen demnach 78.000,00 € netto kosten. Für Zahlung innerhalb von 10 Werktagen erhält die Ehlers & Gehrenberg KG 2 % Skonto. Außerdem gewährt der Lieferant 10 % Rabatt. Die Lieferung der Anzüge kostet 250,00 €. Die Transportversicherung beträgt ebenfalls 250,00 €.
Die Ehlers & Gehrenberg KG rechnet in der Produktgruppe mit Handlungskosten von 28 % und einem Gewinnzuschlag von 75 %. Ihren Abnehmern gewährt die Ehlers & Gehrenberg KG 12 % Rabatt und 1,0 % Skonto. Es fällt eine Vertreterprovision in Höhe von 0,5 % an.
Berechnen Sie den Listenverkaufspreis, den die Ehlers & Gehrenberg KG mindestens je Anzug verlangen sollte.

6. Führen Sie die Kalkulation des maximalen Bezugspreises mithilfe einer verkürzten Rückwärtskalkulation zu den folgenden Produkten und Konditionen durch.

	a) Schlafanzug „Deluxe"	**b) Jogginganzug „Speed"**	**c) T-Shirt „Miami"**	**d) Smoking „Exclusive"**	**e) Bluse „Business"**
Listenverkaufspreis	74,50 €	79,90 €	35,00 €	1.299,00 €	49,95 €
Handlungskosten	30,0 %	23,0 %	30,0 %	23,0 %	22,0 %
Gewinn	69,0 %	27,0 %	75,0 %	47,0 %	72,0 %
Kundenskonto	1,0 %	2,0 %	0,7 %	1,5 %	1,0 %
Vertreterprovision	0,5 %	1,0 %	1,3 %	0,5 %	0,0 %
Kundenrabatt	10,0 %	5,0 %	8,0 %	10,0 %	6,0 %

7. Führen Sie die Kalkulation des maximalen Listeneinkaufspreises mithilfe der Rückwärtskalkulation zu den folgenden Produkten und Konditionen durch.

	a) Damenkostüm „City"	**b) Damenmantel „Cosy"**	**c) Seidenbluse „Maria"**	**d) Ballkleid „Princess"**	**e) Herrensocken „Basic"**
Listenverkaufspreis	420,00 €	350,00 €	120,00 €	1.899,00 €	3,50 €
Lieferantenrabatt	11,0 %	10,0 %	10,0 %	15,0 %	5,0 %
Lieferantenskonto	1,0 %	1,5 %	1,0 %	1,5 %	0,0 %
Bezugskosten	4,30 €	1,20 €	0,8 %	5,40 €	0,15 €
Handlungskosten	28,0 %	24,0 %	30,0 %	23,0 %	12,0 %
Gewinn	34,0 %	65,0 %	70,0 %	47,0 %	50,0 %
Kundenskonto	1,0 %	0,3 %	1,0 %	0,8 %	1,0 %
Vertreterprovision	1,0 %	0,7 %	0,5 %	1,2 %	0,0 %
Kundenrabatt	10,0 %	8,0 %	5,0 %	10,0 %	5,0 %

8. In der Ehlers & Gehrenberg KG gibt es Überlegungen, die neue Trendmarke „SuperStyle" in das Produktsortiment aufzunehmen. Der Anfang soll mit einem Kapuzenpullover gemacht werden. Der Pullover wird von allen Anbietern am Markt zu einem Listenverkaufspreis von 95,00 € angeboten. Die Ehlers & Gehrenberg KG will wissen, zu welchem Preis sie diesen Pullover maximal einkaufen kann, um die Gewinnziele zu erreichen. Üblicherweise gewährt der Hersteller 5 % Rabatt und 2 % Skonto. Die Ehlers & Gehrenberg KG gewährt ihren eigenen Kunden wiederum 7 % Rabatt und einen Skontoabzug von 1 %. Die Handlungskosten in dem Produktsegment betragen 30 % und das Gewinnziel 65 %. Die Bezugskosten werden mit 0,4 % berechnet.

9. Die Ehlers & Gehrenberg KG bietet seit langer Zeit die Blusen der Marke „Seidenfein" an. Der Hersteller hat nun ein neues Angebot für die Zukunft unterbreitet. Die Konditionen bleiben grundsätzlich unverändert. Der Listeneinkaufspreis wurde um 5,00 € erhöht und beträgt jetzt 44,95 €. Die Ehlers & Gehrenberg KG erhält 5 % Rabatt und 2 % Skonto auf den Einkauf. Die Bezugskosten betragen 0,15 € je Bluse. Bei den Blusen wird mit Handlungskosten von 17 % und einem Gewinnzuschlag von 60 % gerechnet. Den Abnehmern werden 5 % Rabatt und 1 % Skonto gewährt.
Neu an dem vorliegenden Angebot ist allerdings, dass der Hersteller verlangt, dass die Blusen zu einem Preis von 75,00 € verkauft werden. Geben Sie eine Empfehlung, ob die Bluse zu den genannten Konditionen im Sortiment bleiben soll.

10. Führen Sie die Kalkulation des Gewinns mithilfe der Differenzkalkulation zu den folgenden Produkten und Konditionen durch.

	a) Sportsocken 5er-Pack	**b) Jogginganzug „Sprint"**	**c) Herrenanzug „Business"**	**d) Jeans „Evan"**	**e) Unterhemden 2er-Pack**
Listeneinkaufspreis	1,99 €	24,95 €	789,00 €	28,50 €	5,60 €
Lieferantenrabatt	7,0 %	10,0 %	10,0 %	7,5 %	10,0 %
Lieferantenskonto	2,0 %	1,5 %	2,0 %	1,0 %	0,0 %
Bezugskosten	0,05 €	1,00 €	0,5 %	0,40 €	0,05 €
Handlungskosten	21,0 %	26,0 %	35,0 %	29,0 %	30,0 %
Kundenskonto	1,0 %	1,0 %	0,5 %	1,5 %	1,0 %
Vertreterprovision	0,5 %	1,0 %	1,5 %	0,5 %	0,0 %
Kundenrabatt	10,0 %	8,0 %	10,0 %	10,0 %	5,0 %
Listenverkaufspreis	3,20 €	40,95 €	1.299,00 €	40,95 €	7,99 €

11. Die Ehlers & Gehrenberg KG verkauft die Mützen der Trendmarke „Headster", die bei den Abnehmern aktuell sehr gefragt ist, bisher zu folgenden Konditionen: Kunden wird ein Rabatt von 8 % auf den Listenverkaufspreis von 17,85 € und ein Skontoabzug von 2 % gewährt. Ihrerseits erhält die Ehlers & Gehrenberg KG 10 % Rabatt und 1 % Skonto auf den Listeneinkaufspreis von 11,95 €. Die Handlungskosten sind mit 32 % eingepreist und die Bezugskosten betragen pro Mütze 0,05 €. Der Hersteller erhöht den Preis pro Mütze um 2,00 €. Die Konditionen sind nicht verhandelbar.
   a) Berechnen Sie den Gewinn der Ehlers & Gehrenberg KG für den Ausgangsfall und für die Situation nach der Preiserhöhung.

b) Geben Sie an, ob die Ehlers & Gehrenberg KG die Mütze auch nach der Preiserhöhung im Sortiment lassen sollte oder nicht.

c) Überlegen Sie, ob die Ehlers & Gehrenberg KG ihrerseits etwas ändern könnte, um mit den Konditionen des Herstellers die Mütze trotzdem mit Gewinn verkaufen zu können.

12. Sandra Krollmann hat heute den ganzen Tag mit dem Abteilungsleiter Verkauf, Herrn Bauer, zu tun.
9 Uhr.
Herr Bauer kommt zu Sandra Krollmann an den Schreibtisch.
Herr Bauer:
„Hallo Frau Krollmann."
Sandra Krollmann:
„Guten Tag, Herr Bauer!"
Herr Bauer:
„Ich habe hier ein Angebot der Firma Francesco Benigni vorliegen ... Eine sehr interessante Sache. Sie bietet uns einen italienischen Designeranzug für einen Bezugspreis von 300,00 € das Stück an. Wir haben uns entschieden, eine größere Menge zu bestellen. Es muss jetzt nur noch der Verkaufspreis ermittelt werden. Das könnten Sie übernehmen. Ich muss nämlich kurz bei Frau Zahn vorbei. Ach so: Wir haben in dieser Warengruppe einen Handlungskostenzuschlag von 50 % errechnet. Und dann gibt es noch einen Gewinnzuschlag von 20 %. Berücksichtigt werden muss noch die Möglichkeit eines 25-prozentigen Kundenrabatts und eines 2-prozentigen Kundenskontos."
Sandra:
„Aber ich habe das noch nie gemacht."
Herr Bauer:
„Das ist nicht so schlimm, wie es sich anhört. Schauen Sie mal in Ihr Lehrbuch. Da muss es ein Schema der Verkaufskalkulation geben. Und dann bin ich ja nachher noch zum Vergleichen da."

a) Erläutern Sie bei jedem Begriff im folgenden Schema der Verkaufskalkulation die Bedeutung.

b) Berechnen Sie den Nettolistenverkaufspreis.

13. 13 Uhr.
Herr Bauer:
„Wir haben ja heute die neue Bademodenkollektion von duogema hereinbekommen. In dieser Warengruppe rechnen wir mit einem Handlungskostenzuschlag von 30 % und einen Gewinnzuschlag von 20 %. Einkalkuliert werden müssen auch 20 % Kundenrabatt und 2 % Kundenskonto. Da haben wir Folgendes:
- Badehose Waikiki mit einem Bezugspreis von 20,00 €,
- Badehose Montego Bay mit einem Bezugspreis von 24,00 €,
- Badehose Sylt mit einem Bezugspreis von 28,80 €,
- Badehose Madeira mit einem Bezugspreis von 40,00 € und
- Badehose Mallorca mit einem Bezugspreis von 52,00 €.

Berechnen Sie doch schnell mal die jeweiligen Nettolistenverkaufspreise."
Sandra Krollmann:
„Auweia, fünfmal Kalkulationsschema aufstellen, fünfmal lange Berechnungen vornehmen!"
Herr Bauer:
„Nein, so schlimm wird es nicht! Um dem zu entgehen, hat man sich einen Trick einfallen lassen: Der Handel arbeitet hier mit dem Kalkulationszuschlag. Dies ist der prozentuale Unterschied zwischen Bezugspreis und Nettolistenverkaufspreis,

ausgedrückt in Prozent des Bezugspreises. Danach fünf kurze Rechnungen, und Sie haben die Nettolistenverkaufspreise."

a) Ermitteln Sie den Kalkulationszuschlag der Warengruppe Badehosen. Der Bezugspreis wird zunächst einmal gleich 100,00 € gesetzt.

b) Berechnen Sie die Nettolistenpreise der Badehosen.

14. 14 Uhr.

Herr Bauer:

„So, jetzt müssen wir auch die Badeanzüge von duogema kalkulieren und die Nettolistenverkaufspreise berechnen. Wir haben hier Handlungskostenzuschläge von 20 % und Gewinnzuschläge von 40 %. Einkalkuliert werden müssen auch 25 % Kundenrabatt und 2 % Kundenskonto.

Wir haben vier Modelle geordert:

- Badeanzug Diana, Bezugspreis: 22,50 €,
- Badeanzug Aphrodite, Bezugspreis: 30,00 €,
- Badeanzug Helena, Bezugspreis: 38,80 €,
- Badeanzug Sophia, Bezugspreis: 52,00 €."

Sandra Krollmann:

„Gut, jetzt weiß ich, wie das mit den Kalkulationszuschlägen geht, dann gehe ich mal an die Arbeit."

Herr Bauer:

„Halt. Ich zeige Ihnen mal, wie man die Nettolistenverkaufspreise mit dem Kalkulationsfaktor berechnet. Das geht noch einen Tick schneller als mit dem Kalkulationszuschlag."

a) Ermitteln Sie den Kalkulationsfaktor.

b) Berechnen Sie die Nettolistenverkaufspreise der Badeanzüge.

15. Allan Stevenson muss für seinen Ausbilder verschiedene Verkaufspreise kalkulieren. Helfen Sie ihm dabei.

a) Die Ehlers & Gehrenberg KG bezieht Herrenoberhemden zum Bezugspreis von 60,00 € je Stück. Sie kalkuliert den Listenverkaufspreis mit 40 % Handlungskosten, 10 % Gewinn und 1,5 % Kundenskonto, 7 % Vertreterprovision und 8 % Kundenrabatt.
Berechnen Sie den Listenverkaufspreis.

b) Die Ehlers & Gehrenberg KG bezieht Trainingsanzüge zum Bezugspreis von 50,00 € je Stück und bietet sie zum Listenverkaufspreis von 92,00 € je Stück an.
Berechnen Sie den Kalkulationszuschlag.

c) Die Ehlers & Gehrenberg KG kalkuliert die Bruttoverkaufspreise für die Warenart Sporthosen mit 60 % Handlungskosten, 15 % Gewinn und 2 % Kundenskonto, 5 % Vertreterprovision und 5 % Kundenrabatt. Berechnen Sie den Kalkulationszuschlag.

d) Es soll der Kalkulationsfaktor für die Warenart Trainingsanzüge ermittelt werden. Die Ehlers & Gehrenberg KG kalkuliert diese Warenart mit einem Kalkulationszuschlag von 62,5 %. Der Bezugspreis liegt bei 100,00 €.

e) Die Ehlers & Gehrenberg KG kalkuliert Damenblusen mit einem Kalkulationsfaktor von 1,325. Sie erhalten den Auftrag, den Listenverkaufspreis für eine Bluse zu kalkulieren, die zum Bezugspreis von 30,00 € eingekauft wurde.

16. Informieren Sie sich in Ihrem Ausbildungsbetrieb über die Kalkulation der Preise von Handelswaren.

a) Beschreiben Sie, wie die Preise für Handelswaren in Ihrem Betrieb ermittelt werden.

b) Notieren Sie sich die Berechnungsgrundlagen, die für die Kalkulation relevant sind (z. B. Handlungskosten, Gewinnzuschläge, übliche Skonti und Rabatte).

c) Klären Sie ab, inwieweit Sie die Ergebnisse Ihrer Recherchen öffentlich weitergeben dürfen.
Erstellen Sie einen kurzen Überblick über Ihre Ergebnisse zu Aufgabe a) und b) und stellen Sie diesen Überblick der Klasse in geeigneter Form vor.

17. Bilden Sie nach Möglichkeit sechs Gruppen. Entwerfen Sie in Ihrer Gruppe eine Excel-Datei, mit der ein Kalkulationsverfahren (Vorwärts-, Rückwärts- und Differenzkalkulation) durchgeführt werden kann. Jedes Verfahren wird von zwei Gruppen bearbeitet.
Das Ziel ist, dass nur die Rahmenbedingungen des Sachverhalts eingegeben werden und die Datei so erstellt wird, dass alle Zwischenergebnisse und das Endergebnis korrekt gerundet dargestellt werden.
Speichern Sie Ihre Arbeitsergebnisse regelmäßig, damit die Daten nicht verloren gehen.

- In der ersten Zeile schreiben Sie zunächst als Überschrift das von Ihnen bearbeitete Kalkulationsverfahren.
- Schreiben Sie in die erste Spalte die einzelnen Schritte des Kalkulationsschemas.

	A	B	C
1	Vorwärtskalkulation		
2	Listeneinkaufspreis		
3	- Lieferrabatt		

- Hinterlegen Sie die Eingabefelder in gelber Farbe, damit deutlich wird, wo Werte eingegeben werden müssen, z. B.

	A	B	C
1	Vorwärtskalkulation		
2	Listeneinkaufspreis		
3	- Lieferrabatt		
4	Zieleinkaufspreis		
5	- Liefererskonto		

- Formatieren Sie die Spalte B als Prozentwert mit einer Dezimalstelle (Cursor auf Spalte B | rechte Maustaste | Zellen formatieren | Prozent).

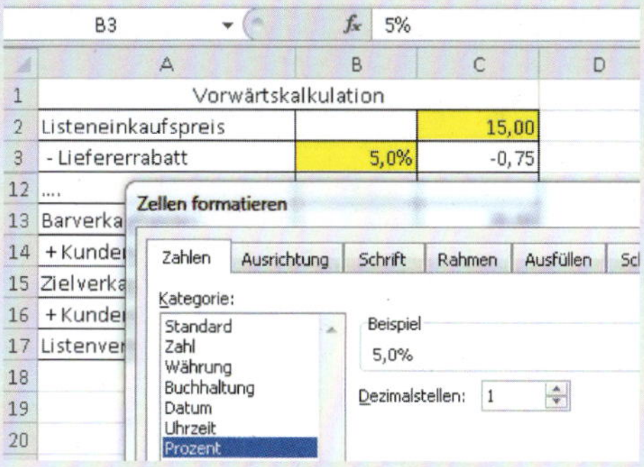

- Formatieren Sie die Spalte C als Zahlen mit 1000er-Trennzeichen und zwei Dezimalstellen (Cursor auf Spalte C | rechte Maustaste | Zellen formatieren | Zahl).

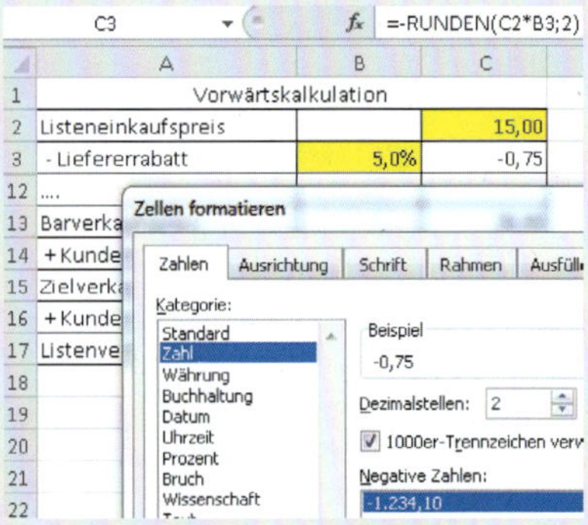

- Verwenden Sie eine bereits berechnete Aufgabe aus diesem Kapitel zu dem von Ihnen zu bearbeitenden Kalkulationsverfahren und geben Sie Werte aus der Aufgabenstellung in die gelben Felder ein. Füllen Sie nur die gelben Felder.
- Im nächsten Schritt werden die weißen Felder mit den Formeln zur Berechnung der Werte hinterlegt.

Beispiel

Geben Sie in die Zelle C3 die Formel für die Berechnung des Lieferantenrabatts ein: „=-C2*B3"

Hinweis: Denken Sie jeweils an das korrekte **Vorzeichen**.

- Verwenden Sie die Funktion **„=RUNDEN(Ihre Formel;2)"**. Dadurch werden Ihre berechneten Ergebnisse kaufmännisch auf zwei Nachkommastellen gerundet.

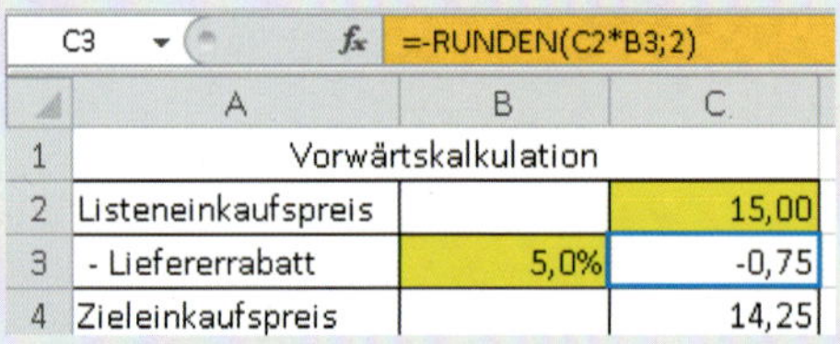

C3 | =-RUNDEN(C2*B3;2)

	A	B	C
1	Vorwärtskalkulation		
2	Listeneinkaufspreis		15,00
3	- Liefererrabatt	5,0%	-0,75
4	Zieleinkaufspreis		14,25

- Zum Addieren der beiden Werte gehen Sie im Beispiel auf die Zelle C4 und verwenden die Funktion „=SUMME(C2:C3)". Hierdurch bildet das Programm die Summe aus den Zahlen des angegebenen Bereichs, hier aus den Zellen C2 bis C3.

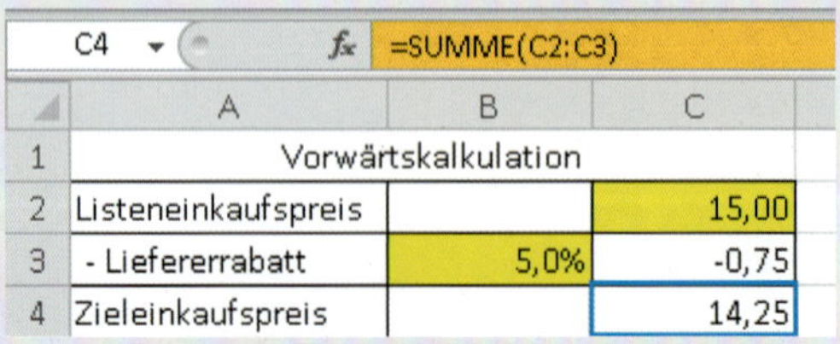

C4 | =SUMME(C2:C3)

	A	B	C
1	Vorwärtskalkulation		
2	Listeneinkaufspreis		15,00
3	- Liefererrabatt	5,0%	-0,75
4	Zieleinkaufspreis		14,25

- Alternativ können Sie auch den Button „Autosumme" verwenden. Bei Verwendung dieser Funktion müssen Sie darauf achten, dass auch die korrekte

Autosumme gebildet wird. Dies können Sie – bei einem Klick auf die Zelle – in der Eingabezeile (als Funktion) oder mit einem Doppelklick auf die Zelle überprüfen.

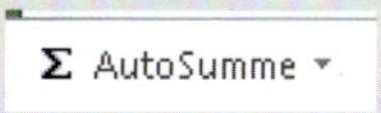

- Achten Sie bei Berechnungen mit dem vermehrten oder verminderten Grundwert entsprechend darauf, dass Sie Ihre Formel anpassen.

Beispiel

Die Berechnung des Kundenskonto ist in der Vorwärtskalkulation eine Rechnung mit dem verminderten Grundwert. Folglich muss die Formel entsprechend angepasst werden. Dies geschieht zum Beispiel wie folgt:

C14 | fx | =RUNDEN(C13*B14/1-B14;2)

	A	B	C
1	Vorwärtskalkulation		
2	Listeneinkaufspreis		15,00
3	- Liefererrabatt	5,0%	-0,75
12	....		
13	Barverkaufspreis		28,00
14	+ Kundenskonto	2,0%	0,54

- Wenn Sie die Excel-Tabelle fertiggestellt haben, überprüfen Sie die Richtigkeit, indem Sie einige Übungsaufgaben eingeben und die Ergebnisse der Excel-Berechnung mit den Ergebnissen aus dem Unterricht vergleichen.
- Bereiten Sie sich darauf vor, dass Sie Ihre Arbeitsergebnisse als Gruppe vor der Klasse präsentieren.

18. Angenommen, die Ehlers & Gehrenberg KG kann den berechneten Einkaufspreis für ein Produkt nicht einhalten.
Kann es trotzdem sinnvoll sein, dieses Produkt in das Sortiment aufzunehmen, wenn
a) der in der Kalkulation berücksichtigte Gewinn höher ist als das Überschreiten des Einkaufspreises?
b) der in der Kalkulation berücksichtigte Gewinn niedriger ist als das Überschreiten des Einkaufspreises?

19. **Herr Bauer:**
„Klasse, das hat sehr gut geklappt mit dem Nettolistenverkaufspreis. Ich hätte wieder mal eine kleine Aufgabe für Sie. Ich muss nämlich wieder los. Diesmal zu Frau Gehrenberg."
Sandra Krollmann:
„Okay, ich versuche mein Bestes."
Herr Bauer:
„Heute Morgen habe ich in der Zeitung gelesen, dass unser Konkurrent Grotex GmbH groß mit einem Luxus-Abendkleid der höchsten Preisklasse für 1.400,00 € wirbt. Wir haben ein solches bisher nicht im Sortiment, wollen es aber gern aufnehmen. Wir haben schon mehrere Angebote eingeholt. In allen Fällen könnten wir es innerhalb von zwei Tagen geliefert bekommen."
Sandra Krollmann:
„Aha."

Herr Bauer:
„Auch hier benötigen wir wieder das Schema der Verkaufskalkulation. Vorhin hatten wir die Vorwärtskalkulation angewandt. Ausgehend vom Bezugspreis haben Sie dann den richtigen Nettolistenverkaufspreis ermittelt. Jetzt ist die Situation anders: Wir können nicht anders. Wir müssen die Ware zum Preis von der Grotex GmbH anbieten. Wir werden daher jetzt eine Rückwärtskalkulation vornehmen. Besser gesagt: Sie werden dies tun. Der Preis von Grotex wird auch für uns als gegeben angesehen. Es geht jetzt aber darum, den höchstmöglichen Einkaufspreis bei gegebenen Handlungskostenzuschlag und Gewinnzuschlag zu berechnen. Ehe ich es vergesse, auch hier gilt für den Handlungskostenzuschlag 50 % und für den Gewinnzuschlag 20 %. Berücksichtigt werden muss auch wieder die Möglichkeit 25-prozentigen Kundenrabatts und eines 2-prozentigen Kundenskontos. Bis gleich dann."
Sandra:
„Ja, bis gleich ..."
Berechnen Sie den Preis, bis zu dem die Ware höchstens eingekauft werden darf.

20. 14:45 Uhr.
Herr Bauer:
„Wir wollen noch drei noble Bettwäschesets von Home & Bed Royal ins Sortiment aufnehmen. Die Grotex GmbH bewirbt die heute in der Tageszeitung:
- Lady Camilla für 112,00 €,
- Lady Hi für 153,00 € und
- Lady Kate für 187,00 €.

Dazu müssen wir noch die maximalen Bezugspreise berechnen, mit denen wir unsere Handlungskostenzuschläge von 35 % und 30 % Gewinnzuschläge in der Warengruppe realisieren können. Berücksichtigt werden muss auch wieder die Möglichkeit eines 25-prozentigen Kundenrabatts und eines 2-prozentigen Kundenskontos."
Sandra Krollmann:
„Gibt es hier bei der Rückwärtskalkulation nicht so etwas Vereinfachendes und Zeitsparendes wie den Kalkulationszuschlag in der Vorwärtskalkulation?"
Herr Bauer:
„Ja, die Handelsspanne. Dies ist der Unterschied zwischen Bezugs- und Nettolistenpreis, ausgedrückt in Prozent vom Nettolistenpreis. Die Verwendung dieser Handelsspanne bei der Rückwärtskalkulation erspart eine Menge Arbeit. Versuchen Sie es doch mal ..."
Sandra:
„Okay!"
a) Ermitteln Sie die Handelsspanne.
Der Listenverkaufspreis ist gleich 100,00 € zu setzen.
b) Berechnen Sie die maximal möglichen Bezugspreise.

Lernsituation 1: Vorwärtskalkulation

Nachdem sich Jakob Osterhoff nun einige Wochen mit den theoretischen Grundlagen der Preisbildung befasst hat, wird Frau Zahn langsam nervös, weil die Konkurrenz kontinuierlich Niedrigpreise bewirbt, die die Ehlers & Gehrenberg KG nicht halten kann.

Herr Bittner hat daher eine völlig neue T-Shirt-Kollektion für Mädchen, die „Shining Stars", auf der Messe auf Bitte von Frau Zahn bestellt, für die jetzt der Verkaufspreis kalkuliert werden muss. Hierzu stellt Frau Zahn Jakob Osterhoff die notwendigen Daten zur Verfügung:

Frau Zahn:
„Jakob, bitte informieren Sie sich ausführlich über die Ermittlung von Verkaufspreisen und ermitteln Sie für die neue Kollektion ‚Shining Stars' einen angemessenen Verkaufspreis. Wichtige Eckdaten, die Sie bei der Berechnung berücksichtigen müssen, habe ich Ihnen auf diesem Zettel zusammengestellt."

Werte für die Kalkulation der Verkaufspreise der neuen T-Shirt-Kollektion:

Listeneinkaufspreis:	70,00 €	Gewinnzuschlag:	11 %
Lieferantenrabatt:	10 %	Kundenskonto:	2 %
Lieferantenskonto:	2 %	Vertreterprovision:	4 %
Bezugskosten:	2,67 € netto	Kundenrabatt:	10 %
Handlungskosten der Ehlers & Gehrenberg KG betragen:	43 %		

Jakob:
„Okay, ich werde mein Bestes versuchen."

Frau Zahn:
„Schön. Wenn Sie den Verkaufspreis ermittelt haben, sollten die Daten für die ‚Shining Stars' als Grundlage für die Neuauspreisung aller T-Shirt-Kollektionen im Sortiment dienen. Legen Sie also bitte die Daten zugrunde und ermitteln Sie dann mit einem möglichst einfachen Verfahren neue Preise für alle vergleichbaren Kollektionen in der Warengruppe. Und vergessen Sie mir bitte die Umsatzsteuer nicht."

Jakob:
„Ja, ich glaube, dass ich zu den Vereinfachungen bereits etwas in meinem Lehrbuch gesehen habe. Ich werde mir die Seiten einmal genau anschauen und die neuen Preise berechnen."

Frau Zahn:
„Das hört sich doch wunderbar an. Bitte erläutern Sie mir dabei auch Ihre genauen Berechnungen, damit ich diese nachvollziehen und überprüfen kann."

Jakob:
„Das werde ich tun."

Frau Zahn:
„Gut, dann erwarte ich Ihre Ergebnisse am heutigen Nachmittag."

Vergleichbare T-Shirt-Kollektionen im Sortiment der Ehlers & Gehrenberg KG:

Kollektion	Bezugspreis	Aktueller Listen-verkaufspreis (netto)
Diamonds & Pearls	3,98 €	7,99 €
Bling Bling	5,65 €	10,99 €
Young Miss	3,49 €	6,59 €
Elegance	7,25 €	15,99 €

1. Ermitteln Sie, welche Aufgaben Jakob Osterhoff zu erledigen hat.
2. Ermitteln Sie mithilfe der Vorwärtskalkulation den Bruttoverkaufspreis der Kollektion „Shining Stars". Verwenden Sie hierzu die obigen Notizen von Frau Zahn und das bekannte Rechenschema.
3. Machen Sie sich Notizen für die Vorstellung Ihrer Berechnungen bei Frau Zahn. Insbesondere die Nebenrechnungen sollten Sie sich merken.
4. Informieren Sie sich in Ihrem Lehrbuch über das vereinfachte Verfahren der Vorwärtskalkulation mithilfe des Kalkulationszuschlags. Geben Sie wieder, was man unter dem Kalkulationszuschlag versteht, wie man ihn berechnet und welche Bedeutung er bei der Verkaufspreisermittlung hat.
5. Ermitteln Sie den neuen einheitlichen Kalkulationszuschlag für die T-Shirt-Kollektionen der Ehlers & Gehrenberg KG mithilfe der Daten für die Kollektion „Shining Stars".
6. Berechnen Sie die neuen Verkaufspreise der Kollektionen „Diamonds & Pearls" und „Bling Bling" mithilfe des Kalkulationszuschlags. Geben Sie auch die Nebenrechnungen an.
7. Als weitere Vereinfachung der Kalkulation von Verkaufspreisen kann man mit dem Kalkulationsfaktor rechnen.
   Informieren Sie sich in Ihrem Lehrbuch über die Verkaufspreisermittlung mithilfe des Kalkulationsfaktors. Geben Sie mit eigenen Worten allgemein wieder, wie man mit dem Kalkulationsfaktor Verkaufspreise berechnet.
8. Berechnen Sie die Preise der Kollektion „Young Miss" und der Kollektion „Elegance" mithilfe des Kalkulationsfaktors.
9. Bereiten Sie sich darauf vor, Frau Zahn Ihre Ergebnisse zu präsentieren und Ihre Berechnungen zu erläutern.

Lernsituation 2: Rückwärtskalkulation

Durch die von Jakob Osterhoff angestellten Berechnungen zu den Verkaufspreisen bei den Mädchen-T-Shirt-Kollektionen wurden die Preise umgestellt. Auch die Erkenntnisse zu möglichen preispolitischen Maßnahmen wurden umgesetzt. Erste Verkaufserfolge lassen sich aus den aktuellen Absatzzahlen erkennen. Nach diesen tollen Ergebnissen wendet sich Frau Zahn mit einer weiteren Aufgabe an Jakob Osterhoff.

Frau Zahn:
„Hallo Jakob, ich habe mal wieder einen Auftrag, bei dem Sie mir Preise berechnen sollen."

Jakob:
„Guten Morgen, Frau Zahn. Das hört sich interessant an. Was kann ich für Sie tun?"

Frau Zahn:
„Ich möchte in unser Warensortiment unbedingt den neuen Skianzug ‚Snow Rider' der Marke ‚SnowStyle' aufnehmen, da gerade junge Leute dieses Produkt verstärkt nachfragen.

Jakob:
„Oh ja, das stimmt! Das ist ein toller Anzug von einer angesagten Marke. Wir sollten ihn unbedingt aufnehmen."

Frau Zahn:
„Ich sehe, Sie gehören offenbar zur Zielgruppe dieses Produkts. Bei den Produkten dieser Marke ist es aber so, dass wir unsere Verkaufspreise nur bedingt selbst bestimmen können. SnowStyle möchte, dass wir das Produkt für 499,00 € brutto verkaufen, das entspricht einem Listenverkaufspreis von 419,33 €. Viele andere Anbieter von Skibekleidung gehen ähnlich vor."

Jakob:
„Hmm ... dann brauche ich doch aber gar keinen Verkaufspreis zu kalkulieren, oder?"

Frau Zahn:
„Richtig, denn dieser Preis ist schon vorgegeben. Aber wir müssen ja dennoch überprüfen, ob das Anbieten solcher Produkte für uns rentabel ist. Wenn wir jetzt also mit den Herstellern in Verhandlungen treten, um die Produkte einzukaufen, müssen wir wissen, bis zu welchem Einkaufspreis wir überhaupt den von uns in diesem Segment angestrebten Gewinn von 17 % erzielen. In unsere Überlegungen müssen wir einbeziehen, dass wir unseren Kunden einen Skontoabzug von 2 % und einen Rabatt von bis zu 10 % gewähren. Außerdem fallen für unsere Vertreter regelmäßig Provisionen in Höhe von 4 % an. Wir gehen ferner davon aus, dass uns 7 % Lieferantenrabatt und üblicherweise 2 % Lieferantenskonto von SnowStyle gewährt werden."

Jakob:
„Ich verstehe, was Sie meinen. Wir haben also den Verkaufspreis und die Zahlen unseres Unternehmens und ich soll berechnen, wie hoch der Einkaufspreis sein darf, damit wir 17 % Gewinn erzielen?"

Frau Zahn:
„Ich sehe, Sie haben die Problematik verstanden. Informieren Sie sich bitte über das detaillierte Vorgehen bei derartigen Kalkulationen. Bitte gehen Sie bei Ihren Berechnungen davon aus, dass wir in diesem Segment mit Handlungskosten von 37 % kalkulieren, und ermitteln Sie die benötigten Zahlen auch für die anderen Produkte, die ich Ihnen in einer Liste zur Verfügung stellen werde. Vielleicht können Sie die Berechnung vereinfachen. Die Ergebnisse möchte ich dann morgen früh von Ihnen erklärt bekommen."

Jakob:
„Alles klar, ich werde dann morgen früh zu Ihnen kommen."

1. Stellen Sie fest, welche Aufgaben Jakob Osterhoff zu erledigen hat.
2. Ermitteln Sie mithilfe der Rückwärtskalkulation den maximalen Bezugspreis für den Skianzug. Verwenden Sie hierzu das bekannte Rechenschema.
3. Machen Sie sich Notizen für die Vorstellung Ihrer Berechnungen bei Frau Zahn. Insbesondere die Nebenrechnungen sollten Sie sich merken.
4. Als weitere Möglichkeit zur Kalkulation des maximalen Bezugspreises dient die Handelsspanne.
   Informieren Sie sich in Ihrem Lehrbuch über die Berechnung des Bezugspreises mithilfe der Handelsspanne. Geben Sie mit eigenen Worten allgemein wieder, was man unter der Handelsspanne versteht, wie man sie berechnet und welche Bedeutung sie bei der Bezugspreisermittlung hat.
5. Ermitteln Sie die Handelsspanne in Prozent für die Skianzüge der Ehlers & Gehrenberg KG mithilfe der Daten für den Skianzug „Snow Rider".

6. Aus einer E-Mail von Frau Zahn entnehmen Sie folgende Liste mit den vorgegebenen Verkaufspreisen für weitere Skianzüge anderer Hersteller.

Modell	**Bezugspreis**	**Vorgegebener Listenverkaufspreis**
Black Hawk	235,29 €	399,00 €
Rote Piste	302,52 €	479,00 €

Berechnen Sie die maximalen Bezugspreise des Skianzugs „Black Hawk“ und des Skianzugs „Rote Piste“ mithilfe der Handelsspanne.

7. Bereiten Sie sich darauf vor, Frau Zahn Ihre Ergebnisse zu präsentieren und Ihre Berechnungen zu erläutern.

Lernsituation 3: Differenzkalkulation

Frau Zahn hat die Verhandlungen mit SnowStyle zum Bezugspreis des „Snow Rider“ beendet. Sie konnte die berechneten Zahlen nicht einhalten. Der Listeneinkaufspreis des „Snow Riders“ wird von SnowStyle in Anbetracht der großen Abnahmemenge der Ehlers & Gehrenberg KG mit 250,00 € angesetzt. Dies ist das letzte Angebot von SnowStyle. Zusätzlich gewähren sie aber einen Lieferantenrabatt von 9 %. Die restlichen Konditionen entsprechen denen, die bereits bekannt sind. Frau Zahn ist von dem Angebot enttäuscht. Sie bittet Jakob Osterhoff, den Sachverhalt mit den endgültigen Zahlen durchzurechnen und ihr die Ergebnisse zusammen mit einer Erklärung seines Vorgehens und einer Handlungsempfehlung vorzustellen.

1. Ermitteln Sie, welche Aufgaben Jakob Osterhoff zu erledigen hat. Was könnte Frau Zahn mit „durchrechnen“ meinen?
2. Ermitteln Sie mithilfe der Differenzkalkulation den erzielbaren Gewinn für den Snow Rider. Verwenden Sie hierzu das bekannte Rechenschema.
3. Machen Sie sich Notizen für die Vorstellung Ihrer Berechnungen bei Frau Zahn. Insbesondere die Nebenrechnungen sollten Sie sich merken.
4. Sie haben nun den mit dem „Snow Rider“ erzielbaren Gewinn kalkuliert. Frau Zahn möchte von Ihnen eine Handlungsempfehlung. Überlegen Sie sich Argumente, die für oder gegen das Aufnehmen des Skianzugs „Snow Rider“ in das Warensortiment der Ehlers & Gehrenberg KG sprechen, und bereiten Sie sich darauf vor, Frau Zahn Ihre Ergebnisse zu präsentieren und Ihre Berechnungen zu erläutern.

6 Controlling

Einstiegssituation

Sandra Krollmann ist zurzeit bei Herrn Frank im Rechnungswesen eingesetzt. Herr Frank ist so etwas wie der „Controlling-Kopf" der Ehlers & Gehrenberg KG.

Sandra Krollmann: „Hallo Herr Frank, vielen Dank, dass ich Ihnen über die Schulter schauen darf. Die Abteilungsleiterin, Frau Bertram, hat mir bereits mitgeteilt, dass Sie mir in den nächsten Tagen einen Überblick über die Arbeit eines Controllers geben können."

Herr Frank: „Hallo Sandra, sehr gerne. Seit der Pandemie sind gerade für unser Lagergeschäft herausfordernde Zeiten angebrochen. Wenn meine Bildschirme betrachtet werden, wird klar, dass wir in den nächsten Tagen kluge Analysen durchführen müssen, für die wir primär noch interne Zahlen, aber auch externe Informationen benötigen."

Hallo Herr Frank,

ich benötige für eine Abteilungsleitersitzung einen Zwischenbericht. Bitte informieren Sie mich konkret über die Auswirkungen der Corona-Pandemie auf unser Lagergeschäft in Hamburg in Q4.

Die von Herrn Kreipe (Leitung Logistik) in der letzten Abteilungsleitersitzung vorgetragenen – aber durch Sie vorbereiteten – Handlungsempfehlungen haben das gesamte Team beeindruckt, aber primär auch unsere Zahlen in diesem Bereich deutlich verbessert. Ich hoffe, dass wir uns mit Ihrer vorausschauenden Sicht auch in unserem großen Handlungsfeld der Lagergeschäfte (wieder) etablieren können – trotz der derzeitig schwierigen Zeit.

Ich bitte Sie nächste Woche Freitag um 08:00 Uhr in mein Besprechungszimmer.

Beste Grüße

T. Staub

Thomas Staub

Abteilungsleiter Verkauf

Ehlers & Gehrenberg KG

Ehlers & Gehrenberg KG

Am Sandtorkai 24, 20457 Hamburg

Telefon: 040 750610-0

www.ehlers-wvd.de

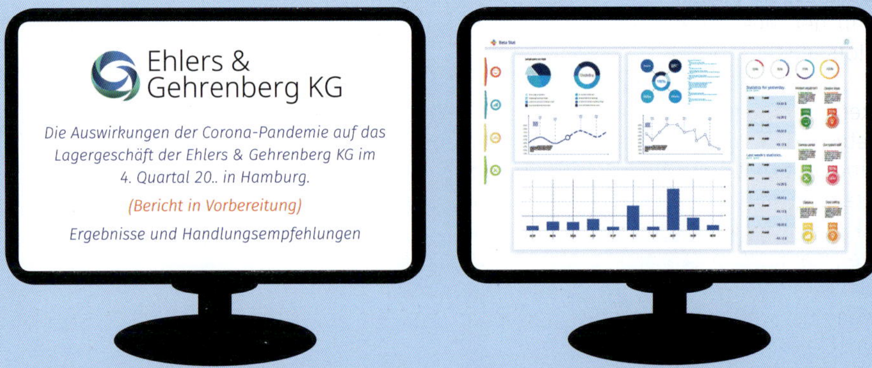

Arbeitsaufträge

1. Diskutieren Sie in Ihrer Klasse aufgrund der vorliegenden Informationen die interne Stellung von Herrn Frank im Vergleich zu den Abteilungsleitern Herrn Kreipe und Herrn Staub.
2. Diskutieren Sie in Ihrer Klasse, welche internen und externen Informationen Herr Frank meinen könnte, um seinen Bericht entwickeln zu können.
3. Beschreiben Sie Ihre Vorstellung vom Aufgabenfeld eines Controllers. Hinweis: Gehen Sie in Ihrer Überlegung auf die von Herrn Staub beschriebene „vorausschauende Sicht" ein.
4. Stellen Sie mithilfe des Kapitels fest, welche Aufgabenfelder Herr Frank tatsächlich als Controlling-Mitarbeiter zu bewältigen hat.

Controlling allgemein

„A ship in harbor is safe, but that is not what ships are built for."
John Augustus Shedd (1859–1928), amerikanischer Autor und Professor,
Quelle: Shedd, John A.: Salt from my Attic. Portland, Maine. Mosher Press 1928, o. S.

„Ein Schiff im Hafen ist sicher, doch dafür werden Schiffe nicht gebaut."
Übersetzer unbekannt

Die Bedeutung einer Controlling-Abteilung für ein Unternehmen lässt sich zu Beginn mit einem Zitat und einer Metapher einleiten. Ein Schiff sollte immer auf hoher See sein, um eine schöne Reise zu verleben bzw. den erwünschten Erfolg nach Hause zu bringen. Auf dem Weg zu diesem Erfolg entscheidet letztlich immer der Kapitän, wohin die Reise geht, da er das Steuerrad bedient. Der Kapitän trägt die inhaltliche Verantwortung für das Schiff und somit für alle damit verbundenen Reisen. Der Kapitän auf hoher See lässt sich dabei allerdings von seinem Schiffslotsen beraten, um die bestmöglichen Entscheidungen treffen zu können. Der Schiffslotse erspäht durch sein Fernglas kurz-, mittel- und im Idealfall auch langfristige Gefahren und Lösungsansätze, um das Schiff erfolgreich auf Kurs zu halten. Er weiß z. B. ganz genau, wann ein Felsen in der Meerestiefe auftaucht oder ein Sturm aufzieht. Aufgrund der Expertise der Schiffslotsen steuert der Kapitän das Schiff zum Ziel.

Jeder kennt die tragische Geschichte des Untergangs der Titanic im Jahr 1912. Das Unglück ereignete sich u. a. aufgrund von unglücklichen Entscheidungen. Ein Matrose, der das Unglück überlebte, erzählte später z. B. davon, dass er und sein Kollege auf dem Ausguck in der verheerenden Nacht keine Ferngläser nutzen konnten, da diese in einem abgeschlossenen Schrank lagen. Seine nicht (ganz) abwegige Annahme: Sie hätten den Eisberg womöglich *eher* gesichtet, wenn sie mit Ferngläsern hätten arbeiten können.

Auch wenn die Folgen des Titanic-Unglückes weitaus dramatischer sind als potenzielle unternehmerische Krisen, so lässt sich die beschriebene Quintessenz trotzdem auf das unternehmerische Handeln übertragen. Genau wie auf einem Schiff hat auch im Unternehmen eine andere Instanz (z. B. ein Manager) die Verantwortung. Genau wie der Kapitän auf einem Schiff trifft diese Instanz auch die Entscheidungen. Aber genau wie auf einem Schiff lässt sich diese Instanz eben auch entscheidend beraten. Die Rolle der Schiffslotsen bzw. der Navigatoren nimmt im Unternehmen die Controlling-Abteilung ein. Dabei handelt sie zukunftsorientiert.

Definition

Das Wort **Controlling** leitet sich aus dem englischen „to control" (steuern, überprüfen, lenken, ...) ab. Im Unternehmen sorgt die Controlling-Abteilung dafür, dass die oberen Instanzen (zielgenaue) Entscheidungen treffen bzw. anpassen können.

Kernaufgaben eines Controllers

Die übergeordneten Aufgaben eines Controllers sind

- informieren,
- analysieren,
- planen und steuern,
- überwachen, kontrollieren und beraten.

Je nach Zielsetzung werden beim **Sammeln der Informationen** einzelne Unternehmensbereiche (im Fokus steht die Rechnungswesen-Abteilung) oder das gesamte Unternehmen in den Blick genommen. Durch die digitalisierten Geschäftsprozesse können immer mehr Daten gesammelt werden. In der heutigen Zeit werden dafür nur wenige Klicks benötigt, da die Daten i. d. R. bereits entsprechend aufbereitet sind.

Die zielgenaue **Analyse/Auswertung** ist elementar für die Arbeit einer Controlling-Abteilung. Zusammenhänge zwischen den Informationen und Zahlen müssen antizipiert und für die Unternehmensleitung transparent gemacht werden: *Warum ist Situation X eingetreten und welche Wirkung hat dies auf den Geschäftsprozess?* Daraus ableitend können Unternehmensentscheidungen vorbereitet werden.

Bei der **Planung und Steuerung** werden kurz-, mittel- und langfristige Ziele in den Blick genommen. Es werden aufgrund des Datenmaterials u. a. Prognosen und Budgets (siehe auch Abschnitt auf S. 118) erstellt und mit einer anderen Instanz über denkbare Neuausrichtungen oder Modifikationen gesprochen. Die letzte Entscheidung trifft eben jene andere Instanz, *der Kapitän am Steuerrad*.

Letztlich werden die an die andere Instanz herangetragenen Entscheidungshilfen – die in der Folge eingeleitet wurden – **überwacht** und ganz genau **beobachtet**, um permanent beratend eingreifen und wieder neu analysieren zu können. Der *Kapitän* hat die Entscheidungshilfen seines *Schiffslotsen* demnach umgesetzt und vertraut im weiteren Prozess weiter auf seine Expertise, indem immer wieder hinterfragt wird, ob das Schiff/das Unternehmen weiter auf Kurs ist. Dazu muss der Controller wieder auf die erstgenannten Informationen zugreifen. In der wirtschaftswissenschaftlichen Literatur wird daher auch häufig vom **Controlling-Kreislauf** gesprochen. Die Quintessenz lautet: Controlling hört nicht auf, sondern ist vielmehr ein permanenter Prozess.

Gut zu wissen
Ein Controller sollte neben einem ausgeprägten wirtschaftlichen Verständnis auch kommunikative Kompetenzen mitbringen, um vorbereitete Entscheidungshilfen kompetent präsentieren zu können (vgl. hierzu auch das nächste Kapitel).

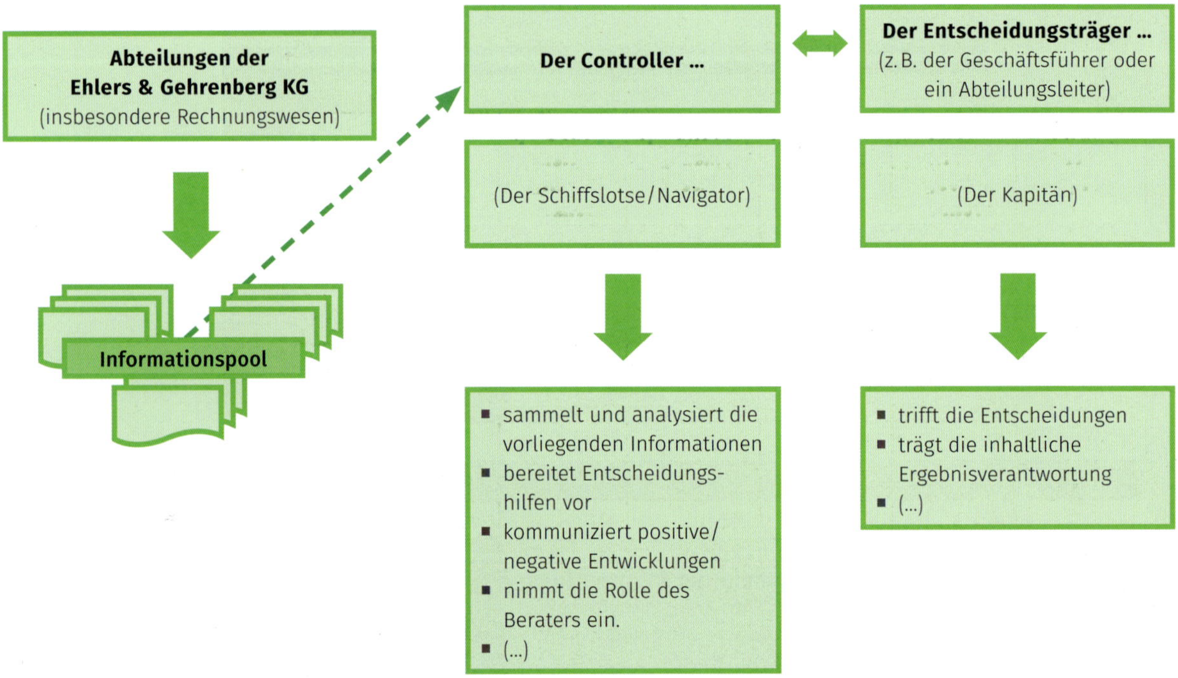

Das genaue **Spektrum an Aufgaben innerhalb der Kernaufgaben** eines Controllers ergibt sich häufig durch die Unternehmensgröße. Größere Unternehmen organisieren das Controlling als Stabsstelle oder eigenständige Organisationseinheit („Unternehmenscontrolling") innerhalb der Aufbauorganisation. Kleinere Unternehmen setzen mitunter das interne Rechnungswesen ein, um Controlling-Aufgaben nachzugehen.

Außerdem können innerhalb der Controlling-Abteilung Spezialisierungen vorgenommen werden, die wiederum Teilergebnisse für die übergeordnete Controlling-Abteilung erarbeiten können. Mit Blick auf die Ehlers & Gehrenberg KG könnten das z. B. sein:

- Logistikcontrolling
- Projektcontrolling
- Einkaufscontrolling
- Verkaufscontrolling
- Personalcontrolling
- Social-Media-Controlling
- (...)

Strategisches vs. operatives Controlling

Unabhängig davon, ob es sich um eine übergeordnete oder eine spezialisierte Controlling-Abteilung (z. B. Logistikcontrolling) handelt: Das Handeln kann strategisch oder operativ ausgerichtet sein. Die Unterscheidung wird in der folgenden Gegenüberstellung dargelegt.

Strategisches vs. operatives Controlling

	Strategisches Controlling	**Operatives Controlling**
Zeitliche Ausrichtung	mittel- und langfristig	kurzfristig
Inhaltliche Ausrichtung	**Strategische Gesamtentwicklung** → Chancen und Potenziale, aber auch Risiken erkennen → externe Entwicklungen miteinbeziehen z. B. Potenziale innerhalb eines Absatzmarktes oder der Wertschöpfungskette identifizieren, aber auch Aspekte wie die Technologie hinterfragen	**Aktuelle/ Gegenwärtige Kontrolle** → betriebswirtschaftlicher Prozesse → primär intern z. B. anhand des Umsatzes im Monat Juli
Fragestellung	Machen wir das Richtige?	Machen wir das Richtige richtig?
Ziel	Optimierung der Unternehmenshandlungen	

Gut zu wissen
Strategisches und operatives Controlling bedingen sich gegenseitig. Operatives Controlling kann z. B. nur erfolgen, wenn zuvor im strategischen Controlling Entscheidungen auf den Weg gebracht wurden. Erkenntnisse, die mithilfe des operativen Controllings gewonnen wurden, beeinflussen wiederum die Ausgestaltung des strategischen Controllings.

Strategisches vs. operatives Controlling II

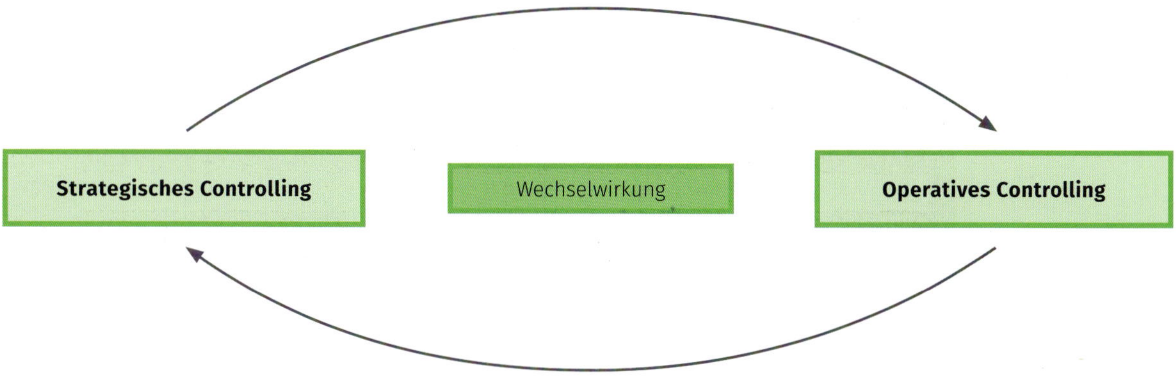

Für das strategische und operative Controlling kann der Controller verschiedene Analysen, Berechnungen u. v. m. einbeziehen, um die Kernaufgaben zielführend auszuführen.

Hilfestellungen innerhalb des strategischen Controllings

- Produktlebenszyklus
- Langzeitplanung
- Stärken-Schwächen-Analyse
- Portfolioanalyse
- Kennzahlen sowie Kennzahlensysteme (z. B. Balanced Scorecard)
- Szenario-Analyse
- (...)

Hilfestellungen innerhalb des operativen Controllings

- Soll-Ist-Vergleich (vgl. dieses Kapitel)
- Budgetierung (vgl. dieses Kapitel)
- ABC-Analyse (vgl. z. B. Ausführungen in Ihrem Schulbuch, Band 1, Lernfeld 3)
- Gewinn- und Verlustrechnung, Bilanzwerte und Rentabilitäten (vgl. Ausführungen in Ihrem Schulbuch, Band 2, Lernfeld 8)
- Kosten- und Leistungsrechnung u. a. mit der Break-Even-Analyse und Deckungsbeitragsrechnungen (vgl. LF 10 im Allgemeinen)
- (...)

Im weiteren Verlauf werden exemplarische Bereiche und Aufgaben aus Sicht des Controllings näher in den Blick genommen: die **Budgetierung**, der **Soll-Ist-Vergleich** sowie das **Berichtswesen („Reporting“)**.

Die Budgetierung

Die Budgetierung ist ein bedeutsamer Teil des Controllings. Um sich dem Begriff zu nähern, ist es zunächst sinnvoll, den Begriff des Budgets zu betrachten.

Definition

Unter einem **Budget** werden grundsätzlich Einheiten (z. B. Mengen- und Geldeinheiten) verstanden, die für einen bestimmten Zeitraum, für einen bestimmten Zweck und für eine bestimmte Abteilung zur Verfügung stehen. Das Budget ist das Ergebnis einer Budgetierung.

Ein Unternehmen – wie die Ehlers & Gehrenberg KG – hat überspitzt formuliert einen Topf mit Einheiten, die im gesamten Unternehmen sinnvoll verteilt werden können, um die anvisierten Unternehmensziele zur erreichen. So erhält beispielsweise eine beliebige Kostenstelle (vgl. LF 10, Kap. 1) oder ein bereichsübergreifendes Projekt jeweils ein zugeteiltes Budget. Das Budget kann dabei feinmaschig untergliedert werden, z. B. in ein Werbebudget, ein Personalbudget, ein Investitionsbudget usw.

Die Höhe des Budgets muss entsprechend geplant werden – *mithilfe der Budgetierung*.

Definition

Unter einer **Budgetierung** werden die Planungsaspekte und Prozessschritte für die Erstellung eines Budgets verstanden.

Die **Planung der Budgetierung** kann von verschiedenen Kernpunkten abhängen. Exemplarisch seien

- die Orientierung an Ausgangswerten,
- der Zeitpunkt der Budgetierung
- und das Einbeziehen von Organisationseinheiten genannt.

Orientierung an Ausgangswerten

Um die Budgethöhe für einen Bereich festzulegen, kann das (verbrauchte) Budget der vergangenen Periode als Orientierungspunkt herangezogen werden. Bestimmte Aspekte können dann bei der Fortschreibung des Budgets in der neuen Periode berücksichtigt werden. So könnte das Budget etwa um eine bestimmte Summe x erhöht werden, z. B., um gestiegene Produktionskosten in der neuen Periode zu berücksichtigen. Vorteile dieser Vorgehensweise sind u. a. die Transparenz und die wenig aufwendige Konzeption. Es könnte allerdings die Gefahr bestehen, dass nicht immer wirtschaftlich gehandelt wird.

Beispiel

Die Verwaltungs-Abteilung der Ehlers & Gehrenberg KG bemerkt im Dezember 20.., dass im zugeteilten Budget noch Gelder übrig sind. Die Abteilung hat grundsätzlich keinen Bedarf mehr, zieht aber trotzdem in Erwägung, die Gelder auszugeben, um in der nächsten Periode kein gekürztes Budget zu erhalten. Aus Unternehmenssicht würde die Ehlers & Gehrenberg KG finanziell aktiv werden, obwohl die Gelder möglicherweise an anderer Stelle sinnvoller eingesetzt werden könnten.

Eine andere Vorgehensweise ist das sog. **Zero-Base-Budgeting** (Null-Basis-Budgetierung). Bei einer Null-Basis-Budgetierung ist der Ausgangspunkt der Planung die Orientierung an der Zielgröße (= Output). Anders ausgedrückt: Die Legitimation des Budgets ergibt sich aus der Aufgabe. Controller sprechen in diesem Zusammenhang häufig von einer **grünen Wiese** als Ausgangspunkt, da die Budgetierung komplett neu durchgeplant wird. Vergangenheitswerte spielen bei dieser Vorgehensweise grundsätzlich keine Rolle. Es wird u. a. analysiert, „was" für die Zielerreichung tatsächlich benötigt wird.

Der Vorteil des Zero-base-Budgetings ist, dass keine unnötigen Budgets in eine neue Periode fortgeschrieben werden. Außerdem fördert eine derartige Budgetierung innovative Ideen. Nachteil dieser Vorgehensweise ist der hohe Zeit- und Arbeitsaufwand.

Zeitpunkt der Budgetierung

Der **Zeitpunkt** einer Budgetierung hängt von verschiedenen Faktoren ab. Es können z. B. periodische Budgetierungen geplant, z. B. monatlich, pro Quartal oder Jahr, oder auch mehrere Jahre in den Blick genommen werden. Daher lassen sich an dieser Stelle auch wieder die

Begrifflichkeiten der operativen sowie der strategischen Budgetierung benennen. Letztgenannter Punkt bezieht sich dann meist auf einen Zeitraum, der sich über mehrere Jahre erstreckt.

Eine **rollierende Budgetplanung** kann hingegen dafür sorgen, dass aktuelle Gegebenheiten berücksichtigt werden können. In der Grafik wird beispielhaft in die Feinplanung immer nur der kommende Monat einbezogen. Dies kann auch ein anderer Zeitabschnitt sein, wie z. B. ein Quartal. Aktuelle Betrachtungen können in bestimmten Unternehmensbereichen vorteilhaft sein, sodass die rollierende Planung häufig ergänzend zum Einsatz kommt.

Rollierende Budgetplanung

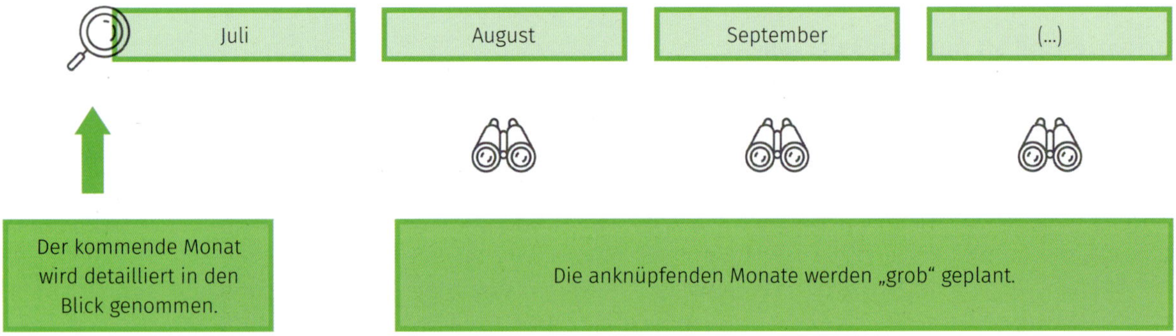

Die Mitwirkung der Organisationseinheiten

Bei der Budgetierung wird die grundsätzliche Frage aufgeworfen, wie viel Geld zur Verfügung gestellt werden soll. Dabei sollte das Unternehmen entscheiden, in welchem Maße Mitarbeiterinnen und Mitarbeiter (Organisationseinheiten) vor oder nach dem Planungsprozess einbezogen werden. In diesem Kontext wird zwischen der sog. Top-down- und der Bottom-up-Budgetierung unterschieden. Darauf aufbauend ist zusätzlich das Gegenstromverfahren zu nennen.

Bei der **Top-down-Budgetierung** wird der Organisationseinheit ein Budget „von oben" vorgegeben. Das heißt etwa, dass die Unternehmensleitung der Ehlers & Gehrenberg KG der Einkaufsabteilung eine Summe X für einen bestimmten Zeitraum und Zweck zuweist, welches zwingend einzuhalten ist. Ein Vorteil dieser Methode ist eine schnelle verbindliche Budgetierungsplanung, da keine Kommunikation mit den unteren Organisationseinheiten stattfindet. Ein Nachteil ist, dass die Mitarbeiterinnen und Mitarbeiter in die Planung nicht miteinbezogen werden. Dies kann zu einem Motivationsverlust führen.

Bei der **Bottom-up-Budgetierung** werden hingegen zunächst die einzelnen Mitarbeiter bei der Planung „mit ins Boot" geholt. Die Ehlers & Gehrenberg KG könnte diese Methode beispielsweise für ein bereichsübergreifendes Projekt anwenden. Dabei würden die einzelnen Projektmitarbeiterinnen und -mitarbeiter ihren Bedarf/ihre Budgets „oben" anmelden. Der Vorteil ist die Einbeziehung der Expertise der Mitarbeiterinnen und Mitarbeiter. Zudem kann es die Motivation (hier für das Projekt) steigern, wenn an der Planung des Budgets entsprechend mitgewirkt werden darf.

Es ist nicht unüblich, dass die Top-down- und Bottom-up-Budgetierung miteinander kombiniert werden. Dann wird vom sog. **Gegenstromverfahren** gesprochen. Die Unternehmensleitung kommuniziert bei diesem Verfahren im Top-down-Stil die Budgets „nach unten". Jedoch können die einzelnen Organisationseinheiten entsprechende Gegenvorschläge ebenfalls kommunizieren, wenn sie die Umsetzbarkeit z. B. für unrealistisch erachten. Mitunter ist es möglich, dass bis zu der finalen/verbindlichen Budgetierungsentscheidung die Vorschläge mehrmals „hin und her" wechseln. Der Vorteil ist die Einbeziehung der kleineren Organisationseinheiten. Als Nachteil kann der zeitliche Aufwand genannt werden, bis eine Budgetierungsentscheidung letztlich getroffen wurde.

Budgetierung: Mitwirkung der Organisationseinheiten

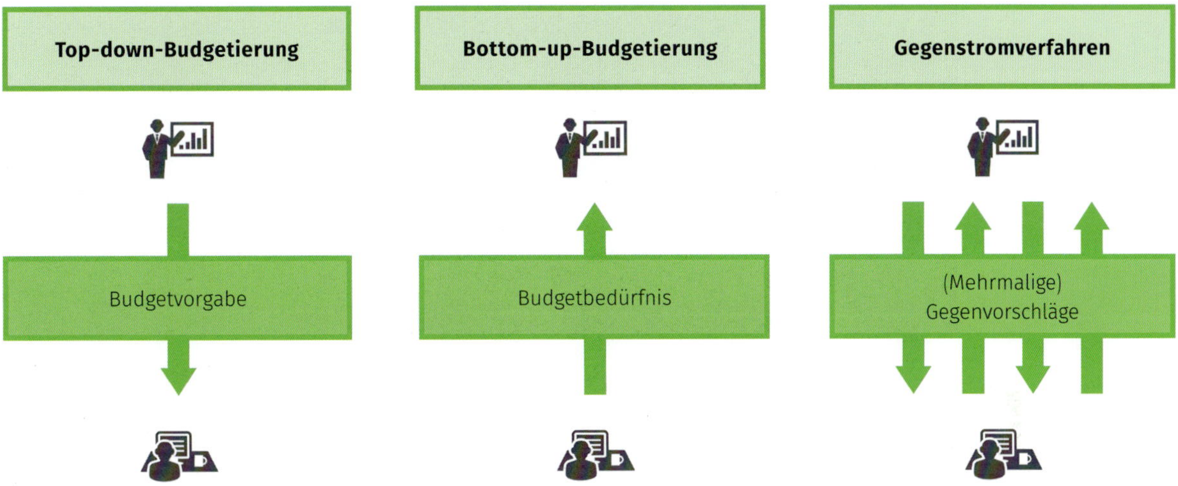

Einordnung der Budgetierung

Im Budgetierungsprozess werden neben der konkreten Planung des Budgets verschiedene Entscheidungen getroffen. Dabei erfüllt die Budgetierung – quasi automatisch – weitere wichtige Funktionen für das Unternehmen.

Funktionen der Budgetierung[1]

- **Koordinationsfunktion:** Unterstützung einzelner Teilbereiche innerhalb eines Unternehmens.
- **Motivationsfunktion:** Zugeteilte Budgets – die mitunter eigenständig eingesetzt werden können – schaffen Anreize, um die anvisierten Ziele zu erreichen.
- **Prognosefunktion:** Zukünftige Entwicklungen werden fokussiert.
- **Kontrollfunktion:** Leistungsmessung durch Soll-Ist-Vergleiche möglich (siehe auch S. 122)
- (...)

Die Planung des Budgets bleibt jedoch die primäre Aufgabe der Budgetierung. Die Budgetierung liefert ferner die Grundlage für ein weiteres bedeutsames Steuerungs- und Informationsinstrument innerhalb des Controllings: den Soll-Ist-Vergleich.

1 vgl. Prell-Leopoldseder, Sonja: Einführung in die Budgetierung und Integrierte Planungsrechnung. Wien. Linde Verlag 2011, S 52 ff.

Soll-Ist-Vergleich

„Es ist kein Drama, wenn das Projekt nicht nach Plan läuft. Es ist ein Drama, wenn der Projektmanager nichts davon weiß."
(Peter Hobbs, Projektmanager)

Quelle: Windolph, Andrea: Die 75 besten Projektmanagement-Zitate.02.07.2015. In: https://projekte-leicht-gemacht.de/blog/lesestoff/die-75-besten-projektmanagement-zitate/ [29.04.2021].

Das Zitat lässt sich auf die Bedeutung von Soll-Ist-Vergleichen übertragen. Wenn Soll-Ist-Vergleiche regelmäßig durchgeführt werden, können Entscheidungen auch im laufenden Prozess korrigiert und damit Erfolgsaussichten erhöht werden. Im Controlling nimmt der Soll-Ist-Vergleich damit die mitunter bedeutsamste Aufgabe ein.

Definition

Ein **Soll-Ist-Vergleich** dient dazu, um die geplanten/budgetierten mit den tatsächlich eingetretenen Werten zu vergleichen.

Früher wurden Soll-Ist-Vergleiche häufig auf eine Kontrollfunktion am Ende einer Maßnahme reduziert. Der Soll-Ist-Vergleich ist für den *Schiffslotsen/Controller* jedoch vielmehr ein nützliches Steuerungsinstrument. Wenn er dem *Kapitän/Geschäftsführer* frühzeitig bedeutsame Abweichungen mitteilt, kann dieser das sich auf hoher See befindliche *Schiff/Unternehmen* mit einigen Korrekturen wieder auf Kurs bringen.

Grundsätzlich lassen sich alle planbaren Zahlen mit tatsächlichen eingetretenen Zahlen vergleichen. Wichtig ist, dass die Zahl für einen Vergleich geeignet ist.

Beispielhafte Plangrößen

- Umsatz (je Produkt, Produktgruppe, Produktkategorie)
- Gewinn/Verlust
- Kostenzahlen
- Besucherzahlen bei Veranstaltungen
- Auslastungsgrade
- (...)

Wie funktioniert ein Soll-Ist-Vergleich?

Um Korrekturen vornehmen zu können, ist es bedeutsam, herauszufinden, weshalb *der geplante Weg/Wert* zum gegenwärtigen Zeitpunkt (noch) nicht eingetreten ist. Bei der Betrachtung der Zahlen wird die Frage beantwortet, ob das geplante Ziel überhaupt noch erreicht werden kann. Sollte diese Frage bejaht werden, schließt sich eine weitere Analyse an, in der die nötigen Mittel bzw. Maßnahmen für die Kurskorrektur festgelegt werden.

Ablauf Soll-Ist-Vergleich bei negativer Abweichung

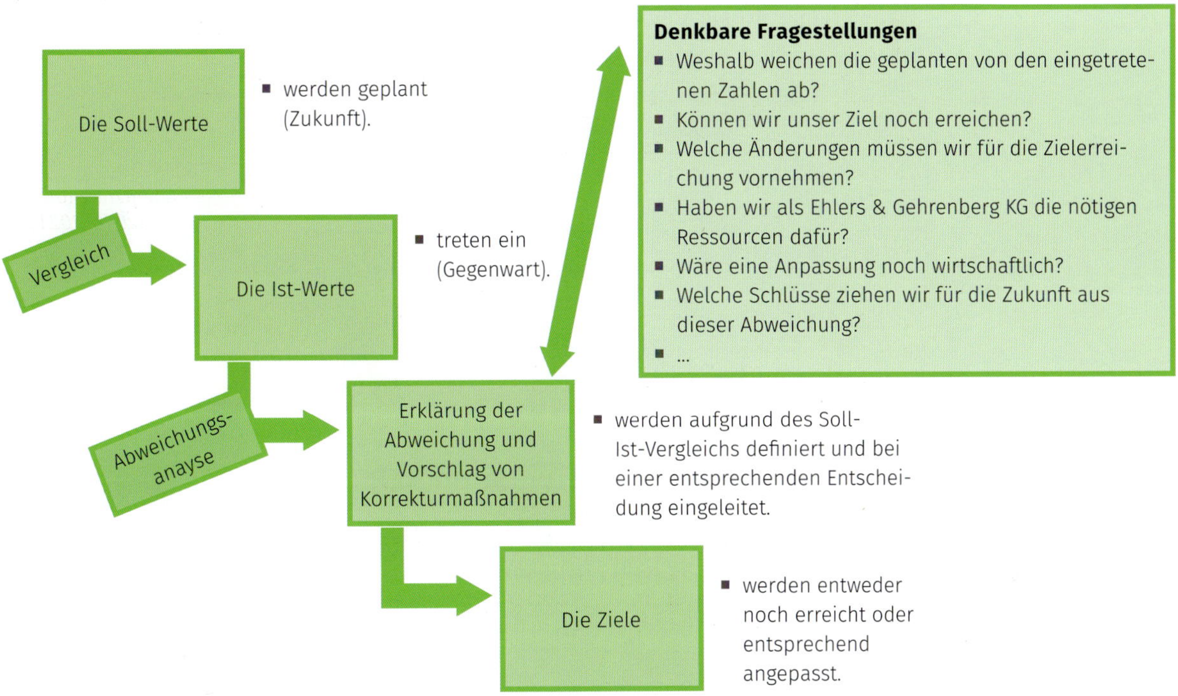

Sollte beim Soll-Ist-Vergleich eine große Abweichung identifiziert werden, ist es die Aufgabe für die Controlling-Abteilung, die Gründe hierfür zu benennen. Neben Fehleinschätzungen kann auch die mangelnde Kommunikation/Abstimmung zwischen den Organisationseinheiten während der Planungsphase eine Rolle spielen.

Positive Abweichung

Sollte das Unternehmen feststellen, dass die Kosten für eine Kostenstelle deutlich niedriger ausfallen als geplant, ist das auf den ersten Blick positiv. Allerdings wäre solch eine Erkenntnis auch immer ein Zeichen, dass die Soll-Planung nicht perfekt war. So gilt es auch bei einer (deutlichen) Positiv-Abweichung, die Ursache herauszufinden, um bei der nächsten Planung die Erfahrungen miteinbeziehen zu können.

Prozentuale Abweichungen

Häufig kann es bei einem Soll-Ist-Vergleich sinnvoll sein, neben den absoluten Zahlen auch die prozentuale Änderung darzustellen. So kann der Controller darlegen, um wie viel Prozent das Ziel erreicht oder verfehlt wurde.

Beispiel

Die Ehlers & Gehrenberg KG hat für das kommende Geschäftsjahr in Bezug auf die Lagergeschäfte in der Warengruppe „Arbeitskleidung" das Ziel einer Steigerung der absoluten Handelsgeschäfte um 2 % ausgerufen. Im Vorjahr lagen die Handelsgeschäfte bei 2 350. Der Soll-Wert (2-%-Steigerung) läge somit bei 2 397. Die tatsächlichen Handelsgeschäfte in dieser Warengruppe betragen 2 433.

Warengruppe: Arbeitskleidung	Verkäufe bzw. %
Handelsgeschäfte im Vorjahr (absolute Zahlen)	2 350
Ziel: 2 %-Steigerung für das laufende Jahr	47
Zielgröße im laufenden Jahr (Soll)	2 397
Zielgröße im laufenden Jahr (Ist)	2 433
Positive Abweichung (absolut)	36
Steigerungsrate (Ist)	3,53 %

Das Ziel der 2-%-Steigerung wurde übertroffen. Die tatsächliche Steigerungsrate beträgt 3,53 %. Das Ziel wurde somit um 1,53 % übertroffen.

Exkurs: Negativ-Beispiel Flughafen BER

Der Flughafen Berlin-Brandenburg ist zwar kein Unternehmen aus der Groß- und Außenhandelsbranche, doch zeigt die Baukostenplanung eine beispiellose Fehleinschätzung. Im Jahr 2005 wurden die Baukosten mit 1,9 Mrd. € geplant. Im Jahr der Inbetriebnahme (Oktober 2020) betrug der tatsächliche *Ist-Wert* 6,0 Mrd. €. Weitere 1,02 Mrd. € wird der Flughafen (Stand 2021) bis 2023 benötigen.

Bereits im Jahr 2012 titelte *Der Tagespiegel* in einem Online-Bericht „Die Ampeln im **Controlling-Bericht** standen auf dunkelgelb“[1]. Die Erkenntnisse und Ergebnisse eines Soll-Ist-Vergleiches stellen somit die Grundlage für eine weitere bedeutsame Controlling-Aufgabe: Das Berichtswesen.

1 Siehe https://www.tagesspiegel.de/berlin/die-akte-ber-die-ampeln-im-controlling-bericht-standen-auf-dunkelgelb/6760992.html

Das Berichtswesen – „Reporting“

Das **Berichtswesen** dient sowohl dem strategischen als auch dem operativen Controlling und sollte im Ergebnis so aufbereitet sein, dass es dem Empfänger ohne große fachliche Auseinandersetzungen möglich ist, die Quintessenzen umgehend erkennen zu können. Es kommt daher auf eine **einfache Darstellung** an, in welcher die relevanten Aussagen – abgeleitet aus einem größeren Informationspool – sofort deutlich werden. Der Controller hat demnach die Aufgabe, mit seinem Report einen **zeitsparenden Mehrwert für den Betrachter** zu realisieren.

Definition

Das **Berichtswesen** (Reporting) – als eine zentrale Aufgabe des Controllings – versteht sich als die systematische Erstellung und Aufbereitung von Informationen, die für die sich anschließende Entscheidungsfindung bedeutsam ist.

Das Berichtswesen dient primär ...

- der Reduktion,
- der Transparenz,
- als Darstellungsinstrument, um Entscheidungen zu treffen,
- der rechtlichen Dokumentationspflicht (z. B. im Rahmen der Buchführung → Bilanz).

Vor dem Verfassen eines Controlling-Berichts

Im Grunde ist die Vorarbeit eines Controllers nichts anderes als ein durchdachtes Arbeitskonzept, wie es in allen anderen Arbeitsbereichen ebenso vorkommt.

Denkbare Überlegungen:

- Wer ist der Adressat des Berichts? Dies ist bedeutsam für Detailbeschreibungen (Liest den Bericht z. B. eine Person mit betriebswirtschaftlicher Kompetenz oder können Fachauskünfte ausgelassen werden?).
- Vorgabe bzgl. des Umfangs prüfen bzw. ggf. selbst ein Limit festlegen, um die Formulierungen nicht unnötig in die Länge zu ziehen.
- Können Grafiken unterstützend zum Text eingesetzt werden?
- Sollte überhaupt ein Text formuliert werden?
- **Über allen Fragestellungen steht die Zielsetzung: Was soll durch den Bericht erreicht werden bzw. welche Hilfestellung soll er liefern?**

Der grundsätzliche Aufbau eines Berichts/Reports richtet sich in der Folge nach den Vorgaben des Unternehmens. So können für bestimmte Arbeitsbereiche Vorlagen existieren, an die sich der Controller (zwingend) halten sollte. Sollte der Bericht frei gestaltbar sein, sollte eine grundsätzliche Ordnung im Aufbau dennoch gewährleistet sein.

Berichtswesen/Reporting: Denkbarer Aufbau

Deckblatt	Zusammenfassende Einleitung und Inhaltsverzeichnis	Hauptteil	Bewertung, Entscheidungsempfehlung, Aufzeigen weiterer Arbeitsschritte
Ehlers & Gehrenberg KG Beispiel: *Die Auswirkungen der Corona-Pandemie auf das Lagergeschäft der Ehlers & Gehrenberg KG im 4. Quartal 20.. in Hamburg*	▪ Situationsbeschreibung ▪ Evtl. Erkenntnisgewinn bereits nennen ▪ Je nach Umfang sollte ein Inhaltsverzeichnis erstellt werden	▪ Wesentliche Informationen verbal und/oder grafisch zusammenfassen ▪ Mögliche Konsequenzen aufzeigen	▪ Beispiel: *Es ist zu empfehlen, dass die Ehlers & Gehrenberg KG aufgrund der vorliegenden Erkenntnisse die Produktkategorie XY mittelfristig verkleinern sollte, da (...).*

Hinsichtlich der konkreten **Darstellung** kommt es beim Berichtswesen letztlich darauf an, welches Ziel verfolgt wird. Zahlen, Daten und Fakten können beispielsweise in eigenen (vgl. das anknüpfende Kap. 7) oder automatisierten Grafiken (siehe dazu beispielhaft die Abbildung zum Business Intelligence auf der nächsten Seite) veranschaulicht werden.

Allerdings reichen im Berichtswesen Grafiken mitunter nicht immer aus, wenn die Zahlen Interpretationsspielraum lassen. In diesem Fall sollten klar verständliche Formulierungen anschauliche Grafiken ergänzen.

Beispiel

Der Controller der Ehlers & Gehrenberg KG visualisiert in einer Grafik die Umsatzentwicklung der Produktkategorie „Hochzeitskleider" innerhalb des Produktbereichs „Fashion für Damen, Herren und Kinder". Betrachtet wird das Jahr 2020. Die Zahlen spiegeln einen sprunghaften Rückgang der Umsätze ab April wider. Da aus einer Grafik keine Begründung abgelesen werden kann, sollte diese schriftlich ergänzt werden:

Der sprunghafte Umsatzrückgang innerhalb der Produktkategorie „Hochzeitskleider" hat negative Auswirkungen auf die anvisierten Jahresziele. Jedoch sollte der Rückgang in den Kontext der weltweiten Corona-Pandemie eingeordnet werden. Viele Länder – darunter auch Deutschland – haben ab März 2020 Hochzeiten zunächst eingeschränkt und später nur noch unter Auflagen erlaubt. Es wurden demnach weltweit weniger Hochzeitskleider erworben. Ein Vergleich mit Zahlen aus den Vorjahren ist daher nur begrenzt aussagekräftig. (...)

Der **Zeitpunkt** eines Berichts hängt von der jeweiligen Zielvorgabe fest. Es können z. B. monatliche, Quartals-, oder Jahresberichte o. Ä. erstellt werden. Darunter wird das **statische Berichtswesen** verstanden.

Das **dynamische Berichtswesen** versteht sich hingegen als Echtzeit-Bericht. ERP-Anwendungen (vgl. hierzu auch Informationen im 2. Band ihres Schulbuches, Lernfeld 9) mit **Business Intelligence** (BI)-Funktion liefern ein derartiges Live-Reporting. Mithilfe eines Dashboards können umgehend die aktuellsten Zahlen und Erkenntnisse angezeigt und dargestellt werden. Sofern das Unternehmen keine explizite Software einsetzt, lässt sich ein Dashboard auch mit klassischen Kalkulationsprogrammen (z. B. Excel) erstellen.

Definition

Business Intelligence (kurz: BI) fasst aus verschiedenen Zahlen, Daten und Fakten – die aus verschiedenen Quellen und Prozessen generiert werden – verwertbare Informationen zusammen.

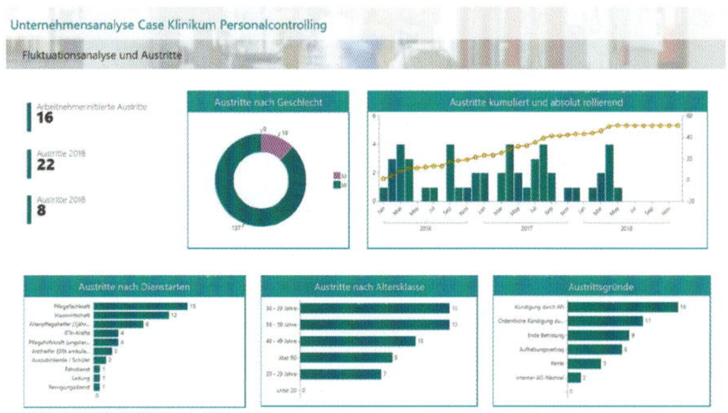

In diesem Beispiel wird die BI deutlich, indem einige Erkenntnisse aus dem Bereich des Personalcontrollings abgebildet werden. Der Controller kann umgehend Bericht erstatten.

Wenn das Dashboard in Excel angelegt wird, können verschiedene Diagramme (siehe dazu auch das nächste Kapitel) von Vorteil sein. Auch das sog. **Ampel-System** lässt sich integrieren, welches nicht nur in der Corona-Pandemie für Städte in Bezug auf Inzidenzwerte interessant ist, sondern auch für den Controller in einem Groß- und Außenhandelsunternehmen. So lässt sich analog zu einer Ampel aus dem Straßenverkehr innerhalb des Berichts mit den bekannten **Signalfarben** deutlich machen, ob eine zuvor aufgestellte Planung im Soll ist oder nicht. Vorteil: Der Betrachter kann die Zahlen schneller interpretieren.

Controlling-Ampel
Wenn im Controlling mit den Ampelfarben gearbeitet wird, muss vorher zwischen den entsprechenden Organisationseinheiten abgeklärt werden, ab welchen Werten welche Farbe gilt.

Beispiel

Der Controller der Ehlers & Gehrenberg KG vergleicht mithilfe des Soll-Ist-Vergleichs die geplanten und die tatsächlich eingetretenen Umsatzzahlen (Steigerungswerte) in Q1 für die Warengruppen „Sportbekleidung“, „Funktionskleidung“ und „Arbeitskleidung“.

Im Vorfeld der Planung wurden folgende Wertgrenzen festgelegt:

Grün	Abweichung bis -3 % Die Umsatzzahlen liegen im geplanten Bereich und sind unkritisch. Es sind keine Maßnahmen erforderlich.
Gelb	Abweichung bis -6 % Die Umsatzzahlen liegen nicht mehr im Grenzbereich. Gründe für die Abweichungen benennen. Kurzfristige Prognosen für den weiteren Verlauf aufstellen. Erforderliche Maßnahmen sind zügig vorzuschlagen.
Rot	Abweichung über -6 % Die Umsatzzahlen liegen weit entfernt von den geplanten Daten. Das anvisierte Jahresziel ist gefährdet. Erforderliche Maßnahmen sind umgehend vorzuschlagen.

Der Controller kann nun unter Zuhilfenahme eines Kalkulationsprogramms die entsprechenden Werte darstellen und mit der entsprechenden Ampelfarbe visuell hervorheben. Die Vorgehensweise wird im anknüpfenden Kapitel dargestellt.

Auszug aus der Umsatzentwicklung mit Ampelsystem

Anlage 1
Umsatzentwicklung der Lagergeschäfte Q1 im Jahr 2021
Auszug Warengruppen

Warengruppe	Ist	Soll	Abweichung
Sportbekleidung	3 %	10 %	● (rot) -7 %
Funktionskleidung	13 %	15 %	● (grün) -2 %
Arbeitskleidung	8 %	12 %	● (gelb) -4 %

In dem Bericht sollte der Controller – mitunter in Zusammenarbeit mit den entsprechenden Organisationseinheiten – zügige („Arbeitskleidung") und umgehende („Sportbekleidung") Maßnahmen vorschlagen, um die Erfolgssituation des Unternehmens zu verbessern. Dazu sind neben dem Einbezug des Soll-Ist-Vergleiches weitere Analysen denkbar, die wiederum ebenfalls Eingang in den Bericht finden können.

Analyseschwerpunkte und Maßnahmen, um die Erfolgssituation zu verbessern

- Marketingmaßnahmen der Warengruppen überprüfen und ggf. erweitern.
- Preispolitik der Warengruppen überprüfen.
- Welche Produkte sind für die negative Umsatzentwicklung verantwortlich? → ggf. Produktelimination.
- Können umsatzstarke Produkte in der Warengruppe identifiziert werden, die im negativen Gesamtkontext untergehen? → ggf. zusätzliche Maßnahmen einleiten.
- Ausdifferenzierung zwischen dem stationären und dem Online-Geschäft.
- Usability im Bestellprozess überprüfen und möglichen Zusammenhang herstellen.
- Kennzahlen zur Benutzerfreundlichkeit des Webshops im Bereich der Warengruppen überprüfen.
- (...)

Zusammenfassung

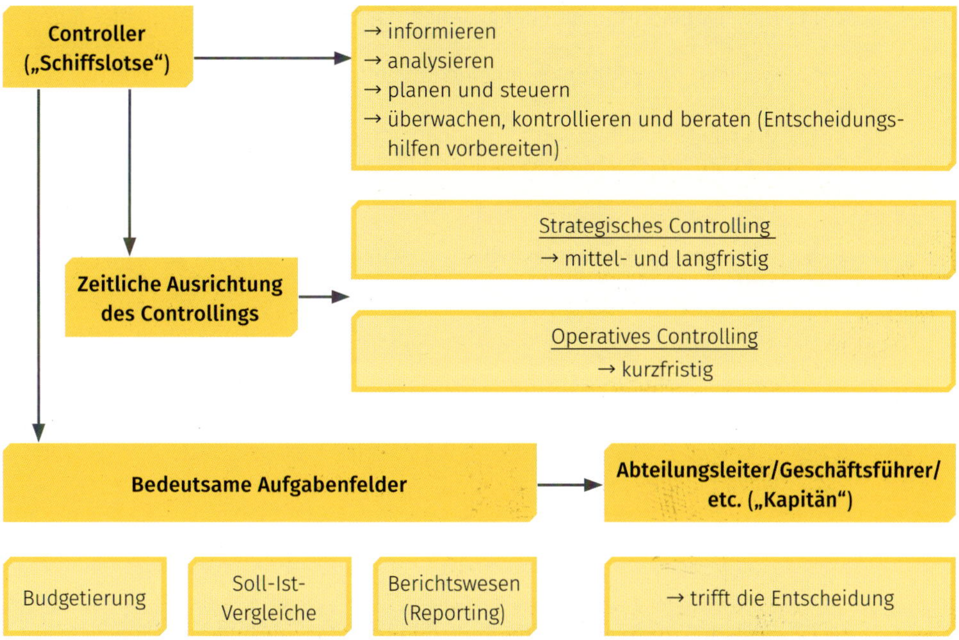

Aufgaben

1. Erklären Sie den inhaltlichen Vergleich zwischen einem Schiffslotsen und einem Controlling-Mitarbeiter.

2. Erklären Sie die allgemeinen Kernaufgaben eines Controllers.

3. Nehmen Sie kurz Stellung zu der folgenden Aussage: *Die Arbeit eines Controllers ist ein in sich abgeschlossener Prozess.*

4. Sie haben während Ihrer bisherigen Ausbildungszeit Ihre kommunikativen Kompetenzen erweitert. Weshalb sind diese Kompetenzen auch für Mitarbeiterinnen und Mitarbeiter einer Controlling-Abteilung von Bedeutung?

5. Benennen Sie denkbare Controlling-Schwerpunkte innerhalb der Ehlers & Gehrenberg KG.

6. Welche Tätigkeiten haben Sie in Ihrem Ausbildungsbetrieb mit Blick auf Controlling kennengelernt?

7. Skizzieren Sie den Unterschied zwischen dem strategischen und dem operativen Controlling.

8. Benennen Sie beispielhafte Hilfestellungen innerhalb des strategischen Controllings.

9. Benennen Sie beispielhafte Hilfestellungen innerhalb des operativen Controllings.

10. Definieren Sie den Budget-Begriff.

11. In welchem Zusammenhang stehen das Budget und die Budgetierung?

12. Wann ist der Zeitpunkt, um eine Budgetierung vorzunehmen?

13. Die Ehlers & Gehrenberg KG möchte möglichst immer die aktuellsten Einflüsse in die Planung des Budgets einfließen lassen. Welche Vorgehensweise würden Sie den Mitarbeiterinnen und Mitarbeitern empfehlen?

14. Erklären Sie den Unterschied zwischen der Top-down-Budgetierung und der Bottom-up-Budgetierung.

15. Skizzieren Sie das Gegenstromverfahren im Rahmen der Budgetplanung.

16. Beschreiben Sie mindestens zwei Funktionen, die durch eine kluge Budgetierung erfolgen.

17. Wozu dient ein Soll-Ist-Vergleich?

18. Welche Funktion übernimmt ein Controller beim Ablauf eines Soll-Ist-Vergleiches?

19. Recherchieren Sie mithilfe Ihres Smartphones (negative) Beispiele, bei denen bestimmte Soll-Werte stark von den eingetretenen Ist-Werten abweichen. Im Idealfall finden Sie ein Beispiel aus der Branche des Groß- und Außenhandelsmanagements.

20. Welche Funktion übernimmt das Berichtswesen/das Reporting im Kontext des Controllings?

21. Stellen Sie sich vor, Sie müssen Ihren ersten Controlling-Bericht erstellen. Wie gehen Sie grundsätzlich vor?

22. Welchen Vorteil hat der Einsatz einer sog. Controlling-Ampel bzw. vergleichbarer visueller Ansätze?

23. Annahme: Im Controlling-Bericht wurde festgestellt, dass die Ist-Werte einer Warengruppe negativ von den Soll-Werten abweichen. Erläutern Sie – unabhängig von konkreten Zahlen –, welche denkbaren Maßnahmen eingeleitet werden können, um die Erfolgssituation des Unternehmens zu verbessern.

24. Beschreiben Sie Ihre Berührungspunkte mit der Controlling-Abteilung Ihres Ausbildungsbetriebs. Welche Praxiserfahrungen haben Sie bisher gesammelt (Fallbeispiele, digitale Anwendungen, Zusammenspiel zwischen den Organisationseinheiten, ...)?

Hinweise:

- Im Aufgabenbereich des nächsten Kapitels erfolgt eine Auseinandersetzung mit weiteren Controlling-Aufgaben im Kontext von grafischen Auswertungen.
- Die Lernsituation von LF 10, Kap. 6 und 7 wird im nächsten Kapitel zusammengefasst dargestellt, da beide Kapitel inhaltlich miteinander verknüpft sind.

7 Grafische Präsentationen der Auswertungen

Einstiegssituation

Sandra Krollmann hat sich in den vergangenen Tagen bei Herrn Frank, Sachbearbeiter im Rechnungswesen, einen allgemeinen Überblick über die Arbeit eines Controllers verschafft. Neue Begrifflichkeiten rund um das allgemeine Controlling mit seinen Informations- und Steuerungsinstrumenten (Soll-Ist-Vergleich, Budgetierung, Berichtswesen) sind nun kein Neuland mehr.

Daher hat Herr Frank keine Bedenken, dass Sandra ihn bei tagesaktuellen Analysen in seiner Arbeit als Controller unterstützen kann. Der Abteilungsleiter Verkauf, Herr Staub, hat in seiner E-Mail an Herrn Frank (siehe Einstiegssituation im vorherigen Kapitel, S. 113) einen Zwischenbericht zu den Verkaufszahlen im stationären Verkauf im 4. Quartal in Hamburg eingefordert. Diesen Bericht und Analysen zu anderen Projekten möchte Herr Frank in grafisch angemessener Form aufbereiten, mitunter aber auch Auszüge daraus in Präsentationen vorstellen.

Arbeitsaufträge

1. Im vorherigen Kap. 6 wurden auszugsweise einzelne grafische Auswertungen deutlich. Außerdem haben Sie sich in Ihrer bisherigen Ausbildungszeit mit verschiedenen Diagrammarten beschäftigt. Wiederholen Sie in Ihrer Klasse den Nutzen sowie die Vor- und Nachteile dieser grafischen Darstellungsmöglichkeiten.
2. Welche (weiteren) Präsentationsmedien könnten Sie Herrn Frank empfehlen und wie würden Sie Ihre eigene Kompetenz im Umgang mit selbigen einschätzen?

Visuelle Helfer

„Ein Bild sagt mehr als tausend Worte."
(Sprichwort)

Das Sprichwort sagt aus, dass es mitunter ratsam sein kann, seine zu präsentierenden Ergebnisse mit grafischen Elementen zu unterstützen. Der Betrachter kann Bilder/Grafiken kognitiv schneller bearbeiten als reinen Text. Außerdem können schnellere Schlussfolgerungen hergeleitet werden. Ein informativer Text oder vielmehr das Zusammenspiel zwischen Text und Bild/Grafik spielt somit bei nahezu jeder Präsentation eine bedeutsame Rolle. Bezogen auf eine Controlling-Präsentation können ganz unterschiedliche visuelle Helfer hilfreich sein. In diesem Kapitel soll auszugsweise das (bestehende) Wissen um klassische visuelle Helfer reaktiviert werden.

Digitale und analoge visuelle Helfer sind:

- Diagramme und Tabellen
- Ampel-System in Kalkulationsprogrammen
- Dashboard-Auszüge mithilfe von Bildschirmen
- Präsentationsmedien (Flipchart, Smartboard, ...)

Die Kunst ist es, das oder die richtigen Präsentationsmedien zu kombinieren.

Diagramme und Tabellen

Daten und Informationen in Tabellen aufbereiten und daraus Diagramme erstellen

Bei der Darstellung von Zahlen helfen Diagramme, die mit klassischen Kalkulationsprogrammen (z.B. mit Excel) im Handumdrehen erstellt sind. Der Leser des Controlling-Berichtes kann die Zahlen schneller interpretieren.

In der digitalisierten Welt ist es häufig nicht mehr nötig, selbst Tabellen und Diagramme zur Veranschaulichung von Informationen zu erstellen. Die entsprechenden Software-Programme „werfen" die gewünschten Darstellungen automatisiert auf Knopfdruck heraus. Die Folge daraus ist, dass vielen Mitarbeitern die Kompetenz fehlt, aus einem geringen Pool an Informationen selbst eine Darstellung zu erarbeiten. Dies ist immer dann notwendig, wenn die entsprechenden Zahlen, Daten und Fakten nicht digitalisiert vorliegen. Mit wenigen Notizen bzw. Klicks lässt sich jedoch auch selbst schnell und einfach eine Darstellung erarbeiten.

1. Schritt: Vorliegende Informationen in einer Tabelle aufbereiten

Es kommt ganz darauf an, welche Informationen vorliegen, um dann zu entscheiden, wie die Informationen aufbereitet werden sollen. Liegen beispielsweise Jahreszahlen mit entsprechenden Werten vor, könnte die tabellarische Aufbereitung ganz einfach aussehen:

Entwicklung des Umsatzes in den Jahren 2017–2021 Ehlers & Gehrenberg KG	
Geschäftsjahr	Umsatzentwicklung
2017	800.233,01 €
2018	1.120.234,45 €
2019	1.172.788,76 €
2020	1.196.997,00 €
2021	1.223.296,77 €

Sinnvolle Überschriften wählen

Daten chronologisch (zeitlich korrekt) auflisten

2. Schritt: Aus der Tabelle ein Diagramm erstellen

Natürlich lässt sich bereits aus der Tabellendarstellung eine Tendenz ablesen. In der modernen Zeit gehört es jedoch dazu, das Zahlenmaterial auch grafisch darzustellen.

Jetzt ist es notwendig, einen geeigneten Diagrammtyp auszuwählen. Folgende Diagrammtypen gibt es u.a.:

- Kreisdiagramm: Mit einem solchen Diagramm wird das Ganze dargestellt, aber auch seine einzelnen Teile. Die Gesamtmenge entspricht dabei 100%. Bildlich lässt sich dazu eine Torte vorstellen, die in einzelne Stücke geteilt wird.

- Kurven-/Liniendiagramm: Mit einem solchen Diagramm lassen sich Entwicklungen oder Verläufe innerhalb eines bestimmten Zeitraumes darstellen. Dieses Diagramm ist meist dann interessant, wenn man mehrere Entwicklungen nebeneinander darstellen möchte.

- Säulendiagramm: Mit einem solchen Diagramm lassen sich verschiedene Größen miteinander vergleichen. Eine zeitliche Entwicklung lässt sich hiermit ebenfalls darstellen.

Für das o.a. Beispiel entscheiden wir uns für ein Säulendiagramm. Wir können die Darstellung digital (z.B. mit einem Tabellenkalkulationsprogramm wie MS Excel) vornehmen:

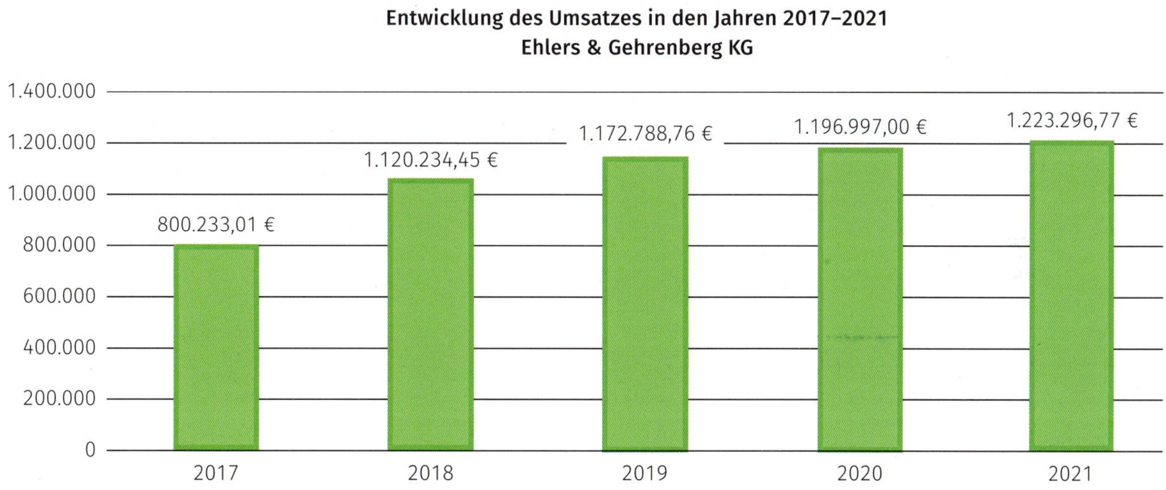

Auch **Soll-Ist-Vergleiche** lassen sich auf verschiedene Art und Weise mit Diagrammen in Excel visualisieren.

Soll-Ist-Vergleich mithilfe eines Säulendiagramms

Warengruppe: Haushaltswäsche	Verkäufe bzw. %
Verkauf in 2020 (absolute Zahlen)	2350
Ziel: 2% Steigerung für das Jahr 2021	47
Zielgröße Verkauf in 2021 (Soll)	2397
Zielgröße Verkauf in 2021 (Ist)	2433
Positive Abweichung (absolut)	36
Steigerungsrate (Ist)	3,53%

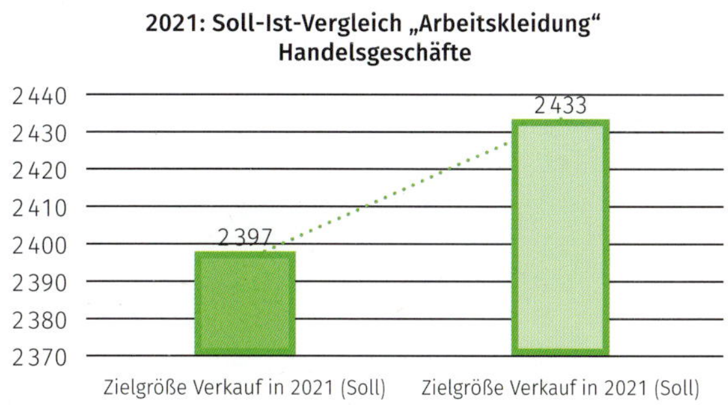

In der Warengruppe „Arbeitskleidung" ist es das Ziel, eine Steigerung der Handelsgeschäfte um 2% zu erreichen (im Vergleich zum Vorjahr).
Um diese Zielgröße zu erreichen, müssten 47 Handelsgeschäfte mehr erzielt werden. Es wurden im Jahr 2021 sogar 83 Handelsgeschäfte mehr erzielt. Dies entspricht einer Steigerungsrate von 3,53%. Das Ziel wurde somit übertroffen. Da in dieser Gegenüberstellung jedoch nicht konkret aufgelistet ist, welche Produkte innerhalb der Warengruppe „Arbeitskleidung" für die Steigerung verantwortlich sind, ist eine weitere Differenzierung sinnvoll, um die richtigen Rückschlüsse aus den Zahlen zu ziehen.

Soll-Ist-Vergleich mithilfe eines Liniendiagramms

Steigerung der Lagergeschäfte Fashion Herren 2021		
Zeit	Soll	Ist
Q1	10 %	3 %
Q2	10 %	5 %
Q3	10 %	7 %
Q4	10 %	10 %

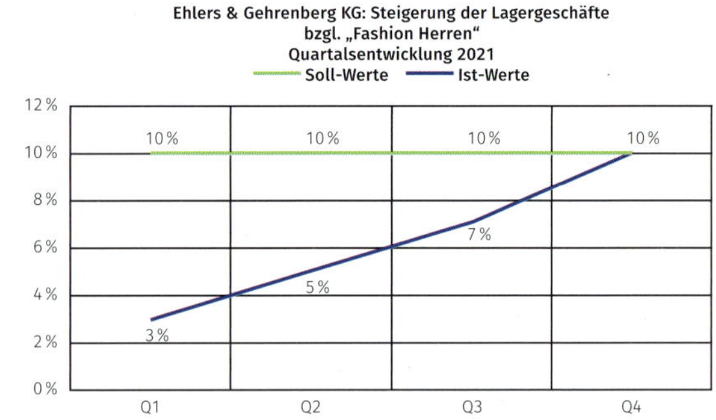

In der Warengruppe „Fashion Herren" ist es das Ziel, eine dauerhafte Steigerung der Lagergeschäfte um 10 % zu erreichen (im Vergleich zum Vorjahr). Dieses Ziel wurde erst in Q4 erreicht. Es ist die positive Tendenz abzulesen, dass eine Entwicklung stattgefunden hat. Es kann davon ausgegangen werden, dass die Lagerschäfte in diesem Segment weiter steigen. Es wird empfohlen, die Ziele für das neue Geschäftsjahr entsprechend anzupassen.

Budgetausgaben mithilfe eines fallenden Liniendiagramms

Projekt: Verbesserung Liefertransport		
Budget	28.000 €	
Zeitpunkt	Soll	Ist
Beginn Projekt	28.000 €	28.000 €
Ende Q1 (Restbudget)	25.000 €	25.000 €
Ende Q2 (Restbudget)	19.000 €	14.000 €
Ende Q3 (Restbudget)	11.000 €	
Ende Q4 (Restbudget)	0 €	

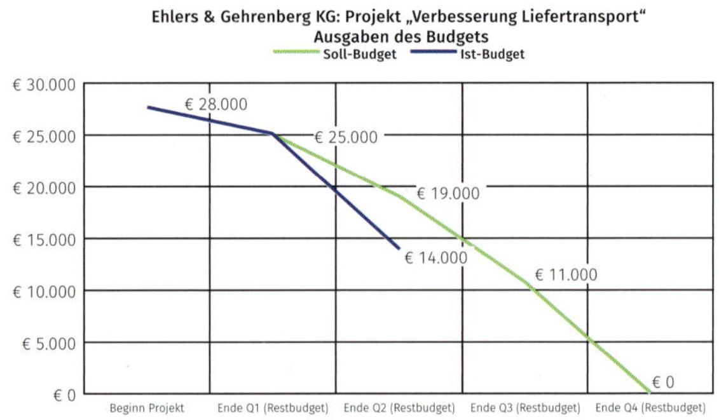

Es werden die Budgetausgaben des Projekts „Verbesserung Liefertransport" dargestellt. Zum **gegenwärtigen Zeitpunkt** (Q2) ist anzumahnen, dass das anvisierte Teil-Budget in Q1 vollumfänglich ausgenutzt wurde und in Q2 bereits eine deutliche Abweichung (Mehrkosten in Höhe von 5.000,00 €) entstanden ist. Wenn keine zusätzlichen Finanzmittel bereitstehen, können die geplanten Ausgaben in Q3 und Q4 nicht mehr eingehalten werden, da das restliche Gesamtbudget nur noch 14.000,00 € aufweist.

Ampel-System in Kalkulationsprogrammen

Mit Kalkulationsprogrammen lassen sich nicht nur im Handumdrehen Diagramme erstellen, sondern auch weitere grafische Hervorhebungen, die später auszugsweise in einer Controlling-Präsentation unterstützend eingesetzt werden können. Im vorherigen Kapitel (vgl. S. 128) wurde bereits das Ampel-System inhaltlich vorgestellt.

Mit Excel ein Ampel-System anlegen
1. Schritt: Ampel-Werte festlegen bzw. aus einer Vorgabe ablesen.
2. Schritt: Tabelle mit Daten anlegen (z. B. Soll und Ist-Wert zur Umsatzentwicklung verschiedener Warengruppen).
3. Schritt: Anlegen einer Spalte, in der die prozentuale Abweichung ermittelt wird.
4. Schritt: Die Spalte mit den Abweichungswerten markieren und über die Excel-Funktion „Bedingte Formatierung" ein automatisiertes Ampelsystem anlegen.
5. Schritt: Werte interpretieren

Ampel-System anlegen I

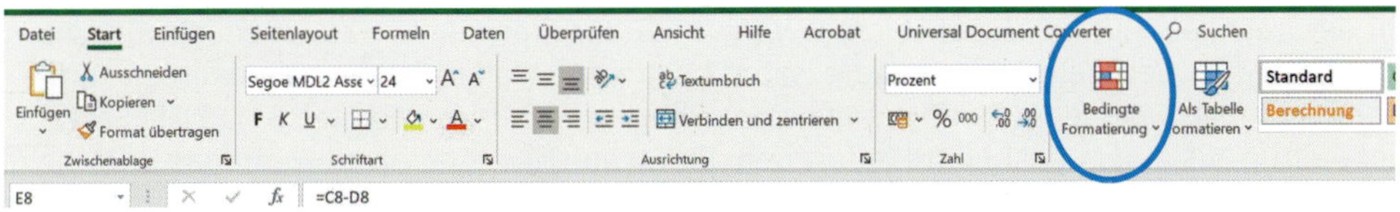

■ Nachdem die entsprechenden Abweichungswerte in der Tabelle markiert wurden, lässt sich über die Funktion „Bedingte Formatierung" entweder eine komplett neue Regel erstellen oder eine bestehende verändern.

Ampel-System anlegen II

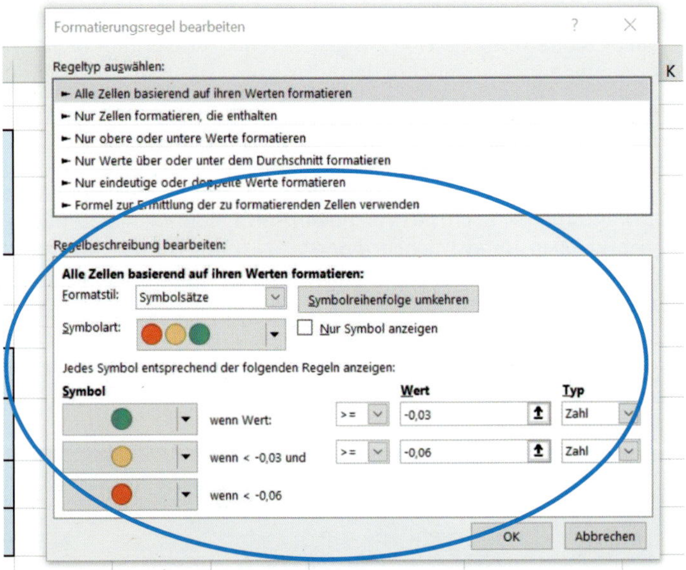

■ In diesem Beispiel wird eine bestehende Formatierungsregel angezeigt (Beispiel aus dem vorherigen Kapitel, S. 128).

Ampel-System anlegen III

Anlage 1
Umsatzentwicklung der Lagergeschäfte Q1 im Jahr 2021
Auszug Warengruppen

Warengruppe	Ist	Soll	Abweichung
Sportbekleidung	3 %	10 %	-7 %
Funktionskleidung	13 %	15 %	-2 %
Arbeitskleidung	8 %	12 %	-4 %

■ Das Ampel-System ist angelegt und spiegelt bei den Werten die entsprechende Signalfarbe wider. So müssten in der Warengruppe „Herrenbekleidung" erforderliche Maßnahmen erarbeitet werden. Der Betrachter der Präsentation erkennt die Dringlichkeit umgehend.

Dashboard-Auszüge mithilfe von Bildschirmen

In der heutigen Zeit ist es ein Leichtes, innerhalb der Präsentation zu einem gewünschten Dashboard zu wechseln, um den Adressaten bestimmte Werte grafisch angemessen zu präsentieren (vgl. Dashboard zum Personalcontrolling im vorherigen Kapitel, S. 127). Ein aktueller Auszug aus einem Dashboard liefert dem Betrachter Live-Charakter. Wenn das Unternehmen mit einer entsprechenden Software arbeitet, werden die grafischen Auswertungen automatisiert geliefert. Im Idealfall können die bedeutsamsten Zahlen permanent auf einem zweiten Großbildschirm visualisiert werden. Ein Dashboard lässt sich auch mithilfe von Kalkulationsprogrammen (z. B. Excel) erstellen.

Präsentationsmedien

Ob Diagramme, Kalkulationstabellen, Ampel-Darstellungen, Dashboard-Auszüge oder andere Darstellungen – das Gesamtpaket sollte mithilfe eines angemessenen Präsentationsmediums zusammengefasst werden. Möglicherweise möchte der Adressat – neben dem erstellten Bericht (vgl. im vorherigen Kapitel den Abschnitt „Berichtswesen") – eine Präsentation erhalten. Der erstellte Bericht mit seinen Ergebnissen und Erkenntnissen lässt sich mithilfe einer geeigneten Präsentationssoftware anschaulich darstellen.

Die klassische Präsentationsanwendung ist nach wie vor **PowerPoint**. Grundzüge zu dieser Präsentationssoftware wurden bereits in Band I beschrieben.[1] Zu Übungszwecken können darüber hinaus auch alternative Präsentationsanwendungen – wie z. B. die webbasierte Anwendung Adobe Spark – zum Einsatz kommen. Bei webbasierten Präsentationsmedien sollte immer der **Datenschutz** im Auge behalten werden, da gerade im Controlling mitunter mit sensiblen Daten hantiert wird. Webbasierte Präsentations-Anwendungen dürften im Alltag eines Controllers daher nur eine untergeordnete Rolle spielen.

Die fertige Präsentation lässt sich sodann mithilfe eines Bildschirms vortragen. Neben den digitalen Medien finden in der heutigen Präsentationslandschaft auch immer noch die analogen Helfer ihre Daseinsberechtigung. Je nach Präsentationsvorhaben kann es sogar sehr sinnvoll sein, digitale und analoge Präsentationshelfer zu kombinieren. Beispielsweise kann mit Hilfe eines **Flipcharts** oder eines **Whiteboards** auf ganz besondere Ergebnisse oder Erkenntnisse hingewiesen werden, indem diese „live" während der Präsentation aufgeschrieben werden. Dadurch kann ein neuer Fokus beim Adressatenkreis gesetzt werden.

---

1 Für die Auffrischung der eigenen Kompetenzen im Umgang mit PowerPoint lassen sich die Ausführungen in Ihrem Schulbuch Band 1, Lernfeld 1 zum Umgang mit Powerpoint wiederholen.

Exkurs: Kommunikative Kompetenzen

Die grafische Präsentation steht in diesem Kapitel im Vordergrund. Bei der Präsentation selbst sind darüber hinaus auch kommunikative Kompetenzen gefragt.

Kommunikative Kompetenzen

- Rhetorik und Ausdruck
- Nonverbale Kommunikation (Gestik, Mimik, Haltung, Position im Raum, ...)
- Paraverbale Kommunikation (Tonlage)
- Eine sichere Kommunikation gelingt durch ein ausgeprägtes Fachwissen („Ich weiß, wovon ich spreche")
- (...)

Zusammenfassung

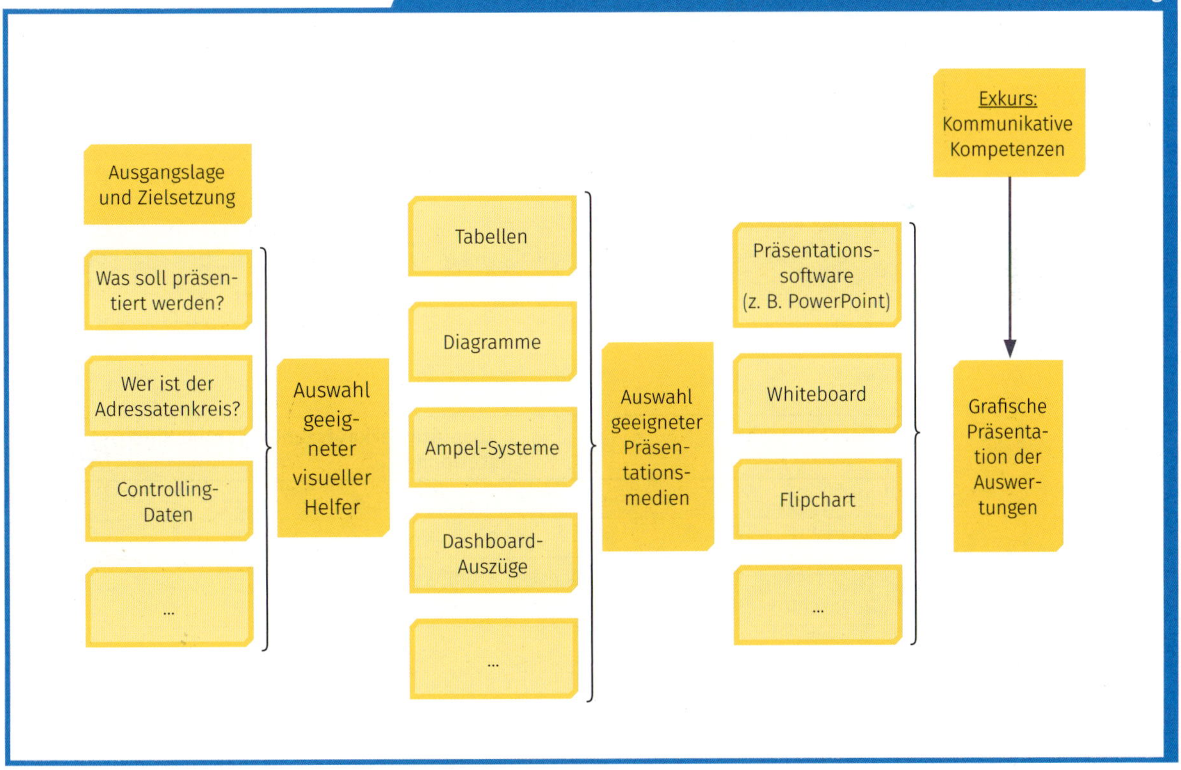

Aufgaben

1. Benennen und erklären Sie beispielhafte visuelle Helfer, die Sie bei einer Präsentation einsetzen können.

2. Die Controlling-Abteilung wünscht sich eine tabellarische und grafische Aufbereitung der Entwicklung des Anlagevermögens für die letzten fünf Jahre. Erstellen Sie eine sinnvolle Tabelle sowie geeignete Diagramme zur Veranschaulichung. Folgende Daten können Sie aus den Schlussbilanzen entnehmen:
   - 2017: Grundstücke: 190.000,00 €, Gebäude: 277.230,00 €, Kassenbestand: 2.300,00 €, Waren: 339.239,00 €, BGA: 12.233,00 €
   - 2018: Grundstücke: 195.000,00 €, Gebäude: 277.230,00 €, Kassenbestand: 1.900,00 €, Waren: 439.239,00 €, BGA: 17.783,00 €
   - 2019: Grundstücke: 220.000,00 €, Gebäude: 299.740,00 €, Kassenbestand: 4.700,00 €, Waren: 445.177,00 €, BGA: 39.209,00 €
   - 2020: Grundstücke: 220.000,00 €, Gebäude: 299.740,00 €, Kassenbestand: 3.660,00 €, Waren: 440.215,00 €, BGA: 44.801,00 €
   - 2021: Grundstücke: 398.000,00 €, Gebäude: 340.220,00 €, Kassenbestand: 4.996,00 €, Waren: 460.479,00 €, BGA: 70.102,00 €

3. Für die Warengruppen „Funktionskleidung" (+3 %) sowie „Sportbekleidung" (+2 %) wurde zu Beginn des Jahres eine entsprechende Umsatzsteigerung als Jahresziel ausgegeben. Die aktuellen Ist-Werte betragen zum Ende des 3. Quartals des laufenden Geschäftsjahres im Bereich der Sport- und Freizeitbekleidung +0,5 % und im Bereich der Sportartikel +1,5 %. Erstellen Sie mithilfe eines Tabellenkalkulationsprogramms (z. B. Excel) eine Gegenüberstellung mit einem Ampelsystem. Es wurden folgende Werte zu Beginn des Jahres vereinbart:
   - Grün: Abweichung beträgt weniger als – 0,7 %
   - Gelb: Abweichung beträgt weniger als – 1,0 %
   - Rot: Abweichung über – 1,0 %

4. Für das Geschäftsjahr 2020 sowie das laufende Geschäftsjahr 2021 wurde für die Warengruppe „Pflanzenschutzmittel" das Marketing-Budget um 10 % angehoben. Ziel ist es, die allgemeinen Verkaufszahlen in dieser Warengruppe „anzuheizen" (= dauerhafte Steigerung der Verkaufszahlen um 5 %; jeweils ausgehend von den tatsächlichen Werten des letzten Geschäftsjahres). Ihnen liegen die folgenden Zahlen vor:

Geschäftsjahr	**Absolute Verkaufszahlen (online und stationär)**
2019	8 000 Produkte
2020	8 140 Produkte
2021 (Stand: 4. Quartal noch nicht abgeschlossen)	8 596 Produkte

   a) Erstellen Sie mithilfe eines Kalkulationsprogramms (z. B. Excel) aus den vorliegenden Daten kompakte Soll-Ist-Vergleiche sowie weitere aus Ihrer Sicht passende grafische Aufbereitungen.
   Übertragen Sie dazu zunächst die vorliegenden Daten in eine Tabelle. Anknüpfend erstellen Sie eine zweite und dritte Tabelle mit den folgenden Ergebnissen für das jeweilige Geschäftsjahr:
   - 5-%-Steigerung das Jahr
   - Zielgröße Verkauf für das Jahr (Soll)

- Zielgröße Verkauf für das Jahr (Ist)
- Abweichung (absolut)
- Steigerungsrate (Ist)

Nachdem Sie passende Grafiken erstellt haben, interpretieren Sie die Ergebnisse schriftlich. Formulieren Sie zudem eine Erläuterung, ob das Marketing-Budget für die Jahre 2020 sowie 2021 die erwünschte Wirkung erzielt/erzielt hat. Auf ein Ampelsystem kann verzichtet werden.

b) Es ist noch offen, mit welchem Marketingbudget die Warengruppe „Pflanzenschutzmittel" im Jahr 2022 unterstützt werden soll. Geben Sie hierzu ebenfalls eine Handlungsempfehlung ab bzw. geben Sie an, welche weiteren Zahlen Sie hierzu möglicherweise noch analysieren müssten.

5. Um die Beziehungen zu den internationalen Partnern zu verbessern, hat die Ehlers & Gehrenberg KG im abgelaufenen Geschäftsjahr das Projekt „Verbesserung Internationale Beziehungen" ins Leben gerufen. Erstellen Sie aufgrund der vorliegenden Daten ein fallendes Liniendiagramm und interpretieren Sie das Ergebnis.

Projekt: Verbesserung Internationale Beziehungen		
Gesamtbudget		**14.000,00 €**
Zeitpunkt	**Soll**	**Ist**
Beginn Projekt	14.000,00 €	14.000,00 €
Ende Q1 (Restbudget)	10.000,00 €	12.125,00 €
Ende Q2 (Restbudget)	7.000,00 €	8.590,00 €
Ende Q3 (Restbudget)	3.000,00 €	6.780,00 €
Ende Q4 (Restbudget)	0,00 €	2.225,00 €

6. In der Einstiegssituation des vorherigen Kapitels wurde Herr Frank von Herrn Staub aufgefordert, einen Zwischenbericht zu den Auswirkungen der Corona-Pandemie auf das Lagergeschäft der Ehlers & Gehrenberg KG in Hamburg zu erstellen. Dabei sollte insbesondere das 4. Quartal des vergangenen Jahres in den Blick genommen werden.
Neben vielen weiteren Analysen soll u.a. die Umsatzentwicklung in den verschiedenen Warengruppen der Handelsgeschäfte betrachtet werden.
Auszugsweises Datenmaterial

- **Fashion Herren**: Die Umsätze im laufenden Geschäftsjahr (2020) betrugen für die Handelsgeschäfte im 1. Quartal 17.000,00 €, im 2. Quartal 15.000,00 €, im 3. Quartal 10.000,00 € und im 4. Quartal 9.000,00 €. Der Gesamtumsatz des Geschäftsjahres 2019 betrug in dieser Warengruppe 60.000,00 €. Für das Jahr 2020 wurde eine Umsatzsteigerung von 2 % angestrebt.

- **Fashion Damen:** Die Umsätze im laufenden Geschäftsjahr (2020) betrugen für die Handelsgeschäfte im 1. Quartal 19.500,00 €, im 2. Quartal 18.000,00 €, im 3. Quartal 11.000,00 € und im 4. Quartal 9.500,00 €. Der Gesamtumsatz des Geschäftsjahres 2019 betrug in dieser Warengruppe 70.200,00. Für das Jahr 2020 wurde eine Umsatzsteigerung von 2 % angestrebt.

- **Fashion Kinder:** Die Umsätze im laufenden Geschäftsjahr (2020) betrugen für die Handelsgeschäfte im 1. Quartal 9.500,00 €, im 2. Quartal 9.800,00 €, im 3. Quartal 8.000,00 € und im 4. Quartal 7.700,00 €. Der Gesamtumsatz des Geschäftsjahres 2019 betrug in dieser Warengruppe 33.480,00 €. Für das Jahr 2020 wurde eine Umsatzsteigerung von 1,5 % angestrebt.

Unterstützen Sie Herrn Frank, indem Sie

a) die vorliegenden Daten erfassen und analysieren
b) die vorliegenden Daten in geeignete grafische Auswertungen umwandeln
c) einen kompakten Bericht (Report) über die Umsatzentwicklung verfassen
d) auf Grundlage des Berichts eine kurze geeignete Präsentation erstellen

Hinweise

Sie können die unterschiedlichen Warengruppen in Ihrer Klasse aufteilen oder jeder analysiert alles.
Simulieren Sie in Ihrer Klasse anschließend ein Meeting zwischen Herrn Frank und Herrn Staub. Es können auch weitere fiktive Mitarbeiterinnen und Mitarbeiter an diesem Meeting teilnehmen und Fragen stellen.
Trainieren Sie bei der Präsentation auch ihre eigenen kommunikativen Kompetenzen.
Die Beobachter des Meetings sollten sich für ein anknüpfendes konstruktives Feedbackgespräch Notizen zu den folgenden Schwerpunkten machen: Aufbau und Gliederung, grafische Umsetzung, Bezug zum Berichtswesen, Kernaussagen, kommunikative Kompetenzen, Umgang mit Fragen, ...

Lernsituation zu Kapitel 6 und 7

Allan Stevenson blickt seit heute Herrn Frank (Sachbearbeiter im Rechnungswesen mit dem Schwerpunkt Controlling) über die Schulter. Herr Frank berichtet Allan, dass er gerade an einem internen Auftrag (von einem Abteilungsleiter im Marketing-Bereich) arbeitet. Diesbezüglich erhält Allan von Herrn Frank eine E-Mail mit einem Auszug von verschiedenen Daten. Allan soll diese Daten grafisch aufbereiten, interpretieren und einen kurzen Bericht formulieren, um so die Arbeit eines Controllers nachvollziehen zu können.

Hallo Allan,

wie besprochen:

- Projektname: Onlinemarketing-Kampagne GreenDeal
- Die Kampagne läuft im aktuellen Geschäftsjahr. Wir befinden uns aktuell im 3. Quartal.
- Gesamtbudget: 9.500,00 €
- Am Ende des 1. Quartals sollten vom Gesamtbudget noch 7.275,00 € übrig sein (tatsächlich waren noch 9.500,00 € übrig).
- Am Ende des 2. Quartals sollten vom Gesamtbudget noch 3.570,00 € übrig sein (tatsächlich waren noch 3.978,00 € übrig).
- Am Ende des 3. Quartals sollten vom Gesamtbudget noch 1.896,00 € übrig sein (das Quartal läuft noch).
- Am Ende des 4. Quartals darf das Gesamtbudget aufgebraucht sein.

Starten Sie direkt mit der Umsetzung – getreu dem Motto „learning-by-doing".

Beste Grüße

T. Frank

Sachbearbeiter Rechnungswesen

Ehlers & Gehrenberg KG

Ehlers & Gehrenberg KG

Am Sandtorkai 24; 20457 Hamburg

Telefon: 030/750 610 - 0

www.ehlers-wvd.de

1. Welche grundsätzlichen Fragen dürfte sich Allan in Bezug auf den Schwerpunkt „Controlling" und die grafische Umsetzung stellen und welche Arbeitsschritte sollte er bzgl. des Arbeitsauftrages von Herrn Frank beachten?
2. In der E-Mail wird von einem Gesamtbudget gesprochen. Erklären Sie, welcher Prozess innerhalb der Ehlers & Gehrenberg KG notwendig war, um die Höhe des Budgets festzulegen.
3. Vervollständigen Sie den vorliegenden Satz: Die Ergebnisverantwortung in Bezug auf die Onlinemarketingkampagne „GreenDeal" trägt ...
4. Unterstützen Sie Allan Stevenson bei der grafischen Aufbereitung der Daten aus der E-Mail der Lernsituation. Erstellen Sie dazu zunächst eine Tabelle. Anhand der Tabelle erstellen Sie ein passendes Diagramm.
   Hinweis: Sie können das Diagramm händisch oder digital mithilfe eines Kalkulationsprogrammes (z. B. Excel) erstellen.
5. Interpretieren Sie die Ergebnisse (Tabelle und Grafik) aus Aufgabe 4, indem Sie Herrn Frank auf seine E-Mail antworten.

Lernfeld 11: Internationale Warentransporte abwickeln

1 Güterversand mit der Bahn

Einstiegssituation

Ein Paket mit 50 Hemden soll mit der Bahn an einen Kunden der Ehlers & Gehrenberg KG in Genf geschickt werden. Jakob Osterhoff wird von Frau Gehrenberg beauftragt, den Versand zu veranlassen.

Arbeitsauftrag

Stellen Sie fest, mit welcher Versandart der Bahn Jakob Osterhoff das Paket nach Genf transportieren lassen kann.

Ein Güterfrachtzentrum

Güterverkehrsarten

Stückgutverkehr

Einzelstücke, z. B. Kisten, Fässer, Ballen und Pakete, werden als Stückgut versandt. Bahnspediteure verschicken Einzelstücke mehrerer Versender zusammen als Wagenladung (Sammelladung). Sie holen das Stückgut mit Lkws beim Versender ab, kümmern sich um das fachgerechte Beladen am Abfahrtbahnhof und das Ausladen am Zielbahnhof und den Weitertransport direkt zum Empfänger des Stückguts. Dieser Empfangsspediteur liefert die Einzelstücke an die verschiedenen Empfänger weiter.

Um Verpackungs- und Umladekosten zu sparen, können Kleincontainer (Fassungsvermögen 1 m^3–3 m^3), Collicos (= zusammenklappbare Kleinbehälter aus Leichtmetall) oder Paletten (= Transportplatten) von der Eisenbahn gemietet werden.

IC-Kuriergut

Für eilige handliche Sendungen bis 20 kg, die noch am gleichen Tag ihren Empfänger erreichen müssen, bietet die Deutsche Bahn mit ihrem Partner time:matters den ic:kurier-Service an. Beim ic:kurier-Service werden Sendungen deutschlandweit und mehrmals täglich per ICE, IC oder EC versendet. Die Sendungen können bis 20 Minuten vor Abfahrt des ICE, IC oder EC am Startbahnhof abgegeben werden.

Wagenladungsverkehr

Diese Güterverkehrsart wird beim Versand großer Warenmengen gewählt. Sie eignet sich vor allem für Massengüter (Holz, Kohle, Öl, Erze usw.). Die Verladung erfolgt durch den Absender auf Freiladegleisen des Güterbahnhofs oder auf eigenen Anschlussgleisen. Der Wagenladungsverkehr wird von der DB Cargo AG abgewickelt. Versandpapier ist der Frachtbrief.

Wagenladungsverkehre der DB Cargo AG

Einzelwagenverkehr

Im Einzelwagenverkehr werden Versendern, die über einen eigenen Gleisanschluss verfügen, von der DB Cargo AG einzelne Güterwagen zur Verfügung gestellt.

Ganzzugverkehr

Beim Ganzzugverkehr werden beim Versender vollständige Züge in der Regel mit Massengütern beladen. Ganzzüge sind komplette Güterzüge von bis zu 700 m Länge und einer Bruttolast von bis zu 5 400 t. Meist fahren sie direkt vom Gleisanschluss des Versenders zum Gleisanschluss des Empfängers.

Kombinierter Ladungsverkehr

Im kombinierten Ladungsverkehr befördert die Bahn Großcontainer und Straßenfahrzeuge des Güterverkehrs.

Die eine Säule des kombinierten Ladungsverkehrs bildet der **Containerverkehr**. Seine wichtigsten Erscheinungsformen sind der

- **Überseecontainerverkehr** für den seewärtigen Außenhandel mit Behältern, die speziell auf die Bedürfnisse der Hochseeschifffahrt abgestellt sind,
- und der **Binnencontainerverkehr** auf dem Festland mit etwas größeren, auf die Normen europäischer Lademittel abgestellten Behältern.

Die zweite Säule des kombinierten Ladungsverkehrs besteht im Schienentransport von Behältern des Straßenverkehrs sowie ganzer Straßenfahrzeuge zwischen Terminals: Wechselbehälter, Sattelanhänger und komplette Lkws rollen umweltschonend auf speziellen Tragwagen über weite Distanzen per Bahn durch Deutschland und Europa.

Betriebsarten des kombinierten Ladungsverkehrs

Die zwar augenfälligste, aber keineswegs wirtschaftlichste Form des kombinierten Ladungsverkehrs ist die sogenannte „Rollende Landstraße“, der **begleitete Huckepackverkehr**, bei dem der Fahrer seinen Lkw in einem Liegewagen begleitet. Hierbei werden komplette Lastzüge auf spezielle, im Hinblick auf die meisten Tunnelprofile besonders niedrige Wagen verladen.

Ökonomisch und ökologisch sinnvoller als die „Rollende Landstraße“ ist der **unbegleitete Verkehr**, bei dem lediglich die eigentlichen Transportgefäße, also Wechselbehälter, Container- oder Sattelanhänger auf die Schiene gefahren werden. Er ist vorteilhafter, weil in jedem Fall weniger Totlast transportiert wird als bei der „Rollenden Landstraße“, die ja außer dem Transportbehälter auch das Lkw-Fahrgestell, den Motorwagen und den Fahrer befördert.

Der **unbegleitete Verkehr** macht 80 % des Huckepackverkehrs aus, bei Einbeziehung des Containers sogar 90 % des gesamten kombinierten Ladungsverkehrs. Das Verfahren ist denkbar einfach: Der Lkw bringt seine **Ladung** zum Abgangsterminal, wo Container, Wechselbehälter oder Sattelanhänger per Kran vom Straßenfahrzeug auf den Eisenbahntragwagen umgeladen werden. Im Anschluss an den Schienentransport geschieht im Zielterminal dasselbe in umgekehrter Reihenfolge, indem ein anderer Lkw die Ladung wieder übernimmt und sie dem Empfänger auf der Straße zufährt.

Huckepack-Techniken

Unbegleiteter Verkehr

Krantechnik

Kranbare Wechselbehälter

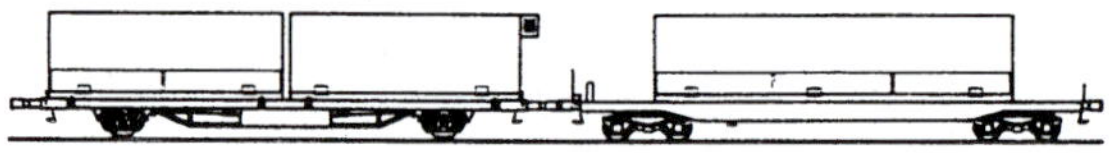

Wechselbehälter werden mit Kran auf Tragwagen verladen.
(Anteil im Inlandverkehr: 74 %,
Anteil im internationalen Verkehr: 46 %)

Kranbare Sattelanhänger

Kranbare Sattelanhänger werden mit Kran auf Taschenwagen verlagen.
(Anteil im Inlandverkehr: 13 %,
Anteil im internationalen Verkehr: 17 %)

Begleiteter Verkehr

Rolltechnik

Lastkraftwagen, Lastkraftwagen mit Anhänger und Sattellastzug

Der Fahrer fährt sein Fahrzeug selbst über eine Kopframpe auf die sehr niedrigen Spezialwagen der „Rollenden Landstraße".
(Anteil im Inlandverkehr: 10 %,
Anteil im internationalen Verkehr: 35 %)

Frachtbrief

Der Eisenbahnfrachtbrief besteht aus vier Teilen:

- Versandblatt (verbleibt beim Versandbahnhof)
- Frachtbriefdoppel (erhält der Absender)
- Empfangsblatt (erhält der Bestimmungsbahnhof)
- Frachtbrief (für den Empfänger; begleitet die Sendung)

Er wird vom Absender ausgefüllt (siehe Muster auf Seite 146).

Inhalte des Frachtbriefs

Der Frachtbrief muss auf jeden Fall folgende Inhalte enthalten:

- die Bezeichnung des Bestimmungsbahnhofs
- den Namen und die Anschrift des Empfängers: Als Empfänger darf nur eine einzelne natürliche Person oder ein anderes Rechtssubjekt angegeben werden.
- die Bezeichnung des Gutes
- die Masse oder eine ähnliche Angabe, die den für den Versandbahnhof geltenden Vorschriften entspricht
- die Anzahl der Frachtstücke und die Art der Verpackung bei Stückgut sowie bei Wagenladungen, die im Eisenbahn-Seeverkehr umgeschlagen werden müssen, unabhängig davon, ob die Ladungen aus einem oder aus mehreren Stücken bestehen

- die Nummer des Wagens, bei Privatwagen außerdem die Eigenmasse, wenn das Verladen der Güter durch den Absender erfolgt
- ein genaues Verzeichnis der durch die Zoll- oder sonstigen Verwaltungsbehörden vorgeschriebenen Papiere, die dem Frachtbrief beigefügt sind oder der Eisenbahn nach Angabe im Frachtbrief bei einem näher bezeichneten Bahnhof, bei einem Zollamt oder bei einer anderen amtlichen Stelle zur Verfügung stehen
- den Namen und die Anschrift des Absenders: Als Absender darf nur eine einzelne natürliche Person oder ein anderes Rechtssubjekt angegeben werden. Wenn es die für den Versandbahnhof geltenden Vorschriften verlangen, muss der Absender seinem Namen und seiner Anschrift handschriftlich, durch Aufdruck oder durch Stempel seine Unterschrift hinzufügen.

Umschlagterminal von der Bahn auf den Lkw

(Vgl. Einheitliche Rechtsvorschriften für den Vertrag über die internationale Eisenbahnbeförderung von Gütern (CIM), Artikel 13.)

Der Frachtbrief beweist, dass der Absender die Sendung zur Beförderung aufgeliefert hat. Der Absender kann noch nachträglich Verfügungen über die aufgegebene Sendung treffen (z. B. zurückrufen oder an einen anderen Empfänger umleiten), wenn er das Frachtbriefdoppel vorlegt. Dieses nachträgliche Verfügungsrecht erlischt, sobald der Empfänger den Frachtbrief angenommen hat oder die Sendung bei ihm abgeliefert worden ist.

Die Erstellung der Frachtpapiere kann durch den Einsatz der EDV rationalisiert werden. Besonders große Unternehmen erstellen die Frachtpapiere mittels EDV und übergeben die Dateien an die Bahn.

Haftung im innerdeutschen Verkehr

Nach § 425 HGB haftet die Bahn – auch ohne Verschulden – für Verlust, Beschädigung und Überschreiten der Lieferfrist (Gefährdungshaftung).

Sie haftet nicht bei:

- Schäden, die durch unabwendbare Ereignisse verursacht wurden
- Schäden, die sich aus der natürlichen Beschaffenheit des Gutes ergeben (z. B. Rost, Verderb, Schwund)
- ungenügender Verpackung durch den Absender
- ungenügender Kennzeichnung der Frachtstücke durch den Absender
- mangelhafter Behandlung, Verladung oder Entladung des Guts durch den Absender oder Empfänger

Für den ganzen oder teilweisen Verlust von Gütern leistet die Bahn Entschädigung nach dem Börsen- oder Marktpreis. Bei Beschädigung richtet sich die Entschädigung nach dem festgestellten Minderwert. Maximal werden 8,33 Sonderziehungsrechte[1] je kg brutto entschädigt.

1 Das Sonderziehungsrecht (SZR) ist eine vom internationalen Währungsfonds geschaffene Recheneinheit: 1 SZR = 1,200211 € (Stand 6. Juli 2021).

1 – 30 A remplir par l'expéditeur / Vom Absender auszufüllen

X Désigner par une croix ce qui convient – Zutreffendes ankreuzen (Cases – Felder 20, 22, 23, 30, 52, 58)

Nonobstant toute clause contraire, le transport des marchandises est soumis aux Règles uniformes CIM. Sont en outre applicables les conditions générales de transport du transporteur. Die Beförderung von Gütern unterliegt auch bei einer gegenteiligen Abmachung den Einheitlichen Rechtsvorschriften CIM. Ausserdem sind die Allgemeinen Beförderungsbedingungen des Beförderers anwendbar.

Sauf convention contraire, l'acheminement des wagons vides est soumis aux Règles uniformes CUV. Sont en outre applicables les conditions contractuelles topiques de l'entreprise de transport ferroviaire. Die Beförderung von Leerwagen unterliegt unter Vorbehalt gegenteiliger Abmachung den Einheitlichen Rechtsvorschriften CUV. Im Übrigen gelten die einschlägigen Vertragsbedingungen des Eisenbahnverkehrsunternehmens.

(30) Lettre de voiture CIM / Frachtbrief CIM ☐ — Lettre wagon CUV / Wagenbrief CUV ☐

(40) (41) (42) (43) (44) (45) (46) (47)

Point – Punkt 6, 7, 8

(1) Expéditeur (nom, adresse) – Absender (Name, Anschrift)
DB Cargo Musterkunde
Rheinstraße 2
55116 Mainz
Signature – Unterschrift: i.A. DB Cargo AG
N° TVA – MWSt.-Nr.: DE 1234567890

(2) 1234566
(3)
E-Mail
Tel. 0190 123456
Fax

(7) Déclarations de l'expéditeur – Erklärungen des Absenders
1 Empfänger nicht verfügungsberechtigt
11 Außergewöhnliche Sendung
BZA 12345 / SNCF 67890

(8) Référence expéditeur – Absender Referenz: 121314

(4) Destinataire (nom, adresse, pays) – Empfänger (Name, Anschrift, Land)
Testkunde in Frankreich
F - 75015 Paris
N° TVA – MWSt.-Nr.

(5) 6543219
(6)
E-Mail
Tel.
Fax

(9) Annexes – Beilagen
Lieferanweisung, Nr. 1111, Anz: 1
Verladeskizze, Anz: 1

(10) Lieu de livraison – Ablieferungsort
Anschlussgleis
Gare – Bahnhof: Paris Tolbiac   Pays – Land: Frankreich

(11)

(12) 8 7 5 4 5 0 0 4

(16) Prise en charge – Übernahme (mois – jour – heure / Monat – Tag – Stunde): 0 8 0 5
Lieu – Ort: Anschlussgleis
Mainz Hbf Deutschland

(17)

(13) Conditions commerciales – Kommerzielle Bedingungen
4 Saarbrücken Grenze

(14) 1 8087017

(18) Wagon N° – Wagen Nr.
31803936123-9
Res
Achsen 4

(19) Parcours – Strecke / par – durch / Facturation transit – Transitfakturierung

(15) Informations pour le destinataire – Vermerke für den Empfänger
Vertrag Nr. 123314 vom 31.01.20..

(20) Paiement des frais – Zahlung der Kosten (y compris – einschliesslich / jusqu'à – bis)
X Franco de port – Franko Fracht
☐ Incoterms

(21) Désignation de la marchandise – Bezeichnung des Gutes
1 Wagen
Wechselgeneratoren mit einer Leistung > 750 kVA

(22) Transport exceptionnel – Aussergewöhnliche Sendung: oui – ja X

(23) RID oui – ja ☐

(24) NHM Code: 850164

(25) Masse: 42000

(26) Déclaration de valeur – Wert des Gutes (Monnaie)

(27) Intérêt à la livraison – Interesse an der Lieferung (Währung)

(28) Remboursement – Nachnahme (Monnaie)

(99) Indications douanières – Zollamtliche Vermerke

(48) Vérification – Überprüfung

par – durch

	(70) Parcours – Strecke	(71)	(72)	(79)
A	8 0	0 1	8 5 0 1 6 4	Frais
	8 7 0 0	(73) EUR	(74) 4 2 0 0 0	
	(75) 8 0 8 7 0 1 7	(76) 5 4 5	(77)	(78)
B	(70) Parcours – Strecke	(71) / (73)	(72) / (74)	(79) Gebühren
	(75)	(76)	(77)	(78)
C	(70) Parcours – Strecke	(71) / (73)	(72) / (74)	(79) Frais
	(75)	(76)	(77)	(78)

(49) Code d'affranchissement – Frankaturcode: 1 0

(50) Itinéraires – Leitungswege
8086-0 RIP: 477 A

(51) Opérations douanières – Zollbehandlung

(52) Bulletin d'affranchissement – Frankaturrechnung: oui – ja ☐ — renvoyé – zurückgesandt — mois – jour / Monat – Tag

(53) Avis d'encaissement N° – Nachnahmebegleitschein Nr. — renvoyé – zurückgesandt — mois – jour / Monat – Tag

(54) Procès-verbal N° – Tatbestandsaufnahme Nr. — établi par – erstellt durch — mois – jour / Monat – Tag

(55) Prolongation du délai de livraison – Lieferfristverlängerung: Code — du – von — au – bis — lieu – Ort

(56) Déclarations du transporteur – Erklärungen des Beförderers
Lastgrenze: 54,0 BBA: 01

(57) Autres transporteurs – Andere Beförderer
Nom, adresse – Name, Anschrift: 0087 SNCF
Parcours – Strecke: 80 25 393-0 - 87 545004
Qualité – Eigenschaft: 1

(58) a) Transporteur contractuel – Vertraglicher Beförderer
2180
DB Cargo AG
80 2005 1201 394 1234
Signature – Unterschrift

(59) Date d'arrivée – Ankunftsdatum
Arrivage N° – Empfangs-Nr.

(60) Mise à disposition – Bereitgestellt (mois – jour – heure / Monat – Tag – Stunde)

(61) Quittance du destinataire – Empfangsbescheinigung

(62) Identification de l'envoi – Sendungs-Identifikation
Pays – Land: 8 0   Gare – Bahnhof: 1 9 0 5 2 0
Entreprise – Unternehmen: 2 1 8 0   Exp. N° – Versand Nr.: 7 7 1 8 0 - 8

b) Procédure simplifiée de transit ferroviaire – Vereinfachtes Eisenbahnversandverfahren: oui – ja ☐
Code principal obligé – Code Hauptverpflichteter

Duplicata – Doppel   4

Date, signature – Datum, Unterschrift

(29) Lieu et date d'établissement – Ort und Datum der Ausstellung
Mainz Hbf 08.05.20..
(KSZ Duisburg)

Bei – gebührenpflichtiger – Angabe des Lieferwerts im Frachtbrief wird der nachgewiesene Schaden bis zur Höhe des angegebenen Lieferwerts ersetzt.

Bei Überschreiten der Lieferfrist leistet die Bahn Ersatz bis zur dreifachen Höhe der Fracht.

Haftung im grenzüberschreitenden Verkehr

Nach dem Internationalen Übereinkommen über den Eisenbahnfrachtverkehr (CIM) haftet die Bahn im grenzüberschreitenden Verkehr ebenfalls nach dem Haftungsgrundsatz der Gefährdungshaftung.

Wichtige Haftungsausschlüsse sind:

- Schäden durch Verschulden des Verfügungsberechtigten
- höhere Gewalt
- Schäden, die sich aus der Beschaffenheit des Gutes ergeben
- mangelhafte Verpackung
- unrichtige Bezeichnung
- mangelhafte Verladung durch den Absender

Bei Verlust oder Beschädigung wird Schadenersatz zurzeit bis maximal 17 Sonderziehungsrechte je kg brutto geleistet.

Beim Überschreiten der Lieferfrist wird der nachgewiesene Schaden bis zur dreifachen Höhe der Fracht ersetzt.

Zusammenfassung

Aufgaben

1. Das Handelshaus Ehlers & Gehrenberg KG will aus seinem Lager in Hamburg Stoffe (Gesamtgewicht 40 kg) an einen Herrenkonfektionär nach Salzburg verschicken.
   a) Welche Versandart sollte das Handelshaus wählen, wenn die Lieferung nicht sehr eilig ist?
   b) Wie sollten die Stoffe verpackt werden?
   c) Welches Versandpapier muss ausgefüllt werden?

2. Welchen Vorteil hat eine Sammelladung gegenüber dem Stückgutversand?

3. Frau Schröder will eine Ware (Gewicht: 4 kg) auf dem schnellsten Wege nach Bremen schicken. Die Ware muss in 2 Stunden in Bremen sein.
   a) Welche Versandart wird sie wählen?
   b) Wo muss sie die Sendung abgeben?

4. Eine Ware soll als IC-Kuriergut versandt werden.
   a) Wo muss die Sendung aufgegeben werden?
   b) Welches Begleitpapier muss der Absender beifügen?

5. Der Absender einer Wagenladung möchte die Sendung an einen anderen Empfänger umleiten. Was muss er tun?

6. In welchen Fällen haftet die Deutsche Bahn AG?
   a) Ein ordnungsgemäß verpacktes Paket wird beim Verladen durch einen Bahnarbeiter beschädigt.
   b) In einer Holzkiste verpackte Gläser werden beim Umladen durch Bahnarbeiter beschädigt. Sie tragen keinen Aufkleber „Glas“.
   c) Ein Güterzug, der leicht verderbliche Waren befördert, bleibt in einer Schneewehe stecken.
   d) Ein als IC-Kuriergut aufgegebenes Päckchen kommt nicht am Zielort an.

2 Güterversand mit Unternehmen des gewerblichen Güterkraftverkehrs

Einstiegssituation

Die Ehlers & Gehrenberg KG will an die folgenden Kunden Waren versenden:

- 500 Jeanshosen an das Kaufhaus Weinert in Leipzig
- 1000 Jeanshosen an die Importhandlung Napiralski in Posnan/Polen

Mit dem Transport der Waren soll das Unternehmen des Güterkraftverkehrs Friedrich, Luisenstraße 46, 20458 Hamburg, beauftragt werden.

Arbeitsauftrag

Sandra Krollmann erhält von Frau Gehrenberg den Auftrag, diese Warentransporte vorzubereiten. Stellen Sie fest, welche Tätigkeiten sie dazu ausführen muss.

Gewerblicher Güterkraftverkehr

Definition

Güterkraftverkehr ist die geschäftsmäßige oder entgeltliche Beförderung von Gütern mit Kraftfahrzeugen, die einschließlich Anhänger ein höheres zulässiges Gesamtgewicht als 3,5 t haben (§ 1 Güterkraftverkehrsgesetz [GüKG]).

Der gewerbliche Güterkraftverkehr ist **erlaubnispflichtig**. Die Erlaubnis erteilt die Behörde, in deren Zuständigkeitsbereich das Unternehmen des gewerblichen Güterkraftverkehrs seinen Sitz hat.

Bedeutung des Frachtbriefs im Straßengüterverkehr

Beim gewerblichen Güterkraftverkehr ist die Ausstellung eines Frachtbriefes nicht zwingend vorgeschrieben. Der Versender muss jedoch einen Frachtbrief ausstellen, wenn es der Frachtführer verlangt. Er ist Unterlage zur Frachtberechnung, zur Prüfung der Fracht, für statistische Zwecke und für den Versicherungsschutz. Der Frachtbrief im Straßengüterverkehr unterscheidet sich in Verwendung, Wirkung und Rechtsnatur im Wesentlichen nicht vom Eisenbahnfrachtbrief.

Frachtbrief für den innerdeutschen Güterfernverkehr

In den Frachtbrief (Abb. siehe S. 150) muss der Absender eintragen:

- Ort und Tag der Ausstellung (22);
- Name und Anschrift des Absenders (1);
- Name und Anschrift des Frachtführers (3);
- Stelle und Tag der Übernahme des Gutes sowie die für die Ablieferung vorgesehene Stelle (6), (8);
- Name und Anschrift des Empfängers und eine etwaige Meldeadresse (2), (4);
- die übliche Bezeichnung der Art des Gutes und die Art der Verpackung, bei gefährlichen Gütern ihre nach den Gefahrgutvorschriften vorgesehene, sonst ihre allgemein anerkannte Bezeichnung (12), (13), (16);
- Anzahl, Zeichen und Nummern der Frachtstücke (10), (11) ;

1 Absender (Name, Anschrift) **Ehlers & Gehrenberg KG** **Am Sandtorkai 24** **20457 Hamburg**	**FRACHTBRIEF** **für den gewerblichen Güterkraftverkehr**
2 Empfänger (Name, Anschrift) **Kaufhaus Weinert** **Hansaplatz 2** **04109 Leipzig**	**3** Frachtführer (Name, Anschrift)
4 Meldeadresse	**5** Nachfolgende Frachtführer (Name, Anschrift)
6 Übernahme des Gutes Versandort **20457 Hamburg** Beladestelle **Am Sandtorkai 24**	**7** Vorbehalte und Bemerkungen der Frachtführer
8 Ablieferung des Gutes Ort **04109 Leipzig** Entladestelle **Hansaplatz 2**	
9 Beigefügte Dokumente	

10 Anzahl der Packstücke	**11** Zeichen und Nummern	**12** Art der Verpackung	**13** Bezeichnung des Gutes	**14** Bruttogewicht in kg	**15** Volumen in m^3
25		Pakete	Jeans, 20 St.	100	

16 Gefahrgut-Klassifikation

UN-Nr. ____ Klasse ____ Ziffer ____ Kleinbuchstabe ____ Nettomasse kg/l GGVS / ADR Tunnelbeschränkungscode ____

Gefahrgut-Bezeichnung

17 Weisungen des Absenders (Zoll- und sonstige amtliche Behandlung des Gutes)

18 Zu zahlen vom:	Absender		Empfänger	
Fracht				
Ermäßigungen				
Zwischensumme				
Zuschläge				
Nebengebühren				
Sonstiges				
Summe netto				
Umsatzsteuer				
Gesamtsumme brutto				

19 Nachnahme:	
20 Frankatur	**unfrei**

21 Besondere Vereinbarungen

22 Ausgefertigt in **Hannover** am **15.06.20..**

Ehlers & Gehrenberg KG
Am Sandtorkai 24
20457 Hamburg

Krollmann

23 Unterschrift und Stempel des Absenders

24 Unterschrift und Stempel des Frachtführers

Gut empfangen am

25 Unterschrift und Stempel des Empfängers

	26 Amtl. Kennzeichen	**27** Nutzlast in kg
Kfz		
Anhänger		

- das Rohgewicht oder die anders angegebene Menge des Gutes (14), (15);
- die vereinbarte Fracht und die bis zur Ablieferung anfallenden Kosten sowie einen Vermerk über die Frachtzahlung (18), (20);
- den Betrag einer bei der Ablieferung des Gutes einzuziehenden Nachnahme (19);
- Weisungen für die Zoll- und sonstige amtliche Behandlung des Gutes (17);
- eine Vereinbarung über die Beförderung in offenem, nicht mit Planen gedecktem Fahrzeug oder auf Deck (21).

Internationaler Frachtbrief (CMR-Frachtbrief)

Für den grenzüberschreitenden Güterfernverkehr muss ein internationaler Frachtbrief (CMR-Frachtbrief) ausgestellt werden. (Muster siehe S. 152).

Haftung im gewerblichen Güterverkehr mit Kraftfahrzeugen

Haftung im innerdeutschen Güterkraftverkehr

Die Haftung im innerdeutschen Güterkraftverkehr ist im Handelsgesetzbuch (§ 425 ff. HGB) und in den Vertragsbedingungen für den Güterkraftverkehrs- und Logistikunternehmer (§ 10 VGBL) geregelt. Haftungsgrundsatz ist (wie bei der Bahn) die **Gefährdungshaftung**, d.h., der Unternehmer des gewerblichen Güterkraftverkehrs **haftet auch ohne Verschulden**.

Er ist von der Haftung befreit, wenn der Schaden zurückzuführen ist auf:

- höhere Gewalt
- ungenügende Verpackung oder Kennzeichnung der Frachtstücke durch den Absender
- fehlerhaftes Behandeln, Verladen oder Entladen des Gutes durch den Absender oder den Empfänger
- die natürliche Beschaffenheit des Gutes, die besonders leicht zu Schäden, insbesondere durch Bruch, Rost, inneren Verderb, Austrocknen, Auslaufen, normalen Schwund führt
- die Beförderung lebender Tiere

Bei vollständigem oder teilweisem Verlust muss der Unternehmer des gewerblichen Kraftverkehrs den Wert des Gutes am Ort und zur Zeit der Übergabe zur Beförderung ersetzen. Bei Beschädigung muss der Unterschied zwischen dem Wert des unbeschädigten Gutes am Ort und zur Zeit der Übernahme und dem Wert, den das beschädigte Gut am gleichen Ort und zur gleichen Zeit gehabt hätte, ersetzt werden.

Bei Verlust oder Beschädigung muss der Unternehmer darüber hinaus die Kosten der Schadensfeststellung tragen.

Seite 1	Exemplar für die Tarifkontrolle	Page 1	Exemplaire pour contrôle tarifaire	Page 1	Copy for tarifcontrol	
Seite 2	Exemplar für den Frachtführer	Page 2	Exemplaire du transporteur	Page 2	Copy for carrier	**Seite / Page 1**
Seite 3	Exemplar für den Empfänger	Page 3	Exemplaire du destinataire	Page 3	Copy for consignee	
Seite 4	Exemplar für den Absender	Page 4	Exemplaire de l'expéditeur	Page 4	Copy for sender	

1 Absender (Name, Anschrift, Land)
Expediteur (nom, adresse, pays)
Sender (name, adress, country)

Ehlers & Gehrenberg KG
Am Sandtorkai 24
D 20457 Hamburg
Deutschland

Internationaler Frachtbrief

Diese Beförderung unterliegt trotz einer gegenteiligen Abmachung den Bestimmungen des Übereinkommens über den Beförderungsvertrag im internationalen Straßengüterverkehr (CMR).

Lettre de voiture international

Ce transport est soumis, nonobstant tout clause contraire, à la Convention relative au contrat de transport international de marchandises par route (CMR).

CMR

N° 1343896177

2 Empfänger (Name, Anschrift, Land)
Destinataire (nom, adresse, pays)
Consignee (name, adress, country)

Import
Napiralski
Dluga Targ 33
P 40-44 Posnan
Polska

16 Frachtführer (Name, Anschrift, Land)
Transporteur (nom, adresse, pays)
Carrier (name, adress, country)

Weitere Angaben des Frachtführers
benutzte Lizenz
Art:
Nr.:
Fahrzeugkennzeichen
Kfz.:
Anhänger:

3 Auslieferungsort des Gutes
Lieu prévu pour la livraison de la marchandise
Place of delivery of the goods

Ort/Lieu/Place	Land/Pays/Country
Posnan	Polska

17 Nachfolgende Frachtführer (Name, Anschrift, Land)
Transporteurs successifs (nom, adresse, pays)
Successive carriers (name, adress, country)

Weitere Angaben des Frachtführers
benutzte Lizenz
Art:
Nr.:
Fahrzeugkennzeichen
Kfz.:
Anhänger:

4 Ort und Tag der Übernahme des Gutes
Lieu et date de la prise en charge de la marchandise
Place and date of taking over the goods

Ort/Lieu/Place	Land/Pays/Country	Datum/Date/Date
Hamburg	Deutschland	02.08.20..

18 Vorbehalte und Bemerkungen der Frachtführer
Réserves et observations des transporteurs
Carriers's reservations and observations

5 Beigefügte Dokumente / Documents annéxes / Annexed Documents
Handelsrechnung
Versicherungsbescheinigung

6 Zeichen und Nummern / Marques et numéros / Marks and Numbers	**7** Anz. Packstücke / Nombre des colis / Number of packages	**8** Art der Verpackung / Mode d'emballage / Method of packing	**9** Bezeichnung des Gutes / Nature de la marchandise / Nature of the goods	**10** Statistiknummer / N° statistique / Statistical number	**11** Bruttogewicht in kg / Poids brut kg / Gross weight in kg	**12** Umfang in m³ / Cubage m³ / Volume in m³
Art.2575	500 Stück Jeanshosen			234575	100	

13 Anweisungen des Absenders (Zoll- und sonstige amtliche Behandlung)
Instructions de l'expéditeur (formalités dounières et autres)
Sender's instrucions (Customs and other formalities)

19 Zu zahlen vom: / A payer par:	Absender: / L'expediteur:	Währung / Monnaie		Empfänger: / Le Destinataire
Fracht / Prix de transport				
Ermäßigungen / Reductions -				
Zwischensumme / Solde				
Zuschläge / Supplements				
Sonstiges / Divers +				
Gesamtsumme / Total a payer				

14 Rückerstattung / Remboursement / Reimboursement

15 Frachtzahlungsanweisungen
Prescription d'affranchissement
Direction as to freight payment

20 Besondere Vereinbarungen
Conventions particulieres
Special agreements

Vorbehalte und Bemerkungen des Empfängers
Reserves et observations du destinataire
Consignees reservations and observations

21 Ausgefertigt in / Etablie a Hannover am / le 02.08.20..

22 Unterschrift und Stempel des Absenders
Signature et timbre de l'expediteur
Signature and Stamp of the Sender

Ehlers & Gehrenberg KG
Am Sandtorkai 24
20457 Hamburg

Krollmann

23 Unterschrift und Stempel des Frachtführers
Signature et timbre du transporteur
Signature and Stamp of the Carrier

24 Datum, Unterschrift und Stempel des Empfängers
Date, Signature et timbre du destinataire
Date, Signature and Stamp of the Consignee

http://www.logistikwiki.de -> Formularcenter -> Online-CMR

Maximal muss er bei Verlust oder Beschädigung Schadenersatz bis zu 8,33 SZR[1] für jedes kg der Sendung leisten.

Bei Überschreiten der Lieferfrist haftet der Unternehmer des Güterkraftverkehrs bis zum dreifachen Betrag der Fracht.

Beispiel

Die Ehlers & Gehrenberg KG hat das Güterkraftverkehrsunternehmen Friedrich mit dem Transport von 500 Jeans an das Warenhaus Weinert in Leipzig beauftragt. Der Bruttowarenwert der 500 Jeans beträgt 15.000,00 € (500 Jeans à 30,00 €/Stück). Das Bruttogewicht beträgt 100 kg. Auf dem Lkw-Transport nach Leipzig werden alle 500 Jeans durch eine auslaufende Flüssigkeit so stark beschädigt, dass sie nicht mehr verwendet werden können. Da die Jeans durch die Beschädigung wertlos geworden sind, beträgt der Schaden 15.000,00 € (Bruttowarenwert der 500 Jeans in Hannover zum Zeitpunkt der Übergabe zur Beförderung an das Güterkraftverkehrsunternehmen Friedrich).
Für diesen Schaden muss das Kraftverkehrsunternehmen Friedrich jedoch nur 8,33 Sonderziehungsrechte (SZR) Schadenersatz pro kg der Sendung leisten. Bei einem Bruttogewicht der Sendung von 100 kg sind das 833 SZR bzw. 999,78 € (bei einem Kurs von 1 SZR = 1,200211 €).

Haftung im grenzüberschreitenden Güterkraftverkehr

Die Haftung im grenzüberschreitenden Güterkraftverkehr wird durch das Übereinkommen über den Beförderungsvertrag im internationalen Straßengüterverkehr (CMR) geregelt. Haftungsgrundsatz ist auch hier die **Gefährdungshaftung**.

Haftungsausschlussgründe sind u. a. Schäden, die entstanden sind durch:

- ein unabwendbares Ereignis
- Verschulden des Verfügungsberechtigten
- besondere Mängel des Gutes
- Fehlen oder Mängel der Verpackung
- Verwendung von offenen Fahrzeugen (sofern vereinbart)
- Behandlung, Beladen oder Verstauen durch Absender oder Empfänger
- natürliche Beschaffenheit der Güter
- ungenügende Bezeichnung

Bei Verlust oder Beschädigung leistet der Frachtführer Ersatz wie beim innerdeutschen Güterkraftverkehr bis zum Höchstbetrag von 8,33 SRZ je kg brutto.

Bei – gebührenpflichtiger – Angabe eines höheren Werts im Frachtbrief wird Ersatz bis zur Höhe des angegebenen Betrags geleistet.

Beim Überschreiten der Lieferfrist wird Entschädigung nur bis zur Höhe der Fracht geleistet.

1 Das Sonderziehungsrecht (SZR) ist eine vom internationalen Währungsfonds geschaffene Recheneinheit: 1 SZR = 1,200211 € (Stand 6. Juli 2021).

Zusammenfassung

Gewerblicher Güterkraftverkehr

= Transport mit Lastkraftwagen selbstständiger Transportunternehmer. Er bedarf der Erlaubnis durch die zuständige Erlaubnisbehörde.

Versandpapiere

- im innerdeutschen Güterverkehr = Frachtbrief für den gewerblichen Güterkraftverkehr
- im grenzüberschreitenden Güterverkehr = CMR-Frachtbrief

Haftung

- im innerdeutschen Güterverkehr nach HGB und VGBL
- im grenzüberschreitenden Güterverkehr nach CMR

Aufgaben

1. Die Ehlers & Gehrenberg KG will folgende Warenlieferungen von dem Unternehmen des Güterkraftverkehrs Friedrich, Luisenstraße 46, 20458 Hamburg, ausführen lassen:
   a) Lieferung von 20 Kartons mit je zehn Herrenhemden an den Herrenausstatter Wemper, Weender Str. 23, Göttingen
   b) Lieferung von 50 Paketen mit je 100 Seidentüchern an das Kaufhaus Edler, Korngasse 15, Salzburg
   c) Lieferung von 20 Kleidern an das Damenoberbekleidungsgeschäft Dormeyer, Bregenzer Straße 48, St. Gallen (Schweiz)

   Stellen Sie die notwendigen Versandpapiere zusammen.

2. Bei der Lieferung von 20 Kleidern an das Damenoberbekleidungsgeschäft Dormeyer geht ein Kleid (Rechnungswert 250,00 € + 2,00 € Verpackungskosten) verloren. Welches Recht kann die Ehlers & Gehrenberg KG in Anspruch nehmen?

3. Die Lieferung an den Herrenausstatter Wemper wird auf dem Transport durch einen Verkehrsunfall so stark beschädigt, dass alle 200 Hemden unverkäuflich sind. Der Rechnungswert der beschädigten Ware betrug 5.000,00 €, Fracht und Transportspesen 200,00 €. Das Rohgewicht der Ware betrug 30 kg. Wie viel Euro Schadenersatz kann die Spindler KG fordern?

4. In welchen der folgenden Fälle muss ein Unternehmen des Güterkraftverkehrs keinen Schadenersatz leisten?
   a) Aufgrund eines Streiks des Schweizer Zollpersonals wird eine Warenlieferung erst mit zwei Tagen Verspätung an den Empfänger ausgeliefert.
   b) Durch das Verrutschen der Ladung werden zwei Fernsehgeräte stark beschädigt.
   c) Auf einem Transport werden zehn Glasvasen beschädigt. Sie waren ordnungsgemäß verpackt.
   d) Auf einem Transport von Freiburg nach Belgrad wird ein Porzellanservice beschädigt. Das Service war in einer Holzkiste verpackt. Auf der Holzkiste war keine Markierung angebracht, die auf den zerbrechlichen Inhalt hinwies.

5. Frau Gehrenberg beauftragt Sandra Krollmann, 500 Jeanshosen, Gewicht 500 kg, an das Kaufhaus Weinert, Hansaplatz 2 in Leipzig, durch das Unternehmen des Güterkraftverkehrs Friedrich zu versenden (siehe Einstiegsfall).
Versetzen Sie sich in die Rolle von Sandra Krollmann und stellen Sie die Versandpapiere zusammen.

6. Güter werden in Europa bevorzugt von Unternehmen des Güterkraftverkehrs transportiert.
   a) Bilden Sie in Ihrer Klasse Arbeitsgruppen von drei bis sechs Personen.
   b) Sammeln Sie in diesen Gruppen Vorteile des Transports durch Unternehmen des Güterkraftverkehrs für Warenversender und für die Empfänger der Waren.
   c) Beschreiben Sie die gesamtwirtschaftlichen Vor- und Nachteile des Güterkraftverkehrs.
   d) Präsentieren Sie Ihre Ergebnisse in der Klasse mit einem Präsentationsmittel Ihrer Wahl.

3 Güterversand mit Binnenschiffen

Einstiegssituation

Auf einer Logistikmesse lernt Herr Zeggel den Einkäufer der Magdeburger Brennstoffgroßhandlung GmbH kennen:

(...)

Herr Zeggel:
„Welches Transportmittel benutzen Sie denn überwiegend im Einkauf?“

Herr Bayer:
„Wir haben jetzt gerade wieder 570 t Kohle eingekauft. Wir haben uns entschieden, die Kohle mit einem Binnenschiff von Bremerhaven nach Magdeburg transportieren zu lassen.“

(...)

Binnenschiffe eignen sich besonders für den Transport von Schüttgütern.

Arbeitsaufträge

1. Führen Sie Gründe auf, die die Magdeburger Brennstoffgroßhandlung GmbH bewogen haben kann, die Kohle mit einem Binnenschiff nach Magdeburg transportieren zu lassen.
2. Stellen Sie fest, ob ein Binnenschiff ein geeignetes Transportmittel für die Ehlers & Gehrenberg KG ist.
3. Beschreiben Sie die Route, die das Schiff von Bremerhaven nach Magdeburg nehmen muss.
4. Stellen Sie fest, welche Arten von Anbietern es in der Binnenschifffahrt gibt.
5. Führen Sie auf, welche Frachtpapiere in der Binnenschifffahrt verwendet werden.

Bedeutung der Binnenschifffahrt

Angesichts des von allen Experten vorausgesagten stürmischen Wachstums des europäischen Güterverkehrs stehen die Verkehrsunternehmen in den EU-Mitgliedstaaten vor großen Herausforderungen. Vor allem die Straßen stießen durch das Wachstum des Güterverkehrs an ihre Kapazitätsgrenzen. Angesichts des drohenden Verkehrsinfarktes durch von Lastkraftwagen überlastete Straßen mehrten sich daher in den letzten Jahren die Stimmen, bei Transportfragen neben der Schiene auch an die schon fast in Vergessenheit geratenen Wasserstraßen zu denken. Auf den Bundeswasserstraßen werden jährlich von der Binnenschifffahrt über 220 Millionen Tonnen Güter transportiert. Damit entsprach das Transportvolumen der Binnenschifffahrt ca. 90 % der Güterverkehrsleistung der Deutschen Bahn AG.

Der Anteil der Binnenschifffahrt am gesamten Güterverkehr der Bundesrepublik Deutschland beträgt 20 %. Vor allem an der Beförderung von nicht eilbedürftigem Massengut hat sie einen hohen Anteil.

Als Transportmittel ist das Binnenschiff besonders geeignet für:

- Schwergüter
- besonders sperrige Güter
- Gefahrengüter
- industrielle Abfallprodukte
- Recyclingstoffe

Die Binnenschifffahrt erbringt eine hohe Transportleistung mit einem geringen Einsatz von Arbeitskraft, Energie und Material. Mit ihren niedrigen Transportkosten fördert sie die Güterversorgung und leistet einen wichtigen Beitrag zur Erhaltung des Lebensstandards.

Betriebsformen der Binnenschifffahrt

Transportleistungen der Binnenschifffahrt werden durch Partikuliere, Reedereien oder durch Werkschifffahrt erbracht.

Partikuliere

Partikuliere sind selbstständige Einzelschiffer, die in der Regel nur ein Schiff besitzen. Der Schiffseigner, der über keine Organisation zur Werbung und Abfertigung der Ladung verfügt, fährt selbst auf seinem Schiff und bewohnt es auch.

Viele Partikuliere haben sich zu Transportgenossenschaften zusammengeschlossen. Als gemeinsame Landorganisation sollen diese die Marktposition der einzelnen Partikuliere durch Besorgung von Ladung in großem Umfang stärken.

Reedereien

Reedereien sind Schifffahrtsunternehmen, die über eine eigene Flotte von Binnenschiffen verfügen. Im Gegensatz zum einzelnen Partikulier haben sie eine kaufmännisch eingerichtete und geführte Landorganisation zur Werbung und Abfertigung der Ladung. Durch ihre Niederlassungen an wichtigen Hafenplätzen sorgen sie für eine optimale Auslastung ihrer Schiffe.

Werksschifffahrt

Verschiedene Großunternehmen der Industrie, aber auch des Handels verfügen über eigene Binnenschiffe. Mit diesen befördern sie in eigener Regie eigene Güter für eigene Zwecke des Unternehmens.

Vor- und Nachteile der Binnenschifffahrt

Die möglichen **Nachteile** der Binnenschifffahrt, wie z. B.

- die zeitweilige Abhängigkeit vom Wasserstand bzw. von Vereisung,
- die relativ geringe Geschwindigkeit,

werden mehr als ausgeglichen durch die Vorteile, die ein Transport von Gütern durch Binnenschiffe bringt. Die besondere Eignung des Binnenschiffs als Transportmittel entsteht durch folgende vorteilhaften **Leistungsmerkmale**:

- Ein Binnenschiff ist in der Lage, große Mengen kostengünstig zu transportieren.

Beispiel

Ein Schubverband mit sechs Leichtern kann bis zu 17 000 Tonnen befördern. Er ersetzt damit 650 Lkw-Ladungen oder mehr als 400 Bahnwaggons. Dabei fallen pro 100 Tonnenkilometer für ein Binnenschiff die bei weitem günstigsten Transportkosten an.

- Die Binnenschifffahrt ist transportsicher, d. h., sie ist zuverlässig und pünktlich, kennt keine Verkehrsstaus und auch kein Wochenendfahrverbot. Sie eignet sich ferner für die Just-in-time-Belieferung, weil sie gerade wegen ihrer geringen Störanfälligkeit und hohen Zuverlässigkeit pünktlich ist und Liefertermine einhalten kann.

- Die Binnenschifffahrt ist umweltfreundlich, denn Binnenschiffe weisen die geringste Lärm- und Schadstoffemission von allen Verkehrsträgern auf.

Auch die Sanierung und der Ausbau der Wasserstraßeninfrastruktur ist in aller Regel umweltverträglich, führt nur zu geringfügigem Flächenverbrauch und nicht zu einer Versiegelung der Landschaft.

- Die Binnenschifffahrt verfügt über erhebliche Kapazitätsreserven in einer Größenordnung von bis zu 100 Millionen Tonnen jährlich. Der Grund für diese Leistungssteigerung ist die schon seit Jahren auf den europäischen Binnenmärkten bestehende strukturelle Überkapazität (zu viele Anbieter).

- Die Binnenschifffahrt ist wegen der hohen Sicherheit in besonderem Maße für den Transport gefährlicher Güter geeignet. Sie nimmt heute bereits die erste Position bei diesen Transporten ein.

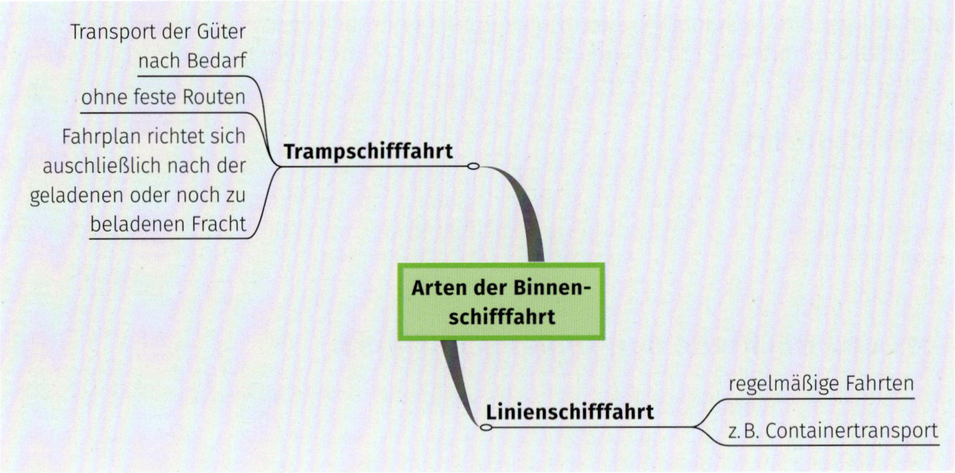

Frachtvertrag

Zwischen Absender und Binnenschiffer als Frachtführer wird ein Frachtvertrag abgeschlossen. Dieser kann zum Inhalt haben:

Gesamtverfrachtung	Das ganze Schiff wird vom Absender gechartert.
Teilverfrachtung	Teile des Schiffs (z. B. bestimmte Laderäume) werden vom Absender gechartert.
Stückgutverfrachtung	Die Stückgutsendung wird dem Frachtführer vom Absender übergeben.

Ladeschein

Jeder Frachtführer kann nach den Bestimmungen des Handelsgesetzbuches die Ausstellung eines Frachtbriefs verlangen. In der Binnenschifffahrt wird in der Regel da-rauf verzichtet und stattdessen ein **Ladeschein** verwendet, der häufig auch **Konnossement** genannt wird.

Der Ladeschein wird vom Frachtführer nach der Verladung ausgestellt. Er verpflichtet ihn, die Güter nur an den rechtmäßigen Besitzer des Ladescheins auszuliefern. Im Gegensatz zum Frachtbrief, der nur eine Beweisurkunde ist, stellt der Ladeschein darüber hinaus ein Warenwertpapier dar, das das Recht auf Empfang der transportierten Güter am Empfangsort verbrieft. Durch Übergabe kann der Ladeschein verwendet werden zur:

- Besitzübertragung (durch Übergabe des Herausgabeanspruchs)
- Eigentumsübertragung (durch den Verkäufer nach Abschluss des Kaufvertrags)
- Kreditsicherung (Ladeschein wird vom Eigentümer einem Kreditgeber als Sicherheit übergeben)

Haftung

Der Frachtführer haftet in der Binnenschifffahrt für den Schaden, der von der Übernahme der Beförderung bis zur Ablieferung des Gutes entstanden ist, sofern er nicht beweisen kann, dass ihn kein Verschulden trifft.

Der Binnenschiffer haftet nicht bei Schäden,

- die im Zusammenhang mit dem vom Absender vorgenommenen Be- und Entladen entstanden sind,
- die durch mangelhafte Verpackung der Güter hervorgerufen worden sind,
- die durch den vereinbarten Transport der Güter auf Deck entstanden sind,
- die bei Gütern auftreten können, die durch ihre natürliche Beschaffenheit besonderen Gefahren ausgesetzt sind.

Häufig werden Haftungsvorschriften des Binnenschifffahrtsgesetzes durch sogenannte Freizeichnungen in den Verfrachtungsbedingungen weitgehend eingeschränkt.

Zusammenfassung

Die Binnenschifffahrt

wird betrieben	▪ von Partikulieren ▪ von Reedereien ▪ als Werksbetrieb
befördert überwiegend	▪ Massengüter ▪ schwere Güter ▪ gefährliche Güter
hat viele Vorteile gegenüber anderen Verkehrsträgern	▪ günstig ▪ pünktlich ▪ umweltverträglich
hat bei den Transporten die Rechtsgrundlagen	▪ Handelsgesetzbuch ▪ Binnenschifffahrtsgesetz
verwendet die Transportdokumente	▪ Frachtbrief ▪ Ladeschein

Aufgaben

1. Wodurch unterscheiden sich
   a) Partikuliere,
   b) Reedereien,
   c) der Werksverkehr in der Binnenschifffahrt?

2. Für welche Art von Gütern ist das Binnenschiff als Transportmittel besonders geeignet?

3. Eine Duisburger Großhandlung will mehrere Container am letzten Juliwochenende von Duisburg nach Basel transportieren lassen. Welche Vorteile bringt die Auswahl des Binnenschiffs als Transportmittel in diesem Fall?

4. Erläutern Sie die Vorteile der Binnenschifffahrt gegenüber Bahn und Lkw.

5. Welche Nachteile kann ein Transport mit einem Binnenschiff haben?

6. Für welche Schäden muss der Frachtführer in der Binnenschifffahrt nicht haften?

7. Wodurch unterscheiden sich Ladeschein und Frachtbrief?

8. Beschreiben Sie den Weg eines Binnenschiffs, das Baustoffe geladen hat, von Duisburg nach Magdeburg.

9. Erkunden Sie,
   a) wo sich der nächste Binnenschifffahrtshafen befindet,
   b) ob Ihr Ausbildungsbetrieb Güter per Binnenschiff transportieren lässt.

10. Erstellen Sie – z. B. auf einer Wandzeitung oder einer Folie – eine Tabelle, die für die Verkehrsträger Bahn, Lkw und Binnenschiff Anmerkungen zu den folgenden Kriterien enthält:

    - Möglichkeit zu Just-in-time
    - Kapazität des Verkehrsträgers
    - Geschwindigkeit des Transports
    - Umweltfreundlichkeit
    - Kosten
    - Zuverlässigkeit
    - Eignung für alle Güter

4 Güterversand mit dem Seefrachtverkehr

Einstiegssituation

Aufgrund der nachstehenden Bestellung der Ehlers & Gehrenberg KG bei der Textil-International Ltd., 25 Pat Tat St, Sanpokong, Kowloon, Hongkong, versendet die Textil-International Ltd. die bestellte Ware am 19. März per Seefracht nach Hamburg.

Die Originale des vom Verfrachter ausgestellten Konnossements leitet die Textil-International noch am selben Tag der Hausbank der Ehlers & Gehrenberg KG in Hamburg zu. Die Bank präsentiert die Dokumente der Ehlers & Gehrenberg KG am 24. März zur Zahlung. Zu diesem Zeitpunkt befindet sich die Warenlieferung noch auf hoher See. Gemäß der vereinbarten Zahlungsbedingung „Dokumente gegen Kasse" werden die Originale des Konnossements der Ehlers & Gehrenberg KG nur gegen sofortige Zahlung ausgehändigt.

Ehlers & Gehrenberg KG

Sachbearbeiter/-in: Frau Janssen
Unser Zeichen: js
Unsere Nachricht vom:

Ehlers & Gehrenberg KG . Am Sandtorkai 24 . 20457 Hamburg
Textil-International Ltd.
25 Pat Tat St
Sanpokong, Kowloon
Hongkong

Telefon: 040 750610-31
Telefax: 040 750610-11
Internet: www.ehlers-wvd.de
E-Mail: janssen@ehlers-wvd.de

Datum: 02.03.20..

Bestellung

Aufgrund Ihres Angebots bestellen wir:

Herrenhemd aus 100 % Baumwolle

- in der Farbe Natur je 1 000 Stück in den Größen 39/40, 41/42 und 43/44
- in der Farbe Blau je 1 000 Stück in den Größen 39/40, 41/42 und 43/44

zum Preis von 40,00 HK-$ je Stück.

Preisstellung: netto, FOB Hongkong, unversichert, unverzollt
Lieferzeit: 4 Wochen nach Eintreffen unseres Auftrags
Zahlung: Dokumente gegen Kasse (D/P)

Mit freundlichen Grüßen
Ehlers & Gehrenberg KG

Janssen

Janssen

Arbeitsaufträge

1. Erläutern Sie Funktionen des Konnossements im Seefrachtverkehr.
2. Beschreiben Sie die Verwendungsmöglichkeiten des Konnossements für die Ehlers & Gehrenberg KG.

Definition

Seefrachtverkehr ist die Vorbereitung und Durchführung von Gütertransporten über See durch gewerbliche Transportunternehmen (in der Regel Reedereien) in Form des Überseeverkehrs, der Küstenschifffahrt und des Fährverkehrs.

Seefrachtvertrag

Der Seefrachtvertrag wird zwischen dem **Befrachter** (shipper) und dem **Verfrachter** (carrier) zugunsten eines Empfängers abgeschlossen. Befrachter sind häufig Exporteure und Spediteure. Verfrachter sind Reeder als Schiffseigner oder Charterer.

Im deutschen Seefrachtrecht gibt es neben dem Verfrachter und dem Befrachter noch den Ablader als dritten Beteiligten am Seefrachtgeschäft.

Der Ablader (shipper) übernimmt im Auftrag des Befrachters die Beförderung und Anlieferung der Güter zum Schiff. Wenn der Seefrachtvertrag noch nicht zwischen dem Befrachter und dem Verfrachter abgeschlossen ist, kann der Ablader den Frachtvertrag mit dem Verfrachter durch die Anlieferung des Transportgutes abschließen.

Aus dem Seefrachtvertrag ergeben sich für die Vertragspartner folgende Pflichten:

Pflichten des Befrachters	Pflichten des Verfrachters
richtige Angabe über Inhalt, Maße, Gewichte, Anzahl und Art der Packstücke und Merkzeichen	Beförderung der zum Transport übergebenen Güter zum vereinbarten Bestimmungshafen über See
rechtzeitige Lieferung der Waren an das Schiff sowie rechtzeitige Übergabe der Waren an den Verfrachter bzw. dessen Agenten	fürsorgliche Behandlung der Güter in der Zeit von der Annahme bis zur Auslieferung im Bestimmungshafen
Zahlung der Seefracht einschließlich entstehender Nebenkosten	Auslieferung an den ihm benannten Empfänger oder dessen Vertreter

Arten des Seefrachtvertrags

Man unterscheidet:

- **Stückgutfrachtvertrag:** Er bezieht sich auf einzelne Güter (Stückgüter).
- **Chartervertrag** (auch Raumfrachtvertrag): Er bezieht sich auf das Schiff im Ganzen oder einen verhältnismäßigen Teil oder einen bestimmt bezeichneten Raum des Schiffes.

Vertragsurkunde ist beim Stückgutfrachtvertrag das **Konnossement**, beim Chartervertrag die **Charter Party**.

Bedeutung des Konnossements (Bill of Lading)

Das Konnossement beweist den Versand der Ware. Es verschafft dem rechtmäßigen Inhaber das Eigentum an dem versandten Gut. Das Konnossement kann, sofern es an Order ausgestellt wurde, mittels eines Indossaments übertragen werden.

Das Konnossement ist ein **Dispositionspapier**. Es bietet die Möglichkeit, mittels des Dokuments über die Sache selbst zu verfügen. Durch die Weitergabe des Konnossements wird das Eigentum am Verladegut übertragen. Das Eigentum an der Ware, die durch das Konnossement repräsentiert wird, kann so schon auf einen Käufer übertragen werden, bevor die Ware den Käufer erreicht.

Das Konnossement wird in mehreren Originalen und Kopien vom Verfrachter (Reederei) ausgestellt. (Informationen zu den Inhalten des Konnossements finden Sie in Ihrem Schulbuch 2. Ausbildungsjahr, Lernfeld 7)

Meyer & Co. Bremen — **Bill of Lading**

Shipper	Booking No.	Bill of Lading No.
Meyer & Co. Bremen		116

Consignee	Point and Country of Origin of Goods
to the order of National Bank of Oman LTD P.O. Box 918 Muscat Sultanate of Oman	

Notify Party	Also Notify Party-Routing & Instructions
Water LTD Post Box No. 1523 Muscat Sultanate of Oman	

Ocean Vessel	Port of Loading	Loading Pier/Terminal	Port of Discharge
„Devon"	Bremen		Muscat

Marks & Numbers Container	Number and kind of packages	Description of Packages and Goods	Gross Weight	Measurement
P/O No. 6-8.342 WATER MUSCAT; OMAN	1 Bundle	sheets S.T.C, 5 pieces „FREIGHT PAID"	18.000 kg	

„DRAWN UNDER DOCUMENTARY CREDIT No. 801001345/C"

Received the described goods or packages or containers said to contain goods, in apparent good order and condition, unless otherwise indicated, to be transported and delivered as herein provided.

The receipt, custody, carriage and delivery of the goods are subject tom the terms appearing on the face and back hereof and to the Carrier's applicable tariff.

In witness whereof 3 original bills of lading have been signed, one of which being accomplished, the other(s) to be void.

Freight & Charges payable at/by	Signed
Bremerhaven	Henning Meyer

Haftung des Verfrachters

Haftungsgrundsatz ist die Verschuldenshaftung mit gesetzlich vorgeschriebenem Mindestumfang.

Haftungsausschlüsse sind Schäden durch:

- mangelnde Verpackung
- fehlende Markierung
- Fehler des Kapitäns (nautische Fehler)
- Krieg
- Streik
- Beschlagnahme
- Unruhen
- Schwund und Selbstverderb der Ware

Höchstbetrag der Haftung

Sofern nicht vor dem Einladen der Güter Wertfracht vereinbart worden ist, haftet der Verfrachter für Verlust oder Beschädigung der Güter in jedem Fall höchstens bis zu einem Betrag von 666,67 Sonderziehungsrechten[1] des internationalen Währungsfonds für das Stück oder die Einheit oder einem Betrag von zwei Sonderziehungsrechten für das Kilogramm des Rohgewichts der verlorenen oder beschädigten Güter, je nachdem, welcher Betrag höher ist (§ 660 Abs. 1 HGB).

Die Haftungsbeschränkung gilt nicht, wenn der Schaden auf eine Handlung oder Unterlassung zurückzuführen ist, die der Verfrachter in der Absicht, einen Schaden herbeizuführen, oder leichtfertig in dem Bewusstsein begangen hat, dass ein Schaden mit Wahrscheinlichkeit eintreten werde (§ 660 Abs. 3 HGB).

1 SZR = Recheneinheit des Internationalen Währungsfonds 1 SZR = 1,200211 € (Stand 6. Juli 2021)

Haftung des Verfrachters im Containerverkehr

Jedes Stück und jede Einheit, die im Konnossement als in dem Container enthalten angegeben wird, gilt als Stück oder Einheit im Sinne der oben genannten Höchstbetragsregelung. Soweit das Konnossement solche Angaben nicht enthält, gilt der Container als Stück oder Einheit (§ 660 Abs. 2 HGB).

Bei **Verspätungsschäden** haftet der Reeder gemäß den „Hamburger Regeln" höchstens mit dem 2,5-Fachen der Fracht für die verspätet abgelieferten Waren, insgesamt aber nur bis zur Gesamtfracht des Beförderungsvertrags.

Zusammenfassung

Seefrachtverkehr

= Vorbereitung und Durchführung von Gütertransporten über See durch gewerbliche Transportunternehmen (in der Regel Reedereien) in Form des Überseeverkehrs, der Küstenschifffahrt und des Fährverkehrs

↓

Versandpapier

Konnossement

↓

Haftung

- Bei Verlust oder Beschädigung der Ware: 666,67 SZR je Stück oder Einheit
- Bei Verspätungsschäden: das 2,5-Fache der Fracht

Aufgaben

1. Bei der Lieferung von 500 Blusen an den Importhändler Johanson in Reykjavik gehen 50 Blusen (Rechnungswert 2.000,00 € + 20,00 € Verpackungskosten) verloren. Welches Recht kann die Ehlers & Gehrenberg KG in Anspruch nehmen?

2. In welchen der folgenden Fälle muss ein Verfrachter keinen Schadenersatz leisten?
   a) Aufgrund eines Streiks der Hamburger Hafenarbeiter wird eine Warenlieferung erst mit einer Woche Verspätung an den Empfänger ausgeliefert.
   b) Durch das Verrutschen der Ladung wird eine Maschine stark beschädigt.
   c) Auf einem Schiffstransport werden zehn Ballen Stoff durch Feuchtigkeit stockig. Sie waren in Pappkartons verpackt.
   d) Auf einem Transport von Emden nach Harwich (England) werden fünfzig Weingläser beschädigt. Die Gläser waren in einer Holzkiste verpackt. Auf der Holzkiste war keine Markierung angebracht, die auf den zerbrechlichen Inhalt hinwies.

3. Frau Gehrenberg beauftragt Allan Stevenson, 800 Bettgarnituren an ein Kaufhaus in Dublin zu versenden.
   a) Versetzen Sie sich in die Rolle von Allan Stevenson und wählen Sie das günstigste Transportmittel für den Warenversand aus.
   b) Stellen Sie die notwendigen Versandpapiere zusammen.

5 Güterversand per Luftfracht

Einstiegssituation

Die Ehlers & Gehrenberg KG erhält am 14. Juli eine Bestellung der McDouglas Ltd., 234 Princess Street, Edinburgh, United Kingdom, über 100 Blusen. McDouglas benötigt die Ware bis zum 16. Juli.

McDouglas Ltd.

234 Princess Street
Edingburgh EH2 4AD
Scotland/UK

Tel. 0131 552 199921
Faxl. 0131552199922

JZ/RE
11 July 20..

Textilgroßhandlung
Ehlers & Gehrenberg KG
Am Sandtorkai 24
20457 Hamburg
GERMANY

Dear Sir or Madam

Our Order

We thank for your friendly offer.

Arbeitsauftrag

Die Auszubildende Anna Ruiz-Gonzales wird beauftragt, den Versand der Blusen zu besorgen. Stellen Sie für sie die notwendigen Papiere für diesen Warenversand zusammen.

Aufgrund seiner Schnelligkeit, Pünktlichkeit, der Streckendichte, seiner Transportsicherheit und der Einsparung von Verpackungskosten eignet sich der Luftfrachtverkehr besonders für den Transport hochwertiger, empfindlicher, eilbedürftiger und verderblicher Güter sowie lebender Tiere.

Bedeutung des Luftfrachtbriefs

Versandpapier im Luftfrachtverkehr ist der Luftfrachtbrief. Er muss nach Artikel 7 des Montrealer Übereinkommens aus mindestens drei Ausfertigungen bestehen.

1. Ausfertigung (grün) für den Luftfrachtführer	Sie muss vom Absender unterzeichnet werden.
2. Ausfertigung (rot) für den Empfänger	Sie muss vom Absender und vom Luftfrachtführer unterzeichnet werden; sie begleitet die Sendung.
3. Ausfertigung (blau) für den Absender	Sie muss vom Luftfrachtführer sofort nach Annahme der Sendung unterzeichnet werden; sie gilt als Beweis für den Abschluss des Beförderungsvertrags und die Übergabe der zu versendenden Ware.

Der Luftfrachtbrief dient als:

Beladung eines Frachtflugzeugs

- Beweis für den Empfang der Güter zur Beförderung
- Versandliste, auf der die Begleitpapiere und gegebenenfalls besondere Anweisungen des Absenders eingetragen sind
- Frachtrechnung
- Zollpapier bei Ein-, Aus- und Durchfuhr
- Versicherungsbescheinigung, sofern die Versicherung durch Vermittlung der Luftfrachtgesellschaft gedeckt worden ist
- Auslieferungsbestätigung

Wie beim Eisenbahnfrachtbrief hat auch beim Luftfrachtbrief der Absender ein nachträgliches Verfügungsrecht, wenn er sein Original des Luftfrachtbriefs vorlegt.

Haftung im Luftfrachtverkehr

Der Luftfrachtführer muss den Schaden ersetzen, der durch Zerstörung, Verlust oder Beschädigung von Gütern während der Luftbeförderung entstanden ist. Er haftet auch für Schäden, die durch Verspätung entstanden sind.

Im innerdeutschen Verkehr haftet der Luftfrachtführer bis zu einem Betrag von 8,33 Sonderziehungsrechte[1] je kg brutto (§ 425 HGB). Im internationalen Verkehr ist der Haftungsumfang auf maximal 17 Sonderziehungsrechte je kg brutto beschränkt (Artikel 22 des Montrealer Übereinkommens). Bei Angabe des Lieferwerts und Bezahlung eines vereinbarten Zuschlags leistet der Luftfrachtführer im innerdeutschen und internationalen Verkehr Ersatz bis zum Lieferwert.

Der Luftfrachtführer haftet nicht für Schäden, die durch Verschulden des Geschädigten entstanden sind.

Beispiel

Ein Paket mit Weingläsern wurde nicht ausreichend gekennzeichnet.

1 Sonderziehungsrecht (SZR) = Recheneinheit des Internationalen Währungsfonds 1 SZR = 1,200211 € (Stand 6. Juli 2021)

AIRPORT OF DEPARTURE
001 FRA

001 -

Shipper's Name and Address

Ehlers & Gehrenberg KG
Am Sandtorkai 24
20457 Hamburg
Germany

Shipper's Account Number: 150 997 01

Not Negotiable
Air Waybill
Issued by

KLM
Cargo
KLM Royal Dutch Airlines

Copies 1, 2 and 3 of this Air Waybill are originals and have the same validity.

Consignee's Name and Address

McDouglas Ltd.
234 Princess Street
Edinburgh EH2 4AD
Scotland/UK

Consignee's Account Number: 150997 03

It is agreed that the goods described herein are accepted in apparent good order and condition (except as noted) for carriage SUBJECT TO THE CONDITIONS OF CONTRACT ON THE REVERSE HEREOF. ALL GOODS MAY BE CARRIED BY ANY OTHER MEANS INCLUDING ROAD OR ANY OTHER CARRIER UNLESS SPECIFIC CONTRARY INSTRUCTIONS ARE GIVEN HEREON BY THE SHIPPER, AND SHIPPER AGREES THAT THE SHIPMENT MAY BE CARRIED VIA INTERMEDIATE STOPPING PLACES WHICH THE CARRIER DEEMS APPROPRIATE. THE SHIPPER'S ATTENTION IS DRAWN TO THE NOTICE CONCERNING CARRIER'S LIMITATION OF LIABILITY. Shipper may increase such limitation of liability by declaring a higher value for carriage and paying supplemental charge if required.

Issuing Carrier's Agent Name and City

Accounting Information

Agent's IATA Code | Account No.

Airport of Departure (Addr. of First Carrier) and Requested Routing: Hamburg

Reference Number | Optional Shipping Information

To | By First Carrier: KLM | Routing and Destination | to | by | to | by

Currency | CHGS Code | WT/VAL PPD COLL | Other PPD COLL | Declared Value for Carriage | Declared Value for Customs

Airport of Destination: Edinburgh | Requested Flight/Date | Amount of Insurance

INSURANCE - If carrier offers insurance, and such insurance is requested in accordance with the conditions thereof, indicate amount to be insured in figures in box marked "Amount of Insurance".

Handling Information - These commodities, technology or software were exported from the United States in accordance with the Export Administration Regulations. Diversion contrary to U.S. law prohibited.

1 Kll. marked with „McDouglas Ltd., Edinburgh/UK"

SCI

No. of Pieces RCP	Gross Weight	kg lb	Rate Class / Commodity Item No.	Chargeable Weight	Rate / Charge	Total	Nature and Quantity of Goods (incl. Dimensions or Volume)
1	18,0	k	R	20,0	4,24	84,80	
1	18,0					84,80	

Prepaid | Weight Charge | Collect
84,80

Valuation Charge

Tax

Total Other Charges Due Agent

Total Other Charges Due Carrier

Other Charges

I hereby certify that the particulars on the face hereof are correct and that insofar as any part of the consignment contains dangerous goods, **I hereby certify that the contents of this consignment are fully and accurately described above by proper shipping name and are classified, packaged, marked, and labeled, and in proper condition for carriage by air according to applicable national governmental regulations.**

Ehlers & Gehrenberg KG, Hamburg

Signature of Shipper or his Agent

Total Prepaid | Total Collect

Currency Conversion Rates | CC Charges in Dest. Currency

Executed on (date) | at (place) | Signature of Issuing Carrier or its Agent

For Carrier's Use only at Destination | Charges at Destination | Total Collect Charges

001 -

AC 13-11U/CPN 1000098 (Rev. 3/08)

Zusammenfassung

Luftfrachtverkehr

Eignung

Er eignet sich besonders für:
- hochwertige Güter (z. B. Edelmetalle)
- empfindliche Güter (z. B. optische Geräte)
- eilbedürftige Güter (z. B. Ersatzteile)
- verderbliche Güter (z. B. Lebensmittel)
- lebende Tiere

Versandpapier

Versandpapier ist der **Luftfrachtbrief** in mindestens drei Ausfertigungen:
- Ausfertigung für den Luftfrachtführer
- Ausfertigung für den Empfänger
- Ausfertigung für den Absender

Haftung

Der Luftfrachtführer haftet für Schäden, die durch Zerstörung, Verlust oder Beschädigung von Gütern während der Luftbeförderung entstanden sind, nach dem Grundsatz der **Gefährdungshaftung.**

Aufgaben

1. Welche der folgenden Waren eignen sich besonders für den Lufttransport? Begründen Sie Ihre Auswahl.
   a) Werkzeugmaschinen
   b) Schmuck
   c) Medikamente
   d) Schnittblumen
   e) Rohkaffee
   f) Rohbaumwolle
   g) Computer

2. Frau Gehrenberg will verhindern, dass die am 14. Juli per Luftfracht versandten Blusen an McDouglas Ltd. in Edinburgh ausgeliefert werden. Was kann sie tun?

3. Die von der Ehlers & Gehrenberg KG an McDouglas versandten Waren gehen auf dem Transport verloren. Der Wert der gesamten Sendung betrug 8.000,00 €, das Bruttogewicht 18 kg. Wie viel Euro Schadenersatz kann die Ehlers & Gehrenberg KG vom Luftfrachtführer verlangen?

4. Alle Versandpapiere besitzen eine Beweisfunktion, d. h., durch das Versandpapier soll ein bestimmter Tatbestand bewiesen werden, der für die Erfüllung oder Durchführung des Transportgeschäfts bedeutsam ist.
   Einige Versandpapiere haben darüber hinaus eine Sperrwirkung. Diese Sperrwirkung ermöglicht es dem Inhaber des Versandpapiers, bestimmte Verfügungen oder Maßnahmen anderer Personen in Bezug auf das Transportgut zu verhindern. Noch weitergehende Funktionen haben die Versandpapiere, die als Wertpapiere ausgestaltet sind. Ein Wertpapier ist eine Urkunde über ein privates Recht, das ohne diese Urkunde nicht ausgeübt werden kann. Es bestimmt den Inhaber des Dokuments als Inhaber des betreffenden Rechts (Legitimationsfunktion).

a) Stellen Sie fest, welche Versandpapiere eine Sperrwirkung und welche eine Legitimationsfunktion haben.
b) Präsentieren Sie Ihr Ergebnis in Ihrer Klasse und erläutern Sie dabei die Bedeutung der Sperrwirkung und der Legitimationsfunktion von Versandpapieren für den Absender und für den Empfänger einer Warensendung.

Lernsituation

Heute Morgen in der Ehlers & Gehrenberg KG:

Mittlerweile hat Sandra Krollmann schon einige Transportprobleme gelöst. Auch heute hat sie viel zu tun; sie muss verschiedene Transportfälle für Herrn Freese bearbeiten.

Sandra ...

- beauftragt das Güterkraftverkehrsunternehmen Schaper, Rungeweg 7, 30418 Hannover mit dem Transport von 4000 Hemden an die Dieter Molzanski GmbH in Mainz und von 2500 Anzügen an deren Filiale in Prag; (Fall 1)
- organisiert den Transport von 5000 Jeans per Seefracht von der V.T.C., Rue Huong Lo 80, Commune de Vinh Loc, 70000 Ho Chi Minh Ville, Vietnam; (Fall 2)
- sorgt dafür, dass die Harris Menswear Ltd, 237 Dewsbury Rd, Leeds LS11 7GF, Vereinigtes Königreich, aufgrund einer gerade eingegangenen Bestellung 400 Jeans spätestens zwei Tage später per Luftfracht bekommt. (Fall 3)

Abends trifft Sandra ihren Freund Max Menze, der ebenfalls in einem Großhandelsunternehmen ausgebildet wird. Max berichtet, dass er ab morgen auch in der Logistikabteilung seines Unternehmens anfängt. Sandra gibt gute Ratschläge:

Sandra:
„Wenn du morgen das erste Mal zwei Kohletransporte für die Hannoversche Brennstoffgroßhandlung von jeweils 1000 t organisieren müsstest, dann solltest du

- die Lieferung von Hamburg nach Braunschweig mit Binnenschiffen (Fall 4),
- die Lieferung von Hamburg nach München mit der Bahn transportieren lassen." (Fall 5)

Max:
„Danke, merk ich mir! Mein Chef sagte mir, dass ähnlich wie in deinem Betrieb die Hauptarbeit in der Logistikabteilung in der Organisation der Transporte liegt. Ab und an muss man sich jedoch auch einmal um Transportschäden bei den einzelnen Frachtführern kümmern. Wie sieht eigentlich die Haftung jeweils aus?"

1. Entscheiden Sie, welches Transportdokument für den jeweiligen Frachtführer auszufüllen ist.
2. Geben Sie an, welche Transportarten der jeweilige Frachtführer anbietet. Kennzeichnen Sie die im konkreten Fall auszuwählende Transportart.
3. Erläutern Sie für jeden Frachtführer die Haftungssituation.

6 Güterversand mit Kurier-, Express- und Paketdiensten

Einstiegssituation

Herr Freese (= Abteilungsleiter Logistik im Produktbereich Textilien) bekommt ein Angebot eines Paket- und Expressdienstes. Aus dem beiliegenden Katalog erhält er folgende Informationen:

> PS bietet für den innerdeutschen Versand verschiedene Serviceoptionen, die Ihren individuellen Anforderungen gerecht werden. Ihre Sendung wird schnell und termingerecht von Haus zu Haus befördert. Dabei bleibt jede Sendung ausschließlich in unserer Hand und Sie können sicher sein, dass uns Ihre Sendung nur dann verlässt, wenn wir sie dem Empfänger übergeben. PS holt Ihre Sendung ab und übernimmt die volle Verantwortung bis zur Zustellung. Für alle Servicearten sind Zustellinformationen bereits Minuten nach der Zustellung sofort am Telefon verfügbar. Attraktive Tarife runden unser Angebot ab.

Arbeitsaufträge

1. Erläutern Sie, durch welche besonderen Merkmale der Paket- und Expressdienst – im Vergleich zu den Transportleistungen von Bahn, Post und Spediteuren – gekennzeichnet ist.
2. Unterscheiden Sie Kurier-, Express- und Paketdienste.
3. Führen Sie verschiedene KEP-Dienste auf.

Die internationalen Paket-, Express- und Kurierdienste stehen im Wettbewerb zur traditionellen Spedition einerseits und zu Post und Bahn andererseits. Genutzt werden sie von Kunden, die mit dem konventionellen Transportangebot nicht zufrieden sind und darüber hinausgehende Anforderungen stellen.

Kurier- und Expressdienst früher

Früher nahmen die Branchenbezeichnung „Kurier- und Expressdienste" kleine Privatunternehmen in Anspruch, die mit einem Pkw-Kombi oder Kleinlieferwagen auf Anforderung eines

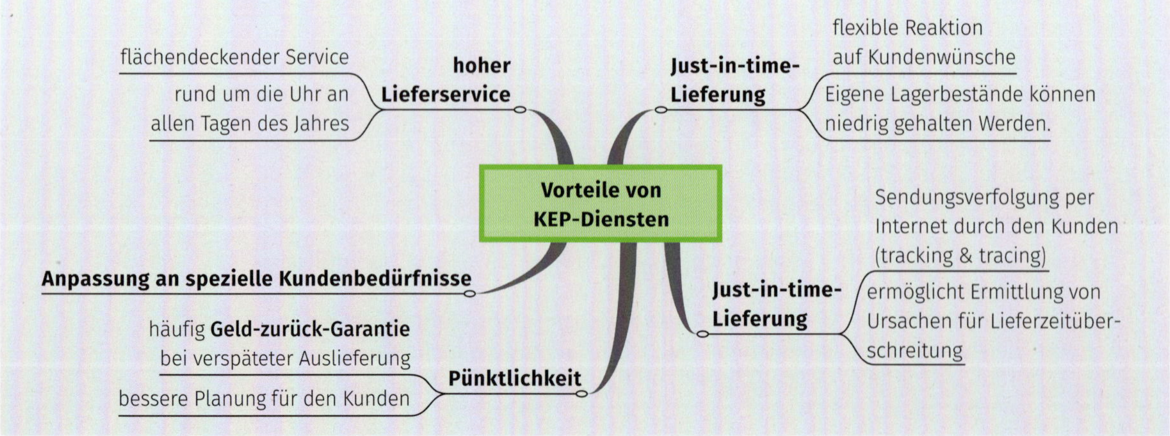

einzelnen Kunden einige Eiltransporte innerhalb eines bestimmten Bedienungsbereichs (Stadt, Bezirk, z. T. auch Fernstrecken) durchführten. Die Abrechnung erfolgte in der Regel nach den gefahrenen Kilometern oder der in Anspruch genommenen Zeit.

Unter der gleichen Namensbezeichnung „Kurier- und Expressdienste" treten seit einiger Zeit neu etablierte Unternehmen am Markt auf. Sie haben jedoch ein völlig verändert angelegtes Dienstleistungssystem.

Kurier-, Express- und Paketdienste heute

Private Paketdienste

Private Paketdienste stehen in Konkurrenz zum Stückgutverkehr der Bahn und zum Güterverkehr der Post. Sie haben seit einiger Zeit vor allem deshalb einen Aufschwung genommen, weil sie aufgrund ihrer privatwirtschaftlichen Struktur anpassungsfähiger auf Veränderungen des Marktes und auf Kundenwünsche reagieren konnten als beispielsweise die Post. Befördert werden von diesen direkten Konkurrenten der Post Pakete bis zu einer Gewichtsgrenze von in der Regel 30 kg.

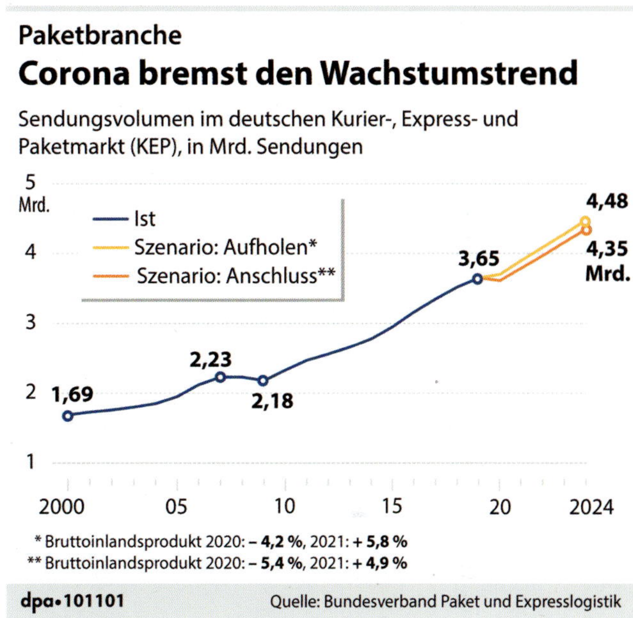

Kurierdienste

Hauptaufgabe eines Kurierdienstes ist es, Dokumente zu befördern. Darüber hinaus werden kleinere Paketsendungen übernommen. Die Sendung kann durch einen Kurier begleitet werden, muss aber nicht.

Expressdienste

Expressdienste übernehmen im Rahmen von Sammelladungen Gütersendungen z. T. sogar ohne Maß- und Gewichtsbegrenzungen. Der Transport erfolgt von Haus zu Haus. Ein Kurier begleitet die Sendung generell nicht.

Die Abgrenzung zwischen Paket-, Kurier- und Expressdiensten ist fließend. Viele Unternehmen führen nicht nur die eine oder andere, sondern häufig sämtliche Leistungen aus.

Unterschiede zu den herkömmlichen Liefersystemen

Die neuen Produkte im Transportbereich unterscheiden sich von den bisherigen Liefersystemen durch:

Schnelligkeit

Für Industrie- und Groß- und Außenhandelsunternehmen wurde in den letzten Jahren Schnelligkeit zum Prinzip und zum Verkaufsargument für die eigenen Produkte. Kurier-, Express- und Paketdienste werden in diesem Zusammenhang zunehmend zum Mittel der Erfüllung eigener Versprechen und Verkaufsargumente.

Pünktlichkeit

Häufig ist Pünktlichkeit noch wichtiger als Schnelligkeit. Nur die genaue Auslieferzeit ermöglicht eine genaue Planung. Das Prinzip der Just-in-time-Lieferungen wurde beispielsweise entwickelt, um Lagerbestände niedrig zu halten: Die Produkte werden zu einer vorbestimmten Zeit angeliefert, um dann unmittelbar in den Verkaufsprozess eingebunden zu werden. Durch Laufzeitgarantien leisten die Kurier-, Express- und Paketdienste hierbei wichtige Unterstützung.

Abholsystem, das auf die Bedürfnisse des Versenders zugeschnitten ist

Der größte Vorteil für den Kunden ist, dass er die Sendung nicht mehr selbst zum Postschalter oder zum Bahnhof bringen muss. Die regelmäßige oder sporadische Abholung zum vereinbarten Zeitpunkt ist das stärkste Verkaufsargument. Dies gilt vor allem, wenn ein Nutzer in geografisch ungünstigen Randlagen sitzt und sich ein eigener Botendienst bzw. Werksverkehr nicht rechnet.

Sendungsverfolgung

EDV-Systeme mit fortschrittlicher Kommunikationstechnik ermöglichen detaillierte Beobachtung und Steuerung der Warenströme. Durchgehende Barcodekontrolle, Scanning von Maßen und Gewichten, Sendungsverfolgung im eigenen Netz und zu jedem Zeitpunkt bis zum Abliefernachweis sind technische Neuerungen, die zuerst durch die Kurier-, Express- und Paketdienste eingeführt wurden.

Beispiel

Ein Kurier- und Expressdienst unterhält ein aufwendiges EDV-gestütztes Sendungsverfolgungssystem. Vom Moment der Übernahme beim Versender an werden die Sendungen EDV-mäßig erfasst und an das Quelldepot übermittelt. Die Sendung wird dadurch in das System übernommen. Jede weitere physische Bewegung der Sendung wird erfasst. Die Kundendienstabteilung kann dadurch die Sendung jederzeit lokalisieren und dem Kunden über den Verbleib Auskunft geben. Großkunden wird sogar die Möglichkeit eröffnet, sich über eigene Terminals direkt über den Transportstatus einer Sendung zu informieren.

Die Laufzeitüberwachung der Sendung ist von großer Bedeutung. Nicht nur die Auslieferqualität wird erfasst, sondern auch Laufzeitüberschreitungen, die nach Verursachern und Gründen festgehalten werden. Durch entsprechende Maßnahmen kann dann der Qualitätsstandard gehalten werden.

Übernahme einer Gesamtdienstleistung

Im Gegensatz zu anderen Anbietern von Transportleistungen übernehmen die Kurier-, Express- und Paketdienste eine Gesamtdienstleistung Haus zu Haus in eigener Regie und Durchführung und damit in ungeteilter Verantwortung. Sie vereinigen in sich den Nahverkehrsunternehmer, den Fernfahrer, den Umschlagsbetrieb, die Zollagentur und alle anderen Segmente einer Transportkette.

Diese Integration bringt den Grad an Sicherheit und Schnelligkeit, der Kurier-, Express- und Paketdienste auszeichnet. Schnittstellen der Steuerung, der Kontrolle und der Verantwortung fallen weg oder liegen im eigenen Haus.

Logistikmanager in Industrie- und Großhandelsunternehmen legen immer mehr Wert auf schnelle und pünktliche Lieferung sowie auf eine kalkulierbare Tarifgestaltung der Anbieter von Transportleistungen. Dies sind die Stärken der Kurier-, Express- und Paketdienste.

Versenderorientierte Gründe für die Inanspruchnahme von Kurierdiensten

Integrierte Dienstleistungen			
Zustellung	Ausgangsbeladung	Verzollung (Import/Export)	Messen der Servicequalität
Nachlauf	Sortieren	Versandabfertigung	Auslieferkontrolle
Vorlauf	Messen, Wiegen, Routen	Disposition	Sendungsverfolgung
Abholung	Eingangsentladung	Dokumentation, Dateneingabe	Eingangskontrolle
Transport	Umschlag	Abfertigung	Kontrollen

Das Angebot verschiedener nachgeschalteter Dienstleistungskomponenten ist ein wesentliches Qualitätsmerkmal der großen Kurier-, Express- und Paketdienste.

Die von Kurierdiensten beförderten Sendungen setzen sich hauptsächlich zusammen aus Dokumenten, Akkreditiven, Verschiffungspapieren, technischen Zeichnungen, Ausschreibungsunterlagen, Schecks, Wechseln, Datenträgern, Warenmustern und Ersatzteilen. Alle Bestandteile der Sendungen unterliegen der Eilbedürftigkeit.

Der Kurierdienst kann von Außenhandelsbetrieben beispielsweise in Anspruch genommen werden:

- **zur Sicherstellung von Terminen**

> **Beispiel**
>
> Ein Außenhandelsbetrieb beteiligt sich an einem termingebundenen Ausschreibungsverfahren. Der Kurierdienst stellt sicher, dass die Unterlagen fristgerecht übergeben werden.

- **aus finanzierungspolitischen Gründen**

Beispiel

Die Verschiffungsdokumente werden wenige Stunden nach Auslaufen des Seeschiffs dem Empfänger durch einen Kurier zugestellt. Die Ware kann noch vor Eintreffen des Schiffes an der Börse gehandelt werden bzw. bei einem Zahlungsgeschäft Kasse gegen Dokument wird sofort der Kaufpreis fällig. Im ersten Fall sichert sich der Käufer einen beträchtlichen Zinsgewinn, im zweiten Fall entsprechend der Verkäufer.

- **im Ersatzteilversand**

Beispiel

Ein Seeschiff liegt mit einer defekten Navigationsanlage in Übersee auf Reede. Ein Unternehmen, das sich auf Schiffsausrüstungen spezialisiert hat, schickt auf Anforderung der Reederei ein Ersatzteil mithilfe eines Kurierdienstes. Die Reederei vermeidet dadurch hohe Folgekosten (Zeitverzögerung, Wegfall eines Folgeauftrags).

Anforderungen an die Expressdienste

Hauptmerkmal der Expressdienste ist die bevorzugte, mit einer Zeitvorgabe versehene Beförderung von Warensendungen. Expressdienste wollen nicht nur eine Feuerwehrfunktion im Einzelfall übernehmen, sondern einen Beitrag innerhalb eines logistischen Gesamtkonzepts leisten.

Beispiele

- Das Handelshaus Meier KG hat im Rahmen eines Just-in-time-Konzepts mehrere dezentrale Auslieferungslager aufgelöst und gleichzeitig Lagerbestände abgebaut. Die Meier KG benötigt ein Transportsystem, um die bisherige Lieferbereitschaft weiter aufrechtzuerhalten.
- Die Kunden der Ehlers & Gehrenberg KG sehen zunehmend eine schnelle Lieferung als wichtigstes Verkaufsargument an. Das ergab eine Kundenbefragung. Als neue Absatzstrategie wird die Ware per Expressdienst zum Kunden gebracht.

Schon allein das Preisgefüge zeigt die unterschiedliche Aufgabenstellung im Vergleich mit herkömmlichen Transportsystemen. Für Expresssendungen, die in der Regel ohne Gewichts- und Maßbegrenzungen angenommen werden, gelten degressiv gestaltete Tarife. Die Bedürfnisse der Kunden werden nur dann befriedigt, wenn ein Expressdienst folgende Anforderungen erfüllt:

- **Schnelligkeit** = kurze Lieferzeit
- **Zuverlässigkeit** = pünktliche Abholung und Zuführung
- **Sicherheit** = schonende Behandlung der Güter
- **Kalkulierbarkeit** = einfache Tarifgestaltung

Die Auftragsvergabe an einen Kurier- oder Expressdienst hängt von vielfältigen Qualitätsanforderungen ab.

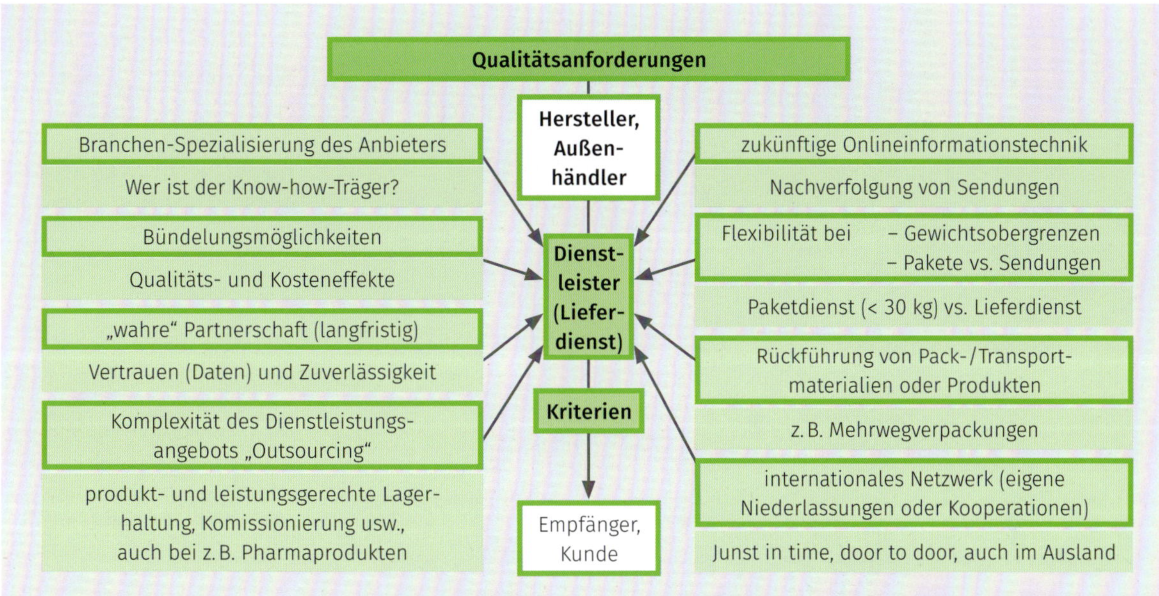

Zusammenfassung

Neue Anbieter auf dem Markt für Transportdienstleistungen

zeichnen sich aus durch:

- Schnelligkeit
- Sendungsverfolgung
- Pünklichkeit
- Übernahme einer Gesamtleistung
- ein auf die Belange des Versenders zugeschnittenes Abholsystem

Paketdienste
privatwirtschaftliche Unternehmen als direkte Konkurrenz der früher staatlichen Post beim Versand von Paketen bis zu 30 kg

Expressdienste
mit einer Zeitvorgabe versehene Beförderung von Paketen ohne Maß- und Gewichtsbegrenzungen

Kurierdienste
eilbedürftige Beförderung von Dokumenten oder kleineren Paketsendungen

Aufgaben

1. Wodurch unterscheiden sich die heutigen von früheren Kurier-, Express- und Paketdiensten?

2. Erläutern Sie die Vorteile der neuen Transportdienstleistungen gegenüber den herkömmlichen Liefersystemen.

3. Die Kurier-, Express- und Paketdienste bezeichnen sich im Zusammenhang mit der Übernahme einer Gesamtdienstleistung selbst als „Integratoren".
Was verstehen Sie hierunter?

4. Was ist ein EDV-gestütztes Sendungsverfolgungssystem?

5. Ermitteln Sie (z. B. mithilfe der „Gelben Seiten"), welche bedeutenden Anbieter auf dem Markt existieren.

6. Erkunden Sie,
   a) ob Ihr Ausbildungsbetrieb Ware mithilfe von KEP-Diensten versendet, wenn ja,
   b) warum Ihr Ausbildungsbetrieb diese Dienste in Anspruch nimmt,
   c) welche Kurier-, Express- und Paketdienste Waren anliefern und
   d) zu welchen Bedingungen und Konditionen dies geschieht.

7. **a)** Gehen Sie ins Internet und rufen Sie dort die Seiten eines Paketdienstes auf, z. B.:
   - *www.ups.de*
   - *www.tnt.de*
   - *www.dpd.com/de*
   - *www.trans-o-flex.com/de*

   b) Ermitteln Sie Kosten und Laufzeit für ein 30-kg-Paket, das von Hildesheim (PLZ 31141) nach Darmstadt (PLZ 64230) geschickt werden soll. Das Paket enthält eigenes Verpackungsmaterial und soll spätestens am Abend des nächsten Werktags beim Empfänger sein.

7 Güterversand mit der Post

Einstiegssituation

Der Herrenausstatter Wemper, Korngasse 34, Salzburg, hat bei der Ehlers & Gehrenberg KG 20 Sporthemden bestellt. Herr Freese beauftragt den Auszubildenden Jakob Osterhoff, die Warenlieferung an den Herrenausstatter Wemper bei der Post aufzugeben.

Jakob auf dem Weg zur Post

Arbeitsaufträge

1. Stellen Sie fest, mit welcher Sendungsart Jakob die Hemden bei der Post aufgeben muss.
2. Bereiten Sie, stellvertretend für Jakob Osterhoff, den Versand dieser Ware mit der Post vor.

Sendungsarten der Post

DHL-Paket

In einem Paket kann man Gegenstände aller Art und Mitteilungen an jeden Ort in der Bundesrepublik Deutschland und ins Ausland bis zu einem **Höchstgewicht von 31,5 kg** versenden.

Pakete müssen mit einem Paketschein bei der Postfiliale eingeliefert werden. Auf ihm müssen Anschrift des Empfängers, Absenderangabe und ggf. Vermerke (z. B. Nachnahme) eingetragen werden.

Die **Gebühr** für ein Paket ist abhängig vom Gewicht und der Abmessung bzw. Sperrigkeit.

Die Paketgebühr kann vom Absender bei der Einlieferung bezahlt werden. Es ist aber auch möglich, den Empfänger die Paketgebühr bezahlen zu lassen. Dann wird das Paket unfrei (= nicht freigemacht) verschickt. Für jedes unfrei versandte Paket muss vom Empfänger neben der Paketgebühr eine Einziehungsgebühr bezahlt werden.

Päckchen

Gegenstände aller Art und briefliche Mitteilungen können bis zum **Höchstgewicht von 2 kg** als Päckchen verschickt werden. Päckchen müssen den Vermerk „Päckchen" tragen. Ihre Einlieferung wird nicht bescheinigt. Sie werden mit der Paketpost befördert. Gegenüber Paketen haben sie Gebührenvorteile. Für Päckchen im Inland wird von der Post z. B. für Päckchen der Größe M eine Gebühr von 4,39 Euro bei Online-Frankierung und 4,50 Euro bei Frankierung in der Filiale (Stand: März 2021) erhoben. Die Gebühr für ein Päckchen international ist abhängig vom Empfängerland.

Warenpost

Als Warenpost können Proben, Muster oder kleine Gegenstände (z. B. Tonbänder, CDs, kleine Ersatzteile, Textilien) bis zu einem **Höchstgewicht von 1 000 g** verschickt werden. Man darf der Warenpost kurze Angaben, die sich auf den Inhalt beziehen, Drucksachen und eine Rechnung beifügen.

Brief

Briefe werden im Inland bis zu einem **Höchstgewicht von 1 000 g** befördert. Briefe in das Ausland sind bis zum Höchstgewicht von 2 000 g zulässig.

Dialogpost

An einen größeren Empfängerkreis können inhaltsgleiche Sendungen auch als Infopost preisgünstig verschickt werden.

Es müssen gleichzeitig eingeliefert werden:

- mindestens 5 000 Stück bundesweit oder
- mindestens 200 Stück für dieselbe Leitregion (d. h., die ersten zwei Ziffern der Postleitzahl stimmen überein) oder
- mindestens 500 Stück bundesweit mit Zuschlag Kleinmenge

elDAS-Brief

Der **elDAS-Brief** ermöglicht den Briefversand über das Internet. Dies kann auf zwei Arten geschehen:

- auf allein elektronischem Weg direkt über das E-Brief-Postfach an digital angeschlossene Empfänger
- als *hybrider Brief*: Wenn der Empfänger kein E-Brief-Konto hat, wird die Nachricht von der Post ausgedruckt und vom Postboten zugestellt.

Zum Versand eines elDAS-Brief ist eine Registrierung über das Postident-Verfahren nötig. Der Nutzer erhält dann eine E-Postbrief-Adresse. Durch die Authentifizierung mit Passwort und HandyTan kann der Empfänger sicher sein, dass die digitale Post auch wirklich vom angegebenen Absender stammt. Die Inhalte des elDAS-Brief werden verschlüsselt verschickt, sodass sie nicht von Dritten eingesehen werden können.

Ein Nachteil ist u. a., dass der elDAS-Brief noch nicht verwendet werden kann, wenn rechtliche Bestimmungen (z. B. bei Kündigungen) die Schriftform vorschreiben.

Bücher- und Warensendung

Bücher, Broschüren, Notenblätter und Landkarten können bis zum **Höchstgewicht von 1 000 g** zu einer ermäßigten Gebühr als **Bücher- und Warensendung** versandt werden.

POSTAKTUELL-Sendungen

POSTAKTUELL-Sendungen sind Schreiben oder Warensendungen gleichen Inhalts, die ohne Anschrift an alle Haushalte eines beliebig großen Gebiets oder an alle Briefabholer einer Postfiliale verteilt werden.

Das **Höchstgewicht** für POSTAKTUELL-Sendungen beträgt 1 000 g.

Besondere Versendungsformen

Einschreiben

Briefe und Postkarten können als Einschreiben verschickt werden. Der Absender erhält bei der Einlieferung der Sendung eine Bescheinigung, mit der er beweisen kann, wann er die Sendung abgeschickt hat.

Beim **Einschreiben** händigt der Postzusteller die Einschreibesendung nur gegen Empfangsbestätigung aus.

Beim **Einschreiben Einwurf** wirft der Mitarbeiter der Post die Sendung entweder in den Briefkasten oder in das Postfach des Empfängers. Den Einwurf bestätigt er dann auf dem Auslieferungsbeleg.

Transportversicherung

Pakete können mit Transportversicherung verschickt werden. Bei der Einlieferung der Sendung erhält der Absender eine Bescheinigung, mit der er die Einlieferung der Sendung beweisen kann. Die Post garantiert eine besonders sichere Übermittlung zum Empfänger. Eine Sendung mit Transportversicherung wird nur gegen Empfängerbestätigung an bestimmte Empfangsberechtigte ausgeliefert.

Der Betrag der Transportversicherung darf maximal 25.000,00 € betragen.

Eigenhändig

Mit der Versendungsform „Eigenhändig" können Einschreiben, Nachnahmesendungen und Pakete versandt werden.

Diese Sendungen werden dann nur dem Empfänger persönlich oder einer von ihm besonders bevollmächtigten Person ausgehändigt.

Rückschein

Einschreiben und Pakete können mit einem Rückschein versandt werden. Die Post schickt diesen Rückschein an den Absender zurück, nachdem der Empfänger auf ihm den Empfang der Sendung bestätigt hat. Aus dem Rückschein kann der Absender ersehen, wann und an wen seine Sendung ausgehändigt wurde.

Nachnahme

Mit Nachnahmesendungen kann man Geldbeträge durch die Post einziehen lassen. Sie sind zulässig bei Briefen, Postkarten und Paketen. Der Nachnahmebetrag kann bei Briefen und Postkarten höchstens 1.600,00 € und bei Paketen maximal 3.500,00 € betragen. Eine Nachnahmesendung wird dem Empfänger nur ausgehändigt, wenn er den Nachnahmebetrag bezahlt.

Nachnahmesendungen müssen vom Absender mit einem Zahlschein eingeliefert werden, damit der eingezogene Betrag auf das von ihm angegebene Konto überwiesen werden kann. In den Zahlschein muss der Absender den um die Zahlscheingebühr verminderten Nachnahmebetrag eintragen.

Beispiel

Eva Musterfrau, Charles-de-Gaulle-Str. 20, 53113 Bonn, schickt an ihren Kunden Max Mustermann, Platz der Deutschen Post 1, 53113 Bonn, eine Ware in einem Nachnahmepaket. Das Paket wiegt 8 kg. Der Warenwert beträgt 900,00 €. Der Zahlscheinbetrag soll auf das Postbankkonto 90220-756 bei der Postbank Köln überwiesen werden.

Ermittlung des Zahlscheinbetrags und des Nachnahmeentgelts:

Warenwert	900,00 €
+ Paketgebühr	8,49 €
+ Nachnahmeentgelt	6,90 €
= Nachnahmebetrag	915,39 €

Werbeantwort

Absender von Werbesendungen, Katalogen usw. können dem Empfänger ihrer Sendung das Bestellen von Waren erleichtern, wenn sie der Sendung eine vorbereitete Antwortkarte oder einen Briefumschlag im Standardbriefformat beifügen, die der Empfänger portofrei an den Absender zurückschicken kann.
Als Werbeantworten sind Briefe und Postkarten zugelassen.

Haftung der Post

Bei Verlust oder Beschädigung eines **gewöhnlichen Pakets** ersetzt die Post den unmittelbaren Schaden bis zum **Höchstbetrag von 500,00 €** je Paket.

Beim Verlust von **Einschreiben** zahlt sie **25,00 €**. Beim **Einschreiben Einwurf** haftet sie mit **20,00 €**.

Wenn eine **Sendung mit Transportversicherung** verloren geht oder beschädigt wird, zahlt die Post den entstandenen Schaden bis zur **Höhe der Transportversicherung**.

Bei Verlust oder Beschädigung einer **Nachnahmesendung** während der Beförderung haftet die Post in derselben Weise wie bei der entsprechenden Sendung ohne Nachnahme.

Zusätzlich haftet die Post dafür, dass der Nachnahmebetrag ordnungsgemäß eingezogen und überwiesen wird.

Ersatz für Beschädigung und Verlust leistet die Post an den Absender.

Die Post haftet nicht, wenn

- der Schaden auf der natürlichen Beschaffenheit der Sendung beruht,
- der Schaden überwiegend durch den Absender verursacht wurde, z. B. durch unsachgemäße Verpackung,
- der Empfänger Schäden nicht unmittelbar nach Entdecken bei der Postfiliale anmeldet.

Die Post haftet auch nicht bei Beschädigung oder Verlust von Briefen und Päckchen.

Zusammenfassung

Sendungsart	max.	zul. Versendungsformen	Haftung der Post/DHL
DHL-Paket	31,5 kg	Transportversicherung Nachnahme Eigenhändig und Rückschein Express-Service	· **ohne** Transportversicherung: bei Verlust oder Beschädigung bis 500,00 € · **mit**: bei Verlust oder Beschädigung bis Wertangabe (höchstens 25.000,00 €)
DHL-Päckchen	2,0 kg	–	keine
Brief	1 000 g	Einschreiben Eigenhändig und Rückschein beim Einschreiben Nachnahme Werbeantwort	· Einschreiben: 25,00 € bei Verlust · Einschreiben Einwurf: 20,00 € bei Verlust
Warenpost	1 000 g	–	keine
Dialogpost Bücher- und Warensendung	1 000 g	–	keine
POSTAKTUELL	1 000 g	–	keine

Aufgaben

1. Eine Uhr, Gewicht 15 kg, Wert 350,00 €, soll von Bielefeld nach Groningen verschickt werden. Welche Sendungsart sollte der Absender wählen?

2. Eine dem Geschäftsinhaber bekannte auswärtige Kundin hat beim Einkauf einen Pullover, Gewicht 550 g, Wert 28,00 €, liegen lassen.
   Mit welcher Sendungsart kann er ihr den Pullover am billigsten nachsenden?

3. Der Inhaber einer Teehandlung will seinen Kunden vor dem Weihnachtsfest kleine Teeproben zusenden. Wie kann er das am billigsten tun?

4. Ein Kunde hat bei einem Versandhaus eine Kaffeemaschine, Gewicht 3 kg, Wert 80,00 €, bestellt. Er will erst bei Erhalt der Ware bezahlen. Welche Versendungsform wird das Versandhaus wählen?

5. Durch welche Versendungsform kann der Absender nachweisen, dass er einen Brief aufgegeben hat?

6. Ein Einschreibebrief, Wert 30,00 €, geht verloren.
   Wie viel Euro Schadenersatz leistet die Post?

7. Ein Päckchen mit Glaswaren im Wert von 35,00 € kommt beschädigt an. Wie viel Euro Schadenersatz bezahlt die Post?

8. Vergleichen Sie die Sendungsart „DHL-Paket“ mit den Sendungsarten „Päckchen“, „Warensendung“, „DHL-Paket mit Transportversicherung“ und „Nachnahmepaket“ hinsichtlich Gebühren und Sicherheit.
   Besorgen Sie sich dazu als zusätzliche Informationsquelle die aktuelle Produktpreisliste der Deutschen Post AG.

Lernsituation

Anna Ruiz-Gonzales ist im Rahmen ihrer Ausbildung derzeit in der Verwaltung der Ehlers & Gehrenberg KG eingesetzt. Herr Kreckler ist dort für die Organisation des Versands der Waren- und Postausgänge zuständig. Er drückt ihr einige Schreiben in die Hand und sagt:

Herr Kreckler:
„Frau Ruiz-Gonzales, bitte bereiten Sie doch diese beiden Schreiben für den Versand vor. Ich weiß zwar, dass Sie heute Ihren ersten Tag hier in der Poststelle haben, aber ich denke, dass man am besten lernt, wenn man einfach mal loslegt. Da gibt es nicht viel zu gucken, da muss man einfach mal ran an die Arbeit.“

Anna:
„Ja, mach ich gern. Vielen Dank, Herr Kreckler, es ist schön, dass ich sofort etwas selber bearbeiten darf. Haben Sie vielleicht noch einige Tipps für mich, weil ich ja noch keine Idee habe, was ich machen muss?“

Herr Kreckler:
„Schön, dass Sie motiviert sind. Informieren Sie sich am besten zunächst über die Möglichkeiten, die wir haben, um die Post zu unseren Kunden zu bringen, und

entscheiden Sie sich dann für eine geeignete Möglichkeit des Versands. Beim Versand sind keine dringlichen Termine einzuhalten."

Anna:
„Gut, verstanden, ich mache mich gleich an die Arbeit."

Herr Kreckler:
„Ich erwarte Sie dann nachher mit Ihren Lösungsvorschlägen und den versandfertigen Postsendungen."

Name:	Herr Kreckler
Unser Zeichen:	Kr/rg
Unsere Nachricht vom:	
Ihr Zeichen:	A71309
Ihre Nachricht vom:	13.09.20..

Ehlers & Gehrenberg KG . Am Sandtorkai 24 . 20457 Hamburg

Brandes GmbH
Lister Meile 5
01169 Dresden

Tel.: 040 750610-38
Fax: 040 750610-11
E-Mail: kreckler@ehlers-wvd.de
Internet: www.ehlers-wvd.de

Datum: 16.09.20..

Angebot

Sehr geehrter Herr Schenk,

vielen Dank für Ihre Anfrage vom 13.09.20.. Wir können Ihnen die angefragten Damenblusen „Giulia" zu folgenden Konditionen anbieten:

Bestell-Nr. 338: Damenbluse „Giulia", langarm, uni, 100 % Baumwolle, Gr. 32 bis 50
Farben: Weiß, Schwarz, Rot, Blau, Beige
Preis: 18,99 €/Stück einschl. Verpackung

Bei einer Abnahme von mindestens 100 Stück gewähren wir einen Mengenrabatt von 10 %.

Der Preis gilt frei Haus. Die Hemden können innerhalb von 7 Werktagen geliefert werden.

Die Zahlungsfrist beträgt 4 Wochen. Bei Zahlung innerhalb von 10 Tagen gewähren wir Ihnen 2 % Skonto.

Wir freuen uns auf Ihren Auftrag.

Mit freundlichen Grüßen

Ehlers & Gehrenberg KG

i. V. *Kreckler*

Ehlers & Gehrenberg KG . Am Sandtorkai 24 . 20457 Hamburg
Tina Hempe e. Kffr.
Weststr. 55
81541 München

Name: Herr Kreckler
Unser Zeichen: Kr/rg
Unsere Nachricht vom: 04.09.20..
Ihr Zeichen: B2-0109-CB
Ihre Nachricht vom: 01.09.20..

Tel.: 040 750610-38
Fax: 040 750610-11
E-Mail: kreckler@ehlers-wvd.de
Internet: www.ehlers-wvd.de

Datum: 16.09.20..

Rechnung

Sehr geehrte Frau Hempe,

vielen Dank für Ihren Auftrag. Anbei übersenden wir Ihnen die bestellte Ware:

Artikelnr.	Bezeichnung	Größe	Menge	Einzelpreis	Preis
554556921	Rock „NewStyle“	36	4	17,99 €	71,96 €
554556921	Rock „NewStyle“	38	4	17,99 €	71,96 €
554556921	Rock „NewStyle“	40	4	17,99 €	71,96 €
				Gesamt netto:	215,88 €
				USt 19 %	41,02 €
				Gesamt brutto:	256,90 €

Bitte zahlen Sie gemäß unserem Angebot vom 04.09... innerhalb von 4 Wochen auf eines unserer Konten. Bei Zahlung innerhalb von 10 Tagen gewähren wir Ihnen 2 % Skonto.

Wir bedanken uns für Ihren Auftrag.

Mit freundlichen Grüßen

Ehlers & Gehrenberg KG

i. V. Kreckler

1. Arbeiten Sie aus der Situation heraus, welche Aufgaben Anna erledigen muss. Geben Sie die Aufgaben gleich in einer sinnvollen Reihenfolge an.
2. Erläutern Sie mit eigenen Worten, was man unter Kurier-, Express- und Paketdiensten versteht, und grenzen Sie die Unternehmen voneinander ab.
3. Geben Sie mithilfe Ihres Lehrbuches die Vorteile an, die die Beauftragung eines KEP-Dienstleisters mit sich bringen kann, und erläutern Sie die Vorteile kurz.
4. Arbeiten Sie aus Ihrem Lehrbuch Gründe heraus, die ein Unternehmen dazu bewegen können, beim Versand auf Kurierdienste zurückzugreifen.
5. Erläutern Sie mithilfe Ihres Lehrbuches, welche Erwartungen ein Kunde beim Versand mit einem Expressdienst an diesen Dienstleister hat.

6. a) Erstellen Sie eine kurze, stichpunktartige Beschreibung für die folgenden Versandarten.
      - DHL-Paket
      - Päckchen
      - Warenpost
      - Infopost
      - Bücher- und Warensendung
   b) Stellen Sie fest, welche dieser Versandarten ihr Ausbildungsbetrieb die Versandart verwendet, und geben Sie für jede dieser Versandarten ein Beispiel an.
7. Geben Sie an, in welchem Umfang die Post bei Verlust oder Beschädigung von Sendungen haftet.
8. Sie sind nun bestens über die verschiedenen Versandmöglichkeiten informiert. Betrachten Sie die beiden Sendungen aus der Handlungssituation und geben Sie begründet an, welche Versandarten und ggf. besonderen Versendungsformen sich jeweils anbieten.
   (Hinweis: Ein Rock „NewStyle" wiegt etwas unter 150 g.)
9. Geben Sie an, was Anna tun muss, um die beiden Dokumente für den Versand vorzubereiten.

8 Containerisierter Transport im internationalen Warenverkehr

Einstiegssituation

Die Ehlers und Gehrenberg KG will 100 Tonnen Futtermittel an einen Futtermittelhändler in Brasilien liefern. Die Futtermittel sollen per Seeschiff von Hamburg nach Sao Paulo in Containern im kombinierten Verkehr versandt werden.

Arbeitsaufträge

Stellen Sie fest,

1. welche Containerart sich für den Transport eignet.
2. welche Vorteile der containerisierte Transport der Futtermittel hat.
3. welches Containertransportsystem gewählt werden sollte.

Der Container als Ladungseinheit

Behälter, die über 3 m^3 bzw. 5 Tonnen Fassungsvermögen besitzen, werden als Container bezeichnet.

Container sind genormte, dauerhafte Transportbehälter im Güterverkehr. Sie können leicht be- und entladen, sicher verschlossen und zwischen verschiedenen Transportmitteln als Ladeeinheit umgeschlagen werden.

Unterscheidung nach der Größe

Mittelcontainer haben ein Fassungsvermögen von 3 bis 16 m^3. Sie werden von der Bahn vermietet und auf der Schiene oder mit dem Lkw befördert.

Mittelcontainer

- lassen sich jederzeit tauschen,
- können vom Boden aufgenommen und abgesetzt werden,
- sind roll- und kranbar,
- können gekippt werden,
- sparen Transportkosten, da die Fracht nur nach dem Nettogewicht berechnet wird.

Großcontainer haben ein Fassungsvermögen von 20, 30 oder 40 Fuß (1 Fuß, Abkürzung „ft.“, sind ungefähr 30 cm). Bei den Großcontainern unterscheidet man ISO-Container (Überseecontainer) und Binnencontainer

- **ISO-Container** können weltweit für den Transporte mit Schiffen, Schienenfahrzeugen und Lastkraftwagen eingesetzt werden. ISO-Container sind Stahlbehälter mit einer Stirnwandtür. Sie sind spritzwasserdicht und können gefüllt sechsfach gestapelt werden.

- **Binnencontainer** können nur innerhalb Europas eingesetzt werden. Sie sind an den innereuropäischen Schienen-, Straßen- und Binnenschifffahrtsverkehr angepasst.

Unterscheidung nach Verwendungsart

Standardcontainer sind nach ISO-Norm zertifizierte Frachtcontainer für den Transport auf See, auf der Straße oder der Schiene. Standard-Frachtcontainer gibt es in verschiedenen Größen. Standardcontainer sind geschlossene Container, die an einer Stirnseite mit einer Doppeltüre ausgestattet sind.

Open-top-Container

Open-top-Container besitzen eine flexible Dachkonstruktion. Sie besteht meist aus abnehmbaren Spriegeln und/oder einer abrollbaren Plane. Außerdem lässt sich der obere Türquerträger komplett ausschwenken. So können Güter mit einem Kran in kürzester Zeit verladen werden.

Flats bestehen aus einer hochbelastbaren Bodenkonstruktion aus einem Stahlrahmen und einem Weichholzboden und zwei fest installierten oder klappbaren Stirnwänden. Die Stabilität der Stirnwände ermöglicht es, Ladungssicherungsmittel anzuschlagen und mehrere Flats übereinanderzustapeln. Flats gibt es als 20'- und 40'-Flats. In den Längsträgern, den Eckpfosten sowie im Boden sind zahlreiche Zurrringe installiert, an denen die Ladung gesichert werden kann.

Platform Container bestehen nur aus einer hochbelastbaren Bodenkonstruktion aus einem Stahlrahmen und einem Weichholzboden. Sie besitzen keine Stirn- und Seitenwände. Platform Container sind besonders für Schwergut und übergroße Ladungen geeignet.

Tank-Container sind Behälter zur Aufbewahrung und zum Transport flüssiger und gasförmiger Produkte (Massengüter). Sie werden hauptsächlich für den sicheren Transport flüssiger und temperaturgeführter Produkte der Chemie-, Mineralöl- und Druckgasindustrie eingesetzt. Sie eignen sich besonders für den intermodalen Verkehr. Sie können unabhängig vom Verkehrsträger jeden Standort in der Welt erreichen.

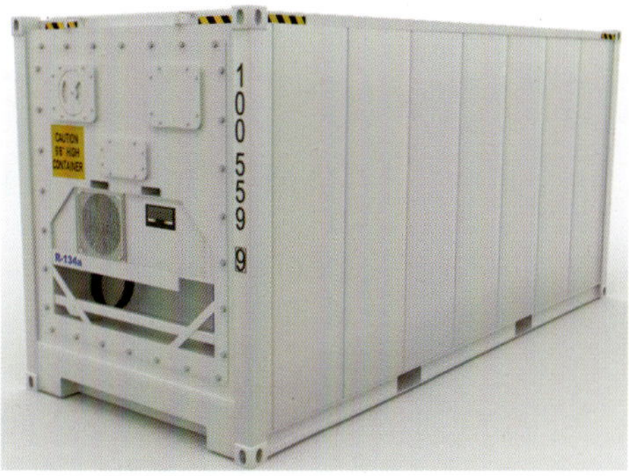

Reefer-Container

Reefer-Container sind Kühlcontainer. Sie werden zum Transport temperaturempfindlicher Waren eingesetzt. Sie besitzen ein integriertes Kühlaggregat, das über einen Strom- oder Dieselgenerator betrieben wird. Indem die Temperatur im Inneren unabhängig von der Umgebung stets konstant gehalten wird, stellen sie eine lückenlose Kühlkette sicher.

Bulk-Container werden für den Transport von Schüttgut (Getreide, Futtermittel, Gewürze usw.), verwendet. Sie können jedoch auch für den Stückguttransport benutzt werden. Bulk-Container verfügen im Dach über drei Einfüllöffnungen. An der Türseite befinden sich zwei Ausschüttöffnungen. Sie sind zum Teil mit kurzen Schläuchen zur Lenkung des Schüttgutes ausgestattet. Alternativ zu Ausschüttöffnungen können in den Türen zwei Entladeklappen zur Entleerung der Container angebracht sein.

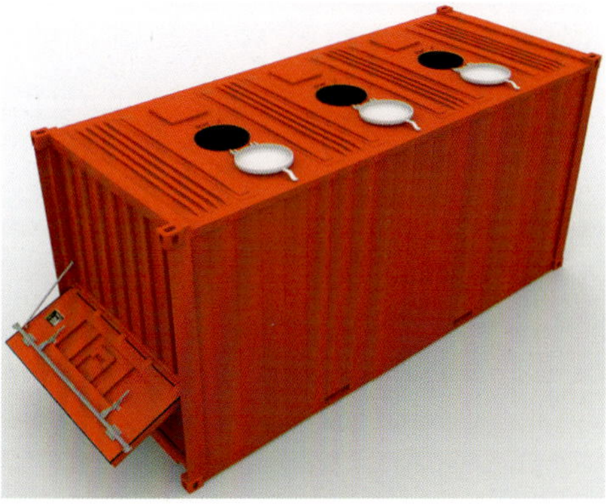

Bulk-Container

Transportsysteme im Containertransport

Im Containerverkehr unterscheidet man zwischen LCL- und FCL-Containern.

LCL/LCL-System

LCL steht für „less than full container load". Das bedeutet, dass der Container mit der Ladung nicht voll beladen ist. Bei der Ladung handelt es sich meistens um eine Teilladung, die im Sammelcontainer verschifft wird.

Die Teilladungen (Stückgüter) werden vom Ablader zum Terminal des Beförderers angeliefert. Im Ankunftshafen werden dieselben Teilladungen (Stückgüter) aus dem dortigen Terminal – Allonge des Schiffes – an den Empfänger ausgeliefert. Der Transport im Container, zusammen mit anderen Ladungen, das Einpacken und das Auspacken ist die Aufgabe des Beförderers. Der Container wird im Abgangshafen von einer „Container-Freight-Station (CFS)" für den Verfrachter beladen („Stuffing"). Im Bestimmungshafen besorgt eine andere CFS das Entladen („Stripping") des Containers (Pier-Pier-Verkehr).

FCL/FCL-System

FCL ist die Abkürzung für „full container load". Sie bedeutet, dass es sich um einen voll beladenen Container handelt. Der Container wird vom Ablader gepackt und voll beladen dem Verfrachter übergeben (Haus-Haus-Verkehr). Ort der Anlieferung ist hier nicht der Terminal, sondern der Container-Yard (Stapelplatz am Kai). Hier übernimmt der Beförderer den Container und stellt ihn nach computergesteuertem Plan so zur Verschiffung bereit, dass er unmittelbar auf seinen richtigen Stellplatz im Schiff verladen werden kann. Ort der Auslieferung ist der Container-Yard im Empfangshafen.

Aufgaben- und Kostenverteilung im Containertransport

Aufgaben- und Kostenverteilung bei Sendung als LCL/LCL-Ware

Bei einer Sendung als LCL/LCL-Ware wird die Ware auf Kosten des Verfrachters an die Container-Packstation geliefert. Der Befrachter muss auch eventuell anfallende Lagerkosten bis zur Beladung des Containers tragen.

Aufgaben und Kostenverteilung beim FCL/FCL-Versand

Bei einer Sendung als FCL/FCL-Ware ist die Kostenverteilung abhängig von den Vereinbarungen, die zwischen dem Befrachter und der Reederei getroffen wurden.

Bei der Vereinbarung „Merchant's Haulage" ist der Befrachter für die Durchführung der Vor- und Nachreise verantwortlich. Er trägt damit auch die Kosten des Vor- und Nachtransports der leeren Container.

Bei der Vereinbarung „Carrier's Haulage" ist der Verfrachter für die Organisation des Container-Rundlaufs vom inländischen Versandort zum Verschiffungshafen und vom Löschhafen des Bestimmungslandes an den Empfänger verantwortlich. Auch der Rücklauf des Leercontainers wird vom Verfrachter organisiert. Der Verfrachter stellt dem Befrachter für diese Leistung in der Regel eine Rundlaufpauschale in Rechnung.

Vorteile des kombinierten Warentransports in Containern

Container sind universell auf allen Transportmitteln (Schiff, Bahn, Lkw) einsetzbar. Damit sind sie ein idealer Transportbehälter für die kombinierten Verkehre.

Der kombinierte Warentransport in Containern ermöglicht geschlossene Transportketten zwischen den Verkehrsträgern. Ein Umladen von einem auf das andere Transportmittel beim Güterumschlag entfällt.

Die Vorteile des Containerverkehrs sind offensichtlich: Schnelle Löschung von Schiffsladungen, d. h. hohe Umschlaggeschwindigkeit macht seinen Einsatz äußerst wirtschaftlich. Auch im Bereich der Lagerhaltung ist der Container die weitaus kostengünstigste Alternative, da er aufgrund der Stapelbarkeit wenig Stellfläche verbraucht und der Platzbedarf sehr präzise kalkuliert werden kann.

Über den Seetransport hinaus gewinnt Containerverkehr auf Straße und Schiene zunehmende Bedeutung. Da die Container zwischen den verschiedenen Transportmitteln sehr schnell umgeschlagen werden können, eignen sie sich hervorragend zum Einsatz im intermodalen Verkehr (Kombiverkehr).

Der Gütertransport in LASH-Containern

Beim Gütertransport in LASH-Containern nimmt ein großes Trägerschiff schwimmfähige, antriebslose Großbehälter (sogenannte Leichter) für den Transport auf der Seestrecke mit seinem bordeigenen Portalkran auf. Im Bestimmungshafen trennt sich das Trägerschiff wieder von diesen Großbehältern. Die Leichter können dann den Weitertransport in den Hafengewässern, auf Kanälen und Flüssen als Fahrzeuge der Binnenschifffahrt in Schub- oder Schleppverbänden fortsetzen.

Der Vorteil des Gütertransports mit LASH-Containern ist, dass die Ladungen aus dem auf Flüssen oder Kanälen erreichbarem Binnenland ohne Umladen im Leichter vom Herkunfts- zum Zielort befördert werden können. Im LASH-Verkehr werden insbesondere Massengüter (Getreide, Eisenerzeugnisse u.a.) transportiert.

Zusammenfassung

Container

= Behälter mit mehr als 3 m^3 bzw. 5 Tonnen Fassungsvermögen

Unterscheidung

nach Größen
- Mittelcontainer
- Großcontainer
- ISO-Container
- Binnencontainer

nach Verwendungsarten
- Standardcontainer
- Open-top-Container
- Flats
- Platform Container
- Tank-Container
- Reefer-Container (Kühlcontainer)
- Bulk-Container

Transportsysteme im Containertransport

LCL/LCL-System
- LCL = „less than full container load"
- Der Container ist mit der Ladung voll beladen.

FCL/FCL-System
- FCL = „full container load"
- Der Container ist mit der Ladung nicht voll beladen.

Kombinierter Warentransport in Containern

Er ermöglicht geschlossene Transportketten zwischen den Verkehrsträgern (Schiff, Bahn, Lkw).

Gütertransport in LASH-Containern

Ein großes Trägerschiff transportiert schwimmfähige, antriebslose Großbehälter (sogenannte Leichter) auf der Seestrecke.

Aufgaben

1. Für welche Transporte können ISO-Container eingesetzt werden?
2. Für welche Transporte werden Binnencontainer eingesetzt?
3. Unterscheiden Sie LCL/LCL- und FCL/FCL-Systeme im Containerverkehr.
4. Erläutern Sie die Kostenverteilung zwischen Verfrachter und Befrachter bei Sendungen als LCL/LCL-Ware.
5. Erläutern Sie die Kostenverteilung zwischen Verfrachter und Befrachter bei
   a) der Vereinbarung „Merchant's Haulage",
   b) der Vereinbarung „Carrier's Haulage",
6. Für welche Transporte eignen sich LASH-Container?
7. Erläutern Sie die Vorteile des Einsatzes von Containern im kombinierten Ladungsverkehr.

9 Transportlösungen für den Handel mit unterschiedlichen Waren

Einstiegssituation

Eine Untersuchung der räumlichen Verteilung der Kunden der Ehlers & Gehrenberg KG zeigt das folgende Ergebnis:

Hamburg	2 % der Kunden
Norddeutschland	5 % der Kunden
Mittel- und Ostdeutschland	6 % der Kunden
Süddeutschland	5 % der Kunden
Westdeutschland	7 % der Kunden
EU-Länder	25 % der Kunden
EFTA-Länder	3 % der Kunden
Großbritannien	5 % der Kunden
Russland und Ukraine	6 % der Kunden
Nordamerika	12 % der Kunden
Südamerika	20 % der Kunden

Die Logistikabteilungsleiter der Ehlers & Gehrenberg KG beauftragen die Auszubildenden Anna Ruiz-Gonzales und Jakob Osterhoff, vorzuschlagen, mit welchen Verkehrsmitteln die jeweiligen Kundengruppen beliefert werden sollen.

Arbeitsauftrag

Versetzen Sie sich in die Rolle von Anna Ruiz-Gonzales oder Jakob Osterhoff und führen Sie den Auftrag aus.

Bei jedem Außenhandelsgeschäft muss dafür gesorgt werden, dass die Warensendung beim Kunden termingerecht und unbeschädigt ankommt. Bei der Auswahl des Transportmittels spielen außer der Sicherheit und Pünktlichkeit auch die Transportkosten eine wichtige Rolle. Dabei müssen auch die Transportnebenkosten für Verpackung, Versandpapiere und Versicherung berücksichtigt werden.

Für den Versand einer Ware müssen die folgenden Leistungen erbracht werden:

- Auswahl des Transportmittels und der Transportverbindung
- Erstellen der erforderlichen Versanddokumente
- Abschluss eines Transportversicherungsvertrages
- Übernahme der Ware am Versandort
- Zwischenlagerung der Ware
- Verpacken und Markieren des Versandgutes
- Ausfuhrabfertigung im Exportland
- Einfuhrabfertigung im Importland
- Transport zum Bestimmungsort

Wer für die Erbringung der Leistungen verantwortlich ist, ergibt sich in der Regel aus den im Kaufvertrag vereinbarten Incoterms.

Vor- und Nachteile der Verkehrsmittel

Vor- und Nachteile des Güterversands durch Lastkraftwagen

Vorteile sind:

- die im Vergleich zum Bahntransport häufig kürzere Transportdauer
- der umladefreie Haus-Haus-Verkehr von der Beladerampe des Versenders bis zur Entladerampe des Empfängers. Dadurch können oft erhebliche Umlade- und Verpackungskosten eingespart werden.
- die direkte Belieferung von Kunden ohne Bahnanschluss

Nachteile sind:

- geringere Verkehrssicherheit: Das Risiko, im Straßenverkehr einen Unfall zu erleiden, ist 24-mal größer als im Schienenverkehr.
- Witterungsabhängigkeit
- Unwirtschaftlichkeit bei Massengütern aufgrund des hohen Energieverbrauchs je beförderter Tonne: Der Energieverbrauch liegt beim Lkw 8,7-mal so hoch wie bei der Bahn.
- starke Umweltbelastung: Der Güterverkehr auf der Straße erzeugt 30-mal mehr Schadstoffe als der Schienenverkehr. Er verbraucht mehr

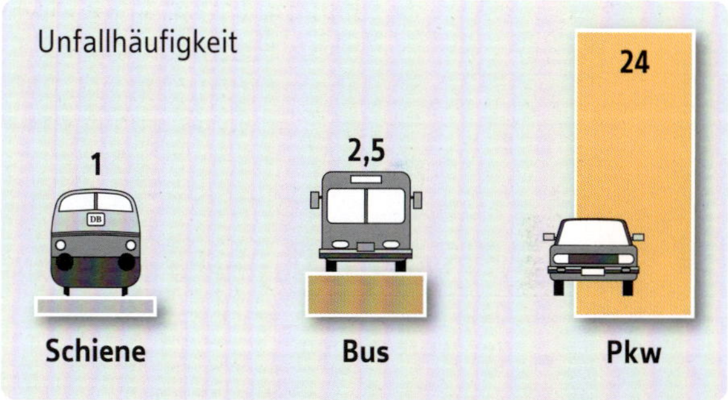

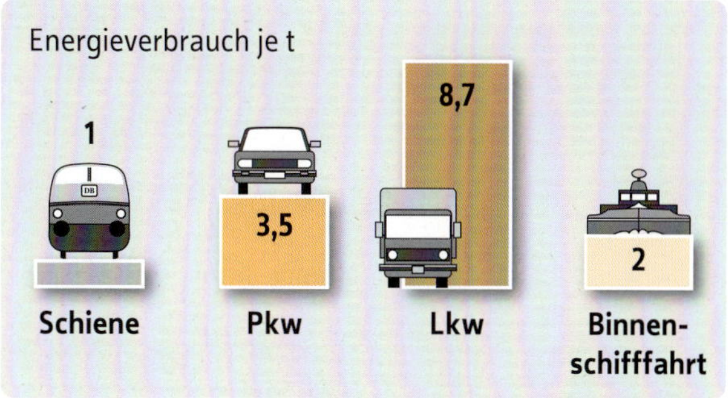

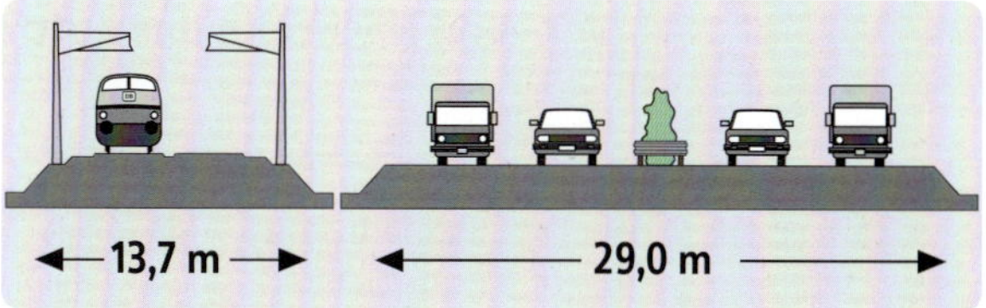

Fläche als die Bahn. Während eine zweigleisige Eisenbahnstrecke nur 13,7 m breit ist, benötigt die von der Kapazität her vergleichbare vierspurige Autobahn doppelt so viel Fläche.

- geringes Transportvolumen je Transporteinheit
- für Massengüter meistens ungeeignet

Vor- und Nachteile des Güterversands mit Eisenbahnen

Vorteile sind:

- besondere Eignung für den Transport von wertvollen Großsendungen (z. B. Fahrzeuge und Maschinen)
- besondere Eignung für lange, direkte Landtransporte
- kostengünstiger Transport von Massengütern
- hohe Transportsicherheit
- gute Umweltverträglichkeit durch vergleichsweise geringen Energieverbrauch und Schadstoffausstoß je Leistungseinheit

Nachteile sind:

- höhere Verpackungs- und Umladekosten: Die Transportgüter müssen zum Versand bei der Güterabfertigung des Versandbahnhofs abgeliefert und am Empfangsbahnhof abgenommen werden. Dafür sind Lkw-Transporte vom Versender zum Versandbahnhof und vom Empfangsbahnhof zum Empfänger erforderlich.
- Zeitverlust beim Einzelwagenverkehr durch häufige Rangierprozesse

Vor- und Nachteile des Güterversands mit Binnenschiffen

Vorteile sind:

- preiswerteste und umweltfreundlichste Art des Gütertransports bei Massengütern (z. B. Kohle, Erze, Getreide), Containertransporten und ungewöhnlich großen und schweren Gütern.
- hohes Transportvolumen

Nachteile sind:

- geringe Transportgeschwindigkeit und
- starke Abhängigkeit von Witterungsverhältnissen und Wasserstand (Hoch- und Niedrigwasser)

Vor- und Nachteile des Luftfrachtverkehrs

Vorteile sind:

- Schnelligkeit
- Pünktlichkeit

- Streckendichte
- Transportsicherheit
- Einsparung von Verpackungskosten
- geringere Kapitalbindung durch die Schnelligkeit des Lufttransports
- geringere Versicherungsprämien als im Seeverkehr

Nachteile sind:

- hohe Luftfrachtkosten

- eingeschränktes Transportvolumen: Dadurch ist der Transport bestimmter Güter auf dem Luftweg ausgeschlossen

- hohe Umweltbelastung.

Vor- und Nachteile des Seeverkehrs

Vorteile sind:

- Im Vergleich zum Luftfrachtverkehr ist der Seeverkehr in der Regel kostengünstiger, da die Seefrachtraten grundsätzlich erheblich niedriger sind als die Luftfrachtraten.

- Das Transportvolumen auf dem Seeweg ist größer als auf dem Luftweg.

Nachteile sind:

- Die Reisedauer auf dem Seeweg ist jedoch wesentlich länger als auf dem Luftweg.

- Die Verpackungskosten sind beim Seetransport höher als beim Lufttransport.

- Da das Schadensaufkommen im Seeverkehr höher ist als im Luftverkehr, sind die Versicherungsprämien im Seeverkehr höher als im Luftverkehr.

Wahl des optimalen Verkehrsmittels für den Gütertransport

Bei der Wahl des optimalen Verkehrsmittels für den Gütertransport sind im Wesentlichen folgende Faktoren zu berücksichtigen:

- Art der Güter und deren Eigenschaften (Gewicht, Volumen, Verpackungsart, Sperrigkeit, Haltbarkeit, Zerbrechlichkeit)

- Beförderungszeit

Beispiel

Bei Transport von Gütern innerhalb Europas mit einem Volumen von weniger als 1 m^3 und einem Gewicht von weniger als 400 kg wäre ein Kurierdienst am günstigsten. Kurierdienste liefern in Europa innerhalb von zwei bis drei Tagen. Bei einem Volumen von mehr als 2 m^3 und einem Gewicht von mehr als 400 kg ist in der Regel ein traditionelles Güterkraftverkehrsunternehmen am günstigsten. Diese Unternehmen liefern innerhalb Europas in vier bis sechs Tagen.

Bei einem Überseetransport von Gütern, z. B. von China nach Deutschland, mit einem Volumen von weniger als 0,5 m^3 und einem Gewicht von weniger als 100 kg ist die Luftfracht meist günstiger als die Seefracht. Denn bei der Seefracht wird ein Minimum von 1 m^3 berechnet, auch wenn das Volumen der Ladung geringer ist.

Bei einem Volumen von mehr als 0,5 m^3 und einem Gewicht von mehr als 100 kg ist die Seefracht günstiger als die Luftfracht, wenn die Ware nicht schnell ankommen muss: Der Transport von China nach Deutschland dauert meistens 38 bis 43 Tage. Die Transportzeit mit Luftfracht (Standard oder Kurier) beträgt von China nach Deutschland acht bis zwölf Tage.

- Transportweg

Beispiel

Die Ehlers & Gehrenberg KG liefert nach Italien und in die USA.

Für den Transport von Deutschland nach Italien gibt es nur den Land- oder Lufttransport.

Der Transport von Deutschland in die USA kann per See- oder Luftfracht durchgeführt werden.

- Pünktlichkeit des Verkehrsmittels
- Sicherheit der Beförderung
- Kapazität des Verkehrsmittels
- Transportkosten
- Umweltverträglichkeit
- vertragliche Vereinbarung mit dem Kunden
- Unfallhäufigkeit

Außerdem muss bei der Wahl der Transportart beachtet werden, ob es sich bei der zu versendenden Ware um Gefahrgut handelt.

Hochwertige, empfindliche und leicht verderbliche Waren, dringend benötigte Medikamente und Ersatzteile werden am sichersten und schnellsten per Luftfracht transportiert.

Die kurze Lieferzeit, die geringeren Verpackungskosten, die niedrigeren Versicherungsprämien, das geringere Diebstahlrisiko und Vereinfachungen bei der Exportabwicklung wiegen dabei die im Vergleich zu den anderen Transportarten höheren Frachtkosten auf.

Zusammenfassung

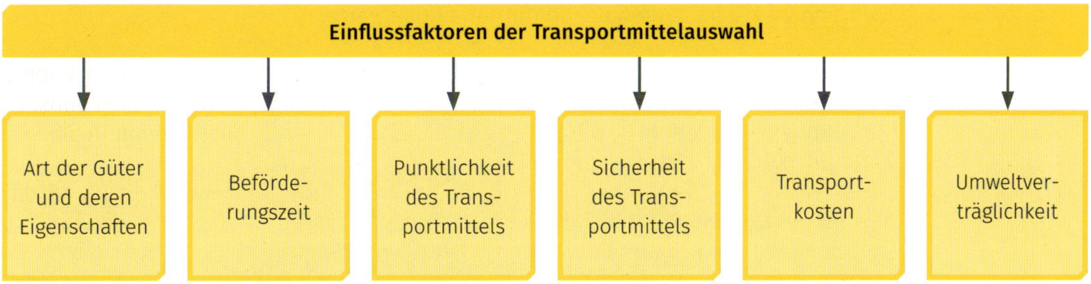

Aufgaben

1. Die Ehlers & Gehrenberg KG, Produktbereich Textilien, muss folgende Warenlieferungen ausführen:
   a) Lieferung von 1 000 Damenblusen an das Kaufhaus Sendlinger in Wien; das Kaufhaus Sendlinger benötigt die Ware spätestens in einer Woche.
   b) Lieferung von 200 Herrenhosen an das Textilfachgeschäft Gassinger in Zürich; das Textilfachgeschäft Gassinger benötigt die Ware in spätestens zwei Tagen.
   c) Lieferung von 200 Seidentüchern an das Warenhaus McIvor in Edinburgh; McIvor benötigt die Seidentücher in einer Woche.
   d) Lieferung von 500 Badehandtüchern an die Impex in Gdansk (Polen); die Impex benötigt die Handtücher in 14 Tagen.

   Wählen Sie für jede der vier Lieferungen das jeweils günstigste Transportmittel aus.

2. Ermitteln Sie die Anteile der einzelnen Transportarten Seefrachtverkehr, Luftfrachtverkehr, Binnenschifffahrtsverkehr, Eisenbahngüterverkehr und Straßengüterverkehr am gesamten Gütertransportaufkommen in der Bundesrepublik Deutschland.
   a) Führen Sie zur Informationsbeschaffung eine Internetrecherche durch.
   b) Bereiten Sie die Ergebnisse grafisch auf.
   c) Stellen Sie die Vor- und Nachteile der beiden bevorzugten Transportarten in einer Übersicht gegenüber.
   d) Präsentieren Sie Ihre Arbeitsergebnisse in Ihrer Klasse.

3. **a)** Stellen Sie fest, welche Transportarten von Ihrem Ausbildungsunternehmen bevorzugt eingesetzt werden.
   b) Ermitteln Sie die Gründe für die Auswahl dieser Transportmittel.
   c) Informieren Sie Ihre Mitschülerinnen und Mitschüler über die Transportmittelwahl Ihres Ausbildungsbetriebs.

Lernsituation

Herr Freese, der Abteilungsleiter Logistik des Produktbereichs Textilien der Ehlers & Gehrenberg KG, hat eine Aufgabe für Anna Ruiz-Gonzales:

Herr Freese:
„So, Frau Ruiz-Gonzales, wie Sie ja wissen, haben wir uns künftig für die firmenfremde Zustellung entschieden. Da ich jetzt gleich zu einem Meeting muss, kümmern Sie sich bitte um die folgenden Transportfälle:

Es müssen zum einen 4 000 Sakkos an die Firma Magyartex in Budapest und 2 900 Hosen an Wodsack KG in Hildesheim verschickt werden. (Fall 1)

Wir bestellen jetzt Jeans in Shanghai für die Saison in sechs Monaten. (Fall 2)

Ein großes amerikanisches Warenhaus hat heute 300 Anzüge bei uns bestellt. Diese sollen spätestens in fünf Tagen in New York sein. (Fall 3)

Die ELKO AG in Dortmund hat kurzfristig eine so große Nachfrage nach Hemden zu verzeichnen, dass ein Ausverkauf droht. Sie ordert 10 000 Stück bei uns und erhofft sich eine Lieferung bis übermorgen. Wir sollten mit dem Frachtführer eine Geld-zurück-Garantie bei verspäteter Abgabe abschließen." (Fall 4)

Anna:
„Das kann doch eine Spedition mit ihren Lkws machen ..."

Herr Freese:
„Vorsicht mit den Begriffen! Sie müssen sich in jedem Fall für einen Frachtführer entscheiden, und das muss nicht zwangsläufig auch ein Spediteur sein."

1. Die firmenfremde Zustellung kann neben der Post durch sogenannte Frachtführer erfolgen. Stellen Sie fest, was Frachtführer sind.
2. Führen Sie verschiedene Frachtführer auf, die die Ehlers & Gehrenberg KG mit dem Transport von Waren beauftragen könnte.
3. Geben Sie an, welche Rechte und Pflichten ein Frachtführer gegenüber der Ehlers & Gehrenberg KG hat.
4. Spediteure werden oft mit Frachtführern verwechselt (und manchmal sind bestimmte Frachtführer zugleich Spediteure). Stellen Sie fest, was Spediteure sind. Arbeiten Sie die Unterschiede zum Frachtführer hinaus.
5. Führen Sie Rechte und Pflichten des Spediteurs auf.
6. Entscheiden Sie, welche Frachtführer in den aufgeführten Fällen jeweils auszuwählen sind.

10 Auswahl der nötigen Dokumente im Außenhandel

Einstiegssituation

Die Ehlers & Gehrenberg KG erhält die folgende Bestellung von Christoffer Johnsen AS, Oslo (Norwegen).

Christoffer Johnsen AS – Verkseier Furulunds Vei 12 A – 0613 Oslo

Textilgroßhandlung
Ehrens & Gehrenberg KG
Sandtorkai 24
20457 Hamburg

Oslo
30. Juli 20..

Bestellung

Sehr geehrte Damen und Herren,

wir danken Ihnen für Ihr Angebot. Wir bestellen Herrensakkos aus 100 % Schurwolle, dunkelblau, Artikel-Nr. 529195

50 Stück, Größe 48
50 Stück, Größe 50
50 Stück, Größe 52
50 Stück, Größe 54
20 Stück, Größe 56

zum Stückpreis von 386,00 EUR, CIF Bergen, einschließlich Verpackung.

Lieferzeit: 14 Tage nach Auftragseingang

Zahlung: Dokumente gegen Kasse (d/p)

Mit freundlichen Grüßen

Christoffer Johnsen

Herr Bauer bittet Sandra Krollmann und Allan Stevenson,

- die Papiere, die bei der Zollabfertigung im Inland vorgelegt werden müssen,
- die für die Einfuhr in Norwegen erforderlichen Zollpapiere sowie
- die notwendigen Versandpapiere.

zu erstellen oder zu beschaffen.

Arbeitsauftrag

Stellen Sie die Papiere zusammen, die Sandra Krollmann und Allan Stevenson erstellen oder beschaffen müssen.

Ohne Dokumente können keine Außenhandelsgeschäfte abgewickelt werden. Sie werden benötigt für

- die Ausfuhr- und Einfuhrabwicklung,
- die Prüfung, ob Ein- und Ausfuhrverbote eingehalten wurden,
- den Leistungsnachweis und
- das Inkasso.

Viele Außenhandelsdokumente sind Urkunden, die strengen Formvorschriften unterliegen. Die Formvorschriften lassen beim Ausfüllen kaum einen Ermessensspielraum zu.

Auswahl der nötigen Dokumente für die Ausfuhr

Ausfuhrbegleitdokument (ABD)

Für die Ausfuhr von Waren in ein Land, das nicht zur Europäischen Union gehört, ist ein Ausfuhrbegleitdokument erforderlich, wenn der Warenwert der Warensendung 1.000,00 € übersteigt oder die Warensendung mehr als 1 000 kg wiegt.

Das Ausfuhrbegleitdokument ist eine Bestätigung der Ausfuhrzollstelle, dass die Ausfuhr der Ware zulässig ist.

Um das Ausfuhrbegleitdokument zu erhalten, muss der Exporteur oder sein Vertreter bei der zuständigen Zollstelle ein Ausfuhrverfahren eröffnen.

Dazu muss er der Zollstelle melden, dass die Ware bei der Zollstelle eingetroffen ist **(Gestellung)**. Außerdem muss er für die gestellte Ware eine **elektronische Ausfuhranmeldung** abgegeben. Dies kann entweder mit

- ATLAS (Automatisiertes Tarif- und Lokales Zoll-Abwicklungs-System) oder der
- Internetzollanmeldung Plus<<IAAA-Plus)

erfolgen.

Nach der Übermittlung der Ausfuhranmeldung an die Zollstelle und der Prüfung der Zulässigkeit der Ausfuhr durch die Zollstelle erhält der Exporteur oder sein Beauftragter das Ausfuhrbegleitdokument automatisch auf elektronischem Wege zugeschickt. Das ABD muss nun nur noch ausgedruckt und an der Warensendung befestigt werden.

Das Ausfuhrbegleitdokument enthält Angaben über:

- Versender und Empfänger
- Warenwert
- Warennummer (Zolltarifnummer), Warenbezeichnung
- Warengewicht
- Ursprungsland der Ware
- Ausfuhr- und Bestimmungsland
- Beförderungsmittel
- Zollverfahren

Außerdem enthält das ABD die 18-stellige Movement Reference Number (MRN) und einen Barcode im oberen rechten Feld des Formulars.

An der Außenzollstelle wird noch einmal geprüft, ob die Waren mit den im ABD aufgeführten Waren identisch sind, und die MRN erfasst. Damit wird die Ausfuhr bestätigt und der Expor-

EUROPÄISCHE GEMEINSCHAFT

Ausfuhrbegleitdokument

VERFAHREN (1): EX | Z | Bes. Umst. (S32)

Vordrucke (3): 1 | 2 — Anm. Sich.(S00): S

MRN 19DE586600822952E8

Versender/Ausführer (2) — Nr. DE9007024
PUREPROGRESS s.r.o.
Rybná 716/24
11000 Praha 1-Staré Mesto
CZ

A Ausfuhrzollstelle
DE005866
Hauptzollamt Probebetrieb
Zollamt Straße

Ausstellungsdatum
31.07.2019 11:01 Uhr

Empfänger (8) — Nr.
Test
Strasse 4
9987 Ort
AR

Positionen (5): 2 — Packst. insgesamt (6): 2 — Bezugsnummer (7): RE 77743 / LS 54543543

Beförderungskosten, Code für die Zahlungshinweise (S29) — Vers./Ausf.L.Code (15): a| DE — Bestimm.L.Code (17): a| AR

Code für die zu durchfahrenden Länder (S13)
DE, AR

Anmelder/Vertreter (14) — Nr. DE9007024
[1] PUREPROGRESS s.r.o.
Rybná 716/24
11000 Praha 1-Staré Mesto
CZ

Vertreter der Person, die summ. Anm. abgibt (14b)

Kennzeichen des Beförderungsmittels beim Abgang (18)

Warenort (30)
Code für den Ort des Verladens bzw. des Verpackens:
AA01

Verkehrszweig an der Grenze (25): 30 — Rohmasse (kg) (35): 76,430

Ausgangszollstelle (29): DE004208 — Nummer des Zollverschlusses (S28): -- — Anzahl: --

Packstücke und Warenbezeichnung (31) — Zeichen und Nummern - Container Nr. - Anzahl und Art

Siehe Liste der Positionen

Testdaten

E PRÜFUNG DURCH DIE ZOLLSTELLE
Ergebnis:
Frist (letzter Tag):

K PRÜFUNG DURCH DIE AUSGANGSSTELLE
Ankunftsdatum:
Prüfung der Verschlüsse:
Bemerkungen:

ausschließlich für Test/Schulung

Ausfuhrbegleitdokument

teur oder sein Beauftragter erhält einen Ausgangsvermerk als **Ausfuhrnachweis**. Dieser Ausfuhrnachweis muss zehn Jahre aufbewahrt werden.

Handelsrechnung

Bei der Ausstellung von Handelsrechnungen muss der Exporteuer besonders darauf achten, dass

- sie gut lesbar in der vorgeschriebenen Sprache ausgestellt werden,
- keine Verbesserungen durch Streichungen, Rasuren u. Ä. vorgenommen werden,
- die Inhalte mit den Angaben in den übrigen Warenbegleitpapieren übereinstimmen,
- sie formgerecht und rechtsverbindlich unterschrieben werden und
- sofern erforderlich von Handelskammern oder Konsulaten beglaubigt werden.

Konsulatsfakturen

Die Konsulatsfaktura hat grundsätzlich den gleichen Inhalt wie die Handelsrechnung. Die Konsulatsfaktura muss auf einem vorgeschriebenen Formular, das vom Konsulat des Einfuhrlandes bezogen wird, in einer vorgeschriebenen Sprache ausgestellt werden. Die Konsulatsfaktura muss dem Konsulat des Einfuhrlandes zur Beglaubigung vorgelegt werden.

Zollfakturen

Die Zollfaktura enthält im Wesentlichen die gleichen Punkte wie die Konsulatsfaktura. Sie muss auf Formularen der Zollämter des Einfuhrlandes ausgestellt werden. Eine Beglaubigung durch ein Konsulat ist jedoch nicht erforderlich.

Ursprungszeugnis

Ein Ursprungszeugnis wird bei der Ausfuhr aus der EU von den europäischen Zollbehörden nicht gefordert. Viele Bestimmungsländer verlangen jedoch ein förmliches Ursprungszeugnis für die Einfuhr in ihr Land.

Ob ein Ursprungszeugnis für die Einfuhr in das Bestimmungsland erforderlich ist, kann der Exporteuer von seinem ausländischen Kunden erfahren oder den Einfuhrbestimmungen des Bestimmungslandes oder den Konsulats- und Mustervorschriften der Handelskammer Hamburg entnehmen.

Die Ausstellung eines Ursprungszeugnisses muss in Deutschland vor der Ausfuhr bei der zuständigen Industrie- und Handelskammer, Handwerkskammer oder Landwirtschaftskammer beantragt werden.

Warenverkehrsbescheinigung

Die Warenverkehrsbescheinigung ist eine Erklärung, dass

- die Ware in einem EU-Land bzw. EWR-Land hergestellt wurde oder
- in der EU zollamtlich zum freien Verkehr freigegeben wurde.

Mit einer Warenverkehrsbescheinigung kann der Importeur in den Genuss der Zollbefreiung oder eines niedrigeren Zollsatzes kommen.

Warenverkehrsbescheinigungen werden im Verkehr mit Ländern verwendet, mit denen die EU ein Präferenz-, Freihandels- oder besonderes Handelsabkommen abgeschlossen hat. In den Abkommen gewähren sich die Vertragspartner meist gegenseitig, manchmal jedoch auch nur einseitig Zollvergünstigungen.

Bei Abkommen mit gegenseitiger Präferenzgewährung räumen sich die Vertragsparteien gegenseitig Zollvergünstigungen beim Import von Ursprungswaren des Vertragspartners ein.

Beispiel

Im Rahmen des ESA-Abkommens zwischen der EU und den Komoren, Madagaskar, Mauritius, Sambia, den Seychellen und Simbabwe räumen sich die Vertragspartner gegenseitig Vergünstigungen ein.

Bei Abkommen mit einseitiger Präferenzgewährung werden Vergünstigungen nur bei dem Import von Ursprungswaren eines Vertragspartners eingeräumt.

Beispiel

Im Rahmen des Allgemeinen Präferenzsystems (APS) für Entwicklungsländer gewährt die EU einseitig Vergünstigungen beim Import aus diesen Entwicklungsländern.

Länder/Ländergruppen	**Ausfuhr Präferenznachweise**	**Einfuhr Präferenznachweise**
Liechtenstein, Island, Norwegen, Schweiz	Ursprungserklärung auf der Handelsrechnung oder der Rechnung EUR-MED bis 6.000,00 € EUR.1 oder EUR-MED über 6.000,00 €	Ursprungserklärung auf der Handelsrechnung oder der Rechnung EUR-MED bis 6.000,00 € EUR.1 oder EUR-MED über 6.000,00 €
Türkei	A.TR	A.TR
Israel	Ursprungserklärung auf der Handelsrechnung oder der Rechnung EUR-MED bis 6.000,00 € EUR.1 oder EUR-MED über 6.000,00 €	Ursprungserklärung auf der Handelsrechnung oder der Rechnung EUR-MED bis 6.000,00 € EUR.1 oder EUR-MED über 6.000,00 €
Färöer	Ursprungserklärung auf der Handelsrechnung oder der Rechnung EUR-MED bis 6.000,00 € EUR.1 oder EUR-MED über 6.000,00 €	Ursprungserklärung auf der Handelsrechnung oder der Rechnung EUR-MED bis 6.000,00 € EUR.1 oder EUR-MED über 6.000,00 €
ÜLG[1]	Ursprungserklärung bis zu einem Gesamtwert von 10.000,00 € Ursprungserklärung nach einem vorgeschriebenen Wortlaut durch einen Registrierten Ausführer (REX) über 10.000,00 €	Ursprungserklärung bis zu einem Gesamtwert von 10.000,00 € Ursprungserklärung nach einem vorgeschriebenen Wortlaut durch einen Registrierten Ausführer (REX) über 10.000,00 €
Mittelmeerländer (Tunesien, Marokko, Jordanien, Libanon, Syrien)	Ursprungserklärung auf der Handelsrechnung oder der Rechnung EUR-MED bis 6.000,00 € EUR-MED oder EUR.1 über 6.000,00 €	Ursprungserklärung auf der Handelsrechnung oder der Rechnung EUR-MED bis 6.000,00 € EUR-MED oder EUR.1 über 6.000,00 €
MAR (AKP-Länder)	Ursprungserklärung auf der Handelsrechnung bis 6.000,00 € EUR.1 über 6.000,00 €	Ursprungserklärung auf der Handelsrechnung bis 6.000,00 € EUR.1 über 6.000,00 €

1 ÜLG = Überseeische Länder und Gebiete

Länder/Ländergruppen	Ausfuhr Präferenznachweise	Einfuhr Präferenznachweise
Südafrika	Ursprungserklärung auf der Handelsrechnung bis 6.000,00 € EUR.1 über 6.000,00 €	Ursprungserklärung auf der Handelsrechnung bis 6.000,00 € EUR.1 über 6.000,00 €
Mexiko	Ursprungserklärung auf der Handelsrechnung bis 6.000,00 € EUR.1 über 6.000,00 €	Ursprungserklärung auf der Handelsrechnung bis 6.000,00 € EUR.1 über 6.000,00 €
Chile	Ursprungserklärung auf der Handelsrechnung bis 6.000,00 € EUR.1 über 6.000,00 €	Ursprungserklärung auf der Handelsrechnung bis 6.000,00 € EUR.1 über 6.000,00 €
Andenstaaten (Peru, Kolumbien)	Ursprungserklärung auf der Handelsrechnung bis 6.000,00 € EUR.1 über 6.000,00 €	Ursprungserklärung auf der Handelsrechnung bis 6.000,00 € EUR.1 über 6.000,00 €
CARIFORUM	Ursprungserklärung auf der Handelsrechnung bis 6.000,00 € EUR.1 über 6.000,00 €	Ursprungserklärung auf der Handelsrechnung bis 6.000,00 € EUR.1 über 6.000,00 €
Südkorea, Kanada (CETA), Japan (JEFTA)	Ursprungserklärung auf der Handelsrechnung	Ursprungserklärung auf der Handelsrechnung
ESA-Abkommen (Komoren, Madagaskar, Mauritius, Sambia, Seychellen, Simbabwe)	Ursprungserklärung auf der Handelsrechnung bis 6.000,00 € EUR.1 über 6.000,00 €	Ursprungserklärung auf der Handelsrechnung bis 6.000,00 € EUR.1 über 6.000,00 €
Albanien, Bosnien-Herzegowina, Kosovo, Mazedonien, Montenegro, Serbien	Ursprungserklärung auf der Handelsrechnung bis 6.000,00 € EUR.1 über 6.000,00 €	Ursprungserklärung auf der Handelsrechnung bis 6.000,00 € EUR.1 oder EUR-MED über 6.000,00 €
APS-Länder (Entwicklungsländer)	Keine Gewährung von Präferenzen	Ursprungserklärung auf der Handelsrechnung bis 6.000,00 € Ursprungszeugnis nach Formblatt für Ausfuhrsendungen über 6.000,00 € von nicht registrierten Ausführern Ursprungserklärung für Ausfuhrsendungen über 6.000,00 € von Registrierten Ausführern (REX)

Die **Warenverkehrsbescheinigung EUR1** ist ein Präferenznachweis für den Warenverkehr der EU-Staaten mit den Staaten, mit denen die Europäische Union ein Freihandels-, Präferenz- oder Kooperationsabkommen geschlossen hat. Die Warenverkehrsbescheinigung EUR1 wird auch als Präferenznachweis im Warenverkehr der EU-Staaten mit den Staaten eingesetzt, mit denen die Europäische Union ein Assoziierungsabkommen abgeschlossen hat.

Die **Warenverkehrsbescheinigung EUR-MED** ist der Präferenznachweis für die Ursprungskumulationszone Europa-Mittelmeer (Pan-Euro-Med-Zone). Die Pan-Euro-Med-Zone umfasst die Europäische Union, Island, Liechtenstein, Norwegen, die Schweiz, die Türkei und nahezu alle Mittelmeerländer (Ägypten, Algerien, Israel, Jordanien, Marokko, Syrien, Tunesien, Westjordanland/Gazastreifen) sowie die Färöer-Inseln.

Die **Warenverkehrsbescheinigung A.TR** ist eine Freiverkehrsbescheinigung beim Warenverkehr mit der Türkei. Sie ist Nachweisdokument für den begünstigten Warenverkehr im Rahmen der Zollunion EU-Türkei. Sie gilt nur für die Ausfuhr von Zollunionswaren. Zollunionswaren sind alle Waren, die nicht zu den Agrarprodukten und den EGKS-Waren zählen. EGKS-Waren sind Waren, für die der zum 23. Juli 2002 ausgelaufene Vertrag der Europäischen

WARENVERKEHRSBESCHEINIGUNG

1. Ausführer/Exporteur (Name, vollständige Anschrift, Staat)

EUR.1 Nr. **D** 252921

Vor dem Ausfüllen Anmerkungen auf der Rückseite beachten

2. Bescheinigung für den Präferenzverkehr zwischen

....

und

....

(Angabe der betreffenden Staaten, Staatengruppen oder Gebiete)

3. Empfänger (Name, vollständige Anschrift, Staat)
(Ausfüllung freigestellt)

4. Staat, Staatengruppe oder Gebiet, als dessen bzw. deren Ursprungswaren die Waren gelten

5. Bestimmungsstaat, -staatengruppe oder -gebiet

6. Angaben über die Beförderung (Ausfüllung freigestellt)

7. Bemerkungen

8. Laufende Nr.; Zeichen, Nummern, Anzahl und Art der Packstücke [1]; Warenbezeichnung

9. Rohgewicht (kg) oder andere Maße (l, m³, usw.)

10. Rechnungen (Ausfüllung freigestellt)

[1] Bei unverpackten Waren ist die Anzahl der Gegenstände oder „lose geschüttet" anzugeben.

11. SICHTVERMERK DER ZOLLBEHÖRDE

Die Richtigkeit der Erklärung wird bescheinigt.

Ausfuhrpapier: [2]

Art/Muster .... Nr. ....

vom ....

Zollbehörde: ....

Ausstellender/s Staat/Gebiet: ....

Bundesrepublik Deutschland

Stempel

....

(Ort und Datum)

....

(Unterschrift)

[2] In der **Bundesrepublik Deutschland** vom Ausführer auszufüllen.

12. ERKLÄRUNG DES AUSFÜHRERS/EXPORTEURS

Der Unterzeichner erklärt, dass die vorgenannten Waren die Voraussetzungen erfüllen, um diese Bescheinigung zu erlangen.

....

(Ort und Datum)

....

(Unterschrift)

Page 2

LINER BILL OF LADING

B L No. Y.S.VIII-0987321.KAL
Reference No. 54031204

Shipper
(1) Primus GmbH
Koloniestraße 2-4
47057 Duisburg/Germany

Consignee
(3) to order

Carrier
(2) **BALTIC SHIPPING**
BALTIC SEA LINE LTD.
KALININGRAD/
RUSSIAN FEDERATION

Notify address
(4) Glowna Ltd.
Moskowsky Prospekt 320
23006 Kaliningrad Obl./Russia

Pre-carriage by* | Place of receipt by pre-carrier*

Vessel: (5) M.S.Sachalin VIII | Port of loading: (6) Lübeck-Travemünde/Germany

Port of discharge: (7) Kaliningrad/Russia | Place of delivery by on-carrier*

Marks and Nos.	Number and kind of packages; description of goods		Gross weight	Measurement
(8) Glowna Ltd. Kalinigrad/Russia Order-No. 98-0188 786-RUS No. 1-4	(9) 4 Cases	Said to Contain: (10) Primus Multifunction Printer Primus T Primus Fax T 30 Quantity: 200 Order-No. 98-0188 786-Rus	1158,00KGS	(11) 6,20 CBM

ORIGINAL

Particulars furnished by the Merchant

Freight details, charges etc.
Freight prepaid (12)

Daily demurrage rate (additional Clause A)

SHIPPED (13) on board in apparent good order and condition, weight, measure, marks, numbers, quality, contents and value unknown, for carriage to the Port of Discharge or so near thereunto as the Vessel may safely get and lie always afloat, to be delivered in the like good order and condition at the aforesaid Port unto Consignees or their Assigns, they paying freight as indicated to the left plus other charges incurred in accordance with the provisions contained in this Bill of Lading. In accepting this Bill of Lading the Merchant expressly accepts and agrees to all its stipulations on both pages, whether written, printed, stamped or otherwise incorporated, as fully as if they were all signed by the Merchant.
One original Bill of Lading must be surrendered duly endorsed in exchange for the goods or delivery order.
IN WITNESS whereof the Master of the said Vessel has signed the number of original Bills of Lading stated below, all of this tenor and date, one of which being accomplished, the others to stand void.

* Applicable only when document used as a Through Bill of Lading

Freight payable at: Departure (12)

Place and date of issue: (15) Lübeck-Travemünde,...-02-21

Number of original Bs L: Three/3 (14)

Signature: (16) As agent for and on behalf of carrier
Linienagentur Larsen & Meier GmbH
Büro Travemünde
Skandinavienkai
i. V. Petersen

Bill of Lading (Konnossement)

Gemeinschaft für Kohle und Stahl galt. Die Waren müssen sich im zollrechtlich freien Verkehr der EU oder der Türkei befinden. Sie müssen unmittelbar aus einem Mitgliedstaat der EU in die Türkei oder umgekehrt befördert werden.

Spediteurdokumente

Internationale Spediteur-Übernahmebescheinigung (FCR-Dokument)

Mit der Spediteur-Übernahmebescheinigung bescheinigt der Spediteur, dass er ein Gut zur Beförderung an den in der Spediteur-Übernahmebescheinigung genannten Empfänger übernommen hat. Die Weisung zur Beförderung an den genannten Empfänger kann nur gegen Rückgabe des Originals der Spediteur-Übernahmebescheinigung widerrufen werden.

Spediteurkonnossement (FCT-Dokument)

Das Spediteurkonnossement ist ein Wertpapier, das ein Spediteur über eine Einzelsendung ausstellt. Der Spediteur ist verpflichtet, die Sendung nur an den Besitzer eines ordnungsgemäß indossierten FCT-Originals auszuhändigen.

Intermodalkonnossemente (FBL, TBL)

FBL (FIATA Combined Transport Bill of Lading) und TBL (Through Bill of Lading) werden für Transporte im kombinierten Verkehr verwendet, bei denen die traditionellen Wirkungen eines Konnossements benötigt werden. Ein kombinierter Verkehr ist intermodaler Verkehr, bei dem der überwiegende Teil der zurückgelegten Strecke mit der Eisenbahn, mit der Binnen- oder Seeschifffahrt durchgeführt wird und der Vor- und Nachlauf auf der Straße so kurz wie möglich gehalten wird.

Konnossement (Bill of Lading)

Das im Seeverkehr benutzte Konnossement beweist den Versand der Ware. Es verschafft dem rechtmäßigen Inhaber das Eigentum an dem versandten Gut. Das Konnossement wird in mehreren Originalen und Kopien vom Verfrachter ausgestellt.

Das Konnossement wurde im 2. Ausbildungsjahr im Lernfeld 7 ausführlich behandelt. Deshalb wird an dieser Stelle auf eine detaillierte Darstellung verzichtet.

Luftfrachtbrief

Der Luftfrachtbrief bestätigt die Menge, das äußere Erscheinungsbild und teilweise auch den Inhalt der Luftfracht. Er ist kein Warenwertpapier.

Der Luftfrachtbrief ist

- Beweisurkunde für den Abschluss des Luftfrachtvertrages
- Anweisung des Absenders bzgl. Behandlung, Leitweg und Auslieferung der Luftfrachtgüter
- Empfangsbestätigung des Carriers (Beförderer)
- Einverständniserklärung des Absenders mit Beförderungsbedingungen
- Versicherungszertifikat bei Versicherungsabschluss mit AWB
- Unterlage für die Bestimmung der Haftungshöhe des Carriers
- Unterlage für die Zolldeklaration
- Abrechnungsgrundlage für die Luftfrachtkosten

Versicherungsdokumente

Die Versicherungsdokumente beweisen den Abschluss einer Transportversicherung für einzelne Warensendungen bzw. für Warensendungen, die regelmäßig stattfinden und zu ähnlichen Konditionen abgewickelt werden.

Die Versicherungspolice ist die Grundlage für die Geltendmachung eines Schadensersatzanspruches. Bei der Versicherungspolice unterscheidet man Einzelpolice und Generalpolice.

Eine Einzelpolice gilt für einen einzelnen Transport. Eine Generalpolice gilt für sämtliche beim Versicherer angemeldeten Warensendungen. Wird eine Generalpolice ausgestellt, so kann der Exporteur verlangen, dass für die einzelne Warensendung ein Versicherungszertifikat ausgestellt wird.

Auswahl der nötigen Dokumente für die Einfuhr

Der Importeur muss für jede Einfuhr eine Zollanmeldung abgeben. Für die Einfuhrabfertigung benötigt der Einführer folgende Unterlagen:

- die Rechnung oder sonstige Unterlagen, aus denen das Einkaufs- oder Versendungsland und das Ursprungsland der Waren ersichtlich sind,

und je nach eingeführter Ware

- ein Ursprungszeugnis oder eine Ursprungserklärung,
- eine Einfuhrgenehmigung oder eine Einfuhrlizenz,
- eine Konformitätsbescheinigung oder Verzichtserklärung,
- eine Einfuhrkontrollmeldung.

Zollanmeldung

Die Zollanmeldung ist die Handlung, durch die eine Person in der vorgeschriebenen Art und Weise die Absicht bekundet, Waren in ein bestimmtes Zollverfahren überzuführen.

Innerhalb von 90 Tagen nach der Gestellung muss der Einführer entscheiden, in welches Zollverfahren die Ware überführt werden soll. Dazu muss er eine Zollanmeldung

- über das ATLAS-System oder über die Internetzollanmeldung,
- schriftlich auf dem Einheitsformular oder
- bis zu einem Wert von zurzeit (Stand April 2021) 1.000,00 € mündlich

abgeben.

Zollwertanmeldung

Der Zollanmeldung für Waren mit einem Warenwert von mindestens 20.000,00 €, z.B. zur Überlassung zum zollrechtlich freien Verkehr, muss der Anmelder eine Zollwertanmeldung (sogenannte D.V. 1) beifügen.

Die Zollwertanmeldung muss der Anmelder
- im IT-System ATLAS per Eingabemaske D.V. 1 oder
- auf dem Formular D.V. 1 (Formular 0464) abgeben.

Seine Angaben muss der Anmelder durch weitere Nachweise belegen.

In der Zollwertanmeldung müssen alle erforderlichen Angaben zur Feststellung des Zollwerts eingetragen werden. Hinweise zu den erforderlichen Angaben kann der Anmelder dem Formular 0466 „Ausfüllanleitung Zollwertanmeldung“ entnehmen.[1]

1 siehe hierzu https://www.zoll.de/DE/Fachthemen/Zoelle/Zollwert/Foermlichkeiten-bei-der-Zollwertanmeldung/foermlichkeiten-bei-der-zollwertanmeldung_node.html

Beispiel

Zollwertanmeldung

7 a)	Sind Käufer und Verkäufer verbunden im Sinne von Artikel 127 der Durchführungsverordnung (EU) 2015/2447? (falls „Nein" weiter zu Feld 8)	☐ JA	☐ NEIN
b)	Hat die Verbundenheit den Preis der eingeführten Ware BEEINFLUSST?	☐ JA	☐ NEIN
c)	Kommt der Transaktionswert der eingeführten Waren einem der Werte in Artikel 134 Absatz 2 der Durchführungsverordnung (EU) 2015/2447 SEHR NAHE (Antwort fakultativ)? (falls „Ja", Einzelheiten angeben)	☐ JA	☐ NEIN
8 a)	Bestehen EINSCHRÄNKUNGEN bezüglich der Verwendung und des Gebrauchs der Waren, ausgenommen solche, die — durch das Gesetz oder von den Behörden in der Union auferlegt oder verlangt werden oder — das Gebiet abgrenzen, innerhalb dessen die Waren weiterverkauft werden können, oder — sich auf den Wert der Waren nicht wesentlich auswirken?	☐ JA	☐ NEIN
b)	Liegen hinsichtlich des Kaufgeschäfts oder des Preises BEDINGUNGEN vor oder sind LEISTUNGEN zu erbringen, deren Wert im Hinblick auf die zu bewertenden Waren nicht bestimmt werden kann?	☐ JA	☐ NEIN
	Art der Einschränkungen, Bedingungen und Leistungen angeben: Falls der Wert der Bedingungen oder Leistungen bestimmt werden kann, Betrag in Feld 11 b) angeben.		
9 a)	Hat der Käufer unmittelbar oder mittelbar LIZENZGEBÜHREN für die eingeführten Waren nach den Bedingungen des Kaufgeschäfts zu zahlen?	☐ JA	☐ NEIN
b)	Unterliegt das Kaufgeschäft oder der Preis einer Vereinbarung, wonach ein Teil des Erlöses aus späteren WEITERVERKÄUFEN, VERFÜGUNGEN oder VERWENDUNGEN der Waren unmittelbar oder mittelbar dem Verkäufer zugutekommt?	☐ JA	☐ NEIN
	Falls eine der vorstehenden Fragen mit „Ja" beantwortet wird, die Umstände und, wenn möglich, in den Feldern 15 und 16 die Beträge angeben.		
10 a)	Anzahl der beigefügten Berechnungsbögen		
10 b)	Ort, Datum und Unterschrift		

0464/2 Anmeldung der Angaben über den Zollwert **(2019)**

FÜR AMTLICHE ZWECKE			Berechnungsbogen Nr.		
			Ware	Ware	Ware
A Grund-lage der Berech-nung	11 a)	Tatsächlich gezahlter Preis oder Preis bei Zahlung in der RECHNUNGSWÄHRUNG			
	b)	Mittelbare Zahlungen (siehe Feld 8 b) *)...............			
	c)	Umrechnungskurs			
	12	Summe A in NATIONALER WÄHRUNG	0,00	0,00	0,00
B Hinzu-rech-nungen	13	Für den Käufer entstandene Kosten:			
	a)	Provisionen, ausgenommen Einkaufsprovisionen ...			
	b)	Maklerlöhne			
	c)	Umschließungen und Verpackungen			
	14	Gegenstände oder Leistungen, die vom Käufer unentgeltlich oder zu ermäßigten Preisen für die Verwendung im Zusammenhang mit der Herstellung und dem Verkauf zur Ausfuhr der eingeführten Waren geliefert werden (die aufgeführten Werte sind gegebenfalls entsprechend aufgeteilt):			
	a)	In den eingeführten Waren enthaltene Materialien, Bestandeile und dergleichen			
	b)	Bei der Herstellung der eingeführten Waren verwendete Werkzeuge, Matrizen, Gussformen und dergleichen			
	c)	Bei der Herstellung der eingeführten Waren verbrauchte Materialien..................			
	d)	Für die Herstellung der eingeführten Waren notwendige Techniken, Entwicklungen, Entwürfe, Pläne und Skizzen, die außerhalb der Union erarbeitet wurden.........................			
	15	Lizenzgebühren (siehe Feld 9a))			
	16	Erlöse aus späteren Weiterverkäufen, Verfügungen oder Verwendungen, die dem Verkäufer zugutekommen (siehe Feld 9 b))			

0464/3 Anmeldung der Angaben über den Zollwert **(2019)**

	17	Kosten der Lieferung bis zum Ort des Verbringens in die EU:			
		a) Beförderung			
		b) Ladekosten und Behandlungskosten			
		c) Versicherung			
	18	Summe B in NATIONALER WÄHRUNG	0,00	0,00	0,00
C Abzüge *)	19	Beförderungskosten nach Verbringen in die EU			
	20	Zahlungen für den Bau, die Errichtung, die Montage, die Instandhaltung oder technische Unterstützung nach der Einfuhr			
	21	Andere Zahlungen (bitte angeben)			
	22	Zölle und Steuern, die in der Union aufgrund der Einfuhr oder des Verkaufs der Waren zu zahlen sind..........			
	23	Summe C in NATIONALER WÄHRUNG	0,00	0,00	0,00
	24	ANGEMELDETER ZOLLWERT (A + B - C)	0,00	0,00	0,00

Zusätzliche Angaben

*) Im Bereich A, Zeile 11 b) sowie in den Zeilen der Bereiche B und C dürfen nur Beträge in nationaler Währung eingegeben werden. Wenn Beträge in ausländischer Währung zu zahlen sind, hier in der entsprechenden Zeile den Betrag in ausländischer Währung, die Währung (Iso-Alpha-3-Code) sowie den Umrechnungskurs eingeben.

Zeile	Spalte (Ware)	Betrag	Währung (Iso-Alpha-3-Code)	Umrechnungskurs	Betrag in Euro

0464/4 Anmeldung der Angaben über den Zollwert **(2019)**

Handelsrechnung

Die Handelsrechnung dient nicht nur der Rechnungsstellung, sondern auch als Unterlage für die zollamtliche Behandlung im Einfuhrland.

Sie soll alle Einzelheiten der Warensendung enthalten:

- Namen und Anschriften der Vertragspartner,
- Warenbezeichnung, Menge und Preis der Ware,
- vereinbarte Liefer- und Zahlungsbedingungen.

Die Handelsrechnung wurde im 2. Ausbildungsjahr im Lernfeld 7 ausführlich behandelt. Deshalb wird an dieser Stelle auf eine detaillierte Darstellung verzichtet.

Einfuhrkontrollmeldung

Bei der Einfuhr der in § 35 Abs. 1 Außenwirtschaftsverordnung (AWV) genannten Waren muss zum Zwecke der Marktbeobachtung eine Einfuhrkontrollmeldung (EKM) vorgelegt werden, wenn die Einfuhrabfertigung in Papierform beantragt wird und der Wert der Einfuhrsendung 1.000,00 € übersteigt.

Einfuhrgenehmigung

Bei einer Einfuhr, die einer Beschränkung nach dem Außenwirtschaftsgesetz/AWG) unterliegt, muss der Zollstelle zur Einfuhrabfertigung eine Einfuhrgenehmigung zusammen mit den anderen erforderlichen Einfuhrpapieren vorgelegt werden.

Zusammenfassung

Dokumente für die Ausfuhr

Zolldokumente	Erläuterung
Ausfuhrbegleitdokument (ABD)	Das Ausfuhrbegleitdokument ist eine Bestätigung der Ausfuhrzollstelle, dass die Ausfuhr der Ware zulässig ist.
Handelsrechnung	Die Handelsrechnung sollte alle Einzelheiten der Warensendung enthalten: ▪ Namen und Anschriften der Vertragspartner, ▪ Warenbezeichnung, Menge und Preis der Ware, ▪ vereinbarte Liefer- und Zahlungsbedingungen.
Konsulatsfakturen	Die Konsulatsfaktura muss auf einem vorgeschriebenen Formular, das vom Konsulat des Einfuhrlandes bezogen wird, in einer vorgeschriebenen Sprache ausgestellt werden. Sie muss vom Konsulat des Einfuhrlandes beglaubigt werden.
Zollfakturen	Die Zollfaktura muss auf Formularen der Zollämter des Einfuhrlandes ausgestellt werden. Sie muss nicht durch ein Konsulat des Einfuhrlandes beglaubigt werden.
Ursprungszeugnis	Das Ursprungszeugnis bezeichnet die Herkunft der Ware. Die Ausstellung eines Ursprungszeugnisses muss in Deutschland vor der Ausfuhr bei der zuständigen Industrie- und Handelskammer, Handwerkskammer oder Landwirtschaftskammer persönlich oder elektronisch über eine digitale Signatur beantragt werden.

Zolldokumente	Erläuterung
Warenverkehrs-bescheinigung	Die Warenverkehrsbescheinigung ist eine Erklärung, dass ▪ die Ware in einen EU-Land bzw. EWR-Land hergestellt oder ▪ in der EU zollamtlich zum freien Verkehr freigegeben wurde. Die **Warenverkehrsbescheinigung EUR1** ist ein Präferenznachweis für den Warenverkehr der EU-Staaten mit den Staaten, mit denen die Europäische Union ein Freihandels-, Präferenz- oder Kooperationsabkommen geschlossen hat. Die **Warenverkehrsbescheinigung EUR-MED** ist der Präferenznachweis für die Ursprungskumulationszone Europa-Mittelmeer (Pan-Euro-Med-Zone). Die **Warenverkehrsbescheinigung A.TR** ist eine Freiverkehrsbescheinigung beim Warenverkehr mit der Türkei. Sie ist Nachweisdokument für den begünstigten Warenverkehr im Rahmen der Zollunion EU-Türkei.

Transportdokumente	Erläuterung
Internationale Spediteur-Übernahmebescheinigung (FCR-Dokument)	Mit der Spediteur-Übernahmebescheinigung bescheinigt der Spediteur, dass er ein Gut zur Beförderung an den in der Spediteur-Übernahmebescheinigung genannten Empfänger übernommen hat.
Spediteurkonnossement (FCT-Dokument)	Das Spediteurkonnossement ist ein Wertpapier, das ein Spediteur über eine Einzelsendung ausstellt.
Intermodalkonnossement (FBL, TBL)	FBL (FIATA Combined Transport Bill of Lading) und TBL (Through Bill of Lading) werden für Transporte im kombinierten Verkehr verwendet, bei denen die traditionellen Wirkungen eines Konnossements benötigt werden.
Konnossement (Bill of Lading)	Das im Seeverkehr benutzte Konnossement beweist den Versand der Ware. Es verschafft dem rechtmäßigen Inhaber das Eigentum an dem versandten Gut.
Luftfrachtbrief	Der Luftfrachtbrief ist ▪ Beweisurkunde für den Abschluss des Luftfrachtvertrages ▪ Anweisung des Absenders bzgl. Behandlung, Leitweg und Auslieferung der Luftfrachtgüter ▪ Empfangsbestätigung des Carriers (Beförderer) ▪ Einverständniserklärung des Absenders mit Beförderungsbedingungen ▪ Versicherungszertifikat bei Versicherungsabschluss mit AWB ▪ Unterlage für die Bestimmung der Haftungshöhe des Carriers ▪ Unterlage für die Zolldeklaration ▪ Abrechnungsgrundlage für die Luftfrachtkosten

Versicherungsdokumente	Erläuterung
Einzelpolice	Die Einzelpolice dient als Beweisurkunde für die Versicherung einer einzelnen Warensendung.
Generalpolice	Die Generalpolice ist der Nachweis für einen laufenden Versicherungsvertrag mit Versicherungsschutz für alle durchgeführten und beim Versicherer angemeldeten Warensendungen auf einen längeren Zeitraum.
Versicherungszertifikat	Das Versicherungszertifikat ist ein Auszug aus einem laufenden Versicherungsvertrag mit Versicherungsschutz für alle durchgeführten und beim Versicherer angemeldeten Warensendungen auf einen längeren Zeitraum. Es dient als Beweisurkunde für die Versicherung der einzelnen Warensendung.

Dokumente für die Einfuhr

Dokumente	Erläuterung
Zollanmeldung	Zollanmeldung ist die Handlung, durch die eine Person in der vorgeschriebenen Art und Weise die Absicht bekundet, Waren in ein bestimmtes Zollverfahren überzuführen.
Zollwertanmeldung	In der Zollwertanmeldung müssen alle erforderlichen Angaben zur Feststellung des Zollwerts eingetragen werden. Sie muss der Zollanmeldung für Waren mit einem Warenwert von mindestens 20.000,00 €, z. B. zur Überlassung zum zollrechtlich freien Verkehr, beigefügt werden.
Handelsrechnung	Die Handelsrechnung dient der Rechnungsstellung und als Unterlage für die zollamtliche Behandlung im Einfuhrland.
Einfuhrkontrollmeldung	Eine Einfuhrkontrollmeldung muss bei der Einfuhr der in § 35 Abs. 1 Außenwirtschaftsverordnung (AWV) genannten Waren zum Zwecke der Marktbeobachtung vorgelegt werden, wenn die Einfuhrabfertigung in Papierform beantragt wird und der Wert der Einfuhrsendung 1.000,00 € übersteigt.
Einfuhrgenehmigung	Bei einer Einfuhr muss der Zollstelle zur Einfuhrabfertigung eine Einfuhrgenehmigung vorgelegt werden, wenn die Einfuhr einer Beschränkung nach dem Außenwirtschaftsgesetz /AWG) unterliegt.

Aufgaben

1. Wozu dient ein Ausfuhrbegleitdokument?
2. Erläutern Sie, wie ein Ausfuhrbegleitdokument erstellt werden kann.
3. Nennen Sie die Informationen, die das Ausfuhrbegleitdokument enthält.
4. Der kanadische Zoll verlangt bei der Einfuhr die Vorlage einer Konsulatsfaktura.
   a) Wodurch unterscheidet sich die Konsulatsfaktura von einer Handelsrechnung?
   b) Welche Informationen muss eine Konsulatsfaktura beinhalten?
5. Wodurch unterscheiden sich Konsulatsfaktura und Zollfaktura?
6. Welchem Zweck dient ein Ursprungszeugnis?
7. Welche Organisationen stellen ein Ursprungszeugnis aus?
8. Welcher Nachweis wird durch die Vorlage der Warenverkehrsbescheinigung EUR1 erbracht?
9. Für welche Außenhandelsgeschäfte ist die Erstellung der Warenverkehrsbescheinigung A.TR erforderlich?
10. Erstellen Sie eine Liste mit den notwendigen Ausfuhrdokumenten für die Ausfuhr von Landmaschinenersatzteilen nach Serbien. Die Lieferung soll CIP Belgrad mit dem Flugzeug erfolgen.

11. Erstellen Sie eine Übersicht der notwendigen Angaben, die ein Luftfrachtbrief enthalten muss.

12. Erläutern Sie die Aufgaben des Luftfrachtbriefs.

13. Der Leiter der Logistikabteilung des Produktbereichs Textilien beauftragt die Spedition Heinrich mit dem Transport von 500 Paketen mit je zehn Herrentroyern nach Stratford upon Avon (United Kingdom). Er bittet die Spedition, ihm die Übernahme des Transportguts mit einem Transportpapier zu bescheinigen, das als Wertpapier genutzt werden kann.

14. Unterscheiden Sie die Spediteurdokumente
    a) FCR
    b) FCT
    c) FBL

15. Die Ehlers & Gehrenberg KG importiert 5 000 Jeanshosen aus Südkorea. Stellen Sie fest, welche Dokumente die Ehlers & Gehrenberg KG für die Einfuhr der Jeanshosen in das Zollgebiet der Europäischen Union benötigt.

16. In welchen Fällen benötigt die Ehlers & Gehrenberg KG
    a) eine Einfuhrkontrollmeldung?
    b) eine Einfuhrgenehmigung?

17. Für die Einfuhr der 5 000 Jeanshosen muss die Ehlers & Gehrenberg KG der Zollanmeldung eine Zollwertanmeldung beifügen.
    Füllen Sie das Online-Formular des Zolls für die Zollwertanmeldung 0462 Angaben der Anmeldung über den Zollwert aus. Sie finden es unter: *https://www.formulare-bfinv.de/ffw/form/display.do?%24context=39D3CE5B9BD78122B777*

11 Abfrage von Transportdienstleistungen für Ein- und Verkäufe

Einstiegssituation

Die Ehlers & Gehrenberg KG will an den Kunden Lindström in Malmö 1 000 Sweatshirts liefern. Der Logistikabteilungsleiter des Produktbereichs Textilien Herr Freese überlegt, ob dieser Gütertransport mit eigenen Fahrzeugen der Ehlers & Gehrenberg KG oder mithilfe von Frachtführern oder eines Spediteurs durchgeführt werden soll.

Er bittet Anna Ruiz-Gonzales und Jakob Osterhoff, die günstigste Versendungsmöglichkeit auszuwählen.

Arbeitsauftrag

Versetzen Sie sich in die Rolle von Anna Ruiz-Gonzales oder Jakob Osterhoff und erfüllen Sie diesen Auftrag.

Durch eine fachkundige und korrekte Auslieferung wird der gute Ruf eines Außenhandelsbetriebs gefördert. Dabei muss besonders darauf geachtet werden, dass der mit dem Kunden vereinbarte Liefertermin eingehalten wird.

Werkverkehr

Viele Außenhandelsbetriebe besitzen eigene Fahrzeuge, mit denen sie die Ware an ihre Kunden ausliefern können.

Definition

Der Gütertransport durch unternehmenseigene Fahrzeuge zu unternehmenseigenen Zwecken wird als **Werkverkehr** bezeichnet.

Er ist anmeldepflichtig beim Bundesamt für Güterverkehr bei einer Nutzlast von mehr als 3,5 t.

Die Ware wird vom Auslieferungsfahrer mit einem **Lieferschein** ausgehändigt.

Der Lieferschein enthält:

- die Anschrift des Empfängers
- die Lieferscheinnummer
- die zugestellte Warenart und Warenmenge
- das Lieferdatum

Der Kunde bescheinigt auf einer Durchschrift des Lieferscheins mit seiner Unterschrift, dass die Ware ordnungsgemäß zugestellt wurde.

Wenn die Ware an einen Kunden durch ein firmeneigenes Fahrzeug des Außenhandelsbetriebs zugestellt wird, haftet der Außenhändler für Verlust und Beschädigung der Ware bis zur Übergabe an den Kunden.

Die Warenzustellung mit eigenen Fahrzeugen hat einige Vorteile:

- Der Kundendienst (Aufstellen, Anschließen usw.) kann mit eigenen Fahrern besser durchgeführt werden.
- Der Fahrer kann den Kaufpreis kassieren, wenn der Kunde die Ware zuvor noch nicht bezahlt hatte.
- Liefertermine können zuverlässiger eingehalten werden.
- Der eigene Fuhrpark gewährleistet eine stetige Lieferbereitschaft.
- Die Fahrzeuge können als Werbeträger genutzt werden.

Zustellung durch Frachtführer

Wenn der Außenhändler die Ware nicht selbst zustellen kann oder will, kann er sie an die Kunden durch einen Frachtführer ausliefern lassen.

Definition

Frachtführer sind selbstständige Kaufleute, die gewerbsmäßig Güter befördern (§ 407 ff. HGB).

Zu ihnen zählen:

- die Eisenbahnunternehmen
- Unternehmen der Binnenschifffahrt
- Luftverkehrsgesellschaften, sofern sie Güter befördern
- Paketdienste, z. B. UPS (= United Parcel Service) oder DPD (= Deutscher Paketdienst), DHL
- Unternehmen des gewerblichen Güterkraftverkehrs
- Unternehmen der Seeschifffahrt (Reedereien)

In der Seeschifffahrt werden Frachtführer als **Verfrachter** und im Luftfrachtverkehr als **Carrier** bezeichnet.

Frachtvertrag

Definition

Der **Frachtvertrag** ist ein Werkvertrag mit Sonderregelungen, in dem sich der Frachtführer zum Transport eines Gutes verpflichtet.

Der Frachtvertrag wird zwischen dem Absender und dem Frachtführer abgeschlossen.

Aus dem Frachtvertrag ergeben sich die Rechte und Pflichten des Frachtführers und des Absenders.

Pflichten des Frachtführers

Beförderungs- und Ablieferungspflicht: Der Frachtführer muss den Gütertransport zu einem bestimmten Ort innerhalb der vereinbarten Zeit durchführen.

Pflicht zur betriebssicheren Verladung: Der Frachtführer muss die betriebssichere Verladung der Transportgüter sicherstellen.

Befolgungspflicht: Er muss die Weisungen des Absenders so lange befolgen, wie die Ware noch nicht an den Empfänger ausgehändigt worden ist.

Pflicht zur Einholung von Weisungen: Bei Beförderungs- und Ablieferungshindernissen muss der Frachtführer Weisungen des Absenders einholen.

Einziehung einer Nachnahme: Bei Lieferung eines Gutes gegen Nachnahme muss der Frachtführer den Nachnahmebetrag in bar oder in Form einer gleichwertigen Zahlung einziehen.

Pflichten gegenüber dem Empfänger: Der Frachtführer muss den Frachtbrief an den Empfänger übergeben und das Transportgut an den Empfänger abliefern. Außerdem ist er gegenüber dem Empfänger schadenersatzpflichtig (Vertrag zugunsten eines Dritten).

Haftpflicht: Der Frachtführer haftet für verschuldeten Verlust, Beschädigung und Lieferfristüberschreitung.

Rechte des Frachtführers

Frachtbriefausstellung: Der Frachtführer kann die Ausstellung eines Frachtbriefs und die Übergabe der erforderlichen Warenbegleitpapiere verlangen.

Vergütungsanspruch: Der Frachtführer hat Anspruch auf Zahlung der vereinbarten Fracht und Erstattung sonstiger Auslagen.

Pfandrecht: Er hat ein Pfandrecht an dem beförderten Gut wegen aller durch den Frachtvertrag begründeten Forderungen.

Rechte des Absenders

Beförderungsanspruch: Der Absender hat das Recht auf Beförderung durch den Frachtführer.

Verfügungsrecht: Der Absender kann während der Beförderung über das Gut verfügen. Das heißt, er kann während der Beförderung in den Beförderungsablauf eingreifen und andere Weisungen erteilen. Das Verfügungsrecht des Absenders erlischt nach Ankunft des Gutes an der Ablieferungsstelle. Das Verfügungsrecht geht dort auf den Empfänger über.

Pflichten des Absenders

Verpackung und Kennzeichnung des Gutes

Beförderungssicheres Verladen (Laden, Stauen und Befestigen) auf der Ladefläche des Transportmittels

Pflicht des Entladens: Der Absender ist verpflichtet, die Entladung zu organisieren.

Einhalten der vereinbarten bzw. angemessenen Lade- und Entladezeitzeit

Übergabe des unterschriebenen Frachtbriefs auf Verlangen des Frachtführers: Wenn es der Frachtführer verlangt, muss der Absender einen Frachtbrief ausstellen und an den Frachtführer übergeben.

Übergabe der erforderlichen Begleitpapiere und Erteilen der erforderlichen Auskünfte

Zahlung der vereinbarten Fracht und der erforderlichen Aufwendungen des Frachtführers: Der Absender muss die vereinbarte Fracht an den Frachtführer zahlen und ihm die erforderlichen Auslagen erstatten.

Besorgung der Güterversendung durch Spediteure

Definition

Spediteure sind selbstständige Kaufleute, die auf Rechnung des Versenders die Güterversendung durch Frachtführer besorgen.

Der **Versender** ist der Auftraggeber des Spediteurs. Er schließt mit dem Spediteur einen Speditionsvertrag ab.

Spediteure schließen die erforderlichen Verträge in eigenem Namen oder, wenn sie hierzu bevollmächtigt sind, im Namen des Versenders ab.

Aufgrund seiner Berufserfahrung kennt der Spediteur die günstigsten Verkehrsverbindungen und Frachtsätze. Besonders im Auslandsgeschäft kann seine Tätigkeit Kosten und Zeit sparen.

Pflichten des Spediteurs

Der Spediteur muss die Versendung mit der Sorgfalt eines ordentlichen Kaufmanns besorgen. Er hat hierbei das Interesse des Versenders wahrzunehmen und dessen Weisungen zu befolgen.

Zu seinen Pflichten gehören:

- die Wahl des günstigsten Beförderungsmittels und des Beförderungsweges
- die Frachtführerauswahl
- der Abschluss von Frachtverträgen mit einem oder mehreren Frachtführern für Rechnung des Versenders. (Dabei darf er dem Versender keine höhere Fracht berechnen, als er selbst mit dem Frachtführer vereinbart hat.)
- der Abschluss erforderlicher Lagerverträge
- die Sicherung der Schadenersatzansprüche des Versenders
- die Versicherung, Verpackung, Kennzeichnung und Verzollung der Ware, wenn das im Speditionsvertrag ausdrücklich vereinbart wurde.

Rechte des Spediteurs

Vergütung: Er hat Anspruch auf Ersatz der Auslagen und Provisionen.

Wenn ein bestimmter Betrag vereinbart wurde, der Kosten für die Beförderung einschließt **(Spedition zu festen Kosten)**, hat der Spediteur hinsichtlich der Beförderung die Rechte und Pflichten eines Frachtführers oder Verfrachters. Im Fall der Spedition zu festen Kosten kann er den Ersatz seiner Aufwendungen nur beanspruchen, soweit dies üblich ist.

Selbsteintrittsrecht: Der Spediteur kann selbst als Frachtführer und Lagerhalter auftreten.

Gesetzliches Pfandrecht: Der Spediteur kann das in seinem Besitz befindliche Transportgut zurückhalten, wenn der Auftraggeber mit seinen Leistungen im Verzug ist.

Versendung des Gutes in einer Sammelladung: Der Spediteur darf die Versendung des Gutes zusammen mit dem Gut eines anderen Versenders aufgrund eines für seine Rechnung geschlossenen Frachtvertrages über eine Sammelladung durchführen lassen.

Wenn der Spediteur von diesem Recht Gebrauch macht, hat er hinsichtlich der Beförderung in Sammelladung die Rechte und Pflichten eines Frachtführers oder Verfrachters. Der Spediteur kann dann eine den Umständen nach angemessene Vergütung verlangen. Die Vergütung darf aber höchstens so hoch sein wie die für die Beförderung des einzelnen Gutes gewöhnliche Fracht.

Haftung des Spediteurs

Nach § 461 Abs. 1 HGB haftet der Spediteur für den Schaden, der durch Verlust oder Beschädigung des in seiner Obhut befindlichen Gutes entsteht, wenn er als Frachtführer handelt.

Nach § 461 Abs. 2 HGB haftet der Spediteur für Schaden, der nicht durch Verlust oder Beschädigung des in der Obhut des Spediteurs befindlichen Gutes entstanden ist, wenn er die Güterversendung durch Frachtführer besorgt. Von dieser Haftung ist er befreit, wenn der Schaden durch die Sorgfalt eines ordentlichen Kaufmanns nicht abgewendet werden konnte.

Nach § 462 HGB haftet der Spediteur in gleicher Weise für Handlungen und Unterlassungen seiner Mitarbeiterinnen und Mitarbeiter und für Handlungen und Unterlassungen anderer Personen, derer er sich zur Erfüllung seiner Pflicht zur Besorgung der Versendung bedient (Subunternehmer).

Pflichten des Versenders

Vergütungspflicht: Der Versender muss die vereinbarte Vergütung zahlen. Die Vergütung muss gezahlt werden, wenn das Gut dem Frachtführer oder Verfrachter übergeben worden ist.

Verpackung- und Kennzeichnungspflicht: Der Versender muss das Gut, soweit erforderlich, verpacken und kennzeichnen.

Begleitpapiere: Der Versender muss die erforderlichen Urkunden zur Verfügung stellen und die Auskünfte erteilen, die der Spediteur für die Erfüllung seiner Pflichten benötigt.

Auskunftspflichten: Der Versender muss alle Auskünfte erteilen, die der Spediteur zur Erfüllung seiner Pflichten benötigt. Beim Versand von gefährlichem Gut muss der Versender dem Spediteur rechtzeitig schriftlich die genaue Art der Gefahr und, soweit erforderlich, zu ergreifende Vorsichtsmaßnahmen mitteilen.

Spezialisierung in der Spedition

Bahnspediteur: Er ist der „verlängerte Arm" der Eisenbahn. Er holt die Stückgüter vom Absender zum Versandbahnhof und bringt die Stückgüter vom Empfangsbahnhof zum Empfänger.

Binnenumschlagspediteur: Er befasst sich mit der Transportvermittlung im Binnenschifffahrtsverkehr und mit der Umschlagstätigkeit vom Binnenschiff auf das Land und umgekehrt.

Kraftwagenspediteur: Er ist kein Frachtführer, sondern Transportvermittler. Vielfach hat er sich jedoch ein Unternehmen des Güterkraftverkehrs angegliedert.

Seehafenspediteur: Er erledigt die Transportvermittlung im Überseegeschäft.

Luftfrachtspediteur: Er vermittelt den Abschluss von Luftfrachtverträgen zwischen Auftraggeber und Luftverkehrsgesellschaften.

Grenzspediteur: Er erledigt hauptsächlich Zollformalitäten beim Ex- und Import über die „trockene Grenze".

Sammelgutspediteur: Er sammelt Stückgüter zahlreicher Kunden und expediert sie jeweils als Sammelladung per Eisenbahn oder mit Unternehmen des gewerblichen Güterkraftverkehrs.

Nutzung von Frachtenbörsen

Frachtenbörsen sind virtuelle Marktplätze für Frachtaufträge. Sie sind meistens im Internet angesiedelt.

In den Frachtenbörsen können Frachtleistungen angeboten und erworben werden. Hier treffen Anbieter von Ladungen und Anbieter von Laderaum aufeinander. Die Anbieter von Ladungen können hier ihre Ladungen veröffentlichen, die auf bestimmten Strecken, zu bestimmten Terminen auf bestimmten Fahrzeugplattformen und -kapazitäten transportiert werden müssen. Die Anbieter von Frachtleistungen (Frachtführer, Spediteure) können ihre freien Transportkapazitäten ankündigen oder für die nachgefragten Frachtleistungen neue Transportstrecken einrichten.

In den Frachtenbörsen können die Anbieter von Ladungen und die Anbieter von Laderaum mit überschüssigen bzw. fehlenden Fracht- und Laderaumangeboten handeln. Sie finden so eine optimale Kapazitätsauslastung. Die Frachtenbörsen im Internet ermöglichen den Nutzern einen ganztägigen schnellen und unkomplizierten Zugriff.

Beispiel: Fracht suchen in einer Frachtenbörse

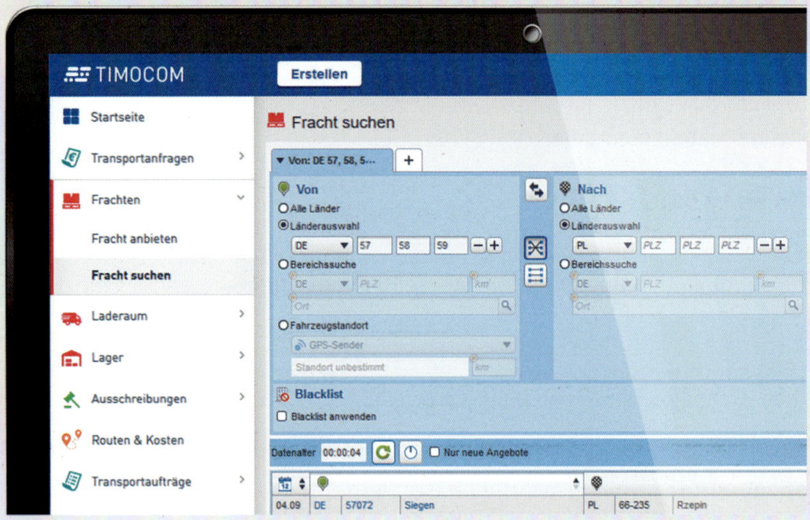

Fracht suchen auf TIMOCOM.de

Beispiel

Beispiel für Frachtenbörsen

- CARGONEXX
- LKWOnline
- TimoCom
- Frachtenbörse24
- Teleroute

Einige Frachtenbörsen haben sich auf bestimmte Transportgüterarten spezialisiert. Es gibt z. B. Frachtenbörsen nur für Umzüge, für Seefracht oder Gütertransporte in Containern oder auf Paletten sowie für Expressdienste.

Vermittlungsarten in Frachtenbörsen

Auktionen: Bei vielen Frachtenbörsen erfolgt die Vergabe von Aufträgen über eine Auktion. Dabei stellt ein Anbieter eine Anfrage nach einer Transportdienstleistung in das System der digitalen Frachtenbörse ein.

Beispiel: Fracht anbieten in einer Frachtenbörse

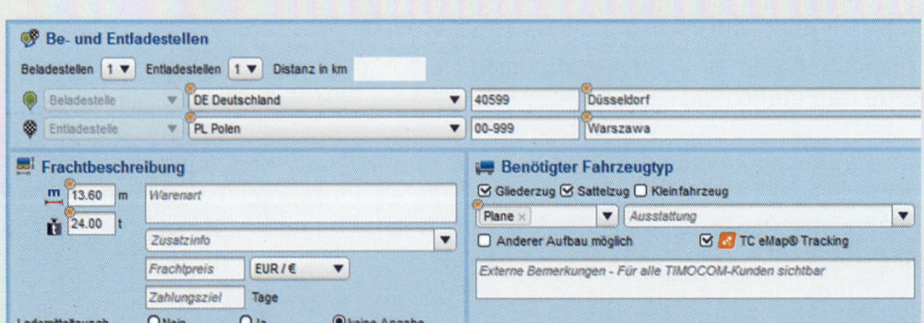

Fracht anbieten auf TIMOCOM.de

Beispiel

Die Ehlers & Gehrenberg KG gibt in eine digitale Frachtenbörse die durch Anzahl, das Gewicht und das Volumen (Raummaß) genau definierten Güter ein, die innerhalb eines bestimmten Zeitraums be- und entladen und zu einem bestimmten Termin von Hamburg zum Geschäftssitz ihres Kunden in Konstanz transportiert werden müssen.

Die Anbieter von Frachtraum (Frachtführer oder Spediteure) geben nun Gebote ab, wobei sie sich unterbieten. Den Auftrag erhält der Bieter mit dem niedrigsten Gebot innerhalb einer bestimmten Zeitspanne.

Ausschreibungen: Bei einigen Frachtenbörsen erfolgt die Vermittlung über Ausschreibungen. Hier stellen Unternehmen Angebote oder Nachfragen mit den entsprechenden Informationen zu ihren Ladungen oder Frachtleistungen in die Frachtbörse ein, auf die sich Interessenten bewerben können. Die Unternehmen können aus den Interessenten den passenden Vertragspartner wählen.

Vorteile von Frachtenbörsen

Frachtführer können ihre leeren Fahrzeuge für ihre Rückfahrten auslasten, nachdem sie die auf der Hinfahrt geladenen Güter ausgeliefert haben. Die Frachtführer können damit leere Kilometer minimieren und ihre Gewinne erhöhen.

Anbieter von Ladungen können einfach Verkehrsmittel zu wettbewerbsfähigen Preisen auf Strecken finden, die sie benötigen. Sie können durch die wettbewerbsfähigen Preise ihre Logistikkosten optimieren.

Versandauftrag

Die Versandabteilung des Exporteurs muss in ihrem Versandauftrag an den Frachtführer oder Spediteur genaue Angaben zu den folgenden Punkten machen:

- Beschaffung der Ware
- Anzahl der Packstücke
- Maße und Gewichte
- Beschreibung des Inhalts, ggf. Angabe der Gefahrenklasse
- Wert der Sendung
- vorgesehene Frachtart
- Versanddatum
- Versandart
- Versicherung
- Bezahlung der Fracht
- beigefügte Versandpapiere
- Verladetermin

Damit soll sichergestellt werden, dass beim Transport der Ware keine Fehler auftreten.

Schiffsmakler und Reederei-Agent

Ein **Reederei-Agent** handelt in eigenem Namen für fremde Rechnung. Ein Schiffsmakler handelt in fremdem Namen für fremde Rechnung.

Ein **Schiffsmakler** ist ein Handelsmakler, der sich primär mit der Befrachtung, dem Schiffsan- und -verkauf und der Schiffsabfertigung (Klarierung) beschäftigt.

Schiffsmakler sind in den Bereichen **Linienagentur, Schiffsbefrachtung, Schiffsklarierung und Schiffsankauf/-verkauf** tätig. Außerdem vermittelt der Schiffsmakler Verträge über Bunker, Schleppdienste, Ladungsumschlag etc.

Befrachtungsmakler

Als Befrachtungsmakler vermitteln Schiffsmakler von Fall zu Fall Seefrachtverträge zwischen den Befrachtern (verladenden Außenhändlern), die für ihre Ladung Schiffsraum suchen, und den Verfrachtern (Reedern), die für ihre Schiffe Ladung suchen.

Als Handelsmakler sind sie gewerbsmäßig für Verfrachter und Befrachter tätig, ohne von ihnen aufgrund eines Vertragsverhältnisses ständig damit betraut zu sein, die Vermittlung von Verträgen zu übernehmen.

Sie haben die Rechte und Pflichten eines Handelsmaklers gemäß § 93 HGB:

Pflichten

Sorgfaltspflicht: Der Handelsmakler muss die Interessen beider Parteien wahrnehmen. Er haftet ihnen gegenüber für einen durch sein Verschulden entstandenen Schaden (§ 98 HGB).

Beurkundung: Er muss das vermittelte Geschäft beurkunden

- durch die Ausstellung einer Schlussnote, die er jeder Partei unverzüglich nach Abschluss des Geschäftes zustellen muss (§§ 94, 95 HGB),
- durch tägliche Eintragung in das Tagebuch (§ 100 HGB).

Auskunft: Der Handelsmakler muss jeder Partei auf Verlangen mittels Auszügen aus dem Tagebuch Auskunft erteilen (§ 101 HGB).

Rechte

Vergütung: Der Makler hat Anspruch auf Vergütung (Courtage). Voraussetzung für die Vergütung ist das rechtswirksame Zustandekommen des Geschäfts (§ 652 BGB). Die Ausführung des Geschäfts ist für den Vergütungsanspruch nicht erforderlich. Der Handelsmakler kann von jeder Partei die Hälfte des Maklerlohnes verlangen (§ 99 HGB).

Die Courtage des Schiffsmaklers wird regelmäßig als ein bestimmter Prozentsatz der Seefracht oder der vereinbarten Zeitchartermiete (Hire) berechnet. Darüber hinaus hat der

Schiffsmakler auch einen Anspruch auf Provision auf eventuell anfallendes Überliege- oder Eilgeld (Demurrage bzw. Despatch).

Klarierungsagent

Wenn der Schiffsmakler als Klarierungsagent tätig wird, erhält er eine Klarierungsgebühr als Vergütung für seine Dienstleistung.

Der Klarierungsagent (oder Agent) kümmert sich im Auftrag des Reeders (owners' agent) oder des Befrachters (charterers' agent) im Lade- oder Löschhafen insbesondere um die

- Abfertigung des einkommenden oder auslaufenden Seeschiffs gegenüber den Behörden (z. B. Hafenamt, Hafengesundheitsamt, Zoll, Wasserschutzpolizei),
- Bestellung und Koordinierung von Schleppern, Lotsen und Festmachern, Lieferungen von Schiffsbedarf (Proviant, Ersatzteile),
- Beförderung von geschäftlicher und privater Schiffspost,
- ärztliche Versorgung von Besatzungsmitgliedern bei Bedarf,
- Abstimmungsprozesse zwischen Ablader bzw. Empfänger und dem Reeder.

Linienagent (Reederei-Agent)

Beim Abschluss von Stückfrachtverträgen wird der Schiffsmakler normalerweise nicht als Handelsmakler, sondern als Linienagent (Reederei-Agent) tätig. Der Linienagent (Reederei-Agent) ist Handelsvertreter im Sinne des Handelsgesetzbuches. Er vermittelt als selbstständiger Kaufmann Frachtverträge für einen Verfrachter (Reeder) und schließt sie in dessen Namen ab. Er ist ständig, also zeitlich unbefristet, für einen oder mehrere Befrachter tätig. Seine Beauftragung durch den Befrachter ist in einem Agenturvertrag geregelt.

Aufgaben des Linienagenten sind:

- die Ladungsakquisition,
- die Bearbeitung der Schifffahrtsdokumente,
- das Frachtinkasso,
- die Schiffsabfertigung, d. h. die Koordinierung der Umschlagsarbeiten,
- die Klarierung und
- der Daten- und Informationsaustausch mit dem Reeder und Agentenkollegen in anderen Lade- bzw. Löschhäfen.

Im Containerverkehr übernimmt der Linienagent zusätzlich zur Organisation der Güterbeförderung von Hafen zu Hafen auch die Organisation des Vor- und Nachlaufs der zu ladenden bzw. der gelöschten Container.

Der Linienagent erhält für seine Tätigkeit eine Kommission. Sie wird als bestimmter Prozentsatz auf die Seefracht der verladenen bzw. gelöschten Güter erhoben.

An- und Verkaufsmakler

Als **An- und Verkaufsmakler** (sale and purchase broker) beschäftigt sich der Schiffmakler mit dem Schiffsan- und -verkauf. Er vermittelt das An- und Verkaufsgeschäft von Alttonnage (second hand tonnage) und das Platzieren von Neubaukontrakten (newbuilding contracts).

Warenzustellung

firmeneigene Zustellung
- mit eigenen Fahrzeugen (= Werkverkehr)

firmenfremde Zustellung
- durch Frachtführer, z. B.
  - Eisenbahn
  - Kurier-, Express- und Paketdienste
  - Unternehmen des gewerblichen Güterkraftverkehrs
  - Unternehmen der Binnenschifffahrt
  - Luftverkehrsgesellschaften, sofern sie Güter befördern

Pflichten des Frachtführers
- Beförderungs- und Ablieferungspflicht
- Befolgungspflicht
- Haftpflicht

Rechte des Frachtführers
- Frachtbriefausstellung
- Vergütungsanspruch
- Pfandrecht

Der Spediteur

= selbstständiger Kaufmann, der die Versendung von Gütern durch Frachtführer besorgt.

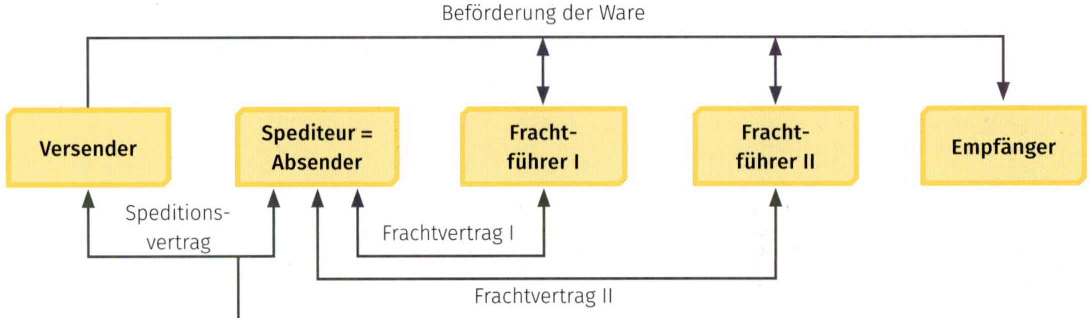

Pflichten des Spediteurs
- Wahl des günstigsten Beförderungsmittels
- Transportvermittlung
- Sicherung der Schadensersatzansprüche des Versenders
- Nebendienste: richtige Verpackung, Versichern, Verzollen und evtl. Lagerung der Güter

Rechte des Spediteurs
- Anspruch auf Vergütung
- Selbsteintrittsrecht
- gesetzliches Pfandrecht

Schiffsmakler

Befrachtungsmakler	Er vermittelt von Fall zu Fall Seefrachtverträge zwischen den Befrachtern (verladenden Außenhändlern), die für ihre Ladung Schiffsraum suchen, und den Verfrachtern (Reedern), die für ihre Schiffe Ladung suchen.
Klarierungsagent	Er kümmert sich im Auftrag des Reeders oder des Befrachters im Lade- oder Löschhafen insbesondere um die ▪ Abfertigung des einkommenden oder auslaufenden Seeschiffs gegenüber den Behörden, ▪ Bestellung und Koordinierung von Schleppern, Lotsen und Festmachern, Lieferungen von Schiffsbedarf, ▪ Beförderung von geschäftlicher und privater Schiffspost, ▪ ärztliche Versorgung von Besatzungsmitgliedern bei Bedarf, ▪ Abstimmungsprozesse zwischen Ablader bzw. Empfänger und dem Reeder.
Linienagent (Reederei-Agent)	Er vermittelt als selbstständiger Kaufmann Frachtverträge für einen Verfrachter (Reeder) und schließt sie in dessen Namen ab.
An- und Verkaufsmakler	Er vermittelt das An- und Verkaufsgeschäft von Alttonnage und das Platzieren von Neubaukontrakten.

Aufgaben

1. Welches Begleitpapier muss der Außenhändler einer Warensendung beifügen, wenn er sie durch ein eigenes Fahrzeug zustellen lässt?
2. Wie kann ein Auslieferungsfahrer nachweisen, dass er eine Ware an einen Kunden ordnungsgemäß ausgehändigt hat?
3. Eine im Werkverkehr zugestellte Ware wird während des Transports beschädigt. Wer trägt den Schaden?
4. Welche Vorteile hat die Warenzustellung mit eigenen Fahrzeugen für den Außenhandelsbetrieb?
5. Wen kann der Außenhändler mit der Zustellung beauftragen, wenn er die Ware nicht mit eigenen Fahrzeugen ausliefern kann?
6. Welche Vorteile hat die Warenzustellung durch einen Frachtführer für den Außenhandelsbetrieb?
7. Die Ehlers & Gehrenberg KG will an ihren Kunden Bärlach in Zürich 300 Röcke und 200 Blusen liefern. Herr Freese erteilt der Spedition Heinrich den Auftrag, die Versendung dieser Waren zu besorgen. Welche Tätigkeiten muss die Spedition Heinrich durchführen, um den Auftrag der Ehlers & Gehrenberg KG zu erfüllen?
8. Bei der Ausführung des Auftrags der Ehlers & Gehrenberg KG nimmt die Spedition Heinrich ihr Selbsteintrittsrecht wahr. Was bedeutet das?
9. Die Spedition Heinrich verlangt von der Ehlers & Gehrenberg KG im Nachhinein den Ersatz von zusätzlichen Auslagen, die durch den Versand der Waren nach Zürich entstanden sind. Herr Freese weigert sich, diese zusätzliche Vergütung zu bezahlen. Wie kann sich die Spedition Heinrich verhalten?

10 Erläutern Sie die Vermittlungsarten in einer Frachtenbörse.

11. Welche Vorteile bietet eine Frachtenbörse
    a) einem Frachtführer,
    b) einem Anbieter von Ladungen?

12. Die Ehlers & Gehrenberg hat mit der Agrobusiness International, Rua celso camparoti 421, 13140008 São Paulo Paulinia, Brasilien einen Vertrag über die Lieferung von 1 000 kg Spezialdüngemittel abgeschlossen. Für den Versand des Spezialdüngemittels von Hamburg nach Sao Paulo nimmt die Ehlers & Gehrenberg KG die Dienste eines Schiffsmaklers in Anspruch.
    Erstellen Sie eine Übersicht der Aufgaben, die der Schiffsmakler beim Versand der Spezialdüngemittel nach Sao Paulo für die Ehlers & Gehrenberg KG übernehmen kann.

13. Die Spedition Heinrich soll für die Ehlers & Gehrenberg KG den Versand von 1 000 Sweatshirts an den Kunden Lindström in Malmö besorgen (siehe Einstiegsfall).
    a) Stellen Sie die Transportkette von Hamburg nach Malmö grafisch dar.
    b) Listen Sie die einzelnen Tätigkeiten auf, die von der Spedition Heinrich durchgeführt werden müssen, damit die Sweatshirts den Kunden in Malmö fristgerecht erreichen.
    c) Erkundigen Sie sich bei einem Spediteur Ihrer Region nach der Vergütung für die Durchführung dieses Auftrags.

Lernsituation

Anna Ruiz-Gonzales fühlt sich in der Abteilung Logistik sehr wohl. Herr Freese hat dies bemerkt und erklärt ihr gern neue Sachverhalte. Auch heute ruft er sie zu sich ins Büro:

Herr Freese:
„Hallo, Frau Ruiz-Gonzales. Sie machen sich wirklich gut hier in unserer Abteilung; Sie sind eine große Hilfe. Heute hätte ich gerne, dass Sie einige Argumente für unsere firmeneigene Warenzustellung sammeln. Der Sachverhalt ist der folgende:

Neben der Lagerhaltung sind wir zuständig für den Güterversand mit eigenen Lkws oder für die Auslieferung der Waren durch einen Frachtführer bzw. die Post. Wir haben momentan einen Firmen-Lkw, der in diesem Jahr komplett abgeschrieben ist. Gefahren wird der Lkw von Herrn Sindig, der im Dezember in den Ruhestand geht.

Herr Sindig fährt nur noch ein paar Kunden in der unmittelbaren Umgebung an. Diese Kunden machen aber nur noch weniger als 1 % unseres Umsatzes aus. Herr Ehlers hat jetzt die Auslieferung mit firmeneigenen Lkws vor diesem Hintergrund auf den Prüfstand gestellt. Wir setzen uns demnächst mit Herrn Ehlers zusammen und entscheiden, ob wir überhaupt noch Waren mit einem firmeneigenen Lkw ausliefern wollen. Wir bräuchten hier Argumente, warum wir die firmeneigene Auslieferung beibehalten sollten.

Ach ja, Herr Ehlers möchte, dass dieses Jahr noch die Kosten für die Auslieferung mit dem Lkw gesenkt werden. Herr Sindig fährt die Kunden immer nach Gefühl an."

Anna Ruiz-Gonzales:
„Haben Sie denn Daten über die Kunden?"

Herr Freese:
„Ja, ich habe hier auf dieser Karteikarte vor einiger Zeit einmal die Entfernung zwischen den einzelnen Kunden festgehalten."

1. Vor welchem Problem steht die Ehlers & Gehrenberg KG?
2. Was kann die Ehlers & Gehrenberg KG tun, um das Problem zu lösen?
3. Stellen Sie fest, ob es rechtliche Vorschriften zur Durchführung des Werkverkehrs gibt.
4. Führen Sie Gründe auf, die für eine Warenzustellung mit eigenen Fahrzeugen sprechen.
5. Geben Sie an, welches Dokument im Rahmen der firmeneigenen Zustellung vom Auslieferungsfahrer ausgehändigt wird und welche Angaben dieses enthält.
6. Stellen Sie fest, wie die Ehlers & Gehrenberg KG nachweisen kann, dass die Ware einem Kunden ordnungsgemäß zugestellt wurde.
7. Auf dem Weg zur Mittermaier KG verschwindet ein Paket. Beurteilen Sie die Haftungsproblematik.
8. Herr Sindig beliefert nur noch die folgenden drei Kunden. Die Entfernungen der Fahrten sind auf der folgenden Karteikarte aufgeführt.

	Ehlers & Gehrenberg KG	**Löffelmann OHG**	**Spinelli-Moden**	**Remmers KG**
Ehlers & Gehrenberg KG	–	18	6	3
Löffelmann OHG	18	–	12	9
Spinelli-Moden	6	12	–	15
Remmers KG	3	9	15	–

a) Stellen Sie fest, wie viele Möglichkeiten der Auslieferung es gibt.
b) Planen Sie manuell eine Tour, bei der die Entfernung, die zurückgelegt wird, minimal ist.

12 Vergleich von Frachtangeboten

Einstiegssituation

Der Leiter der Logistikabteilung des Produktbereichs Textilien der Ehlers & Gehrenberg KG, Herr Freese, hat einige Aufgaben für Allan Stevenson und Sandra Kaufmann. Es sollen verschiedene Waren versendet werden:

- ein Paket mit 150 Hemden, Gewicht 30 kg, an den Kunden Herrenmoden Schreiner KG in Naumburg, Rathausplatz 12, mit der Bahn,
- 500 Jeanshosen, Gewicht 500 kg, an das Kaufhaus Weinert, Hansaplatz 2 in Leipzig, durch ein Unternehmen des Güterkraftverkehrs,
- 800 Bettgarnituren an ein Kaufhaus in Funchal (Madeira) per Seefracht und
- 1200 beigefarbene Seidenblusen, Gewicht 300 kg, an einen Importhändler in Halifax (Kanada), als Luftfracht.

Arbeitsauftrag
Versetzen Sie sich in die Rolle von Allan Stevenson und Sandra Kaufmann und ermitteln Sie die Versandkosten für die jeweilige Sendung.

Ermittlung der Versandkosten bei Bahnfracht

Beim Güterversand mit der Bahn kann man zwischen einem FCL- oder LCL-Container wählen.

Der **FCL-Container** ist ein vollständiger Container, in dem die Güter nur eines Absenders transportiert werden. Für den Transport im FCL-Container berechnet die Bahn in vielen Fällen Festbeträge.

In einem **LCL-Container** werden Stückgüter verschiedener Absender transportiert. Beim Transport in einem LCL-Container sind die Transportkosten vom Volumen und dem Gewicht des Transportgutes abhängig.

Bei der Ermittlung der Gesamtkosten für den Transport mit der Bahn müssen mehrere Kostenbestandteile berücksichtigt werden:
- Frachtrate für die Bahn
- Aufwendungen für das Bahnterminal
- Auslieferung der Ware
- Kosten für den Zoll

Frachtrate

Die Frachtrate für den Bahngüterverkehr ist ein fixer Wert, der an die Tarife der Bahn gebunden ist. Dazu kommen gegebenenfalls noch regionale und saisonale Zuschläge und Nebenkosten.

Beispiel

Standardtarife DB Cargo

Preistafel 1 für Frachten des WLV (Tarif 0110 007)						
Für Transporte in einem Wagen mit zwei Achsen						
Sendungsgewicht in t	bis 13,499	13,500–17,499	17,500–21,499	21,500–25,499	25,500–30,499	jede weitere Tonne kostet
Entfernung bis km Wagenpreise in EUR						
100	762	762	762	839	936	34
110	775	775	797	890	999	38
120	775	775	841	936	1048	42
130	873	873	879	983	1101	43
140	873	873	923	1029	1152	44
150	912	912	960	1073	1205	45
160	912	912	1002	1119	1254	47
170	931	931	1041	1166	1303	47
180	931	956	1085	1211	1359	48
190	972	995	1130	1256	1408	51
200	972	1031	1166	1302	1464	51
220	972	1082	1225	1369	1531	57
240	995	1145	1298	1449	1622	59

Quelle: DB Cargo AG: Standardtarife und weitere Bestimmungen der DB Cargo AG. In: www.dbcargo.com. 01.01.2019. https://www.dbcargo.com/resource/blob/3529830/cd692f2a74c586c78799e336b37c602f/MB-Standardtarife-und-weitere-Bestimmungen-der-DB-Cargo-AG-2019-data.pdf, Seite 5 [17.03.2021].

Aufwendungen für das Bahnterminal

Für den Umschlag der Güter am Bahnterminal entstehen Kosten durch das Entladen und die Versendung der Güter sowie für die Vorbereitung und die Durchführung des Umschlags.

Auslieferung der Ware

Beim Gütertransport mit der Bahn entstehen auch immer Kosten für den Transport vom Zielbahnhof bis zum Empfänger. Dieser Transport wird in der Regel mit Lastkraftwagen durchgeführt.

Kosten für den Zoll

Kosten für den Zoll fallen beim Außenhandel von Ländern der EU mit Ländern, die Nicht-EU-Länder sind, an. Sie beinhalten Kosten für Personal, Zollgebühren, Kosten für die Dokumentenerstellung und Steuern. Die Gebühren unterscheiden sich je nach Land und Ware.

Ermittlung der Versandkosten bei Lkw-Fracht

Bei der Ermittlung der Gesamttransportkosten mit dem Lkw werden folgende Kosten berücksichtigt:

- Frachtraten für den Lkw
- Abholung des Transportgutes
- Umschlag
- Hauptlauf
- Zustellung
- Kosten für den Zoll

Frachtraten

Die Frachtraten werden von den Unternehmen des Güterkraftverkehrs oder Spediteuren vorgegeben. Sie sind variabel und unterliegen den Schwankungen von Angebot und Nachfrage am Markt. Bei der Höhe der Frachtrate spielen die Transportstrecke und die Nachfrage eine entscheidende Rolle.

Abholung

Die Transportgüter müssen am Startpunkt abgeholt und von dort in ein Sammellager transportiert werden. Durch die Abholung entstehen Kosten für die Hin- und Rückfahrt, Personalkosten, Treibstoffkosten und eventuell Straßenzoll (Maut).

Umschlag

Bei Stückgütern erfolgt ein Umschlag im Sammellager. Dies hängt davon ab, wie zeitkritisch das Verladen der Ware ist und welche Strecke der Lkw fährt. Bei vollständigen Containern und Schüttgütern entfällt der Umschlag. Bei Schüttgütern entfällt der Umschlag, da sie nicht umgeschlagen werden können.

Hauptlauf

Die Kosten des Hauptlaufs entstehen auf dem tatsächlichen Transportweg. Sie beinhalten die Kosten für den Lkw-Transport. Ihre Höhe ist abhängig von der zu fahrenden Strecke, von Treibstoff, Straßenzoll (Maut) und Zuschlägen, die je nach Saison und Region variieren.

Zustellung

Nachdem die Warensendung im Sammellager eingetroffen ist, wird sie erneut umgeschlagen, damit sie zum Bestimmungsort transportiert werden kann. Dadurch entstehen Kosten für den Umschlag und die Fahrten zum Empfänger der Warensendung.

Verzollung

Ebenso wie beim Bahnversand fallen beim Transport mit dem Lkw Steuern und Zollabgaben sowie Kosten für die Dokumentenerstellung und das Personal an, wenn der Transport im Rahmen eines Außenhandelsgeschäfts zwischen EU- und Nicht-EU-Ländern erfolgt.

Ermittlung der Versandkosten bei Seefracht

Auch beim Güterversand mit Seeschiffen kann man zwischen einem FCL- und einem LCL-Container wählen.

Für den Transport von FCL-Containern werden in den meisten Fällen Festpreise verlangt. Oft ist jedoch die Wahl eines FCL-Containers nicht sinnvoll. Um Geld für den Transport zu sparen, ist der Transport in LCL-Containern in vielen Fällen sinnvoller. Die genauen Kosten für den Transport werden über das Gewicht und das Volumen der zu transportierenden Güter, über Weight/Measurement (W/M) bzw. Maß/Gewicht (M/G), ermittelt.

Bei der Ermittlung der Gesamttransportkosten für den Transport mit dem Seeschiff werden folgende Kosten berücksichtigt:

- Seefrachtrate
- Hafengebühren
- Auslieferung der Ware
- Kosten für den Zoll

Seefrachtrate

Von den Reedereien werden unterschiedliche, monatlich schwankende Seefrachtraten für festgelegte Containergrößen und festgelegte Strecken verlangt. Diese Frachtraten setzen sich aus der Grundrate und Frachtzuschlägen bzw. Frachtabschlägen zusammen.

Für die Berechnung der **Grundrate** wird die Frachttonne zugrunde gelegt. Eine Frachttonne ist entweder eine Gewichtstonne (1 000 kg) oder eine Raumtonne (1 m^3). Sie wird auch beim Transport containerisierter LCL-Güter zugrunde gelegt.

Bei FCL-Containerverladungen wird häufig ein Gesamtfrachtbetrag (Commodity Box Rate (CBR)) in Rechnung gestellt. Dieser Gesamtfrachtbetrag wird unabhängig vom transportierten Gewicht oder Volumen erhoben.

Die am häufigsten erhobenen **Frachtzuschläge bzw. -abschläge** sind

- Währungsausgleichsfaktor (currency adjustment factor (CAF)) bei Veränderungen des Wechselkurses der Währung, die der Frachtberechnung zugrunde gelegt wurde

- Bunkerölausgleichsfaktor (bunker adjustment factor (BAF)), um steigende oder fallende Ölpreise in der Fracht zu berücksichtigen

- Schwergutzuschläge für Packstücke mit einem Einzelgewicht von mehr als 5 t

- Längenzuschläge für Packstücke über 12 m Länge

- Verstopfungszuschläge (congestion surcharges) für Häfen mit übermäßigen Wartezeiten

- Gefährdungszuschläge (war risk sucharges) bei Verschiffungen in kriegsgefährdete Gebiete

Hafengebühren

Hafengebühren (terminal handling charges) sind Kosten, die bei der Entladung auf das Containerterminal entstehen. Sie fallen für jeden Umschlag an. Die Hafengebühren sind meist von der Größe der Container unabhängig.

Auslieferung der Ware

Nach dem Ausladen auf dem Containerterminal muss die Ware noch zum Kunden geliefert werden. Dies kann je nach Ort, Preis, Umweltgesichtspunkten und Unaufschiebbarkeit der Warensendung mit Bahn, Binnenschiff oder Lkw erfolgen. Dadurch entstehen Kosten für die Zustellung zum Empfänger.

Kosten für den Zoll

Beim Zoll fallen Kosten für das Personal, Steuern, Zollgebühren, eine Umlage der IT-Systeme des Zolls sowie ein Entgelt für die Dokumentenerstellung für die jeweiligen fiskalischen Belege an.

Ermittlung der Versandkosten bei Transport mit Binnenschiffen

Die Kosten für Binnenschifftransporte richten sich grundsätzlich nach dem Gewicht oder Volumen der Transportgüter und der Transportstrecke.

Bei der Ermittlung der Gesamtkosten für den Transport mit dem Binnenschiff werden folgende Kosten berücksichtigt:

- Kosten für das Binnenschiff (Bereithaltungs- und Fortbewegungskosten)
- Schifffahrtsabgaben (Befahrungsabgaben, Schleusengebühren)
- Binnenhafengebühren
- Umschlagkosten
- Kosten für den Vor- und Nachlauf des Binnenschifftransports

Ermittlung der Versandkosten bei Luftfracht

Für die Ermittlung der Transportkosten für Luftfracht spielt sowohl das tatsächliche Gewicht des Transportgutes als auch das Volumengewicht des Transportgutes eine Rolle. Das Volumengewicht gibt das Gewicht des Transportgutes im Verhältnis zum Raumvolumen wieder. Für die Berechnung des Volumengewichts wird das Volumen (Länge x Breite x Höhe) durch einen dienstleistungsabhängigen Divisor geteilt. Der Divisor variiert dabei meist zwischen 5 000 oder 6 000.

Nachdem das Volumengewicht ermittelt worden ist, wird es mit dem tatsächlichen Gewicht des Transportgutes verglichen. Für die Berechnung der Transportkosten wird dann der höhere Wert zugrundegelegt.

Bei der Ermittlung der Gesamttransportkosten des Luftfrachttransports werden folgende Kosten berücksichtigt:

- Luftfrachtrate
- Flughafenkosten
- Auslieferung
- Verzollungskosten

Luftfrachtrate

Es werden folgende Luftfrachtraten unterschieden:

- Allgemeine Frachtraten (general cargo rates): Sie sind in der Regel in Raten für Sendungen bis 45 kg (Normalrate), über 45 kg (mit einem Rabattsatz von ca. 25 %) und in Mindestbeiträge gestaffelt.

- Spezialraten (specific commodity rates): Das sind stark ermäßigte Raten, die aus Gründen der Wettbewerbsfähigkeit gegenüber den übrigen Transportarten für bestimmte Warenarten auf bestimmten Flugstrecken gewährt werden.

- Warengruppenraten (class rates): Das sind an bestimmte Gruppen und Klassen von Waren gebundene Frachtraten (z. B. Kataloge, Zeitschriften, lebende Tiere). Sie gelten nur für bestimmte Verkehrsrichtungen.

- ULD-Tarife (unit load devices): ULD Tarife sind Pauschalfrachten für unitarisierte Ladungen (Flugzeug-Paletten, Container), die von den Ladungsbeteiligten selbst beladen und entladen werden.

Frachtraum eines Flugzeugs

Flughafenkosten

Die Sendungen müssen am Flughafen aus dem Flugzeug entladen und daraufhin verteilt werden, damit die Luftfracht schnell ans Ziel kommt. Diese Kosten müssen bei der Frachtkostenberechnung berücksichtigt werden.

Auslieferung

Die ankommenden Güter müssen am Flughafenterminal auf andere Transportmittel verladen werden, um von dort aus zum Kunden transportiert werden zu können.

Verzollungskosten

Die Verzollungskosten beinhalten Kosten, die während der Verzollung der Luftfracht entstehen.

Zusammenfassung

Bahnfracht	Lkw-Fracht	Binnenschifftransporte	Seefracht	Luftfracht
▪ Frachtrate für die Bahn ▪ Aufwendungen für das Bahnterminal ▪ Auslieferung der Ware ▪ Kosten für den Zoll	▪ Frachtraten für den Lkw ▪ Abholung des Transportgutes ▪ Umschlag ▪ Hauptlauf ▪ Zustellung ▪ Kosten für den Zoll	▪ Kosten für das Binnenschiff (Bereithaltungs- und Fortbewegungskosten) ▪ Schifffahrtsabgaben (Befahrungsabgaben, Schleusengebühren) ▪ Binnenhafengebühren ▪ Umschlagkosten ▪ Kosten für den Vor- und Nachlauf des Binnenschiffstransports	▪ Seefrachtrate ▪ Hafengebühren ▪ Auslieferung der Ware ▪ Kosten für den Zoll	▪ Luftfrachtrate ▪ Flughafenkosten ▪ Auslieferung ▪ Verzollungskosten

Aufgaben

1. Welche Kostenbestandteile müssen bei der Ermittlung der Gesamtkosten für den Transport mit der Bahn berücksichtigt werden?
2. Welche Kosten müssen bei der Ermittlung der Gesamttransportkosten mit dem Lkw berücksichtigt werden?
3. Welche Kosten müssen bei der Berechnung der Gesamttransportkosten für einen Transport mit Binnenschiffen berücksichtigt werden?
4. Welche Kosten müssen bei der Berechnung der Gesamttransportkosten für einen Seetransport berücksichtigt werden?
5. Welche Kosten müssen bei der Ermittlung der Gesamtkosten für den Transport per Luftfracht berücksichtigt werden?

13 Prüfung des Abschlusses einer Transportversicherung

Einstiegssituation

Die Ehlers & Gehrenberg KG hat mit dem Hersteller von Damenoberbekleidung Yanar Tekstil, Merkez Mahalle Birahane Sokak No 15-A Bomonti şişli, 32379 Istanbul, Türkei, einen Kaufvertrag über die Lieferung von 1 000 Kleidern aus der Sommerkollektion abgeschlossen. Als Lieferbedingung wurde CIP Hamburg Incoterms©2020 vereinbart.

Die Abteilungsleiterin des Einkaufs im Produktbereich Textilien, Frau Janssen, bittet Sandra Krollmann zu überprüfen, ob es für die Ehlers & Gehrenberg KG sinnvoll ist, für die Lieferung der Kleider aus der Türkei eine eigene Transportversicherung abzuschließen.

Arbeitsaufträge

Versetzen Sie sich in die Lage von Sandra Krollmann und erfüllen Sie den Auftrag von Frau Janssen.

1. Überprüfen Sie, welche Transportrisiken der Exporteur Yanar Tekstil aufgrund der vereinbarten Lieferbedingung CIP Hamburg Incoterms©2020 absichern muss.
2. Machen Sie einen Vorschlag, welche Transportrisiken die Ehlers & Gehrenberg KG zusätzlich absichern sollte.

Notwendigkeit des Abschlusses einer Transportversicherung

Beim Gütertransport können Güter beschädigt, zerstört, verloren oder gestohlen werden. Steigende Kriminalität, Klimaveränderungen, Piraterie, Kriegsereignisse, Zeit- und Kostendruck und die zunehmende Häufigkeit der Umlade-Vorgänge im kombinierten Verkehr sind die Risiken beim Gütertransport.

Abhängig von Rechtslage, Handelsbräuchen (z. B. Incoterms) und vertraglichen Vereinbarungen trägt entweder der Exporteur, der Importeur oder tragen beide die Transportrisiken.

Durch den Abschluss einer Transportversicherung können die finanziellen Folgen dieser Risiken verringert werden.

Die Transportversicherung versichert die Transportmittel und die Transportgüter gegen die Gefahren, denen sie während des Transports zu Lande, zu Wasser und in der Luft ausgesetzt sind. Vor-, Zwischen- und Nachlagerungen von Waren werden mitversichert, soweit nicht ausdrücklich etwas anderes vereinbart ist.

Der Abschluss einer eigenen Transportversicherung ist aus folgenden Gründen sinnvoll:

- Frachtführer haften für Transportschäden nur im Rahmen gesetzlicher und vertraglicher Bedingungen. Sie haften nur eingeschränkt für Schäden (z. B. nur 8,33 SZR/kg), sodass bei Transportschäden in vielen Fällen nur unzureichend Ersatz geleistet wird. Für die Differenzen trägt entweder der Versender oder der Empfänger das Risiko.

- Die Haftung von Frachtführern und Spediteuren ist bei bestimmten Schadensursachen ausgeschlossen (z. B. bei höherer Gewalt). Eine Transportversicherung bietet auch bei diesen Gefahren Schutz.

- Die Transportversicherung deckt auch zusätzliche Aufwendungen und Kosten.

- Im internationalen Handel werden viele Verträge auf der Basis von vorformulierten Standardklauseln (z. B. Incoterms, Akkreditivvorschriften) abgeschlossen, die auch die Verpflichtung zum Abschluss einer Transportversicherung durch einen der Vertragspartner beinhalten.

- Bei Vereinbarung der CIF-Klausel beschränkt sich der Versicherungsschutz nur auf Schäden während der Seereise. Außerdem besteht bei dieser Klausel nur die Verpflichtung zum Abschluss einer Transportversicherung mit der Deckungsform (C) der Institute Cargo Clauses (ICC), die nur einen eingeschränkten Deckungsschutz bietet.

- Bei einer Großen Havarie ersetzt die Transportversicherung nicht nur den Schaden an der Ladung, sondern alle Kosten, die dem Versicherten entstehen.

Abschluss einer Transportversicherung

Zur Abdeckung seiner Transportrisiken kann ein Außenhandelsunternehmen Rahmenversicherungsverträge oder Einzelversicherungsverträge abschließen.

Der Transportversicherungsvertrag wird zwischen dem Versicherungsnehmer und dem Versicherer abgeschlossen. Der Versicherungsnehmer stellt zunächst einen schriftlichen Antrag auf Abschluss einer Transportversicherung. Der Vertrag kommt zustande, wenn der Versicherer die Annahme des Antrags bestätigt oder eine Versicherungspolice ausstellt.

Aus der Versicherungspolice kann man entnehmen, welche Versicherungsbedingungen für den Transportversicherungsvertrag gelten.

Grundlage des Versicherungsvertrages können die deutschen DTV-Güterversicherungsbedingungen 2000/2011 oder die im internationalen Handel häufig gebräuchlichen Institut Cargo Clauses – ICC – sein.

Diese allgemeinen Versicherungsbedingungen enthalten grundlegende Bestimmungen für den Inhalt aller Träger eines Versicherungszweiges. Dazu gehören vor allem:

- die versicherten Gefahren und Schäden
- der Umfang des Versicherungsschutzes
- die Ausschlüsse vom Versicherungsschutz
- die Pflichten des Versicherungsnehmers
- die Verwirkungsgründe, die den Versicherer von der Leistung befreien.

Darüber hinaus werden in den allgemeinen Versicherungsbedingungen noch der Geltungsbereich des Versicherungsschutzes und eine eventuelle Selbstbeteiligung im Schadensfall geregelt.

Die Regelungen der DTV-Güterversicherungsbedingen und der Institut Cargo Clauses – ICC – waren Lerninhalte des 2. Ausbildungsjahres. Sie werden deshalb an dieser Stelle nicht mehr ausführlich dargestellt.

Mit dem Abschluss des Versicherungsvertrages erwirbt der Versicherungsnehmer nicht nur das Recht auf die vereinbarten Versicherungsleistungen, er muss auch seine Pflichten aus dem Vertrag erfüllen. Eine Vernachlässigung dieser Pflichten hat für den Versicherungsnehmer fast immer finanzielle Nachteile zur Folge. Unter Umständen kann dies sogar den vollständigen Verlust des Versicherungsschutzes bedeuten.

Der Versicherungsnehmer muss die folgenden Pflichten beachten:

Auskunftspflicht	Der Versicherungsnehmer muss im Versicherungsantrag alle Fragen, die der Beurteilung des Risikos durch den Versicherer dienen, wahrheitsgemäß und vollständig beantworten. Nach Eintreten des Schadenfalls kann vom Versicherungsnehmer verlangt werden, dass er jede Auskunft erteilt, die zur Festlegung des Umfangs der Leistungspflicht erforderlich ist.
Anzeigepflicht	Der Versicherungsnehmer muss dem Versicherer jeden Schaden sofort melden. Eine Benachrichtigung muss auch erfolgen, wenn sich das Risiko nachträglich verändert.
Schadenminderungspflicht	Der Versicherungsnehmer muss bei Eintritt des Versicherungsfalls den Schaden so weit wie möglich in Grenzen halten.
Fristgerechte Prämienzahlung	Versicherungsschutz wird von einer großen Anzahl von Versicherungsunternehmen angeboten. Das erschwert die Auswahl erheblich. Da die Leistungen und Prämien der einzelnen Anbieter unterschiedlich sein können, sollten stets Vergleichsangebote von mehreren Versicherungsunternehmen eingeholt werden.

Versicherungssumme und Versicherungswert

Wenn Sachwerte versichert werden sollen, muss vorher der von einem Schaden bedrohte Wert ermittelt werden. Dieser sogenannte Versicherungswert beinhaltet die tatsächlichen Anschaffungs-, Wiederbeschaffungs- oder Wiederherstellungskosten der Transportgüter, die Fracht- und Versicherungskosten, evtl. anfallende Nebenkosten und den imaginären Gewinn. Der Versicherungswert und die Versicherungssumme müssen stets genau übereinstimmen, da Abweichungen (z.B. eine Unter- oder eine Überversicherung) im Schadensfall Nachteile für den Versicherten zur Folge haben können.

Definition

Von einer **Unterversicherung** spricht man, wenn die Versicherungssumme unter dem Versicherungsfall liegt. Im Schadensfall wird dann die Entschädigung im Verhältnis der Versicherungssumme zum Versicherungswert gekürzt.

Beispiel

Versicherungswert: 150.000,00 €
Versicherungssumme: 120.000,00 €
Unterversicherung: 30.000,00 €
= 20 % des Versicherungswerts

Bei einem Schaden von 20.000,00 € wird die Entschädigungssumme um 20 % auf 16.000,00 € gekürzt. Für die Schadendifferenz von 4.000,00 € muss der Versicherungsnehmer selbst aufkommen.

Definition

Von einer **Überversicherung** spricht man, wenn die Versicherungssumme höher als der Versicherungswert ist. In diesem Fall bildet trotzdem der Betrag des Schadens die Höchstgrenze der Entschädigung. Der Versicherungsnehmer gibt also Geld aus für die den wirklichen Wert übersteigenden Versicherungssumme, ohne jemals eine Gegenleistung dafür zu erhalten.

Schutzversicherungen – Mehrwertversicherung

Schutzversicherung

Die Schutzversicherung bietet subsidiären (unterstützenden) Versicherungsschutz bei Transporten,

- für die der Versicherungsnehmer nicht oder nur teilweise die Gefahr trägt oder
- die er aufgrund der Liefervereinbarungen nicht versichern muss oder
- die der Versicherungsnehmer durch Gesetz oder hoheitliche Verfügung zur Eindeckung des Versicherungsschutzes bei einem anderen Versicherer versichern muss.

Die Schutzversicherung deckt nur das eigene Interesse des Versicherungsnehmers. Der von dieser Police gedeckte Schaden kann nur von ihm in Anspruch genommen werden.

Konditionsdifferenzversicherung

Wenn der Deckungsumfang und/oder die Versicherungs-/Haftungssummen einer anderen Versicherung nicht den Bedingungen des zugrundeliegenden Schutzversicherungsvertrages entsprechen, ist die Differenz in den Konditionen und Limits mitversichert.

Importschutzklausel

Die Importschutzklausel bietet dem Importeur Schutz für den Fall, dass der Exporteur eine erforderliche Transportversicherung zugunsten des Importeurs nicht im benötigten Deckungsumfang oder nicht zuverlässig abgeschlossen hat. Sie bietet dem Importeur Schutz, wenn die CIF oder CIP gekauften Güter vom Exporteur vertragswidrig nicht versichert worden sind. Der Versicherer leistet Schadenersatz unabhängig davon, ob der anderweitige Versicherer den Schaden reguliert.

Exportschutzklausel

Die Exportschutzklausel bietet dem Exporteur Schutz für den Fall, dass der Importeur den Transport nicht ausreichend versichert hat, die Ware nicht annimmt oder nicht bezahlt. Sie gilt nur für Transporte, die vertragsgemäß vom Importeur versichert werden müssen. Der Versicherer ist nur zum Ersatz eines durch die Police gedeckten Schadens verpflichtet, wenn der Versicherungsnehmer die Zahlung des fälligen Kaufpreises oder die Vergütung der von ihm geleisteten Havarie-grosse-Zahlungen mit zumutbaren kaufmännischen Mitteln nicht durchsetzen kann.

Zusammenfassung

Abschluss eines Transportversicherungsvertrages
zwischen dem Versicherungsnehmer und dem Versicherer

Allgemeine Versicherungsbedingungen

DTV-Güterversicherungsbedingungen 2000/2011 oder **Institut Cargo Clauses – ICC**

enthalten grundlegende Bestimmungen für den Inhalt aller Träger eines Versicherungszweiges. Dazu gehören vor allem:

- die versicherten Gefahren und Schäden
- der Umfang des Versicherungsschutzes
- die Ausschlüsse vom Versicherungsschutz
- die Pflichten des Versicherungsnehmers
- die Verwirkungsgründe, die den Versicherer von der Leistung befreien.

Pflichten des Versicherungsnehmers

- Auskunftspflicht
- Anzeigepflicht
- Schadenminderungspflicht
- Fristgerechte Prämienzahlung

Schutzversicherung

Konditionsdifferenzversicherung	Importschutzklausel	Exportschutzklausel
Sie versichert die Differenz in den Konditionen und Limits mit, wenn der Deckungsumfang und/oder die Versicherungs-/Haftungssummen einer anderen Versicherung nicht den Bedingungen des zugrundeliegenden Schutzversicherungsvertrages entsprechen.	Sie bietet dem Importeur Schutz für den Fall, dass der Exporteur eine erforderliche Transportversicherung zugunsten des Importeurs nicht im benötigten Deckungsumfang oder nicht zuverlässig abgeschlossen hat.	Sie bietet dem Exporteur Schutz für den Fall, dass der Importeur den Transport nicht ausreichend versichert hat, die Ware nicht annimmt oder nicht bezahlt.

Aufgaben

1. Erläutern Sie die Gründe für den Abschluss einer Transportversicherung im Rahmen eines Außenhandelsgeschäftes
   a) aus der Sicht eines Exporteurs,
   b) aus der Sicht eines Importeurs.

2. Beschreiben Sie den Abschluss eines Transportversicherungsvertrages.

3. Erläutern Sie die Pflichten, die der Versicherungsnehmer bei Abschluss einer Transportversicherung beachten muss.

4. Welche Transportrisiken trägt der Importeur jeweils bei der Vereinbarung der folgenden Incoterms-Klauseln?
   a) EXW
   b) FCA
   c) FAS
   d) FOB
   e) CFR
   f) CIF
   g) CIP
   h) DDP

5. Welche Transportrisiken trägt der Exporteur jeweils bei der Vereinbarung der folgenden Incoterms-Klauseln?
   i) EXW
   j) FCA
   k) FAS
   l) FOB
   m) CFR
   n) CIF
   o) CIP
   p) DDP

6. Nennen Sie die grundlegenden Bestimmungen über die Inhalte einer Transportversicherung, die in den DTV-Versicherungsbedingungen 2000/2011 oder Institute Cargo Clauses – ICC – enthalten sind.

7. Welchen zusätzlichen Schutz bietet der Abschluss einer Schutzversicherung
   a) dem Exporteur?
   b) dem Importeur?

8. Welchen Schutz bietet eine
   a) Konditionendifferenzversicherung?
   b) Importschutzklausel?
   c) Exportschutzklausel?

14 Dokumentenaufmachung und -erstellung

Einstiegssituation

Die Ehlers & Gehrenberg hat von der Clark Enterprise Inc., Strathmore Cres. Ontario, L3M 4L1 Mississauga, Kanada, einen Auftrag über die Lieferung von 500 kg Polyamidgranulat zum Preis von 750,00 € je 100 kg erhalten. Die Lieferung soll FCA Hamburg Airport per Luftfracht erfolgen.

Der Abteilungsleiter Verkauf im Produktbereich Chemie, Herr Staub, beauftragt Allan Stevenson, die für die Transportabwicklung notwendigen Dokumente zu erstellen.

Arbeitsaufträge

Versetzen Sie sich in die Rolle von Allan Stevenson. Stellen Sie fest,

1. welche Dokumente für die Transportabwicklung notwendig sind und
2. welche Informationen die Dokumente jeweils enthalten müssen.

Berücksichtigen Sie dabei auch die Einfuhrbestimmungen von Kanada (s. Auszug).

Einfuhrbestimmungen Kanada (Auszug)
[...]

Begleitpapiere

Zollfakturen
Für Sendungen, deren Zollwert mehr als 2.500 CAD beträgt, sind entweder Zollfakturen auf dem Einheitsvordruck „Canada Customs Invoice/Facture des Douanes Canadiennes" (Cl1) erforderlich oder auf dem Firmenbogen aufgemachte oder mit dem Computer erstellte Handelsrechnungen. Werden anstelle der Vordrucke Handelsrechnungen aufgemacht bzw. erstellt, müssen sie sämtliche Punkte des Vordrucks beinhalten, die nachstehend aufgeführt werden. Liegt eine Handelsrechnung mit Informationen zum Verkäufer, Käufer, Preis, Warenbeschreibung und Menge vor, ist es möglich, lediglich die fehlenden Angaben dem Zoll auf dem Formblatt Cl1 zusätzlich vorzulegen. Da die Verantwortung für die korrekte Einreichung aller für die Verzollung notwendigen Daten beim Importeur liegt, der ggf. selbst eine Zollfaktura ausstellen muss, dürfte es zweckmäßig sein, sich mit dem Importeur über die Frage der Rechnungsart zu verständigen. [...]
Des Weiteren wird empfohlen, in den Fakturen zum Ausdruck zu bringen, ob eine wie auch immer geartete Beziehung zwischen dem Verkäufer und dem Käufer besteht, die in irgendeiner Form den Verkaufspreis für die gelieferte Ware beeinflusst. Wenn eine solche Beziehung nicht besteht, ist deutlich zu erklären: „Transaction between not related parties."
Die Fakturen sind in englischer oder französischer Sprache aufzumachen. Für die Zollfreigabe muss die Faktura dem kanadischen Zoll in 2-facher Ausfertigung (oder elektronisch) vorgelegt werden. Zusätzliche Ausfertigungen der Rechnung können z. B. für den Importeur und ggf. für den Zollmakler notwendig sein.
Für Sendungen, deren Zollwert bei nicht mehr als 2.500 CAD liegt, sind Handelsrechnungen (2-fach) mit allen handelsüblichen Angaben ausreichend.

Aufmachung der Fakturen
In den Zollfakturen ist in den entsprechenden Spalten anzugeben bzw. die Handelsrechnungen müssen nachstehende Angaben enthalten (Entfällt für eine Spalte eine Beantwortung, ist ein entsprechender Vermerk anzubringen, z. B. not applicable bzw. n/a}:

- Name und Adresse des Verkäufers und/oder Versenders
- Datum der direkten Versendung nach Kanada
- andere Referenzen, z. B. Auftragsnummer des Käufers, Rechnungsnummer. Name und Adresse des Empfängers (in Übereinstimmung mit dem Handelsvertrag), Name und Adresse des Käufers, Angabe des Transitlands, durch das die Sendung unter Zollaufsicht nach Kanada geliefert wird, Ursprungsland der Waren (enthält die Sendung Waren unterschiedlichen Ursprungs, ist der jeweilige Ursprung bei den einzelnen Waren in Spalte 12 anzugeben)
- Transportangabe (anzugeben ist die Versendungsart und der Ort der direkten Versendung bzw. Verschiffung nach Kanada)
- zwischen Käufer und Verkäufer vereinbarte Verkaufs- und Zahlungsbedingungen die für die Bezahlung vereinbarte Währung
- Anzahl der Packstücke
- Warenmenge (per Einheit)
- Verkaufspreis per Einheit in vereinbarter Währung
- Verkaufspreis der Gesamtwarenmenge in vereinbarter Währung
- Gesamtgewicht der Sendung (Brutto und Netto)
- der zu zahlende Gesamtwert (Total) für die in der Faktura genannten Waren (ggf. einschließlich der auf Fortsetzungsseiten aufgeführten Beträge)
- Name und Adresse des Exporteurs, d. h. der Person oder Organisation, die die Versendung vornimmt
- Name und Adresse des Urhebers, d. h. der Firma oder Person, in deren Auftrag die Rechnung erstellt wird (falls im Auftrag einer Person muss der Name der verantwortlichen Person, die die Faktura ausfüllt, zwingend angegeben werden)
- Nummer und Datum aller zutreffenden verbindlichen Zolltarifauskünfte
- Gegebenenfalls müssen die nachstehenden Kosten mit ihren Beträgen (unter Angabe der Währung) separat angegeben werden: Frachtkosten, Ausgaben und Versicherungskosten vom Ort der direkten Versendung bzw. Verschiffung nach Kanada, Kosten für die Konstruktion, Errichtung und Montage, die nach der Einfuhr in Kanada anfallen , Kosten für die Exportverpackung (wenn eine zusätzliche Verpackung speziell und nur für den überseeischen Transport der Waren verwendet wurde) und Beträge für Provisionen (ausgenommen Einkaufprovisionen). Es ist außerdem anzugeben, ob Lizenzgebühren oder spätere Erlöse vom Käufer bezahlt oder noch zu entrichten sind. Falls der Käufer Waren geliefert oder Dienste für die Herstellung dieser Waren geleistet hat, ist dies auch anzugeben.
- Bezüglich der Waren muss die Faktura folgende Informationen enthalten: Art der Verpackungen (z. B. Kisten, Kartons), Zeichen und Nummern (ausgenommen sind Postsendungen oder Schüttgut) sowie eine generelle Warenbeschreibung und -merkmale, inkl. Identifizierung (z. B. Codenummer, Größe). Jede Faktura muss eine zufriedenstellende und korrekte Beschreibung der Waren mit den üblichen kaufmännischen Bezeich-

nungen enthalten. Alle wichtigen Charakteristika sind anzugeben. Für Tiere und Pflanzen sowie Produkte hieraus muss zudem der wissenschaftliche Name der Spezies angegeben werden. Handelt es sich nicht um neue Waren, ist zusätzlich der Zustand ihrer Beschaffenheit anzugeben, z. B. gebrauchte Waren, Reste, veraltete Waren.

- Zur Zollfreigabe ist der 10-stellige Code des kanadischen Zolltarifs für jede Warenart auf der Faktura und dem Formular „Canada Customs Coding Form" anzugeben. Die Verantwortung für die korrekte Einreihung der Waren liegt beim Importeur. Die kanadischen Zollbehörden empfehlen, dass der Importeur diese Information an den Exporteur weitergibt, damit dieser den Tarifcode auf seiner Rechnung angeben kann.

Handelsrechnungen Siehe unter „Zollfakturen".

Ursprungszeugnisse
Ursprungszeugnisse sind generell nicht erforderlich.

Präferenznachweise
Der Präferenznachweis für Erzeugnisse, die unter die zwischen der Europäischen Union und Kanada vereinbarte „Ursprungsregelung" fallen, ist ausschließlich im sog. Selbstzertifizierungsverfahren zu erbringen.
Die Ausstellung von förmlichen Warenverkehrsbescheinigungen durch die Zollstellen ist nicht vorgesehen. Eine Ursprungserklärung für eine Sendung ist max. 12 Monate gültig.

- **„Erklärung auf der Rechnung":** Von jedem Ausführer für Sendungen, die Ursprungserzeugnisse enthalten, deren Gesamtwert 6.000 EUR je Sendung nicht überschreitet, kann der Präferenznachweis ausschließlich durch eine Erklärung mit folgendem Wortlaut auf der Rechnung, einem Lieferschein oder einem anderen Handelspapier erbracht werden. In diesem Fall werden keine Anforderungen an den Status des Ausführers gestellt:
  "The exporter of the products covered by this document*) declares that, except where otherwise clearly indicated, these products are of ...**) preferential origin."
  Ort und Datum, Unterschrift des Ausführers und Name des Unterzeichners in Druckschrift

  *) Für EU-Ausführer: Wird die Ursprungserklärung von einem ermächtigten oder registrierten Ausführer ausgefüllt, ist die entsprechende Zollbewilligungs- bzw. die -registernummer anzugeben.
  **) Ursprungserzeugnisse aus Ceuta und Melilla sind deutlich mit der Kurzbezeichnung „CM" zu kennzeichnen.

Die Angabe des Ursprungslands muss stets „Kanada/EU" bzw. „Canada/EU" lauten.
Ursprungserklärungen eines registrierten Ausführers (REX) erfolgen nach Art. 68 UZK-IA. In der Ursprungserklärung ist die REX-Nummer anzugeben.
Ursprungserklärungen für Mehrfachsendungen identischer Ursprungserzeugnisse nach Art. 19 Abs. 5: Die Zollbehörden der Einfuhrvertragsparteien dürfen deren Verwendung zulassen, wenn die Mehrfachsendungen und Einfuhren innerhalb eines Zeitraums von max. 12 Monaten erfolgen. Der Zeitraum ist vom Ausführer in der Ursprungserklärung anzugeben. [...]

Konnossemente
Order-Konnossemente sind zugelassen, jedoch ist die Angabe einer Notify-Adresse erforderlich.

Sonstige Begleitpapiere

- **Packlisten**

Packlisten sind nicht zwingend erforderlich.
[...]

Quelle: Handelskammer Hamburg (Hrsg.): Export-Nachschlagewerk K und M Konsulats- und Mustervorschriften, 43. Auflage, 5. Nachtrag. Bochum: Mendel Verlag GmbH & Co. KG 2021 S. 571 ff.

Für die Begleitpapiere eines internationalen Transports gelten in den verschiedenen Ländern oft unterschiedliche Regelungen. Deshalb müssen die Einfuhrbestimmungen des jeweiligen Einfuhrlandes bei der Aufmachung der Dokumente und Ausstellung beachtet werden.

Wenn zwischen dem Exporteur und dem Importeur Zahlung aus einem Dokumentenakkreditiv vereinbart wurde, muss der Exporteur darauf achten, dass die Dokumente akkreditivkonform aufgemacht und ausgestellt werden.

Aufmachung und Erstellung des Konnossements

Der Exporteur bzw. Ablader oder der von ihm beauftragte Spediteur macht das Konnossement in mehreren Originalen und Kopien auf, nachdem die Transportgüter zur Verladung am Container-Terminal oder Schuppen angeliefert wurden. Anschließend werden die Originale der Reederei zur Unterzeichnung übergeben. Die Reederei oder der Reedereivertreter im Verschiffungshafen vergleicht die Eintragungen im Konnossement mit den nach der Anlieferung erstellen Papieren und unterschreibt anschließend die Originale des Konnossements.

Das Konnossement soll (gemäß § 515 HGB) folgende Angaben enthalten:

1. Ort und Tag der Ausstellung (place an date of issue)
2. Name und Anschrift des Abladers (shipper)
3. Name des Schiffes (ocean vessel)
4. Name und Anschrift des Verfrachters (carrier)
5. Abladungshafen (port of loading) und Bestimmungsort (port of discharge)
6. Name und Anschrift des Empfängers und eine etwaige Meldeadresse (consignee)
7. Art des Gutes und dessen äußerlich erkennbare Verfassung und Beschaffenheit (description of goods)
8. Maß, Zahl oder Gewicht des Gutes und dauerhafte und lesbare Merkzeichen
9. die bei der Abfertigung geschuldete Fracht, bis zur Ablieferung angefallene Kosten sowie einen Vermerk über die Frachtzahlung (freight payable)
10. Zahl der Ausfertigungen (no. original Bs/L)

Die Angaben nach Nummer 7 und 8 müssen auf Verlangen des Abladers so in das Konnossement aufgenommen werden, wie er sie dem Verfrachter vor der Übernahme des Gutes in Textform mitgeteilt hat.

Das Konnossement muss vom Verfrachter unterzeichnet werden. Eine Nachbildung der eigenhändigen Unterschrift durch Druck oder Stempel genügt dabei.

Dem Konnossement gleichgestellt ist eine elektronische Aufzeichnung, die dieselben Funktionen erfüllt wie das Konnossement, wenn sichergestellt ist, dass die Authentizität und die Integrität der Aufzeichnung gewahrt bleiben (elektronisches Konnossement).

Bei der Aufmachung und Ausstellung des Konnossements müssen die Einfuhrbestimmungen des jeweiligen Einfuhrlandes bei der Aufmachung der Dokumente und Ausstellung beachtet werden.

Beispiel: Einfuhrbestimmungen Kanada

„**Konnossement**

Order-Konnossemente sind zugelassen, jedoch ist die Angabe einer Notify-Adresse erforderlich."

Quelle: Handelskammer Hamburg: Export-Nachschlagewerk K und M Konsulats- und Mustervorschriften, 43. Auflage. Bochum: Mendel Verlag GmbH & Co. KG 2019/2020, Seite 508.

Wenn zwischen dem Exporteur und dem Importeur Zahlung aus einem Dokumentenakkreditiv vereinbart wurde, muss der Exporteur darauf achten, dass die Handelsrechnung akkreditivkonform aufgemacht und ausgestellt wird.

Aufmachung und Erstellung des Luftfrachtbriefs

Der Luftfrachtbrief muss vom Absender in drei Ausfertigungen ausgestellt werden. In der Praxis wird der Luftfrachtbrief jedoch meist in Vertretung vom Carrier ausgefüllt. Dem Luftfrachtbrief müssen alle Dokumente beigefügt werden, die aufgrund der Zoll-, Steuer- und Polizeivorschriften des Ausfuhrlandes, der Transitländer und des Einfuhrlandes erforderlich sind (Ausfuhrbegleitdokument, Handelsrechnung, Präferenznachweis, Importlizenz usw.).

§

Artikel 5 Montrealer Übereinkommen
Inhalt des Luftfrachtbriefs und der Empfangsbestätigung über Güter
Der Luftfrachtbrief und die Empfangsbestätigung über Güter müssen enthalten:
a) die Angabe des Abgangs- und Bestimmungsorts;
b) falls Abgangs- und Bestimmungsort im Hoheitsgebiet desselben Vertragsstaats liegen, jedoch eine oder mehrere Zwischenlandungen im Hoheitsgebiet eines anderen Staates vorgesehen sind, die Angabe von zumindest einem dieser Zwischenlandepunkte;
c) die Angabe des Gewichts der Sendung.

Artikel 6 Montrealer Übereinkommen
Angaben zur Art der Güter
Falls notwendig, kann vom Absender verlangt werden, zur Einhaltung der Vorschriften der Zoll-, der Polizei- oder anderer Behörden eine Urkunde mit Angaben zur Art der Güter auszuhändigen. Diese Bestimmung begründet für den Luftfrachtführer keine Verpflichtung, Verbindlichkeit oder Haftung.

> **Artikel 7 Montrealer Übereinkommen**
> **Luftfrachtbrief**
> (1) Der Luftfrachtbrief wird vom Absender in drei Ausfertigungen ausgestellt.
> (2) Die erste Ausfertigung trägt den Vermerk „für den Luftfrachtführer"; sie wird vom Absender unterzeichnet. Die zweite Ausfertigung trägt den Vermerk „für den Empfänger"; sie wird vom Absender und vom Luftfrachtführer unterzeichnet. Die dritte Ausfertigung wird vom Luftfrachtführer unterzeichnet und nach Annahme der Güter dem Absender ausgehändigt.
> (3) Die Unterschrift des Luftfrachtführers und diejenige des Absenders können gedruckt oder durch einen Stempel ersetzt werden.
> (4) Wird der Luftfrachtbrief auf Verlangen des Absenders vom Luftfrachtführer ausgestellt, so wird bis zum Beweis des Gegenteils vermutet, dass der Luftfrachtführer im Namen des Absenders gehandelt hat.
>
> Quelle: Übereinkommen zur Vereinheitlichung bestimmter Vorschriften über die Beförderung im internationalen Luftverkehr (Übereinkommen von Montreal); Amtsblatt Nr. L 194 vom 18/07/2001 S. 0039 – 0049.

Anstelle des Luftfrachtbriefs in Papierform werden zunehmend elektronische Luftfrachtbriefe (elektronischer AWB) eingesetzt. Die IATA hat den elektronischen AWB (eAWB) zum Standard-Transportvertrag für alle Luftfrachtsendungen erklärt.

Inhalte des Luftfrachtbriefs

In den Frachtbrief werden folgende Inhalte eingetragen:

- Abgangs- und Bestimmungsort
- vorgesehene Zwischenlandepunkte
- Angabe, dass die Beförderung der Haftungsordnung des Warschauer Abkommens unterliegt
- Name und Anschrift des Absenders
- Name und Anschrift des Luftfrachtführers
- Name und Anschrift des Empfängers
- Art des Gutes
- besondere Merkzeichen oder Nummern der Frachtstücke
- Verzeichnis der dem Luftfrachtführer übergebenen Begleitpapiere
- Anzahl, Art der Verpackung
- Gewicht, Menge, Raumgehalt oder Maße des Gutes
- äußerlich erkennbarer Zustand des Gutes und der Verpackung
- Beförderungspreis, wenn er vereinbart ist, sowie Zeit und Ort der Zahlung und die Person des Zahlungspflichtigen
- bei Nachnahmesendungen den Preis des Gutes und ggf. den Betrag der Nachnahmekosten
- Betrag des deklarierten Wertes
- Angabe, in wie viel Stücken der Luftfrachtbrief ausgestellt ist
- Beförderungsfrist und kurze Bezeichnung des Reisewegs, sofern sie vereinbart sind
- Ort und Tag der Ausstellung

AIRPORT OF DEPARTURE

001 FRA

001 -

Shipper's Name and Address	Shipper's Account Number	Not Negotiable
Ehlers & Gehrenberg KG Am Sandtorkai 24 20457 Hamburg Germany	150 997 01	**Air Waybill** Issued by KLM Cargo KLM Royal Dutch Airlines Copies 1, 2 and 3 of this Air Waybill are originals and have the same validity.

Consignee's Name and Address	Consignee's Account Number	
McDouglas Ltd. 234 Princess Street Edinburgh EH2 4AD Scotland/UK	150997 03	It is agreed that the goods described herein are accepted in apparent good order and condition (except as noted) for carriage SUBJECT TO THE CONDITIONS OF CONTRACT ON THE REVERSE HEREOF. ALL GOODS MAY BE CARRIED BY ANY OTHER MEANS INCLUDING ROAD OR ANY OTHER CARRIER UNLESS SPECIFIC CONTRARY INSTRUCTIONS ARE GIVEN HEREON BY THE SHIPPER, AND SHIPPER AGREES THAT THE SHIPMENT MAY BE CARRIED VIA INTERMEDIATE STOPPING PLACES WHICH THE CARRIER DEEMS APPROPRIATE. THE SHIPPER'S ATTENTION IS DRAWN TO THE NOTICE CONCERNING CARRIER'S LIMITATION OF LIABILITY. Shipper may increase such limitation of liability by declaring a higher value for carriage and paying supplemental charge if required.

Issuing Carrier's Agent Name and City		Accounting Information
Agent's IATA Code	Account No.	

Airport of Departure (Addr. of First Carrier) and Requested Routing	Reference Number	Optional Shipping Information
Hamburg		

To	By First Carrier	Routing and Destination	to	by	to	by	Currency	CHGS Code	WT/VAL PPD	WT/VAL COLL	Other PPD	Other COLL	Declared Value for Carriage	Declared Value for Customs
	KLM													

Airport of Destination	Requested Flight/Date	Amount of Insurance	INSURANCE – If carrier offers insurance, and such insurance is requested in accordance with the conditions thereof, indicate amount to be insured in figures in box marked "Amount of Insurance".
Edinburgh			

Handling Information – These commodities, technology or software were exported from the United States in accordance with the Export Administration Regulations. Diversion contrary to U.S. law prohibited.

1 Kll. marked with „McDouglas Ltd., Edinburgh/UK"

SCI

No. of Pieces RCP	Gross Weight	kg lb	Rate Class	Commodity Item No.	Chargeable Weight	Rate / Charge	Total	Nature and Quantity of Goods (incl. Dimensions or Volume)
1	18,0	k	R		20,0	4,24	84,80	
1	18,0						84,80	

Prepaid	Weight Charge	Collect	Other Charges
84,80			
	Valuation Charge		
	Tax		
	Total Other Charges Due Agent		I hereby certify that the particulars on the face hereof are correct and that insofar as any part of the consignment contains dangerous goods, **I hereby certify that the contents of this consignment are fully and accurately described above by proper shipping name and are classified, packaged, marked, and labeled, and in proper condition for carriage by air according to applicable national governmental regulations.**
	Total Other Charges Due Carrier		Ehlers & Gehrenberg KG, Hamburg Signature of Shipper or his Agent
Total Prepaid		Total Collect	
Currency Conversion Rates		CC Charges in Dest. Currency	Executed on (date) at (place) Signature of Issuing Carrier or its Agent
For Carrier's Use only at Destination		Charges at Destination	Total Collect Charges

001 -

AC 13-11U/CPN 1000098 (Rev. 3/08)

Der Frachtbrief wird in drei Originalausfertigungen ausgestellt, die vom Absender unterzeichnet werden. Der Absender kann verlangen, dass auch der Frachtführer den Frachtbrief unterzeichnet. Nachbildungen der eigenhändigen Unterschriften durch Druck oder Stempel genügen. Eine Ausfertigung ist für den Absender bestimmt, eine begleitet das Gut, eine behält der Frachtführer.

Aufmachung und Erstellung der Handelsrechnung

Bei der Aufmachung und Ausstellung der Handelsrechnung müssen die Einfuhrbestimmungen des jeweiligen Einfuhrlandes beachtet werden.

Beispiel: Einfuhrbestimmungen Brasilien

Handelsrechnung

Für alle Sendungen ist für die Verzollung eine Rechnung im Original erforderlich. Die Beschreibung der Waren in der Rechnung muss in portugiesischer, englischer oder spanischer Sprache verfasst sein. Die Angaben in der Handelsrechnung müssen mit denen in der Importlizenz genau übereinstimmen.
[...]

Aufmachung der Handelsrechnung

Die Rechnung muss die folgenden Angaben enthalten:

- Name und Anschrift des Exporteurs, des Importeurs und, falls zutreffend, des Käufers/Empfängers
- Genaue Beschreibung der Ware inkl. genauer Handelsbezeichnung sowie weiterer Details zur unmissverständlichen Identifikation der Ware
- Marken und Nummern sowie Anzahl und Art der Packstücke (Kisten, Fässer, Ballen usw.)
- Brutto- und Nettogewicht der Ware
- Ursprungsland (d.h. Land, in dem die Ware hergestellt wurde oder ihren letzten substanziellen Fertigungsschritt erfahren hat; bei Waren der BR Deutschland: „País de origem República Federal da Alemanha")
- Land des Erwerbs der Ware (unabhängig von Ursprungs- und Herstellungsland)
- Herkunftsland (d.h. Land, in dem sich die Ware zum Zeitpunkt des Kaufes befand: „País de procedéncia")
- Einheits- und Gesamtpreis jeder Ware sowie, falls zutreffend, die Höhe der gewährten Nachlässe oder Vergünstigungen
- Transportkosten und jegliche weitere Kosten, die im Zusammenhang mit der betroffenen Ware anfallen
- Zahlungsbedingungen und -währung
- Verkaufs- und Zahlungsbedingungen in Incoterms®[1]
- Unterschrift des Exporteurs"

Quelle: Handelskammer Hamburg: Export-Nachschlagewerk K und M Konsulats- und Mustervorschriften, 43. Auflage. Bochum: Mendel Verlag GmbH & Co. KG 2019/2020, Seiten 526/527 (verändert).

1 „Incoterms®" ist eine eingetragene Marke der Internationalen Handelskammer (ICC). Incoterms®2020 ist einschließlich aller seiner Teile urheberrechtlich geschützt. Die ICC ist Inhaberin der Urheberrechte an den Incoterms®2020. Bei den vorliegenden Ausführungen handelt es sich um inhaltliche Interpretationen zu den von der ICC herausgegebenen Lieferbedingungen durch die Autoren. Diese sind für den Inhalt, Formulierungen und Grafiken in dieser Veröffentlichung verantwortlich. Für die Nutzung der Incoterms® in einem Vertrag empfiehlt sich die Bezugnahme auf den Originaltext des Regelwerks.
Dieser kann über ICC Germany www.iccgermany.de und www.incoterms2020.de bezogen werden.

Wenn zwischen dem Exporteur und dem Importeur Zahlung aus einem Dokumentenakkreditiv vereinbart wurde, muss der Exporteur darauf achten, dass die Handelsrechnung akkreditivkonform aufgemacht und ausgestellt wird.

Prüfliste für Ihre Handelsrechnung

Empfängerland: ______________________________

Länderspezifische Angaben: ______________________________

Kunde: ______________________________

IHK-Bescheinigung: ❑ ja ❑ nein

Legalisierung notwendig: ❑ ja ❑ nein

Zahlungsbedingung: ______________________________

Bei Akkreditiv: ❑ Vorgaben für Rechnung berücksichtigt?

❑ Zusätzliche Bedingungen und Fristen aus dem Akkreditiv berücksichtigt?

Ist eine Übersetzung ❑ ja ❑ nein erforderlich?

Mindestanforderungen

❑ Ihre Firmenanschrift
❑ Anschrift Ihres Kunden
❑ Bankverbindung
❑ Rechnungsdatum und Rechnungsnummer
❑ Zolltarifnummer
❑ Warenbeschreibung
❑ Angabe des Warenursprungs
❑ Netto- und Bruttogewichte
❑ Einzel- und Gesamtpreise
❑ Angaben zur Versandart
❑ Verpackungsinformationen
❑ Lieferbedingung (Incoterm®)
❑ Angabe der Markierung
❑ Versicherungs- und oder Transportkosten
❑ Preisnachlässe oder Rabatte
❑ Satz oder Hinweis auf Steuerfreiheit
❑ besondere Anforderungen des Importeurs
❑ firmenspezifische Angaben oder Hinweise

Quelle: Huelmann, Anja: Prüfliste zu Ihrer Handelsrechnung im Export. In: Zolex. www.zollexport-wissen.de. 24.04.2019. https://www.zoll-export-wissen.de/export-finanzierung/exportrechnung/puefliste-zu-ihrer-handelsrechnung-im-export/[29.04.2021].

E-Invoicing

Mit der europäischen Richtlinie 2014/55/EU zur elektronischen Rechnung wurde die elektronische Rechnung der Papierrechnung gleichgestellt.

Die elektronischen Rechnungen kann als PDF oder als strukturiertes Format EDI (= electronic data interchange) versandt werden.

Mit der Umstellung auf die elektronische Rechnung (E-Invoicing) spart der Außenhandelsbetrieb Kosten und Zeit. Vorteile des E-Invoicing sind insbesondere

- Sparen von Kosten für Drucker, Tinte, Briefumschläge und Porto
- Sparen von Arbeitszeit, da die Sortierarbeit und der Gang zur Post wegfallen
- mehr Platz im Büro, da die Archivierung der Rechnungen digital erfolgt
- Vereinfachung der Arbeit im Homeoffice, da die Mitarbeiter die Rechnungen digital einsehen können
- kein langes Warten auf die Antworten der Kolleginnen oder Kollegen, wenn Mitarbeiter Fragen zum Rechnungspreis haben
- Durch die erlaubte elektronische Signatur entfällt das stapelweise Unterschreiben der Rechnungen.
- Schonung der Umwelt

Aufmachung und Erstellung des Ursprungszeugnisses

Die Ausstellung eines Ursprungszeugnisses muss in Deutschland vor der Ausfuhr bei der zuständigen Industrie- und Handelskammer, Handwerkskammer oder Landwirtschaftskammer beantragt werden.

Das förmliche Ursprungszeugnis kann bei der zuständigen Kammer persönlich oder elektronisch beantragt werden.

Für das Ursprungszeugnis muss der in Deutschland durch den Deutschen Industrie- und Handelskammertag (DIHK) genehmigte Formularsatz verwendet werden.

Der Formularsatz besteht aus dem rosa Antrag (Abbildung auf Seite 251), dem Original (Abbildung auf Seite 252) und der gelben Durchschrift.

Das Formular muss vollständig ausgefüllt werden. Dabei müssen die Anmerkungen und Hinweise auf der Vorder- und Rückseite des Antrags beachtet werden.

Feldbezeichnung	**Inhalt**
1. Absender	Der Name des Unternehmens gemäß Gewerbeanmeldung oder Handelsregistereintragung und die Anschrift müssen vollständig angegeben werden.
2. Empfänger	Hier muss entweder der Empfänger mit Anschrift oder, wenn dieser nicht bekannt ist, die Angabe „an Order und das Empfangsland“ angegeben werden. Das Bestimmungsland muss immer erkennbar sein.
3. Ursprungsland	Hier wird das Ursprungsland der Ware angegeben. Auf die richtige Bezeichnung muss geachtet werden. Bei Mitgliedsstaaten der Europäischen Union ist die Angabe „Europäische Union“ zwingend erforderlich.
4. Angaben über die Beförderung	Die Angabe der Beförderungsart (Lkw, Schiff, Luftfracht) ist freiwillig.
5. Bemerkungen	Hier können Akkreditivnummer, Akkreditivbank, Importlizenznummern, Auftrags- oder die Rechnungsnummern eingetragen werden.

Feldbezeichnung	Inhalt
6. Warenbeschreibung	Hier müssen die Anzahl und Art der Packstücke (z. B. 1 Karton, 2 Paletten, lose, unverpackt) und die genaue Warenbezeichnung eingetragen werden. Wenn die Markierung der Packstücke angegeben wird, muss diese Angabe mit der in Feld 3 gemachten Ursprungsangabe übereinstimmen. Die Angaben z. B. zur Rechnung, Packliste oder Vertrag sind freiwillig.
7. Menge	Die Mengenangabe muss angegeben werden. Sie kann in jeder für die Warenart sinnvollen Art erfolgen (Kilogramm, Liter, Meter, Stück usw.). Die verwendete Maßeinheit muss immer angegeben werden: nicht nur 3, sondern 3 kg.
8. Erklärung	**auf dem Antragsvordruck** Der Antragssteller muss grundsätzlich ankreuzen, ob die Waren (Endprodukte) im eigenen Betrieb (Absender Feld 1) oder in einem anderen Betrieb hergestellt worden sind. Für die in einem anderen Betrieb hergestellten Waren müssen Ursprungsnachweise (Ursprungszeugnisse, Lieferantenerklärungen, EUR.1, EUR.2, Präferenzerklärung auf Handelspapieren [z. B. Rechnungen], Ursprungszeugnisse Form A usw.) erbracht werden. **auf dem Original bzw. den Durchschriften** Hier bescheinigt die IHK den Ursprung der Waren. Der Antrag auf Ausstellung muss der Kammer rechtsverbindlich unterzeichnet eingereicht werden

Vgl. IHK Krefeld: Das Ursprungszeugnis: Ein wichtiges Zolldokument – Hinweise zum Ausfüllen eines Ursprungszeugnisses. In: www.ihk-krefeld.de. Stand Februar 2020. https://www.ihk-krefeld.de/de/international/aussenhandelsdokumente/ursprungszeugnis.html [29.04.2021].

Bei der Aufmachung und Ausstellung des Ursprungszeugnisses müssen auch die Einfuhrbestimmungen des jeweiligen Einfuhrlandes beachtet werden. Einige Länder verlangen z. B. nach der Ausstellung des Ursprungszeugnisses durch die Industrie- und Handelskammer eine zusätzliche Legalisierung durch das zuständige Konsulat.

Beispiel: Einfuhrbestimmungen Argentinien

„Das Ursprungszeugnis ist in spanischer oder englischer Sprache aufzumachen und im Original einzureichen. Zusätzlich zu den üblichen Angaben müssen im Ursprungszeugnis die folgenden Angaben enthalten sein:

- Nummer der Handelsrechnung
- Beladungshafen oder -ort
- Transportmittel
- Menge und Maßeinheit

Das Ursprungszeugnis muss nach der Ausstellung durch die Industrie- und Handelskammer vom zuständigen Konsulat legalisiert werden. Als Ursprungsland ist für Waren der BR Deutschland anzugeben „República Federal de Alemania (Unión Europea).“

Quelle: Handelskammer Hamburg: Export-Nachschlagewerk K und M Konsulats- und Mustervorschriften, 43. Auflage. Bochum: Mendel Verlag GmbH & Co. KG 2019/2020, Seite 508.

Wenn zwischen dem Exporteur und dem Importeur Zahlung aus einem Dokumentenakkreditiv vereinbart wurde, muss der Exporteur darauf achten, dass das Ursprungszeugnis akkreditivkonform aufgemacht und ausgestellt wird.

Vor dem Ausfüllen Anmerkungen auf der Rückseite beachten! **Verbleibt bei der ausstellenden Stelle**

1 Absender (Name oder Firmenbezeichnung und vollständige Anschrift)

[X]000000

ANTRAG AUF AUSSTELLUNG

EUROPÄISCHE UNION

URSPRUNGSZEUGNIS

2 Empfänger (Name oder Firmenbezeichnung und vollständige Anschrift, oder „an Order" und Bestimmungsland)

3 Ursprungsland (Europäische **Union** oder betreffendes Ursprungsland)

4 Angaben über die Beförderung (Ausfüllung freigestellt)

5 Bemerkungen

6 Laufende Nummer; Zeichen, Nummern, Anzahl und Art der Packstücke; Warenbezeichnung (bei unverpackten Waren die Anzahl oder „lose geschüttet" einsetzen)

7 Menge (ausgedrückt in Roh- oder Eigengewicht oder in anderen Maßeinheiten)

Muster

8 Der Unterzeichner

- BEANTRAGT die Ausstellung eines Ursprungszeugnisses, in dem bescheinigt wird, dass die oben bezeichneten Waren ihren Ursprung in dem in Feld 3 genannten Land haben,
- ERKLÄRT, dass die vorbezeichneten Waren hergestellt wurden ☐ **im eigenen Betrieb in Deutschland** ☐ **in einem anderen Betrieb**, dass er für die vorbezeichneten Waren noch **kein** Ursprungszeugnis beantragt hat,

  dass ihm folgendes bekannt ist: Ursprungszeugnisse sind öffentliche Urkunden; wer schuldhaft bewirkt, dass unrichtige Angaben in einem Ursprungszeugnis bescheinigt werden, oder wer schuldhaft falsche Ursprungszeugnisse gebraucht, kann sich einer straf- oder bußgeldrechtlichen Verfolgung aussetzen; für alle Schäden, die aus vorsätzlich oder fahrlässig gemachten unrichtigen Angaben entstehen, haftet er gegebenenfalls auch bürgerlich-rechtlich,
- ERKLÄRT, dass die Angaben dieses Antrags sowie die im Hinblick auf die Ausstellung des Ursprungszeugnisses der zuständigen Stelle vorgelegten Beweisunterlagen und erteilten Auskünfte richtig sind, dass die Waren, auf die sich die Unterlagen und Auskünfte beziehen, dieselben sind, für die das Zeugnis beantragt wird, dass diese Waren die Voraussetzungen erfüllen, die durch die Regelungen über die gemeinsame Begriffsbestimmung für den Warenursprung vorgesehen sind,
- VERPFLICHTET SICH, auf Verlangen der zuständigen Stelle, zusätzliche Angaben zu machen und weitere Beweisunterlagen vorzulegen, die für die Ausstellung des Zeugnisses erforderlich sind.

9 Antragsteller, wenn nicht Absender (Name der Firma und vollständige Anschrift)

Ort und Datum Unterschrift des Antragstellers (Handschriftlich)

Verlag XY

Genehmigung durch den Deutschen Industrie- und Handelskammertag e. V. (DIHK) am dd.mm.yyyy

1 Absender - *Consignor - Expéditeur - Expedidor*

[X] 000000

ORIGINAL

2 Empfänger - *Consignee - Destinataire - Destinatario*

EUROPÄISCHE UNION

EUROPEAN UNION - UNION EUROPEENNE - UNION EUROPEA

URSPRUNGSZEUGNIS

CERTIFICATE OF ORIGIN - CERTIFICAT D'ORIGINE - CERTIFICADO DE ORIGEN

3 Ursprungsland - *Country of origin - Pays d'origine - País de origen*

4 Angaben über die Beförderung - *means of transport - expédition - expedición*

5 Bemerkungen - *remarks - observations - observaciones*

6 Laufende Nummer; Zeichen, Nummern, Anzahl und Art der Packstücke; Warenbezeichnung
Item no., marks, nos., number and kind of packages, description of goods
No. de pos., marquage, nos., nombre et nature des colis, description de marchandises
No. de orden, marcas, nos., cantidad y naturaleza de los bultos, descripción de las mercancías

7 Menge
Quantity
Quantité
Cantidad

Muster

8 DIE UNTERZEICHNENDE STELLE BESCHEINIGT, DASS DIE OBEN BEZEICHNETEN WAREN IHREN URSPRUNG IN DEM IN FELD 3 GENANNTEN LAND HABEN
The undersigned authority certifies that the goods described above originate in the country shown in box 3
L'autorité soussignée certifie que les marchandises désignées ci-dessus sont originaires du pays figurant dans la case No. 3
La autoridad infrascrita certifica que las mercancías arriba mencionadas son originarias del país que figura en la casilla no. 3

Ort und Datum der Ausstellung; Bezeichnung, Unterschrift und Stempel der zuständigen Stelle
Place and date of issue; name, signature and stamp of competent authority
Lieu et date de délivrance; désignation, signature et cachet de l'autorité compétente
Lugar y fecha de expedición; nombre, firma y sello de la autoridad competente

Verlag XY

Genehmigung durch den Deutschen Industrie- und Handelskammertag e. V. (DIHK) am dd.mm.yyyy

Dokumentenaufmachung und -erstellung

- Bei der Dokumentenaufmachung und -erstellung müssen die Einfuhrbestimmungen des jeweiligen Einfuhrlandes bei der Aufmachung der Dokumente und Ausstellung beachtet werden.
- Wenn zwischen dem Exporteur und dem Importeur Zahlung aus einem Dokumentenakkreditiv vereinbart wurde, muss der Exporteur darauf achten, dass die Dokumente akkreditivkonform aufgemacht und ausgestellt werden.

Aufmachung und Erstellung des Konnossements	Der Exporteur bzw. Ablader oder der von ihm beauftragte Spediteur macht das Konnossement in mehreren Originalen und Kopien auf, nachdem die Transportgüter zur Verladung am Container-Terminal oder Schuppen angeliefert wurden.
Aufmachung und Erstellung des Luftfrachtbriefs	Der Luftfrachtbrief muss vom Absender in drei Ausfertigungen ausgestellt werden. In der Praxis wird der Luftfrachtbrief jedoch meist in Vertretung vom Carrier ausgefüllt.
Aufmachung und Erstellung der Handelsrechnung	Eine internationale Handelsrechnung sollte ▪ Anschrift des Lieferanten ▪ Anschrift des Kunden ▪ Bankverbindung ▪ Rechnungsdatum und Rechnungsnummer ▪ Zolltarifnummer ▪ Warenbeschreibung ▪ Angabe des Warenursprungs ▪ Netto- und Bruttogewichte ▪ Einzel- und Gesamtpreise ▪ Angaben zur Versandart ▪ Verpackungsinformationen ▪ Lieferbedingung (Incoterm®) ▪ Angabe der Markierung ▪ Versicherungs- und oder Transportkosten ▪ Preisnachlässe oder Rabatte ▪ Satz oder Hinweis auf Steuerfreiheit ▪ besondere Anforderungen des Importeurs ▪ firmenspezifische Angaben oder Hinweise enthalten.
Aufmachung und Erstellung des Ursprungszeugnisses	Die Ausstellung eines Ursprungszeugnisses muss in Deutschland vor der Ausfuhr bei der zuständigen Industrie- und Handelskammer, Handwerkskammer oder Landwirtschaftskammer beantragt werden. Für das Ursprungszeugnis muss der in der Europäischen Union vorgeschriebene und durch den Deutschen Industrie- und Handelskammertag e. V. (IHK) genehmigte Formularsatz verwendet werden.

Aufgaben

1. Erläutern Sie den Ablauf zur Erstellung eines Konnossements.
2. Nennen Sie die Mindestinhalte, die ein Konnossement gemäß HGB enthalten muss.
3. Unter welchen Voraussetzungen ist eine elektronische Aufzeichnung dem Konnossement gleichgestellt?
4. Wer muss einen Luftfrachtbrief ausstellen?
5. Nennen Sie die Inhalte, die in einen Luftfrachtbrief eingetragen werden müssen.
6. Erstellen Sie eine Liste der Inhalte, die in einer commercial invoice mindestens enthalten sein sollten.
7. Die Ehlers & Gehrenberg liefert Futtermittel an einen Kunden in Brasilien. Stellen Sie fest, welche Inhalte die Handelsrechnung für diese Lieferung enthalten muss.
8. Erläutern Sie die Vorteile von E-Invoicing.
9. Auf welchem Wege kann der Exporteur ein förmliches Ursprungszeugnis bei der zuständigen Kammer beantragen?
10. Erläutern Sie die Angaben, die der Antragsteller für ein Ursprungszeugnis in das Antragsformular für ein Ursprungszeugnis eintragen muss.

15 Zollverfahren

Einstiegssituation

Die Abteilungsleiterin Einkauf des Produktbereichs Textilien, Frau Janssen, erhält die Nachricht, dass die für die Ehlers & Gehrenberg KG bestimmte Lieferung von Parkas aus Auckland (Neuseeland) in Hamburg eingetroffen ist. Für diese Ware hat die Ehlers & Gehrenberg KG noch keine konkreten Abnehmer. Frau Janssen überlegt, ob die Lieferung unmittelbar nach der Ankunft an der Außengrenze der Europäischen Gemeinschaft zum freien Verkehr abgefertigt werden soll oder ob sie ein Zolllagerverfahren für diese Lieferung beantragen soll.

Frau Janssen beauftragt Jakob Osterhoff damit festzustellen, welche Vorteile das Zolllagerverfahren haben könnte und welche Gründe in diesem Fall für das Zolllagerverfahren sprechen.

Arbeitsauftrag

Versetzen Sie sich in die Rolle von Jakob Osterhoff und erfüllen Sie den Auftrag von Frau Janssen.

Zollverfahren bei der Ausfuhr aus dem Zollgebiet der Union

Ausfuhranmeldung

Die Zollanmeldung/Ausfuhranmeldung muss elektronisch mit dem IT-Verfahren ATLAS-Ausfuhr abgegeben werden.

Die ATLAS-Ausfuhranmeldung kann erstellt werden:

- durch Mitarbeiter des Ausführers in einer vom Zoll zertifizierten, mit ATLAS verbundenen (meist kostenpflichtigen) Software
- durch Mitarbeiter des Ausführers In dem vom Zoll (kostenfrei und online) angebotenen Programm „Internetausfuhranmeldung Plus" (IAA Plus)"
- durch einen Dienstleister (z. B. einen Spediteur oder eine Zollagentur)

Für die Ausfuhranmeldung werden benötigt:

- die Handelsrechnung mit Warentarifnummer (Zolltarifnummer 8-stellig) und Warenwert
- die Packliste mit Nettogewicht, Bruttogewicht und Anzahl der Packstücke
- die EORI-Nummer des Versenders/Ausführers

Unvollständige Anmeldung

Wenn ein Dritter im Auftrag des Ausführers (Exporteurs) die Lieferung durchführt (z. B. bei einem Streckengeschäft), kann eine **unvollständige Anmeldung** als vorläufiges Ausfuhrpapier an das zuständige Zollamt eingereicht werden.

Die unvollständige Anmeldung ermöglicht die Wahrung von Geschäftsgeheimnissen zwischen Ausführer (Exporteur) und Versender, da sie nicht alle Angaben der Ausfuhranmeldung, z. B. den Wert der Warensendung, enthalten muss. Der Ausführer muss jedoch innerhalb von zehn Tagen nach dem Warenversand bei der zuständigen Versandzollstelle die fehlenden Daten oder eine vollständige Ausfuhranmeldung nachreichen. Mit Genehmigung der zuständigen Versandzollstelle darf der Ausführer aber auch alle während eines Monats anfallenden unvollständigen Anmeldungen in einer Ausfuhrerklärung zusammenfassen.

Summarische Ausgangsanmeldung (ASumA)

Bevor das Ausfuhrgut das Gebiet der Europäischen Union verlässt, muss der Beförderer eine **Summarische Ausgangsanmeldung** abgeben. Die Summarische Ausfuhranmeldung muss im IT-Verfahren ATLAS-EAS bei der Ausgangszollstelle abgegeben werden-

Die summarische Ausgangsanmeldung muss spätestens zu folgenden Zeitpunkten bei der Ausgangszollstelle eingegangen sein:

Verkehrsträger	Eingangsfrist
Seeverkehr – Container	24 Stunden vor Verladen im Ausgangshafen
Seeverkehr – Massen- und Stückgut	4 Stunden vor dem Auslaufen
Kurzstreckenseeverkehr	2 Stunden vor dem Auslaufen
Luftfrachtverkehr	30 Minuten vor dem Abflug
Eisenbahnverkehr	2 Stunden vor Abfahrt an der Ausgangszollstelle
Binnenschiffsverkehr	2 Stunden vor Abfahrt an der Ausgangszollstelle
Straßenverkehr	1 Stunde vor Abfahrt an der Ausgangszollstelle
Kombinierter Verkehr	Wie der jeweilige Verkehrsträger

Vgl. Brill, M., Wagner, R.: Zollhandbuch 2020 für Ausbildung und Praxis, 42. Auflage. Düsseldorf: Verkehrs-Verlag J. Fischer GmbH & Co. KG. 2020, S. 45.

Zollverfahren bei der Einfuhr in das Zollgebiet der Union

Summarische Eingangsanmeldung (ESumA)

Vor dem Eingang der Waren in das Zollgebiet der Europäischen Union muss eine summarische Eingangsanmeldung abgegeben werden. Sie muss vom Beförderer des grenzüberschreitenden Beförderungsmittels (insbesondere Reedereien, Luftverkehrsgesellschaften, Speditionen) auf elektronischem Wege abgegeben werden. Die summarische Eingangsanmeldung muss bei der Zollstelle abgegeben werden, die für die Überwachung am Ort des Eintreffens des grenzüberschreitenden Beförderungsmittels zuständig ist (Erste Eingangszollstelle).

Beim Transport von Containern auf dem Seeweg muss die summarische Eingangsanmeldung grundsätzlich 24 Stunden vor dem Verladen der Waren im Verschiffungshafen abgegeben werden.

Beim Transport von Stückgut oder Massengut auf dem Seeweg muss die summarische Eingangsanmeldung grundsätzlich vier Stunden vor dem Einlaufen des Schiffes in den ersten Haffen des Zollgebiets der Europäischen Union abgegeben werden.

Beim Transport der Waren als Luftfracht muss ein Mindestdatensatz spätestens vor dem Verladen der Waren in das Flugzeug übersandt werden.

Beim Transport im Straßenverkehr muss die summarische Eingangsanmeldung spätestens eine Stunde vor der Ankunft der Waren an der ersten Eingangszollstelle abgegeben werden.

Beim Transport mit der Bahn oder mit Binnenschiffen muss die summarische Eingangsanmeldung spätesten zwei Stunden vor der Ankunft der Waren an der ersten Eingangszollstelle abgegeben werden.

Ankunftsmeldung und Gestellung

Der Transporteur (Betreiber des grenzüberschreitenden Beförderungsmittels) meldet dem zuständigen Grenzzollamt, dass die in der summarischen Eingangsanmeldung aufgeführten Waren eingetroffen sind.

Bei der Ankunft der Waren muss den Zollbehörden unverzüglich mitgeteilt werden, dass die in der summarischen Eingangsanmeldung aufgeführten Waren bei der Zollstelle oder einem von der Zollbehörde zugelassenen Ort eingetroffen sind (Gestellung).

Vorübergehende Verwahrung

Nach der Gestellung muss der Einführer festlegen, ob die Ware in den freien Verkehr abgefertigt oder in eine anderes Zollverfahren überführt werden soll. Diese Entscheidung muss er innerhalb von 90 Tagen treffen Bis dahin verbleibt die Ware in der vorübergehenden Verwahrung.

Zollanmeldung zur Abfertigung zum zollrechtlich freien Verkehr

(siehe dazu auch 2. Ausbildungsjahr, Lernfeld 7)

Wenn der Importeur das Zollgut unmittelbar nach Eingang in das Zollgebiet oder im Anschluss an ein besonderes Zollverfahren für den freien Verkehr abfertigen lassen möchte, muss er die Ware beim Zoll zum zollrechtlich freien Verkehr anmelden.

In der Zollanmeldung gibt der Importeur oder sein Vertreter u. a. Folgendes an:

- beteiligte Parteien: Versender, Verkäufer, Käufer, Zollanmelder, Zollvertreter
- Angaben zur Rechnung: Rechnungspreis, Lieferbedingung, enthaltene Kosten
- Angaben zur Ware: Warenbeschreibung, Zolltarifnummer, Warenwert, Stückzahl, Gewicht
- statistische Angaben zur Beförderung

Die Abfertigung zum zollrechtlich freien Verkehr erfolgt im Wesentlichen in folgenden **Schritten**:

- Der Anmelder oder sein Vertreter gibt die Zollanmeldung ab.

- Die zuständige Zollstelle nimmt die Zollanmeldung an.

- Die Zollstelle überprüft die Papiere und die Ware (**Zollbeschau**). Durch Zollbeschau wird geprüft, ob die in der Zollanmeldung enthaltenen Angaben stimmen. Die Zollbeschau erstreckt sich auf die Menge des Zollgutes und auf die wertmäßige Beschaffenheit. Außerdem werden die zu zahlenden Einfuhrabgaben festgelegt.

- Im Anschluss wird der **Zollbefund** in der Zollanmeldung beurkundet. Ergibt der Zollbefund, dass keine Einfuhrabgaben zu zahlen sind, so wird das Zollgut dem Importeur zur freien Verfügung überlassen (**Zollfreistellung**).

- Ergibt der Zollbefund, dass Einfuhrabgaben zu zahlen sind, so werden diese festgestellt und dem Importeur mit der Aufforderung zur Zahlung mitgeteilt (**Zollbescheid**).

- Das Zollgut wird freigegeben, wenn der Zollbetrag gezahlt oder gestundet ist. Mit der Freigabe wird das Zollgut zum Freigut, über das im Inland nach Belieben verfügt werden kann.

Zollanmeldung – besondere Verfahren

Zollgüter können in die besonderen Verfahren

- Lagerung,
- Veredelung,
- Verwendung und
- Versand

überführt werden.

Diese besonderen Zollverfahren sind in jeweils zwei Unterarten unterteilt.

Besondere Verfahren

- **Lagerung**
  - Zolllager
  - Freizone
- **Veredelung**
  - aktive Veredelung
  - passive Veredelung
- **Verwendung**
  - vorübergehende Verwendung
  - Endverwendung
- **Versand**
  - externer Versand
  - interner Versand

Zollgutlagerung

Bei dem Zollverfahren „Lagerung" können Nichtunionswaren im Zollgebiet der Europäischen Union gelagert werden, ohne dass Einfuhrabgaben erhoben werden oder dass sie handelspolitischen Maßnahmen unterliegen.

- **Zolllager:** Waren, deren Verwendung noch nicht feststeht oder deren Wiederausfuhr geplant ist, werden in öffentlichen oder privaten Zolllagern gelagert. Erst mit der Entnahme der Ware aus dem Zolllager entsteht die Zollschuld. Zollgutlager sind Räume oder andere abgegrenzte Orte wie z. B. Tanks, Silos, oder Freiflächen, die unter zollamtlicher Überwachung stehen.

Beispiel

Die von der V.T.C., Vietnam, gelieferten Hemden werden nach der Ankunft in Deutschland in das Zolllager der Ehlers & Gehrenberg KG gebracht. Warenzugänge und -entnahmen aus dem Zollgutlager teilt die Ehlers & Gehrenberg KG der zuständigen Zollstelle mit.

- **Freizone:** Freizonen gehören zum Zollgebiet der Europäischen Union. Sie erleichtern den Wirtschaftsbeteiligten den Handel, da in ihnen weitgehend auf Zollformalitäten verzichtet wird. Die Freizonen müssen eingezäunt sein. Die Ein- und Ausgänge der Freizonen werden zollamtlich überwacht.

In Freizonen können Waren,
- die wieder ausgeführt werden sollen, ohne zeitliche Begrenzung gelagert werden (Transitlagerung).
- die später im Inland verkauft werden sollen, auf Vorrat gelagert werden (Kreditlagerung).

Nach der Lagerung in der Freizone können die Waren aus dem Zollgebiet der Europäischen Union ausgeführt, wieder ausgeführt oder in das übrige Zollgebiet der EU verbracht werden.

Zollgutlager müssen durch die zuständige Zollbehörde bewilligt werden.

Die eingeführten Waren müssen nach der Warenerfassung durch die Zollstelle zur Überführung in das Zolllagerverfahren angemeldet werden.

Die Anmeldung kann mit einer Standardzollanmeldung oder nach einer entsprechenden Bewilligung durch die Zollbehörde im vereinfachten Anmeldeverfahren oder durch Anschreibung in der Buchführung des Anmelders erfolgen.

Die Zollanmeldung muss einer der in der Bewilligung genannten Zollstellen für die Überführung in das Verfahren vorgelegt bzw. zu übermittelt werden. Die Übermittlung der Zollanmeldung an die Zollstelle kann durch das IT-Verfahren ATLAS oder durch eine schriftliche Zollanmeldung erfolgen. Die Waren müssen dieser Zollstelle grundsätzlich am Amtsplatz oder einem anderen von der Zollstelle zugelassenen Ort zu gestellt werden. Die Zollstelle prüft die Zollanmeldung und ggf. die gestellten Waren. Anschließend überlässt sie die Waren zum Zolllagerverfahren.

Veredelungsverkehre

Man unterscheidet den aktiven und den passiven Veredelungsverkehr. Veredelung ist das Bearbeiten oder Ausbessern von Waren.

- **Aktive Veredelung**
  Beim aktiven Veredelungsverkehr wird die Ware aus einem Nicht-EU-Land eingeführt, in einem EU-Land veredelt und anschließend wieder ausgeführt oder in ein Verfahren zur Überlassung zum zollrechtlich freien Verkehr überführt.

Beispiel

Baumwollstoffe aus Indien werden nach der Ankunft im Bremer Hafen per Lkw zu einem Textilveredeler nach Bielefeld gebracht. Die Stoffe werden dort gefärbt und anschließend an einen Abnehmer in Russland geliefert.

Während der aktiven Veredelung sind die eingeführten Waren von den Einfuhrabgaben befreit. Die Überführung in die aktive Veredelung muss durch die zuständige Zollbehörde bewilligt werden. Die Bewilligung kann der Importeur entweder vorab oder im Rahmen der Überführung in das Verfahren beantragen.

Aktive Veredelung

Passive Veredelung

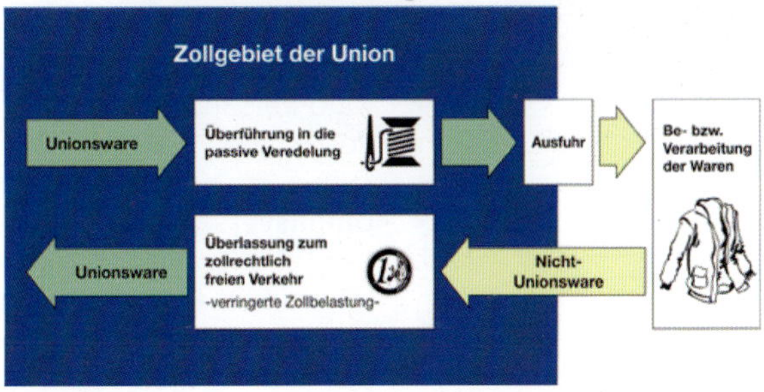

- **Passive Veredelung**
  Passiver Veredelungsverkehr liegt vor, wenn eine Ware aus der EU in ein Drittland ausgeführt und nach erfolgter Veredelung wieder eingeführt wird.
  Die Ware wird nach der **Wiedereinfuhr** bei vollständiger oder teilweiser Befreiung von Einfuhrabgaben in den zollrechtlich **freien Verkehr** überlassen.

- **Umwandlungsverfahren**
  Eingeführte Waren werden außerhalb der Zollstelle in Waren anderer Beschaffenheit umgewandelt und dann erst im umgewandelten Zustand eingeführt.

Beispiel

Gebrauchte Autos aus Kanada sollen bei einem Schrotthändler in Papenburg verschrottet werden. Nach dem Löschen in Emden werden die Autos nach Papenburg gebracht und dort verschrottet. Erst nach dieser Umwandlung wird der nun geringerwertige Schrott bei der zuständigen Zollstelle zur Abfertigung zum freien Verkehr angemeldet.

- **Freizonenveredelung**
  Bei der Freizonenveredelung wird Unionsware in eine Freizone zur Veredelung gebracht.

Verwendungsverkehre

- **Vorübergehende Verwendung**
  Dieses Verfahren ermöglicht es, mit Zoll belastete Güter vorübergehend zollfrei für bestimmte Zwecke einzuführen.
  Vorübergehende Verwendung wird im Allgemeinen beantragt bei
  - vorübergehender Einfuhr von Messegut,
  - vorübergehender Einfuhr von Warenmustern,
  - Ungewissheit über die endgültige Einfuhr der Ware, wie z. B. beim Kauf auf Probe.

- **Endverwendung**
  Aus wirtschaftspolitischen Überlegungen (z. B. beim begünstigten Bezug von Rohstoffen für die Verarbeitungsindustrie) können Waren aus Nicht-EU-Ländern mit einem speziellen Verwendungszweck (Endverwendung) ermäßigte Zollsätze bis hin zum Zollsatz „frei" in Anspruch nehmen. Die Ware bleibt auch nach der Überlassung zum zollrechtlich freien Verkehr unter zollamtlicher Überwachung, um sicherzustellen, dass sie tatsächlich der bewilligten Endverwendung zugeführt wird.

Zollversandverfahren

Das Zollversandverfahren erleichtert den grenzüberschreitenden Warenverkehr. Es ermöglicht, die Zollabfertigung erst am endgültigen Bestimmungsort der Ware vorzunehmen.

Beim Zollversandverfahren unterscheidet man

- Unionsversandverfahren
- gemeinsames Versandverfahren
- Carnet-TIR-Verfahren
- Carnet-A. T. A.-Verfahren
- vereinfachtes Eisenbahnversandverfahren
- Rheinmanifest
- Nato-Versandschein
- Post

- **Unionsversandverfahren und gemeinsames Versandverfahren**
  Das Unionsversandverfahren wird bei der Beförderung von Waren innerhalb der Europäischen Union und mit den Åland-Inseln, Andorra, Berg Athos, französischen Übersee-Departements und San Marino angewandt.
  Das gemeinsame Versandverfahren wird bei Warenverkehr der Europäischen Union mit den EFTA-Ländern (Island, Norwegen, Schweiz und Liechtenstein, Großbritannien, Nordmazedonien, Serbien und der Türkei) angewandt.
  Beim Unionsversandverfahren und beim gemeinsamen Versandverfahren unterscheidet man zwischen externem und internem Versand.

- **Externer Versand**
  Importiert ein Unternehmen Ware im Versandverfahren, so wird die Ware unter Zollverschluss mit einem Versandschein an das zuständige Binnenzollamt versandt, das die endgültige Zollbeschau vornimmt und den Zollbescheid erteilt. Die Grenzzollämter werden dadurch entlastet.
  Auch im Transitverkehr (= Durchfuhrverkehr) spielt das Versandverfahren eine wesentliche Rolle, um die Zollabfertigung zu erleichtern.

Beispiel

Eine in München ansässige Früchtegroßhandlung bezieht Südfrüchte aus Südafrika. Die in Hamburg gelöschte Ware wird per Lkw im Versandverfahren nach München transportiert und dort beim zuständigen Zollamt zur Abfertigung zum freien Verkehr angemeldet.

- **Interner Versand**
  Im internen Versand werden Unionswaren zwischen zwei in den Zollgrenzen der EU gelegenen Orten über ein anderes, außerhalb der Zollgrenzen gelegenes Gebiet transportiert. Die Waren bleiben dabei Unionswaren.

Beispiel

Eine in Freiburg/Breisgau ansässige Großhandlung bezieht Schuhe aus Mailand. Die Schuhe werden per Lkw von Mailand durch die Schweiz nach Freiburg transportiert.

- **Carnet-TIR-Verfahren**
  Das Carnet-TIR-Verfahren ermöglicht eine vereinfachte Zollabfertigung ohne Zollbeschau an den Durchgangszollstellen. Dadurch wird der Grenzaufenthalt auf ein Minimum verringert. Das Verfahren darf bei der Beförderung von Waren ohne Umladung über eine oder mehrere Grenzen in zollsicher eingerichteten Straßenfahrzeugen, Lastzügen oder Behältern durchgeführt werden. Der Transport muss dabei mindestens auf einer Teilstrecke im Straßenverkehr erfolgen.
  Das Carnet-TIR-Verfahren wird in über 70 Ländern der Welt angewendet. Beim Versand innerhalb der Europäischen Union und zwischen der Europäischen Union und den RFTA-Staaten, Island, Liechtenstein und Norwegen ist das Carnet-TIR-Verfahren jedoch nicht erlaubt.

- **Carnet-A. T. A.-Verfahren**
  Das Carnet-A. T. A.-Verfahren wird bei der vorübergehenden Ein- oder Ausfuhr verwendet. Es darf nur angewendet werden, wenn die Ware die Europäische Union vorübergehend verlässt oder vorübergehend aus einem Drittland in die Europäische Union eingeführt wird. Innerhalb der Europäischen Union darf es nicht angewendet werden.
  Das internationale Carnet-A. T. A.-Verfahren wird besonders für Messe- und Ausstellungsgütergut, Montagewerkzeuge, kulturelle Veranstaltungen, Ausrüstungen für Presse, Rundfunk, Fernsehen und Warenmuster angewendet.
  Das A.T.A-Carnet ermöglicht eine zügige Grenzabfertigung und den teilweisen Wegfall von Ausfuhrdokumenten (z. B. Handelsrechnung, Ausfuhranmeldung, Warenverkehrsbescheinigung). Das A. T. A-Carnet darf innerhalb seiner Gültigkeitsdauer von höchstens einem Jahr beliebig oft verwendet werden.

Zollverfahren bei der Ausfuhr aus dem Zollgebiet der Union

- **Ausfuhranmeldung**
  Die Zollanmeldung/Ausfuhranmeldung muss elektronisch mit dem IT-Verfahren ATLAS-Ausfuhr abgegeben werden.

- **Unvollständige Ausfuhranmeldung**
  Sie muss nicht alle Angaben der Ausfuhranmeldung enthalten. Sie ermöglicht die Wahrung von Geschäftsgeheimnissen zwischen Ausführer (Exporteur) und Versender.

- **Summarische Ausgangsanmeldung (ASumA)**
  Sie muss vom Beförderer vor dem Verlassen der Europäischen Union im IT-Verfahren ATLAS-EAS bei der Ausgangszollstelle (EU-Außengrenze) abgegeben werden.

Zollverfahren bei der Einfuhr in das Zollgebiet der Union

- **Summarische Eingangsanmeldung (ESumA)**
  Sie muss vor dem Eingang der Waren in das Zollgebiet der Europäischen Union vom Beförderer des grenzüberschreitenden Beförderungsmittels (insbesondere Reedereien, Luftverkehrsgesellschaften, Speditionen) auf elektronischem Wege abgegeben werden.

Zollanmeldung

zur

- **Abfertigung zum zollrechtlich freien Verkehr**
  wenn der Importeur das Zollgut unmittelbar nach Eingang in das Zollgebiet oder im Anschluss an ein besonderes Zollverfahren für den freien Verkehr abfertigen lassen möchte.
  → Zollgut wird Freigut
- **Überführung in ein besonderes Zollverfahren**
  → Zollgut bleibt Zollgut

Besondere Zollverfahren

- **Zollgutlagerung**
  - Zolllager
  - Freizone
- **Veredelungsverkehre**
  - aktive Veredelung
  - passive Veredelung
  - Umwandlungsverfahren
  - Freizonenveredelung
- **Verwendungsverkehre**
  - vorübergehende Verwendung
  - Endverwendung
- **Versandverfahren**
  - externer Versand
  - interner Versand
  - Carnet-TIR-Verfahren
  - Carnet-A.T.A.-Verfahren

- **Ankunftsmeldung und Gestellung**
  Bei der Ankunft der Waren muss den Zollbehörden unverzüglich mitgeteilt werden, dass die in der Summarischen Eingangsanmeldung aufgeführten Ware bei der Zollstelle oder einem von der Zollbehörde zugelassenen Ort eingetroffen ist (Gestellung).
- **Vorübergehende Verwahrung**
  Nach der Gestellung bleibt die Ware in der vorübergehenden Verwahrung, bis der Einführer festgelegt hat, ob die Ware in den freien Verkehr abgefertigt oder in ein anderes Zollverfahren überführt werden soll.

Aufgaben

1. Beschreiben Sie das Zollverfahren bei der Einfuhr von Waren in das Zollgebiet der EU.
2. Die Ehlers & Gehrenberg hat in Südkorea 1000 Blusen unterschiedlicher Größen und Designs eingekauft. Sie möchte über die Blusen unmittelbar nach dem Eintreffen in Deutschland frei verfügen. Beschreiben Sie den Ablauf der dafür erforderlichen Art der Zollbehandlung.
3. Die Ehlers & Gehrenberg KG lagert aus China importierte Seidenstoffe in einem Zolllager. Welchen Vorteil hat das für die Ehlers & Gehrenberg KG?
4. Die Ehlers & Gehrenberg KG möchte in Deutschland gewebte Leinenstoffe in einem serbischen Textilveredelungsbetrieb fleckenabweisend ausrüsten lassen. Die Leinenstoffe sollen anschließend an Wäschefabriken in Deutschland verkauft werden. Welche Art der Zollbehandlung sollte die Ehlers & Gehrenberg KG in diesem Fall beantragen?
5. Die Ehlers & Gehrenberg KG führt Baumwolltischdecken eines Wäscheherstellers aus Armenien ein. Sie lässt die Tischdecken von einem Textilveredelungsbetrieb in Bielefeld mit einer Fleckschutzausrüstung versehen und führt sie anschließend wieder nach Armenien aus.
6. Die Ehlers & Gehrenberg KG bezieht eine Musterkollektion eines Konfektionärs aus Bangladesch auf Probe. Welche Art der Zollbehandlung wird sie für diese Ware bei der zuständigen Zollstelle beantragen?
7. Ein Landmaschinenhändler aus Leipzig importiert Maschinenteile aus Israel. Der Transport erfolgt auf dem Landweg. Der Landmaschinenhändler möchte die Zollbeschau erst von dem Binnenzollamt in Leipzig durchführen lassen. Welche Art der Zollbehandlung muss er beantragen?
8. Bei welcher Warenbeförderung darf das Carnet-TIR-Verfahren angewandt werden?
9. Wofür wird das Carnet-A.T.A-Verfahren verwendet?
10. Welche Vorteile bietet das Carnet-A.T.A-Verfahren?
11. Beschreiben Sie das Zollverfahren bei der Ausfuhr von Waren aus dem Zollgebiet der EU.
12. Wann ist es sinnvoll, bei der Ausfuhranmeldung eine unvollständige Anmeldung abzugeben?

Lernsituation

In der Einstiegssituation hat Frau Janssen die Nachricht erhalten, dass die für die Ehlers & Gehrenberg KG bestimmte Lieferung von Parkas aus Auckland (Neuseeland) in Hamburg eingetroffen ist. Diese Lieferung soll unmittelbar nach der Ankunft an der Außengrenze der Europäischen Gemeinschaft zum freien Verkehr abgefertigt werden. Dazu muss die Ehlers & Gehrenberg KG eine Zollanmeldung bei der zuständigen Zollstelle abgeben.

Die Handelsrechnung der New Zealand Outdoorclothing Ltd., Auckland, über die Lieferung der Parkas liegt der Ehlers & Gehrenberg KG vor.

New Zealand Outdoorclothing
34 Constellation drive
Rosedale
Auckland 0632
New Zealand

Auckland, 08.09.20..

Phone: +64 9532 1155

Ehlers & Gehrenberg KG
Am Sandtorkai 24
DE-20457 Hamburg
Germany

Your order no. 6794

20-07-20..

Invoice No. 1538

item no.	description of goods	unit price	amount
		NZD	NZD
1	100 pcs. Langfort Parka, 100 % cotton, graphite, size M	187,00	18.700,00
2	100 pcs. Langfort Parka, 100 % cotton, graphite, size L	187,00	18.700,00
3	100 pcs. Langfort Parka, 100 % cotton, graphite, size XL	187,00	18.700,00
4	100 pcs. Langfort Parka, 100 % cotton, red maple, size M	187,00	18.700,00
5	100 pcs. Langfort Parka, 100 % cotton, red maple, size L	187,00	18.700,00
6	100 pcs. Langfort Parka, 100 % cotton, red maple, size XL	187,00	18.700,00
		Total	**112.200,00**
	FOB Auckland (New Zealand), Incoterms 2020		
	2 wooden cases Size (mm) 2 040 x 1 200 x 800 Gross-weight: 640 kg Net-weight: 600 kg		
	Vessel: Wellington Star **Container Ship, IMO: 8413256, MMSI: 488827700**		
	Terms of payment: documents against payment (d/p)		
	New Zealand Outdoorclothing.		
	Zoé McDouglas export manager		

Der Kurs für NZD ist: 1 EUR = 1,7659 NZD
Für den Transport der Ware vom Ausfuhrhafen Auckland bis zum Geschäftssitz der Ehlers & Gehrenberg KG in Hamburg fallen folgende Kosten an:

Beförderungskosten für den Schiffstransport von Auckland bis Hamburg	1.065,00 EUR
Versicherungskosten	128,00 EUR
Beförderungskosten für den Lkw-Transport von vom Hamburger Hafen bis zum Lager der Ehlers & Gehrenberg KG in Hamburg	120,00 EUR

Frau Janssen beauftragt Jakob Osterhoff, die Zollanmeldung und die erforderlichen Dokumente für die Überführung der Ware in den zollrechtlich freien Verkehr vorzubereiten.

1. Welche Frage muss Jakob Osterhoff klären, um den Auftrag von Frau Janssen zu erfüllen?
2. Erstellen Sie eine Liste der Dokumente, die für die Zollanmeldung der Parkas aus Auckland zur Zollgutlagerung Verkehr vorliegen müssen.
3. Erläutern Sie die Funktionen dieser Dokumente.
4. Erstellen Sie eine Liste der notwendigen Informationen für die Zollanmeldung.
5. Ermitteln Sie die Zolltarifnummer, den Zollsatz und den Einfuhrumsatzsteuersatz für die einzuführende Ware. Nutzen Sie dazu das Auskunftssystem EZT-Online.

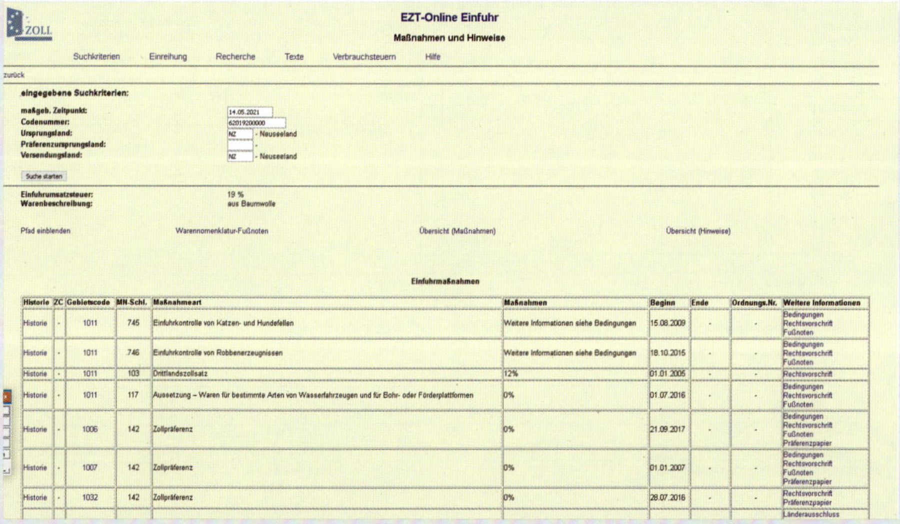
ZOLL

EZT-Online Einfuhr

Maßnahmen und Hinweise

Suchkriterien | Einreihung | Recherche | Texte | Verbrauchsteuern | Hilfe

zurück

eingegebene Suchkriterien:

maßgeb. Zeitpunkt: 14.05.2021
Codenummer: 62019200000
Ursprungsland: NZ - Neuseeland
Präferenzursprungsland: -
Versendungsland: NZ - Neuseeland

Suche starten

Einfuhrumsatzsteuer: 19 %
Warenbeschreibung: aus Baumwolle

Pfad einblenden | Warennomenklatur-Fußnoten | Übersicht (Maßnahmen) | Übersicht (Hinweise)

Einfuhrmaßnahmen

Historie	ZC	Gebietscode	MN-Schl.	Maßnahmeart	Maßnahmen	Beginn	Ende	Ordnungs.Nr.	Weitere Informationen
Historie	-	1011	745	Einfuhrkontrolle von Katzen- und Hundefellen	Weitere Informationen siehe Bedingungen	15.08.2009	-	-	Bedingungen Rechtsvorschrift Fußnoten
Historie	-	1011	746	Einfuhrkontrolle von Robbenerzeugnissen	Weitere Informationen siehe Bedingungen	18.10.2015	-	-	Bedingungen Rechtsvorschrift Fußnoten
Historie	-	1011	103	Drittlandszollsatz	12%	01.01.2005	-	-	Rechtsvorschrift
Historie	-	1011	117	Aussetzung – Waren für bestimmte Arten von Wasserfahrzeugen und für Bohr- oder Förderplattformen	0%	01.07.2016	-	-	Bedingungen Rechtsvorschrift Fußnoten
Historie	-	1006	142	Zollpräferenz	0%	21.09.2017	-	-	Bedingungen Rechtsvorschrift Fußnoten Präferenzpapier
Historie	-	1007	142	Zollpräferenz	0%	01.01.2007	-	-	Bedingungen Rechtsvorschrift Fußnoten Präferenzpapier
Historie	-	1032	142	Zollpräferenz	0%	28.07.2016	-	-	Rechtsvorschrift Präferenzpapier
									Länderausschluss

6. Erstellen Sie die schriftliche Zollanmeldung zur Überführung in den zollrechtlich freien Verkehr (Einheitspapier 0737 der Europäischen Union). Die einzutragenden Codes finden Sie in den folgenden Anlagen des Merkblatts zu Zollanmeldungen, summarischen Anmeldungen und Wiederausfuhrmitteilungen – Ausgabe 2020.

EUROPÄISCHE UNION

6 — Exemplar für das Bestimmungsland — 6

1 ANMELDUNG | XXXXX

A BESTIMMUNGSZOLLSTELLE

2 Versender/*Ausführer* Nr.

3 Vordrucke

4 Ladelisten XXXXX

5 Positionen

6 Packst. insgesamt XXXXXXX

7 Bezugsnummer

8 Empfänger Nr.

9 Verantwortlicher für den Zahlungsverkehr Nr.
XXXXXXXXXXXXXXXXXXXXXXXXXXXXXXXXXX

10 *Letztes Herkunftsland* XXX

11 *Hand./Erz. Land* XXX

12 *Angaben zum Wert* XXXXXXXXXXXXXX

13 *G. L. P.* XXXXX

14 Anmelder/Vertreter Nr.

15 Versendungs-/*Ausfuhrland*

15 Vers./*Ausf.L.Code* a b XX

17 Bestimm.L.Code a b

16 Ursprungsland

17 Bestimmungsland XXXXXXXXXXXXXXXX

18 Kennzeichen und Staatszugehörigkeit des Beförderungsmittels bei der Ankunft

19 Ctr.

20 Lieferbedingung

21 Kennzeichen und Staatszugehörigkeit des grenzüberschreitenden aktiven Beförderungsmittels

22 Währung u. in Rechn. gestellter Gesamtbetr.

23 Umrechnungskurs

24 Art des Geschäfts

25 Verkehrszweig an der Grenze

26 Inländischer Verkehrszweig

27 Entladeort

28 Finanz- und Bankangaben
XXXXXXXXXXXXXXXXXXXXXXXXXXXXXXXXXX

29 Eingangszollstelle

30 Warenort

31 Packstücke und Warenbezeichnung — Zeichen und Nummern - Container Nr. - Anzahl und Art

32 Positions Nr.

33 Warennummer

34 Urspr.land Code a b XX

35 Rohmasse (kg)

36 *Präferenz*

37 VERFAHREN

38 Eigenmasse (kg)

39 *Kontingent*

40 Summarische Anmeldung/Vorpapier

41 Besondere Maßeinheit

42 *Artikelpreis*

43 *B. M. Code* X

44 Besondere Vermerke/Vorgelegte Unterlagen/Bescheinigungen u. Genehmigungen

☐ **Hinsichtlich aller angemeldeten Waren zum vollen Vorsteuerabzug berechtigt.**

Code B.V. XXX

45 *Berichtigung* XXXXXXXXXX

46 Statistischer Wert

47 Abgabenberechnung

Art	Bemessungsgrundlage	Satz	Betrag	ZA
		Summe:		

48 Zahlungsaufschub

49 Bezeichnung des Lagers

B ANGABEN FÜR VERBUCHUNGSZWECKE

50 Inhaber Nr. Unterschrift:
XXXXXXXXXXXXXXXXXXXXXXXXXXXXXXXXXXXXXXXXXXXX
vertreten durch
Ort und Datum:

C ABGANGSZOLLSTELLE

51 Vorgesehene Durchgangszollstellen (und Land)

XXXXXXXXXX	XXXXXXXXXX	XXXXXXXXXX	XXXXXXXXXX	XXXXXXXXXX	XXXXXXXXXX

52 Sicherheit nicht gültig für XXXXXXXXXXXXXXXXXXXXXXXXXXXXXXXXXXXXXXXXXX

Code XX

53 Bestimmungszollstelle (und Land) XXXXXXXXXXXXXXXXXXXXXX

J PRÜFUNG DURCH DIE BESTIMMUNGSZOLLSTELLE

54 Ort und Datum:

Unterschrift und Name des Anmelders/Vertreters:

0737 Einheitspapier (Bestimmung - Eingang/Einfuhr -) - III B 1 -

Merkblatt zu Zollanmeldungen, summarischen Anmeldungen und Wiederausfuhrmitteilungen

– Ausgabe 2020 –

Anlagen (Auszug)

Anhang 1A – Länderverzeichnis für die Außenhandelsstatistik – ISO-alpha-2- Code für Länder

CN China	IE Irland	KP Nordkorea
DE Deutschland	IL Israel	KR Südkorea
	NZ Neuseeland	
HK Hongkong	IN Indien	US Vereinigte Staaten von Amerika
HR Kroatien	JP Japan	

Anhang 1B – Iso-alpha-3-Code für Währungen

ISO-Code	Währung	Land bzw. Gebiet
GBP	Pfund Sterling	Guernsey
	Insel Man	
	Jersey	
	Vereinigtes Königreich	
HKD	Hongkong-Dollar	Hongkong
HRK	Kuna	Kroatien
HUF	Forint	Ungarn
JPY	US-Dollar	Vereinigtes Staaten von Amerika
NZD	Neuseeland-Dollar	

Anhang 2 – zu Feld Nr. 20: Lieferbedingung

Erstes Unterfeld	Bedeutung	Zweites Unterfeld
Incoterm Code	**Incoterm – CCI/ECE, Genf**	**Anzugebender Ort**
EWX	Ab Werk	Standort des Werks
FCA	Frei Frachtführer	... vereinbarter Ort
FAS	Frei Längsseite Schiff	vereinbarter Verladehafen
FOB	Frei an Bord	vereinbarter Verladehafen
CFR	Kosten und Fracht	vereinbarter Bestimmungshafen
CIF	Kosten, Versicherung und Fracht	vereinbarter Bestimmungshafen
CPT	Fracht bezahlt bis	vereinbarter Bestimmungsort
CIP	Fracht und Versicherung bezahlt bis	vereinbarter Bestimmungsort
DAP	Geliefert benannter Ort	vereinbarter Ort
DPU	Geliefert benannter Ort entladen	vereinbarter Ort
DDP	Geliefert verzollt	vereinbarter Lieferort

Anhang 3 – zu Feld Nr. 24: Art des Geschäfts

Art des Geschäfts	Schlüsselnummer
Geschäfte mit Eigentumsübertragung (tatsächlich oder beabsichtigt) und mit Gegenleistung (finanziell oder anderweitig)	
▪ Endgültiger Kauf/Verkauf(b)	11
▪ (berechnete) Ansichts- oder Probesendungen und Kommissionsgeschäfte (einschließlich Konsignationslager)	12
▪ Kompensationsgeschäfte (Tauschhandel)	13
▪ Finanzierungsleasing (Mietkauf) (c)	14
▪ Sonstiges	19

Anhang 4 – zu Feld Nr. 29: Ausgangszollstelle/Eingangszollstelle

- **Verzeichnis der anzugebenden Schlüsselnummern –**

Vor die Schlüsselzahl (Spalte 3) ist jeweils der Zusatz „DE00" zu setzen.

C. Verzeichnis deutscher Zollstellen im Seeverkehr

Zollstellen an der Nordsee

ZA	Brake	5301
ZA	Bremen	2325
ZA	Bremerhaven	2452
ZA	Brunsbüttel	6151
ZA	Cuxhaven	4501
ZA	Emden	5004
ZA	Hamburg	4851
ZA	Helgoland	4506
ZA	Husum	6155
ZA	Papenburg	5008
ZA	Stade	5203
ZA	Wilhelmshaven	5310

Anhang 5 – zu Feld Nr. 36: Präferenz

Abschnitt B – Liste der gebräuchlichsten Codes

Teil I – Ohne Präferenznachweis

Code	Anwendungsbereich
100	Anwendung des Drittlandzollsatzes (Angabe aus statistischen und dv-technischen Gründen notwendig)
110	Vorübergehende Zollaussetzung für bestimmte Waren aus dem landwirtschaftlichen, chemischen, luftfahrtechnischen und mikroelektronischen Bereich

Anhang 6 – zu Feld 37

Abschnitt C Teil II – Die häufigsten Verfahrenscodes bei dem Eingang/der Einfuhr von Waren

40 Gleichzeitige Überlassung von Waren in den zoll- und steuerrechtlich freien Verkehr ohne steuerbefreiende Lieferung (keine Befreiung von der Einfuhrumsatzsteuer) nach § 5 Absatz 1 Nr. 3 oder Nr. 4 UStG*)

4000 ohne vorangegangenes Verfahren
4010 nach Anmeldung zur endgültigen Ausfuhr (z. B. Rückwaren)
4051 nach Überführung in die aktive Veredelung
4053 nach Überführung in die vorübergehende Verwendung
4054 nach Überführung in die aktive Veredelung in einem anderen Mitgliedstaat im Rahmen einer „Einzigen Bewilligung"
4071 nach Überführung in ein Zolllagerverfahren

Anhang 7 – Zu Feld Nr. 47: Codes für die Abgabenarten

A00 Einfuhrabgaben (ohne Antidumping- und Ausgleichszölle)
A30 endgültige Antidumpingzölle
A35 vorläufige Antidumpingzölle
A40 endgültiger Ausgleichszoll
A45 vorläufiger Ausgleichszoll
B00 Einfuhrumsatzsteuer
C00 Ausfuhrabgaben (ohne Ausfuhrabgaben für landwirtschaftliche Erzeugnisse)
C10 Ausfuhrabgaben für landwirtschaftliche Erzeugnisse
300 Tabaksteuer
310 Kaffeesteuer
350 Alkoholsteuer
360 Alkopopsteuer
370 Schaumweinsteuer
670 Biersteuer

Anhang 8 – zu Feld Nr. 31: Art der Packstücke

Verpackungscodes

Container	CN	Palette	PX
Karton	CT	Packstück	PK
Kasten	BX	Paket	PC
Kiste	CH		

Art des Verkehrszweigs

Code	Verkehrszweig
1	Seeverkehr
2	Eisenbahnverkehr
3	Straßenverkehr
4	Luftverkehr
5	Postsendungen
7	Fest installierte Transporteinrichtungen (z. B. Rohrleitungen)
8	Binnenschifffahrt
9	Eigener Antrieb (Beförderungsmittel, die selbst Gegenstand eines Handelsgeschäfts sind und mit eigener Kraft den Ort der Gestellung verlassen

Quelle: zoll.de: Merkblatt zu Zollanmeldungen, summarischen Anmeldungen und Wiederausfuhrmitteilungen. In: www.zoll.de. 17.12.2020. https://www.zoll.de/SharedDocs/Fachmeldungen/Aktuelle-Einzelmeldungen/2020/azr_mb_zollanmeldung_summarische_anmeldung_wiederausfuhrmitteilung.html [29.04.2021].

16 Maßnahmen für die Auslieferung und Abholung der Ware

Einstiegssituation

Die Ehlers & Gehrenberg KG muss die folgenden Waren an ihre Kunden versenden:

- 250 Damenblusen per Luftfracht nach Belgrad (Serbien)
- 500 Herrenhosen per Lkw-Transport nach Genf (Schweiz)
- 1000 Bettwäschegarnituren im kombinierten Verkehr nach Lillehamer (Norwegen)

Herr Freese beauftragt Sandra Krollmann und Allan Stevenson, sich um die Verpackung und die Markierung der Versandgüter zu kümmern.

Arbeitsaufträge

1. Wählen Sie die geeigneten Versandverpackungen für die unterschiedlichen Güter aus.
2. Erstellen Sie eine Übersicht über die Inhalte, die die Markierung der einzelnen Versandstücke enthalten sollte.

Der Exporteur muss dafür sorgen, dass die Exportsendung termingerecht und unbeschädigt bei seinem Kunden eintrifft.

Wer für die Warenausgangskontrolle, die Verpackung und Markierung, den Transport, die Versicherung, die Beschaffung der Transportdokumente und die Ausfuhr- und Einfuhrabfertigung der Exportware verantwortlich ist, ergibt sich in der Regel aus dem zwischen dem Exporteur und dem Importeur abgeschlossenen Kaufvertrag und den darin vereinbarten Incoterms.

Beispiel

Bei Vereinbarung der **Klausel EXW ... benannter Lieferort** muss der Verkäufer die Ware nur am benannten Ort zur Abholung bereitstellen und dem Käufer alle für die Abholung notwendigen Daten zukommen lassen. Die Ware muss nicht verladen oder zur Ausfuhr frei gemacht werden. Sie muss lediglich verpackt und gekennzeichnet sein.

Bei der Vereinbarung der **Klausel FCA ... benannter Lieferort** muss der Verkäufer die Ware zu dem vom Käufer bestimmten Lieferort bringen. Der Verkäufer muss auf seine Kosten für Verpackung, Warenprüfung und Freimachung der Ware zur Ausfuhr sorgen. Der Verkäufer muss die Ware auch verladen, wenn der vereinbarte Lieferort bei ihm liegt. Der Käufer ist für den Haupttransport, die Durchfuhr und die Einfuhr im Bestimmungsland verantwortlich.

Vgl. Industrie- und Handelskammer zu Köln: Die neuen Incoterms 2020. www.ihk-koeln.de/upload/Incoterms_2020_10703.pdf, Stand Dezember 2019 [29.04.2021].

Warenausgangskontrolle

Der Verkäufer muss die Kosten für die Prüfungsvorgänge (z. B. Qualitätsprüfung, Messen, Wiegen und Zählen) tragen, die notwendig sind, um die Ware vertragsgemäß zu liefern.

Verpackung

Der Verkäufer muss die Ware auf eigenen Kosten verpacken. Diese Verpackungspflicht entfällt für Waren, bei denen es handelsüblich ist, sie unverpackt zu transportieren.

Der Verkäufer muss die Ware in der für ihren Transport geeigneten Weise verpacken und kennzeichnen (markieren), es sei denn, die Vertragspartner haben die Verpackungs- und Markierungsanforderungen vertraglich vereinbart.

Notwendigkeit der Verpackung

Eine Transportverpackung ist notwendig,

- zum Schutz gegen gänzlichen oder teilweisen Verlust und gegen Beschädigung,
- um eine Beschädigung von Personen, Betriebsmitteln oder anderen Gütern zu verhüten,
- um die Transport- und Ladefunktion sicherzustellen.

Auswahl der Verpackung

Die Auswahl der Verpackung hängt ab

- von der Beschaffenheit der zu versendenden Ware,
- von der Transportart (konventioneller Transport oder Transport in Containern),
- vom Transportmittel,
- vom Transportweg,
- von der Transportdauer,
- von jahreszeitlichen Witterungseinflüssen,
- von der Notwendigkeit einer Zwischenlagerung an den Umschlagsplätzen,
- von den Vorschriften für den Transport gefährlicher Ladungen,
- von den Mindestanforderungen der Versicherungsgesellschaften, bei denen das Transportgut versichert wurde,
- von Umweltaspekten und
- von den Kosten.

Bei der Verpackung der Waren, die in ein anderes Land geliefert werden sollen, sind auch Vorschriften des Einfuhrlandes zu beachten (z. B. Verbot der Verwendung bestimmter Verpackungsmaterialien).

Transportverpackungsarten

Für die Transportverpackung können u. a. folgende Verpackungsarten genutzt werden:

- Behälter
- Boxen
- Collicos
- Schachteln
- Kisten
- Container
- Paletten und
- Gitterboxpaletten

Markierung der Packstücke

Eine dauerhafte und gut lesbare **Markierung von Packstücken** ist notwendig, damit

- jede Sendung unterwegs sachgemäß behandelt werden kann,
- Fehlleitungen und Verwechselungen vermieden werden,
- die Zusammengehörigkeit von mehreren Einzelpackstücken einer Gesamtpartei äußerlich feststellbar ist,
- das Fehlen von Packstücken leichter festgestellt werden kann,
- jede Sendung ihren Bestimmungsort sicher erreicht.

Bei der Markierung der versandfertigen Ware, die in ein anderes Land geliefert werden sollen, sind auch Vorschriften des Einfuhrlandes zu beachten (z. B. „Made in Germany"-Bestimmungen).

Um einer Ausschaltung des Groß- und Außenhandels entgegenzuwirken, werden viele Groß- und Außenhändler darauf achten, dass die Verpackung keine Hinweise auf den Lieferanten enthält (**neutrale Verpackung**).

Eine ausreichende Markierung ist unverzichtbarer Bestandteil der Verpackung. Weichen die Markierungen von den Angaben in den Versandpapieren ab, kann es z. B. zu Beanstandungen seitens der Zollbehörden kommen. Nicht ausreichende Handhabungsmarkierungen können zu einem Haftungsausschluss derjenigen führen, die die Ware transportiert, umgeschlagen oder gelagert haben und durch deren Behandlung der Schaden aufgetreten ist.

Die vollständige Markierung besteht aus den folgenden drei Teilen:

- Leitmarke,
- Informationsmarkierung,
- Handhabungshinweise.

Leitmarke

- Kennmarke: z. B. Anfangsbuchstaben des Empfängers oder Absenders bzw. aus dem Firmennamen des Empfängers

- Kennnummer: z. B. die Auftragsnummer des Empfängers

- Gesamtzahl der Packstücke der gesamten Sendung

- Laufende Nummer des entsprechenden Packstückes innerhalb der Sendung: z. B. 5/12 oder 5-12

- Bestimmungsort und -hafen

Informationsmarkierung

- Ursprungsland: Die Angabe des Ursprungslandes hat nach den jeweiligen Bestimmungen der Länder zu erfolgen. In vielen Fällen ist diese Angabe vorgeschrieben. In einigen Fällen ist sie nicht erwünscht und hat nach vertraglichen Vereinbarungen sogar zu unterbleiben. Bei Verstößen gegen solche Vereinbarungen läuft das Unternehmen Gefahr, „black-listed“ zu werden.

- Gewichtsangabe des Packstücks: Ab 1000 kg Bruttomasse müssen die Packstücke mit Gewichtsangaben versehen werden. Mit Rücksicht auf die Leichtigkeit von Transport, Umschlag und Lagerung empfehlen die Normen, auch bei geringerer Masse die Gewichtsangaben anzugeben.

- Abmessungen der Packstücke: Sie sind nach den Normen in Zentimeter anzugeben.

Handhabungshinweise

Die sogenannten Handhabungsmarkierungen tragen zu erhöhter Sorgfalt bei den Umschlagsarbeiten bei. Es muss erkennbar sein,

- ob das Packstück hitze- oder nässeempfindlich ist,
- ob es bruchgefährdet ist,
- wo oben und unten und wo die Schwerpunktlage ist,
- wo das Ladegeschirr angeschlagen werden kann.

Die Symbole für die Handhabungshinweise von Verpackungen sind in ISO R/780 (International Organization for Standardization) und in DIN 55402 (Deutsches Institut für Normung) international einheitlich festgelegt. Diese Symbole erklären sich von selbst. Somit werden durch deren Anwendung Sprachprobleme im internationalen Verkehr vermieden.

Bezeichnung	Symbol	Erklärung
Zerbrechliches Packgut Fragile, Handle with care		Das Symbol ist bei leicht zerbrechlichen Waren anzubringen. Derartig gekennzeichnete Waren sind sorgfältig zu behandeln und keineswegs zu stürzen oder zu schnüren.
Keine Handhaken verwenden Use no hooks		Bei derartig gekennzeichneten Waren sollte auch jede weitere punktförmige Belastung vermieden werden. Das Zeichen verbietet nicht automatisch die beim Sackgutumschlag eingesetzten Tellerhaken.
Oben This way up	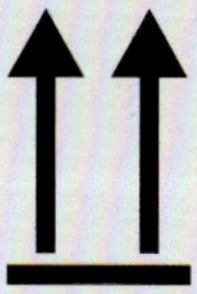	Das Packstück muss grundsätzlich so transportiert, umgeschlagen und gelagert werden, dass die Pfeile jederzeit nach oben zeigen. Rollen, Klappen, starkes Kippen oder Kanten sowie andere Formen des Handlings müssen unterbleiben. Die Ladung muss aber nicht „on top“ gestaut werden.
Vor Hitze (Sonneneinstrahlung) schützen Keep away from heat		Am besten entspricht man dem Symbol, wenn die Ware möglichst kühl abgestellt wird. Auf jeden Fall muss sie vor zusätzlichen Wärmequellen geschützt werden. Es kann angebracht sein nachzufragen, ob bestehende oder zu erwartende Temperaturen schädlich sein können. Auch bei Waren, von denen jeder weiß, dass sie Wärme nicht ausgesetzt werden dürfen, wie z. B. Butter und Schokolade, sollte diese Markierung verwendet werden, um Schäden vorzubeugen.
Vor Hitze und radioaktiven Strahlen schützen Protect from heat and radioactive sources		Stauung wie beim vorherigen Symbol beschrieben. Zusätzlich muss die Ware noch vor radioaktiven Strahlen geschützt werden.
Anschlagen hier Sling here		Das Zeichen gibt nur einen Hinweis darauf, wo angeschlagen werden soll, nicht aber über die Anschlagmethode. Sind die Symbole gleich weit von der Mitte bzw. vom Schwerpunkt angebracht, hängt das Packstück bei gleich langen Anschlagmitteln gerade. Ist das nicht der Fall, müssen die Anschlagmittel auf einer Seite gekürzt werden.
Vor Nässe schützen Keep dry		Derartig gekennzeichnete Waren sind vor zu hoher Luftfeuchtigkeit zu schützen, sie müssen daher gedeckt gelagert werden. Können besonders schwere oder sperrige Packstücke nicht in Hallen oder Schuppen gelagert werden, sind sie sorgfältig abzuplanen.
Schwerpunkt Centre of gravity		Durch dieses Zeichen soll die Lage des Schwerpunktes eindeutig gekennzeichnet werden. Sinnvollerweise sollte das Zeichen nur verwendet werden, wenn der Schwerpunkt nicht mittig ist. Die Eindeutigkeit ist bereits gegeben, wenn das Symbol auf zwei rechtwinklig zueinander stehenden Flächen angebracht wird.
Stechkarre hier nicht ansetzen No hand truck here		Das Fehlen dieses Symbols auf Packstücken kommt der Erlaubnis gleich, die Stechkarre dort ansetzen zu dürfen.

Zulässige Stapellast Stacking limitation		Neben der Angabe „... kg max.“ ist die zulässige Stapellast anzugeben. Da eine derartige Markierung nur bei wenig belastbaren Packstücken sinnvoll ist, sollten derartig gekennzeichnete Waren in der obersten Lage gestaut werden.
Klammern in Pfeilrichtung Clamp here		Der Hinweis, dass das Packstück an den angegebenen Stellen geklammert werden darf, kommt logischerweise einem Verbot des Klammerns an anderer Stelle gleich.
Zulässiger Temperaturbereich Temperature limitations		Das Symbol ist nach den Vorschriften entweder mit dem Zusatz „...°C“ für eine bestimmte Temperatur zu versehen oder für einen Temperaturbereich mit oberem („...°C max.“) und unterem („...°C min.“) Temperaturgrenzwert. Die entsprechenden Temperaturen oder Temperaturgrenzen sollten darüber hinaus im Frachtbrief vermerkt werden.
Gabelstapler hier nicht ansetzen Do not use fork lift truck here		Dieses Symbol ist nur an den Seiten anzubringen, an denen nicht mit dem Gabelstapler angehoben werden darf. Ein Fehlen auf anderen Seiten des Packstücks kommt einer Erlaubnis zum Benutzen von Gabelstaplern an diesen Seiten gleich.
Elektrostatisch gefährdetes Bauelement Electrostatic sensitive device		Berühren derartig gekennzeichneter Packstücke ist bei niedriger relativer Feuchte zu vermeiden, insbesondere wenn isolierendes Schuhwerk getragen wird oder der Untergrund nicht leitend ist. Mit niedriger relativer Feuchte ist besonders an warmen, trockenen Sommertagen und sehr kalten Wintertagen zu rechnen.
Sperrschicht nicht beschädigen Do not destroy barrier		Unter der äußeren Verpackung befindet sich eine (nahezu) wasserdampfdichte Sperrschicht, in die Trockenmittel zum Korrosionsschutz eingebracht sind. Diese Schutzwirkung wird hinfällig, wenn die Sperrschicht beschädigt wird. Da das Symbol noch nicht von der ISO aufgenommen wurde, muss insbesondere bei Packstücken mit dem Aufdruck „Packed with desiccants“ ein Durchstechen der äußeren Hülle vermieden werden.
Aufreißen hier Tear off here		Dieses Symbol ist nur für den Empfänger bestimmt.

Auslieferung der Ware

Die Auslieferung der Ware kann mit eigenen Fahrzeugen (Werkverkehr) oder durch einen Frachtführer oder durch die Beauftragung eines Spediteurs erfolgen.

Der Versandauftrag an den Frachtführer oder Spediteur sollte folgende Angaben enthalten:

- Beschaffenheit der Sendung
- Anzahl der Packstücke
- Maße und Gewichte
- Beschreibung des Inhalts
- ggf. Angabe der Gefahrenklasse
- Wert der Sendung
- Frachtart
- Versanddatum

- Versandanschrift
- Versandart
- Versicherung
- Bezahlung der Fracht
- beigefügte Versanddokumente
- Verladetermin

Wenn zwischen dem Exporteur und dem Importeur Zahlung aus einem Dokumentenakkreditiv vereinbart wurde, sollte dem Frachtführer oder dem Spediteur auch eine Kopie des Akkreditivs übergeben werden, da in dem Akkreditiv häufig genaue Bedingungen für den Versand der Ware aufgeführt sind.

Abholung der Ware

Wenn die Ware durch den Käufer abgeholt wird, beschränken sich die Pflichten des Exporteurs auf die Erfüllung der Außenwirtschafts-, zoll- und steuerrechtlichen Verpflichtungen des Exportlandes.

Maßnahmen zur Änderung des Transports

Seetransport

Bei einem Seeschiffstransport kann der legitimierte Konnossement-Besitzer verfügen, dass die Ware angehalten, umgeleitet oder anderweitig ausgeliefert wird. Dazu muss er alle Original-Konnossemente an die Reederei oder deren Vertreter zurückgeben.

Legitimierter Konnossement-Besitzer ist der Besitzer eines Konnossements, das

- auf den Inhaber lautet (Inhaberkonnossement),
- an Order lautet (Orderkonnossement) und den Besitzer als Empfänger benennt oder durch eine ununterbrochene Reihe von Indossamenten ausweist oder
- auf den Namen des Besitzers lautet (Namenskonnossement.

Bahntransport

Beim Bahnversand kann der Versender unter Vorlage des Frachtbriefdoppels veranlassen, dass das Versandgut

- auf dem Versandbahnhof zurückgegeben wird,
- unterwegs angehalten wird,
- an einen anderen Empfänger als dem im Frachtbrief genannten Empfänger ausgeliefert wird,
- auf einem anderen Bestimmungsbahnhof als dem im Frachtbrief angegebenen abgeliefert wird oder
- an den Versandbahnhof zurückgesandt wird.

Dieses nachträgliche Verfügungsrecht erlischt, sobald

- der Frachtbrief dem Empfänger übergeben worden ist oder
- der Empfänger nach Ankunft des Versandgutes am Bestimmungsbahnhof die Übergabe des Frachtbriefes und die Auslieferung des Versandgutes verlangt hat oder
- das Versandgut in das Zollgebiet des Bestimmungslandes eingetreten ist. Voraussetzung ist hier, dass der Empfänger verfügungsberechtigt ist und die im Bestimmungsland anfallenden Transportkosten tragen muss.

Internationaler Straßengüterverkehr

Beim internationalen Straßengüterverkehr kann der Absender nachträglich verfügen, dass der Frachtführer

- das Gut nicht weiterbefördert,
- den Ablieferungsort verändert,
- das Gut an einen anderen Empfänger als den im Frachtbrief genannten ausliefert.

Voraussetzung für die Ausübung dieses Verfügungsrechts ist die Vorlage der ersten Ausfertigung des Frachtbriefs, in dem die dem Frachtführer neu erteilten Weisungen eingetragen sein müssen. Außerdem müssen dem Frachtführer als Kosten und Schäden ersetzt werden, die durch die Ausführung der neuen Weisungen entstehen.

Der Frachtführer muss die neuen Weisungen nur ausführen, wenn die Ausführung der Weisungen

- zu dem Zeitpunkt, in dem sie die Person erreichen, die sie ausführen soll, möglich sind und
- den gewöhnlichen Betrieb des Frachtführers nicht hemmen,
- weder die Absender oder Empfänger anderer Sendungen schädigen sowie
- nicht zu einer Teilung der Sendung führen.

Luftfrachtverkehr

Beim Luftfrachtverkehr kann der Absender unter Vorlage des Original 3 nachträglich verfügen, dass die Sendung

- auf dem Abgangs- oder Bestimmungsflughafen zurückgenommen wird, sofern der Empfänger die Sendung noch nicht übernommen oder nach deren Avisierung noch nicht über die Sendung verfügt hat,
- während des Transports angehalten wird,
- an einen anderen Empfänger ausgeliefert wird,
- zum Abgangsflughafen zurückgerufen wird.

§ 418 HGB

Nachträgliche Weisungen
(1) 1 Der Absender ist berechtigt, über das Gut zu verfügen.
2 Er kann insbesondere verlangen, dass der Frachtführer das Gut nicht weiterbefördert oder es an einem anderen Bestimmungsort, an einer anderen Ablieferungsstelle oder an einen anderen Empfänger abliefert.
3 Der Frachtführer ist nur insoweit zur Befolgung solcher Weisungen verpflichtet, als deren Ausführung weder Nachteile für den Betrieb seines Unternehmens noch Schäden für die Absender oder Empfänger anderer Sendungen mit sich zu bringen droht.
4 Er kann vom Absender Ersatz seiner durch die Ausführung der Weisung entstehenden Aufwendungen sowie eine angemessene Vergütung verlangen; der Frachtführer kann die Befolgung der Weisung von einem Vorschuss abhängig machen.
(2) 1 Das Verfügungsrecht des Absenders erlischt nach Ankunft des Gutes an der Ablieferungsstelle.
2 Von diesem Zeitpunkt an steht das Verfügungsrecht nach Absatz 1 dem Empfänger zu.
3 Macht der Empfänger von diesem Recht Gebrauch, so hat er dem Frachtführer die entstehenden Mehraufwendungen zu ersetzen sowie eine angemessene Vergütung zu zahlen; der Frachtführer kann die Befolgung der Weisung von einem Vorschuss abhängig machen.
...

Abwicklung der Warentransporte bei der Beauftragung eines Spediteurs

Der Transportprozess im internationalen Speditionsgeschäft durchläuft immer die gleichen Schritte.

Abholung

Als erster Schritt erfolgt der Transport der Versandgüter vom Lieferanten bis zum Verschiffungshafen auf der Straße oder der Schiene.

Wer für die Abholung verantwortlich ist und die dadurch entstehenden Kosten trägt, hängt von den vertraglichen Regelungen ab, die zwischen dem Lieferanten und Empfänger vereinbart wurden.

Wenn der Empfänger für den Versendung der Waren ab dem Lager des Verkäufers zuständig ist, muss er die Abholung organisieren. Wenn die Incoterms EXW oder FCA vereinbart wurden, ist der Empfänger für die Abholung der Ware zuständig.

Wenn der Empfänger erst ab einem späteren Ort im Transportprozess für die Versendung der Ware zuständig ist, muss der Versender die Abholung organisieren. Wenn vertraglich die Incoterms FOB, CCFT, CIF, CIP, DDU oder DDP vereinbart wurden, ist der Lieferant für die Abholung zuständig.

Ausfuhrabfertigung

Bevor die Transportgüter die Außenzollgrenze überschreiten, muss eine Exportverzollung der versendeten Güter vorgenommen werden. Zur Exportverzollung muss der Inhalt der Sendung deklariert werden und weitere Dokumente müssen eingereicht werden sowie die anfallenden Gebühren entrichtet werden. Die Dokumente, die neben der Zollanmeldung erforderlich sind, unterscheiden sich je nach Land.

In der Regel muss der Absender die Exportverzollung übernehmen. Er kann die Exportverzollung selber vornehmen. Er kann damit aber auch einen Spediteur oder einen Zolldeklaranten beauftragen. Für den Fall, dass der Empfänger sich um die Exportverzollung der versendeten Güter kümmern muss, ist es für den Empfänger sinnvoll, einen Spediteur zu beauftragen oder mit dem Lieferanten zu vereinbaren, dass er sich um die Exportverzollung kümmert.

Ursprungsbehandlung der Güter

Wenn ein Spediteur für den internationalen Transport beauftragt wurde, ist dieser Spediteur für die Ursprungsbehandlung verantwortlich. Bei der Ursprungsbehandlung muss der Spediteur erklären, dass er die angekündigten Waren erhalten hat und dass diese Waren unbeschädigt sind.

Der Spediteur

- zählt und inspiziert die Güter, nachdem er sie erhalten hat;
- überprüft die Güter auf die Buchungsdetails;
- stellt dem Absender die Rechnung aus und händigt sie aus oder schickt sie zu. Mit der Rechnung bestätigt der Spediteur den Erhalt der Ware zum Transport.

Die Ursprungsbehandlung wird je nach Vereinbarung vom Lieferanten oder Empfänger bezahlt. Wenn es sich um eine Lieferung ab Werk oder „frei Frachtführer"-Lieferung handelt, bezahlt der Empfänger die Rechnung des Spediteurs für die Ursprungsbehandlung. Wenn es sich um eine FOB-, CFR-, CIF- oder DDU-Lieferung handelt, muss sich der Lieferant um die Ursprungsbehandlung der Güter kümmern.

Ursprungsbehandlung von LCL-Containern (Containerteilladung)
Die Fracht wird im Lagerhaus mit anderen Gütern, die zum selben Zielort transportiert werden sollen, zusammengestellt.
Anschließend wird die Fracht in Container der Reederei verfrachtet und zum Hafen befördert.
Am Hafen wird der Container zu den Containern gestellt, die mit demselben Schiff befördert werden sollen.
Wenn das Schiff bereit zum Ablegen ist, werden die Container auf das Schiff geladen.

Verladung auf das Schiff und Versand in den Zielhafen

Sobald die Ware den Absenderhafen erreicht hat, wird sie in das Schiff verladen, und der Transport in den Zielhafen beginnt.

Die vom Spediteur beauftragte Reederei führt die Seefracht aus. Dabei kann der Container auf mehrere Schiffe in verschiedenen Häfen umgeladen werden.

Die Reederei berechnet dem Spediteur die Seefracht und die damit verbundenen Kosten. Der Spediteur wiederum verteilt diese Kosten auf die Kunden, deren Güter in diesem Container transportiert werden.

Ankunft im Zielhafen und Entladung aus dem Schiff

Im Zielhafen wird die Ware aus dem Schiff entladen. Weil die Ware über Landesgrenzen transportiert wurde, findet nun eine **Importverzollung** statt.

Einfuhrabfertigung

Im Zielland müssen die Güter, die in das Land eingeführt werden, zollbehandelt werden. Dabei müssen die Art der Güter und deren Wert deklariert werden. Diese Angaben sind für die Registrierung der Güter und Erhebung von Zollgebühren erforderlich. Für die Importverzollung muss die Deklaration vorbereitet und zusammen mit den weiteren erforderlichen Dokumenten bei der zuständigen Zollbehörde des Importlandes eingereicht werden.

Der Prozess der Importverzollung kann schon beginnen, bevor die Fracht im Hafen eingetroffen ist. Der Prozess der Importverzollung muss abgeschlossen sein, bevor die Waren die Landesgrenze sowie zollverbundene Gebiete überschreiten.

Der Versender muss sich nur um die Importverzollung kümmern, wenn es sich um eine DDP-Lieferung handelt. In allen anderen Fällen ist der Empfänger für die Importverzollung zuständig.

Zielhandhabung der Ware

Zur Zielhandhabung der Ware müssen im Zielland folgende Aufgaben durchgeführt werden:

- Die Dokumente, die vom Versender oder seinem Vertreter zugesandt worden sind, müssen überprüft werden.
- Anschließend muss das Original des Konnossements oder des Schiffsfrachtbriefs bei der Reederei eingereicht werden.
- Daraufhin kann der Container am Hafen abgeholt und ins Lager transportiert werden.
- Hier werden die Container geleert.
- Die Güter werden dann inspiziert und sortiert.

Anschließend werden sie weitertransportiert oder vom Empfänger abgeholt.

Der Spediteur oder sein Vertreter ist immer für die Zielhandhabung verantwortlich. Das liegt daran, dass nur sie den Container vom Hafen abholen können.

Die Kosten für die Zielbehandlung und alle Kosten, die für den Transport zum Empfängers anfallen, muss der Lieferant tragen, wenn es sich um eine DDU- oder DDP-Lieferung handelt.

Bei allen anderen Lieferungen wie z. B. EXW, FCA, FOB oder CNF/CIF muss sich der Empfänger um die Zielhandhabung kümmern und deren Kosten tragen.

Transport vom Zielhafen zum Endkunden

Der letzte Transportabschnitt bringt die Ware zum Empfänger (Importtransport). Dieser Transport kann von einem lokalen Frachtführer oder einem Spediteur ausgeführt werden. Der Empfänger kann die Güter auch selbst abholen und die Kosten für den Importtransport sparen. Wenn der Importtransport vom Spediteur übernommen wird, benutzt er eigene Lkw oder beauftragt ein Transportunternehmen.

Wenn es sich nicht um eine DDU/DDP-Lieferung handelt, muss sich der Empfänger um den Importtransport kümmern. Er kann auch einen Spediteur für den Importtransport beauftragen.

Beim Empfang der Ware muss der **Empfänger muss die Vollständigkeit bescheinigen** und erklären, dass die Ware beim Transport nicht beschädigt wurde.

Zusammenfassung

Maßnahmen für die Auslieferung und Abholung der Ware

Warenausgangskontrolle

↓

Verpackung

Transportverpackungsarten	
▪ **Behälter**	Rollbehälter für den Transport. Sie werden von der Bahn und Spediteuren zur Verfügung gestellt
▪ **Boxen**	Mehrweg-Faltboxen aus Kunststoff mit und ohne Deckel
▪ **Collicos**	zusammenlegbare Kisten aus Aluminium oder aus Kunststoff, mit oder ohne Palette
▪ **Schachteln**	Schachteln aus Wellpappe
▪ **Kisten**	Kisten sind fast immer aus Holz. Bei Kisten wird unterschieden zwischen Inlandskisten und Seekisten unterschieden.
▪ **Container**	Container sind genormte, dauerhafte Transportbehälter im Güterverkehr, die mehr als 3 m³ bzw. 5 Tonnen Fassungsvermögen besitzen. Arten: ▪ Mittelcontainer ▪ Großcontainer ▪ ISO-Container ▪ Binnencontainer
▪ **Paletten**	Paletten sind vielseitig verwendbare Transport- und Lagermittel mit Füßen oder Kufen, auf denen unterschiedliche Waren und Verpackungseinheiten Platz haben.

Transportverpackungsarten	
▪ **Gitterboxpaletten**	**Gitterboxpaletten** haben vier Wände aus Stahlgitter. Ihre Vorderwand lässt sich zum Be- und Entladen öffnen.
▪ **Folien**	Folien werden oft auch zum Fixieren der Packstücke untereinander und auf Paletten verwendet.

↓

Markierung der Packstücke

Markierungsteile	Bestandteile der Markierungsteile
▪ **Leitmarke**	Kennmarke Kennnummer Gesamtzahl der Packstücke Laufende Nummer der Packstücke Bestimmungsort oder -hafen
▪ **Informationsmarkierung**	Ursprungsland Gewichtsangabe des Packstücks Abmessungen der Packstücke
▪ **Handhabungshinweise**	z. B. Symbole für die Handhabungshinweise von Verpackungen, die in ISO R/780 und in DIN 50 402 festgelegt sind

Auslieferung der Ware oder **Abholung der Ware**

↓ (Auslieferung der Ware)

Maßnahmen zur Änderung des Transports

Abwicklung der Warentransporte bei der Beauftragung eines Spediteurs

Abholung

↓

Ausfuhrabfertigung

↓

Ursprungsbehandlung der Güter

↓

Verladung auf das Schiff und Versand in den Zielhafen

↓

Ankunft im Zielhafen und Entladung aus dem Schiff

↓

Einfuhrabfertigung

↓

Zielhandhabung der Ware

↓

Transport vom Zielhafen zum Endkunden

Aufgaben

1. Nennen Sie Gründe für die Notwendigkeit einer Transportverpackung von Gütern.

2. Wovon hängt die Auswahl der Verpackung für den Transport eines Gutes ab?

3. Begründen Sie die Notwendigkeit der Markierung von Packstücken.

4. Stellen Sie Bestandteile einer vollständigen Markierung zusammen.

5. Beschreiben Sie die Vorteile, die Container bieten für den
   a) Landtransport von Gütern,
   b) Seetransport von Gütern.

6. Stellen Sie die Vorteile von Paletten für den Gütertransport zusammen.

7. Wählen Sie jeweils die Transportverpackung für die folgenden Versandgüter aus:
   a) Versand von 300 Kaschmirpullovern per Luftfracht nach Mailand
   b) Versand von 500 Herrenmänteln per Bahntransport nach Moskau
   c) Versand von 100 Tischdecken per Lkw-Transport von Hannover nach Essen
   d) Versand von Werkzeugmaschinen mit einem Seeschiff nach Seoul (Südkorea)
   e) Versand von 2000 Flaschen Wein von Trier nach Tallin (Estland) per Bahntransport

8. **a)** Erstellen Sie eine Übersicht über die in Ihrem Ausbildungsbetrieb verwendeten Transportverpackungsarten.
   b) Ordnen Sie die Versandgüter Ihres Ausbildungsbetriebes den einzelnen Verpackungsarten zu.
   c) Ermitteln Sie die Vor- und Nachteile der einzelnen Transportverpackungsarten.
   d) Präsentieren Sie Ihre Arbeitsergebnisse mit einem Präsentationsmittel Ihrer Wahl.

9. Herr Freese möchte den Versand von 250 Damenblusen per Luftfracht nach Belgrad (Serbien) stoppen.
   Was kann er tun?

10. Herr Freese möchte den Versand von 500 Herrenhosen per Lkw-Transport nach Genf (Schweiz) nach Zürich umleiten. Was kann er tun?

11. Herr Kreipe möchte 2000 kg Düngemittel an einen Kunden in Newark (New Jersey) an einen anderen Kunden in Portland (Maine) ausliefern lassen. Was kann er tun?

12. Die Spedition Gruber soll für die Ehlers & Gehrenberg KG den Versand von 1000 Jeans an einen Kunden in Trondheim (Norwegen) besorgen. Die Sendung ist nicht eilbedürftig.
    a) Stellen Sie die Transportkette von Hamburg nach Trondheim grafisch dar.
    b) Listen Sie die einzelnen Tätigkeiten auf, die von der Spedition Gruber durchgeführt werden müssen, damit die Jeans den Kunden in Trondheim fristgerecht erreichen.
    c) Erkundigen Sie sich bei einem Spediteur Ihrer Region nach der Vergütung für die Durchführung dieses Auftrags.

17 Maßnahmen im Schadensfall

Einstiegssituation

Für den Transport eines Containers mit Lebensmittelzusatzstoffen an das Import-Export-Handelsunternehmen Technologies Import-Export, 3708 Cypress Creek, 77068 Houston, Vereinigte Staaten von Amerika, hat die Ehlers & Gehrenberg KG eine Transportversicherung mit der Global Sachversicherung GmbH abgeschlossen.

Auf dem Transport der Lebensmittelzusatzstoffe nach Houston wurde ein Teil der Ladung beschädigt.

Der Leiter der Logistik des Produktbereichs Chemie Herr Kreipe beauftragt Anna Ruiz-Gonzales, für die Abwicklung des Schadensfalls mit der Transportversicherung zu sorgen.

Arbeitsaufträge

Versetzen Sie sich in die Rolle von Anna Ruiz-Gonzales und

1. stellen Sie fest, welche Maßnahmen durchgeführt werden müssen.
2. Finden Sie auch heraus, welchen Ersatz die Transportversicherung leisten muss.

Prüfung, welcher Vertragspartner die Gefahr bei einem vorliegenden Schaden trägt

Haftung des Frachtführers

Der Frachtführer haftet bei nationalen Transporten vorrangig nach den Bestimmungen des HGB.

Gemäß § 425 HGB haftet der Frachtführer grundsätzlich nach Übernahme des Transportgutes zur Beförderung bis zur Ablieferung an den Empfänger für den Schaden, der durch den Verlust, die Beschädigung des Transportgutes oder die Überschreitung der Lieferfrist entsteht.

§

> (1) Der Frachtführer haftet für den Schaden, der durch Verlust oder Beschädigung des Gutes in der Zeit von der Übernahme zur Beförderung bis zur Ablieferung oder durch Überschreitung der Lieferfrist entsteht.
> (2) Hat bei der Entstehung des Schadens ein Verhalten des Absenders oder des Empfängers oder ein besonderer Mangel des Gutes mitgewirkt, so hängen die Verpflichtung zum Ersatz sowie der Umfang des zu leistenden Ersatzes davon ab, inwieweit diese Umstände zu dem Schaden beigetragen haben.

Allerdings ist die Haftung des Frachtführers beschränkt.

So ist der Frachtführer gemäß § 426 HGB von der Haftung befreit, soweit der Verlust, die Beschädigung oder die Überschreitung der Lieferfrist auf Umständen beruht, die der Frachtführer auch bei größter Sorgfalt nicht vermeiden und deren Folgen er nicht abwenden konnte. Konnte der Schaden oder Verlust auch bei größter Sorgfalt **nicht** vermieden werden, muss der **Frachtführer** dafür **nicht** mehr einstehen, zum Beispiel bei sogenannter höherer Gewalt (Unwetter, Überschwemmungen, Streik, u. Ä.).

Gemäß § 427 HGB ist der Frachtführer von seiner Haftung befreit, wenn der Verlust, die Beschädigung oder die Überschreitung der Lieferfrist auf eine der folgenden Gefahren zurückzuführen ist:

- vereinbarte oder der Übung entsprechende Verwendung von offenen, nicht mit Planen gedeckten Fahrzeugen oder Verladung auf Deck,
- ungenügende Verpackung durch den Absender,
- Behandeln, Verladen oder Entladen des Gutes durch den Absender oder den Empfänger,
- natürliche Beschaffenheit des Gutes, die besonders leicht zu Schäden, insbesondere durch Bruch, Rost, inneren Verderb, Austrocknen, Auslaufen, normalen Schwund, führt,
- ungenügende Kennzeichnung der Frachtstücke durch den Absender,
- Beförderung lebender Tiere.

Bei internationalen Transporten haftet der Frachtführer nach den jeweils einschlägigen internationalen Übereinkommen:

- beim grenzüberschreitenden Güterkraftverkehr nach dem Übereinkommen über den Beförderungsvertrag im internationalen Straßengüterverkehr (CMR) (vgl. LF 11, Kap. 1)
- beim grenzüberschreitenden Bahnfrachtverkehr nach dem internationalen Übereinkommen über den Eisenbahnfrachtverkehr (CIM) (vgl. LF 11, Kap. 2)
- beim internationalen Luftfrachtverkehr nach dem Warschauer Abkommen (WA) oder dem Montrealer Übereinkommen (MÜ) (vgl. LF 11, Kap. 5)
- beim internationalen Binnenschifffahrtsverkehr nach dem Budapester Übereinkommen über den Vertrag über die Güterbeförderung in der Binnenschifffahrt (CMNI)

Haftung des Verfrachters

Auch der Verfrachter haftet gemäß § 498 HGB für den Schaden, der durch Verlust oder Beschädigung des Gutes in der Zeit von der Übernahme zur Beförderung bis zur Ablieferung entsteht.

Aber auch die Haftung des Verfrachters ist beschränkt. Er haftet nicht,

- wenn der Verlust oder die Beschädigung durch Umstände verursacht wurde, die durch die Sorgfalt des Verfrachters nicht abgewendet werden können;
- wenn das Gut mit einem seeuntüchtigen oder ladungsuntüchtigen Schiff befördert wurde und der Verfrachter nachweist, dass er den Mangel der See- und Ladeuntüchtigkeit bei sorgfältiger Prüfung nicht entdecken konnte;
- wenn der Schaden vorwiegend durch das Verhalten des Geschädigten verursacht wurde.

Gemäß § 499 HGB haftet der Verfrachter insbesondere nicht, wenn der Verlust oder die Beschädigung auf einem der folgenden Umstände beruht:

- Gefahren oder Unfälle der See und anderer schiffbarer Gewässer,
- kriegerische Ereignisse, Unruhen, Handlungen öffentlicher Feinde oder Verfügungen von hoher Hand sowie Quarantänebeschränkungen,
- gerichtliche Beschlagnahme,
- Streik, Aussperrung oder sonstige Arbeitsbehinderung,
- Handlungen oder Unterlassungen des Befrachters oder Abladers, insbesondere ungenügende Verpackung oder ungenügende Kennzeichnung der Frachtstücke durch den Befrachter oder Ablader,
- die natürliche Art oder Beschaffenheit des Gutes, die besonders leicht zu Schäden, insbesondere durch Bruch, Rost, inneren Verderb, Austrocknen, Auslaufen, normalen Schwund an Raumgehalt oder Gewicht, führt,
- die Beförderung lebender Tiere,
- Maßnahmen zur Rettung von Menschen auf Seegewässern,
- Bergungsmaßnahmen auf Seegewässern.

Wenn der Schaden durch die Sorgfalt eines ordentlichen Verfrachters hätte abgewendet werden können, gelten diese Haftungsausschlussgründe nicht.

Haftung des Spediteurs

Der Spediteur haftet vorrangig nach den Bestimmungen HGB. Er haftet gemäß § 461 HGB für den Schaden, der durch den Verlust oder Beschädigung des in seiner Obhut befindlichen Güter entsteht. Dabei gelten die in § 426 und § 427 genannten Ausschlussgründe für den Frachtführer auch für den Spediteur.

Für Schäden, die nicht durch Verlust oder Beschädigung des in der Obhut des Spediteurs befindlichen Gutes entstehen, haftet der Spediteur, wenn er bestimmte ihm obliegende Pflichten verletzt, gemäß § 461 Absatz 2 HGB.

Voraussetzung dafür ist, dass der Spediteur

- seine Pflicht, die Versendung zu organisieren, verletzt,

Beispiel

Der Spediteur wählt ein ungeeignetes Beförderungsmittel, einen ungeeigneten Beförderungsweg oder einen unzuverlässigen Frachtführer bzw. Verfrachter aus.

Der Spediteur erteilt eine falsche Auskunft. über den Zeitpunkt des Eintreffens des Gutes beim Empfänger

- sonstige vereinbarte beförderungsbezogene Nebenpflichten verletzt,

Beispiel

Der Spediteur führt die Zollbehandlung fehlerhaft aus.

Der Spediteur schließt eine unzureichende Transportversicherung ab.

- Weisungen des Versenders nicht befolgt.

Der Spediteur muss nicht haften, wenn er beweisen kann, dass er den Schaden durch die Sorgfalt eines ordentlichen Kaufmanns (Spediteurs) nicht abwenden konnte.

Die gesetzlichen Bestimmungen sind durch individuelle Vereinbarungen und durch Allgemeine Geschäftsbedingungen abdingbar.

Die Haftung des Spediteurs erstreckt sich auf:

- Güterschäden, die nicht in der Obhut des Spediteurs entstehen (durch den Frachtführer beförderte Lebensmittel kommen aufgrund eines Dispositionsfehlers des Spediteurs beim Empfänger verdorben an).
- aus vorgenannten Güterschäden resultierende Güterfolgeschäden (durch vorgenannten Verderb erleidet der Empfänger eine Umsatzeinbuße.).
- reine Vermögensschäden (der Spediteur gibt beispielsweise die Weisung des Versenders, das Gut wegen Zahlungsunfähigkeit des Empfängers nicht auszuliefern, nicht an den Frachtführer weiter).

Die Schäden, für die Frachtführer bzw. Verfrachter oder der Spediteur nicht haften, müssen die Kaufvertragspartner tragen. Welcher Kaufvertragspartner die Gefahr für eine Beschädigung oder einen Verlust der Ware beim Transport trägt, hängt von den vertraglichen Vereinbarungen zum Lieferort und Gefahrenübergang ab.

Ist in einem Vertrag die Lieferbedingung EXW Incoterms 2020 vereinbart worden, trägt der Käufer die Risiken ab der Bereitstellung der Ware am benannten Ort.

Ist im Vertrag die Lieferbedingung FCA, FAS, FOB, CFR, CIF, CPR oder CIP vereinbart worden, geht die Gefahr mit der Übergabe der Ware an den Frachtführer des Haupttransportes auf den Käufer über.

Ist im Vertrag die Lieferbedingung DAP, DPU oder DDP vereinbart worden, trägt der Verkäufer alle Risiken bis zum Eintreffen der Ware an dem benannten Bestimmungsort.

Abwicklung des Schadensfalls mit dem Transportversicherer

Im Schadensfall müssen insbesondere folgende Maßnahmen durchgeführt werden:

- **Schadensüberprüfung:** Die Schadensüberprüfung muss sofort bei Erhalt der Ware durch den Frachtführer durchgeführt werden.

- **Regresswahrung:** Die Ersatzansprüche gegenüber dem Frachtführer müssen sichergestellt werden.
  Der Versicherungsnehmer muss im Schadenfall die Rückgriffsrechte gegen Dritte, die für den Schaden ersatzpflichtig sind oder sein können, wahren und sicherstellen. Er muss den Versicherer bei der Regressnahme unterstützen.

- **Abwendung und Minderung des Schadens:** Eine Ausweitung des Schadens muss durch den Versicherungsnehmer verhindert werden. Dabei muss er die Weisungen des Versicherers befolgen und einholen, soweit es die Umstände zulassen.

- **Schadenanzeige:** Der Schaden muss an die Versicherungsgesellschaft unverzüglich gemeldet werden.

- **Anweisungen des Versicherers; Havariekommissar:** Der Versicherungsnehmer muss die Anweisungen des Versicherers für den Schadensfall befolgen. Er muss den in der Versicherungspolice oder dem Versicherungszertifikat genannten Havarie-Kommissar heranziehen. Der Havarie-Kommissar stellt den Schaden am Ort fest und stellt das Havarie-Zertifikat aus. Der Versicherte muss das Havarie-Zertifikat unverzüglich beim Versicherer einreichen.

Havariekommissare bieten in der Regel unterschiedliche Dienstleistungen an. Sie begutachten Warenschäden, leiten am Schadenort schadenmindernde Maßnahmen ein, recherchieren die Schadenursachen, bewerten den Schadenumfang unter Berücksichtigung der gültigen Gesetze und Normen, tragen zur Regresssicherung bei und machen

Verwertungsvorschläge. Ferner beraten Havariekommissare hinsichtlich der Verpackung und Ladungssicherung entsprechend dem Anforderungsprofil der zu transportierenden Güter. Verladekontrollen oder Transportbegleitung gehören ebenfalls zu den Tätigkeitsfeldern eines Havariekommissars.

- **Auskunfterteilung:** Der Versicherungsnehmer muss dem Versicherer jede Auskunft geben, die zur Feststellung des Versicherungsfalls oder des Umfangs der Leistungspflicht erforderlich ist. Er muss alle Beweismittel, die für die spätere Aufklärung des Schadenhergangs oder für die Geltendmachung von Regressansprüchen notwendig sind, beschaffen und sicherzustellen.

- Es müssen die Reklamationsfristen beachtet werden.

Schadensunterlagen

Für die Berechnung der Entschädigung müssen meistens die folgenden Schadensunterlagen eingereicht werden:

- die Versicherungspolice oder das Versicherungszertifikat,
- das Versanddokument,
- die Handelsrechnung,
- Unterlagen über Zahl, Maß und Gewicht des Versandgutes am Abgangsort und am Bestimmungsort,
- der Schriftverkehr über die gegenüber dem Frachtführer geltend gemachten Ersatzansprüche,
- die Abtretungserklärung über die Ansprüche des aus dem Frachtvertrag Berechtigten an die Versicherung,
- die eigene Schadensaufstellung.

Ersatzleistung der Transportversicherung

Bei Verlust der Güter

Bei einem ganzen oder teilweisen Verlust der Güter oder der Zerstörung ihrer ursprünglichen Beschaffenheit ersetzt der Versicherer dem Versicherungsnehmer den auf diese Güter entfallenden Teil der Versicherungssumme abzüglich des Wertes der geretteten Sachen.

Bei Verschollenheit

Wenn die Güter mit dem Transportmittel verschollen sind, erhält der Versicherte vom Versicherer den gleichen Ersatz wie im Falle des Totalverlustes.

Bei Beschädigung der Güter

Werden die Güter oder Teile der Güter beschädigt, muss der gemeine Handelswert und in dessen Ermangelung der gemeine Wert ermitteln werden, den die Güter im unbeschädigten Zustand am Ablieferungsort haben würden (Gesundwert), und der Wert, den sie dort im beschädigten Zustand haben. Der dem Verhältnis aus dem Wertunterschied zum Gesundwert entsprechende Bruchteil des Versicherungswertes gilt als der vom Versicherer zu ersetzende Schadensbetrag.

Der Wert beschädigter Güter kann auch durch freihändigen Verkauf oder durch öffentliche Versteigerung festgestellt werden. Voraussetzung dafür ist, dass der Versicherer dies unverzüglich verlangt, nachdem er Kenntnis über die für die Schadenhöhe erheblichen Umstände erlangt hat. In diesem Fall gilt der Bruttoerlös als Wert der beschädigten Güter.

Bei Wiederherstellung

Bei Beschädigung oder Verlust von Teilen der Güter kann der Versicherungsnehmer anstelle eines Teiles des Versicherungswertes auch Ersatz für die zum Zeitpunkt der Schadenfeststellung notwendigen Kosten der Wiederherstellung oder Wiederbeschaffung der beschädigten oder verlorenen Teile verlangen.

Wenn eine Wiederherstellung oder Wiederbeschaffung der Güter nicht möglich oder sinnvoll ist, leistet der Versicherer bei Beschädigung oder Verlust von Gütern Ersatz wie im Fall des Totalverlustes. Restwerte der Güter werden auf den Schadenersatz angerechnet.

Unterversicherung

Der Versicherer haftet für den während der Dauer der Versicherung entstandenen Schaden nur bis zur Höhe der Versicherungssumme.

Wenn die Versicherungssumme niedriger als der Versicherungswert ist, ersetzt der Versicherer den Schaden und die Aufwendungen nur nach dem Verhältnis der Versicherungssumme zum Versicherungswert.

Die Havarie-grosse (Große Havarie)

Definition

Die **Große Havarie** betrifft Schäden, die durch die Rettung eines Schiffes und seiner Ladung entstehen. Sie umfasst auch die vom Kapitän bewusst verursachten Schäden, z. B. das Überbordwerfen von beförderten Gütern, um das Kentern des Schiffes zu verhindern.

Große-Havarie-Schäden müssen gemeinsam von Schiff, Fracht und Ladung bzw. deren Versicherer getragen werden. Dabei spielt die tatsächliche Schadenshöhe des Einzelnen keine Rolle.

Beispiel

Der Gesamtwert von Schiff, Ladung und Fracht beträgt 200 Mio. €. Der Wertanteil der Ladung beträgt 40 Mio. €. Das entspricht einem Anteil von 20 % am Gesamtwert von Schiff, Ladung und Fracht. Der Gesamtschaden der Großen Havarie beträgt 50 Mio. €. Der tatsächliche Ladungsschaden beträgt 5 Mio. €. Der Ladungsbeteiligte muss in diesem Fall 20 % des Gesamtschadens von 50 Mio. € = 10 Mio. € tragen, obwohl der tatsächliche Ladungsschaden nur 5 Mio. € beträgt.

- Bei einer großen Havarie muss der Kapitän des Schiffes vor der zuständigen Behörde eine Verklarung (Accident Report) ablegen.

- Danach stellt der Havarie-Sachverständige (Dispacheur) den großen Havarieschaden fest und verteilt ihn nach dem Verhältnis des Wertes von Schiff, Ladung und Fracht auf die Beteiligten (Reeder, Frachtschuldner und Ladungseigentümer). Der Beitragswert der anteiligen Ladung ergibt sich dabei aus dem Gesundwert der Ladung im Bestimmungshafen. Der Gesundwert ist der CIF-Wert zuzüglich eines imaginären Gewinns.
- Jeder Havarie-Beteiligte stellt zur Gewährleistung der Übernahmeverpflichtung einen Havarie-grosse-Verpflichtungsschein (General Average Bond) aus.

Zusammenfassung

Haftung der Vertragspartner bei einem vorliegenden Schaden

Haftung des Frachtführers	Er haftet bei nationalen Transporten vorrangig nach den Bestimmungen des HGB. Er haftet bei internationalen Transporten nach den jeweils einschlägigen internationalen Übereinkommen: ▪ beim grenzüberschreitenden Güterkraftverkehr nach dem Übereinkommen über den Beförderungsvertrag im internationalen Straßengüterverkehr (CMR) ▪ beim grenzüberschreitenden Bahnfrachtverkehr nach dem internationalen Übereinkommen über den Eisenbahnfrachtverkehr (CIM) ▪ beim internationalen Luftfrachtverkehr nach dem Warschauer Abkommen (WA) oder dem Montrealer Übereinkommen (MÜ) ▪ beim internationalen Binnenschifffahrtsverkehr nach dem Budapester Übereinkommen über den Vertrag über die Güterbeförderung in der Binnenschifffahrt (CMNI)
Haftung des Verfrachters	Er haftet gemäß § 498 HGB für den Schaden, der durch Verlust oder Beschädigung des Gutes in der Zeit von der Übernahme zur Beförderung bis zur Ablieferung entsteht.
Haftung des Spediteurs	Er haftet gemäß § 461 HGB für den Schaden, der durch den Verlust oder Beschädigung der in seiner Obhut befindlichen Güter entsteht. Er haftet für Schäden, die nicht durch Verlust oder Beschädigung des in seiner Obhut befindlichen Gutes entstehen, wenn er bestimmte ihm obliegende Pflichten verletzt, gemäß § 461 Absatz 2 HGB.

Abwicklung des Schadensfalls mit dem Transportversicherer

Maßnahmen
- Schadensüberprüfung
- Regresswahrung
- Abwendung und Minderung des Schadens
- Schadenanzeige
- Befolgung der Anweisungen des Versicherers
- Einschaltung des Havariekommissars
- Auskunfterteilung
- Beachtung der Reklamationsfristen

Ersatzleistung der Transportversicherung
bei
- Verlust der Güter
- Verschollenheit
- Beschädigung der Güter
- Wiederherstellung

Aufgaben

1. Für welche Schäden haftet ein Frachtführer
   a) im internationalen Bahnverkehr?
   b) im internationalen Güterkraftverkehr?
   c) im Binnenschifffahrtsverkehr?
   d) im internationalen Luftverkehr?

2. Für welche Schäden haftet ein Verfrachter?

3. Für welche Schäden haftet ein Spediteur?

4. Erläutern Sie die Maßnahmen, die im Schadensfall von dem Versicherungsnehmer durchgeführt werden müssen.

5. Nennen Sie die Unterlagen, die einer Schadensmeldung an die Transportversicherung beigefügt werden müssen.

6. Erläutern Sie die Ersatzleistungen der Transportversicherung bei
   a) Verlust der Güter
   b) Verschollenheit
   c) Beschädigung der Güter
   d) Wiederherstellung der Güter

7. Erläutern Sie die Auswirkung der Unterversicherung einer Ladung auf die Leistungen der Transportversicherung im Schadensfall.

Lernfeld 12: Außenhandel abwickeln und finanzieren

1 Finanzierungskosten und Finanzierungszeiträume im Außenhandel

Einstiegssituation

Die Ehlers und Gehrenberg KG will mit der Agrobusiness International, Rua celso camparoti 421, 13140008 Sao Paulo Paulinis, Brasilien, einen Kaufvertrag über die Lieferung von 100 Tonnen Düngemittel abschließen. Die Lieferung soll fob Hamburg Incoterms 2020 erfolgen. Als Zahlungsbedingung möchte der Käufer Dokumente gegen Akzept vereinbaren. Die Ehlers & Gehrenberg KG bevorzugt die Zahlung durch ein unwiderrufliches Akkreditiv.

Der Leiter des Verkaufs des Produktbereichs Chemie, Herr Staub, bittet Anna Ruiz-Gonzales und Allan Stevenson, die beiden Zahlungsbedingungen in Bezug auf

- den Finanzierungszeitraum
- die Finanzierungskosten und
- die Verteilung der Finanzierungslasten

zu beurteilen.

Arbeitsauftrag

Versetzen Sie sich in die Rolle von Anna Ruiz-Gonzales oder Allan Stevenson und erledigen Sie den Auftrag von Herrn Staub.

Import- und Exportfinanzierung

Importfinanzierung

Die **Importfinanzierung** umfasst die Aufbringung, die Sicherstellung und den Einsatz von Finanzmitteln zur Finanzierung des Imports von Waren und Leistungen.

Die **Importvorfinanzierung** umfasst den Zeitraum von der Akkreditiveröffnung bis zur Einlösung der Dokumente während oder nach Abschluss des Transports der Importware. Häufig müssen bei der Importvorfinanzierung auch noch Vorleistungen des Importeurs durch Anzahlungen und Zwischenzahlungen berücksichtigt werden. Die Anschlussfinanzierung umfasst den Zeitraum nach der Vorlage der Dokumente bis zum Weiterverkauf der Ware.

Exportfinanzierung

Bei einem Exportgeschäft vergeht von der Auftragserteilung über die Herstellung und den Transport bis zur Übergabe aller Dokumente und zum Eingang der Zahlung viel Zeit. Den dadurch entstehenden vorübergehenden Liquiditätsbedarf für die Herstellung bzw. den Einkauf der zu exportierenden Ware, die Transportdauer und das Zahlungsziel muss der Exporteur finanzieren.

Zusätzlich muss der Exporteur weitere Kosten finanzieren, die sich aus dem Exportgeschäft ergeben, wie z. B. die Kosten für die Lagerung und die Versicherung der Exportware.

Planung des Finanzierungsrahmens

Bei der Planung des Finanzrahmens für ein Auslandsgeschäft sollte der Außenhändler insbesondere folgende Punkte klären:

- die Höhe des Finanzierungsbedarfs
- die Finanzierungslaufzeit
- die Möglichkeiten der Kreditfinanzierung
- die Bonität des Geschäftspartners
- die politische und wirtschaftliche Lage im Empfängerland
- die Höhe des Wechselkursrisikos
- die Möglichkeiten der Vorfinanzierung, wie z. B. Abschlagszahlungen, Anzahlungen, Vorauszahlungen
- die Möglichkeiten der Absicherung finanzieller Risiken
- die Inanspruchnahme einer staatlichen Ausfuhrgewährleistung

Finanzierungszeiträume und Finanzierungskosten bei unterschiedlichen Zahlungsbedingungen

Die Finanzierungszeiträume und Finanzierungskosten für ein Auslandsgeschäft hängen in starkem Maße von den zwischen dem Exporteur und dem Importeur vereinbarten Zahlungsbedingungen ab.

Bei Vereinbarung der **Zahlungsbedingung „Vorauszahlung“** wird die Finanzierungslast ausschließlich vom Importeur getragen.

Bei Vereinbarung der **Zahlung aus einem Dokumenten-Akkreditiv** liegt die Hauptfinanzierungslast beim Importeur.

Bei Vereinbarung der **Zahlungsbedingung „Dokumente gegen Kasse“** tragen Importeur und Exporteur die Finanzierungslast zu gleichen oder unterschiedlichen Teilen, je nach Postlaufzeit.

Bei Vereinbarung der **Zahlungsbedingung „Kasse gegen Akzept“** geht die Finanzierungslast mit steigender Laufzeit des Akzepts vom Importeur auf den Exporteur über.

Bei Vereinbarung eines **offenen Zahlungsziels** trägt ausschließlich der Exporteur die Finanzierungslast.

Finanzierungskosten

Definition

Finanzierungskosten sind die Aufwendungen, die einem Kreditnehmer durch Finanzierung eines Kapitalbedarfs für den Finanzierungszeitraum entstehen.

Bei den Finanzierungskosten unterscheidet man zwischen einmaligen Kosten, die im Zusammenhang mit der Mittelbeschaffung anfallen, und laufenden Kosten, die während der gesamten Kreditlaufzeit anfallen.

Einmalige Kosten sind insbesondere

- Kreditprovisionen,
- Kreditbearbeitungsgebühren,
- Sachkosten,
- Besicherungskosten (Kosten der Bereitstellung von Sicherheiten),
- Kurssicherungskosten,
- Bereitstellungszinsen,
- Disagio (= Abschlag vom Ausgangsbetrag (Nennwert), der bei Gewährung eines Kredites, Ausgabe von Wertpapieren oder Währungsgeschäften einbehalten wird),
- Zinsbegrenzungsprämien.

Laufende Kosten sind

- Zinsen und ähnliche Aufwendungen,
- Überziehungsprovisionen.

Finanzierungskosten beim Akkreditiv

Für die Finanzierungskosten beim Akkreditiv sollten in der Kalkulation etwa 3 % des Auftragswertes berücksichtigt werden. Die Finanzierungskosten beim Akkreditiv können jedoch nach Land und Dauer stark variieren.

Sie beinhalten Bestätigungsgebühren und zusätzliche Kosten für Akkreditivdienstleistungen von Banken oder externen Dienstleistern.

Durch notwendige Änderungen des Akkreditivs können zusätzliche Kosten von 50,00 € bis 100,00 € entstehen.

Finanzierungskosten beim Dokumenteninkasso

Beim Dokumenteninkasso entstehen Kosten durch die von den beteiligten Banken erhobenen Gebühren.

Dazu gehören:

- Inkassoprovisionen, z. B. 0,3 % des Auftragswertes
- Überwachungsprovision: z. B. ca. 0,1 % des Auftragswertes (mindestens 80,00 €, maximal 300,00 €)
- Kosten für Änderungen des Inkassoauftrags: z. B. 75,00 € je Änderung

Außenhandelsfinanzierung

- Importfinanzierung
- Exportfinanzierung

Finanzierungskosten

Einmalige Kosten
- Kreditprovisionen
- Kreditbearbeitungsgebühren
- Sachkosten
- Besicherungskosten (Kosten der Bereitstellung von Sicherheiten)
- Kurssicherungskosten
- Bereitstellungszinsen
- Disagio (= **Abschlag** vom Ausgangsbetrag (Nennwert), der bei Gewährung eines Kredites, Ausgabe von Wertpapieren oder Währungsgeschäften einbehalten wird)
- Zinsbegrenzungsprämien

Laufende Kosten
- Zinsen und ähnliche Aufwendungen
- Überziehungsprovisionen

Finanzierungslast bei unterschiedlichen Zahlungsbedingungen

Zahlungsbedingung	Finanzierungslast des Exporteurs	Finanzierungslast des Importeurs
Vorauszahlung	keine	Er trägt die gesamte Finanzierungslast.
Zahlung aus einem Dokumentenakkreditiv	Er trägt den geringeren Teil der Finanzierungslast.	Er trägt den Hauptteil der Finanzierungslast.
Dokumente gegen Kasse	Er trägt den geringeren, gleichen oder größeren Teil der Finanzierungslast je nach Postlaufzeit.	Er trägt den geringeren, gleichen oder größeren Teil der Finanzierungslast je nach Postlaufzeit.
Dokumente gegen Akzept	Die Finanzierungslast vergrößert sich mit der Laufzeit des Akzepts.	Die Finanzierungslast verringert sich mit der Laufzeit des Akzepts.
Offenes Zahlungsziel	Er trägt die gesamte Finanzierungslast.	keine

Aufgaben

1. Nennen Sie einmalige Finanzierungskosten, die bei der Finanzierung eines Auslandsgeschäfts entstehen können.

2. Nennen Sie laufende Finanzierungskosten, die bei der Finanzierung eines Auslandsgeschäfts entstehen können.

3. Wer trägt jeweils die Finanzierungslast bei der Vereinbarung folgender Zahlungsbedingungen?
   a) Vorauszahlung
   b) Dokumente gegen Kasse
   c) Dokumente gegen Akzept
   d) Leistung aus einem Dokumentenakkreditiv
   e) Offenes Zahlungsziel

4. Erläutern Sie, welche Zeiträume bei einem Importgeschäft finanziert werden müssen.

5. Erläutern Sie, welche Zeiträume bei einem Exportgeschäft finanziert werden müssen.

2 Risikoabsicherung mittels Währungsmanagement und Garantien

Einstiegssituation

Die Ehlers & Gehrenberg KG hat einen Kaufvertrag mit dem Chemieunternehmen McIvor Ltd. aus Glasgow über die Lieferung von Industriechemikalien abgeschlossen. Der in dem Kaufvertrag vereinbarte Gesamtpreis für die Lieferung beträgt 70.000,00 GBP. Für die Lieferung der Industriechemikalien muss die Ehlers & Gehrenberg KG eine Anzahlung von 20.000,00 GBP an McIvor Ltd. leisten.

Der Abteilungsleiter Einkauf des Produktbereichs Chemie, Herr Hetzel, möchte sich gegen das Währungsrisiko und das Erfüllungsrisiko bei diesem Geschäft absichern.

Arbeitsauftrag

Stellen Sie fest, durch welche Maßnahmen diese Risiken abgesichert werden können.

Devisentermingeschäft

Gegen Wechselkursrisiken können sich im Außenhandel tätige Unternehmen durch den Abschluss von Devisentermingeschäften absichern. Beim Devisentermingeschäft wird der Devisenkurs für einen zukünftigen Zeitpunkt (Terminkurs) festgeschrieben. Damit können Zahlungen in Fremdwährung, die erst in der Zukunft fällig werden, gegen Wechselkursschwankungen abgesichert werden. Ein Exporteur, der einem ausländischen Kunden einen Lieferantenkredit gewährt, kann damit das Kursrisiko für den späteren Zahlungseingang abwälzen. Ein Importeur kann durch den Abschluss eines Devisentermingeschäftes vermeiden, dass er nach Ablauf eines ihm gewährten Lieferantenkredits mehr Geld für die Fremdwährung aufwenden muss.

Beim Devisentermingeschäft unterscheidet man zwischen

- Sologeschäften (Outright-Geschäfte),
- Swapgeschäften und
- Optionsgeschäften.

Sologeschäft (Outright-Geschäft)

Sologeschäfte werden häufig bei Export- und Importgeschäften zur Verringerung des Wechselkursrisikos abgeschlossen. Mit dem Abschluss von Sologeschäften wälzen die Exporteure und Importeure ihre Währungsrisiken auf die Banken ab und verringern dadurch ihre eigenen Risiken. Beim Abschluss eines Sologeschäfts verpflichten sich die beiden Vertragsparteien gegenseitig, an einem bestimmten Tag in der Zukunft (Erfüllungstag) zwei Währungsbeträge zu einem vorher festgelegten Kursverhältnis zu tauschen. Beim Abschluss eines Devisentermingeschäfts müssen zwischen den Vertragspartnern

- der Umfang des Termingeschäftes,
- der Terminkurs (Devisenkurs am Fälligkeitstag) und
- der Fälligkeitstag bzw. die Laufzeit

festgelegt werden.

Beispiel

- Ein Importeur, der in drei Monaten Devisen benötigt, vereinbart bereits heute, eine festgelegte Fremdwährungsmenge in drei Monaten zu einem festen Wechselkurs (Terminkurs) zu erwerben.
- Ein Exporteur vereinbart bereits heute, zu welchem Wechselkurs er eine festgelegte Fremdwährungsmenge in drei Monaten verkaufen kann.

Zwischen dem Abschluss und der Erfüllung des Devisentermingeschäftes liegen mehr als zwei Banktage. Bei weniger als zwei Banktagen handelt es sich um ein Kassageschäft.

Der Terminkurs wird mit dem aktuellen Kassakurs und der Zinsdifferenz zwischen den Eurozinsen und den Zinsen der Fremdwährung errechnet. Wenn die Eurozinsen höher sind als die Zinsen der Fremdwährung, erfolgt ein Abschlag (Deport) vom Kassakurs. Der Terminkurs ist in diesem Fall also kleiner als der Kassakurs. Wenn die Eurozinsen niedriger sind als die Zinsen der Fremdwährung, kommt es zu einem Aufschlag (Report) auf den Kassakurs. Der Terminkurs ist in dem Fall also höher als der Kassakurs.

Die Festlegung des Terminkurses kann in der Form der Outright-Quotierung oder der Notation in Swapsätzen vorgenommen werden.

Bei der Outright-Quotierung werden die Terminkurse vollständig angegeben.

Beispiel

Bei einer Outright-Quotierung 1,0334 – 1,1121 für den NZD-Terminkurs ist der Händler, der den Terminkurs zu einem bestimmten Zeitpunkt festgelegt hat, bereit, am Termin 1,00 Euro zu 1,0334 NZD zu kaufen und 1,00 Euro zu 1,1221 NZD zu verkaufen.

Bei der Notation in **Swapsätzen** werden nur die Swapsätze als Auf- oder Abschläge vom aktuellen Devisenkassakurs angegeben.

Der Swapsatz gibt den Unterschied zwischen Termin- und Kassakurs an. Wenn der Terminkurs höher als der Kassakurs ist, spricht man vom Rapport. Wenn der Terminkurs niedriger als der Kassakurs ist, spricht man vom Deport.

Die Swapsätze werden in Einheiten der Fremdwährung für eine Einheit der Inlandswährung als Differenzbetrag zum aktuellen Kassakurs Geld oder Brief angegeben.

Beispiel

Bei einer Notation in Swapsätzen bedeutet 34 zu 41, dass der Aufschlag auf den aktuellen Kassakurs 34 bzw. 41 Basispunkte beträgt. Ein Basispunkt entspricht dabei einem Hundertstel Cent.

Das Devisentermingeschäft (Sologeschäft) verpflichtet beide Vertragsparteien, ihre eingegangenen Verpflichtungen unabhängig vom den Marktkursen am Erfüllungstag einzuhalten.

Vorteile des Sologeschäftes sind

- prämienneutrales Geschäft,
- feste Kalkulationsbasis (klare Kalkulationsgrundlage).

Nachteile des Sologeschäftes sind

- festgelegte verbindliche Kurse (Terminkurse),
- fehlende Möglichkeit, an Kursveränderungen teilzuhaben.

Swapgeschäft

Ein Swapgeschäft ist ein Risikokompensationsgeschäft. Dabei handelt es sich um eine Kombination aus

- einem Devisenkassageschäft und einem Devisentermingeschäft oder
- einem Termingeschäft mit einer längeren Laufzeit und einem Termingeschäft mit einer kürzeren Laufzeit.

Daraus ergeben sich vier Möglichkeiten:

- Ein Vertragspartner kauft Kassadevisen und verkauft gleichzeitig Termindevisen.
- Ein Vertragspartner verkauft Kassadevisen und kauft gleichzeitig Termindevisen.

Beispiel

Vertragspartner 1 möchte 1 Mio. Euro zum tagesaktuellen Kassakurs verkaufen und drei Monate später dieselbe Summe zu dem zwischen den Vertragspartnern festgelegten Basiskurs kaufen. Sein Vertragspartner 2 kauft ihm die 1 Mio. Euro gegen USD zum aktuellen Kassakurs ab. Nach drei Monaten kauft Vertragspartner 1 seinem Vertragspartner 2 die 1 Mio. Euro wieder gegen USD zu dem festgelegten Basiskurs ab.

- Ein Vertragspartner kauft Termindevisen kürzerer Laufzeit und verkauft Termindevisen längerer Laufzeit.
- Ein Vertragspartner verkauft Termindevisen kürzerer Laufzeit und kauft Termindevisen längerer Laufzeit.

Optionsgeschäft

Bei einem Optionsgeschäft werden Kaufoptionen und Verkaufsoptionen für bestimmte Währungen gehandelt.

Bei einer Kaufoption (Call) erwirbt der Käufer der Option das Recht, eine bestimmte Währung zu einem festgelegten Kursverhältnis (Basispreis) an einem bestimmten Tag in der Zukunft (Erfüllungstag) (europäische Version) oder innerhalb der Laufzeit (amerikanische Option) zu erwerben.

Bei einer Verkaufsoption (Put) erwirbt der Käufer der Option das Recht, eine bestimmte Währung zu einem festgelegten Kursverhältnis (Basispreis) an einem bestimmten Tag in der Zukunft (europäische Version) oder innerhalb der Laufzeit (amerikanische Option) zu verkaufen.

Für den Erwerb der Kaufoption oder Verkaufsoption muss bei Abschluss des Optionsgeschäfts eine Prämie (Optionsprämie) gezahlt werden.

Bei einem Optionsgeschäft hat der Optionsinhaber das Recht, aber nicht die Pflicht, die Option in Anspruch zu nehmen. Er kann die Option verfallen lassen, wenn es für ihn vorteilhafter ist. Das ist dann der Fall, wenn der Devisenkurs am Fälligkeitstag günstiger ist als der vereinbarte Basispreis. Die Optionsprämie kann der Käufer der Option allerdings nicht zurückfordern, wenn er seine Option nicht wahrnimmt.

Vorteile des Optionsgeschäfts sind

- feste Kalkulationsbasis,
- unbegrenzte Teilhabemöglichkeit an einer günstigen Entwicklung des Devisenkurses abzüglich der zu leistenden Prämie.

Nachteile des Optionsgeschäfts sind

- Liquiditätsaufwand durch Prämienzahlung bei Abschluss des Optionsgeschäfts,
- ungünstigerer Absicherungskurs als der erzielbare Terminkurs eines Devisentermingeschäfts.

Garantien

Erfüllungsrisiken im Außenhandelsgeschäft können mit Bankgarantien abgesichert werden.

Mit der Übernahme einer Garantie verspricht die garantierende Bank (Garantien) einem Begünstigten, eine Zahlung in bestimmter Höhe zu leisten, falls der Auftraggeber der Garantie seine Zahlungs- oder Leistungsverpflichtung gegenüber dem Begünstigten nicht erfüllt.

Die Bankgarantie muss in der Regel auf die erste schriftliche Anforderung des Garantienehmers (Begünstigter) und dessen Erklärung, dass eine bestimmte vertraglich vereinbarte Leistung oder Zahlungsverpflichtung des Garantieauftraggebers nicht erfüllt wurde, gegeben werden.

Die Garantie wird zwischen der Bank und dem Begünstigten im Auftrag des Kunden der Bank (Auftraggeber) abgeschlossen. Der Auftraggeber ist in der Regel Geschäftspartner des Begünstigten.

Im Wesentlichen können **drei Bankgarantiearten** unterschieden werden:

- Bietungsgarantie (Tender Guarantee oder Bid Bond)
- Anzahlungsgarantie (Advance Payment Guarantee)
- Liefer- und Leistungsgarantie (Delivery Guarantee, Performance Guarantee, Perfomance Bond), Gewährleistungsgarantie (Warranty Obligations Guarantee)

Garantieart	Definition	Laufzeit	Garantiehöhe	Zeitpunkt
Bietungsgarantie (Bid Bond)	Sie dient der Sicherstellung zur Aufrechterhaltung eines Gebots. Für den Fall, dass der Bieter nicht zu seinem abgegebenen Gebot steht, kann der Käufer die Kosten für die Neuausschreibung decken.	3–6 Monate	Meist 1–5 % des Warenwertes, in Einzelfällen auch höher	Angebot bei internationalen Ausschreibungen
Anzahlungsgarantie (Advance Payment Guarantee)	Die Anzahlungsgarantie sichert die geleistete Anzahlung des Käufers für den Fall, dass die vereinbarten Leistungen oder Lieferungen nicht erbracht wurden.	Die Laufzeit richtet sich nach dem Zeitpunkt der Lieferung oder der Erbringung der vereinbarten Leistung. Dies kann z. B. die Montage einer Fertigungsanlage sein.	Meist 10–30 % des Warenwerts oder 100 % bei Vorauszahlungen des kompletten Warenwerts	Anzahlung für Vorfinanzierung des Einkaufs für die Produktion, Vorauszahlung

Garantieart	Definition	Laufzeit	Garantiehöhe	Zeitpunkt
Lieferungs- und Leistungsgarantie (Performance Bond)	Mit der Lieferungs- und Leistungsgarantie sichert der Käufer seine Ansprüche, für den Fall, dass der Verkäufer nicht seinen vereinbarten Verpflichtungen nachkommt (z. B. Lieferung, Montage, Gewährleistung).	Laufzeit meist über längeren Zeitraum, da die Vertragsinhalte erfüllt sein müssen	In der Regel 5–20 % des Auftragswerts	Beim Abschluss des Kaufvertrags
Gewährleistungsgarantie (Maintenance Bond)	Die Gewährleistungsgarantie ist eine spezielle Form der Lieferungs- und Leistungsgarantie. Durch diese Garantie sichert der Käufer die vereinbarten Gewährleistungspflichten des Verkäufers.	Zeitraum der Gewährleistung bzw. Garantie	In der Regel 5–10 % des Warenwerts	Bei Lieferung und Abnahme

Quelle: Huelmann, Anja: Funktion und Unterscheidungsformen der Bankgarantie. In: Zolex. www.zoll-export-wissen.de. 25.10.2018. https://www.zoll-export-wissen.de/exportfinanzierung/bankgarantie/[06.05.2021].

Inhalt einer Garantie

In einer Präambel wird das Grundgeschäft beschrieben, auf das sich die Garantie bezieht (Namen und Adressen der Geschäftspartner des Grundgeschäfts, Art des Grundgeschäfts mit Vertragsnummer und/oder Datum des Vertragsabschlusses, Art der Garantie).

Außerdem enthält die Garantie

- die unwiderrufliche und unbedingte Verpflichtungserklärung der Bank, dass sie auf erste schriftliche Zahlungsanforderung des Begünstigten und – grundsätzlich – auf dessen Erklärung, dass der in der Garantie bezeichnete Garantiefall eingetreten ist, die Summe bis zur Höhe des Garantiebetrags an den Begünstigten zahlt.
- die Begrenzung der Dauer der Garantieverpflichtung auf ein bestimmtes Datum, bis zu dem die Inanspruchnahme der Garantiert bei der Garantiebank eingegangen sein muss.
- Zusätzlich können, abhängig von der Garantieart und den Erfordernissen des Grundgeschäfts, noch weitere Inhalte in den Text der Garantie aufgenommen werden, z. B. Klauseln über den Zeitpunkt des Inkrafttretens der Garantie oder eine Reduzierung des Garantiebetrages.

Direkte Garantie

Bei einer direkten Garantie wird die Garantie von der garantierenden Bank (Inlandsbank) unmittelbar an den ausländischen Begünstigten ausgestellt. Dadurch entsteht eine direkte Rechtsbeziehung zwischen der Bank und dem Begünstigten.

Eine direkte Garantie unterliegt deutschem Recht. Es sei denn, im Garantietext ist auf Wunsch des Begünstigten und mit der Zustimmung der Bank ausdrücklich ausländisches Recht vereinbart worden.

Indirekte Garantie

Die Erstellung einer indirekten Garantie ist erforderlich, wenn der Begünstigte eine direkte Garantie aufgrund der gesetzlichen Bestimmungen oder der Bank-Usancen in seinem Land nicht akzeptiert. So verlangen einige Länder (z. B. im Nahen Osten), dass eine Garantie durch lokale Banken ausgestellt wird.

Bei der indirekten Garantie beauftragt die Bank des Auftraggebers (Erstbank) eine Bank im Land des Begünstigten (Zweitbank), die Garantie gegenüber dem Begünstigten abzugeben. Für diese Garantie übernimmt die Bank des Auftraggebers die uneingeschränkte Rückhaftung bzw. Rückgarantie gegenüber der Zweitbank. Die Rückhaftung sichert die Zweitbank für den Fall ihrer Inanspruchnahme durch den Begünstigten ab. Die Erstellung einer indirekten Garantie benötigt mehr Zeit und ist für den Auftraggeber teurer. Denn zusätzlich zur Provision der Erstbank muss der Auftraggeber die Garantieprovision der Zweitbank und weitere Kosten (Steuern, Stempelgebühren, SWIFT-/Telexspesen usw.) zahlen.

Die von der Zweitbank erstellte Garantie unterliegt grundsätzlich ausländischem Recht.

Gewährleistungsgarantie

Die Gewährleistungsgarantie sichert den Käufer gegen die Weigerung oder das Unvermögen des Verkäufers ab, seine vertraglichen Gewährleistungsverpflichtungen zu erfüllen. Durch die Gewährleistungsgarantie erhält der Käufer die Möglichkeit, seine eventuell entstehenden Gewährleistungsansprüche (z. B. Mängelbehebung, Minderung des Verkaufspreises, Ersatz des entstandenen Schadens wegen der Nichteinhaltung der Gewährleistungsverpflichtungen durch den Verkäufer) durch die Inanspruchnahme der Gewährleistungsgarantie sicherzustellen.

Anzahlungsgarantie

Die Vereinbarung einer An- oder Vorauszahlung in einem internationalen Kaufvertrag ist meist an die Erstellung einer Anzahlungsgarantie gebunden, die die An- oder Vorauszahlung absichert. Mit der Anzahlungsgarantie soll sichergestellt werden, dass dem Käufer die geleistete Anzahlung erstattet wird, wenn der Verkäufer seine vereinbarten Lieferungen oder Leistungen nicht erbringt. Der Garantiebetrag entspricht grundsätzlich dem Betrag der geleisteten Anzahlung. Das sind meistens 10 bis 30 % des Kaufvertragswertes. Er kann aber auch 100 % betragen, wenn im Kaufvertrag die Vorauszahlung des vereinbarten Kaufwertes vereinbart wurde (Vorauszahlungsgarantie).

Anzahlungsgarantie Nr.

Wir haben davon Kenntnis genommen, dass Sie am mit der

 (nachstehend „Kunde“ genannt)

betreffend einen Werkvertrag abgeschlossen haben. Ihr Anspruch auf Rückerstattung der Anzahlung von CHF , im Falle der nicht ordnungsgemässen Lieferung der Ware durch den Kunden, soll durch eine Bankgarantie sichergestellt werden.

Dies vorausgeschickt, verpflichten wir, die Valiant Bank AG, uns hiermit unwiderruflich, Ihnen auf Ihre erste Aufforderung hin, ungeachtet der Gültigkeit und der Rechtswirkungen des eingangs erwähnten Vertrages und unter Verzicht auf jegliche Einwendungen und Einreden aus demselben, jeden Betrag bis zur Höhe von maximal

CHF (in Worten:)

zu zahlen, gegen Ihre schriftliche Zahlungsaufforderung und Ihre schriftliche Bestätigung, dass der Kunde die vertraglichen Lieferverpflichtungen nicht ordnungsgemäss erfüllt hat und Sie damit berechtigt sind, die von Ihnen geleistete Anzahlung zurückzufordern.

Aus Identifikationsgründen gilt Ihre Inanspruchnahme unter dieser Garantie nur dann als ordnungsgemäss, wenn sie uns durch eine erstklassige Bank zugeleitet wird, mit der Bestätigung, dass Ihre Zahlungsaufforderung und Ihre vorerwähnte schriftliche Bestätigung rechtsgültig von Ihnen unterzeichnet sind.

Die Inanspruchnahme gilt als erfolgt, wenn die schriftliche Zahlungsaufforderung und die schriftliche Bestätigung in unserem Besitz sind.

Die vorliegende Garantie tritt erst dann in Kraft, wenn , den vorerwähnten Anzahlungsbetrag auf das Konto Nr. bei unserer Bank erhalten hat.

Unsere Garantie ist gültig bis

und erlischt automatisch und vollumfänglich, unabhängig von der Rückgabe der Urkunde, sofern Ihre schriftliche Zahlungsaufforderung zusammen mit Ihrer vorerwähnten schriftlichen Bestätigung in der verlangten Form bis zu diesem Zeitpunkt nicht in unserem Besitz sind.

Jede unter dieser Garantie geleistete Zahlung erfolgt in Reduktion unserer Verpflichtung.

Für diese Garantie gilt schweizerisches Recht. Ausschliesslicher Gerichtsstand ist Bern.

Valiant Bank AG

Quelle: Valiant Bank AG: Mustertext – Anzahlungsgarantie. In: www.valiant.ch. 05/2015. https://www.valiant.ch/documents/35003/127831/Mustertext+Anzahlungsgarantie+DE.pdf/50784323-611a-2128-f006-ee8be350874c?t=1601645584105 [20.05.2021].

Advance Payment Guarantee no.

It has come to our attention that you signed a contract on with

 (hereinafter referred to as "the Customer")

concerning . You require a bank guarantee to secure the return of your advance payment of CHF in the event of the Customer failing to comply with the delivery conditions for the goods.

Accordingly, we, Valiant Bank AG, hereby irrevocably undertake to pay you, at your first request, any sum up to a maximum amount of

CHF (in words:)

irrespective of the validity and legal effects of the above-mentioned contract and waiving any objections and defences arising thereof, against your written request for payment and your written confirmation that the Customer has not duly complied with its contractual supply obligations and you are thus entitled to request the return of your advance payment.

To ensure proper identification, any claim made by you under this guarantee will be deemed to have been duly made only if it is transmitted to us by a first-class bank, together with confirmation that your request for payment and the above-mentioned written confirmation bear your legally valid signature(s).

The claim will be deemed to have been duly made once the written request for payment and the written confirmation are in our possession.

This guarantee will come into force only when the above-mentioned advance payment has been received by the in its account no at our Bank.

Our guarantee is valid until .

The guarantee shall then expire automatically and in full, irrespective of the return of the document, if your written request for payment together with the above-mentioned written confirmation in the required form are not in our possession up to that point in time.

Every payment made under this guarantee shall serve to reduce our obligation.

This guarantee is subject to Swiss law. The exclusive place of jurisdiction is Bern.

Valiant Bank AG

Quelle: Valiant Bank AG: Mustertext – Advance Payment Guarantee. In: www.valiant.ch. 08/2016. https://www.valiant.ch/documents/35003/127831/Mustertext+Anzahlungsgarantie+EN.pdf/fbc051d8-cf89-247f-d9f6-c5914eb5cec4?t=1601645574420 [20.05.2021].

Zusammenfassung

Devisentermingeschäft

Beim Devisentermingeschäft wird der Devisenkurs für einen zukünftigen Zeitpunkt (Terminkurs) festgeschrieben.

Arten	
Sologeschäft (Outright-Geschäft)	Beim Abschluss eine Sologeschäfts verpflichten sich die beiden Vertragsparteien gegenseitig, an einem bestimmten Tag in der Zukunft (Erfüllungstag) zwei Währungsbeträge zu einem vorher festgelegten Kursverhältnis zu tauschen.
Swapgeschäft	Beim Swapgeschäft handelt es sich um eine Kombination aus ▪ einem Devisenkassageschäft und einem Devisentermingeschäft oder ▪ einem Termingeschäft mit einer längeren Laufzeit und einem Termingeschäft mit einer kürzeren Laufzeit.
Optionsgeschäft	Beim Swapgeschäft handelt es sich um eine Kombination aus ▪ einem Devisenkassageschäft und einem Devisentermingeschäft oder ▪ einem Termingeschäft mit einer längeren Laufzeit und einem Termingeschäft mit einer kürzeren Laufzeit.

Garantien

Mit der Übernahme einer Garantie verspricht die garantierende Bank (Garantin) einem Begünstigten, eine Zahlung in bestimmter Höhe zu leisten, falls der Auftraggeber der Garantie seine Zahlungs- oder Leistungsverpflichtung gegenüber dem Begünstigten nicht erfüllt.

Direkte Garantie
Die Garantie wird von der garantierende Bank (Inlandsbank) unmittelbar an den ausländischen Begünstigten ausgestellt.

Indirekte Garantie
Die Bank des Auftraggebers (Erstbank) beauftragt eine Bank im Land des Begünstigten (Zweitbank), die Garantie gegenüber dem Begünstigten abzugeben.

Gewährleistungsgarantie	Sie sichert den Käufer gegen die Weigerung oder das Unvermögen des Verkäufers ab, seine vertraglichen Gewährleistungsverpflichtungen zu erfüllen.
Anzahlungsgarantie	Mit ihr soll sichergestellt werden, dass dem Käufer die geleistete Anzahlung erstattet wird, wenn der Verkäufer seine vereinbarten Lieferungen oder Leistungen nicht erbringt.

Aufgaben

1. Erläutern Sie die Absicherung des Wechselkursrisikos durch den Abschluss eines Devisentermingeschäfts.
2. Unterscheiden Sie Sologeschäfte und Optionsgeschäfte.
3. Welche Aufgabe hat ein Swapgeschäft im Rahmen eines Devisentermingeschäfts?
4. Stellen Sie fest, welche Risiken durch die Gewährung einer Bankgarantie abgesichert werden können.
5. Nennen Sie die Arten einer Bankgarantie.
6. Unterscheiden Sie direkte und indirekte Bankgarantie.
7. Stellen Sie fest, welche Erfüllungsrisiken durch den Abschluss einer
   a) Gewährleistungsgarantie
   b) Anzahlungsgarantie
   abgesichert werden.
8. Stellen Sie fest, welche Inhalte eine Bankgarantie enthalten muss.

3 Export- und Importkalkulation

Einstiegssituation

Der Leiter des Verkaufs des Produktbereichs Chemie, Herr Staub, gibt Anna Ruiz-Gonzales und Jakob Osterhoff die folgende Anfrage von GLOBAL TRADE MÉXIKO.

GLOBAL TRADE MÉXICO· Av: Naciones Unidas 93 6301 Jalisco . México

Ehlers & Gehrenberg KG
Am Sandtorkai 24
D 20457 Hamburg

Jalisco, 10. März 20..

Anfrage

Sehr geehrte Damen und Herren,

wir benötigen 10 000 Packungen Universal Frühjahrsdünger à 25 kg. Bitte senden Sie uns ein ausführliches Angebot bis zum 5. April 20.. .

Mit freundlichen Grüßen

GLOBAL TRADE MÉXICO

Er beauftragt die beiden, diese Anfrage zu bearbeiten, und bittet sie,

- den Angebotspreis für die 10 000 Packungen Universal Frühjahrsdünger à 25 kg geliefert unverzollt Jalisco México zu ermitteln,
- einen Entwurf für ein Angebot an GLOBAL TRADE MÉXICO zu erstellen.

Dazu gibt er ihnen die folgenden Informationen:

Der Angebotspreis der Ehlers & Gehrenberg KG ab Werk beträgt 60.000,00 €. Die Frachtkosten bis zum Verschiffungshafen Hamburg betragen 200,00 €, die Kai-Umschlagskosten in Hamburg 800,00 €, die Seefracht bis zum Bestimmungshafen Vera Cruz 12.000,00 €, die Seetransportversicherung 1.200,00 €, die Kosten der Entladung in Vera Cruz 500,00 USD, die Transportkosten von Vera Cruz bis Jalisco 940,00 USD. Für die Finanzierung des Exportgeschäfts in die USA kalkuliert die Ehlers & Gehrenberg KG mit 2.450,00 €. Für die Absicherung des Währungsrisikos hat die Ehlers & Gehrenberg KG ein festes Devisentermingeschäft abgeschlossen. Dafür rechnet sie mit Kosten von 945,00 €. Für die Zollabfertigung in Hamburg entstehen der Ehlers & Gehrenberg KG Aufwendungen in Höhe von 750,00 €. Für die Einfuhr nach Mexiko verlangt die Zollbehörde in Mexiko eine Gebühr von 247,00 USD. Außerdem belastet sie die Einfuhr mit einem Einfuhrzollsatz von 11 %.

Arbeitsauftrag

Versetzen Sie sich in die Rolle von Anna oder Jakob und erfüllen Sie die Aufträge von Herrn Staub.

Im Außenhandel wird zwischen **Importkalkulation** und **Exportkalkulation** unterschieden.

Bei der Importkalkulation werden ausländische Angebote dahingehend überprüft, ob unter Berücksichtigung der Kosten für

- Transport,
- Zoll und
- Steuern

noch genügend Gewinn erzielt wird.

Bei der Exportkalkulation werden zu den üblichen Kosten zusätzliche Aufschläge für Verpackung, Transport, Gebühren, Finanzierungskosten, Kosten der Risikoabsicherung und Kosten der Überwindung von Handelsbarrieren hinzugerechnet.

Exportkalkulation

Bei der Exportkalkulation müssen alle Kosten berücksichtigt werden, die dem Exporteur durch den Verkauf seiner Waren auf dem Auslandsmarkt entstehen.

Bei der Exportkalkulation werden stufenweise die für bestimmte INCOTERMS-Klauseln gültigen Verkaufspreise kalkuliert. Sie beginnt mit dem Verkaufspreis des Herstellers oder Händlers im Inland, bei dem der Exporteur die Ware bezieht, und endet mit dem Verkaufspreis des Exporteurs an dem mit dem Käufer vereinbarten Lieferort.

Exportkalkulation (Landweg)	**Exportkalkulation (Seeweg)**
Zielverkaufspreis des Lieferanten (Hersteller oder Händler)	Zielverkaufspreis des Lieferanten (Hersteller oder Händler)
– erhaltener Mengen-/Exportrabatt	– Rabatt
– Skonto	– Skonto
= Bareinkaufspreis des Exporteurs	= Bareinkaufspreis des Exporteurs
+ Selbstkosten	+ Selbstkosten
+ Kosten der Überwindung von Außenhandelsbarrieren	+ Kosten der Überwindung von Außenhandelsbarrieren
+ Kosten der Außenhandelsfinanzierung	+ Kosten der Außenhandelsfinanzierung
+ Exportverpackung	+ Exportverpackung
+ Gewinn	+ Gewinn
= Angebotspreis ab Werk (EXW)	= Angebotspreis ab Werk (EXW)
+ Transportkosten bis Ladeplatz	+ Transportkosten bis zum Verschiffungshafen
+ Transportversicherung bis zum Frachtführer	+ Transportversicherung bis zum Verschiffungshafen
+ Verladekosten	+ Kosten der Ausfuhrabfertigung
+ Kosten der Ausfuhrabfertigung	= Angebotspreis frei Längsseite Schiff (FAS)
= Angebotspreis frei Frachtführer (FCA)	+ Lagerkosten, Hafengebühren, Umschlagkosten auf das Schiff
+ Transportkosten bis zur Grenze	= Angebotspreis frei an Bord (FOB)
= Angebotspreis geliefert Grenze benannter Ort (DAF)	+ Seefracht bis zum Bestimmungshafen
+ Transportkosten von der Grenze bis zum benannten Bestimmungsort im Einfuhrland	= Angebotspreis Kosten und Fracht (CFR)
+ Transportversicherung bis zum Bestimmungsort	+ Seetransportversicherung

Exportkalkulation (Landweg)	Exportkalkulation (Seeweg)
= Angebotspreis frachtfrei versichert (CIP)	= Angebotspreis Kosten, Versicherung, Fracht (CIF)
+ Entladekosten	+ Entladekosten
= Angebotspreis geliefert unverzollt benannter Ort (DPU)	+ Transportkosten bis Bestimmungsort
+ Kosten des Einfuhr- und Zollverfahrens im Einfuhrland	= Angebotspreis geliefert unverzollt benannter Ort (DPU)
= Angebotspreis geliefert verzollt benannter Bestimmungsort (DDP)	+ Kosten des Einfuhr- und Zollverfahrens im Einfuhrland
	= Angebotspreis geliefert verzollt benannter Ort (DDP)

Importkalkulation

In der Importkalkulation müssen ausgehend vom Verkaufspreis des Exporteurs an einem bestimmten Ort alle Kosten des Importeurs berücksichtigt werden, bis sich die Ware am Bestimmungsort befindet. Das Ergebnis der Importkalkulation ist der Bareinstandspreis im Einfuhrland.

Importkalkulation (Landweg)	Importkalkulation (Seeweg)
Verkaufspreis des Exporteurs	Verkaufspreis des Exporteurs
– erhaltener Mengen-/Importeurrabatt	– erhaltener Mengen-/Importeurrabatt
– Skonto	– Skonto
= Bareinstandspreis ab Werk (EXW)	= Bareinkaufspreis ab Werk (EXW)
+ Transportkosten bis Ladeplatz	+ Transportkosten bis zum Verschiffungshafen
+ Verladekosten	+ Kosten der Ausfuhrabfertigung
+ Kosten der Ausfuhrabfertigung	= Bareinkaufspreis frei Längsseite Schiff (FAS)
= Angebotspreis frei Frachtführer (FCA)	+ Lagerkosten, Hafengebühren, Umschlagkosten auf das Schiff
+ Transportkosten bis zum genannten Bestimmungsort im Einfuhrland	= Bareinstandspreis frei an Bord (FOB)
+ Versicherung bis zum Käufer	+ Seefracht bis zum Bestimmungshafen
= Bareinstandspreis frachtfrei versichert (CIP)	= Bareinstandspreis Kosten und Fracht (CFR)
+ Entladekosten	+ Seetransportversicherung
= Bareinkaufspreis geliefert unverzollt benannter Ort im Einfuhrland (DPU = Angebotspreis geliefert unverzollt benannter Ort (DPU))	= Bareinstandspreis Kosten, Versicherung, Fracht (CIF)
+ Kosten des Einfuhr- und Zollverfahrens im Einfuhrland	+ Entladekosten
= Bareinstandspreis geliefert verzollt benannter Bestimmungsort (DDP)	+ Transportkosten bis Bestimmungsort
	= Bareinstandspreis geliefert unverzollt benannter Ort (DPU)
	+ Kosten des Einfuhr- und Zollverfahrens im Einfuhrland
	= Bareinstandspreis geliefert verzollt benannter Ort (DDP)

Berücksichtigung von Einfuhrabgaben, Kosten der Risikoabsicherung und Finanzierungskosten

Einfuhrabgaben[1]

Für die Einfuhr von Waren müssen im Einfuhrland ggf. die folgenden Einfuhrabgaben entrichtet werden:

- Einfuhrzoll
- Einfuhrumsatzsteuer oder Erwerbsteuer
- Verbrauchsteuern

Einfuhrzoll

Bei der Überführung in den freien Verkehr werden von der Zollverwaltung Einfuhrzölle erhoben.

Die Höhe des Einfuhrzolls bei der Einfuhr in das Zollgebiet der EU ist im Gemeinsamen Zolltarif der Gemeinschaft festgelegt.

Bemessungsgrundlage für die Einfuhrabgaben ist der **Zollwert** der Ware.

Der **Zollwert** berechnet sich für fast alle Einfuhrgüter nach dem Transaktionswert **(Wertzoll)**. Als Transaktionswert wird der Preis bezeichnet, der die Kosten bis zum Ort des Verbringens der Waren in das Zollgebiet der Europäischen Union enthält (Preis frei Ort Außengrenze der Europäischen Union). Der Transaktionswert muss zum Zeitpunkt der Annahme der Zollanmeldung bestimmt und angemeldet werden.

Für Agrarwaren und einige wenige andere Waren gibt es **spezifische Zölle** oder **Mischzölle**:

- Spezifische Zölle werden nach festen Zollsätzen in Euro für eine Gewichts-, Maß- oder Stückeinheit berechnet.

- Mischzölle setzen sich aus Wertzollsatz und spezifischem Zollsatz zusammen.

Zur **Berechnung des Zollbetrags** wird der Zollwert mit dem jeweiligen warenspezifischen Zollsatz multipliziert.

Formel

$$\text{Zollbetrag} = \text{Zollwert} \cdot \text{Zollsatz (\%)}$$

Einfuhrumsatzsteuer (EUst) wird für die Einfuhr von Gegenständen aus Nicht-EU-Ländern in das deutsche Zollgebiet erhoben. Bemessungsgrundlage der EUSt ist der Einfuhrumsatzsteuerwert. Der Einfuhrumsatzsteuerwert ist der Zollwert zuzüglich des Zolls, der Verbrauchsteuern und der Beförderungskosten, die der inländische Käufer bzw. Empfänger vom Verbringungsort (EU-Außengrenze) bis zum ersten inländischen Bestimmungsort aufzuwenden hat.

---

1 Ausführliche Erläuterungen zu den Einfuhrangaben finden Sie in den Ausführungen zum Lernfeld 7 in Ihrem Schulbuch für das 2. Ausbildungsjahr.

Die Höhe des Einfuhrumsatzsteuersatzes entspricht der Höhe des Umsatzsteuersatzes im Inland (19 % bzw. 7 %).

Erwerbsteuer wird erhoben, wenn eine Ware in ein Land des Zollgebiets der EU aus einem anderen Land des Zollgebiets der EU eingeführt wird (innergemeinschaftlicher Erwerb). Sie muss vom Leistungsempfänger bezahlt werden. Für die Erwerbsteuer gilt der gleiche Steuersatz wie für die Umsatzsteuer im Land des Leistungsempfängers. Er beträgt in Deutschland also 19 % bzw. 7 %.

Bemessungsgrundlage der Erwerbsteuer ist das **Entgelt**. Zum Entgelt gehören alle Aufwendungen des Leistungsempfängers, um die Ware zu erhalten, abzüglich der Umsatzsteuer. Eventuell vom Leistungsempfänger zu zahlende Verbrauchsteuern müssen in die Bemessungsgrundlage einbezogen werden.

Verbrauchsteuern werden nach den Vorschriften der entsprechende Verbrauchsteuergesetze auf bestimmte eingeführte Waren, z. B. Branntwein, Kaffee, Tabak, Tee, Mineralöl, erhoben.

Kosten der Risikoabsicherung

Für die Absicherung der güterwirtschaftlichen und der finanzwirtschaftlichen Risiken von Auslandsgeschäften entstehen insbesondere die folgenden Kosten:

- Kosten für Transportversicherung
- Kosten für Exportkreditversicherung
- Kurssicherungskosten
- Kosten für Devisentermingeschäfte

Kosten der Außenhandelsfinanzierung[1]

Die Kosten der Außenhandelsfinanzierung umfassen

- Zahlungsabwicklungskosten (Posten- Umsatz-, Kontoführungs-, Überweisungs- und sonstige Bearbeitungsgebühren der Geldinstitute),
- Finanzierungskosten (Debitoren- und Diskontzinsen),
- Kredit-, Diskont-, Aval- und Akkreditivprovisionen

Kosten der Überwindung von Außenhandelsbarrieren

Zu den Kosten der Überwindung von Außenhandelsbarrieren zählen

- Kosten für die Ausstellung von Ausfuhrlizenzen, wie sie etwa im Falle der Ausfuhr landwirtschaftlicher Erzeugnisse erforderlich sind,

- Vertriebslizenzkosten, die aufgrund des nationalen Rechts des jeweiligen Einfuhrlandes erforderlich sind,

- Produktumrüstkosten aufgrund länderspezifischer Produktbestimmungen,

- Kommissionierungskosten,

- Kosten aus länderspezifischen Abgabebestimmungen,

- Kosten der Einhaltung länderspezifischer Qualitätsbestimmungen, z. B. zur Einhaltung der weitreichenden Vorschriften zur Produkthaftung in den USA,

1 s. LF 12, Kap. 1

- Kosten für die Bereitstellung und Ausstellung von Ausfuhrlizenzen,
- Kosten für die Bereitstellung und Ausstellung von Vertriebs- und/oder Einfuhrlizenzen,
- Kosten für die Einhaltung spezifischer Verpackungs- und Markierungsbestimmungen des Einfuhrlandes,
- Dokumentenkosten = Kosten für die Beschaffung und Ausstellung der im Importland geforderten Begleitpapiere (Handelsrechnungen, Zollfakturen, Konsulatsfakturen, Ausfuhr- und Einfuhrlizenzen, Ursprungszeugnisse, Konnossemente, Ladescheine, Frachtbriefe, FCT-Spediteur-Übernahmebescheinigungen, Versicherungspolicen, Packlisten, Inspektionszertifikate usw.),
- Kosten der Einhaltung spezieller Zahlungs- und Devisenbestimmungen, die im Einfuhrland gelten.

Zusammenfassung

Exportkalkulation
berücksichtigt alle Kosten, die dem Exporteur durch den Verkauf seiner Waren auf dem Auslandsmarkt entstehen:
- Kosten der Überwindung von Außenhandelsbarrieren
- Kosten der Außenhandelsfinanzierung
- Exportverpackung
- Transportkosten
- Transportversicherung
- Verladekosten
- Kosten der Ausfuhrabfertigung
- Entladekosten
- Kosten des Einfuhr- und Zollverfahrens im Einfuhrland

Importkalkulation
berücksichtigt alle Kosten, die dem Importeur durch den Einkauf seiner Waren auf dem Auslandsmarkt entstehen:
- Transportkosten
- Verladekosten
- Kosten der Ausfuhrabfertigung
- Transportversicherung
- Entladekosten
- Kosten des Einfuhr- und Zollverfahrens im Einfuhrland

Aufgaben

1. Die Intertex Luzern bietet der Ehlers & Gehrenberg KG 500 Blusen zum Angebotspreis von 15.000,00 CHF an. Die Verladekosten betragen 40,00 CHF, die Transportkosten von Luzern bis zum Grenzübergang Lörrach 240,00 CHF. Die Transportkosten vom Grenzübergang Lörrach bis nach Hamburg betragen 1.000,00 €, die Transportversicherung 400,00 € und die Entladekosten 50,00 €.
   Die Gebühren für die Zollabfertigung betragen 234,00 €, der Zollsatz 12 % und der Einfuhrumsatzsteuersatz 19 %.

Der Kurs des Schweizer Franken (sfr, CHF) beträgt in Frankfurt/Main 1,00 EUR = 1,0823 CHF (Stand Juli 2021).
Ermitteln Sie:

a) den Bareinstandspreis frei Frachtführer Luzern (FCA)
b) den Bareinstandspreis frachtfrei versichert Hamburg (CIP)
c) den Bareinstandspreis geliefert unverzollt Hamburg (DAP)
d) den Bareinstandspreis geliefert verzollt Hamburg (DDP)

2. Eine Importhandlung in Eschwege kann von einem Lieferanten in Phillipsburg (USA) eine Ware zum Angebotspreis ab Werk von 25.000,00 USD beziehen. Die Transportkosten von Phillipsburg bis New York betragen 900,00 USD, die Kai-Umschlagskosten in New York 500,00 USD, die Seefracht bis zum Bestimmungshafen Hamburg 9.000,00 USD, die Seetransportversicherung 900,00 USD, die Kosten der Entladung in Hamburg 800,00 €, die Frachtkosten von Hamburg nach Eschwege 2.100,00 €. Die Gebühren für die Einfuhrabfertigung betragen 415,00 €. Der Zollsatz für die Einfuhr aus den USA beträgt 13 %.
Der Kurs des US-Dollars (US-$, USD) beträgt in Frankfurt/Main 1,00 EUR = 1,1817 USD (Stand Juli 2021).
Ermitteln Sie:

a) den Bareinstandspreis frei Längsseite Schiff New York (FAS)
b) den Bareinstandspreis frei an Bord New York (FOB)
c) den Bareinstandspreis Kosten und Fracht Hamburg (CFR)
d) den Bareinstandspreis Kosten, Versicherung, Fracht Hamburg (CIF)
e) den Bareinstandspreis geliefert unverzollt Eschwege (DAP)
f) den Bareinstandspreis geliefert verzollt Eschwege (DDP)

3. Die Ehlers & Gehrenberg KG kann der Impex, Basel die gewünschten Hemden zum Angebotspreis ab Werk von 15.000,00 € anbieten. Die Verladekosten betragen 50,00 €, die Transportkosten bis zum Grenzübergang Lörrach betragen 1.000,00 €, die Transportkosten vom Grenzübergang Lörrach bis Basel 150,00 sfr, die Transportversicherung 400,00 € und die Entladekosten 50,00 sfr.
Die Ehlers & Gehrenberg KG finanziert das Exportgeschäft mit der Impex durch die Nutzung ihres Kontokorrentkredits, den ihr ihre Bank eingeräumt hat. Dadurch entstehen der Ehlers & Gehrenberg KG Finanzierungskosten in Höhe von 300,00 €.
Der sfr-Kurs in Frankfurt/Main 1 EUR = 1,0823 sfr
Ermitteln Sie

a) den Angebotspreis frei Frachtführer Hamburg (FCA)
b) den Angebotspreis geliefert Grenze Lörrach (DAF)
c) den Angebotspreis frachtfrei versichert Basel (DDU)
d) den Angebotspreis geliefert unverzollt Basel (DDU)

4. Eine Großhandlung in Hannover kann einem Kunden in Phillipsburg (USA) eine Ware zum Angebotspreis ab Werk von 50.000,00 € anbieten.
Die Frachtkosten bis zum Verschiffungshafen Hamburg betragen 2.100,00 €, die Kai-Umschlagskosten in Hamburg 800,00 €, die Seefracht bis zum Bestimmungshafen 9.000,00 €, die Seetransportversicherung 900,00 €, die Kosten der Entladung in New York 500,00 USD, die Transportkosten von New York bis Phillipsburg 900,00 USD. Für die Finanzierung des Exportgeschäfts in die USA kalkuliert die Ehlers & Gehrenberg KG mit 2.450,00 €. Für die Absicherung des Währungsrisikos hat die Ehlers & Gehrenberg KG ein festes Devisentermingeschäft abgeschlossen. Dafür rechnet sie mit Kosten von 945,00 €. Für die Zollabfertigung in Hamburg entstehen der Ehlers & Gehrenberg KG Aufwendungen in Höhe von 750,00 €.

Für die Einfuhr in die USA verlangt die Zollbehörde in den USA eine Gebühr von 247,00 USD. Außerdem belastet sie die Einfuhr mit einem Einfuhrzollsatz von 11 %. Der Kurs des US-Dollar beträgt in Frankfurt/Main 1,00 EUR = 1,1817 USD (Stand Juli 2021).

Ermitteln Sie

a) den Angebotspreis frei Längsseite Schiff Hamburg (FAS)
b) den Angebotspreis frei an Bord Hamburg (FOB)
c) den Angebotspreis Kosten, Versicherung, Fracht New York (CIF)
d) den Angebotspreis geliefert unverzollt Phillipsburg (DDU)
e) den Angebotspreis geliefert verzollt Phillipsburg (DDP)

Lernsituation

Auf eine Anfrage erhält der Einkauf des Produktbereichs Textilien der Ehlers & Gehrenberg KG zwei Angebote über Herrenhemden (siehe Seiten 314 und 315).

Die Leiterin der Einkaufsabteilung, Frau Janssen, beauftragt Allan Stevenson und Sandra Krollmann, den preisgünstigsten Anbieter für

- je 100 Herrenhemden in den Größen 39/40, 41/42 und 43/44 in der Farbe Natur und
- je 150 Herrenhemden in den Größen 39/40, 41/42 und 43/44 in der Farbe Blau

zu ermitteln.

Angebot 1

DINGYISHENG TEXTILE CO., LTD, No.26 Hongda Road, 372040 Shaoxing, CHINA

EHLERS & GEHRENBERG KG
AM SANDTORKAI 24
20457 HAMBURG

25.7.20..

Angebot Nr. EX 124/97

Sehr geehrte Damen und Herren,

wir danken Ihnen für Ihre Anfrage und bieten Ihnen an:

Material: Herrenhemd aus 100 % Baumwolle, Farben Natur und Blau,
in den Größen 39/40, 41/42 und 43/44 zum Preis von 80,00 CNY je Stück.

Preisstellung: netto, CIF Hamburg
Lieferzeit: 4 Wochen nach Eintreffen Ihres Auftrags
Zahlung: Dokumente gegen Kasse (D/P)

Angebot 2

MAPATA TEKSTIL, Sanli Caddesi No. 162/A, 16210 K. Balikli/Bursa, TÜRKEI

EHLERS & GEHRENBERG KG
AM SANDTORKAI 24
20457 HAMBURG

27.7.20..

Angebot Nr. 234/13

Sehr geehrte Damen und Herren,

wir danken Ihnen für Ihre Anfrage und bieten Ihnen an:

Material: Herrenhemd aus 100 % Baumwolle, Farben Natur und Blau,
in den Größen 39/40, 41/42 und 43/44 zum Preis von 40,00 TRY je Stück.
Preisstellung: netto, DDP Hamburg
Lieferzeit: 4 Wochen nach Eintreffen Ihres Auftrags
Zahlung: Dokumente gegen Kasse (D/P)

1. Welche Fragen müssen Allan Stevenson und Sandra Krollmann klären, um den Auftrag von Frau Janssen zu erfüllen?
2. Ermitteln Sie den Stückpreis netto CIF Hamburg der DINGYISHENG TEXTILE CO, China, und den Stückpreis netto DDP Hamburg der Mapata Tekstil, Türkei, jeweils in Euro.
   Nutzen Sie als Hilfsmittel zur Ermittlung der aktuellen Devisenkurse für den Renminbi Yuan (CNY) und die Türkische Lira (TRY) das Internet.
3. Erläutern Sie die Verteilung der Kosten und des Transportrisikos zwischen Verkäufer und Käufer bei der Lieferbedingung CIF Hamburg.
4. Erläutern Sie die Verteilung der Kosten und des Transportrisikos zwischen Verkäufer und Käufer bei der Lieferungsbedingung DDP Hamburg. Nutzen Sie als Hilfsmittel zur Ermittlung des aktuellen Devisenkurses für die Türkische Lira (TRY) das Internet.
5. Ermitteln Sie den Bareinstandspreis geliefert verzollt Hamburg (DDP) für das Angebot 1 für 250 Stück.
   Berücksichtigen Sie dabei: Die Kosten der Entladung in Hamburg betragen 90,00 EUR, die Frachtkosten vom Hamburger Hafen in das Zentrallager von Ehlers & Gehrenberg KG 140,00 EUR. Die Gebühren für die Einfuhrabfertigung betragen 89,00 EUR. Der Zollsatz für die Einfuhr aus China beträgt 12 %. Der Zollsatz für die Einfuhr aus der Türkei beträgt 0 %. Die Einfuhrumsatzsteuer beträgt 19 %.
6. Ermitteln Sie den Bareinstandspreis geliefert verzollt Hamburg (DDP) für das Angebot 2 für 250 Stück.
7. Entscheiden Sie sich für das günstigste Angebot.
8. Begründen Sie Ihre Entscheidung.

4 Liquiditätsplanung

Einstiegssituation

Jakob Osterhoff erhält von dem Leiter Rechnungswesen der Ehlers & Gehrenberg KG den Auftrag, die Liquidität der Ehlers & Gehrenberg KG anhand der vorliegenden Bilanz zum 31.12. 20.. zu analysieren.

AKTIVA	**Gewinn- und Verlustkonto**		**PASSIVA**
I. Anlagevermögen		I. Eigenkapital	336.300,00
1. Grundstücke und Bauten	570.000,00		
2. Technische Anlagen und Maschinen	380.000,00	II. Fremdkapital	
3. Betriebs- und Geschäftsausstattung	68.000,00	1. Hypotheken	670.000,00
		2. Darlehen	227.000,00
II. Umlaufvermögen		3. Verbindlichkeiten aus LuL	204.000,00
1. Handelswaren	120.000,00	4. Sonstige Verbindlichkeiten (kurzfristig)	4.000,00
2. Fertige Erzeugnisse	69.300,00		
3. Forderungen aus LuL	182.000,00		
4. Bank	44.000,00		
5. Kasse	8.000,00		
	1.441.300,00		1.441.300,00

Arbeitsaufträge

Unterstützen Sie Jakob und

1. erläutern Sie, was Sie unter Liquidität verstehen.
2. geben Sie Bilanzpositionen an, die für die Bestimmung der Liquidität der Ehlers & Gehrenberg KG relevant sind.
3. geben Sie mit eigenen Worten an, wie man die Liquidität eines Unternehmens anhand einer Bilanz bestimmen kann.
4. geben Sie an, welche Aspekte bei der Betrachtung der Liquidität eines Unternehmens relevant sein können, die man nicht aus der Bilanz entnehmen kann.

Die Liquiditätsplanung ist ein zentraler Bestandteil der gesamtunternehmerischen Planung und oft eine der wichtigsten Aufgaben der Controllingabteilungen von Unternehmen. Mithilfe der Liquiditätsplanung wird sichergestellt, dass Verbindlichkeiten zu ihrem jeweiligen Erfüllungszeitpunkt bedient werden können. Die Zahlungsfähigkeit des Unternehmens (Liquidität) wird somit zu jedem Zeitpunkt gewährleistet.

Sobald ein Unternehmen seinen Zahlungsverpflichtungen nicht mehr fristgerecht nachkommen kann, ist es zahlungsunfähig. Die Zahlungsunfähigkeit eines Unternehmens stellt gem. § 17 Insolvenzordnung den Eröffnungsgrund für das Insolvenzverfahren und somit die drohende Auflösung des Unternehmens dar.

Definition

Unter Liquidität versteht man die Fähigkeit eines Unternehmens seine kurzfristigen Zahlungsverpflichtungen (Verbindlichkeiten) aus den vorhandenen finanziellen Mitteln termingerecht zu bedienen.

Im Rahmen der Liquiditätsplanung werden die Zahlungseingänge und die Zahlungsausgänge zu ihren Fälligkeitsterminen gegenübergestellt. Vereinfacht gesagt ist der Überhang der Zahlungseingänge die Liquidität eines Unternehmens. Die Liquiditätsplanung gewährleistet, dass zu jedem Zeitpunkt ausreichend liquide Mittel vorliegen.

Geschäftsprozesse mit konkreter Auswirkung auf die Liquidität

Um die Liquidität eines Unternehmens zu sichern, ist es wichtig, dass die Vorgänge identifiziert werden, die sich auf die Liquidität auswirken.

Als solche Vorgänge kommen zum Beispiel infrage:

- Auftragsannahme
- Rechnungserstellung
- Zahlungseingangsüberwachung
- Mahnwesen
- Inkasso

Die Auftragsannahme führt in der Regel zunächst zum Abfluss von Zahlungsmitteln, da der Unternehmer für Anschaffung, Entwicklung, Produktion und Versand der bestellten Waren oder Dienstleistungen die Kosten zu tragen hat. Andererseits ist mit der Annahme aber auch die Aussicht auf einen Zufluss von Zahlungsmitteln beim späteren Verkauf verbunden.

Beispiel

Bei der Ehlers & Gehrenberg KG geht eine Großbestellung für individuell gefertigte Damenblusen aus einer bestimmten Seide ein. Die Ehlers & Gehrenberg KG muss zunächst die Seide einkaufen und die Blusen entwerfen und anfertigen. Hierfür fallen unter anderem Material- und Personalkosten an, die zum Abfluss von Zahlungsmitteln führen. Gleichzeitig ist mit dem Auftrag aber auch der zukünftige Zufluss des Kaufpreises (und somit von Zahlungsmitteln) verbunden.

Der Unternehmer geht zunächst in Vorleistung. Daher ist es wichtig, dass die Zeitspanne zwischen Auftragsannahme und den damit verbundenen Zahlungsausgängen und dem Verkauf und den damit verbundenen Zahlungseingängen möglichst kurz gehalten wird.

Dies kann durch eine gute Organisation des Prozesses der Rechnungserstellung verbunden mit einem kurzen Zahlungsziel durchgesetzt werden.

Allerdings ist durch die Rechnungserstellung der Geldeingang noch nicht gewährleistet. Um die Liquidität final zu sichern, muss die Überwachung der Zahlungseingänge stetig und schnell erfolgen, damit bei Überschreitung der Zahlungsziele durch die Kunden sofort der Prozess des Mahnwesens und wenn nötig des Eintreibens der Forderung mit Inkassomaßnahmen angestoßen werden kann.

Liquiditätsstatus feststellen und überwachen

Mit der Feststellung des Liquiditätsstatus werden alle Zu- und Abflüsse an liquiden Mitteln gegenübergestellt, um zu sehen, ob die liquiden Mittel ausreichen, um die Verbindlichkeiten zu ihren Fälligkeitszeitpunkten zu bedienen. Es wird praktisch der zukünftige Konto- und Kassenbestand konstruiert und darauf geachtet, dass diese nicht negativ werden.

Um einen solchen Überblick über die Liquidität eines Unternehmens zu erhalten, wird zunächst der Betrachtungszeitraum festgelegt. Die Liquiditätsplanung muss auf mehreren Ebenen, das heißt kurz-, mittel- und langfristig, erfolgen. Die kurzfristige Liquiditätsplanung legt einen Zeithorizont von einem Jahr zugrunde. Allerdings erfolgt in der Praxis eine noch konkretere Planung (in der Regel auf Monatsbasis).

Um eine Liquiditätsplanung für einen Monat zu erstellen bzw. den Liquiditätsstatus zu überwachen, wird zunächst der aktuelle Liquiditätsstatus des Unternehmens festgestellt. Dieser setzt sich tagesaktuell aus den jeweils verfügbaren liquiden Mitteln zusammen. Bei der Ermittlung eines voraussichtlichen zukünftigen Liquiditätsstatus werden folgende Aspekte einbezogen:

- Bestand an liquiden Mitteln (Kasse, Bank, Postbank)
- Einzahlungen, die im Betrachtungszeitraum erfolgen sollen
- Verbindlichkeiten, die im Betrachtungszeitraum fällig werden

Beispiel

Liquiditätsstatus der Ehlers & Gehrenberg KG auf den 31.08.20..	
Tag der Planung	31.07.20..
Planungszeitraum:	Monat
	EUR
Bankguthaben 31.07.20..	44.000,00
Kassenbestand 31.07.20..	8.000,00
Forderungen (fällig bis 31.08.20..)	182.000,00
– Verbindlichkeiten (fällig bis 31.08.20..)	–208.000,00
Über-/Unterdeckung	**26.000,00**

Wird für den Betrachtungszeitraum eine Überdeckung festgestellt, so kann der Unternehmer darüber nachdenken, ob er diese Überdeckung investiert. Wird eine Unterdeckung festgestellt, so muss der Unternehmer Maßnahmen ergreifen, um dies zu verhindern bzw. zu minimieren. Eine Über-/Unterdeckung, die sich in einer kurzfristigen Feinplanung für einen Monat ergibt, ist dabei zu unterscheiden von langfristigen Über-/Unterdeckungen. Eine stetige langfristige Überdeckung sollte zu Investitionen führen. Bei stetiger langfristiger Unterdeckung droht die Insolvenz.

In der Praxis ist die Ermittlung des Liquiditätsstatus mithilfe eines Liquiditätsplans sehr komplex.

Liquiditätsplan					
Beträge in €	Januar	Februar	...	Dezember	Summe
Übertrag Liquiditäts-Endbestand Vormonat	– €	– €	– €	– €	– €
Einzahlungen (brutto) aus					
Forderungen aus Lieferungen u. Leistungen	– €	– €	– €	– €	– €
Barverkäufe	– €	– €	– €	– €	– €
erwartete Kundenanzahlungen	– €	– €	– €	– €	– €
Eigenkapital-Einlagen	– €	– €	– €	– €	– €
Kreditauszahlung	– €	– €	– €	– €	– €
Desinvestment und Anlageverkäufe	– €	– €	– €	– €	– €
sonstige Einnahmen	– €	– €	– €	– €	– €
Summe Liquiditätszugang	**– €**	**– €**	**– €**	**– €**	**– €**
Rechengröße: vereinnahmte Umsatzsteuer (Mehrwertsteuer)	– €	– €	– €	– €	– €
Auszahlungen für Investitionen					**– €**
Grundstück/Gebäude/Umbaumaßnahmen	– €	– €	– €	– €	– €
Anschaffung Maschinen/Geräte	– €	– €	– €	– €	– €
Büroausstattung, PCs, Firmenfahrzeug	– €	– €	– €	– €	– €
Summe Investitionsausgaben	**– €**	**– €**	**– €**	**– €**	**– €**
Auszahlungen für betriebliche Kosten					**– €**
Ware, Material, Roh-/Hilfs-/Betriebsstoffe	– €	– €	– €	– €	– €
Personalkosten	– €	– €	– €	– €	– €
Fremdleistungen	– €	– €	– €	– €	– €
Miete einschl. Nebenkosten	– €	– €	– €	– €	– €
Leasing Maschinen	– €	– €	– €	– €	– €
Reparaturen, Wartung	– €	– €	– €	– €	– €
KFZ-Kosten: Leasing, Steuern, Versicherung	– €	– €	– €	– €	– €
KFZ-Kosten: Benzin, Instandhaltung, Pflege	– €	– €	– €	– €	– €
Sonstige Reisekosten	– €	– €	– €	– €	– €
Betriebl. Versicherungen/Beiträge	– €	– €	– €	– €	– €
Telefon/Fax/Internet/Handy/Porto	– €	– €	– €	– €	– €
Werbekosten, Internet, Messen, Bewirtung	– €	– €	– €	– €	– €
Buchführungs- und Steuerberatungskosten	– €	– €	– €	– €	– €
Rechtsanwalts- und Beratungskosten	– €	– €	– €	– €	– €
Sonstige Kosten (z.B. Gebühren, Abgaben)	– €	– €	– €	– €	– €
Anzahlungen an Lieferanten	– €	– €	– €	– €	– €
Summe betriebliche Kosten	**– €**	**– €**	**– €**	**– €**	**– €**
Mittelabfluss aus Finanzierungen					**– €**
Zinsen für Darlehen und Kontokorrentkredite	– €	– €	– €	– €	– €
Tilgungsraten Darlehen	– €	– €	– €	– €	– €
Betriebliche Steuern					**– €**
Umsatzsteuer (Zahllast oder Erstattung)	– €	– €	– €	– €	– €
Steuern (Voraus-, Nachzahlungen für GewSt, KöSt)	– €	– €	– €	– €	– €
Kapitalentnahmen	**– €**	**– €**	**– €**	**– €**	**– €**
Summe Liquiditätsabgang	– €	– €	– €	– €	– €
Rechengröße: gezahlte Umsatzsteuer (Vorsteuer)	– €	– €	– €	– €	– €
+/- Mittelfluß an Konzernunternehmen	– €	– €	– €	– €	– €
Liquiditätssaldo (Endbestand Monat) (Vormonat plus Liqu.Zugang minus Liqu.Abgang)	– €	– €	– €	– €	– €

Quelle: IHK für München und Oberbayern: Muster für einen Liquiditätsplan. o. ED. In: www.ihk-muenchen.de. https://www.ihk-muenchen.de/de/Service/Krisenmanagement-neu/Liquidit%C3%A4tsplanung/[07.05.2021].

Der Liquiditätsplan sollte monatlich fortgeschrieben und laufend aktualisiert werden, um jederzeit einen optimalen Überblick über den Liquiditätsstatus des Unternehmens zu haben.

Das folgende Beispiel zeigt eine vereinfachte Darstellung eines Liquiditätsplans.

Beispiel Liquiditätsplan			
Beträge in €	**1. Monat**	**2. Monat**	**3. Monat**
	Januar	Februar	...
Übertrag Liquiditäts-Endbestand Vormonat	10.000,00 €	13.950,00 €	16.000,00 €
Einzahlungen (brutto) aus			
Forderungen aus Lieferungen u. Leistungen	170.000,00 €	230.000,00 €	170.000,00 €
Barverkäufe	2.000,00 €	5.000,00 €	3.000,00 €
sonstige Einnahmen	12.000,00 €	10.000,00 €	8.000,00 €
Summe Liquiditätszugang	**184.000,00 €**	**245.000,00 €**	**181.000,00 €**
Rechengröße: vereinnahmte Umsatzsteuer	**34.960,00 €**	**46.550,00 €**	**34.390,00 €**
Auszahlungen für Investitionen			
Anschaffung Maschinen/Geräte	1.000,00 €	3.000,00 €	12.000,00 €
Büroausstattung, PCs, Firmenfahrzeug	3.000,00 €	2.000,00 €	5.000,00 €
Summe Investitionsausgaben	**4.000,00 €**	**5.000,00 €**	**17.000,00 €**
Auszahlungen für betriebliche Kosten			
Ware, Material, Roh-/Hilfs-/Betriebsstoffe	100.000,00 €	150.000,00 €	120.000,00 €
Personalkosten	30.000,00 €	30.000,00 €	30.000,00 €
Leasing Maschinen	5.000,00 €	5.000,00 €	5.000,00 €
Buchführungs- und Steuerberatungskosten	2.000,00 €	2.000,00 €	2.000,00 €
Rechtsanwalts- und Beratungskosten	3.000,00 €	3.000,00 €	3.000,00 €
Sonstige Kosten (z.B. Mieten, Anzahlungen, Gebühren, Abgaben)	2.500,00 €	2.500,00 €	2.500,00 €
Summe betriebliche Kosten	**142.500,00 €**	**192.500,00 €**	**162.500,00 €**
Mittelabfluss aus Finanzierungen			
Zinsen für Darlehen und Kontokorrentkredite	300,00 €	300,00 €	300,00 €
Tilgungsraten Darlehen	4.000,00 €	4.000,00 €	4.000,00 €
Betriebliche Steuern			
Umsatzsteuer (Zahllast/Erstattung)	14.250,00 €	16.150,00 €	7.410,00 €
Kapitalentnahmen	**15.000,00 €**	**25.000,00 €**	**20.000,00 €**
Summe Liquiditätsabgang	180.050,00 €	242.950,00 €	211.210,00 €
Rechengröße: Vorsteuer	**20.710,00 €**	**30.400,00 €**	**26.980,00 €**
Liquiditätssaldo (Endbestand Monat)			
Summe Liquiditätszugang	184.000,00 €	245.000,00 €	181.000,00 €
Summe Liquiditätsabgang	180.050,00 €	242.950,00 €	211.210,00 €
Liquiditätssaldo (Endbestand Monat)	3.950,00 €	2.050,00 €	-30.210,00 €

Quelle: IHK für München und Oberbayern: Muster für einen Liquiditätsplan. o. ED. In: www.ihk-muenchen.de. https://www.ihk-muenchen.de/de/Service/Krisenmanagement-neu/Liquidit%C3%A4tsplanung/[07.05.2021]. (verändert)

Die Einzahlungen sind jeweils in dem Monat zu berücksichtigen, in dem sie liquiditätswirksam sind. Bei Forderungen ist es somit der Monat, in dem sie fällig sind (in dem mit dem Geldeingang zu rechnen ist). Da der Liquiditätsplan eine zukunftsorientierte Planung ist, sind die Barverkäufe aus den vorhandenen Erfahrungswerten zu schätzen.

Die Umsatzsteuer und auch die Vorsteuer sind tatsächlich liquide Mittel, die zu- bzw. abfließen, obwohl sie keine Gewinnauswirkung haben. In der Regel werden die Positionen als Zugang und Abgang erfasst. Die Umsatzsteuerzahllast/-erstattung wird dafür bei den betrieblichen Steuern erfasst.

Bei den Auszahlungen kann sehr vielfach unterschieden werden. Wichtig ist, dass bei Betrachtung der Liquidität keine Abschreibungen, sondern die tatsächlichen Abflüsse der Kaufpreise für Investitionen erfasst werden. Ansonsten kommen die üblichen betrieblichen Kosten, wie zum Beispiel Waren, Personalkosten, Mieten, Leasingrate und Rechts- und Beratungskosten als Abflüsse zum Ansatz. Darüber hinaus stellen bei Fremdfinanzierungen sowohl die Zinszahlungen als auch die Tilgungen Liquiditätsabflüsse dar.

Als betriebliche Steuern kommen neben der Umsatzsteuer die Körperschaft-, Gewerbe-, Grundsteuer in Betracht.

Kapitalentnahmen der Gesellschafter bzw. des Unternehmers werden ebenfalls als Liquiditätsabfluss erfasst.

Schlussendlich wird die Summe der Liquiditätsabgänge von der Summe der Liquiditätszugänge abgezogen. Der Liquiditätssaldo des Monates erlaubt direkt Rückschlüsse auf die Liquidität des Unternehmens. Er sollte langfristig positiv sein. Bei größeren Anschaffungen oder saisonalen Schwankungen der Geschäftstätigkeit kann der Saldo temporär negativ sein.

Den Saldo addiert man schließlich zu dem Übertrag aus dem Vormonat (oberste Zeile), um den Schlussbestand des Monats und somit den Übertrag für den nächsten Monat zu generieren.

Beispiel

Ermittlung des Übertrags in den Folgemonat:

Übertrag aus Vormonat:	10.000,00 €
+ Summe Liquiditätszugang	+ 184.000,00 €
– Summe Liquiditätsabgang	– 180.500,00 €
= Endbestand	13.950,00 €

Alternativ:

Übertrag aus Vormonat:	10.000,00 €
+ Liquiditätssaldo:	3.950,00 €
= Endbestand	13.950,00 €

Liquiditätsplanung und-überwachung mit der OPOS-Liste

Um jederzeit einen Überblick über die Ein- und Auszahlungen zu haben, die innerhalb eines bestimmten Zeitraums fällig werden, wird in Betrieben oftmals eine „OPOS-Liste" geführt. Die Abkürzung „OPOS" steht für „offene Posten".

In der OPOS-Liste für die Zahlungseingänge (Debitorenliste) sind Informationen zu sämtlichen offenen Forderungen enthalten. In der OPOS-Liste für die Zahlungsausgänge (Kreditorenliste) sind die Informationen zu den offenen Verbindlichkeiten enthalten. In modernen Buchhaltungsprogrammen kann die OPOS-Liste auf jeden beliebigen Zeitpunkt erstellt werden. Die OPOS-Liste kann zum Beispiel wie folgt aussehen:

BEISPIEL OPOS-Liste Debitoren der Ehlers & Gehrenberg KG zum 31.12.20..

Ehlers & Gehrenberg KG								
offene Posten zum 31.12.20..		Postenumfang:	nur offene Posten					
Konto	**Beschriftung**	**Rechnungs-Nr.**	**Datum**	**Fälligkeit**	**Gegenkonto**	**Betrag Soll**	**Betrag Haben**	**Saldo**
42006	Baba GmbH	202100103	21.11.21	31.12.21	8010	12.600,00		
		202100121	11.12.21	08.01.22	8010	3.685,00		
					Gesamt	*16.285,00*	*0,00*	*16.285,00*
43008	Martin Kaiser	202100107	22.11.21	20.12.21	8010	8.640,00		
		202100115	11.12.21	08.01.22	8010	12.342,00		
		202100119	07.12.21	04.01.22	8010	3.680,00		
		202100130	08.12.21	05.01.22	8010	6.800,00		
					Gesamt	*31.462,00*	*0,00*	*31.462,00*
44010	Stockmann OHG	202100112	22.11.21	20.12.21	8010	1.200,00		
		202100121	03.12.21	06.01.22	8010	6.850,00		
		202100124	14.12.21	17.01.22	8010	7.430,00		
					Gesamt	*0,00*	*0,00*	*15.480,00*
41010	Wodsack KG	202100118	30.11.21	28.12.21	8010	3.600,00		
		202100120	09.12.21	06.01.22	8010	10.005,00		
		202100122	20.12.21	17.01.22	8010	8.200,00		
					Gesamt	*21.805,00*	*0,00*	*21.805,00*
33008	Technologies Import - Export	202100125	04.12.21	01.01.22	8010	3.600,00		
		202100127	06.12.21	03.01.22	8010	5.120,00		
		202100129	07.12.21	04.01.22	8010	1.950,00		
					Gesamt	*10.670,00*	*0,00*	*10.670,00*
32001	Baia Recicla	202100131	21.12.21	18.01.22	8010	2.825,00		
		202100132	28.12.21	25.01.22	8010	6.740,00		
					Gesamt	*9.565,00*	*0,00*	*9.565,00*
40006	ELKO AG	202100136	05.12.21	02.01.22	8010	9.750,00		
		202100139	11.12.21	08.01.22	8010	3.630,00		
					Gesamt	*13.380,00*	*0,00*	*13.380,00*
45005	Peter Pührt	202100140	18.12.21	15.01.22	8010	4.710,00		
					Gesamt	*4.710,00*	*0,00*	*4.710,00*
33005	New York Chemicals	202100104	22.11.21	20.12.21	8010	5.800,00		
		202100128	28.12.21	25.01.22	8010	14.658,00		
					Gesamt	*20.458,00*	*0,00*	*20.458,00*
31004	Tejo Chemical	202100105	11.12.21	08.01.22	8010	9.745,00		
		202100110	14.12.21	11.01.22	8010	10.100,00		
		202100138	19.12.21	16.01.22	8010	8.400,00		
					Gesamt	*28.245,00*	*0,00*	*28.245,00*
41001	Tankert AG	202100133	23.12.21	20.01.22	8010	7.200,00		
		202100126	29.12.21	26.01.22	8010	2.740,00		
					Gesamt	*9.940,00*	*0,00*	*9.940,00*
					Total	**182.000,00**		

Damit die OPOS-Liste als Hilfsmittel genutzt werden kann, ist es notwendig, dass die Unternehmen ihre Debitoren- und Kreditorenbuchhaltung entsprechend pflegen. Dazu gehört, dass zu sämtlichen Belegen die Fälligkeiten, Zahlungsbedingungen und ggf. Ratenzahlungen eingegeben werden.

Weitere Informationen, die für die Feststellung des Liquiditätsstatus relevant sein können, sind zum Beispiel die Abbuchungstermine für Verbindlichkeiten und für Forderungen, falls ein SEPA-Lastschriftmandat vorliegt.

Liquiditätsplanung und -überwachung mit Liquiditätsgraden

Zur Beurteilung der Liquidität mithilfe der aus der Bilanz hervorgehenden Informationen über ein Unternehmen werden häufig die Liquiditätsgrade herangezogen.

Bei der **Liquidität 1. Grades** werden die vorhandenen flüssigen Mittel des Unternehmens ins Verhältnis zu den kurzfristigen Verbindlichkeiten gesetzt. Sie wird auch als **Barliquidität** bezeichnet. Beträgt die Liquidität 1. Grades über 100 %, so ist das Unternehmen in der Lage, sämtliche kurzfristig fällig werdenden Zahlungsverpflichtungen allein aus den flüssigen Mitteln zu bestreiten. Dies ist allerdings nicht erforderlich. Als Zielwert für die Liquidität 1. Grades gelten 10 % bis 30 %.

Definition

$$\textbf{Liquidität 1. Grades} = \frac{\text{flüssige Mittel} \cdot 100}{\text{kurzfristige Verbindlichkeiten}}$$

Bei der Errechnung der **Liquidität 2. Grades** werden die flüssigen Mittel zuzüglich der kurzfristigen Forderungen ins Verhältnis zu den kurzfristigen Verbindlichkeiten gesetzt. Die kurzfristigen Forderungen sind dem Unternehmen noch nicht zugeflossen. Sie müssen noch von den Schuldnern eingezogen werden. Daher wird die Liquidität 2. Grades auch als **einzugsbedingte Liquidität** bezeichnet. Die Liquidität 2. Grades sollte 100 % betragen. Dadurch ist gewährleistet, dass das Unternehmen die kurzfristig anfallenden Verbindlichkeiten durch die bestehenden flüssigen Mittel und die kurzfristigen Forderungen bestreiten kann und somit aus eigenen Mitteln zahlungsfähig ist.

Definition

$$\textbf{Liquidität 2. Grades} = \frac{(\text{flüssige Mittel} + \text{kurzfristige Forderungen}) \cdot 100}{\text{kurzfristige Verbindlichkeiten}}$$

Beispiel

Liquidität 1. Grades:
Die Liquidität 1. Grades bei der Ehlers & Gehrenberg KG (siehe Einstieg) ermittelt sich wie folgt:
flüssige Mittel:
Bank 44.000,00 € + Kasse 8.000,00 € = 52.000,00 €
kurzfristige Verbindlichkeiten:
Verbindlichkeiten aus Lieferungen und Leistungen 204.000,00 € + sonstige Verbindlichkeiten (kurzfristig) 4.000,00 € = 208.000,00 €

$$\frac{\text{flüssige Mittel } 52.000{,}00\ € \cdot 100}{\text{kurzfristige Verbindlichkeiten } 208.000{,}00\ €} = 25\,\%$$

Die Ehlers & Gehrenberg KG verfügt am 31.12.20.. somit über eine hinreichende Barliquidität.

Liquidität 2. Grades:
Die Liquidität 2. Grades bei der Ehlers & Gehrenberg KG ermittelt sich wie folgt:

$$\frac{(\text{flüssige Mittel } 52.000{,}00\ € + \text{kurzfristige Forderungen } 182.000{,}00\ €) \cdot 100}{\text{kurzfristige Verbindlichkeiten } 208.000{,}00\ €} = 112{,}5\,\%$$

Die Ehlers & Gehrenberg KG verfügt am 31.12.20.. somit über eine hinreichende einzugsbedingte Liquidität.

Eine bloße Messung der Liquidität anhand von Liquiditätsgraden ist nicht empfehlenswert, da

- diese nur eine Momentaufnahme auf den Zeitpunkt des Jahresabschlusses darstellen,
- sie die Liquidität nur rückwirkend betrachten und somit im Zeitpunkt ihrer Berechnung häufig veraltet sind,
- sie sich ausschließlich auf der Datenbasis der Bilanz ermitteln (laufende Verbindlichkeiten wie z. B. Zinsen oder Mieten werden nicht einbezogen),
- sie exakte Fälligkeiten einzelner Verbindlichkeiten nicht berücksichtigen können,
- sie vorhandene Kreditlinien, welche zur Vermeidung von Liquiditätsproblemen genutzt werden können, nicht berücksichtigen können.

Werden in die Ermittlung von Liquiditätsgraden die Daten des internen Rechnungswesens einbezogen, so werden die Ergebnisse aussagekräftiger. Der verwendete Datenbestand ist dann aktueller und es könnten beispielsweise auch laufende Verbindlichkeiten wie Zinsen und Mieten einbezogen werden.

Zusammenfassung

Liquiditätsstatus feststellen

Vorhandene liquide Mittel
\+ Einzahlungen, die im Betrachtungszeitraum fällig sind
− Auszahlungen, die im Betrachtungszeitraum gezahlt werden
= Liquidät

Beispiel Liquiditätsplan			
Beträge in €	**1. Monat**	**2. Monat**	**3. Monat**
Übertrag Liquiditäts-Endbestand Vormonat			
Einzahlungen (brutto) aus			
Forderungen aus Lieferungen u. Leistungen			
Barverkäufe			
sonstige Einnahmen			
Summe Liquiditätszugang			
Rechengröße: vereinnahmte Umsatzsteuer			
Auszahlungen für Investitionen			
Anschaffung Maschinen/Geräte			
Büroausstattung, PCs, Firmenfahrzeug			
Summe Investitionsausgaben			
Auszahlungen für betriebliche Kosten			
Ware, Material, Roh-/Hilfs-/Betriebsstoffe			
Personalkosten			
Leasing Maschinen			
Buchführungs- und Steuerberatungskosten			
Rechtsanwalts- und Beratungskosten			
Sonstige Kosten (z.B. Mieten, Anzahlungen, Gebühren, Abgaben)			
Summe betriebliche Kosten			
Mittelabfluss aus Finanzierungen			
Zinsen für Darlehen und Kontokorrentkredite			
Tilgungsraten Darlehen			
Betriebliche Steuern			
Umsatzsteuer (Zahllast/Erstattung)			
Kapitalentnahmen			
Summe Liquiditätsabgang			
Rechengröße: Vorsteuer			
Liquiditätssaldo (Endbestand Monat)			
Summe Liquiditätszugang			
Summe Liquiditätsabgang			
Liquiditätssaldo (Endbestand Monat)			

Quelle: IHK für München und Oberbayern: Muster für einen Liquiditätsplan. o. ED. In: www.ihk-muenchen.de. https://www.ihk-muenchen.de/de/Service/Krisenmanagement-neu/Liquidit%C3%A4tsplanung/[07.05.2021]. (verändert)

Liquiditätsgrade

Liquidität 1. Grades = $\frac{\text{flüssige Mittel}}{\text{kurzfristige Verbindlichkeiten}} \cdot 100$

Liquidität 1. Grades = Barliquidität

Liquidität 2. Grades = $\frac{\text{flüssige Mittel + kurzfristige Forderungen}}{\text{kurzfristige Verbindlichkeiten}} \cdot 100$

Liquidität 2. Grades = einzugsbedingte Liquidität

Aufgaben

1. Beschreiben Sie mit eigenen Worten, was man unter Liquiditätsplanung versteht.

2. Geben Sie an, warum Liquidität für ein Unternehmen wichtig ist.

3. Geben Sie Geschäftsprozesse an, die sich auf die Liquidität auswirken können.

4. Entwerfen Sie drei unterschiedliche Sachverhalte, die sich auf die Liquidität der Ehlers & Gehrenberg KG auswirken.

5. Erläutern Sie, wie ein Unternehmer seinen Liquiditätsstatus feststellt. Geben Sie dabei an, welche Aspekte beachtet werden müssen.

6. Geben Sie an, was eine OPOS-Liste ist und welcher Zweck mit dieser Liste verfolgt wird.

7. Geben Sie an, was man unter „Liquidität 2. Grades" versteht, wie man sie ermittelt und wie hoch diese sein sollte.

8. Ermitteln Sie für die Unternehmen mit den folgenden Bilanzwerten
   a) die Liquidität 1. Grades.
   b) die Liquidität 2. Grades.
   c) Beurteilen Sie anhand Ihrer Ergebnisse aus a) und b) den Liquiditätsstatus der Unternehmen.
   d) Geben Sie an, warum die Betrachtung der Liquidität eines Unternehmens anhand von Liquiditätsgraden problematisch ist.

	a)	b)	c)
I. Anlagevermögen			
1. Grundstücke und Bauten	120.000,00	560.000,00	50.000,00
2. Maschinen	80.000,00	840.000,00	43.000,00
3. BGA	23.000,00	142.000,00	35.500,00
II. Umlaufvermögen			
1. Handelswaren	75.000,00	206.000,00	100.000,00
2. Fertige Erzeugnisse	24.000,00	420.000,00	80.000,00
3. Forderungen aus LuL	48.000,00	280.000,00	90.000,00
4. Bank	20.000,00	40.000,00	80.000,00
5. Kasse	2.000,00	4.000,00	10.000,00
Vermögen	**392.000,00**	**2.492.000,00**	**488.500,00**
I. Eigenkapital	237.000,00	22.000,00	57.300,00
II. Fremdkapital			
1. Hypotheken	45.000,00	1.800.000,00	84.500,00
2. Darlehen	60.000,00	420.000,00	46.700,00
3. Verbindlichkeiten aus LuL	48.000,00	250.000,00	288.000,00
4. Sonst. Verb. (kurzfristig)	2.000,00	0,00	12.000,00
Kapital	**392.000,00**	**2.492.000,00**	**488.500,00**

9. **a)** Erstellen Sie den Liquiditätsplan für das folgende Unternehmen:

Beispiel Liquiditätsplan			
Beträge in €			
	1. Monat	2. Monat	3. Monat
Übertrag Liquiditäts-Endbestand Vormonat	23.000,00 €		
Einzahlungen (brutto) aus			
Forderungen aus Lieferungen u. Leistungen	230.000,00 €	210.000,00 €	200.000,00 €
Barverkäufe	15.000,00 €	17.000,00 €	15.000,00 €
sonstige Einnahmen	5.000,00 €	5.500,00 €	4.000,00 €
Summe Liquiditätszugang			
Rechengröße: vereinnahmte Umsatzsteuer	**47.500,00 €**	**44.175,00 €**	**41.610,00 €**
Auszahlungen für Investitionen			
Anschaffung Maschinen/Geräte	4.000,00 €	17.000,00 €	7.000,00 €
Büroausstattung, PCs, Firmenfahrzeug	1.000,00 €	5.000,00 €	2.000,00 €
Summe Investitionsausgaben			
Auszahlungen für betriebliche Kosten			
Ware, Material, Roh-/Hilfs-/Betriebsstoffe	130.000,00 €	135.000,00 €	145.000,00 €
Personalkosten	55.000,00 €	55.000,00 €	55.000,00 €
Leasing Maschinen	4.500,00 €	4.500,00 €	5.000,00 €
Buchführungs- und Steuerberatungskosten	2.200,00 €	2.200,00 €	2.000,00 €
Rechtsanwalts- und Beratungskosten	1.200,00 €	1.200,00 €	3.000,00 €
Sonstige Kosten (z.B. Mieten, Anzahlungen, Gebühren, Abgaben)	7.900,00 €	9.250,00 €	4.500,00 €
Summe betriebliche Kosten			
Mittelabfluss aus Finanzierungen			
Zinsen für Darlehen und Kontokorrentkredite	190,00 €	190,00 €	190,00 €
Tilgungsraten Darlehen	1.800,00 €	1.800,00 €	1.800,00 €
Betriebliche Steuern			
Umsatzsteuer (Zahllast/Erstattung)			
Kapitalentnahmen	**12.500,00 €**	**15.000,00 €**	**17.500,00 €**
Summe Liquiditätsabgang			
Rechengröße: Vorsteuer	**33.896,00 €**	**36.176,00 €**	**36.860,00 €**
Liquiditätssaldo (Endbestand Monat)			
Summe Liquiditätszugang			
Summe Liquiditätsabgang			
Liquiditätssaldo (Endbestand Monat)			

b) Beurteilen Sie den Liquiditätsstatus des Unternehmens auf der Grundlage des von Ihnen erstellten Liquiditätsplans.

c) Geben Sie Empfehlungen zur Liquiditätsplanung für den Unternehmer ab, die sich aus den veränderten Zahlen in den einzelnen Monaten ableiten lassen.

10. **a)** Übertragen Sie die folgende Bilanz der Behrens GmbH in ein Tabellenkalkulationsprogramm (z. B. Microsoft Excel). Berücksichtigen Sie dabei folgende Vorgaben:
- Achten Sie dabei darauf, dass Sie die Formatierungen übernehmen (z. B. Zahlen rechtsbündig, zwei Nachkommastellen, 100er-Trennzeichen etc).
- Erstellen Sie eine automatische Summe für die Aktivseite der Bilanz.
- Setzen Sie die Passivseite gleich der Aktivseite der Bilanz.
- Erstellen Sie eine Formel für die Berechnung des Eigenkapitals in der entsprechenden Zelle.

AKTIVA	Bilanz der Behrens GmbH zum 31.12.20..		PASSIVA
I. Anlagevermögen		I. Eigenkapital	1.202.770,00
1. Grundstücke und Bauten	1.122.000,00		
2. Technische Anlagen und Maschinen	458.610,00	II. Fremdkapital	
		1. Hypotheken	750.000,00
3. Betriebs- und Geschäftsausstattung	84.250,00	2. Darlehen	778.500,00
		3. Verbindlichkeiten aus LuL	300.000,00
II. Umlaufvermögen		4. Sonstige Verbindlichkeiten (kurzfristig)	3.000,00
1. Handelswaren	427.150,00		
2. Fertige Erzeugnisse	538.260,00		
3. Forderungen aus LuL	325.000,00		
4. Bank	70.000,00		
5. Kasse	9.000,00		
	3.034.270,00		3.034.270,00

b) Erstellen Sie jeweils eine Excel-Zelle, in welcher die Liquidität 1. Grades, Liquidität 2. Grades und die Über-/Unterdeckung aus der von Ihnen erstellten Bilanz ermittelt werden.

c) Schreiben Sie die in Aufgabenteil b) erstellten Formeln jeweils in eine weitere Zelle der Tabelle. Setzen Sie vor die Formel ein Leerzeichen, damit die Formel sichtbar bleibt.

d) Beurteilen Sie die Liquidität der Behrens GmbH anhand der Ergebnisse aus Aufgabenteil b).

11. Die Freese GmbH hat im letzten Jahr 144.000,00 € Umsatzerlöse erzielt. Hinzu kamen weitere Einnahmen aus Zinsen in Höhe von 2.000,00 € und Mieten in Höhe von 15.000,00 €.
Den Einnahmen stehen folgende Ausgaben gegenüber: Wareneinkäufe 64.000,00 €, Personalkosten 44.000,00 €, Anschaffungen 27.500,00 €, Versicherungen 6.000,00 €, Pkw-Kosten 5.400,00 €, Porto, Telefon 740,00 €, Bürobedarf 2.600,00 €, sonstige betriebliche Aufwendungen 4.200,00 €.
Der Geschäftsführer möchte von Ihnen in einem Tabellenkalkulationsprogramm (z. B. Microsoft Excel) eine tabellarische Auflistung der Einnahmen und der Ausgaben. Aus dieser tabellarischen Auflistung sollen dann in Diagrammform sowohl die Struktur der Einnahmen als auch die Struktur der Ausgaben als Kreis- und als Säulendiagramm erstellt werden, da er sich ein Bild von der Einnahmen- und Ausgabenstruktur verschaffen möchte. Außerdem möchte er ein Kreisdiagramm, in welchem die Einnahmen den Ausgaben gegenübergestellt werden. Die Diagramme sollen die folgenden Beschriftungen enthalten: Eurowert, Bezeichnung der Einnahmen-/Ausgabenposition.

Lernsituation

Hinweis: Die Lernsituation in LF 12, Kap. 8 bildet die Lerninhalte dieses Kapitels mit ab.

5 Auslandszahlungsverkehr

Einstiegssituation

Die Ehlers und Gehrenberg KG hat von der New Zeeland Outdoorclothing die folgende Rechnung bekommen:

New Zealand Outdoorclothing
34 Constellation drive
Rosedale
Auckland 0632
New Zealand

Auckland, 08.09.20..

Phone: +64 9532 1155

Ehlers & Gehrenberg KG
Am Sandtorkai 24
DE-20457 Hamburg
Germany

Your order no. 6794

20-07-20..

Invoice No. 1538

item no.	**description of goods**	**unit price**	**amount**
		NZD	NZD
1	100 pcs. Langfort Parka, 100 % cotton, graphite, size M	187,00	18.700,00
2	100 pcs. Langfort Parka, 100 % cotton, graphite, size L	187,00	18.700,00
3	100 pcs. Langfort Parka, 100 % cotton, graphite, size XL	187,00	18.700,00
4	100 pcs. Langfort Parka, 100 % cotton, red maple, size M	187,00	18.700,00
5	100 pcs. Langfort Parka, 100 % cotton, red maple, size L	187,00	18.700,00
6	100 pcs. Langfort Parka, 100 % cotton, red maple, size XL	187,00	18.700,00
		Total	**112.200,00**
	FOB Auckland (New Zealand), Incoterms 2020		
	2 wooden cases Size (mm) 2 040 x 1 200 x 800 Gross-weight: 640 kg Net-weight: 600 kg		
	Vessel: Wellington Star **Container Ship, IMO: 8413256, MMSI: 488827700**		
	Terms of paymemt: payment within 30 days without discount		
	New Zealand Outdoorclothing.		
	Zoé McDouglas Export manager		

Die Abteilungsleiterin Rechnungswesen, Frau Bertram, beauftragt Allan Stevenson, die Begleichung des Rechnungsbetrages an die New Zealand Outdoorclothing vorzubereiten.

Versetzen Sie sich in die Rolle von Allan Stevenson und erfüllen Sie den Auftrag von Frau Bertram.

Arbeitsaufträge

Stellen Sie fest,

1. welches Formular für die Überweisung an die New Zealand Outdoorclothing benutzt werden muss.
2. welche Inhalte in das Überweisungsformular eingetragen werden müssen.

Zahlungsbedingungen im Außenhandel

Die im Außenhandel üblichen Zahlungsbedingungen sind:

- Vorauszahlung/Anzahlung
- Zahlung aus einem Dokumenten-Akkreditiv
- Dokumente gegen Kasse (D/P = documents against payment)
- Dokumente gegen Akzept (D/A = documents against acceptance)
- Zahlung nach Ablauf eines offenen Zahlungsziels

Zahlungsbedingungen	Risiken des Importeurs	Risiken des Exporteurs	Verteilung der Finanzierungslast
Vorauszahlung	Ware wird nicht oder nicht wie bestellt geliefert.	–	Ausschließlich der Importeur
Dokumenten-Akkreditiv	Gelieferte Ware ist mangelhaft.	–	Hauptfinanzierungslast liegt beim Importeur.
Dokumente gegen Kasse (d/p)	Gelieferte Ware ist mangelhaft; er hat keine Möglichkeit zur vorherigen Prüfung	Verweigerung der Annahme durch den Importeur	Importeur und Exporteur tragen die Finanzierungslast zu gleichen oder unterschiedlichen Teilen, je nach Postlaufzeit.
Dokumente gegen Akzept (d/a)	Gelieferte Ware ist mangelhaft	Akzeptverweigerung und Nichteinlösung des Akzepts durch den Importeur	Mit steigender Laufzeit des Akzepts geht die Finanzierungslast vom Importeur auf den Exporteur über.
Offenes Zahlungsziel	–	Zahlung geht nicht ein.	Ausschließlich der Exporteur

Meldepflicht bei der Auslandsüberweisung

Zahlungen von und nach Deutschland sind meldepflichtig, wenn der Betrag über 12.500,00 € liegt, der Anlass der Zahlung ein wirtschaftliches Geschäft ist und entweder der Absender oder der Empfänger seinen gewöhnlichen Aufenthalt in Deutschland hat. Die Auslandsüberweisung muss in Deutschland bei der Bundesbank gemeldet werden.

Für die Meldepflicht der ein- und ausgehenden Zahlungen gibt es das **Formular Z4.** Dieses Formular wird von der Deutschen Bundesbank auf ihrer Internetseite zum Download bereitgestellt. Die Meldung muss bei der Deutschen Bundesbank elektronisch eingereicht werden. Die Meldung dient ausschließlich zur statistischen Erfassung für die Zahlungsbilanz der Bundesrepublik Deutschland.

Rechtsgrundlagen für die Meldepflicht im Auslandszahlungsverkehr sind das Außenwirtschaftsgesetz (AWG), die Außenwirtschaftsverordnung (AWV) und das Bundesstatistikgesetz (BStatG).

Für die Weiterleiten der gemeldeten Informationen an das Finanzamt oder den Zoll gibt es keine gesetzlichen Grundlagen.

Die Z4-Meldung muss für Zahlungen abgegeben werden,

- die Inländer von Ausländern oder für deren Rechnung von Inländern entgegennehmen (eingehende Zahlungen) bzw.
- die Inländer an Ausländer oder für deren Rechnung an Inländer leisten (ausgehende Zahlungen). Hierzu gehören auch ausgehende Zahlungen in Euro, die über ein inländisches Geldinstitut für einen ausländischen Zahlungsempfänger auf ein Geldinstitut oder dessen Zweigstelle in einem anderen Mitgliedstaat der Europäischen Union, Liechtenstein, Norwegen, Island oder der Schweiz geleistet werden (SEPA-Überweisungen).

Als Zahlungen gelten insbesondere:

- Überweisungen, auch die ein- und ausgehenden Zahlungen von Inländern, die über ausländische Geldinstitute oder Clearingstellen geleistet werden;
- Barzahlungen;
- Zahlungen mittels Lastschrift, Scheck und Wechsel;
- Belastungen aus Akkreditiven und Dokumenteninkassi, sofern diese Zahlungen Dienstleistungen, Übertragungen oder den Kapitalverkehr betreffen;
- Aufrechnungen und Verrechnungen; diese sind grundsätzlich brutto zu melden. Hierzu zählen auch Verrechnungen über Kontokorrent oder Clearingstellen;
- das Einbringen von Sachen und Rechten in Unternehmen, Zweigniederlassungen und Betriebsstätten.

Es müssen nicht gemeldet werden:

- Zahlungen bis zum Betrag von 12.500,00 € oder Gegenwert in anderer Währung;
- Zahlungen für Wareneinfuhren sowie Einnahmen/Erlöse aus Warenausfuhren;
- Auszahlungen oder Rückzahlungen von Krediten und Einlagen mit einer vereinbarten Laufzeit bis zu zwölf Monaten. Zinsen aus diesen Geschäften sind meldepflichtig;
- Zahlungen auf Konten von Inländern bei ausländischen Geldinstituten mit einer vereinbarten Einlagedauer bis zu zwölf Monaten;
- durch Inländer entgegengenommene und weitergeleitete Zahlungen zwischen Ausländern.

Quelle: Deutsche Bundesbank: Erläuterungen der Deutschen Bundesbank zur Meldung „Zahlungen im Außenwirtschaftsverkehr" – Anlage Z 4 zur Außenwirtschaftsverordnung (AWV). In: www.bundesbank.de. 2013. https://www.bundesbank.de/resource/blob/613460/5a9e9e7068b77e30701655e957f74c6c/mL/z4-z8-z10-data.pdf [07.05.2021].

Zahlungsarten

Überweisungen

Euro-Überweisungen im einheitlichen Eurozahlungsraum in Europa (Single Euro Payments Area [SEPA]) werden mit einer SEPA-Überweisung durchgeführt.

SEPA-Überweisungen können ausschließlich in Euro abgewickelt werden. Zahlungen in anderen Währungen oder an Empfänger in einen Staat, der nicht zum einheitlichen Eurozahlungsraum gehört, müssen mit einer Auslandsüberweisung durchgeführt werden.

Nahezu jede Bank bietet die Möglichkeit der Auslandsüberweisung. Die Überweisung kann im Online-Banking oder mit einem Auslandsüberweisungsformular durchgeführt werden Diese Überweisungsformulare unterscheiden sich durch die Angaben „Entgelt“, „Währung“ und die aufgedruckte Kennzeichnung „AVZ“ von den regulären Überweisungsträgern.

Für die Auslandsüberweisung muss der Absender den SWIFT-Code der empfangenden Bank ermitteln. Jede Bank verfügt über einen solchen aus acht bzw. elf Stellen bestehenden Code. Die übrigen Angaben entsprechen den in der SEPA-Überweisung verwendeten Angaben: IBAN, Empfängername, Verwendungszweck und Referenznummer. Ein Beispiel für ein Auslandsüberweisungsformular finden Sie auf Seite 333.

Scheckzahlungen

Definition

Der **Scheck** ist eine Anweisung an ein Geldinstitut, bei Vorlage einen bestimmten Geldbetrag zulasten des Scheckausstellers auszuzahlen.

Voraussetzungen für das Ausstellen eines Schecks

Der Aussteller eines Schecks muss ein Konto haben. Er darf einen Scheck nur ausstellen, wenn

- sein Konto ein Guthaben über den Scheckbetrag aufweist oder
- das kontoführende Geldinstitut dem Aussteller einen entsprechenden Kredit (= Dispositionskredit) eingeräumt hat.

Bestandteile des Schecks

Gemäß Scheckgesetz muss der Scheck sechs **gesetzliche Bestandteile** enthalten:

1. die Bezeichnung „Scheck“ im Text der Urkunde,
2. die unbedingte Anweisung, eine bestimmte Geldsumme zu zahlen,
3. den Namen dessen, der zahlen soll („Bezogener“ = Geldinstitut),
4. den Zahlungsort (= Geschäftssitz des Geldinstituts),
5. Ort und Tag der Ausstellung,
6. die Unterschrift des Ausstellers.

Fehlt einer dieser gesetzlichen Bestandteile, so ist der Scheck ungültig.

Die übrigen Bestandteile des Schecks sind **kaufmännische Bestandteile:**

A Schecknummer
B Kontonummer
C Bankleitzahl

ZAHLUNGSAUFTRAG IM AUSSENWIRTSCHAFTSVERKEHR

Dem Kreditinstitut/Zahlungsdienst-leister einzureichen

1 52: An Kreditinstitut/Zahlungsdienstleister

Referenz des Kontoinhabers

IBAN
D E

Zahlung zulasten 1 = Euro-Konto 2 = Währungskonto — Keine Angabe bedeutet Zahlung zulasten des Euro-Kontos

32: Währung — Betrag

Zielland

TIPANET

Wirtschaftscode

Weitere Informationen zu TIPANET erhalten Sie bei Ihrem Kundenberater

50: Name des Kontoinhabers/Zahlers

Straße

Nationale Kennung (z. B. Steuernummer)

Postleitzahl — Ort

Version 0 0 0 7

57: Bank/Zahlungsdienstleister des Zahlungsempfängers (bevorzugt als BIC) — BIC (SWIFT-Code) — Ist sowohl der BIC als auch Name und Anschrift der Bank/des Zahlungsdienstleisters ausgefüllt, wird die Zahlung gemäß BIC ausgeführt.

Name des Kreditinstituts/des Zahlungsdienstleisters des Zahlungsempfängers

Straße

Ort/Land

IBAN bzw. Konto-Nummer des Zahlungsempfängers und Bank-Code (max. 34 Stellen)

59: Name des Zahlungsempfängers

Straße

Ort/Land

70: Verwendungszweck (nur für Zahlungsempfänger)

Zusätzliche Weisungen für das Kreditinstitut/den Zahlungsdienstleister (z. B. zum Weisungsschlüssel)

Ausführungsart
(Keine Angabe bedeutet Standard)
0 = Standard (SWIFT)
1 = Eilig (SWIFT)
2 = Scheckziehung
3 = Scheckziehung an Kontoinhaber
8 = TIPANET-Überweisung
9 = TIPANET-Scheckzahlung

Weisungsschlüssel – nicht für TIPANET –
(Weisungen für Kreditinstitut/Zahlungsdienstleister)
0 = keine besondere Weisung
1 = Avis an Bank des Zahlungsempfängers
2 = Telefonavis an den Zahlungsempfänger
3 = Telex-/Fax-Avis an den Zahlungsempfänger
4 = Zahlung gegen Legitimation

71: Entgeltregelung (Keine Angabe bedeutet „0". Innerhalb des EWR nur „0" möglich.)
0 = Entgeltteilung
eigenes Entgelt zul. Kontoinhaber
fremdes Entgelt zul. Zahlungsempfänger
1 = alle Entgelte zul. Kontoinhaber
2 = alle Entgelte zul. Zahlungsempfänger

Bei Zahlungen zulasten Währungskonto Entgelte zulasten
1 = Euro-Konto
2 = Währungskonto
(Ohne Weisung wird das zu belastende Konto angesprochen)

Bitte Pflicht zur gesonderten Meldung gemäß Außenwirtschaftsverordnung beachten! Bei Rückfragen wenden Sie sich bitte an die Hotline: 0800 1234 111 (entgeltfrei, nur aus dem deutschen Festnetz erreichbar) bzw. an die E-Mail: statistik-s21@bundesbank.de. Weitere Informationen zum Meldewesen im Außenwirtschaftsverkehr erhalten Sie auch im Internet unter www.bundesbank.de.

Kontoführung/Sicherungsstempel

Datum

Telefon/Durchwahl

Unterschrift/Stempel

2

Bitte bevorzugt mit Schreibmaschine ausfüllen. Bei Handschrift sind Großbuchstaben zu verwenden.

273 150 I DG VERLAG 2.17

Auslandsüberweisungsformular

D Betrag in Ziffern
E Überbringerklausel

Sie sollen den Geldinstituten die Scheckbearbeitung erleichtern.

Weicht in einem Scheck der in Buchstaben angegebene Geldbetrag von dem Betrag in Ziffern ab, ist der Scheck trotzdem gültig. Es gilt dann der in Buchstaben angegebene Geldbetrag.

Inhaberscheck

Die von den Geldinstituten ausgegebenen Scheckformulare tragen den Zusatz „oder Überbringer". Das macht den Scheck zu einem Inhaberpapier. Das bezogene Geldinstitut zahlt an jede Person, die den Scheck vorlegt. Eine Streichung dieser Überbringerklausel wird von dem Geldinstitut nicht anerkannt, d.h., es zahlt auch dann an den Überbringer des Schecks. Die Angabe des Zahlungsempfängers ist deshalb bei einem Inhaberscheck nicht erforderlich.

Namensscheck

Er wird nur in besonderen Fällen (z.B. bei hohen Scheckbeträgen) verwendet. Er enthält den Namen des Zahlungsempfängers, aber keine Überbringerklausel. Das Geldinstitut zahlt den Scheckbetrag nur an den Zahlungsempfänger oder eine dritte Person aus, auf die der Namensscheck durch einen schriftlichen Übergabevermerk auf dem Scheck oder eine schriftliche Abtretung übertragen wurde.

Verwendung von Barschecks

- Der Inhaber eines Barschecks kann sich den Scheckbetrag an einem Schalter des bezogenen Geldinstituts bar auszahlen lassen.
- Er kann den Barscheck aber auch bei seiner Bank oder Sparkasse einreichen. Das Geldinstitut zieht dann den Scheckbetrag bei der bezogenen Bank ein und schreibt ihn dem Konto des Einreichers gut.
- Ein Scheck kann auch zur Bezahlung einer Schuld an einen Gläubiger weitergegeben werden.

Schecks sind stets Barschecks, es sei denn, die Verwendung als Barscheck wurde durch den schriftlichen Vermerk „Nur zur Verrechnung" auf dem Scheck ausdrücklich ausgeschlossen.

Verrechnungsscheck

Bei einem Verrechnungsscheck wird dem Überbringer des Schecks der Scheckbetrag nicht bar ausgezahlt, sondern seinem Konto gutgeschrieben. Verrechnungsschecks sind deshalb sicherer als Barschecks. Wenn z.B. ein Verrechnungsscheck gestohlen wurde, könnte der Dieb nur an das Geld kommen, wenn er den Scheck seinem Konto gutschreiben ließe. Dazu müsste er aber seinen Namen angeben.

Aus Sicherheitsgründen kann man erhaltene Barschecks in Verrechnungsschecks umwandeln. Dazu muss man auf den Scheck nur den Vermerk „Nur zur Verrechnung" schreiben. Umgekehrt kann ein Verrechnungsscheck nicht durch Streichung des Vermerks „Nur zur Verrechnung" in einen Barscheck umgewandelt werden.

Scheckeinlösung

Ein Scheck ist bei Sicht zahlbar. Der Scheckinhaber kann einen Scheck also unmittelbar, nachdem er ihn erhalten hat, dem bezogenen Geldinstitut zur Einlösung vorlegen.

Das gilt auch bei Schecks, in die als Ausstellungsdatum ein Tag in der Zukunft eingetragen wurde. Diese vordatierten Schecks können schon vor dem Ausstellungsdatum vorgelegt und eingelöst werden.

Ein Scheck muss dem bezogenen Geldinstitut innerhalb einer bestimmten Frist zur Zahlung vorgelegt werden. Die Vorlegefristen bei einem Geldinstitut in der Bundesrepublik Deutschland betragen für

- im Inland ausgestellte Schecks: 8 Tage,
- im europäischen Ausland ausgestellte Schecks: 20 Tage,
- im außereuropäischen Ausland ausgestellte Schecks: 70 Tage ab Ausstellungsdatum.

Beispiel

Ein Außenhändler erhält am 1. Juli 20.. einen Scheck mit dem Ausstellungsdatum 10. Juli 20.. . Der Außenhändler kann den Scheck schon am 1. Juli einlösen. Er muss nicht bis zum 10. Juli warten

Wenn ein Scheck erst nach Ablauf der Vorlegefrist vorgelegt wird, darf ihn das bezogene Geldinstitut noch einlösen, sofern er bis dahin vom Aussteller nicht gesperrt (widerrufen) wurde.

Gesperrte Schecks dürfen von dem bezogenen Geldinstitut nicht eingelöst werden.

Löst das bezogene Kreditinstitut dennoch einen widerrufenen Scheck ein, muss es dem Kunden den Scheckbetrag wertstellungsgleich wieder gutschreiben und macht sich unter Umstanden darüber hinaus schadensersatzpflichtig.

Weigert sich das bezogene Geldinstitut nach Ablauf der Vorlegefrist, den Scheck einzulösen, hat der Inhaber des Schecks kein **Rückgriffsrecht** mehr gegenüber dem Aussteller. Das Rückgriffsrecht besagt, dass der Scheckinhaber vom Aussteller die Schecksumme und eventuell anfallende Auslagen verlangen kann, wenn das bezogene Geldinstitut den vorgelegten Scheck nicht einlöst. Voraussetzung für das Rückgriffsrecht ist, dass

- der Scheck vor Ablauf der Vorlegefrist vorgelegt wurde und
- die Verweigerung der Zahlung festgestellt wurde (z. B. durch einen schriftlichen Vermerk des bezogenen Geldinstituts auf dem Scheck).

Wechselzahlungen

Bei einer Wechselzahlung verpflichtet sich der Käufer (Bezogene) durch Unterschrift einer vom Verkäufer ausgestellten Urkunde (Wechsel), eine bestimmte Geldsumme zu einem festgelegten Zeitpunkt (dem sogenannten Verfalltag) an ihn oder eine im Wechsel genannte Person zu zahlen.

Gesetzliche Bestandteile des Wechsels

Ein gültiger Wechsel muss die folgenden gesetzlichen Bestandteile enthalten:

- Bezeichnung „Wechsel"
- unbedingte Zahlungsanweisung
- Wechselsumme
- Name des Zahlungspflichtigen (Bezogener)

- Verfallszeit
- Zahlungsort
- Wechselnehmer (Aussteller oder Dritter gemäß Ordervermerk)
- Ort und Tag der Ausstellung
- Unterschrift des Ausstellers (Trassant)

Wechsel, die noch nicht vom Bezogenen unterschrieben worden sind, werden als **Tratte** bezeichnet. Wechsel, die von dem Bezogenen angenommen worden sind, werden als **Akzept** bezeichnet.

Wechselarten

Man unterscheidet die folgenden Wechselarten:

- Sichtwechsel: Sie sind bei Vorlage des Wechsels fällig.

- Nach-Sicht-Wechsel: Sie sind erst nach einer bestimmten Frist nach der Vorlage (nach Sicht) fällig, z. B. 30 Tage nach Sicht

- Dato-Wechsel: Sie sind erst eine bestimmte Zeit nach der Ausstellung fällig, z. B. 90 Tage dato.

- Tag-Wechsel: Sie sind an einem genau bestimmten Tag fällig, z. B. 19.03.2022.

- Sola-Wechsel: Sie stellen ein unbedingtes Versprechen des Ausstellers dar, zu einem bestimmten Zeitpunkt den Wechselbetrag an den im Ordervermerk Benannten zu bezahlen.

- Gezogener Wechsel: Hierbei handelt es sich um eine unbedingte Anweisung des Ausstellers an den Bezogenen, eine bestimmte Geldsumme an den im Ordervermerk Benannten zu zahlen.

Verwendungsmöglichkeiten des Wechsels

Der Aussteller kann

- den Betrag am Verfalltag einziehen oder durch ein Kredit- oder Inkassoinstitut einziehen lassen.

- den Wechsel vor dem Verfalltag an eine Bank verkaufen (diskontieren). Dadurch erhält der Verkäufer liquide Mittel. Die Bank stellt ihm damit Geld zur Verfügung, das sie erst am Verfalltag vom Bezogenen erhält. Für diese Kreditgewährung berechnet sie sogenannte Diskontzinsen.

- den Wechsel als Zahlungsmittel zum Ausgleich seiner Verbindlichkeiten an einen Lieferanten weitergeben. Bei der Weitergabe des Wechsels als Zahlungsmittel durch den Aussteller muss der Wechsel auf der Rückseite von dem Aussteller oder dem Wechselnehmer, der den Wechsel weitergibt, mit einem Indossament (= schriftlicher Übertragungsvermerk) versehen werden.

Auslandszahlungsverkehr

Zahlungsarten

Überweisungen
- SEPA-Überweisung
- Auslandsüberweisung

Scheckzahlung
- Inhaberscheck
- Namensscheck
- Barscheck
- Verrechnungsscheck

Wechselzahlung
- Sichtwechsel
- Nach-Sicht-Wechsel
- Dato-Wechsel
- Tag-Wechsel
- Sola-Wechsel
- Gezogener Wechsel (Tratte)
- Akzept

Meldepflicht bei Auslandszahlungen

Meldung von Zahlungen
- die Inländer von Ausländern oder für deren Rechnung von Inländern entgegennehmen (eingehende Zahlungen) bzw.
- die Inländer an Ausländer oder für deren Rechnung an Inländer leisten (ausgehende Zahlungen).

Ausnahmen
- Zahlungen bis zum Betrag von 12 500,00 € oder Gegenwert in anderer Währung;
- Zahlungen für Wareneinfuhren sowie Einnahmen/Erlöse aus Warenausfuhren;
- Auszahlungen oder Rückzahlungen von Krediten und Einlagen mit einer vereinbarten Laufzeit bis zu zwölf Monaten.
- Zahlungen auf Konten von Inländern bei ausländischen Geldinstituten mit einer vereinbarten Einlagedauer bis zu zwölf Monaten;
- durch Inländer entgegengenommene und weitergeleitete Zahlungen zwischen Ausländern.

Aufgaben

1. Welche Auslandszahlungen müssen der Deutschen Bundesbank mit dem Meldeformular Z 4 gemeldet werden?
2. In welcher Form muss die Meldung der Auslandszahlung bei der Deutschen Bundesbank eingereicht werden?
3. Wozu dient die Meldung der Auslansdzahlung?
4. Die Ehlers & Gehrenberg KG möchte folgende Rechnungen durch Überweisungen begleichen:
   a) Rechnung des Lieferanten AGRI FERT SLR, Barletta, Italien über 12.000,00 €
   b) Rechnung des Lieferanten Donagal Ltd., Manchester, Vereinigtes Königreich über 30.000,00 englische Pfund
   c) Rechnung des Lieferanten DINGYISHENG TEXTILE CO. LTD, Shaoxing, China über 8.000,00
   Welche Art der Überweisung muss die Ehlers & Gehrenberg KG jeweils wählen?
5. Welche Inhalte müssen in ein Auslandsüberweisungsformular eingetragen werden?
6. Erläutern Sie den Ablauf einer Wechselzahlung.
7. Nennen Sie die gesetzlichen Bestandteile eines Wechsels.
8. Unterscheiden Sie die folgenden Wechselarten:
   a) Sichtwechsel
   b) Nach-Sicht-Wechsel
   c) Dato-Wechsel
   d) Tag-Wechsel
   e) Sola-Wechsel
   f) Gezogener Wechsel
   g) Akzept
9. Erläutern Sie die Verwendungsmöglichkeiten eines Wechsels.
10. Wozu dienen die kaufmännischen Bestandteile eines Schecks?
11. Wodurch unterscheiden sich Inhaberscheck und Namensscheck?
12. Welcher Scheck gehört zur bargeldlosen Zahlung?
13. Woran erkennt man einen Verrechnungsscheck?
14. Was kann der Scheckempfänger mit einem Barscheck tun?
15. Ein Scheck wurde im Inland am 3. August 20.. mit dem Ausstellungsdatum 5. August 20.. ausgestellt.
    a) Wann darf dieser Scheck dem bezogenen Geldinstitut frühestens zur Einlösung vorgelegt werden?
    b) Bis zu welchem Tag muss dieser Scheck dem bezogenen Geldinstitut spätestens zur Einlösung vorgelegt werden?
16. Ein gesperrter Scheck wird von der Bank des Ausstellers eingelöst. Wer trägt den Schaden?

6 Dokumenteninkasso

Einstiegssituation

Die Ehlers & Gehrenberg KG erhält die folgende Bestellung von Bertoni Kløverhuset, Bergen (Norwegen):

Bertoni Kløverhuset – Stromgaten 16 – 5013 Bergen
Ehlers & Gehrenberg KG
Am Sandtorkai 24
20457 Hamburg

Bergen
30. Juli 20..

Bestellung

Sehr geehrte Damen und Herren,

wir danken Ihnen für Ihr Angebot. Wir bestellen Herrensakkos aus 100 %
Schurwolle, dunkelblau
Artikel-Nr. 529195

50 Stück, Größe 48
50 Stück, Größe 50
50 Stück, Größe 52
50 Stück, Größe 54
20 Stück, Größe 56

zum Stückpreis von 386,00 EUR, CIF Bergen, einschließlich Verpackung.

Lieferzeit: 14 Tage nach Auftragseingang

Zahlung: Dokumente gegen Kasse (d/p)

Mit freundlichen Grüßen

Bertoni Kløverhuset

Herr Bauer bittet Anna Ruiz-Gonzales und Jakob Osterhoff,

1. den Inkassoauftrag zu erstellen und
2. die Dokumente zu erstellen oder zu beschaffen, die dem Inkassoauftrag beigefügt werden müssen.

Arbeitsauftrag

Stellen Sie die Papiere zusammen, die Anna Ruiz-Gonzales und Jakob Osterhoff erstellen oder beschaffen müssen.

Arten des Dokumenteninkassos

Definition

Das **Dokumenteninkasso** ist ein Zahlungsinstrument im Außenhandel, bei dem die Dokumente dem Importeur erst bei Zahlung oder Ausstellung eines Akzeptes ausgehändigt werden.

Das Dokumenteninkasso wird in den Einheitlichen Richtlinien für Inkassi (ERI 522) geregelt.

Beim Dokumenteninkasso unterscheidet man

- Dokumente gegen Kasse (d/p) und
- Dokumente gegen Akzept (d/a).

Bei der Zahlungsbedingung **Dokumente gegen Kasse** werden die Dokumente, mit denen über die Ware verfügt werden kann (Konnossement, Frachtbriefdoppel, Spediteurversanddokumente), dem Käufer nur gegen sofortige Zahlung ausgehändigt.

Bei Vereinbarung der Zahlungsbedingung **Dokumente gegen Akzept** werden die Dokumente dem Käufer nur ausgehändigt, nachdem er einen Wechsel akzeptiert hat.

Abwicklung des Dokumenteninkassos

Nach der Übergabe der zu liefernden Ware an einen Frachtführer oder Spediteur, ❶ und ❷, übergibt der Verkäufer die mit dem Käufer vereinbarten Dokumente seiner Bank (= Einreicherbank) mit einem Inkassoauftrag, ❸ und ❹. Der Inkassoauftrag muss Weisungen enthalten, unter welchen Bedingungen die Dokumente dem Käufer ausgehändigt werden dürfen.

Die Einreicherbank leitet die Dokumente an eine Korrespondenzbank (= Inkassobank) im Land und, wenn möglich, am Ort des Käufers weiter ❺.

Gestützt auf den erhaltenen Inkassoauftrag benachrichtigt nun die Inkassobank den Käufer, dass Dokumente vorliegen. Sie teilt ihm mit, unter welchen Bedingungen er darüber verfügen kann ❻.

Sind die Dokumente an den Käufer gegen Zahlung ausgehändigt worden („Dokumente gegen Kasse“), ❼ und ❽, vergütet die Inkassobank den Betrag an die Einreicherbank ⓫, die ihrerseits die Summe ihrem Kunden (= Verkäufer) gutschreibt ⓬.

Waren die Dokumente gegen Akzept auszuhändigen, wird die Inkassobank je nach der erhaltenen Weisung entweder das Akzept an die Einreicherbank zur Weiterleitung an den Verkäufer zurücksenden oder den Wechsel bis zum Fälligkeitstag treuhänderisch verwalten und die Wechselforderung nach Einzug an die Einreicherbank vergüten. Diese wird dann ihrerseits den Betrag dem Verkäufer gutschreiben.

Abwicklung des Dokumenteninkassos bei den Zahlungsbedingungen „Dokumente gegen Kasse"
(d/p = documents against payment)

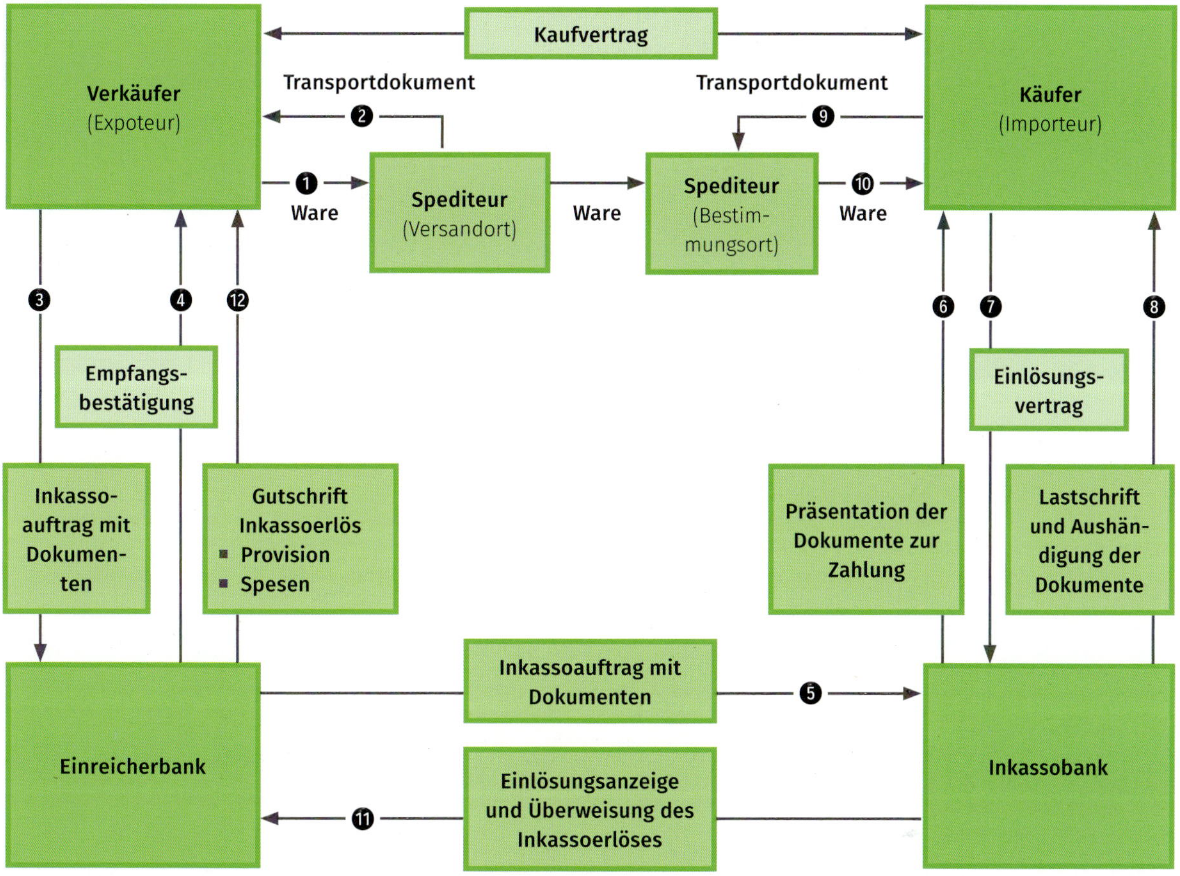

Inhalt des Inkassoauftrags

Wesentliche Inhalte des Inkassoauftrags sind

- die genaue Adresse der Inkassobank,
- die Zahlungsbedingungen und -fälligkeiten,
- Weisungen bezüglich des Wechsels (bei der Zahlungsbedingung „Kasse gegen Akzept"),
- die Regelung der Übernahme der Bankspesen.

Dokumente beim Dokumenteninkasso

Beim Dokumenteninkasso muss der Exporteur bei seiner Bank (Einreicherbank) üblicherweise folgende Dokumente abgeben:

- Inkassoauftrag,
- Handelsrechnung,
- Ursprungszeugnis (ausgestellt von der örtlichen IHK),

COMMERZBANK

Dokumenten-Einreichung für Export- und / oder Wechselinkasso

Seite 1/2 Ausfertigung für die Bank

An die
COMMERZBANK AG
FK TF & CM TCC

Name und Anschrift des Einreichers:

Name

Name

Straße

Postleitzahl / Ort

Ansprechpartner(in) bei Rückfragen

Telefon Fax

E-Mail

unsere Referenz

Bitte auswählen Ihnen beigefügte Dokumente zum Einzug gemäß den nachstehenden genannten Inkassoweisungen:

Wechsel / Quittung	Handelsrechnung	Konnossement	Luftfrachtbrief
CMR Frachtbrief	Duplikatfrachtbrief	Ursprungszeugnis	Warenverkehrsbescheinigung
Versicherungs- Police / Zertifikat	Spediteurbescheinigung	Gewichts-/Paketliste/-zertifikat	Konsulats- / Zollfaktura
Weitere Dokumente			

Währung/Betrag: Fälligkeit:

Bezogener: Inkassobank:

Über die Verladung von

per von nach

am

Empfänger

Die Dokumente sind auszuliefern gegen:

- ☐ Zahlung
- ☐ Akzept per
- ☐ Letter of Undertaking
- ☐ wertfreie Aushändigung
- ☐

bei Wechseln:

Bitte auswählen

Aussendung der Dokumente per:

☐ Kurierdienst unsere Kundennummer:

☐ Luftpost Bitte ausw Einschreiben Bitte auswählen

502/06/22 – HD0819

■ *Inkassoauftrag*

- Wechsel zum Akzept durch den Importeur und/oder die Inkassobank (bei der Zahlungsbedingung „Kasse gegen Akzept"),
- Versicherungsdokumente,
- Transportdokumente (Seekonnossement (Bill of Lading), Luftfrachtbrief, Bahn-Frachtbriefdoppel (CIM), Lkw-Frachtbrief (CMR), Spediteurbescheinigung (FCR)).

Zusammenfassung

Dokumenteninkasso

Abwicklung

- Verkäufer übergibt die mit dem Käufer vereinbarten Dokumente seiner Bank (= Einreicherbank) mit einem Inkassoauftrag.

↓

- Die Einreicherbank leitet die Dokumente an eine Korrespondenzbank (= Inkassobank) im Land des Käufers weiter.

↓

- Die Inkassobank benachrichtigt den Käufer, dass Dokumente vorliegen.

↓

- Die Inkassobank händigt die Dokumente an den Käufer gegen Zahlung („Dokumente gegen Kasse") oder gegen Akzept („Dokumente gegen Akzept") aus.

↓

- Die Inkassobank vergütet den Betrag an die Einreicherbank („Dokumente gegen Kasse") oder reicht das Akzept an die Einreicherbank weiter („Dokumente gegen Akzept").

↓

- Die Einreicherbank schreibt die Summe ihrem Kunden (= Verkäufer) gut.

Inhalte des Inkassoauftrags

- die genaue Adresse der Inkassobank
- die Zahlungsbedingungen und -fälligkeiten
- Weisungen bezüglich des Wechsels (bei der Zahlungsbedingung „Kasse gegen Akzept")
- die Regelung der Übernahme der Bankspesen

Dokumente beim Dokumenteninkasso

- Inkassoauftrag
- Handelsrechnung
- Ursprungszeugnis
- Wechsel zum Akzept durch den Importeur und/oder die Inkassobank (bei der Zahlungsbedingung „Kasse gegen Akzept")
- Versicherungsdokumente
- Transportdokumente (Seekonnossement (Bill of Lading), Luftfrachtbrief, Bahn-Frachtbriefdoppel (CIM), Lkw-Frachtbrief (CMR), Spediteurbescheinigung (FCR))

Aufgaben

1. Erläutern Sie die Abwicklung eines Dokumenteninkassos, wenn im Kaufvertrag die Zahlungsbedingung „Dokumente gegen Akzept“ vereinbart wurde.

2. Erläutern Sie die Abwicklung eines Dokumenteninkassos, wenn im Kaufvertrag die Zahlungsbedingung „Dokumente gegen Kasse“ vereinbart wurde.

3. Nennen Sie die Inhalte, die ein Inkassoauftrag enthalten muss, wenn im Kaufvertrag die Zahlungsbedingung „Dokumente gegen Kasse“ vereinbart wurde.

4. Die Ehlers & Gehrenberg KG liefert Phenole in einem Kesselwagen der Bahn in die Türkei. In dem Kaufvertrag mit dem Kunden wurde die Zahlungsbedingung „Dokumente gegen Akzept“ vereinbart.
   Stellen Sie fest, welche Dokumente die Ehlers & Gehrenberg KG dem Inkassoauftrag für die Bank beifügen muss.

5. Die Ehlers & Gehrenberg KG liefert Düngemittel nach Kanada mit dem Seeschiff von Hamburg an einen Kunden in Montreal (Kanada). In dem Kaufvertrag mit dem Kunden wurde die Zahlungsbedingung „Dokumente gegen Kasse“ vereinbart.
   Stellen Sie fest, welche Dokumente die Ehlers & Gehrenberg KG dem Inkassoauftrag für die Bank beifügen muss.

7 Zahlung aus einem Dokumentenakkreditiv

Einstiegssituation

Die Ehlers & Gehrenberg KG erhält die folgende Auftragsbestätigung von der Norotex Co. Ltd., Daegu.

NOROTEX CO. LTD – DAEGU

Norotex Co, Ltd – Manchon 2 -dong, Suseong-gu – 706-034 Daegu
Ehlers & Gehrenberg
Am Sandtorkai 24
D-20457 Hamburg
Deutschland

Daegu
30. Juli 20..

Auftragsbestätigung

Sehr geehrte Damen und Herren,

wir danken Ihnen für Ihre Bestellung. Wir liefern Damenblusen aus 100 %
Baumwolle, moosgrün
Artikel-Nr. 34921

150 Stück, Größe 36
150 Stück, Größe 38
150 Stück, Größe 40
150 Stück, Größe 42
200 Stück, Größe 44

zum Stückpreis von 27,40 USD, CIP Hamburg Flughafen, einschließlich Verpackung.

Lieferzeit: 14 Tage nach Auftragseingang

Zahlung aus einem bestätigten, unwiderruflichen Dokumentenakkreditiv

Mit freundlichen Grüßen

Sen Dong

Frau Janssen bittet Anna Ruiz-Gonzales und Jakob Osterhoff, den Auftrag zur Akkreditiveröffnung durch die Akkreditivbank Joh. Behrenberg, Gossler & Co zu erstellen und Informationen über die Art, Anzahl und Aufmachung der Dokumente zusammenzustellen, gegen die aus dem Akkreditiv geleistet werden soll.

Arbeitsaufträge

1. Helfen Sie Anna und Jakob und stellen Sie die Informationen zusammen, die der Akkreditivauftrag enthalten muss.
2. Stellen Sie die Informationen über die Art und Anzahl der Dokumente zusammen, gegen die aus dem Akkreditiv geleistet werden soll.

Beim **Dokumentenakkreditiv** (L/C = Letter of Credit) handelt es sich um eine **Zusage eines Bankinstituts** (Akkreditivbank; Bank des Importeurs), **dem Verkäufer** an Käufers statt im Rahmen genau umschriebener Bedingungen **eine vereinbarte Summe zu zahlen**, sofern er die Bedingungen des Akkreditivs erfüllt.

Akkreditivversprechen sind **abstrakt**, d. h. losgelöst von den ihnen zugrundeliegenden Kauf- und sonstigen Verträgen; die Banken haben mit diesen Verträgen nichts zu tun, sie sind durch sie nicht gebunden.

Die Bank zahlt aber nur, wenn der Exporteur (Verkäufer) ihr die im Akkreditiv genannten Dokumente fristgerecht übergibt.

Abwicklung des Akkreditivgeschäfts

Bei der Abwicklung des Akkreditivgeschäfts gibt es vier Beteiligte:

- die Akkreditivbank = eröffnende Bank, die ein Akkreditiv im Auftrag des Auftraggebers oder im eigenen Interesse eröffnet,
- die Avisierende Bank = die Bank, die das Akkreditiv im Auftrag der eröffnenden Bank avisiert,
- den Auftraggeber (Importeur (Käufer)) = die Partei, in deren Auftrag das Akkreditiv eröffnet wurde,
- den Begünstigten (Exporteur (Verkäufer)) = die Partei, zu deren Gunsten das Akkreditiv eröffnet wurde.

1. Gestützt auf die Bestimmungen des mit dem Verkäufer abgeschlossenen Vertrags gibt der Importeur (Käufer) seiner Bank die Weisung, ein entsprechendes Akkreditiv zu eröffnen ❶.
2. Die Angaben, die in dem Auftrag zur Akkreditiveröffnung gemacht werden müssen, sind von den Vertragsbedingungen des Kaufvertrags zwischen Exporteur und Importeur, die die Eröffnung eines Akkreditivs vorsehen, abhängig. Durch die ausdrückliche Bezugnahme in grundsätzlich jedem Akkreditiv-Eröffnungsschreiben werden außerdem die „Einheitlichen Richtlinien und Gebräuche für Dokumentenakkreditive" (ERA) Bestandteil des jeweiligen Akkreditivs und damit von den Beteiligten als verbindlich anerkannt.
3. Bevor die Bank im Auftrag eines Kunden ein Akkreditiv eröffnet, prüft sie, ob die Guthaben des Kunden oder anderweitig getroffene Vereinbarungen (z. B. Kreditzusagen) die versprochene Auszahlung bei der Beanspruchung des Akkreditivs zulassen werden.
4. Wenn die Bank ein Akkreditiv zugunsten eines ausländischen Verkäufers zu eröffnen hat, wendet sie sich in der Regel nicht direkt an den Begünstigten (= Verkäufer). Vielmehr wird sie eine Korrespondenzbank im Land und, wenn möglich, am Ort des Verkäufers einschalten (= avisierende Bank) ❷.
5. Diese Bank wird die Mitteilung der eröffnenden Bank an den Verkäufer weiterleiten ❸. Der Verkäufer weiß nun, dass die Zahlung durch die Bank sichergestellt ist, sofern er die Akkreditivbedingungen genau einhält.
6. Nachdem der Verkäufer die zu liefernde Ware an einen Spediteur oder Frachtführer übergeben hat, ❹ und ❺, wird er die im Akkreditiv verlangten Dokumente zusammenstellen, sie der avisierenden Bank übergeben und im Gegenzug Zahlung verlangen ❻.

7. Die Akkreditivstelle (avisierende Bank) unterzieht die Dokumente einer genauen Prüfung. Geprüft wird anhand der Weisungen des Importeurs sowie anhand der ERA. Besonders wichtige Punkte der Prüfung sind:

- rechtzeitige Einreichung der Dokumente
- Konnossemente müssen „clean" und vollständig eingereicht werden.
- Übereinstimmung der Warenangaben laut Akkreditiv mit den Dokumenten
- Einreichung der erforderlichen Dokumentenzahl

8. Dann wird die Akkreditivstelle in der im Akkreditiv vorgeschriebenen Weise zahlen ❼.

9. Sie sendet die Dokumente an die Akkreditivbank (eröffnende Bank; Importbank) und erhält dafür den Gegenwert der Zahlung vergütet ❽.

10. Im Interesse des Käufers prüft die eröffnende Bank ihrerseits noch einmal, ob die Akkreditivbedingungen tatsächlich erfüllt sind. Sie händigt dann dem Käufer die Dokumente aus ❾ und belastet ihn für die erfolgte Zahlung ❿.

Abwicklung des Dokumentenakkreditivs

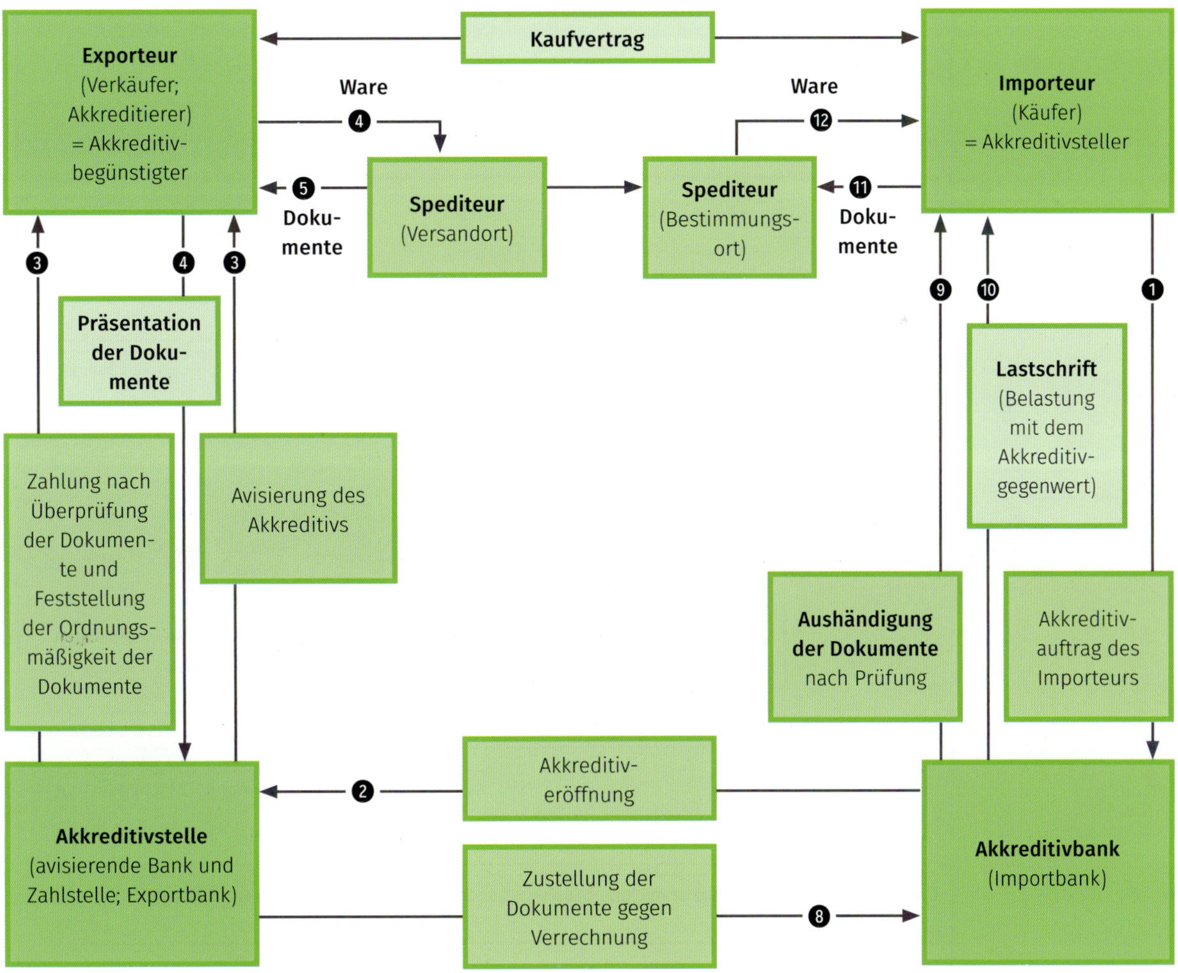

Inhalt des Akkreditivauftrags

MVB
Mainzer Volksbank

Antrag zur Eröffnung eines Dokumenten-Akkreditivs

Mainzer Volksbank eG
Finanzmärkte
Neubrunnenstraße 2
55116 Mainz

Wir beantragen, nach Maßgabe der Allgemeinen Geschäftsbedingungen der Mainzer Volksbank eG, in unserem Auftrag für unsere Rechnung ein Akkreditiv zu nachstehenden Bedingungen zu eröffnen.

☐ unwiderruflich ☐ übertragbar ☐ mit kurzem Voravis

Auftraggeber (Importeur, Firmenanschrift) ____________________ Sachbearbeiter/in Ref.-Nr., Telefon-Nr.	**Begünstigter** (Exporteur, Name, vollst. Anschrift):

Bankverbindung des Begünstigen:

Verfallsdatum: Ort des Verfalls:

Betrag: ________________ ☐ genau ☐ circa ☐ bis zu ☐ andere

Das Akkreditiv soll benutzbar sein:	bei: ☐ der ausländischen Korrespondenzbank ☐ der MVB in Mainz durch: ☐ Zahlung bei Sicht ☐ hinausgeschobene Zahlung per a) _____ Tage nach Lieferung ☐ Akzeptleistung b) _____ Tage nach Sicht ☐ Negoziierung *(nur in einzelnen Fällen anwendbar)* gegen Einreichung der umseitig genannten Dokumente und Tratte/n des Begünstigen per (nur bei Akzeptleistung): ________________ gezogen auf: ________________
Verladung	Von Teilverladung: ☐ gestattet ☐ nicht gestattet Umladung: ☐ gestattet ☐ nicht gestattet über nach nicht später als

Beschreibung der Ware (Kurzbezeichnung; zu weit gehende Einzelheiten sind zu vermeiden):

____

____

07010001_F_Eröffnung Dokumentenakkreditiv 06.2019 Seite 1 von 2

Sofern der Akkreditivbetrag auf Fremdwährung lautet, soll die Abrechnung bei Ausnutzung wie folgt vorgenommen werden:

☐ durch Belastung unseres EUR-Kontos zum Tageskurs; Kontonr.: ______________________
☐ durch Belastung unseres ______________________ Fremdwährungskontonr.: ______________________
☐ Absicherung per Devisentermingeschäft –per ______________________

Einzureichende Dokumente: ☐ unterschriebene Handeslrechnung ____fach

Versanddokumente:
☐ voller Satz reiner „an Bord"-Seekonossemente
☐ ausgestellt an Order und blanko indossiert
☐ ausgestellt an die Order von ______________________
☐ Notify-Adresse ______________________

☐ CMR-Frachtbrief, anweisend Versand an: ______________________
☐ Spediteur-Übernahmebescheinigung, ausweisend die Übernahme der Ware mit der unwiderruflichen Weisung zur Beförderung an:
____

☐ Eisenbahn-Duplikatfrachtbrief, bahnamtlich abgestempelt, adressiert an:
____

☐ Luftfrachtbrief, Original für den Absender adressiert an:
____

☐ Posteinlieferungsschein, adressiert an: ______________________

Versanddokument mit dem Vermerk ☐ Fracht bezahlt
☐ Fracht einzuziehen / oder Fracht zahlbar am Bestimmungsort

Versicherungsdokumente:
Die Versicherung: ☐ wird von uns gedeckt ☐ ist vom Verkäufer zu decken

Versicherungspolice/-Zertifikat mit dem Vermerk „Prämie bezahlt", ausgestellt
☐ an den Begünstigten und blanko indossiert
☐ als Inhaberpapier

deckend *zusätzliche Risiken*
☐ Institute Cargo Clause (A)/ Air ☐ ______________________

Sonstige Dokumente:
☐ Ursprungszeugnis: ____fach, bestätigend den ______________ Ursprung der Ware

ausgestellt von: ______________________

☐ Packliste (ausgestellt von ____________) ☐ Gewichtsliste (ausgestellt von ____________) ___fach

☐ andere Dokumente ______________________

Im Ausland entstehende Gebühren und Spesen gehen ☐ zu Lasten des Begünstigen ☐ zu unseren Lasten
Die Dokumtente sind innerhalb von ____Tagen nach dem Ausstellungsdatum der/des Verladedokumente/s vorzulegen, jedoch innerhalb der Gültigkeit des Akkreditivs.

Die Eröffnung des Akkreditivs ist dem Begünstigten durch die avisierende Bank anzuzeigen:
☐ ohne Hinzufügen deren Bestätigung
☐ unter Hinzufügen deren Bestätigung
☐ und diese soll ermächtigt sein, ihre Bestätigung hinzuzufügen

Wir bitten um Eröffnung des vorgenannten Dokumenten-Akkreditivs

______________________ ______________________
Ort, Datum Stempel, Unterschriften des Akkreditivstellers

Die Abwicklung der Akkreditive erfolgt nach den seitens der IHK Paris veröffentlichten „Einheitliche Richtlinien und Gebräuche für Dokumenten-Akkreditive" jew. gültige Fassung.

07010001_F_Eröffnung Dokumentenakkreditiv 06.2019 Seite 2 von 2

Aufträge zur Eröffnung von Dokumentenakkreditiven müssen vollständig und genau sein. Unter anderem können vom Auftraggeber folgende Angaben verlangt werden:

- **Auftraggeber**

- **Begünstigter:** Name und vollständige Anschrift des Begünstigten, Bankverbindung des Begünstigten

- **Art des zu eröffnenden Akkreditivs**
  - **Unbestätigt**: Bei einem unbestätigten Akkreditiv haftet die avisierende Bank oder Zahlstelle nicht für die Zahlung. Sie führt nur die Weisungen der Akkreditivbank aus.
  - **Bestätigt:** Bei einem bestätigten Akkreditiv haftet neben dem Importeur und der Akkreditivbank auch die avisierende Bank oder Zahlstelle. Dadurch erhöht sich die Zahlungssicherheit für den Exporteur.
  - **Übertragbar:** Bei einem übertragbaren Akkreditiv kann der aus dem Akkreditiv Erstbegünstigte seine Ansprüche ganz oder teilweise auf einen oder mehrere Zweitbegünstigte übertragen
  - **Nicht übertragbar:** Bei einem nicht übertragbaren Akkreditiv darf die mit der Zahlung beauftragte Bank den Akkreditivbetrag nur an den Begünstigten auszahlen.
  - **Unwiderruflich:** Ein unwiderrufliches Akkreditiv kann von der eröffnenden Bank unter keinen Umständen zurückgenommen oder geändert werden.
  - **Widerruflich:** Bei einem widerruflichem Akkreditiv kann die eröffnende Bank jederzeit und ohne vorherige Nachricht an den Begünstigten ändern oder annullieren.

- **Art der Akkreditivübermittlung:** Die Akkreditiveröffnung kann per Brief oder auf telekommunikativem Weg (z.B. telefonisch oder per elektronischer Fernübertragung durch Swift) übermittelt werden.

- **Akkreditivbetrag und Währung:** Der Akkreditivbetrag muss den im Grundvertrag festgelegten Gesamtpreis einschließlich der vom Importeur zu zahlenden Nebenkosten decken. Wenn der Akkreditivbetrag mit dem Zusatz „genau““ oder „bis zu“ angegeben ist, darf er nicht überschritten werden. Wenn die Worte „etwa“ oder „ungefähr“ im Zusammenhang mit dem Akkreditivbetrag angegeben sind, dann ist eine Abweichung von bis zu 10 % nach oben oder unten von dem Betrag erlaubt. Die Währung muss der im Kaufvertrag und in der Handelsrechnung angegebenen Währung entsprechen.

- **Art, Anzahl und Aufmachung der einzureichenden Dokumente:** Es muss die Art, Anzahl und Aufmachung der Dokumente angegeben werden, gegen die aus dem Akkreditiv geleistet werden soll.

- **Warenart und Menge:** Die Beschreibung der Ware in der Handelsrechnung muss mit der Beschreibung im Akkreditiv übereinstimmen. Im Akkreditivauftrag müssen nicht alle Einzelheiten aus dem Kaufvertrag aufgeführt werden. Es reicht eine genaue Kurzfassung der Beschreibung im Kaufvertrag.
  Bei der Mengenangabe sind Abweichungen von bis zu 5 % erlaubt, sofern im Akkreditiv nicht ausdrücklich eine Mengenabweichung untersagt ist und der Akkreditivbetrag dadurch nicht überschritten wird. Wenn die Worte „etwa“ oder „ungefähr“ im Zusammenhang mit der Menge angegeben sind, dann ist eine Abweichung von bis zu 10 % nach oben oder unten von dem Betrag erlaubt.

- **Lieferbedingung:** Die Lieferbedingung sollte genau angegeben werden.

- **Verladefrist:** Wenn die im Akkreditiv festgelegte Verladefrist nicht eingehalten wird, geht der Exporteur als Begünstigter des Akkreditivs das Risiko ein, das Akkreditiv nicht ausnutzen zu können. Durch die Festlegung einer Verladefrist im Akkreditiv will der Importeur erreichen, dass der Exporteur den im Kaufvertrag vereinbarten Liefertermin einhält. Im Akkreditiv sollte jedoch keine Verladefrist festgelegt werden, die mit der Akkreditivfrist übereinstimmt, damit der Exporteur noch eine angemessene Frist zur Vorlage und Vervollständigung der Dokumente hat.

- **Transportart und Transportweg:** Neben der Transportart (Seetransport, Luftfracht, Lkw-Transport, Bahntransport usw.) findet man in jedem Akkreditiv auch die Angabe des Transportwegs, den die Ware nehmen soll; bei einem Seetransport z. B. Verschiffung von Auckland nach Hamburg.

- **Teilverladungen und Umladungen:** Teilinanspruchnahmen oder Teilverladungen sind nach Art. 31 ERA zulässig. Wenn Teilinanspruchnahmen aus dem Akkreditiv nicht erfolgen sollen, muss das ausdrücklich im Akkreditiv festgelegt werden.

- **Transportversicherung:** Das Akkreditiv sollte die Art der Versicherung vorschreiben, die verlangt wird. Gegebenenfalls sollte festgelegt werden, welche zusätzlichen Risiken gedeckt werden müssen. Wenn das Akkreditiv keine Angabe zur Höhe der erforderlichen Versicherungsdeckung enthält, muss der Betrag der Versicherungsdeckung mindestens 110 % des CIF- oder CIP-Werts der Ware sein.

- **Ort und Verfalldatum der Dokumentenvorlage:** Laut Art. 6 ERA muss ein Akkreditiv die Bank angeben, bei der es benutzbar ist, oder, ob es bei jeder Bank benutzbar ist. Ein bei einer benannten Bank benutzbares Akkreditiv ist auch bei der eröffnenden Bank benutzbar. Das Akkreditiv muss ein Verfalldatum für die Dokumentenvorlage angeben. Ein für die Honorierung oder Negoziierung angegebenes Verfalldatum gilt als Verfalldatum der Dokumentenvorlage.

- **Form des Akkreditivs:** Das Akkreditiv muss angeben, ob es durch
  - Sichtzahlung,
  - hinausgeschobene Zahlung,
  - Akzeptzahlung oder
  - Negoziierung

  benutzbar ist. Ein Akkreditiv darf nicht durch eine auf den Auftraggeber gezogene Tratte nutzbar gestellt sein.

- **Termin der Dokumenteneinreichung:** Das Akkreditiv muss ein Verfalldatum tragen. Dies gilt auch dann, wenn im Akkreditiv eine Verladefrist genannt worden ist. Die Dokumentenvorlage durch oder für den Begünstigten muss bis zu diesem Verfalldatum erfolgen. Wenn der Verfalltag ein Feiertag ist, verlängert sich die Vorlagefrist bis zum nächsten Arbeitstag. Wenn die Bank ihre Tätigkeit durch Fälle höherer Gewalt, von Unruhen, Aufruhr, Aufständen, Terrorakten oder durch Streiks oder Aussperrungen oder andere Ursachen außerhalb ihrer Kontrolle unterbrechen musste, ist sie nach Ablauf der Vorlagefrist nicht verpflichtet, die Dokumente aufzunehmen.
  Wenn der Importeur keine Angaben über die Einreichungsfrist der Dokumente nach dem Verladedatum macht, darf die Dokumentenvorlage von dem Begünstigten oder für den Begünstigten nicht später als 21 Tage nach dem Verladedatum erfolgen.

- **Zahlbarstellung des Akkreditivs:** Das Akkreditiv muss entweder die Bank angeben, bei der es benutzbar ist, oder ob es bei jeder Bank benutzbar ist. Wenn eine Bank benannt worden ist, bei dem das Akkreditiv benutzbar, ist das Akkreditiv auch bei der eröffnenden Bank benutzbar.

Prüfung des Dokumentenakkreditivs durch den Begünstigten

Sofort nachdem der Exporteur das Avis der Akkreditiveröffnung erhalten hat, sollte er prüfen, ob die Akkreditivbedingungen vollständig und erfüllbar sind. Er sollte prüfen, ob

- die Gültigkeitsdauer des Akkreditivs ausreichend ist.
- der Versand der Ware bis zum letzten Versanddatum bzw. innerhalb des angegebenen Versandzeitraums erfolgen kann.

- die Präsentationsfrist für die Einreichung der Dokumente bei der Bank ausreichend ist.
- der Akkreditivbetrag vertragsgemäß ist.
- die aufgeführten Zahlungs- und Lieferbedingungen den Vereinbarungen im Grundvertrag entsprechen.
- der Frachtvermerk entsprechend den Vertragsbedingungen aufgeführt worden ist.
- die erforderlichen Teilverladungen und Umladungen berücksichtigt wurden.
- der Versandweg richtig angegeben worden ist.
- alle Bedingungen durch den Exporteur eingehalten werden können.
- alle Dokumente gemäß den Vorgaben beigebracht werden können.

Akkreditivkonforme Dokumentenaufmachung und -erstellung

In einem Akkreditiv können theoretisch beliebige Dokumente vereinbart werden. Es gibt jedoch übliche Akkreditivdokumente, die immer wieder vereinbart werden. Diese Dokumente werden nur zum Teil vom Exporteur selbst erstellt. Die anderen Dokumente kommen von vielen unterschiedlichen Parteien.

Wer erstellt Dokumente für ein Akkreditiv?

Exporteur	Transport-unternehmen / Spediteur	Industrie- und Handelskammer	Prüfdienstleister
Versicherung	Kurier / Post	Importeur	Konsulat

Quelle: Bräutigam, Arnas: Übliche Akkreditivdokumente und ihre Bedeutung. In www.trafima.de. O. 2021. https://www.trafima.de/uebliche-akkreditivdokumente-und-ihre-bedeutung/[20.05.2021].

Die mit dem Akkreditivauftrag eingereichten Dokumente müssen akkreditivkonform sein. Sie müssen unter Beachtung

- der Akkreditivbedingungen
- der „Einheitlichen Richtlinien und Gebräuche für Dokumenten-Akkreditive" (ERA) in der im Akkreditiv erwähnten Fassung und
- des Standards der internationalen Bankpraxis

aufgemacht und ausgestellt sein.

Handelsrechnung

Wenn zwischen dem Exporteur und dem Importeur Zahlung aus einem Dokumentenakkreditiv vereinbart wurde, muss der Exporteur darauf achten, dass die Handelsrechnung akkreditivkonform aufgemacht und ausgestellt wird.

Dabei sollten die folgenden grundsätzlichen Regeln beachtet werden:

- Die Rechnung muss als Rechnung gekennzeichnet sein. Sie sollte mit dem Wort „Rechnung"/„Invoice", „Handelsrechnung"/„Commercial Invoice" o.Ä. überschrieben sein. Pro-forma-Rechnungen oder provisorische Rechnungen werden bei der Zahlung aus einem Dokumentenakkreditiv nicht akzeptiert.

- Die Rechnung muss vom Begünstigten des Akkreditivs ausgestellt sein, nicht von einem Dritten.

- Adressat der Rechnung muss der Akkreditivauftraggeber sein.

- Die Währung der Handelsrechnung muss der Währungsangabe im Akkreditiv entsprechen.

Beispiel

Wenn das Akkreditiv in Euro ausgestellt ist, darf die Rechnung nicht auf US-Dollar lauten.

- Der Warengesamtwert, die Stückzahl und ggf. der Stückpreis müssen auf der Rechnung so angegeben werden wie im Akkreditiv festgelegt.

- Die Warenbezeichnung in der Handelsrechnung muss der Formulierung im Akkreditiv entsprechen. Es dürfen in der Handelsrechnung keine Teile der Formulierung weggelassen oder zusätzlich angefügt werden.

- Die Handelsrechnung darf nicht mehr gelieferte Ware ausweisen als die im Akkreditiv vereinbarte Liefermenge.
  Sie darf auch keine zusätzlichen oder anderen Kosten und/oder Waren enthalten, die in den Akkreditivbedingungen nicht vorgesehen sind.

- Die Lieferbedingung in der Handelsrechnung muss der im Akkreditiv angegebenen Lieferbedingung entsprechen.

- Die Kolli-Anzahl, Kennzeichnung der Kisten, Menge der Ware, Gewichte usw. müssen mit den entsprechenden Angaben in allen anderen Versandpapieren übereinstimmen.

- Die Handelsrechnung muss rechnerisch richtig sein. Der Rechnungsbetrag darf nicht höher als der Akkreditivbetrag sein. Bei einer Teillieferung darf der Rechnungsbetrag den noch offenen Saldo des Akkreditivs nicht überschreiten.

- Die Rechnung muss in der im Akkreditiv geforderten Anzahl von Originalen und Kopien vorliegen. Laut ERA 600 behandelt die Bank jedes Dokument als Original, das als Original gekennzeichnet ist. Das ist jedes Dokument, das Originalunterschriften, Zeichen, Stempel oder Aufkleber des Ausstellers des Dokuments zu tragen scheint, es sei denn, das Dokument weist aus, kein Original zu sein.
  Wenn sich aus einem Dokument nichts anderes ergibt, akzeptiert eine Bank auch ein Dokument als Original, wenn es vom Aussteller handschriftlich oder eigenhändig mit der Maschine geschrieben, perforiert oder gestempelt oder auf dem Originalbriefpapier des Ausstellers erstellt zu sein scheint oder angibt, dass es ein Original ist, es sei denn, diese Angabe scheint sich nicht auf das vorgelegte Dokument zu beziehen.

- In der Rechnung dürfen nur die Rabatte oder Abzüge aufgeführt werden, die bereits im Akkreditiv festgehalten sind. Weitere Rabatte dürfen nicht Bestandteil der Rechnung sein.

- Die Handelsrechnung muss das Ausstellungsdatum enthalten.

- Die Rechnung muss in der Sprache ausgestellt sein, die im Akkreditiv festgelegt ist. Wenn im Akkreditiv keine Sprache festgelegt ist, muss die Handelsrechnung in der Sprache des Akkreditivs ausgestellt werden.

Vgl. trafima: Die akkreditivkonforme Handelsrechnung. In: www-trafima.de. O. D. https://www.trafima.de/akkreditivkonforme-handelsrechnung/[07.05.2021].

Transportdokumente

Konnossement

Wenn zwischen dem Exporteur und dem Importeur Zahlung aus einem Dokumentenakkreditiv vereinbart wurde, muss der Exporteur darauf achten, dass das Konnossement akkreditivkonform aufgemacht und ausgestellt wird.

Dabei sollten die folgenden grundsätzlichen Regeln beachtet werden:

- Das Konnossement sollte die Bezeichnung „Konnossement (Bill of Lading)“ aufweisen. Die Bezeichnungen „Port-to-Port Bill of Lading“, „Marine Bill of Lading“ oder „Ocean Bill of Lading“ werden ebenso akzeptiert wie die einfache Bezeichnung „Bill of Lading“. Dokumente mit einem anderen Titel sind auch akkreditivkonform, wenn sie augenscheinlich einen Seetransport von Hafen zu Hafen beurkunden. Ein „Charter Party“-Konnossement ist nur akkreditivkonform, wenn es im Akkreditiv ausdrücklich erlaubt ist.

- Der Frachtführer (Befrachter, Carrier) muss auf dem Konnossement namentlich ausgewiesen sein, z. B. durch einen Dokumentenkopf oder ein entsprechendes Dokumentenfeld.

- Das Konnossement muss auf allen Originalen von einer der folgenden Parteien unterzeichnet sein:
  - vom Frachtführer
  - von einem – als solchen identifizierten – Agenten des Frachtführers
  - vom Kapitän (Master) des Schiffes
  - von einem – als solchen identifizierten – Agenten des Kapitäns (Master)

- Auf dem Konnossement müssen Tag und Ort der Ausstellung angegeben sein.

- Jede nachträgliche Änderung am Konnossement muss von der gleichen Partei authentifiziert sein, die das Konnossement ursprünglich unterzeichnet hat.

- Das Konnossement muss so ausgestellt sein, wie im Akkreditiv gefordert:
  - „to order“ bzw. „to order of the shipper“ und blanko indossiert oder
  - „to order of“ eines im Akkreditiv namentlich genannten Empfängers oder
  - an den im Akkreditiv namentlich genannten Empfänger.

- Die Notify-Adresse muss der Adresse des Akkreditivauftraggebers (Importeur) entsprechen. Sie muss genau mit den Daten übereinstimmen, die im Akkreditiv für den Akkreditivauftraggeber aufgeführt sind.

- Wenn das Konnossement „to order“ oder „to order of ...“ ausgestellt ist, muss es richtig indossiert sein.

- Das Konnossement muss die Verladung der Waren an Bord eines namentlich genannten Schiffes bestätigen. Es muss sich also um ein Bordkonnossement mit dem Vermerk „loaded on board“ (bzw. „shipped on board“, „clean on board“, „shipped in apparent good order“) oder um ein Übernahmekonnossement mit „on board“-Vermerk handeln. Der tatsächliche Schiffsname muss spätestens im „on board“-Vermerk genannt sein.

- Der im Konnossement angegebene Verladehafen und der Löschungshafen müssen den Akkreditivbedingungen entsprechen. Wenn die Waren an einem anderen Ort als dem Verladehafen übernommen worden sind, muss der tatsächliche Ladehafen im „on board“-Vermerk ausgewiesen werden. Das Gleiche gilt, wenn das Konnossement einen „intended port of loading“ enthält. Auch der tatsächliche Löschungshafen muss im „on board“-Vermerk ausgewiesen werden, wenn zuvor nur der „intended port of discharge“ festgelegt worden ist.

- Die im Konnossement aufgeführten Warenbezeichnungen, Markierungen, Gewichte sowie Anzahl, Abmessung und Art der Packstücke usw. dürfen den übrigen Dokumenten (z. B. Handelsrechnung, Packliste) nicht widersprechen.

- Der Frachtzahlungsvermerk „freight prepaid“ (bei CFR oder CIF) oder „freight collect“ bzw. „freight payable at destination“ (bei FOB) muss den Akkreditivbedingungen entsprechen. Die im Konnossement ausgewiesenen Frachtkosten sollten den eventuell in der Handelsrechnung genannten Frachtkosten entsprechen.

- Umladungen dürfen im Konnossement nur ausgewiesen werden, wenn sie im Akkreditiv gestattet sind.
  Unabhängig davon darf das akkreditivkonforme Konnossement Umladung vorsehen, wenn die Ware in Containern, Anhängern und/oder „LASH“-Leichtern verladen ist und der gesamte Seeweg durch ein und dasselbe Konnossement gedeckt ist. Es darf auch Klauseln enthalten, mit denen sich der Frachtführer das Recht zur Umladung vorbehält.

- Wenn das Akkreditiv Teillieferungen ausschließt, darf nur ein einziges Konnossement für den gesamten Transportweg präsentiert werden. Es können allerdings mehrere Konnossemente ausgestellt werden, wenn die gesamte Ware mit demselben Schiff auf derselben Fahrt befördert wird. Eine Beförderung auf unterschiedlichen Schiffen ist aber nicht erlaubt.

- Das akkreditivkonforme Konnossement darf nur dann einen „on deck“-Vermerk enthalten, wenn es im Akkreditiv ausdrücklich zugelassen ist.

- Das akkreditivkonforme Konnossement darf keine Mängel an der Ware oder der Verpackung ausweisen.

- Es muss der vollständige Satz der im Konnossement vermerkten Originale (voller Satz, full set) oder die im Akkreditiv geforderte Anzahl von Originalen und Kopien eingereicht werden.

- Das Ausstellungsdatum eines Bordkonnossements bzw. das Datum des „on board“-Vermerks bei einem Übernahmekonnossement gilt als Verladedatum. Das Verladedatum darf nicht nach dem spätesten Liefertermin im Akkreditiv liegen. Sofern das Akkreditiv keine abweichenden Regelungen enthält, müssen die gesamten Dokumente spätestens 21 Tage nach dem Verladedatum bzw. vor Ablauf des Akkreditivs bei der Bank präsentiert werden.

Vgl. trafima: Das akkreditivkonforme Konnossement. In: www-trafima.de. O. D. https://www.trafima.de/das-akkreditivkonforme-konnossement/[07.05.2021].

Luftfrachtbrief

Wenn zwischen dem Exporteur und dem Importeur Zahlung aus einem Dokumentenakkreditiv vereinbart wurde, muss der Exporteur darauf achten, dass der Luftfrachtbrief alle Bedingungen des Akkreditivs erfüllt.

Dazu sollten die folgenden grundsätzlichen Regeln beachtet werden:

- Der Carrier muss auf dem Luftfrachtbrief namentlich ausgewiesen sein, z. B. durch einen Dokumentenkopf oder ein entsprechendes Dokumentenfeld.
- Der Luftfrachtbrief muss auf allen Originalen von einer der folgenden Parteien unterzeichnet sein:
  - vom Luftfrachtführer (Carrier)
  - von einem – als solchem identifizierten – Agenten des Luftfrachtführers
- Auf dem Luftfrachtbrief müssen Tag und Ort der Ausstellung angegeben sein.
- Jede nachträgliche Änderung am Luftfrachtbrief muss von der gleichen Partei authentifiziert sein, die den Luftfrachtbrief ursprünglich unterzeichnet hat.
- Wenn das Akkreditiv zusätzlich eine Unterschrift des Versenders erfordert, muss sie auf dem Original 3 für den Versender zusätzlich angebracht sein.
- Der Luftfrachtbrief muss bestätigen, dass die Ware vom Luftfrachtführer zur tatsächlichen Beförderung übernommen worden ist.
- Der Luftfrachtbrief muss Beförderungsbedingungen enthalten. Wenn der Luftfrachtbrief die Beförderungsbedingungen nicht selbst enthält, wird diese Bedingung auch durch einen Verweis auf die Beförderungsbedingungen in einem anderen Dokument erfüllt.
- Der Luftfrachtbrief muss an den im Akkreditiv genannten Empfänger adressiert sein. Das ist in der Regel der Akkreditivauftraggeber.
- Die Notify-Adresse muss der Adresse des Akkreditivauftraggebers (Importeur) entsprechen. Sie muss genau mit den Daten übereinstimmen, die im Akkreditiv für den Akkreditivauftraggeber aufgeführt sind.
- Ein akkreditivkonformer Luftfrachtbrief kann nicht an Order ausgestellt werden, da er kein Traditionspapier ist.
- Der im Luftfrachtbrief angegebene Abflugflughafen und der Bestimmungsflughafen müssen den Akkreditivbedingungen entsprechen.
- Die im Luftfrachtbrief aufgeführten Warenbezeichnungen, Markierungen, Gewichte sowie Anzahl, Abmessung und Art der Packstücke usw. dürfen den übrigen Dokumenten (z. B. Handelsrechnung, Packliste) nicht widersprechen.
- Der Frachtzahlungsvermerk „freight prepaid“ oder „freight collect“ bzw. „freight payable at destination“ muss den Akkreditivbedingungen entsprechen. Die im Luftfrachtbrief ausgewiesenen Frachtkosten sollten den eventuell in der Handelsrechnung genannten Frachtkosten entsprechen.
- Umladungen dürfen im Luftfrachtbrief nur ausgewiesen werden, wenn sie im Akkreditiv erlaubt sind.

- Wenn das Akkreditiv Teillieferungen ausschließt, darf nur ein Luftfrachtbrief für den gesamten Transportweg präsentiert werden. Es können allerdings mehrere Luftfrachtbriefe ausgestellt werden, wenn die gesamte Ware mit demselben Flugzeug auf demselben Flug befördert wird. Eine Beförderung auf unterschiedlichen Flugzeugen bzw. unterschiedlichen Flügen ist aber nicht erlaubt.

- Der akkreditivkonforme Luftfrachtbrief darf keine Mängel an der Ware oder der Verpackung ausweisen. Der Luftfrachtbrief muss jedoch nicht ausdrücklich als „clean" bezeichnet sein.

- Wenn das Akkreditiv die Angabe der Akkreditivnummer und die Liefervertragsnummer in allen Dokumenten verlangt, können sie in das Feld „Accounting Information" des Luftfrachtbriefes eingetragen werden.

- Es muss nur das dritte Original (Ausfertigung für den Versender) des Luftfrachtbriefs eingereicht werden, auch wenn das Akkreditiv den kompletten Satz (full set) fordert.

- Das Ausstellungsdatum eines Luftfrachtbriefes bzw. ein zusätzlich angebrachter Vermerk über das tatsächliche Flugdatum gilt als Verladedatum. Das Verladedatum darf nicht nach dem spätesten Liefertermin im Akkreditiv liegen. Sofern das Akkreditiv keine abweichenden Regelungen enthält, müssen die gesamten Dokumente spätestens 21 Tage nach dem Verladedatum bzw. vor Ablauf des Akkreditivs bei der Bank präsentiert werden.

Vgl. trafima: Der akkreditivkonforme Luftfrachtbrief. In: www-trafima.de. O.D. https://www.trafima.de/der-akkreditivkonforme-luftfrachtbrief/[07.05.2021].

Internationaler Lkw-Frachtbrief

Damit der Lkw-Frachtbrief (CMR) akkreditivkonform ist und allen Bedingungen des Akkreditivs entspricht, sollten folgende Punkte beachtet werden:

- Der Frachtführer muss auf dem Lkw-Frachtbrief namentlich ausgewiesen sein. Zusätzlich sollte auch die Anschrift und das Land des Frachtführers angegeben werden.

- Der Lkw-Frachtbrieffrachtbrief muss von einer der folgenden Parteien unterzeichnet und gestempelt sein:
  - vom Frachtführer (Carrier),
  - von einem – als solchem identifizierten – Agenten des Frachtführers.

- Der Lkw-Frachtbrief muss vom Versender unterzeichnet und gestempelt sein. Dabei müssen Stempel und Unterschrift mit dem Absender in Feld 1 übereinstimmen.

- Auf dem Lkw-Frachtbrief müssen Tag und Ort der Ausstellung angegeben sein.

- Jede nachträgliche Änderung am Lkw-Frachtbrief muss von der gleichen Partei authentifiziert sein, die den Lkw-Frachtbrief ursprünglich unterzeichnet hat.

- Der Lkw-Frachtbrief muss an den im Akkreditiv genannten Empfänger adressiert sein. Das ist in der Regel der Akkreditivauftraggeber.

- Die Notify-Adresse muss der Adresse des Akkreditivauftraggebers (Importeur) entsprechen. Sie muss genau mit den Daten übereinstimmen, die im Akkreditiv für den Akkreditivauftraggeber aufgeführt sind.

- Ein akkreditivkonformer Lkw-Frachtbrief kann nicht an Order ausgestellt werden, da er kein Traditionspapier ist.

- Der im Lkw-Frachtbrief angegebene Übernahmeort und der Auslieferungsort müssen den Akkreditivbedingungen entsprechen.

- Die im Lkw-Frachtbrief aufgeführten Warenbezeichnungen, Markierungen, Gewichte sowie Anzahl, Abmessung und Art der Packstücke usw. dürfen den übrigen Dokumenten (z. B. Handelsrechnung, Packliste) nicht widersprechen.

- Der Frachtzahlungsvermerk „freight prepaid" oder „freight collect" bzw. „freight payable at destination" muss den Akkreditivbedingungen entsprechen. Die im Lkw-Frachtbrief ausgewiesenen Frachtkosten sollten den eventuell in der Handelsrechnung genannten Frachtkosten entsprechen.

- Umladungen dürfen im Lkw-Frachtbrief nur ausgewiesen werden, wenn sie im Akkreditiv erlaubt sind.

- Wenn das Akkreditiv Teillieferungen ausschließt, darf nur ein Lkw-Frachtbrief für den gesamten Transportweg präsentiert werden.

- Wenn im Akkreditiv verlangt wird, dass das Kfz-Kennzeichen des Lkws im Frachtbrief vermerkt sein soll, muss das Kennzeichen des tatsächlich verwendeten Lkws in den Frachtbrief eingetragen werden.

- Es muss nur die Ausfertigung für den Versender des Lkw-Frachtbriefs eingereicht werden.

- Das Ausstellungsdatum eines Lkw-Frachtbriefes gilt als Lieferdatum. Wenn im Frachtbrief ein abweichendes Übernahmedatum angegeben ist, so gilt dieses Datum als Lieferdatum. Das Ausstellungsdatum bzw. Übernahmedatum darf nicht nach dem spätesten Liefertermin im Akkreditiv liegen. Sofern das Akkreditiv keine abweichenden Regelungen enthält, müssen die gesamten Dokumente spätestens 21 Tage nach diesem Datum bzw. vor Ablauf des Akkreditivs bei der Bank präsentiert werden.

Vgl. trafima: Der akkreditivkonforme Internationale LKW-Frachtbrief. In: www-trafima.de. O. D. https://www.trafima.de/der-akkreditivkonforme-internationale-lkw-frachtbrief/[07.05.2021].

Internationaler Eisenbahn-Frachtbrief

Damit der Eisenbahn-Frachtbrief (CIM) akkreditivkonform ist und allen Bedingungen des Akkreditivs entspricht, sollten folgende Punkte beachtet werden:

- Der Frachtführer muss auf dem Eisenbahn-Frachtbrief namentlich ausgewiesen sein.

- Der Eisenbahn-Frachtbrief muss von einer der folgenden Parteien unterzeichnet und gestempelt sein:
  - vom Frachtführer (Carrier)
  - von einem – als solchem identifizierten – Agenten des Frachtführers

Wenn der Eisenbahn-Frachtbrief den Frachtführer nicht identifiziert, ist jede Unterschrift oder jeder Stempel der Eisenbahngesellschaft dafür akzeptabel, dass das Dokument vom Frachtführer gekennzeichnet ist.

- Auf dem Eisenbahn-Frachtbrief müssen Tag und Ort der Ausstellung angegeben sein. Das Ausstellungsdatum gilt als Verladedatum, wenn der Frachtbrief keinen Empfangsstempel oder Angabe des Empfangsdatums oder Verladedatums enthält.

- Der Eisenbahn-Frachtbrief muss an den im Akkreditiv genannten Empfänger adressiert sein. Das ist in der Regel der Akkreditivauftraggeber.

- Die Notify-Adresse muss der Adresse des Akkreditivauftraggebers (Importeur) entsprechen. Sie muss genau mit den Daten übereinstimmen, die im Akkreditiv für den Akkreditivauftraggeber aufgeführt sind.

- Ein akkreditivkonformer Eisenbahn-Frachtbrief kann nicht an Order ausgestellt werden, da er kein Traditionspapier ist.

- Der im Eisenbahn-Frachtbrief angegebene Übernahmeort und der Auslieferungsort müssen den Akkreditivbedingungen entsprechen.

- Die im Eisenbahn-Frachtbrief aufgeführten Warenbezeichnungen, Markierungen, Gewichte sowie Anzahl, Abmessung und Art der Packstücke usw. dürfen den übrigen Dokumenten (z. B. Handelsrechnung, Packliste) nicht widersprechen.

- Der Frachtzahlungsvermerk „freight prepaid“ oder „freight collect“ bzw. „freight payable at destination“ muss den Akkreditivbedingungen entsprechen. Die im Eisenbahn-Frachtbrief ausgewiesenen Frachtkosten sollten den eventuell in der Handelsrechnung genannten Frachtkosten entsprechen.

- Umladungen dürfen im Eisenbahn-Frachtbrief nur ausgewiesen werden, wenn sie im Akkreditiv erlaubt sind.

- Wenn das Akkreditiv Teillieferungen ausschließt, darf nur ein Eisenbahn-Frachtbrief für den gesamten Transportweg präsentiert werden.

- Ein Eisenbahnfrachtbrief gilt als Original, unabhängig davon, ob es als Original gekennzeichnet ist. Auch ein als Duplikat gekennzeichnetes Eisenbahn-Transportdokument ist als Original aufnahmefähig.

- Das Ausstellungsdatum eines Eisenbahn-Frachtbriefes gilt als Lieferdatum. Wenn im Frachtbrief ein abweichendes Übernahmedatum angegeben ist, so gilt dieses Datum als Lieferdatum. Das Ausstellungsdatum bzw. Übernahmedatum darf nicht nach dem spätesten Liefertermin im Akkreditiv liegen. Sofern das Akkreditiv keine abweichenden Regelungen enthält, müssen die gesamten Dokumente spätestens 21 Tage nach diesem Datum bzw. vor Ablauf des Akkreditivs bei der Bank präsentiert werden.

Multimodales Transportdokument

Wenn zwischen dem Exporteur und dem Importeur Zahlung aus einem Dokumentenakkreditiv vereinbart wurde, muss der Exporteur darauf achten, dass das multimodale Transportdokument alle Bedingungen des Akkreditivs erfüllt.

Dazu sollten die folgenden grundsätzlichen Regeln beachtet werden:

- Bei einem Dokument für multimodalen oder kombinierten Transport muss erkennbar sein, dass durch das Dokument mindestens zwei verschiedene Beförderungsarten abgedeckt sind. Es muss nicht als multimodales Transportdokument überschrieben sein. Üblich sind auch die Begriffe „Multimodal Transport Bill of Lading", „Multimodal Transport Document", „Combined Transport Bill of Lading" oder „Through Bill of Lading".

- Das multimodale Transportdokument darf im Falle eines Seetransports keine Hinweise auf einer Charterpartie enthalten.

- Das multimodale Transportdokument muss auf allen Originalen von einer der folgenden Parteien unterzeichnet sein:
  - vom Frachtführer,
  - von einem – als solchem identifizierten – Agenten des Frachtführers,
  - vom Kapitän (Master) des Schiffes,
  - von einem – als solchem identifizierten – Agenten des Kapitäns (Master).

- Auf dem multimodalen Transportdokument müssen Tag und Ort der Ausstellung angegeben sein.

- Jede nachträgliche Änderung am multimodalen Transportdokument muss von der gleichen Partei authentifiziert sein, die das multimodale Transportdokument ursprünglich unterzeichnet hat.

- In dem multimodalen Transportdokument muss die Anzahl der ausgestellten Originale angegeben werden. Da das multimodale Transportdokument in beliebig vielen Originalen ausgestellt werden kann, ist die Angabe der Anzahl der Originale notwendig, um zu erkennen, wie viele Originale den vollen Satz (full set) bilden.

- Das multimodale Transportdokument muss so ausgestellt sein, wie im Akkreditiv gefordert:
  - „to order" bzw. „to order of the shipper" und blanko indossiert oder
  - „to order of" eines im Akkreditiv namentlich genannten Empfängers oder
  - an den im Akkreditiv namentlich genannten Empfänger.

- Die Notify-Adresse muss der Adresse des Akkreditivauftraggebers (Importeur) entsprechen. Sie muss genau mit den Daten übereinstimmen, die im Akkreditiv für den Akkreditivauftraggeber aufgeführt sind.

- Wenn das multimodale Transportdokument „to order" oder „to order of ..." ausgestellt ist, muss es richtig indossiert sein.

- Das multimodale Transportdokument muss die Verladung der Waren an Bord eines namentlich genannten Schiffes bestätigen.

- Der im multimodalen Transportdokument angegebene Verladehafen/Abflughafen und der Löschungshafen/Bestimmungsflughafen müssen den Akkreditivbedingungen entsprechen. Wenn die Waren an einem anderen Ort als dem Verladehafen/Abflughafen übernommen worden sind, muss der tatsächliche Verladehafen/Abflughafen in einem separaten Vermerk ausgewiesen werden. Das Gleiche gilt, wenn das Konnossement einen „intended port of loading" enthält. Auch der tatsächliche Löschungshafen/Zielflughafen muss im separaten Vermerk ausgewiesen werden, wenn zuvor nur der „intended port of discharge" festgelegt worden ist.

- Die im multimodalen Transportdokument aufgeführten Warenbezeichnungen, Markierungen, Gewichte sowie Anzahl, Abmessung und Art der Packstücke usw. dürfen den übrigen Dokumenten (z. B. Handelsrechnung, Packliste) nicht widersprechen.

- Der Frachtzahlungsvermerk „freight prepaid" oder „freight collect" bzw. „freight payable at destination" muss den Akkreditivbedingungen entsprechen. Die im Konnossement ausgewiesenen Frachtkosten sollten den eventuell in der Handelsrechnung genannten Frachtkosten entsprechen.

- Wenn das Akkreditiv Teillieferungen ausschließt, darf nur ein einziges multimodales Transportdokument für den gesamten Transportweg präsentiert werden. Es können allerdings mehrere multimodale Transportdokumente ausgestellt werden, wenn die gesamte Ware mit demselben Transportmittel auf derselben Fahrt mit demselben Ziel befördert wird. Eine Beförderung auf unterschiedlichen Transportmitteln oder zu unterschiedlichen Daten ist aber nicht erlaubt.

- Das akkreditivkonforme multimodale Transportdokument darf keine Mängel an der Ware oder der Verpackung ausweisen. Es muss allerdings nicht als „clean" angegeben sein.

- Wenn das Akkreditiv die Angabe der Akkreditivnummer und die Liefervertragsnummer in allen Dokumenten verlangt, müssen diese in das multimodale Transportdokument eingetragen sein.

- Es muss der vollständige Satz der im multimodalen Transportdokumente vermerkten Originale (voller Satz, full set) oder die im Akkreditiv geforderte Anzahl von Originalen und Kopien eingereicht werden.

- Das Ausstellungsdatum eines multimodalen Transportdokuments, das Datum eines separaten „on board"-Vermerks oder Übernahmevermerks auf dem multimodalen Transportdokument gelten als Verlade- bzw. Übernahmedatum. Das Verlade- bzw. Übernahmedatum darf nicht nach dem spätesten Liefertermin im Akkreditiv liegen. Sofern das Akkreditiv keine abweichenden Regelungen enthält, müssen die gesamten Dokumente spätestens 21 Tage nach dem Verladedatum bzw. vor Ablauf des Akkreditivs bei der Bank präsentiert werden.

Vgl. trafima: Das akkreditivkonforme multimodale Transportdokument. In: www-trafima.de. O. D. https://www.trafima.de/das-akkreditivkonforme-multimodale-transportdokument/[07.05.2021].

Versicherungsdokumente

Damit ein Versicherungsdokument akkreditivkonform ist, sollten folgende Anforderungen beachtet werden:

- Es muss das im Akkreditiv geforderte Versicherungsdokument vorgelegt werden. Das bedeutet: Wenn im Akkreditiv eine Versicherungspolice gefordert ist, muss eine Versicherungspolice eingereicht werden. Wenn im Akkreditiv ein Versicherungszertifikat oder eine „declaration" unter einer laufenden Police gefordert ist, kann an der Stelle auch eine Versicherungspolice eingereicht werden. Deckungsbestätigungen („cover notes") werden nur akzeptiert, wenn das Akkreditiv sie ausdrücklich erlaubt.

- Das Versicherungsdokument darf nicht nach dem Verladedatum datiert sein. Es sollte also nicht später als das Datum des Transportdokuments ausgestellt sein. Eine spätere Ausstellung ist nur zulässig, wenn aus dem Versicherungsdokument ersichtlich wird, dass die Risikodeckung bereits am Versanddatum wirksam war.

- Das Versicherungsdokument muss von einer Versicherungsgesellschaft, einem Versicherer („underwriter") oder von deren Agenten oder Bevollmächtigten ausgestellt und unterzeichnet sein. Jede Unterschrift eines Agenten oder Bevollmächtigten muss ausweisen, ob er für die Versicherungsgesellschaft oder den Versicherer gezeichnet hat.

- Das Versicherungsdokument muss in übertragbarer Form ausgestellt sein. Sofern ein Indossament nötig ist, muss es auf der Rückseite des Versicherungsdokuments angebracht sein. Wenn das Versicherungsdokument an die Order des Akkreditivbegünstigten (Verkäufer) oder an die Order einer dritten Partei ausgestellt ist, muss das Dokument blanko oder an den Akkreditivauftraggeber/die Akkreditivbank indossiert werden. Ein Inhaberpapier – also ausgestellt „to the bearer", „to the holder" oder „to whom it may concern" – wird nicht indossiert.

- Das Versicherungsdokument muss so ausgestellt werden, wie es im Akkreditiv festgelegt ist, z. B. „an bestimmte Order (to order)" oder ohne diesen Zusatz.

- Die Angaben zu Warenbeschreibung, Markierungen, Versandweg und dem Namen des Schiffes dürfen den Angaben im Transportdokument und der Handelsrechnung nicht widersprechen.

- Die Versicherung muss in der Währung des Akkreditivs lauten. Das Akkreditiv kann jedoch eine andere als die Akkreditivwährung festlegen, in welcher das Versicherungsdokument ausgestellt sein muss.

- Die Versicherung muss den mindestens geforderten Betrag abdecken. Wenn im Akkreditiv keine Festlegung erfolgt ist, muss die Versicherung mindestens 110 % des CIF bzw. CIP-Wertes abdecken. Wenn in der Handelsrechnung Preisnachlässe gewährt wurden oder der Rechnungsbetrag aufgrund bereits geleisteter Anzahlungen oder später zu leistender Zahlungen geringer als der tatsächliche Warenwert ist, muss der Versicherungsbetrag trotzdem auf den vollen Warenwert lauten, nicht auf den geringeren Rechnungsbetrag.

- Wenn im Akkreditiv festgelegt ist, in welchem Ort oder Land die Versicherungssumme zahlbar sein soll („... CLAIMS PAYABLE IN ..."), muss dieser Ort oder dieses Land ebenfalls im Versicherungsdokument so ausgewiesen sein.

- Die Versicherung muss alle im Akkreditiv aufgeführten Risiken genau abdecken. Dazu sollten die Risiken im Versicherungsdokument wörtlich genannt sein.
  - Die Akkreditivbedingung „all risks" ist erfüllt, wenn in einem Versicherungsdokument ersichtlich ist, dass es die „Institute Cargo Clauses (A)" abdeckt.
  - Wenn im Akkreditiv eine Abdeckung aller Risiken („all risks") gefordert wird, ist ein Versicherungsdokument mit der Deckung „all risks" auch akzeptabel, selbst wenn es die Deckung einiger Risiken an späterer Stelle ausschließt.
  - Wenn der Akkreditivtext eine zu ungenaue Begriffsbildung wie Deckung der „üblichen (usual)" oder „handelsüblichen (customary)" Risiken enthält, kann ein Versicherungsdokument unabhängig von den gedeckten Risiken akzeptiert werden.

- Wenn eine Ware akkreditivkonform an Deck eines Schiffes verladen wurde, muss eine „on deck"-Versicherung abgeschlossen sein. Container können grundsätzlich immer auch an Deck verladen werden, auch wenn „on deck"-Versand im Akkreditiv nicht ausdrücklich zugelassen ist. Daher darf das Versicherungsdokument beim Versand in Containern keine Einschränkung für die Gültigkeit der Versicherung enthalten, wie z. B. „shipment under deck".

- Bei der Vorlage müssen alle Originale (der volle Satz) des Versicherungsdokuments eingereicht werden. Die Originale müssen unterzeichnet sein. Die Anzahl der ausgestellten Originale muss aus dem Versicherungsdokument ersichtlich sein.

Vgl. trafima: Das akkreditivkonforme Versicherungsdokument. In: www-trafima.de. O. D. https://www.trafima.de/das-akkreditivkonforme-versicherungsdokument/[07.05.2021].

Ursprungszeugnis

Das Ursprungszeugnis ist ein im internationalen Handel wichtiges Dokument. Darum ist es auch oft ein Teil der Akkreditivdokumente. Damit das Ursprungszeugnis akkreditivkonform ist, sollten folgende Anforderungen beachtet werden:

- Der Warenursprung im Ursprungszeugnis muss dem im Akkreditiv vorgeschriebenen Ursprung entsprechen.

Beispiel

Wenn im Akkreditiv vorgeschrieben ist, dass die Ware deutschen Ursprungs sein soll („CERTIFICATE OF ORIGIN [...] STATING THAT THE GOODS ARE OF GERMAN ORIGIN"), muss das Ursprungszeugnis den deutschen Warenursprung der Ware belegen.

- Aus dem Ursprungszeugnis muss ersichtlich sein, dass die Ware, deren Ursprung bezeugt wird, für den Akkreditivauftraggeber (Importeur) bestimmt ist.

- Das Ursprungszeugnis muss unterschrieben sein. Im Akkreditiv wird meist angegeben, welche Institution das Ursprungszeugnis erstellen und unterschreiben soll. Üblicherweise ist das die zuständige Industrie- und Handelskammer („CERTIFICATE OF ORIGIN ISSUED BY ANY CHAMBER OF COMMERCE"). Wenn im Akkreditiv nicht angegeben ist, von welcher Institution das Ursprungszeugnis ausgestellt und unterschrieben werden soll, kann es von einer beliebigen Stelle ausgestellt werden. Es könnte dann theoretisch auch vom Exporteur selbst ausgestellt und unterschrieben werden.

- Von einem Ursprungszeugnis wird üblicherweise nur ein Original ausgestellt. Wenn im Akkreditiv mehr als ein Original verlangt wird, können bei der Ausstellung Originaldurchschriften erstellt werden.

- Die im Ursprungszeugnis aufgeführten Warenbezeichnungen, Markierungen, Gewichte sowie Anzahl, Abmessung und Art der Packstücke usw. dürfen den übrigen Dokumenten (z. B. Handelsrechnung, Packliste) nicht widersprechen.

Mögliche Zusatzanforderungen an das akkreditivkonforme Ursprungszeugnis

Außer den oben genannten allgemein gültigen Regeln ist es möglich, dass ein Akkreditiv weitere, zusätzliche Bedingungen enthält, die für die Ausstellung des Ursprungszeugnisses beachtet werden müssen.

- Wenn das Akkreditiv die Legalisierung des Ursprungszeugnisses vorschreibt, muss der Exporteur das Ursprungszeugnis vom Konsulat des Importlandes legalisieren lassen. Nachträgliche Änderungen an einem bereits legalisierten Ursprungszeugnis müssen wiederum durch das Konsulat des Importlandes authentisiert sein.

- Wenn das Akkreditiv zusätzliche Erklärungen wie positive Ursprungserklärungen, Angaben über zusätzliche Eigenschaften der Ware, Angaben zum Hersteller, Einzelpreisangaben oder Zolltarifnummern fordert, können diese zusätzlichen Erklärungen durch den Exporteur auf der Rückseite gemacht oder durch die IHK durch einen genormten Stempeltext bekräftigt werden.

- Wenn das Akkreditiv vorschreibt, dass alle Dokumente die Akkreditivnummer, Auftragsnummer oder Importlizenznummer enthalten müssen, können Nummern zur Erfüllung dieser Bedingung z. B. in das Feld „Bemerkungen“ des Ursprungszeugnisses eingetragen werden.

Vgl. trafima: Das akkreditivkonforme Ursprungszeugnis. In: www-trafima.de. O. D. https://www.trafima.de/das-akkreditivkonforme-ursprungszeugnis/[07.05.2021].

Inspektionszertifikat

Bei Akkreditiven wird häufig ein Inspektionszertifikat (Waren-Kontroll-Zertifikat [Pre-Shipment Inspection Certificate]) verlangt.

Das Inspektionszertifikat weist nach, dass die verpackte Ware vor dem Versand geprüft wurde und mit der Bestellung bzw. den Einfuhrvorschriften des Importlandes übereinstimmt. Es wird in der Regel von dazu befugten Prüfungsinstituten erstellt.

Inspektionszertifikate werden verlangt,

- weil der Importeur die Sicherheit haben möchte, dass die Ware im vertraglich vereinbarten Umfang und der vereinbarten Qualität geliefert wird.

- damit keine vorgetäuschten Geschäfte abgewickelt werden, um Devisen illegal ins Ausland zu transferieren.

- damit keine Unterfakturierung erfolgt, um Zoll und Abgaben zu verringern.

Die Angaben im Inspektionszertifikat zu Warenbezeichnungen, Markierungen, Gewicht sowie Anzahl, Abmessung und Art der Packstücke usw. dürfen den übrigen Dokumenten (z. B. Handelsrechnung, Transportdokumente, Packliste) nicht widersprechen.

Packliste

Die akkreditivkonforme Packliste soll die endgültigen Angaben zu Stückzahl, Gewicht und Abmessung der Waren enthalten, die ausgeführt werden sollen. Sie sollte alle notwendigen Informationen zu Stückzahl, Gewicht, Markierung und Art der Verpackung der Ware („in cases“, „on pallets“, „in containers“ usw.) enthalten.

Die Packliste sollte die Überschrift „Packliste“ oder eine sinngemäße Bezeichnung enthalten. Eine Packliste wird aber auch ohne Bezeichnung akzeptiert, wenn sie die notwendigen Inhalte einer Packliste enthält.

Wenn das Akkreditiv keine Regelungen zum Ersteller beinhaltet, darf die Packliste von jeder beliebigen Partei erstellt werden. Wenn die Packliste von einem Dritten erstellt wird, dürfen die darauf enthaltenen Angaben wie Rechnungsnummer, Rechnungsdatum und Versandadresse von den Anforderungen im Akkreditiv abweichen.

Die Angabe der Packliste zu Warenbezeichnungen, Markierungen, Gewichte sowie Anzahl, Abmessung und Art der Packstücke usw. dürfen den übrigen Dokumenten (z. B. Handelsrechnung, Transportdokumenten) nicht widersprechen.

Außer den oben genannten allgemein gültigen Regeln ist es möglich, dass ein Akkreditiv weitere, zusätzliche Bedingungen enthält, die für die Ausstellung der Packliste beachtet werden müssen:

- Die Packliste muss handschriftlich unterzeichnet sein, wenn in dem Akkreditiv das Stichwort „Signed“ in Bezug auf die Packliste („Packing List“) eingetragen ist.
- Wenn das Akkreditiv die Angabe der Akkreditivnummer, die Liefervertragsnummer oder Importlizenznummer in allen Dokumenten verlangt, können sie in der Packliste an geeigneter Stelle eingetragen werden.

Vgl. trafima: Die akkreditivkonforme Packliste. In: www-trafima.de. O. D. https://www.trafima.de/die-akkreditivkonforme-packliste/[07.05.2021].

Einreichung bei den Banken im In- und Ausland

Die mit der Abwicklung eines Akkreditivs beauftragte Bank (Akkreditivbank) befasst sich nur mit den Dokumenten und nicht mit der Ware, den Dienstleistungen oder Leistungen, auf die sich die Dokumente beziehen. Die Bank ist verpflichtet, genau zu prüfen, ob die vorliegenden Dokumente akkreditivkonform sind.

Ob die eingereichten Dokumente akkreditivkonform sind, beurteilt die Banken ausschließlich auf der Grundlage

- der Akkreditivbedingungen,
- der „Einheitlichen Richtlinien und Gebräuche für Dokumenten-Akkreditive“ (ERA) in der im Akkreditiv erwähnten Fassung,
- dem Standard der internationalen Bankpraxis.

Die Banken prüfen die eingereichten Dokumente auf

- **Vollständigkeit:** Originale und Kopien der Dokumente müssen in der nach den Akkreditivbedingungen und ggf. den ERA 600 erforderlichen Anzahl eingereicht werden.
- **formelle Ordnungsmäßigkeit:** Die Dokumente müssen formell ordnungsgemäß vorgelegt werden. Mangelhafte Dokumente führen nicht zu einer Zahlung aus dem Akkreditiv. Bei mangelhaften Dokumenten wird auch keine Zahlung geleistet, wenn ihre Eignung für die Erfüllung des Grundgeschäfts nachgewiesen werden kann.

Die Dokumente müssen untereinander übereinstimmen. Die Angaben in einem Dokument, die im Zusammenhang mit einem Akkreditiv gelesen werden, müssen nicht zwingend identisch sein mit dem Dokument selbst oder dem Standard internationaler Bankpraxis. Sie dürfen jedoch nicht im Widerspruch zu den Angaben in diesen Dokumenten, einem anderen verlangten Dokument oder dem Akkreditiv stehen.

Wenn ein Akkreditiv eine Bedingung vorsieht, ohne dabei das Dokument anzugeben, das diese Bedingung nachweist, betrachten die Banken eine solche Bedingung als nicht angegeben und werden sie nicht beachten.

Ein vorgelegtes Dokument, das gemäß Akkreditiv nicht verlangt ist, wird von den Banken nicht beachtet und kann dem Einreicher zurückgegeben werden.

Die Dokumente müssen von der Bank innerhalb von fünf Banktagen nach Eingang der Dokumente geprüft werden. Wenn der Begünstigte eine Bank einschaltet, die nicht bei der Akkreditivabwicklung vorgesehen ist, gilt diese Frist für die Einreichung der Dokumente bei der Akkreditivbank.

Wenn die Original-Transportdokumente nach den Vorgaben der ERA 600 vorgelegt werden müssen, müssen die vollständigen Dokumente innerhalb der Laufzeit des Akkreditivs und nicht später als 21 Kalendertage nach dem Verladedatum präsentiert werden.

Zusammenfassung

Dokumentenakkreditiv

Abwicklung der Zahlung aus einem Dokumentenakkreditiv

- Der Importeur beauftragt seine Bank, ein Akkreditiv zugunsten des Exporteurs zu eröffnen.

↓

- Die Bank (Akkreditivbank) eröffnet das Akkreditiv zugunsten des Exporteurs.

↓

- Die Eröffnung des Akkreditivs wird dem Exporteur unter Einschaltung einer Bank im Land und, wenn möglich, am Ort des Exporteurs (avisierende Bank) mitgeteilt (avisiert).

↓

- Nachdem der Exporteur die zu liefernde Ware an einen Spediteur oder Frachtführer übergeben hat, stellt er die im Akkreditiv verlangten Dokumente zusammen.

↓

- Der Exporteur übergibt die Dokumente der avisierenden Bank und verlangt im Gegenzug die Zahlung.

↓

- Die avisierende Bank überprüft die Dokumente genau.

↓

- Wenn die avisierende Bank bei der Prüfung der Dokumente keine Beanstandungen feststellt, wird sie an den Exporteur in der im Akkreditiv vorgeschriebenen Weise zahlen.

↓

- Die avisierende Bank sendet die Dokumente an die Akkreditivbank (eröffnende Bank) und erhält dafür den Gegenwert der Zahlung vergütet.

↓

- Die Akkreditivbank händigt dem Importeur nach nochmaliger Prüfung die Dokumente aus und belastet ihn für die erfolgte Zahlung.

Inhalt des Akkreditivauftrags

- Auftraggeber
- Begünstigter: Name und vollständige Anschrift des Begünstigten, Bankverbindung des Begünstigten
- Art des zu eröffnenden Akkreditivs
  - Unbestätigt
  - Bestätigt
  - Übertragbar
  - Nicht übertragbar
  - Unwiderruflich
  - Widerruflich
- Art der Akkreditivübermittlung
- Akkreditivbetrag und Währung
- Art, Anzahl und Aufmachung der einzureichenden Dokumente
- Warenart und Menge
- Lieferbedingung
- Verladefrist
- Transportart und Transportweg
- Teilverladungen und Umladungen
- Transportversicherung
- Ort und Verfalldatum der Dokumentenvorlage
- Form des Akkreditivs
- Benutzbarkeit durch
  - Sichtzahlung
  - hinausgeschobene Zahlung
  - Akzeptzahlung
  - Negoziierung
- Termin der Dokumenteneinreichung
- Zahlbarstellung des Akkreditivs

Akkreditivkonforme Dokumentenaufmachung und -erstellung

Die Akkreditivdokumente

- Handelsrechnung
- Transportdokument
- Konnossement
- Luftfrachtbrief
- internationaler Lkw-Frachtbrief
- internationaler Eisenbahnfrachtbrief
- multimodales Transportdokument
- Versicherungsdokument
- Ursprungszeugnis
- Inspektionszertifikat
- Packliste

müssen unter Beachtung

- der Akkreditivbedingungen
- der „Einheitlichen Richtlinien und Gebräuche für Dokumenten-Akkreditive" (ERA) in der im Akkreditiv erwähnten Fassung und
- des Standards der internationalen Bankpraxis

aufgemacht und ausgestellt sein.

Einreichung bei den Banken im In- und Ausland

Die Bank ist verpflichtet, genau zu prüfen, ob die vorliegenden Dokumente akkreditivkonform sind. Sie muss die eingereichten Dokumente auf
- Vollständigkeit und
- formelle Ordnungsmäßigkeit

innerhalb von fünf Banktagen prüfen.

Aufgaben

1. Beschreiben Sie die Abwicklung des Dokumentengeschäfts, wenn in dem Kaufvertrag die Zahlungsbedingung „Zahlung aus einem bestätigten, unwiderruflichen Akkreditiv“ vereinbart wurde.

2. Stellen Sie eine Liste der Inhalte zusammen, die der Auftraggeber in einen Auftrag zur Eröffnung eines Akkreditivs eintragen muss.

3. Unterscheiden Sie
   a) widerrufliches und unwiderrufliches Akkreditiv
   b) bestätigtes und unbestätigtes Akkreditiv
   c) übertragbares und nicht übertragbares Akkreditiv.

4. Erläutern Sie die Benutzbarkeit eines Akkreditivs durch
   a) Sichtzahlung
   b) hinausgeschobene Zahlung
   c) Akzeptzahlung
   d) Negoziierung

5. Was sollte der Exporteur sofort prüfen, nachdem er das Avis der Akkreditiveröffnung erhalten hat?

6. Welche Bedingungen, Richtlinien und Standards müssen bei der Aufmachung akkreditivkonformer Dokumente beachtet werden?

7. Welche Regeln müssen bei der Ausstellung einer akkreditivkonformen Handelsrechnung beachtet werden?

8. Nennen Sie die Inhalte, die ein Konnossement enthalten sollte, damit es akkreditivkonform ist.

9. Nennen Sie die Inhalte, die ein internationaler Frachtbrief des gewerblichen Straßengüterverkehrs enthalten muss, damit er akkreditivkonform ist.

10. Nennen Sie die Inhalte, die ein Luftfrachtbrief enthalten muss, damit er akkreditivkonform ist.

11. Nennen Sie die Inhalte, die ein multimodales Transportdokument enthalten sollte, damit es akkreditivkonform ist.

12. Erläutern Sie, was in ein akkreditivkonformes Ursprungszeugnis eingetragen werden muss.

13. Erläutern Sie die Anforderungen, denen ein akkreditivkonformes Versicherungsdokument genügen muss.

14. Worauf sollte bei der Erstellung einer akkreditivkonformen Packliste geachtet werden?

15. Was beinhaltet die Prüfung der Akkreditivbank auf
   a) Vollständigkeit
   b) formelle Ordnungsmäßigkeit
   der eingereichten Dokumente?

Lernsituation

Die Ehlers und Gehrenberg KG hat mit der Norotex Co. Ltd. einen Vertrag über die Lieferung von Damenblusen aus 100 % Baumwolle abgeschlossen. In dem Vertrag wurde die Zahlung aus einem bestätigten, unwiderruflichen Dokumentenakkreditiv vereinbart (siehe Angebot auf Seite 345).

Mit der Akkreditiveröffnung möchte Frau Janssen die Bank Joh. Behrenberg, Gossler & Co., Kontonummer: 517 321, BLZ: 201 200 00, BIC: BEGODEHHXX, IBAN: DE95 2012 0000 0000 5173 21 beauftragen. Sie bittet Sandra Krollmann, den Antrag auf Akkreditiveröffnung zu erstellen.

1. Welche Fragen muss Sandra Krollmann klären, um den Auftrag von Frau Janssen zu erfüllen?
2. Erstellen Sie eine Tabelle mit den Angaben, die der Antrag auf Akkreditiveröffnung enthalten muss.
3. Ordnen Sie die Angaben der vorliegenden Handelsrechnung den Inhalten des Akkreditivauftrages zu.
4. Tragen Sie die notwendigen Angaben in den Antrag auf Akkreditiveröffnung ein. Nutzen Sie dazu eine Kopie des auf den Seiten 348 f. abgebildeten Musters für einen Antrag auf Eröffnung eines Dokumentenakkreditivs.

8 Kontrolle der tatsächlichen Zahlungseingänge und Zahlungsausgänge

Einstiegssituation

Jakob Osterhoff ist bei Frau Bertram im Rechnungswesen der Ehlers & Gehrenberg KG eingesetzt. Im Rahmen der Liquiditätsplanung hat Frau Bertram festgestellt, dass die Gefahr besteht, dass die Ehlers & Gehrenberg KG eine Unterdeckung der Liquidität haben wird. Gleichzeitig geht aus den OPOS-Listen hervor, dass einerseits kaum Verbindlichkeiten aus Lieferungen und Leistungen bestehen, obwohl viele Wareneingänge zu verzeichnen sind. Die Lager der Ehlers & Gehrenberg KG sind voll. Andererseits sind sehr hohe Beträge bei den Forderungen aus Lieferungen und Leistungen offen. Jakob soll sich in diese Problematik einarbeiten.

Arbeitsaufträge

Helfen Sie Jakob und

1. geben Sie die Konsequenzen einer Unterdeckung der Liquidität an.
2. erläutern Sie, was es bedeutet, wenn kaum Verbindlichkeiten aus Lieferungen und Leistungen bestehen.
3. geben Sie an, wie man die Bestände an Verbindlichkeiten aus Lieferungen und Leistungen erhöhen könnte.
4. erläutern Sie, was es bedeutet, wenn hohe Forderungen aus Lieferungen und Leistungen bestehen.
5. geben Sie an, wie man die Bestände an Forderungen aus Lieferungen und Leistungen verringern könnte.

Maßnahmen zur Sicherung der Liquidität

Um die Liquidität in einem Unternehmen zu sichern, gibt es neben der sorgfältigen Feststellung, Planung und Überwachung des Liquiditätsstatus (vgl. LF 12, Kap. 4) weitere Möglichkeiten. In der Liquiditätsplanung werden die voraussichtlichen Zahlungseingänge und -ausgänge eines Unternehmens berücksichtigt. Hierbei wird immer von der Fälligkeit der Verbindlichkeiten und Forderungen ausgegangen. Es kann jedoch nicht sichergestellt werden, dass alle Forderungen auch tatsächlich zum Fälligkeitszeitpunkt gezahlt werden. Außerdem kann es sein, dass es sinnvoll ist, wenn man Zahlungsziele bei Verbindlichkeiten nicht ausnutzt. Auf jeden Fall muss der Unternehmer sie aber im Blick haben.

Als Möglichkeiten zur Sicherung der Liquidität eines Unternehmens kommen zum Beispiel infrage:

- OPOS-Liste in Verbindung mit Kreditoren- und Debitorenbuchführung,
- Zahlungsausgänge optimal planen (Ausnutzung, Überprüfung und ggf. Anpassung der Zahlungsmodalitäten),
- Zahlungseingänge überwachen und sichern (Forderungsmanagement, Ausnutzung, Überprüfung und ggf. Anpassung der Zahlungsmodalitäten),
- Bonitätsprüfung durch Bankauskünfte,
- Bonitätsprüfung durch Selbstauskünfte.

OPOS-Liste in Verbindung mit Kreditoren- und Debitorenbuchführung

Das Instrument, das aus der Buchführung sehr einfach generiert werden kann, um einen Überblick über die offenen Forderungen und Verbindlichkeiten zu erhalten, ist die OPOS-Liste. Hierfür ist es nötig, dass der Unternehmer die Kreditoren- und Debitorenbuchhaltung verwendet, in welcher für jeden Kreditor (Lieferant) und jeden Debitor (Kunde) ein eigenes Unterkonto geführt wird. Auf diesem Unterkonto werden sämtliche Forderungen/Verbindlichkeiten erfasst, die gegenüber einem Kunden/Lieferanten bestehen.

Die OPOS-Listen (für Kreditoren und Debitoren) enthalten in der Regel für jeden Kunden und jeden Lieferanten folgende Informationen:

- Name des Kreditors/Debitors
- Konto des Kreditors/Debitors
- Rechnungsnummer
- einzelne Zahlungsbeträge
- Datum der Rechnung
- Fälligkeit (Datum)
- Skontoregelungen (Höhe, Fälligkeit)
- Saldo aller Zahlungsbeträge
- Gegenkonto der Buchung
- Informationen zum Mahnstatus

Auf der Basis einer gut gepflegten OPOS-Liste erhält der Unternehmer in den gängigen Softwareprogrammen Buchungsvorschläge. Das Programm überwacht automatisch die Fälligkeiten, Skontoregelungen und Kreditlinien und berücksichtigt diese bei den Buchungsvorschlägen. Mit der korrekt gepflegten OPOS-Liste stellt der Unternehmer sicher, dass er selbst die Zahlungsziele (optimal) einhält und gleichzeitig von der Software darauf hingewiesen wird, wenn die Kunden Zahlungsziele überschreiten.

Die Vorteile, die sich in Bezug auf die Debitorenbuchhaltung durch die Verwendung einer OPOS-Liste ergeben, sind unter anderem:

- automatische Überwachung der offenen Beträge und Abgleich für jeden Kunden (jede Forderung)
- systembedingte Hinweise bei Zahlungsausfällen, um Mahnverfahren einzuleiten
- Sicherung der Liquidität durch ständige Überwachung der tatsächlichen Zahlungseingänge

Die Vorteile, die sich in Bezug auf die Kreditorenbuchhaltung durch die Verwendung einer OPOS-Liste ergeben, sind unter anderem:

- optimale Ausnutzung von Skontofristen
- optimale Ausnutzung der Zahlungsziele
- Vermeidung von Zahlungsversäumnissen und damit verbundenen Mahnkosten
- Sicherung der Liquidität durch ständige Überwachung der tatsächlichen Zahlungsausgänge

Zahlungsausgänge optimal planen

Der Unternehmer muss jederzeit einen Überblick über die Zahlungsmodalitäten haben, die ihm von seinen Lieferanten und Banken eingeräumt werden. Durch eine optimale Ausnutzung der vorgegebenen Zahlungsmodalitäten kann der Unternehmer seine Liquidität sichern. Ein Instrument hierfür kann – wie bereits erläutert – die OPOS-Liste sein.

Zahlungsmodalität	Erläuterung
Kreditlinie	Höhe, bis zu welcher der Unternehmer einen eingeräumten (flexiblen) Kredit in Anspruch nehmen darf
Zahlungsziele	Frist, die von Lieferanten für die Bezahlung von offenen Rechnungen eingeräumt wird
Skonti	Preisnachlass auf einen Rechnungsbetrag bei Zahlung innerhalb eines vereinbarten kurzen Zeitraums
Rabatte	Nachlass auf den Listenpreis einer Ware, welcher zum Beispiel bei Abnahme größerer Mengen gewährt wird
Boni	Gutschrift, die der Unternehmer nachträglich dafür erhält, dass er zum Beispiel eine bestimmte Menge an Waren abgenommen hat

Zur Sicherung der Liquidität kann der Unternehmer versuchen, die Chancen, die durch Zahlungsmodalitäten eingeräumt werden, möglichst optimal auszunutzen. In modernen Buchführungsprogrammen werden daher zum Beispiel die Zahlungsmodalitäten jedes Lieferanten (Kreditors) eingegeben und bei der Ermittlung von Zahlungsterminen berücksichtigt.[1]

Beispiel 1 Skontoabzug und Zahlungsziel

Die Ehlers & Gehrenberg KG erhält von der Nemitz GmbH eine Rechnung über 25.000,00 € brutto. Es wird ein Zahlungsziel von sieben Tagen mit 2 % Skonto bzw. 60 Tagen netto eingeräumt. Die Konten der Ehlers & Gehrenberg KG weisen genügend Liquidität zur Zahlung auf.

Wenn die Ehlers & Gehrenberg KG den Skontoabzug nutzen will, sollte sie frühestens nach sieben Tagen zahlen. Dadurch wird die Liquidität für sieben Tage erhalten und der Skontovorteil ausgenutzt. Der Skontovorteil beträgt 25.000,00 € x 2 % = 500,– € als absoluter Eurobetrag[1].

1 In der Liquiditätsplanung werden in der Regel Bruttowerte zugrunde gelegt, da die Liquidität in Höhe des Bruttowertes beeinträchtigt wird. Es wird daher eine Bruttobetrachtung vorgenommen. Eine Vergleichsberechnung mit Zinsvorteil wird an dieser Stelle aus Vereinfachungsgründen nicht vorgenommen.

Beispiel 2 Kreditlinie und Zahlungsziel

Wie Beispiel 1, aber die Kreditlinie der Ehlers & Gehrenberg KG ist bereits stark beansprucht und würde bei einer zeitnahen Zahlung der 25.000,00 € weit überschritten werden.

Die Ehlers & Gehrenberg KG muss die Zahlung der Verbindlichkeit einplanen. Eine Zahlung sollte unter Ausnutzung des Zahlungsziels von 60 Tagen möglichst spät erfolgen, um die Liquidität so lange wie möglich zu schonen. Maßnahmen zur Herstellung einer ausreichenden Liquidität bei Fälligkeit müssen eingeleitet werden (ggf. sogar eine Kreditaufnahme).

Der Unternehmer muss stets darauf bedacht sein, dass die ihm gewährten Zahlungsbedingungen nachverhandelt, also verbessert, werden. Hierfür sind Vergleichsangebote einzuholen. Diese sind (zum Beispiel im Rahmen einer Nutzwertanalyse) nicht nur hinsichtlich des Preises, sondern auch hinsichtlich der eingeräumten Zahlungsmodalitäten zu bewerten und zu vergleichen.

Zahlungseingänge überwachen und sichern

In ähnlicher Weise wie die Zahlungsmodalitäten die Liquidität auf der Seite der Auszahlungen beeinflussen, geschieht dies auch auf der Seite der Einzahlungen.

Anhand der eingeräumten Zahlungsziele sowie der gewährten Skonti, Rabatte und Boni kann die Liquidität dadurch gesichert werden, dass möglichst hohe Einzahlungen (durch geringe Skonti, Rabatte und Boni) in möglichst schneller Zeit (kurze Zahlungsziele) erzielt werden. Zusätzlich sorgt ein effektives Forderungsmanagement (OPOS-Liste, Erinnerungen, kaufmännisches und gerichtliches Mahnverfahren) für pünktlichen Geldeingang und Sicherung der Liquidität. Das Forderungsmanagement besteht aus zahlreichen Komponenten, die allesamt dem Ziel dienen, für einen möglichst schnellen Geldeingang zu sorgen und somit die Liquidität des Unternehmens zu sichern. Mögliche Komponenten sind der folgenden Mindmap zu entnehmen.

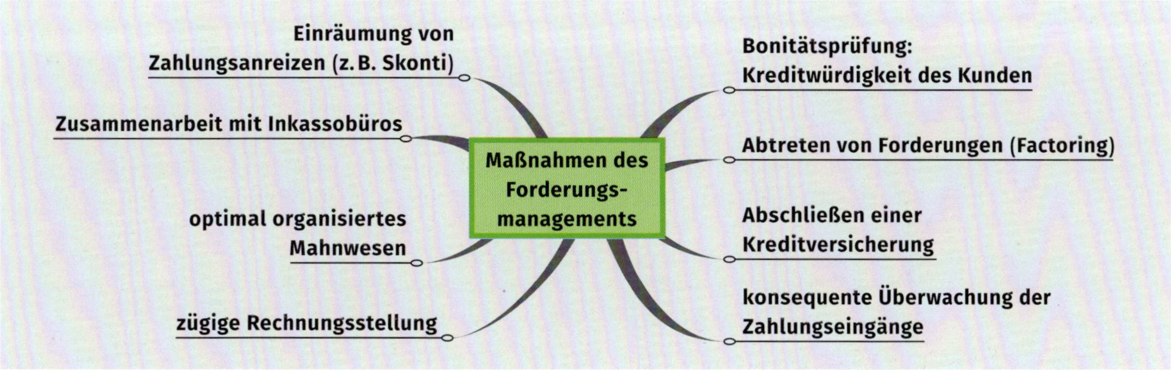

Bei kurzfristigen Überschreitungen der Zahlungsziele sollte den Kunden ein Kulanzzeitraum (z. B. eine Woche) eingeräumt werden. Innerhalb dieses Kulanzzeitraums erfolgt keine weitere Maßnahme zur Durchsetzung der Forderung. Erst bei Überschreitung wird das kaufmännische Mahnverfahren in Gang gesetzt. Dadurch soll gewährleistet werden, dass die Kundenbeziehung langfristig gepflegt wird und die Kunden nicht zu einem Wechsel des Lieferanten aufgrund der schlechten Zahlungsmodalitäten animiert werden.

Beispiel

Die Ehlers & Gehrenberg KG gewährt der Hessing GmbH ein Zahlungsziel von zehn Tagen netto. Bei Überschreitung dieses Zahlungsziels hat die Ehlers & Gehrenberg KG die Hessing GmbH bereits mehrfach gemahnt. Die Mahnung erfolgt sofort bei Überschreitung des Zahlungsziels. Nach einer kostenpflichtigen Mahnung wird sofort das gerichtliche Mahnverfahren eingeleitet. Wegen dieser Vorgehensweise hat sich die Hessing GmbH bereits bei der Ehlers & Gehrenberg KG beschwert.

Die Hessing GmbH hat vergleichbare Lieferantenangebote eingeholt. Preislich sind die Unterschiede nur gering. Allerdings räumt der Konkurrent ein Zahlungsziel von „zehn Tagen bei 1 % Skonto, sonst 60 Tage netto" ein.

Es besteht ein großes Risiko, dass die Hessing GmbH den Zulieferer wechselt und die Ehlers & Gehrenberg KG den Kunden verliert, da in der Vergangenheit Probleme mit den Zahlungsmodalitäten aufgetreten sind und ein Konkurrent bei nahezu gleichen Preisen wesentlich bessere Bedingungen anbietet.

Je nach Lage des Einzelfalls sollte zur Pflege der Kundenbeziehung auf die Einforderung von Mahnkosten und Verzugszinsen verzichtet werden.

Um die Liquidität des Unternehmens optimal zu sichern, genügt es nicht, dass der Unternehmer die Zahlungseingänge und -ausgänge isoliert betrachtet. Er muss dafür sorgen, dass diese im Zusammenhang in die Liquiditätsplanung einbezogen werden.

Beispiel

Die Ehlers & Gehrenberg KG hat derzeit nur noch 1.000,00 € auf dem Bankkonto zur Verfügung. Die eingeräumte Kreditlinie der Bank beträgt 10.000,00 €. Es geht die Rechnung über 25.000,00 € aus Beispiel 1 (siehe oben) ein. Gleichzeitig wird auf den Geldeingang aus einer offenen Rechnung über 20.000,00 € gewartet (Zahlungsziel in zehn Tagen erreicht).

Die Ehlers & Gehrenberg KG kann die Rechnung derzeit nicht begleichen, da die Kreditlinie überschritten werden würde. Sie hat zur Zahlung jedoch 60 Tage Zeit. Sobald die offene Rechnung über 20.000,00 € eingegangen ist, kann (unter Ausnutzung des Kreditrahmens) gezahlt werden. Der Kunde ist zur Zahlung zu animieren. Falls er das Zahlungsziel nicht einhält, ist unverzüglich mit dem Mahnprozess zu beginnen, um sicherzustellen, dass die eigenen Verbindlichkeiten termingerecht getilgt werden können. Auf den Skontoabzug muss verzichtet werden, da eine Zahlung innerhalb von sieben Tagen unwahrscheinlich erscheint. Nach Eingang der 20.000,00 € kann die Ehlers & Gehrenberg KG bis zum Erreichen des Zahlungsziels der Eingangsrechnung mit dem Geld arbeiten. Der Zahlungstermin ist vorzumerken, damit am Tag der Fälligkeit mindestens die zu leistenden 25.000,00 € verfügbar sind.

Bonitätsprüfung durch Bankauskünfte

Gerade bei neuen Kunden ist es wichtig, dass der Unternehmer sich vor den ersten Lieferungen ein möglichst gutes Bild von den Vermögensverhältnissen des Neukunden verschafft. Dadurch versucht er bereits im Vorfeld sicherzustellen, dass der Kunde in der Lage ist, die gelieferten Waren zu bezahlen. Durch diese Maßnahme wird die eigene Liquidität gesichert, indem (wenn möglich) nur an liquide Kunden mit guter Zahlungsmentalität auf Rechnung geliefert wird. Um sich von der Zahlungsfähigkeit von Neukunden zu überzeugen, kann der Unternehmer zum Beispiel Bank- und Selbstauskünfte einholen.

Die Einholung einer Bankauskunft erfolgt bei dem Kreditinstitut des Kunden. Sie wird von der Bank des Unternehmers an die Bank des Kunden gestellt. In der Regel soll die Bankauskunft vom anfragenden Kreditinstitut

- schriftlich,
- unter Angabe und Glaubhaftmachung des Anfragegrundes und
- ohne Nennung des Anfragenden beantragt werden.

Im Rahmen der Bankauskunft erhält das Kreditinstitut des Anfragenden von der Hausbank des Angefragten eine Bankauskunft, die unter anderem folgende Inhalte hat:

- Bankverbindung
- Dauer des Bestehens der Bankverbindungen
- Umsatzhöhe (unterteilt in „geringe" oder „größere" Umsätze)
- Art und Inanspruchnahme gewährter Kredite
- Inanspruchnahme von Überziehungen
- Existenz von Scheck-/Lastschriftrückgaben und Wechselprotesten in den letzten zwölf Monaten
- allgemeine Beurteilung des Kontoinhabers (z.B. Entwicklung des Unternehmens, Grundbesitzbelastungen, angespannte Finanzsituation)
- Kreditbeurteilung in Bezug auf den angefragten Kreditbetrag

Der Angefragte kann der Erteilung von Bankauskünften widersprechen.[1]

Die Auskünfte werden weitestgehend durch Ankreuzen von Aussagen erteilt. Dadurch wird gewährleistet, dass die Anfragen möglichst allgemein gehalten werden sollen. Es werden also keine betragsmäßigen Angaben über Guthaben, Verbindlichkeiten und Kreditlinien gemacht. Die Auskünfte, die der Unternehmer im Rahmen einer Bankauskunft erhält, dürfen ausschließlich für den angegebenen Zweck verwendet und nicht an Dritte weitergegeben werden.

Bonitätsprüfung durch Selbstauskünfte

Eine Selbstauskunft ist eine Möglichkeit, durch die sich der Unternehmer einen Überblick über die Vermögensverhältnisse des Kunden verschaffen kann.

1 Handelt es sich bei dem Angefragten um eine Privatperson, so muss er vor der Erteilung der Auskunft ausdrücklich zustimmen.

Im Rahmen der Selbstauskunft legt der Kunde seine Vermögensverhältnisse offen. Dazu gehören zum Beispiel Informationen über:

- betrieblichen Erfolg und Vermögen (z. B. Jahresabschluss, betriebswirtschaftliche Auswertungen, Businessplan)
- vorhandenes Kapitalvermögen
- vorhandenes Immobilien- und Grundvermögen
- sonstige wesentliche Vermögenswerte (z. B. Anteile an Kapital- oder Personengesellschaften, Bausparguthaben, Lebensversicherungswerte, Antiquitäten, Kunstgegenstände etc.)
- vorhandene Verbindlichkeiten
- Haushaltseinkommen (bei Privatpersonen als Schuldner)

Mithilfe der Jahresabschlüsse und der Auswertungen aus der Buchführung kann sich der Unternehmer einen Überblick über die wirtschaftlichen Verhältnisse des Kunden verschaffen.

Hinzu können Angaben zu verschiedenen Vermögenswerten und Verbindlichkeiten (auch aus dem privaten Bereich des Schuldners kommen), da auch diese die Kreditwürdigkeit einer Person beeinflussen. Durch die Gegenüberstellung von Vermögenswerten und Verbindlichkeiten wird das Nettovermögen errechnet.

Fällt die Beurteilung der Liquidität des Neukunden nach Einholung der Selbstauskunft und der Bankauskunft schlecht aus, sollte dieser Kunde nicht bedingungslos auf Rechnung beliefert werden. Der Unternehmer kann diesen Kunden trotzdem beliefern. Er sollte in diesem Fall zum Beispiel gegen Barzahlung ausliefern. Dadurch entfällt das Forderungsausfallrisiko. Eine weitere Möglichkeit besteht darin, dass er gegen Sicherheiten oder Anzahlungen ausliefert.

Vergleich mit dem Liquiditätsplan/-status

Die tatsächlichen Zahlungseingänge und Zahlungsausgänge werden abschließend und rückwirkend mit den zuvor kalkulierten Zahlen aus dem Liquiditätsplan verglichen. Aus dem Vergleich der Plan-Zahlen mit den tatsächlichen Ist-Zahlen erhält der Unternehmer zusätzliche Erkenntnisse für die zukünftige Unternehmenssteuerung. Für den Inhalt und den Aufbau eines Liquiditätsplans und auch für den Vergleich mit den tatsächlichen Zahlen gibt es keine gesetzlichen Regelungen. Die Inhalte und Formatierungen können also frei gewählt werden.

Die Ergebnisse werden beispielsweise verwendet, um die Annahmen und Grundlagen für die Erstellung des Liquiditätsplans besser zu treffen. Außerdem können die Erkenntnisse genutzt werden, um die Notwendigkeit zur Optimierung der Überwachung der Zahlungseingänge und Zahlungsausgänge zu erkennen. In einem gewissen Rahmen können auch direkt Handlungsmöglichkeiten abgeleitet werden, um die Liquidität besser zu sichern.

Beispiel

Der Abgleich des Liquiditätsplans der Ehlers & Gehrenberg KG für den Monat 1 könnte wie folgt aussehen:

Vergleich Liquiditätsplan				
Beträge in €	**Liquiditätsplanabgleich für Monat 1**			
	PLAN	IST	Abweichung	
Übertrag Liquiditäts-Endbestand Vormonat	10.000,00 €	10.000,00 €	in €	in % vom Plan
Einzahlungen (brutto) aus				
Forderungen aus Lieferungen u. Leistungen	170.000,00 €	150.000,00 €	-20.000,00 €	-11,76%
Barverkäufe	2.000,00 €	2.200,00 €	200,00 €	10,00%
sonstige Einnahmen	12.000,00 €	11.900,00 €	-100,00 €	-0,83%
Summe Liquiditätszugang	**184.000,00 €**	**164.100,00 €**	**-19.900,00 €**	-10,82%
Rechengröße: vereinnahmte Umsatzsteuer	**34.960,00 €**	**31.179,00 €**	**3.781,00 €**	10,82%
Auszahlungen für Investitionen				
Anschaffung Maschinen/Geräte	1.000,00 €	5.000,00 €	-4.000,00 €	-400,00%
Büroausstattung, PCs, Firmenfahrzeug	3.000,00 €	2.000,00 €	1.000,00 €	33,33%
Summe Investitionsausgaben	**4.000,00 €**	**7.000,00 €**	**-3.000,00 €**	-75,00%
Auszahlungen für betriebliche Kosten				
Ware, Material, Roh-/Hilfs-/Betriebsstoffe	100.000,00 €	98.000,00 €	2.000,00 €	2,00%
Personalkosten	30.000,00 €	32.500,00 €	-2.500,00 €	-8,33%
Leasing Maschinen	5.000,00 €	5.000,00 €	- €	0,00%
Buchführungs- und Steuerberatungskosten	2.000,00 €	2.000,00 €	- €	0,00%
Rechtsanwalts- und Beratungskosten	3.000,00 €	3.000,00 €	- €	0,00%
Sonstige Kosten (z.B. Gebühren, Abgaben)	2.500,00 €	3.500,00 €	-1.000,00 €	-40,00%
Summe betriebliche Kosten	**142.500,00 €**	**144.000,00 €**	**-1.500,00 €**	-1,05%
Mittelabfluss aus Finanzierungen				
Zinsen für Darlehen und Kontokorrentkredite	300,00 €	300,00 €	- €	0,00%
Tilgungsraten Darlehen	4.000,00 €	4.000,00 €	- €	0,00%
Betriebliche Steuern				
Umsatzsteuer (Zahllast/Erstattung)	14.250,00 €	10.279,00 €	3.971,00 €	27,87%
Kapitalentnahmen	**15.000,00 €**	**15.000,00 €**	**- €**	0,00%
Summe Liquiditätsabgang	180.050,00 €	180.579,00 €	-529,00 €	-0,29%
Rechengröße: Vorsteuer	**20.710,00 €**	**20.900,00 €**	**-190,00 €**	-0,92%
Liquiditätssaldo (Endbestand Monat)				
Summe Liquiditätszugang	184.000,00 €	164.100,00 €	-19.900,00 €	-10,82%
Summe Liquiditätsabgang	180.050,00 €	180.579,00 €	-529,00 €	-0,29%
Liquiditätssaldo (Endbestand Monat)	**3.950,00 €**	-16.479,00 €	-20.429,00 €	-517,19%

Quelle: IHK für München und Oberbayern: Muster für einen Liquiditätsplan. O. D. In: www.ihk-muenchen.de. https://www.ihk-muenchen.de/de/Service/Krisenmanagement-neu/Liquidit%C3%A4tsplanung/[07.05.2021]. (verändert)

Der Vergleich des Liquiditätsplans für den Monat 1 mit den tatsächlichen Zahlungseingängen und Zahlungsausgängen des Monats zeigt die absoluten Zahlen der einzelnen Positionen. Außerdem werden die Differenzen in Euro angegeben und die Abweichung wird darüber hinaus in Prozent vom Planwert angegeben.

Mögliche Erkenntnisse:
Hier zieht der Unternehmer die relevanten Abweichungen heran und interpretiert sie.

Forderungen aus Lieferungen und Leistungen

Abweichung absolut:	20.000,00 €	in Prozent:	−11,76 %

Mögliche Gründe:
Eventuell wurden die Forderungen zu hoch geschätzt, da sie nicht an die Realität angepasst wurden. Vielleicht gab es aber auch andere Faktoren, die diesen Rückgang an Umsätzen begründen. Vielleicht gibt es auch eine Erklärung und die Forderungen im Folgemonat werden entsprechend höher ausfallen. Diese Fragen muss der Unternehmer sich stellen und daraus die richtigen Schlüsse ziehen und Gegenmaßnahmen entwickeln.

Anschaffung Maschinen/Geräte

Abweichung absolut:	4.000,00 €	in Prozent:	−400,00 %

Mögliche Gründe:
Die Anschaffungen fielen in dem Monat deutlich höher aus, als dies erwartet wurde. Hierfür gibt es sicherlich Gründe, die leicht herauszufinden sind. Möglicherweise ist eine notwendige Maschine zerstört worden und musste direkt neu angeschafft werden. In dem Zusammenhang hat der Unternehmer offensichtlich auch schon die Anschaffungen bei den Büroausstattungen etc. von 3.000,00 € auf 2.000,00 € reduziert, um den Effekt wenigstens zum Teil wieder aufzufangen.

Personalkosten

Abweichung absolut:	2.500,00 €	in Prozent:	−8,33 %

Mögliche Gründe:
Eventuell wurde kurzfristig ein neuer Mitarbeiter eingestellt. Der Wert ist für die Folgemonate entsprechend anzupassen bzw. zu prüfen.

Sonstige Kosten

Abweichung absolut:	1.000,00 €	in Prozent:	−40,00 %

Mögliche Gründe:
Die absolute Abweichung ist zwar nicht sehr groß, aber dennoch ist es prozentual eine große Abweichung. Daher sind die Gründe aufzuklären und daraus Maßnahmen abzuleiten.

Umsatzsteuer

Abweichung absolut:	3.971,00 €	in Prozent:	27,87 %

Mögliche Gründe:
Diese Abweichung hat sogar einen positiven Effekt auf die Liquidität. Allerdings gibt es nur zwei grundsätzliche Begründungen. Eine geringere Umsatzsteuer resultiert oft daraus, dass weniger Umsatzerlöse erzielt wurden (hier: −20.000,00 €, siehe oben). Eine höhere Vorsteuer resultiert zumeist daraus, dass höhere Kosten angefallen sind (hier z. B. die Anschaffungen). Beide Umstände sind die Folge aus der Abweichung von den Planzahlen. Somit ist für diese Position hier keine gesonderte Maßnahme zu erschließen.

Zusammenfassung

Maßnahmen zur Sicherung der Liquidität

- Kreditoren- und Debitorenbuchführung
  - OPOS-Liste
    - Zahlungsausgänge optimieren
    - Zahlungseingänge überwachen und sichern
- Bonitätsprüfung
  - durch Bankauskünfte
  - durch Selbstauskünfte

Vorteile der Debitorenbuchführung

- Überwachung von Zahlungseingängen
- Vermeidung von Zahlungsausfällen
- Optimierung des Mahnwesens
- Ständig aktuelle Informationen zu jedem Debitor

Vorteile der Kreditorenbuchführung

- Sicherung der Liquidität durch Planung von Zahlungsausgängen
- Vermeidung von Zahlungsversäumnissen
- Optimale Skontonutzung
- Optimale Ausnutzung der Zahlungsziele
- Vermeidung von Mahnkosten

Überwachung der Zahlungsausgänge

- Kreditlinien ausnutzen
- Zahlungsziele ausnutzen
- Skonti nutzen
- Rabatte und Boni in Anspruch nehmen

Überwachung der Zahlungseingänge

- Zahlungsfristen überwachen
- Kaufmännisches Mahnwesen
- Gerichtliches Mahnverfahren
- Schnelle Rechnungsstellung
- Evtl. Factoring

Aufgaben

1. Nennen Sie Möglichkeiten des Unternehmers zur Sicherung der Liquidität.

2. Geben Sie die grundsätzliche Voraussetzung dafür an, dass ein Unternehmer die Vorteile von OPOS-Listen nutzen kann.

3. Nennen Sie die Inhalte, die eine OPOS-Liste in der Regel hat.

4. **a)** Geben Sie die Vorteile an, die sich für den Unternehmer aus der OPOS-Liste für die Debitoren ergeben.
   b) Formulieren Sie zu jedem Vorteil aus Aufgabenteil a) ein Beispiel.
   c) Geben Sie die Vorteile an, die sich für den Unternehmer aus der OPOS-Liste für die Kreditoren ergeben.
   d) Formulieren Sie zu jedem Vorteil aus Aufgabenteil c) ein Beispiel.

5. Geben Sie drei eigene Beispiele, die Sie mit Zahlen belegen, um zu verdeutlichen, wie ein Unternehmer die Zahlungsmodalitäten bei seinen Zahlungsausgängen nutzt, um seinen Liquiditätsstatus zu optimieren.

6. Geben Sie zwei eigene Beispiele, die Sie mit Zahlen belegen, um zu verdeutlichen, wie ein Unternehmer die Zahlungsmodalitäten bei seinen Zahlungseingängen anpassen kann, um seinen Liquiditätsstatus zu optimieren.

7. Geben Sie an,
   a) was man unter einer Bankauskunft versteht.
   b) welche Inhalte eine Bankauskunft in der Regel hat.
   c) was man unter einer Selbstauskunft versteht.

8.

Vergleich Liquiditätsplan				
Beträge in €	**Liquiditätsplanabgleich für Monat 1**			
	PLAN	IST	Abweichung	
Übertrag Liquiditäts-Endbestand Vormonat	40.000,00 €	40.000,00 €	in €	in % vom Plan
Einzahlungen (brutto) aus				
Forderungen aus Lieferungen u. Leistungen	450.000,00 €	390.000,00 €	-60.000,00 €	-13,33%
Barverkäufe	35.000,00 €	35.000,00 €	- €	0,00%
sonstige Einnahmen	20.000,00 €	20.000,00 €	- €	0,00%
Summe Liquiditätszugang	**505.000,00 €**	**445.000,00 €**	**-60.000,00 €**	-11,88%
Rechengröße: vereinnahmte Umsatzsteuer	95.950,00 €	84.550,00 €	11.400,00 €	11,88%
Auszahlungen für Investitionen				
Anschaffung Maschinen/Geräte	4.000,00 €	44.000,00 €	-40.000,00 €	-1000,00%
Büroausstattung, PCs, Firmenfahrzeug	60.000,00 €	40.000,00 €	20.000,00 €	33,33%
Summe Investitionsausgaben	**64.000,00 €**	**84.000,00 €**	**-20.000,00 €**	-31,25%
Auszahlungen für betriebliche Kosten				
Ware, Material, Roh-/Hilfs-/Betriebsstoffe	230.000,00 €	180.000,00 €	50.000,00 €	21,74%
Personalkosten	140.000,00 €	136.500,00 €	3.500,00 €	2,50%
Leasing Maschinen	6.000,00 €	6.000,00 €	- €	0,00%
Buchführungs- und Steuerberatungskosten	3.500,00 €	3.620,00 €	-120,00 €	-3,43%
Rechtsanwalts- und Beratungskosten	1.900,00 €	1.840,00 €	60,00 €	3,16%
Sonstige Kosten (z.B. Gebühren, Abgaben)	5.800,00 €	5.675,00 €	125,00 €	2,16%
Summe betriebliche Kosten	**387.200,00 €**	**333.635,00 €**	**53.565,00 €**	13,83%
Mittelabfluss aus Finanzierungen				
Zinsen für Darlehen und Kontokorrentkredite	700,00 €	700,00 €	- €	0,00%
Tilgungsraten Darlehen	6.500,00 €	6.500,00 €	- €	0,00%

Betriebliche Steuern				
Umsatzsteuer (Zahllast/Erstattung)	39.064,00 €	33.352,60 €	5.711,40 €	14,62%
Kapitalentnahmen	**8.000,00 €**	**6.000,00 €**	**2.000,00 €**	25,00%
Summe Liquiditätsabgang	505.464,00 €	464.187,60 €	41.276,40 €	8,17%
Rechengröße: Vorsteuer	**56.886,00 €**	**51.197,40 €**	**5.688,60 €**	10,00%
Liquiditätssaldo (Endbestand Monat)				
Summe Liquiditätszugang	505.000,00 €	445.000,00 €	-60.000,00 €	-11,88%
Summe Liquiditätsabgang	505.464,00 €	464.187,60 €	41.276,40 €	8,17%
Liquiditätssaldo (Endbestand Monat)	-464,00 €	-19.187,60 €	-18.723,60 €	4035,26%

Quelle: IHK für München und Oberbayern: Muster für einen Liquiditätsplan. O. D. In: www.ihk-muenchen.de. https://www.ihk-muenchen.de/de/Service/Krisenmanagement-neu/Liquidit%C3%A4tsplanung/[07.05.2021]. (verändert)

a) Identifizieren Sie bedeutsame Abweichungen zwischen dem Liquiditätsplan und den tatsächlichen Zahlungseingängen und Zahlungsausgängen.
b) Geben Sie mögliche Gründe für die einzelnen Abweichungen an.
c) Erläutern Sie notwendige Gegenmaßnahmen/Anpassungen für die Zukunft. Erläutern Sie auch, warum Sie keinen Handlungsbedarf sehen.

9. Für die Ehlers & Gehrenberg KG liegen die folgenden Zahlen aus der Buchführung vor:

Planzahlen für März	PLAN
Anfangsbestand	35.000,00 €
Forderungen aus Lieferungen u. Leistungen	siehe OPOS
Barverkäufe	35.000,00 €
sonstige Einnahmen	10.000,00 €
Summe Liquiditätszugang	**45.000,00 €**
Rechengröße: vereinnahmte Umsatzsteuer	
Auszahlungen für Investitionen	
Anschaffung Maschinen/Geräte	4.000,00 €
Büroausstattung, PCs, Firmenfahrzeug	6.000,00 €
Summe Investitionsausgaben	**10.000,00 €**
Auszahlungen für betriebliche Kosten	
Ware, Material, Roh-/Hilfs-/Betriebsstoffe	siehe OPOS
Personalkosten	64.000,00 €
Mieten steuerfrei	17.000,00 €
Sonstige Kosten (z.B. Gebühren, Abgaben)	23.800,00 €
Summe betriebliche Kosten	**104.800,00 €**
Mittelabfluss aus Finanzierungen	
Zinsen steuerfrei	4.000,00 €
Tilgungsraten Darlehen	6.500,00 €
Betriebliche Steuern	
Körperschaftsteuer	1.055,00 €
Gewerbesteuer	2.000,00 €
Umsatzsteuer (Zahllast/Erstattung)	
Kapitalentnahmen	**8.000,00 €**
Summe Liquiditätsabgang	133.300,00 €
Rechengröße: Vorsteuer	
Liquiditätssaldo (Endbestand Monat)	
Summe Liquiditätszugang	
Summe Liquiditätsabgang	
Liquiditätssaldo (Endbestand Monat)	

Ehlers & Gehrenberg KG		KREDITOREN						
offene Posten zum 31.12.20..		**Postenumfang:**	**nur offene Posten**					
Konto	**Beschriftung**	**Rechnungs-Nr.**	**Datum**	**Fälligkeit**	**Gegenkonto**	**Betrag Soll**	**Betrag Haben**	**Saldo**
10006	Behrens GmbH	2947-21	21.02.21	21.03.21	3010	17.300,00		
		2980-21	01.02.21	01.03.21	3010	12.905,00		
					Gesamt	*30.205,00*	*0,00*	*30.205,00*
10012	Freese Chemie GmbH	2100982	22.02.21	22.03.21	3010	4.668,00		
		2101045	01.02.21	01.03.21	3010	12.000,00		
		2101062	07.02.21	07.03.21	3010	22.900,00		
					Gesamt	*39.568,00*	*0,00*	*39.568,00*
28001	Apparel Corp	13-2190451	22.02.21	22.03.21	3110	5.900,00		
		13-2190480	03.02.21	14.03.21	3110	7.300,00		
		13-2190528	14.02.21	22.03.21	3110	2.300,00		
					Gesamt	*15.500,00*	*0,00*	*15.480,00*
28008	Hyeseong Corporation	202100118	07.02.21	07.03.21	3110	3.900,00		
		202100120	14.02.21	14.03.21	3110	15.000,00		
		202100122	22.02.21	22.03.21	3110	12.000,00		
					Gesamt	*30.900,00*	*0,00*	*30.900,00*
10019	Jos. Schmidt GmbH	21521	13.02.21	13.03.21	3010	36.000,00		
		21571	16.02.21	16.03.21	3010	23.800,00		
		21609	27.02.21	27.03.21	3010	10.900,00		
					Gesamt	*70.700,00*	*0,00*	*70.700,00*
10027	Nemitz GmbH	2113009	23.02.21	23.03.21	3010	8.430,00		
		2113031	28.02.21	28.03.21	3010	26.830,00		
					Gesamt	*35.260,00*	*0,00*	*35.260,00*
					Total	**222.133,00**		

Ehlers & Gehrenberg KG		DEBITOREN						
offene Posten zum 31.12.20..		**Postenumfang:**						**nur offene Posten**
Konto	**Beschriftung**	**Rechnungs-Nr.**	**Datum**	**Fälligkeit**	**Gegenkonto**	**Betrag Soll**	**Betrag Haben**	**Saldo**
31001	Agrobusiness International	202100103	11.02.21	11.03.21	8010	7.300,00		
		202100121	21.02.21	21.03.21	8010	2.905,00		
					Gesamt	*10.205,00*	*0,00*	*10.205,00*
40005	Adlatus GmbH	202100107	22.01.21	19.02.21	8110	4.650,00		
		202100115	01.02.21	01.03.21	8110	12.000,00		
		202100119	07.02.21	07.03.21	8110	2.900,00		
		202100130	08.02.21	08.03.21	8110	7.500,00		
					Gesamt	*27.050,00*	*0,00*	*27.050,00*
42006	BaBa GmbH	202100112	02.02.21	02.03.21	8110	900,00		
		202100121	03.02.21	09.03.21	8110	7.300,00		
		202100124	14.02.21	20.03.21	8110	2.300,00		
					Gesamt	*10.500,00*	*0,00*	*15.480,00*
40006	ELKO AG	202100118	23.01.21	20.02.21	8110	3.900,00		
		202100120	09.02.21	09.03.21	8110	15.000,00		
		202100122	20.02.21	20.03.21	8110	12.000,00		
					Gesamt	*30.900,00*	*0,00*	*30.900,00*
47005	Johnson & Hoffman Limited	202100125	04.02.21	04.03.21	8110	36.000,00		
		202100127	06.02.21	06.03.21	8110	23.800,00		
		202100129	07.02.21	07.03.21	8110	10.900,00		
					Gesamt	*70.700,00*	*0,00*	*70.700,00*
44009	STO AG	202100131	21.02.21	21.03.21	8110	8.430,00		
		202100132	28.02.21	28.03.21	8110	16.830,00		
					Gesamt	*25.260,00*	*0,00*	*25.260,00*
45002	Hessing GmbH	202100136	05.02.21	05.03.21	8110	17.400,00		
		202100139	01.02.21	01.03.21	8110	12.360,00		
					Gesamt	*29.760,00*	*0,00*	*29.760,00*

Konto	Beschriftung	Rechnungs-Nr.	Datum	Fälligkeit	Gegenkonto	Betrag Soll	Betrag Haben	Saldo
41001	Tankert AG	202100140	18.02.21	18.03.21	8110	29.554,00		
					Gesamt	*29.554,00*	*0,00*	*29.554,00*
41012	Bätje OHG	202100104	12.02.21	12.03.21	8110	14.000,00		
		202100128	28.02.21	28.03.21	8110	9.800,00		
					Gesamt	*23.800,00*	*0,00*	*23.800,00*
41013	Nachhaltige Produkte GmbH	202100105	01.02.21	01.03.21	8110	13.090,00		
		202100110	14.02.21	14.03.21	8110	17.851,00		
		202100138	19.02.21	19.03.21	8110	9.000,00		
					Gesamt	*39.941,00*	*0,00*	*39.941,00*
33004	McClean LLCVP	202100133	23.02.21	23.03.21	8010	6.900,00		
		202100126	28.02.21	28.03.21	8010	5.400,00		
					Gesamt	*12.300,00*	*0,00*	*12.300,00*
					Total	**309.970,00**		

Hinweise:

1 Für die Berechnung der Umsatzsteuer legen Sie bitte alle Einzahlungen zugrunde.

2 Für die Berechnung der Vorsteuer legen Sie bitte die Investitionen, die Auszahlungen für Waren und die sonstigen Kosten zugrunde.

3 Bei der Planung der Zahlungseingänge aus den offenen Forderungen aus Lieferungen und Leistungen ist davon auszugehen, dass die Forderungen, die im März fällig sind, zu 95 % eingehen werden.

4 Bei der Planung der Zahlungseingänge aus den offenen Forderungen aus Lieferungen und Leistungen ist davon auszugehen, dass die Forderungen, die im Februar fällig waren, vorerst nicht eingehen werden.

5 Bei der Planung der Zahlungseingänge sind zusätzlich Forderungen in Höhe von 35.000,00 € einzubeziehen, die im März entstehen und auch beglichen werden.

Arbeitsschritte:

a) Vervollständigen Sie den Liquiditätsplan für März des Jahres auf der Grundlage der Informationen aus den OPOS-Listen und den Hinweisen.

b) Erstellen Sie mithilfe von einem Tabellenkalkulationsprogramm einen eigenen Liquiditätsplan für das Unternehmen für den Monat März.

Der Monat März ist vorbei. Es liegt eine Gewinnermittlung aus der Buchführung vor, die für den Monat März erstellt wurde. Außerdem gibt es einige Hinweise, die für die Überwachung der Liquidität relevant sind.

Aufwendungen	Gewinn- und Verlustrechnung März 20..		Erträge
Materialaufwand	190.000,00	Umsatzerlöse	410.000,00
Löhne und Gehälter	50.000,00	Mieten	10.000,00
soziale Abgaben	9.900,00		
Abschreibungen	60.000,00		
Mieten	17.000,00		
Zinsen	4.000,00		
GewSt-Vorauszahlung	2.000,00		
KSt-Vorauszahlung	1.000,00		
Vorauszahlung SolZ	55,00		
sonstige betriebliche Aufwendungen	23.500,00		
Überschuss	62.545,00		
	420.000,00		420.000,00

Hinweise Liquiditätsvergleich:

1 Alle offenen Verbindlichkeiten werden im März termingerecht gezahlt. Mit der Nemitz GmbH konnte eine Verlängerung des Zahlungsziels für die 2113031 bis zum 30.04. des Jahres vereinbart werden. Von diesem Zahlungsaufschub wird Gebrauch gemacht.

2 Bei den Verbindlichkeiten wurde in den Planzahlen (OPOS-Liste) jeweils der Rechnungsbetrag erfasst. Minderungen durch optimale Gestaltung der Auszahlungen (Skonti, Boni, Rabatte) waren in der Planung noch nicht erfasst.

3 Die Umsatzerlöse in der GuV-Rechnung setzen sich zusammen aus Barverkäufen in Höhe von 32.550,00 €, Zahlungseingängen auf Forderungen in Höhe 300.000,00 € und aus Forderungen, die erst im April eingehen werden.

4 Die Kapitalentnahmen im März haben 8.000,00 € betragen.

5 Die Auszahlungen für die Anschaffungen von Maschinen betrugen im März 3.800,00 € und für Büroausstattung etc. wurden 5.500,00 € gezahlt.

6 Im Monat März wurden tatsächlich 6.500,00 € Tilgungsraten für bestehende Darlehen geleistet.

Arbeitsschritte:

a) Erstellen Sie mithilfe folgender Angaben den Liquiditätsvergleich, welcher die Soll- und Ist-Bestände vergleicht und Abweichungen in Euro und Prozent ausweist.

b) Verwenden Sie jeweils Formeln, damit die Abweichungen, Summen und Zwischensummen automatisch berechnet werden.

c) Beurteilen Sie die Abweichungen, die Sie in Ihrer Liquiditätsüberwachung identifizieren.

d) Stellen Sie Ihr Ergebnis vor der Klasse vor. Schildern Sie dabei insbesondere auch die Probleme, die Sie bei der Erstellung hatten, und tauschen Sie sich mit den anderen Gruppen darüber aus.

Lernsituation

Sandra Krollmann ist aktuell bei Herrn Eris im Rechnungswesen der Ehlers & Gehrenberg KG eingesetzt. Herr Eris ist unter anderem dafür zuständig, den Liquiditätsstatus der Ehlers & Gehrenberg KG zu ermitteln und stets zu überwachen. Da ihm im Moment auch zahlreiche dringende Anfragen des Steuerberaters im Rahmen der Erstellung der Steuererklärungen vorliegen, muss Sandra bei der Liquiditätsplanung und -überwachung helfen.

...

Herr Eris:
„Frau Krollmann, da ich im Moment stark in die Erstellung der Steuererklärungen eingebunden bin, kann ich mich um die Liquiditätsplanung und -überwachung nicht so kümmern, wie ich es eigentlich müsste."

Sandra:
„Ich kenne mich damit zwar noch nicht aus, aber vielleicht kann ich Ihnen ja dabei behilflich sein?"

Herr Eris:
„Genau darum geht es. Sie sollten sich zunächst einmal über die wichtigsten Grundlagen der Liquiditätsplanung und -überwachung informieren. Das bekommen Sie hin. Es geht vor allem um die Feststellung des Liquiditätsstatus und die Ermittlung von Liquiditätsgraden auf den 31.12.2021."

Sandra:
„Okay, da werde ich mich mal ein wenig einlesen."

Herr Eris:
„Jawoll. Damit ist es aber nicht getan. Wenn Sie sich informiert haben, werden Sie auf der Grundlage der OPOS-Listen und der Daten aus dem Rechnungswesen den Liquiditätsstatus feststellen und die Liquidität für den Januar 2022 überprüfen und planen. Es geht darum, dass wir im nächsten Monat zahlungsfähig sind. Die Unterlagen stelle ich Ihnen zur Verfügung. Es handelt sich hierbei um eine Bilanz auf den 31.12.2021, die ich auf Grundlage der aktuellen Zahlen mithilfe unserer Buchführungssoftware erstellt habe, und die Debitoren- und Kreditorenliste auf den 31.12.2021."

Sandra:
„Alles klar, ich werde mein Bestes versuchen."

Herr Eris:
„Gut. Dann stellen Sie mir Ihre Ergebnisse heute Nachmittag vor."

AKTIVA	**Bilanz der Ehlers & Gehrenberg KG zum 31.12.2021**		**PASSIVA**
I. Anlagevermögen		I. Eigenkapital	519.028,00
1. Grundstücke und Bauten	1.145.500,00		
2. Technische Anlagen und Maschinen	540.000,00	II. Fremdkapital	
3. Betriebs- und Geschäftsausstattung	73.500,00	1. Hypotheken	980.000,00
		2. Darlehen	642.000,00
II. Umlaufvermögen		3. Verbindlichkeiten aus LuL	182.868,00
1. Waren	315.500,00		
2. Forderungen aus LuL	209.996,00		
3. Bank	32.000,00		
4. Kasse	7.400,00		
	2.323.896,00		2.323.896,00

Ehlers & Gehrenberg KG		**Debitoren**					
offene Posten zum 31.12.2021		**Postenumfang:**	**nur offene Posten**				
Konto	**Beschriftung**	**Rechnungs-Nr.**	**Datum**	**Fälligkeit**	**Gegenkonto**	**Betrag Soll**	**Saldo**
40001	Holzhäuser GmbH & Co. KG	202112010	28.10.21	27.12.21	8110	7.500,00	
		202112015	02.11.21	01.01.22	8110	12.450,00	
					Gesamt	19.950,00	19.950,00
44010	Stockmann OHG	202112012	30.10.21	29.12.21	8110	2.350,00	
		202112017	04.11.21	03.01.22	8110	1.856,00	
		202112033	20.11.21	19.01.22	8110	3.666,00	
		202112040	27.11.21	26.01.22	8110	7.840,00	
					Gesamt	15.712,00	15.712,00
45002	Hessing GmbH	202112051	08.12.21	07.01.22	8110	21.400,00	
		202112055	12.12.21	11.01.22	8110	1.450,00	
		202112067	24.12.21	23.01.22	8110	8.650,00	
					Gesamt	31.500,00	31.500,00
44009	STO AG	202112026	13.11.21	12.01.22	8110	4.434,00	
		202112030	17.11.21	16.01.22	8110	8.526,00	
		202112061	18.12.21	16.02.22	8110	850,00	
					Gesamt	13.810,00	13.810,00
34002	BTO International	202112021	08.11.21	07.01.22	8110	700,00	
		202112043	30.11.21	29.01.22	8110	680,00	
		202112070	27.12.21	25.02.22	8110	2.860,00	
					Gesamt	4.240,00	4.240,00

Konto	Beschriftung	Rechnungs-Nr.	Datum	Fälligkeit	Gegenkonto	Betrag Soll	Saldo
40006	ELKO AG	202112022	09.11.21	08.01.22	8110	8.400,00	
		202112023	10.11.21	09.01.22	8110	1.740,00	
					Gesamt	10.140,00	10.140,00
33005	New York Chemical	202112036	23.11.21	23.12.21	8010	11.860,00	
		202112058	15.12.21	14.01.22	8010	7.370,00	
					Gesamt	19.230,00	19.230,00
43007	Dieter Molzanski GmbH	202112011	29.10.21	28.12.21	8110	6.880,00	
					Gesamt	6.880,00	6.880,00
43008	Martin Kaiser	202112010	28.10.21	27.12.21	8110	13.100,00	
		202112063	20.12.21	18.02.22	8110	18.400,00	
					Gesamt	31.500,00	31.500,00
41004	StaWa AG	202112016	03.11.21	02.01.22	8110	5.300,00	
		202112032	19.11.21	18.01.22	8110	9.953,00	
		202112059	16.12.21	14.02.22	8110	7.486,00	
					Gesamt	22.739,00	22.739,00
41010	Wodsack KG	202112018	05.11.21	04.01.22	8110	26.840,00	
		202112052	09.12.21	07.02.22	8110	7.455,00	
					Gesamt	34.295,00	34.295,00
					Total	209.996,00	

Ehlers & Gehrenberg KG		Kreditoren					
offene Posten zum 31.12. des Vorjahres		Postenumfang:	nur offene Posten				
Konto	**Beschriftung**	**Belegnummer**	**Datum**	**Fälligkeit**	**Gegenkonto**	**Betrag Haben**	**Saldo**
10006	Behrens GmbH	202130185	27.10.2021	26.12.2021	3010	4.522,00	
		202130187	29.10.2021	28.12.2021	3010	5.646,00	
					Gesamt	10.168,00	10.168,00
10026	Möhringer Chemie GmbH & Co. KG	202130186	28.10.2021	27.12.2021	3010	10.223,00	
		202130193	04.11.2021	03.01.2022	3010	8.164,00	
		202130216	27.11.2021	26.01.2022	3010	4.552,00	
					Gesamt	22.939,00	22.939,00
24001	Malatex	202130190	01.11.2021	31.12.2021	3110	7.225,00	
		202130233	14.12.2021	12.02.2022	3110	2.550,00	
					Gesamt	9.775,00	9.775,00
29005	Color Fashion	20210197	08.11.2021	07.01.2022	3110	7.110,00	
		202130215	03.12.2021	01.02.2022	3110	1.220,00	
					Gesamt	8.330,00	8.330,00
10028	PCB Chemie GmbH	20210238	19.12.2021	02.01.2022	3010	5.812,00	
		202130249	30.12.2021	13.01.2022	3010	2.351,00	
					Gesamt	8.163,00	8.163,00
10031	Reimers Chemie GmbH				Gesamt	0,00	0,00
26008	Qingyuan Textile	202130227	08.12.2021	29.12.2021	3110	1.220,00	
		202130246	27.12.2021	17.01.2022	3110	4.552,00	
					Gesamt	5.772,00	5.772,00
10041	Struck Chemicals GmbH	202130206	17.11.2021	08.12.2021	3010	1.120,00	
		202130247	28.12.2021	18.01.2022	3010	1.950,00	
					Gesamt	3.070,00	3.070,00
10019	Jos. Schmidt GmbH				Gesamt	0,00	0,00
10038	Stegemühlen-Chemie GmbH	202130213	24.11.2021	23.01.2022	3010	4.412,00	
		202130223	04.12.2021	02.02.2022	3010	852,00	
		202130244	25.12.2021	23.02.2022	3010	7.462,00	
					Gesamt	12.726,00	12.726,00
10004	AGRO – Düngermaufaktur	202130209	20.11.2021	20.12.2021	3010	1.330,00	
		202130234	15.12.2021	14.01.2022	3010	6.523,00	
					Gesamt	7.853,00	7.853,00

Konto	Beschriftung	Belegnummer	Datum	Fälligkeit	Gegenkonto	Betrag Haben	Saldo
28008	Hyeseong Corporation	202130239	20.12.2021	19.01.2022	3110	2.314,00	
		202130245	26.12.2021	25.01.2022	3110	5.130,00	
					Gesamt	7.444,00	7.444,00
24003	Mapata Tekstil				Gesamt	0,00	0,00
25002	STE JMC	202130220	01.12.2021	30.01.2022	3110	1.220,00	
		202130251	01.01.2022	02.03.2022	3110	4.002,00	
					Gesamt	5.222,00	5.222,00
25003	STE Sportex	202130221	02.12.2021	01.01.2022	3110	4.220,00	
		202130242	23.12.2021	22.01.2022	3110	6.330,00	
					Gesamt	10.550,00	10.550,00
29011	Texpower	202130202	13.11.2021	12.01.2022	3110	1.200,00	
		202130240	21.12.2021	19.02.2022	3110	975,00	
					Gesamt	2.175,00	2.175,00
28014	Trad-Tex	202130207	18.11.2021	02.01.2022	3110	12.200,00	
		201830248	29.12.2021	28.01.2022	3110	6.500,00	
					Gesamt	18.700,00	18.700,00
27001	V.T.C.	201830222	03.12.2021	02.01.2022	3110	1.002,00	
		201830241	22.12.2021	21.01.2022	3110	4.410,00	
					Gesamt	5.412,00	5.412,00
10027	Nemitz GmbH	201830232	13.12.2021	27.12.2021	3010	3.000,00	
					Gesamt	3.000,00	3.000,00
10020	Knorr Functional Chemicals GmbH	201830243	27.12.2021	03.01.2022	3010	750,00	
		201830250	31.12.2021	07.01.2022	3010	3.500,00	
					Gesamt	4.250,00	4.250,00
12002	Hechenbichler GmbH	201830191	02.11.2021	01.01.2022	3010	4.000,00	
		201830228	09.12.2021	07.02.2022	3010	2.003,00	
					Gesamt	6.003,00	6.003,00
10012	Freese Chemie GmbH	201800128	28.12.2021	25.01.2022	3010	14.658,00	
					Gesamt	14.658,00	14.658,00
10033	Staufenberg Petro GmbH	201830189	31.10.2021	30.12.2021	3010	2.000,00	
		201830230	11.12.2021	10.01.2022	3010	14.658,00	
					Gesamt	16.658,00	16.658,00
					Total	182.868,00	

Zur Bearbeitung der folgenden Aufgaben zu dieser Lernsituation benötigen Sie die Inhalte aus LF 12, Kap. 4 und 8 Ihres Lehrbuches.

1. Welche Probleme muss Sandra klären?
2. Erläutern Sie ausführlich, wie der Liquiditätsstatus eines Unternehmens festgestellt wird.
3. Erläutern Sie ausführlich, was die OPOS-Liste ist.
4. Geben Sie an, wie die OPOS-Liste über die Forderungen (Debitorenliste) bei der Ermittlung des Liquiditätsstatus sowie der Liquiditätsplanung behilflich sein kann.
5. Geben Sie an, wie die OPOS-Liste über die Forderungen (Debitorenliste) bei der Liquiditätsüberwachung behilflich sein kann.
6. Geben Sie an, wie die OPOS-Liste über die Verbindlichkeiten (Kreditorenliste) bei der Ermittlung des Liquiditätsstatus sowie der Liquiditätsplanung behilflich sein kann.
7. Erläutern Sie, was man unter Liquidität 1. Grades versteht.
8. Ermitteln Sie die Liquidität 1. Grades auf der Grundlage der vorläufigen Jahresabschlussdaten der Ehlers & Gehrenberg KG. Beurteilen Sie das Ergebnis.
9. Erläutern Sie, was man unter Liquidität 2. Grades versteht.

10. Ermitteln Sie die Liquidität 2. Grades auf der Grundlage der vorläufigen Jahresabschlussdaten der Ehlers & Gehrenberg KG. Beurteilen Sie das Ergebnis.

11. Geben Sie an, welche Möglichkeiten ein Unternehmen hat, um seine Liquidität zu sichern.

12. Ermitteln Sie mithilfe der Informationen aus der Handlungssituation den Liquiditätsstatus der Ehlers & Gehrenberg KG auf den 31.12.2021.

13. Ermitteln Sie mithilfe der Informationen aus der Handlungssituation im Rahmen der Liquiditätsplanung den Liquiditätsstatus der Ehlers & Gehrenberg KG auf den 31.01.2022.

14. Betrachten Sie die OPOS-Liste mit den Forderungen der Ehlers & Gehrenberg KG auf den 31.12.2021 (Debitorenliste).

a) Welche Aspekte fallen Ihnen bezüglich der Fälligkeiten der Forderungen auf?

b) Was würden Sie aufgrund Ihrer Erkenntnisse aus Aufgabenteil a) im Rahmen der Liquiditätsplanung machen?

c) Geben Sie an, wie die Ehlers & Gehrenberg KG das Vorhaben aus Aufgabenteil b) durchsetzen könnte.

15. Betrachten Sie die OPOS-Liste mit den Verbindlichkeiten der Ehlers & Gehrenberg KG auf den 31.12.2021 (Kreditorenliste).

a) Welche Aspekte fallen Ihnen bezüglich der Fälligkeiten der Verbindlichkeiten auf?

b) Geben Sie an, was die Ehlers & Gehrenberg KG schnellstmöglich prüfen sollte.

c) Erläutern Sie ausführlich, ob die Ehlers & Gehrenberg KG dazu in der Lage wäre, die bereits fälligen Verbindlichkeiten sofort zu bezahlen, und ob Sie dazu raten würden. Verwenden Sie Ihre Ergebnisse aus der Liquiditätsplanung. Bedenken Sie auch mögliche Aspekte, die bisher nicht in die Liquiditätsplanung eingeflossen sind.

16. Bereiten Sie die Vorstellung der Liquiditätsplanung von Sandra Krollmann für Herrn Eris vor.

9 Maßnahmen zur Schließung kurzfristiger Finanzierungslücken

Einstiegssituation

Die Ehlers & Gehrenberg KG hat mit einem landwirtschaftlichen Großhandel in Edinburgh einen Kaufvertrag über die Lieferung von 300 Säcken Düngemittel zum Preis von 50,00 € pro Sack abgeschlossen. Da es sich bei dem Kunden um einen langjährigen Stammkunden handelt, vereinbart die Ehlers & Gehrenberg KG mit ihm die Zahlungsbedingung „Zahlung innerhalb von 10 Tagen abzüglich 3 % Skonto, innerhalb von 30 Tagen netto".

Da die Ehlers & Gehrenberg KG das Düngemittel nicht mehr auf Lager hat, muss sie es bei dem Düngemittelproduzenten in Deutschland bestellen. Der Düngemittelhersteller berechnet der Ehlers & Gehrenberg KG einen Preis von 35,00 EUR je Sack. Seine Zahlungsbedingung lautet ebenfalls „Zahlung innerhalb von 10 Tagen abzüglich 3 % Skonto, innerhalb von 30 Tagen netto".

Da die Ehlers & Gehrenberg zurzeit nicht über genügend liquide Mittel verfügt, kann sie den Skonto ihres Lieferanten nur ausnutzen, wenn sie einen kurzfristigen Kredit zur Schließung der kurzfristigen Finanzierungslücke aufnimmt.

Die Abteilungsleiterin Rechnungswesen Frau Bertram bittet Jakob Osterhoff zu prüfen,

- welche Finanzierungsinstrumente zur Schließung der kurzfristigen Finanzierungslücke zur Verfügung stehen.
- unter welcher Voraussetzung sich die Nutzung des Kontokorrentkredits lohnt, den die Bank der Ehlers & Gehrenberg KG eingeräumt hat.

Arbeitsauftrag

Versetzen Sie sich in die Rolle von Jakob Osterhoff und erfüllen Sie den Auftrag von Frau Bertram.

Kurzfristige Finanzierung

Für die kurzfristige Finanzierung kommen u. a. folgende Finanzierungsinstrumente infrage:

- Vorauszahlungen (siehe LF 12, Kap. 1)
- Kontokorrentkredite
- Export- und Importvorschüsse
- Bankgarantien
- Ankauf von Exportdokumenten
- Negoziierungskredit
- Wechselkredite mit den Hauptformen Diskontkredit, Akzeptkredit und Rembourskredit
- (kurzfristige) Eurokredite
- Exportfactoring

Export- und Importvorschüsse

Exportvorschüsse
Exporteure können sich auf der Grundlage bestehender Forderungen bei der Bank einen Vorschuss gewähren lassen, z. B. die Bevorschussung bei der Vorlage der Dokumente bei der Zahlungsbedingung „Kasse gegen Dokumente".

Importvorschüsse
Importeure können sich auf der Grundlage erhaltener Ware bei der Bank einen Vorschuss gewähren lassen.

Ankauf von Exportdokumenten

Hier vergeben Kreditinstitute Kredite auf die Dokumente aus Inkasso- und Akkreditivgeschäften.

Die Gewährung eines Kredits durch ein Kreditinstitut auf Inkassodokumente kann durch

- Gewährung eines Exportvorschusses auf D/P-Dokumente
- Ankauf von D/P-Dokumenten und
- Diskontierung von D/A-Akzepten

erfolgen.

Exportvorschuss auf D/P-Dokumente
Bei einem Exportvorschuss auf D/P-Dokumente bevorschusst das Kreditinstitut

- die zum Einzug eingereichten Dokumente eines einzelnen Inkassos oder
- laufend einen Teil des Inkassobestandes des Exporteurs.

Ankauf von D/P-Dokumenten
Beim Ankauf von D/P-Dokumenten kauft das Kreditinstitut die Dokumente vom Exporteur an. Der Exporteur verfügt dadurch sofort über liquide Mittel.

Diskontierung von D/A-Akzepten
Bei der Diskontierung von D/A-Akzepten kauft die Bank von einem Exporteur Wechsel aus einem Inkassogeschäft. Der Exporteur kann dadurch über den gesamten Gegenwert der Dokumente abzüglich des von der Bank berechneten Diskonts verfügen.

Die Gewährung eines Kredits durch ein Kreditinstitut auf Akkreditivdokumente kann durch

- Gewährung eines Exportvorschusses auf Akkreditivdokumente
- Ankauf (Negoziierung) der Akkreditivdokumente
  erfolgen.

Bei einem **Exportvorschuss auf Akkreditivdokumente** zahlt das Kreditinstitut des Exporteurs dem Exporteur einen Barvorschuss für die Postlaufzeit der Dokumente aus, wenn das Akkreditiv nicht bei der avisierenden Bank, sondern bei der eröffnenden Bank benutzbar ist.

Bei einem **Ankauf (Negoziierung) von Akkreditivdokumenten** kauft die von der Akkreditivbank zur Negoziierung ermächtigte Bank die Akkreditivdokumente vom Exporteur an. Damit gewährt sie ihm einen Barkredit bis zur Einlösung der Dokumente durch die Akkreditivbank.

Negoziierungskredit

Bei einem Negoziierungkredit ermächtigt die Bank des Importeurs die Bank des Exporteurs, die von Tratten (= nichtakzeptierte Wechsel) begleiteten Dokumente anzukaufen. Diese Dokumente werden von der Exportbank akzeptiert oder sofort diskontiert. Durch die Gewährung eines Negoziierungskredits kann der Exporteur den durch Gewährung eines Zahlungszieles entstandenen Zeitraum zwischen dem Versand der Ware und dem Zahlungseingang überbrücken.

Bei Negoziierungkrediten können zwei Arten unterschieden werden:

- Order to Negotiate (OTN)
- Authority to Purchase

Order to Negotiate

Bei Order to Negotiate ermächtigt die Bank des Importeurs die Bank des Exporteurs, auf die Bank des Importeurs oder die Bank des Exporteurs gezogene und von akkreditivgemäßen Dokumenten begleitete Tratten anzukaufen.

Authority to Purchase

Bei Authority to Purchase sagt die Bank des Importeurs der Bank des Exporteurs zu, auf den Importeur gezogene Tratten anzukaufen oder zu bevorschussen.

Wechselkredite

Bei einem Wechselkredit stellt der Exporteur einen Wechsel auf den Importeur oder dessen Bank (= Bezogener) aus oder der Importeur stellt einen Wechsel zugunsten des Exporteurs aus (Solawechsel). Der Bezogene ist verpflichtet, den Wechselbetrag bei Fälligkeit des Wechsels zu bezahlen.

Diskontkredit

Bei einem Diskontkredit kauft die Bank einen Wechsel vor dem Fälligkeitstermin unter Abzug von Zinsen (= Diskont) auf. Durch die Diskontierung des Wechsels beschafft sich der Einreicher sofortige Liquidität. Bei Fremdwährungsforderungen wälzt er durch die Diskontierung das Wechselkursrisiko auf die ankaufende Bank ab.

Akzeptkredit

Bei einem Akzeptkredit akzeptiert eine Bank eine gemäß Kundenvereinbarung auf sie gezogene Tratte.

Rembourskredit

Der Rembourskredit ist eine Sonderform des Akzeptkredits. Hierbei akzeptiert die Bank im Auftrag und für Rechnung des Importeurs eine vom Exporteur auf sie gezogene Tratte gegen Übergabe genau spezifizierter Dokumente. Die akzeptierte Tratte händigt sie dem Exporteur aus oder diskontiert sie unmittelbar.

Exportfactoring

Bei Exportfactoring werden die laufenden kurzfristigen Forderungen eines Exporteurs aus Warenlieferungen und Leistungen von einen Factor (Bank oder Spezialinstitut) angekauft, verwaltet und eingezogen. Grundlage für das Exportfactoring ist ein zwischen dem Factor und dem Exporteur abgeschlossener Factoring-Vertrag, in dem die genauen Bedingungen festgelegt sind.

Kontokorrentkredit

Der Export wird am häufigsten durch einen Kontokorrentkredit finanziert. Beim Kontokorrentkredit räumt der Kreditgeber dem Kreditnehmer einen bestimmten Höchstbetrag ein, die sogenannte Kreditlinie. Abhängig von seinem Finanzierungsbedarf kann dann der Kreditnehmer in wechselndem Umfang maximal bis zu diesem Höchstbetrag einen Kredit in Anspruch nehmen: Bis zu dieser Höhe darf das Konto des Kreditnehmers überzogen werden.

Der Kreditnehmer erhält von dem Kreditgeber (Bank) die Kreditzusage in der Regel für eine Laufzeit von sechs bis zwölf Monaten. Die Kreditzusage kann nach Ablauf dieser Zeit verlängert (prolongiert) werden. Dadurch steht der Kontokredit dem Kreditnehmer längerfristig zur Verfügung. Häufig räumen die Banken den Kredit „bis auf Weiteres" ein. Das bedeutet für die Bank als Kreditgeber, dass sie ein jederzeitiges Rückforderungsrecht der Kredite hat. Für den Kreditnehmer bedeutet es, dass er ein jederzeitiges Rückzahlungsrecht des Kredits hat.

Verwendungszweck des Kontokorrentkredits

Für Unternehmen ist ein Kontokorrentkredit sehr komfortabel. Er dient der kurzfristigen Bereitstellung von Liquidität für den Geschäftsbetrieb.

Der Kontokorrentkredit kann jederzeit kurzfristig in Anspruch genommen werden. Der Kreditnehmer kann den Kontokorrentkredit während seiner Laufzeit jederzeit in Anspruch nehmen und wieder zurückzahlen. Damit kann der Kreditnehmer seinen Finanzierungsbedarf mit dieser Kreditart am besten decken.

Ein Exporteur kann bei Gewährung eines Zahlungsziels die Forderung an den ausländischen Käufer durch die Inanspruchnahme eines Kontokorrentkredits vorfinanzieren. Wenn bei einem Exportgeschäft Dokumenteninkasso oder Zahlung aus einem Dokumentenakkreditiv vereinbart wurde, kann der Exporteur den Einkauf, die Herstellung und den Versand der eigenen Exportgüter bis zum Zahlungseingang durch die Inanspruchnahme eines Kontokorrentkredits vorfinanzieren, wenn er das Zahlungsziel seines eigenen Lieferanten nicht in Anspruch nehmen möchte.

Kontokorrentkredit in Fremdwährung

Wenn ein Unternehmen überwiegend Geschäfte in Fremdwährung durchführt, ist es vorteilhaft, ein Kontokorrentkonto in Fremdwährung zu führen. Dadurch werden die Währungsrisiken verringert. Durch die Nutzung eines Kontokorrentkontos in Fremdwährung spart der Außenhändler die Kosten, die durch den Währungstausch zwischen Euro und Fremdwährung und für die Kurssicherung entstehen.

Sicherheiten

Wenn der Exporteur zweifelsfrei kreditwürdig ist, räumt der Kreditgeber (Bank) den Kontokorrentkredit meist ohne die Stellung von Kreditsicherheiten ein.

Ein Kontokorrentkredit kann aber auch durch

- die Verpfändung von Wertpapieren,

- die Sicherungsübereignung von Handelswaren, Maschinen u. Ä.,
- die Abtretung von Forderungen aus Warengeschäften (Zession),
- Bürgschaften,
- die Bereitstellung von Grundpfandrechten

abgesichert werden.

Bei einer **Bürgschaft** haftet eine weitere Person als Bürge für die Rückzahlung des Kredits. Der Kreditgeber hat damit für seine Forderung zwei Schuldner. Bei einer Bürgschaft verpflichtet sich der Bürge in einem Vertrag mit dem Gläubiger, für die Schuld des eigentlichen Kreditnehmers einzustehen.

Eine **Zession** ist die Abtretung von Forderungen des Kreditnehmers gegenüber Dritten (sogenannten Drittschuldnern) an den Kreditgeber zur Absicherung eines von ihm gewährten Kredits.

Bei einer **Sicherungsübereignung** gehen Gegenstände aus dem beweglichen Vermögen des Kreditnehmers in das Eigentum des Kreditgebers über. Anders als bei der Verpfändung bleibt der Kreditnehmer aber weiterhin Besitzer. Er übergibt die Sache also nicht an den Kreditnehmer.

Die wichtigsten Grundpfandrechte sind die Hypothek und die Grundschuld.

Bei einer **Hypothek** wird unbewegliches Vermögen (Grundstücke und die damit verbundenen Gebäude) zur Absicherung eines Kredits verpfändet. Da ein Grundstück und die damit verbundenen Gebäude nicht direkt als Faustpfand übergeben werden können, wird das Grundpfandrecht in ein amtliches Verzeichnis, das Grundbuch, eingetragen. Bei einem durch eine Hypothek abgesicherten Kredit besteht auch immer eine persönliche Haftung des Kreditnehmers. Zahlt der Kreditnehmer den Kredit nicht zurück, kann der Kreditgeber das Grundstück zwangsversteigern oder zwangsverwalten lassen.

Bei der **Grundschuld** gibt es ebenfalls ein Pfandrecht an einem Grundstück. Im Gegensatz zur Hypothek haftet aber nur das Grundstück. Eine persönliche Haftung des Kreditnehmers besteht nicht.

Kosten

Die Kosten des Kontokorrentkredits setzen sich aus den variablen Kreditzinsen, der Kreditprovision und gegebenenfalls aus der Umsatzprovision und der Bereitstellungsprovision zusammen. Außerdem müssen noch Auslagenerstattungen berücksichtigt werden.

Variable Kreditzinsen: Berechnet werden dem Kreditnehmer vom Kreditgeber – meist sind dies Banken – nur die Zinsen für den tatsächlich beanspruchten Kreditbetrag.

Kreditprovision: Sie wird vom Kreditgeber für die Einräumung einer Kreditlinie berechnet.

Bereitstellungsprovision: Sie wird vom Kreditgeber für den nicht in Anspruch genommenen Teil der Kreditlinie verlangt.

Umsatzprovision: Sie wird als Entgelt für die Kontoführung und die Bereitstellung der banktechnischen Einrichtung erhoben.

Auslagenerstattungen: Der Kreditgeber stellt dem Kreditnehmer fremde Spesen, Gebühren und Porti in Rechnung.

Zusammenfassung

Kurzfristige Finanzierung

- Vorauszahlungen
- Export- und Importvorschüsse
- Bankgarantien
- Ankauf von Exportdokumenten
- Negoziierungskredit
- Wechselkredite mit den Hauptformen Diskontkredit, Akzeptkredit und Rembourskredit
- (kurzfristige) Eurokredite
- Exportfactoring
- Kontokorrentkredite

↓

Kontokorrentkredit	
typisches Einsatzfeld	Deckung kurzfristiger Liquiditätsschwankungen
Laufzeit	kurzfristig
Verfügbarkeit des Geldbetrags	sofort
Rückzahlung	Über den Zeitpunkt entscheidet der Kreditnehmer
Sicherung	Im Normalfall keine Sicherung bei einem vom Kreditinstitut einseitig eingeräumten Überziehungsrahmen
Kosten	vergleichsweise hoher Zinssatz
Beendigung	nach Wegfall des Überziehungsrahmens
Inanspruchnahme	Entscheidung durch Kreditnehmer

Aufgaben

1. Nennen Sie Möglichkeiten der kurzfristigen Finanzierung eines Auslandsgeschäfts.

2. Nennen Sie Möglichkeiten der mittel- und langfristigen Finanzierung eines Außenhandelsgeschäfts.

3. Erläutern Sie die verschiedenen Möglichkeiten der Kreditgewährung durch den Ankauf von Außenhandelsdokumenten.

4. Unterscheiden Sie die beiden Arten des Negoziierungkredits
   - Order to Negotiate (OTN)
   - Authority to Purchase

5. Unterscheiden Sie die Hauptformen des Wechselkredits.

6. Erläutern Sie das Exportfactoring als kurzfristige Finanzierungsart bei Exportgeschäften.

7. Erläutern Sie, wie ein Exporteur einen Kontokorrentkredit zur Finanzierung eines Exportgeschäfts nutzen kann.

8. Erläutern Sie, wie ein Importeur einen Kontokorrentkredit zur Finanzierung eines Importgeschäfts nutzen kann.

9. Welche Vorteile bietet einem Außenhändler die Einräumung eines Kontokorrentkredits durch seine Bank?

10. Nennen Sie die Kosten, die dem Kreditschuldner durch einen Kontokorrentkredit entstehen.

11. Wann ist es für einen Außenhändler sinnvoll, ein Kontokorrentkonto in einer Fremdwährung zu führen?

12. Erläutern Sie die folgenden Möglichkeiten der Absicherung eines Kontokorrentkredits:
    Absicherung durch
    a) die Verpfändung von Wertpapieren,
    b) die Sicherungsübereignung von Handelswaren, Maschinen u.Ä.,
    c) die Abtretung von Forderungen aus Warengeschäften (Zession),
    d) Bürgschaften,
    e) die Bereitstellung von Grundpfandrechten

13. Unterscheiden Sie die Hypothek von der Grundschuld.

Lernfeld 13: Ein Projekt im Außenhandel planen und durchführen

1 Projekte

Einstiegssituation

Auf ihrer wöchentlichen Sitzung analysiert die Geschäftsleitung der Ehlers & Gehrenberg KG die Unternehmenssituation. Man ist sich einig, dass die Steuerung des Unternehmens im Rahmen der herkömmlichen Aufbauorganisation vor dem Hintergrund komplexer und unübersichtlicher Marktsituationen nicht mehr optimal zu bewältigen ist. Um flexibel und schnell auf Entwicklungen reagieren zu können, möchte die Ehlers & Gehrenberg KG in Zukunft wichtige Fragen und Probleme vermehrt im Rahmen von Projekten bearbeiten. Die Personalabteilung wird deshalb beauftragt, eine Stelle für die Koordination des Projektmanagements auszuschreiben.

Ehlers &
Gehrenberg KG

Für die Leitung verschiedener Projekte in unserem Unternehmen suchen wir einen engagierten

Beauftragten (m/w/d) für das Projektmanagement

Mit einem Team aus erfahrenen Mitarbeitern steuern und koordinieren Sie in den jeweiligen Projekten die Realisierung der in den Pflichtenheften definierten Anforderungen, überwachen die vereinbarten Ziele bzw. Maßnahmenpakete und leiten entsprechende Korrekturmaßnahmen bei auftretenden Abweichungen ein. Dazu erkennen und fördern Sie die Realisierung von Synergieeffekten bei abteilungs- und bereichsübergreifenden Projekten.

Für diese anspruchsvolle Tätigkeit erwarten wir eine kaufmännische Ausbildung. Erfahrung im Bereich Projektmanagement setzen wir voraus. Sie beherrschen die notwendigen Projektmanagementtools und besitzen gute englische Sprachkenntnisse. Persönlich zeichnen Sie sich durch Ihren dynamischen und zielstrebigen Arbeitsstil, Ihre Kommunikations- und Teamfähigkeit sowie Ihre Eigeninitiative aus. Darüber hinaus verfügen Sie über entsprechende Führungserfahrung bzw. Führungspotenzial.

Wenn Sie an dieser Position interessiert sind, bewerben Sie sich bitte schriftlich bei unserer Personalabteilung in Hamburg.

Ehlers & Gehrenberg KG
Am Sandtorkai 24 · 20457 Hamburg
Tel.: 040 750610-0 · Fax: 040 750610-11
E-Mail: info@ehlers-wvd.de

Arbeitsaufträge

1. Erläutern Sie den Begriff „Projekt".
2. Stellen Sie Unterschiede zwischen der Arbeit in Projekten und der normalen Arbeit in einer Abteilung eines Unternehmens heraus.

Projekte gibt es in vielen Bereichen des Lebens, so z. B. auch in der Wirtschaft und in der Schule. Gerade in der Wirtschaft, die heute durch einen ständigen Verbesserungsprozess der Unternehmen gekennzeichnet ist, kommt Projekten ein immer höherer Stellenwert zu: Mit ihnen können nämlich komplexe und komplizierte Vorhaben der Betriebe zielgerichtet und effektiv abgewickelt werden.

Ein Projekt liegt vor, wenn Folgendes gilt:

- Das Vorhaben ist zeitlich durch einen Anfangs- und einen Endtermin bestimmt.
- Es liegt eine eindeutige, überprüfbare Zielvorgabe vor.
- Oft geht es um die einmalige Lösung eines Problems.
- Das Vorhaben macht eine eigene Organisationsform notwendig.
- Das Vorhaben hat eine große Bedeutung für die Unternehmenspolitik.
- Es stehen im Unternehmen nur begrenzte Ressourcen zur Verfügung.
- Das Vorhaben ist in der Regel abteilungsübergreifend.
- Es werden besondere Methoden bzw. Arbeitstechniken eingesetzt, da im Vorhaben komplexe und verzahnte Arbeitsabläufe stattfinden.

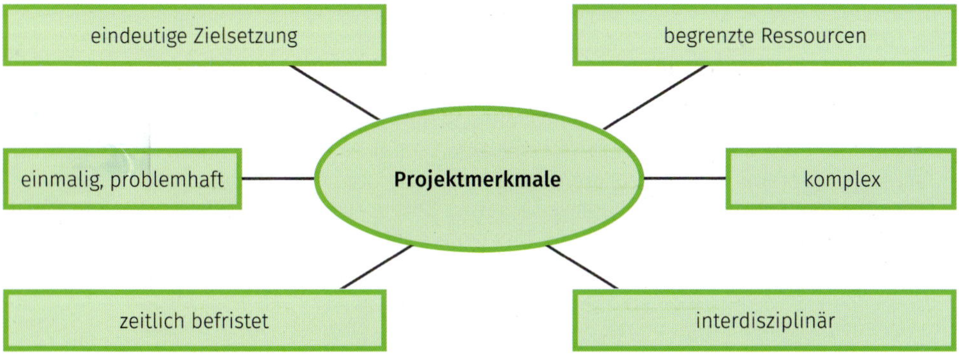

Projektmerkmale nach DIN 699 01

Normale Arbeit	Projektarbeit
▪ sich wiederholende Routinetätigkeiten ▪ überwiegend Linienorganisation ▪ Hierarchien ▪ Mitarbeiter erledigen straff organisierte Standardaufgaben	▪ Sonderaufgaben, die Einmaligkeitscharakter haben ▪ Projektorganisation ▪ weitgehende Hierarchiefreiheit ▪ spezielle Aufgaben

Unter Projekten versteht man also zeitlich befristete Vorhaben, in denen umfangreiche und vielschichtige Aufgabenstellungen behandelt werden. Verschiedene Personen – also Unternehmensmitarbeiter oder die Schüler einer Gruppe – arbeiten während eines Projekts zusammen.

Pyramiden konnten nur in der Organisationsform eines Projekts geschaffen werden.

Beispiel

Projekte sind nicht neu, im Gegenteil, es hat sie schon immer gegeben. Der Bau der Pyramiden, die Errichtung des Eiffelturms, die Organisation einer Olympiade oder auch einer Betriebsfeier sind Beispiele für Leistungen mit Projektcharakter.

Zunehmende Bedeutung der Projekte

Projekte in Unternehmen sind nicht mehr die Ausnahme, sondern die Regel. Ihre Bedeutung nimmt in einem außergewöhnlichen Tempo zu. Im Gegensatz zur Arbeit in herkömmlichen Organisationsformen erlaubt die Arbeit in Projekten ein erheblich lösungsorientierteres und selbstständigeres Handeln. Unternehmen werden dadurch schneller und innovativer. Untersuchungen zeigen, dass Projekte sowohl für das Lösen von Aufgaben des Kerngeschäfts auch für die strategische Weiterentwicklung der Unternehmen eine hohe oder sehr hohe Bedeutung haben.

Beispiel

Besonders in wissensintensiven Unternehmen wird zunehmend in Projekten gearbeitet. Die für eine Produktentwicklung oder einen Beratungsauftrag benötigten Spezialisten werden eine Zeitlang zusammengeführt, nach dem Projekt gehen sie wieder auseinander. Für diese Vorgehensweise haben Unternehmen auch einen triftigen Grund: Sie ermöglicht es, schnell und flexibel auf individuelle Kundenanforderungen und sich rasch wandelnde Märkte zu reagieren.

Projekte in der Wirtschaft

In der betrieblichen Praxis hat sich für die Bewältigung umfangreicher und neuartiger Probleme die Arbeit in Projekten durchgesetzt. Im Rahmen herkömmlicher Abteilungsstrukturen können die dazu notwendigen Arbeiten nicht durchgeführt werden. Viele Aufgabenstellungen können heute daher nur noch fach- und bereichsübergreifend gelöst werden. Aus diesem Grund werden bspw. größere Entwicklungsvorhaben von Unternehmen immer mehr in Form von Projekten geplant und realisiert. Das Know-how einzelner Spezialisten wird zusammengeführt.

In der Wirtschaft unterscheidet man zwei Arten von Projekten:

- Bei **internen Projekten** wird der Anstoß zur Durchführung eines Projekts dadurch gegeben, dass im Unternehmen besondere Maßnahmen durchgeführt werden. Die Initiative zur Durchführung eines Projekts kommt aus dem Unternehmen selbst.

Beispiel

Die Ehlers & Gehrenberg KG hat die in Baden-Württemberg operierende kleine Kette Südtextil übernommen. Ein Projektteam bekommt die Aufgabe, die erfolgreiche Integration der bisherigen Südtextil-Filialen in die Familie der Ehlers & Gehrenberg KG-Niederlassungen vorzunehmen.

- Bei **externen Projekten** kommt der Anstoß zur Projektgründung von außen. Ein Kunde außerhalb des Unternehmens fordert Unternehmensleistungen ab, für die es noch keine Standardlösungen gibt.

Projekte in der Wirtschaft unterliegen vor dem Hintergrund der Gewinnmaximierung einem großen Erfolgsdruck. Sie werden reglementiert durch Kosten- und Zeitvorgaben. Die verstärkte Anwendung des Projektmanagements im Großhandel verändert die Anforderungen an die Mitarbeiter: Sie müssen in der Planung und Durchführung von Projekten qualifiziert und erfahren sein.

Schulprojekte

In der Schule können i. d. R. keine Unternehmensprojekte durchgeführt werden. Um sich dennoch auf die in der Arbeitswelt vorherrschende Projektarbeit vorzubereiten, kann in der Schule mit Unterrichtsprojekten gearbeitet werden. Unternehmens- und Unterrichtsprojekte sind in vielen Merkmalen identisch, unterscheiden sich jedoch in einigen Aspekten.

Vorteile bietet die Arbeit in Unterrichtsprojekten, weil der Projektunterricht häufig mehr Chancen bietet als andere Unterrichtsformen, um auf Projekte in der Wirtschaft vorzubereiten.

Das ausgewählte Thema – das sich nicht durch Fächergrenzen beschränken lassen sollte – muss sehr komplex und vielschichtig sein und gleichzeitig die Schülerinnen und Schüler interessieren: Es darf der Klasse also nicht aufgezwungen werden. Ein Projekt kann nur effizient durchgeführt werden, wenn sich alle daran beteiligen. Dabei steht die Selbstverantwortung und Selbstorganisation durch die Klasse im Vordergrund. Die Schülerinnen und Schüler müssen die gesamte Organisation selbst leisten. Wichtigste Voraussetzungen in diesem Zusammenhang sind Kooperation und Arbeitsteilung. Letztlich muss das Projekt immer zu einem Ergebnis führen, das anderen mitgeteilt wird.

Projekte	
Flexible Abwicklung von Aufträgen zur Lösung komplexer, meist neuartiger Aufgaben	
Wirtschaftsprojekte (Unternehmensprojekte)	**Unterrichtsprojekte**
Es zählt das Projektergebnis, die Erreichung und Umsetzung der gesteckten Ziele.	Von großer Bedeutung ist der Arbeitsprozess selbst. Im Vordergrund steht der Zuwachs an fachlicher, methodischer und sozialer Kompetenz der Lernenden.

Beteiligte an einem Projekt

Projektauftraggeber
- wünscht die Durchführung
- erwartet ein Ergebnis

Projektcoach
- Berater des Projektleiters

Projektmitarbeiter im Projektteam
- Übernahme der operativen Arbeit

Projektleiter
- gesamtverantwortlich für die erfolgreiche Durchführung
- lenkt das Projekt
- Zusammenstellung des Projektteams
- Kommunikation, Steuerung, Marketing
- verantwortlich für die richtige Einteilung von Ressourcen (Zeit, Sachmittel, Personal)

Projektmanagement

Projekte werden gesteuert durch das Projektmanagement. Darunter versteht man alle Tätigkeiten, um ein Projekt zu einem erfolgreichen Abschluss zu führen. Dazu gehören also alle Planungs-, Kontroll- und Informationstätigkeiten sowie alle Entscheidungen, die notwendig sind, um das Projekt zu realisieren. Das Projektmanagement wird unterstützt durch das Projektcontrolling. Für einen sinnvollen und ökonomischen Ablauf des Projekts wird regelmäßig Bilanz über den Projektablauf gezogen. Bei unerwünschten Entwicklungen kann dann korrigierend eingegriffen werden.

Beispiel

Bereits in der 2. Phase des Projekts ist das Budget für das gesamte Projekt um 300 % überzogen. Damit ist der Erfolg des gesamtem Projekts erheblich gefährdet.

Projektverlauf

Jedes Projekt weist Unterschiede zu anderen Projekten auf. Dennoch lässt sich jedes Projekt hinsichtlich des Ablaufs in fünf Phasen untergliedern. In jeder dieser Phasen müssen bestimmte Teilergebnisse auf dem Weg zum erfolgreichen Gesamtprojektergebnis erzielt werden.

- In der **Nullphase** kommt aufgrund eines Problems die Idee auf, die Lösung mithilfe eines Projekts zu erzielen.

- In der **Projektstartphase** wird zunächst das Problem analysiert. Anschließend werden die Ziele des Projekts definiert.

- Soll das Projekt erfolgreich realisiert werden, muss das Projekt in überschaubare Einheiten gegliedert werden. In der **Projektplanungsphase** werden zum Beispiel die einzelnen Arbeitspakete sowie die Bearbeitungszeiten ermittelt, die Grundlage für die spätere Durchführung des Projekts sind.

- Das in früheren Phasen Geplante wird in der **Durchführungsphase** umgesetzt.
- Die **Projektabschlussphase** beendet das Projekt formell.

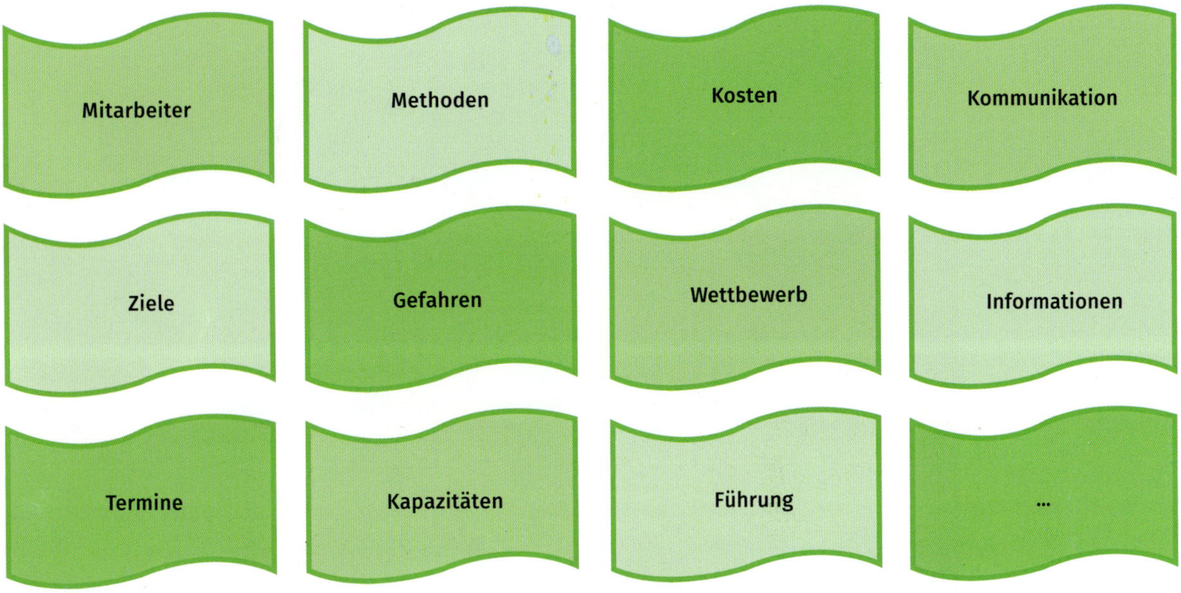

Viele Aspekte müssen beim Projektmanagement berücksichtigt werden.

Projekte im E-Commerce

Gerade im E-Commerce-Bereich werden sehr häufig Projekte durchgeführt.

Beispiele

- Ein Außenhandelsunternehmen möchte sich einen Webshop zulegen. Aus verschiedenen Abteilungen werden Beschäftige in ein Projektteam berufen, das diese Aufgabe vorbereiten und durchführen soll.
- Verschiedene Indizien weisen darauf hin, dass das Design und die Struktur des Webshops des Onlinehändlers schuco GmbH nicht mehr modernen Ansprüchen genügt. Die Unternehmensleitung beauftragt ein Projektteam damit, neue Internetseiten für den Webshop zu erstellen.
- Auch die Kling GmbH möchte einen Relaunch ihres Webshops vornehmen. Sie beauftragt aber ein externes Projektteam, diese Neugestaltung vorzunehmen.
- Die Ehlers & Gehrenberg KG möchte eine neue Warengruppe ins Sortiment und in den Webshop aufnehmen.

Dies liegt an den dort vorherrschenden digitalen Geschäftsprozessen. Diese verändern sich ständig. Kennzeichnend hierfür ist, dass diese Prozesse i. d. R. nicht aus normalen Routinetätigkeiten bestehen. Sie umfassen vielmehr einmalige, komplexe Problemstellungen.

Im Onlinemarketing werden Projekte oft in Form von **Kampagnen** durchgeführt. Diese spezielle Form eines Projekts hat das Ziel, den Umsatz eines Artikels oder einer Warengruppe zu steigern. Auch wenn andere Bereiche des Unternehmens einbezogen sind, geht die Initiative und die Planung von einer für Marketing zuständigen Abteilung aus. Ziel einer Kampagne ist ein Vorgehen, bei der alle Abteilungen aufeinander abgestimmt versuchen, ein optimales

Ergebnis zu erreichen. Kennzeichnend für Kampagnen ist ebenfalls, dass diese sich i. d. R. über mehrere Mediakanäle erstrecken.

Beispiel

Die Ehlers & Gehrenberg KG möchte ein ganz neues Produkt ins Sortiment aufnehmen und es den Kunden gegenüber bekannt machen. Die Marketingabteilung plant in Zusammenarbeit mit verschiedenen anderen Beteiligten im Unternehmen sowie einer externen Eventagentur eine umfassende Werbekampagne.

Beispiel

Die Krankenkasse von Sandra Krollmann versucht, neue Mitglieder zu gewinnen. Um virale Effekte zu erzielen, sollen daher Versicherte ihre Zufriedenheit mit Angeboten der Krankenkasse auf der Website äußern. Unterstützt wird dies mit weiteren darauf abgestimmten Mitteln wie Gewinnspielen auf Facebook, aber auch mit Events, Zeitungsanzeigen, Rundfunkspots und Aktivitäten in den Geschäftsstellen. Messungen zeigten eine sehr große Reichweite und eine Vielzahl von Anfragen zu den beworbenen Angeboten.

Zusammenfassung

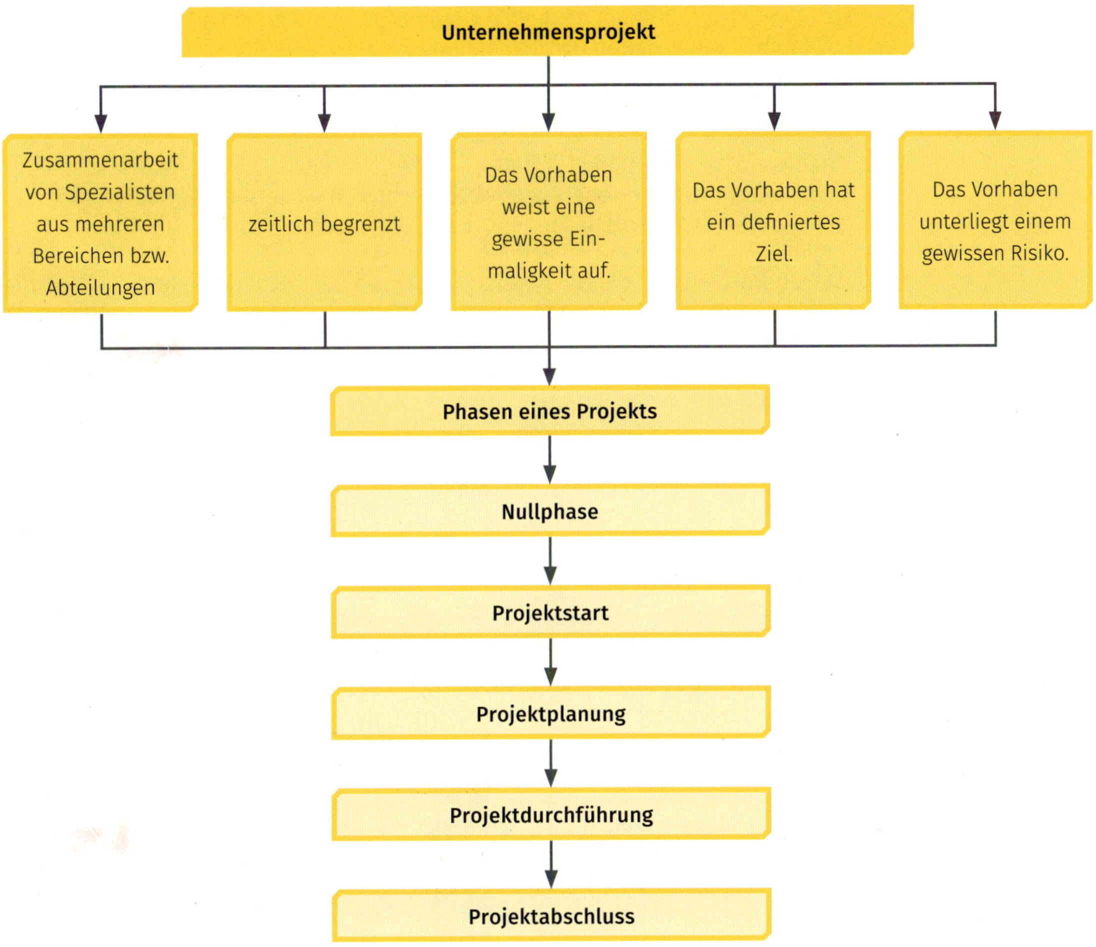

Aufgaben

1. Was sind Projekte?
2. Nennen Sie Beispiele für Projekte.
3. Wodurch unterscheiden sich interne und externe Projekte in der Wirtschaft?
4. Warum können in der Schule keine Unternehmensprojekte durchgeführt werden?
5. Welche Vorteile bieten Unterrichtsprojekte?

6. Geben Sie an, welche Art von Projekt in den beiden folgenden Beispielen vorliegt.
   a) Hier ist in der Regel die Geschäftsführung der Auftraggeber des Projekts. Das Projektziel ist dabei häufig die Optimierung von Fertigungsabläufen oder der Aufbau eines neuen Geschäftsfeldes.
   b) Bei dieser Art von Projekt wird vom Kunden (Auftraggeber) ein Produkt oder eine Dienstleistung in Auftrag gegeben.

7. Für die erfolgreiche Durchführung eines Projekts müssen Sie in relativ kurzer Zeit eine Vielzahl von Methoden und Arbeitstechniken einsetzen. Sie haben bisher eine Reihe von Methoden kennengelernt, die in den einzelnen Phasen eines Projekts Anwendung finden können.
   a) Überprüfen Sie in Ihren Arbeitsgruppen, ob Sie noch die wichtigsten Merkmale der jeweiligen Methode beherrschen und diese ohne Schwierigkeiten auch anwenden können. Bei Problemen ziehen Sie bitte dieses Buch, eigene Aufzeichnungen und/oder das Internet heran. Auch Ihre Lehrerin/Ihr Lehrer wird Ihnen sicher gern helfen.
   b) Erstellen Sie in Gruppenarbeit einen Reader mit dem Inhalt: „Wichtige Methoden für das Arbeits- und Berufsleben". Halten Sie sich dabei an die Vorgehensweise in den einzelnen Phasen eines Projekts.
   Bereiten Sie sich darauf vor, diesen Reader zu präsentieren.

8. Lesen Sie den folgenden Text. Erstellen Sie dann eine Mindmap, die dessen Inhalt wiedergibt.

Projects require structured management. You can recognize a project by its typical characteristics:

- In a project, there is a clear and measurable goal of what is to be achieved.
- Most tasks in companies are not subject to a time limit. They are simply day-to-day business. Projects, on the other hand, are defined by deadlines, they have fixed dates for their beginning and their end.
- A project requires its own organization. Project managers are allowed to involve employees from other departments. Projects are interdisciplinary and cross-departmental.
- Projects break new ground. They even solve problems that have not occurred yet.
- Projects have only limited resources.
- There is a great danger of failure in projects.

2 Die Projektstartphase

Einstiegssituation

Frau Schwab, die Abteilungsleiterin Verwaltung, kommt zu Sandra Krollmann: „Hallo Frau Krollmann, ich habe Ihnen etwas mitgebracht: Eine Einladung in das Projektteam ‚Ehlers & Gehrenberg KG goes Schweiz!'. Die Ehlers & Gehrenberg KG möchte in die Schweiz expandieren. Wir sind gerade dabei, das Projekt zu starten. Momentan stellen wir ein Projektteam zusammen. Da einerseits Auszubildende lernen müssen, in Projektteams zu arbeiten, und Sie andererseits eine Schweizer Mutter haben und sowohl Französisch als auch Italienisch sprechen, haben wir Sie in das Projektteam aufgenommen. Hier ist die Tagesordnung für die Kick-off-Sitzung."

Ehlers & Gehrenberg KG

Einladung zu Projektteam-Sitzung

Thema der Sitzung: Projekt-Kick-Off

Projektleiter: Frau Schwab

Projektbezeichnung: Ehlers & Gehrenberg goes Schweiz!

Teilnehmer	Abteilung
Herr Mitschke	Stabsstelle Orga
Frau Diedrichs	Rechnungswesen
Herr Bittner	Einkauf
Herr Freese	Logistik
Herr Weidner	Verkauf
Frau Krollmann	momentan Verkauf, Produktbereich Textilien

Zeit:	Datum:	Ort:
10:00 -12:00 Uhr	17. November	Zentrale, Raum 18

Tagesordnung	Zuständig	Zeit/min
1. Begrüßung	Schwab	05
2. Vorstellung der Projektleitung	Schwab	10
3. Vorstellung Projektziel	Schwab	15
4. Vorstellung Projektmitarbeiter	Team	30
5. Rollenverteilung	Team	20
6. Erarbeitung der Projektregeln	Team	20
7. Absprache: Termine und Vorgehen	Team	20

Arbeitsauftrag

Stellen Sie fest, welche Schritte in der Projektstartphase durchzuführen sind.

Die Nullphase im Unternehmen

Durch Problemzwänge oder durch die (Veränderungs-)Wünsche eines Auftraggebers kann es zu der Projektidee kommen.

Die Entscheidung zur Durchführung eines Projekts kommt dann zustande, wenn das zu lösende Problem so komplex und übergreifend ist, dass auch Mitarbeiter anderer Abteilungen hinzugezogen werden müssen: Die gesamte Problemlösung kann nicht mehr isoliert in den einzelnen Abteilungen von dem dortigen Personal im Rahmen der normalen Tätigkeiten (bzw. zusätzlich dazu) erledigt werden.

Das Projekt wird realisiert, wenn die Fragen nach der Durchführbarkeit und dem Durchführungswillen positiv beantwortet werden können: Für eine bestimmte Zeit (nämlich die Projektlaufzeit) wird eine Organisation eingerichtet, die die Zusammenarbeit der daran Beteiligten regelt.

Idealtypischer Ablauf der Nullphase	
Teilschritt der Phase	**Erläuterung**
Projektidee	Die Projektidee kann auf drei verschiedene Arten im Unternehmen entstehen: ▪ Im Unternehmen kommt die Idee auf, ein zu lösendes Problem mithilfe eines Projekts zu lösen. Die Projektidee wird also von den möglichen Projektteilnehmern eingebracht. ▪ Eine vorgesetzte Stelle beauftragt verschiedene Mitarbeiter aus unterschiedlichen Abteilungen damit, ein Projekt zu realisieren. ▪ Ein firmenfremder Auftraggeber vergibt einen Auftrag an das Unternehmen. Der Auftrag wird von einem Projektteam abgewickelt.
Austausch über die Projektidee	In einer offenen und wertfreien Atmosphäre sollte eine Erörterung der Projektidee mit allen möglichen Beteiligten erfolgen. Zu vermeiden ist in dieser Phase die Verwendung von Killerphrasen.
Überlegungen zum Projektteam	Die möglichen Projektteilnehmer sowie der Projektleiter werden gesucht.
Formulierung der Projektidee	Es wird ein grober Entwurf der Projektidee erstellt.
Entscheidung über die Projektidee	Abhängig davon, wer das Projekt angeregt hatte, sind zwei Varianten denkbar: ▪ Die Projektbeteiligten erzielen Einigkeit, zu versuchen, die Projektidee im Rahmen eines Projekts umzusetzen. ▪ Die Entscheidungsträger im Unternehmen geben einem Projektteam den Auftrag, ein Projekt zu realisieren.

Die Nullphase (Vorprojektphase)

Die Projektinitiative in der Schule

Der Nullphase im Unternehmensprojekt entspricht die Projektinitiative in der Schule. Die Projektinitiative ist Ausgangspunkt für das Projekt: Das Projekt beginnt mit einer offenen Ausgangssituation. Sowohl Lehrer als auch Schüler können durch eine Idee ein Projekt anregen. Im Idealfall geht das Projekt komplett von den Schülerinnen und Schülern aus. Im Normalfall wird jedoch oft die grobe Themenauswahl von der Lehrkraft vorgenommen. Die Schüler sollen und können jedoch ihre Vorstellungen und Kreativität einbringen. Die Phase der Projektinitiative versteht sich also als Angebot an die Klasse und dient der Themenfindung: Es wird erst einmal abgeklärt, was die Klasse überhaupt tun will. In dieser Phase prallen nicht selten die unterschiedlichsten Vorstellungen in der Klasse aufeinander. Die Themenfindung kann bereits zum Stolperstein eines Projekts werden.

In vielen Prozessen der Ideenfindung haben sich als Methoden das Brainstorming und das Mindmapping durchgesetzt. Es ist in dieser Projektphase wichtig, dass alle Vorschläge

- zugelassen,
- nicht kommentiert und
- nicht als gut oder schlecht bewertet werden.

Vermieden werden soll zunächst eine vertiefende Diskussion. Als Ergebnis dieser Phase sollten alle Vorschläge gut sichtbar dargestellt werden.

Die Projektinitiative versteht sich also als Angebot. Ob daraus ein Projekt entsteht, entscheidet sich in der folgenden Phase.

Der Projektstart (Definitionsphase) im Unternehmen

In der Phase des Projektstarts wird das Ziel der vom Projektteam zu lösenden Aufgabe genau festgelegt und formuliert. Dazu erfolgt eine Analyse der zu lösenden Probleme.

Es wird dann in eindeutiger Weise schriftlich festgehalten,

- welche Ergebnisse in welcher Form erwartet werden,
- in welcher Zeit sie vorzuliegen haben,
- welche Rahmenbedingungen (z. B. Kosten, Organisation usw.) zu beachten sind,
- wie der Erfolg des Projekts zu überprüfen ist.

Die Zielfestlegung in einem Projekt ist extrem wichtig: Sie müssen klar und abgestimmt definiert werden. Dadurch wird die Gefahr von Missverständnissen z. B. zwischen Auftraggeber und Projektteam über den Erfolg des Projekts minimiert. Je genauer die Ziele des Projekts definiert sind, desto eher können sich alle Beteiligten zudem mit ihnen identifizieren. Deshalb sollte man bei der Formulierung von Projektzielen die folgenden Regeln beachten:

- Das Ziel muss das erwünschte Ergebnis klar, unmissverständlich und prägnant beschreiben.

- Das Ziel darf zwar komplex und anspruchsvoll sein, muss aber in jedem Fall erreichbar und realisierbar sein.

- Das Ziel muss einen Zeitpunkt der Zielerreichung enthalten.

- Das Ziel darf nicht im Widerspruch zu anderen Zielen stehen.

- Das Ziel muss messbar sein: Dadurch kann später festgestellt werden, ob es tatsächlich erreicht wurde.

Beispiel

Ziel: „Die Filiale Halle der Ehlers & Gehrenberg KG wird Marktführer in ihrer Region." Dieses Projektziel enthält weder einen Zeitbezug („Bis wann soll dieses Ziel erreicht werden?") noch ist festgelegt, woran die Zielerreichung gemessen wird (Umsatzhöhe, Gewinnhöhe; Marktanteil usw.). Durch die unklare Formulierung dieses Projektziels kann es später zu Auseinandersetzungen über den Zielerreichungsgrad zwischen Auftraggeber und Projektteam kommen.

Für die Überprüfung eindeutig formulierter Projektziele hat sich die Formulierung mithilfe der **SMART**-Formel bewährt:

Abkürzung	Englischer Begriff	Deutscher Begriff	Bedeutung
S	Specific	Spezifisch	Das Ziel sollte eindeutig formuliert werden. Es darf kein Spielraum für Interpretationen bleiben.
M	Measurable	Messbar	Es muss erkennbar sein, ab wann das Ziel erreicht wird. Die Zielerreichung muss also messbar sein.
A	Achievable	Angemessen und aktiv erreichbar	Das Ziel sollte durch das Projektteam beeinflussbar sein. Dadurch werden die Ziele akzeptiert.
R	Relevant	Realistisch	Auch wenn das Ziel anspruchsvoll ist, sollte es erreichbar sein.
T	Timely	Terminiert	Für die Zielerreichung muss ein klarer Endtermin festgelegt werden.

Um Projekte gut zu einem erfolgreichen Abschluss zu bringen, sind also messbare Zieldefinitionen wichtig. An diesen kann später Erfolg oder Misserfolg von Auftraggeber und Auftragnehmer übereinstimmend beurteilt werden. In diesem Zusammenhang spielen bei externen Projekten zwei Instrumente eine große Rolle: das Lastenheft und das Pflichtenheft.

Das **Lastenheft** beschreibt das Problem aus Sicht des Auftraggebers (z. B. des Kunden) und wird von diesem erstellt. Der Auftraggeber stellt hier seine Anforderungen an das Projekt dar. Das Lastenheft bringt den Auftraggeber also dazu, seine relativ groben und unstrukturierten Vorstellungen vom Projekt in ein umsetzbares Konzept zu verwandeln. Es hilft auch in späteren Phasen, das Projekt zu strukturieren. Für den Auftraggeber kann das Lastenheft als Grundlage für das Einholen von Angeboten verwendet werden.

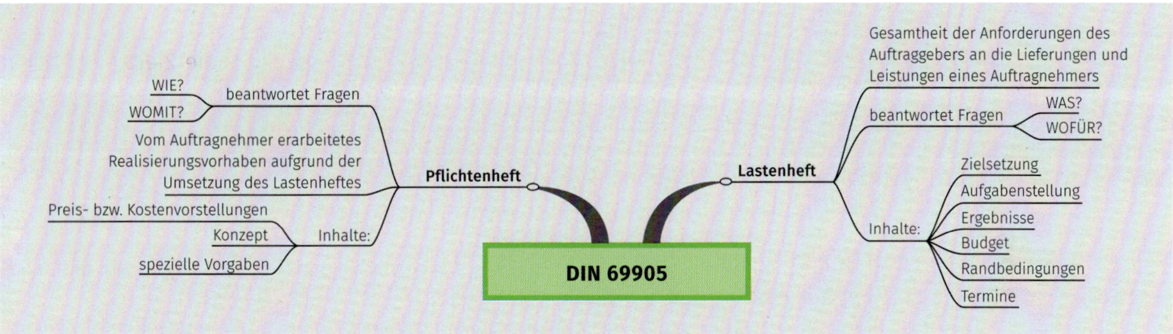

Das **Pflichtenheft** stellt dann die Lösung aus Sicht des Projektteams vor und wird von diesem erstellt. Das Projektteam legt dar, wie das vom Auftraggeber vorgegebene Lastenheft umgesetzt wird. Es beschreibt, wie und womit die vom Auftraggeber gestellten Anforderungen erfüllt und realisiert werden. Das Pflichtenheft bildet oft die Basis für die vertraglich festgehaltenen Leistungen des Auftragnehmers.

Beispiel

Die Ehlers & Gehrenberg KG benötigt eine neue, eigens für sie programmierte Softwarelösung für das Rechnungswesen. Im Lastenheft werden alle Forderungen an das Produkt (das Programm) sowie alle erhofften Leistungen des Auftragnehmers festgehalten. Das Lastenheft wird den Anfragen an mehrere Softwarefirmen beigelegt. Die Firma softec möchte Auftragnehmer werden und untersucht das Lastenheft. Anschließend schickt sie mit dem Angebot das Pflichtenheft mit den vorgegebenen Realisierungsvorgaben an die Ehlers & Gehrenberg KG zurück.

Der Projektstart endet häufig mit einer sogenannten **Kick-off**-Sitzung: Dort werden die Projektteammitglieder miteinander bekanntgemacht. Vorgestellt und diskutiert werden Projektziele, -inhalte, -termine und -rahmenbedingungen.

Nachdem Inhalte und Ziele festgelegt wurden, können die „Ärmel hochgekrempelt“ werden – die eigentliche Arbeit beginnt.

Idealtypischer Ablauf der Projektstartphase	
Teilschritt der Phase	**Erläuterung**
Untersuchung des Problems a) Problemklärung b) Ursachenforschung	Das Projekt wird durchgeführt, um ein betriebliches Problem zu lösen. Damit das erfolgreich geschieht, müssen erst einmal alle Facetten des Problems geklärt und erfasst werden: Das Problem wird genau analysiert. Anschließend wird nach den Ursachen für das Problem gefragt.
Untersuchung der Vorgaben des Auftraggebers	Bei externen Projekten werden häufig schon detaillierte Anforderungen durch den Auftraggeber gestellt. Diese sind in einem sogenannten **Lastenheft** festgehalten. Mit diesen können die Projektziele leichter und präziser formuliert werden.
Formulierung der Projektziele	Bei der Zielformulierung muss mit großer Sorgfalt vorgegangen werden: Es müssen klare und eindeutige Ziele gefunden werden, damit sie für eine Verständigung unter allen Beteiligten nutzbar sind.
Skizzierung einer möglichen Problemlösung	Der Auftragnehmer stellt in einem groben Entwurf dar, wie das Projektergebnis aussehen kann. Dieses Lösungskonzept wird oft im sogenannten **Pflichtenheft** festgehalten.
Prüfung der Durchführbarkeit	Es wird noch einmal überprüft, ob die Problemlösung überhaupt durch eine Arbeit in Projektform erzielt werden kann. Analysiert wird dazu, ob ▪ das Projektergebnis tatsächlich realisierbar ist (Kann das Projektergebnis überhaupt erreicht werden?), ▪ mögliche Risiken bestehen (Birgt die Durchführung des Projekts Gefahren, die sonst nicht bestehen würden?), ▪ der Aufwand für das Projekt zu groß ist (Stehen Kosten und Ergebnisse in einem angemessenen Verhältnis?).
Ernennung des Projektleiters	Spätestens jetzt muss ein Projektleiter ernannt werden. Er trägt die Verantwortung für das Erreichen der Projektziele. Seine Hauptaufgabe ist es, das Projekt im Hinblick auf die operative Planung und Steuerung eigenverantwortlich zu leiten.
Projektauftrag	In einem Schriftstück vereinbaren Auftraggeber und Auftragnehmer (rechts-)verbindlich die Rahmenbedingungen, unter denen das Projekt ablaufen soll.
Zusammenstellung des Projektteams	Aus unterschiedlichen Abteilungen werden Mitarbeiter für das Projektteam rekrutiert. Sie müssen einerseits über aufgabenbezogene fachliche und methodische Fähigkeiten, andererseits auch über viele persönliche Kompetenzen verfügen (z. B. Teamfähigkeit).
Klärung der Regeln, Ressourcen und Informationswege	Eine der wichtigsten Erfolgsfaktoren für das Gelingen eines Projekts ist der reibungslose Informationsaustausch zwischen den Projektmitarbeitern. Auch eine angemessene Projektinfrastruktur trägt dazu bei. Geklärt werden muss in diesem Zusammenhang: ▪ welche Regeln allgemein im Projekt herrschen sollen, ▪ welche Regeln für den Informationsaustausch gelten sollen (Wer muss wem bis wann in welcher Form berichten?), ▪ welche Informationsmittel verwendet werden sollen (Welche Medien sollen für den Informationsaustausch zwischen den Projektmitgliedern verwendet werden?), ▪ welche Ressourcen benutzt werden können (Welche Arbeitsmittel, Räumlichkeiten und Dienstleistungen anderer stehen zur Verfügung?).
Kick-off-Meeting	Die eigentliche Projektarbeit im Team beginnt bei diesem ersten Treffen der Teammitglieder. Neben dem gegenseitigen Kennenlernen geht es um die Erstinformation des gesamten Teams über das Projekt.

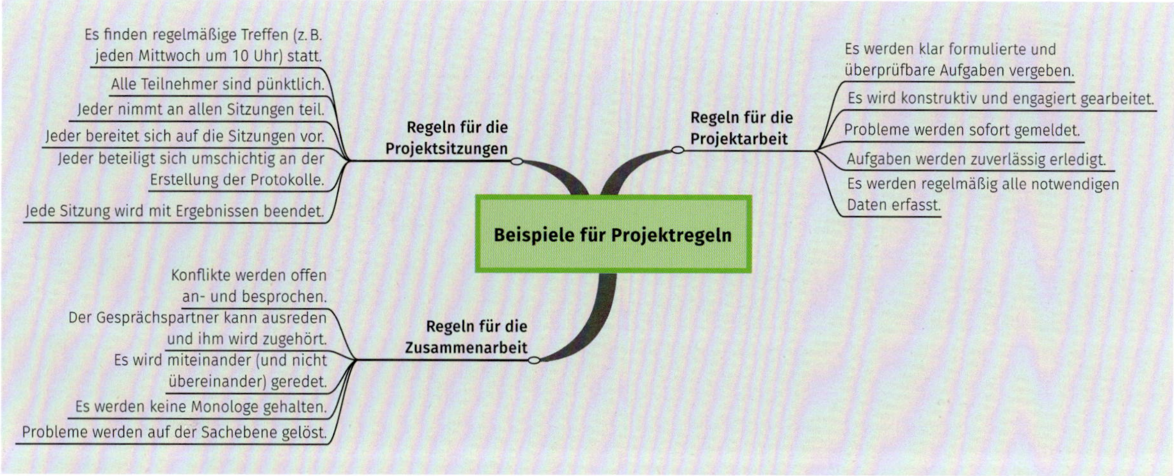

Die Projektskizzierung beim Unterrichtsprojekt

Die Projektskizzierung ähnelt der Projektstartphase bei Unternehmensprojekten. Sie besteht im Wesentlichen aus dem Sammeln von Ideenvorschlägen, aber auch kritischen Anmerkungen und Bedenken bezüglich des angestrebten Projekts. Nach den ersten Ideenvorschlägen sollten sich die Teilnehmer – also Schüler und Lehrer – mit dem Thema näher auseinandersetzen. Das Thema wird jetzt endgültig festgelegt. Für einen erfolgreichen Arbeitsprozess muss sich die Klasse als Gruppe in dem gewählten Thema wiederfinden. In dieser Phase wird also eine einschränkende Auswahl getroffen.

Die Schüler nehmen zur Projektinitiative Stellung und bringen damit auch ihre Bedürfnisse, insbesondere ihre Betätigungswünsche, zum Ausdruck. Die Teilnehmer des Projekts setzen sich mit dem zeitlichen Rahmen und den Spielregeln für den Umgang miteinander auseinander. Gegen den Willen eines Teils der Klasse sollte ein Projektthema nicht durchgesetzt werden. Ein solcher Versuch führt häufig zu Enttäuschungen sowohl auf Seite der Schülerinnen und Schüler als auch bei den Lehrkräften. Entscheidend ist hier also, dass die Idee von allen Schülern angenommen wird. Anschließend wird eine Projektskizze gestaltet, auf die sich alle einigen können.

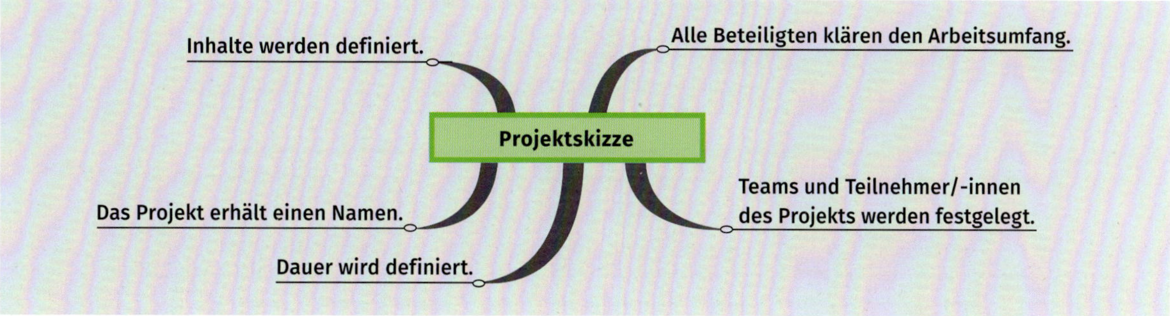

Eine Außenhandelsklasse führt ebenfalls ein Projekt durch. Die Klasse hat sich auf das Thema „Aspekte der Umwelt- und Gesundheitsverträglichkeit im Außenhandel“ geeinigt. Anschließend stellt man die folgende Projektskizze auf:

1.	Start (Kick-off)	12.03.
2.	Internetrecherche und erste Materialanalyse	12.03.–23.03.
3.	Endgültiger Projektplan	23.03.
4.	Abstimmung mit Steuerungsperson und Aufgabenverteilung	25.03.
5.	Recherche (u.a. Anfragen bei Umweltschutzverbänden)	ab 25.03.
6.	Expertengespräch mit Verbraucherschützer (Verbraucherzentrale)	02.04.
7.	Expertengespräch mit Vertretern eines Vereins für fairen Handel	16.04.
8.	Treffen mit Steuerungsperson (Zwischenergebnisse)	21.04.
9.	Ausarbeitung und Präsentationsvorbereitung	ab 23.04.
10.	Treffen mit Steuerungsperson	11.05.
11.	Probepräsentation	27.05.
12.	Präsentation	02.06.
13.	Evaluation	09.06.

Auszug aus der Projektskizze des Projekts „Aspekte der Umwelt- und Gesundheitsverträglichkeit im Außenhandel“ (Durchführung März bis Juni).

Von der Projektidee zur Projektskizze

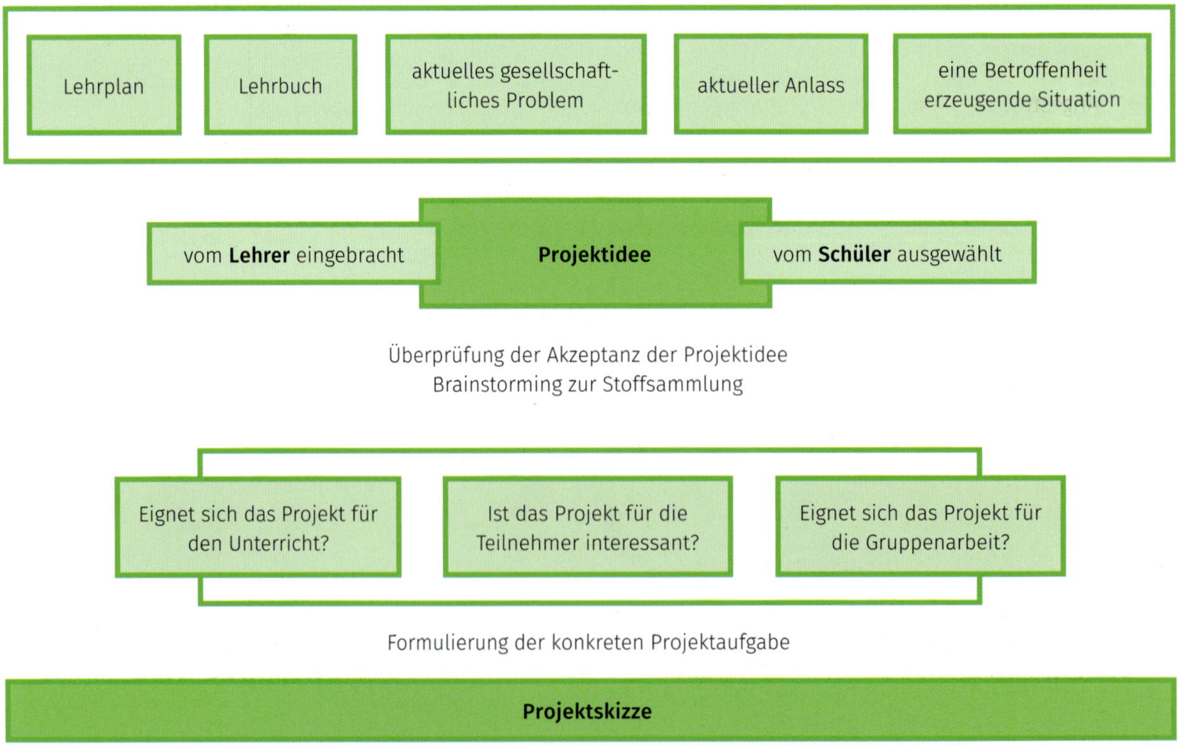

Kreativitätstechniken in Projekten

Projekte haben i. d. R. etwas Neues zum Ziel. Ein wesentlicher Erfolgsfaktor dabei ist die Kreativität. Diese wird oft beeinträchtigt durch den hohen Termin- und Leistungsdruck. Um unter solchen Bedingungen während des gesamten Projekts kreativ sein zu können, empfiehlt sich die Anwendung von Kreativitätstechniken. Neben dem Mindmapping sind dies besonders

- das Brainstorming,
- das Brainwriting und
- die Methode „Denkhüte".

Brainstorming

Am Beginn einer Arbeit oder wenn ein Problem zur Diskussion steht, für dessen Lösung noch nicht genügend „Handwerkszeug" (Vorkenntnisse, Grundlagen, Detailinformationen) zur Verfügung steht, kann ein Verfahren angewendet werden, das die Ideenproduktion in einer möglichst kreativen und angstfreien Atmosphäre gewährleisten soll: das Brainstorming („Gehirnsturm").

In der Arbeitsgruppe werden zu einem bestimmten Thema, einem Problem oder einer Aufgabe in beliebiger Folge die spontanen Einfälle („Geistesblitze") zusammengetragen. Dabei gelten folgende Regeln:

- Jeder kann sich mehrfach äußern und nennt spontan seine – auch noch so ausgefallenen – Ideen.

- Kommentare, Rückfragen, Kritik zu den Äußerungen sind nicht erlaubt. Furcht vor Kritik hemmt die Äußerung ungewöhnlicher Ideen.

- Angestrebt ist eine Kombination von Ideen und Weiterentwicklung von Ideen.

- Die Äußerungen werden protokolliert.

Nach Beendigung der „Sturmphase" können die produzierten Ideen geordnet und unter einer bestimmten Fragestellung zusammengefasst werden. Alle Beiträge der Teilnehmer sollten dabei nicht an Maßstäben wie „utopisch", „nicht machbar" usw. gemessen werden, sondern die produzierten Ideen sollten zum weiteren Nachdenken anregen und Impulse für die Weiterarbeit sein.

Nun könnten die gesammelten Lösungsvorschläge nach internen und externen Problemen systematisiert werden.

Beispiel

In einem Methodenseminar trifft Frau Schwab den Chef eines Einzelhandelsunternehmens. Dieses verzeichnete seit längerer Zeit Umsatzeinbußen. Der Chef des Warenhauses bat deshalb zu einer Abteilungsleiterkonferenz, um in dieser Runde ein Brainstorming durchzuführen. Gefragt wurde nach den Ursachen für den Umsatzrückgang. Die Abteilungsleiter trugen nun folgende Gründe an einer Pinnwand zusammen:

Ursachen für Umsatzrückgang

- Neue Zielgruppen, die bisher nicht ausreichend berücksichtigt wurden (ältere Leute, Kinder, ...)
- Neue Trends, die ebenfalls zu wenig berücksichtigt wurden (Trend zum Reisen, Auto, moderne Technologien, Erwerb von Eigentum)
- Erhöhte Abgaben: Steuern, Abgaben für Pflegeversicherung, Solidaritätszuschlag
- sinkendes Realeinkommen

- Einkommensreduzierung
- steigende Arbeitslosigkeit
- Inflationsrate
- fehlendes Urlaubs- bzw. Weihnachtsgeld
- Kauflust lässt nach wegen Unsicherheit über die zukünftige Lage
- Verdrängungswettbewerb
- Überangebot an Konkurrenzprodukten

- Überangebot an Produkten insgesamt
- Entstehung neuer Betriebsformen, wie Fachmärkte, die z. T. preisaggressiv handeln
- Zu viele Penner-Artikel
- Mangelndes Dienstleistungsangebot im eigenen Haus
- Unfreundliches Verkaufspersonal

Quelle: Jecht, H., Sgonina, S.: Lernen und arbeiten in Ausbildung und Beruf. Methodenheft für den handlungsorientierten Unterricht. 1. Auflage. Darmstadt: Winklers Verlag 1998, S. 79.

Brainwriting

Eine Alternative zum Brainstorming ist das Brainwriting.

Eventuelle Nachteile des Brainstormings wie z. B.

- Verlust von Ideen,
- Verstöße gegen die Regel, jedem zuzuhören, durch Unterbrechungen

werden durch das Brainwriting vermieden. Dabei schreiben sechs Personen jeweils drei Ideen zu einer vorgegebenen Problemstellung in einem Brainwriting-Schritt von etwa fünf Minuten in ein Formular. Diese Methode wird deshalb oft auch 6-3-5-Methode genannt.

Das Formular wird anschließend an den Nachbarn weitergegeben, der in der nächsten Zeile versucht, die drei Ideen seines Vorgängers weiterzuentwickeln. Dies geht so lange weiter, bis alle Felder des Formulars gefüllt sind. Alle Teilnehmer können ohne Beeinflussung durch andere Teilnehmer anonym und in Ruhe über das Thema nachdenken. Im Verlauf des Brainwritings kommt es zu einer Umformung, Verfeinerung oder Verbesserung der ursprünglich niedergeschriebenen Ideen. Erst jetzt werden die kreativen Lösungen der ganzen Gruppe vorgetragen. Von jetzt an darf bewertet werden.

Problem: Wie können wir die Kreativität in unserem Team steigern?			
Teilnehmernummer	**1. Idee**	**2. Idee**	**3. Idee**
1	Abbau von Hierarchie	Schaffen von Wohlbefinden	Selbstbewusstsein ermöglichen
2	Gutes Arbeitsklima	Freiräume schaffen	Teammitgliedern Unabhängigkeit zugestehen
3	Teammitgliedern mit Tespekt begegnen	Büroräume entsprechend gestalten	Schwächen haben dürfen
4	Jeder darf ausreden	Förderliche Arbeitszeiten und Pausen	Fehlerkultur entwickeln
5	...	...	...
6			

Beispiel für ein Brainwriting

Die sechs denkenden Hüte

Diese Methode fördert das systematische und strukturierte Denken. Es ist eine Mischung aus einer Gruppendiskussion und einem Rollenspiel: Eine Fragestellung bzw. ein Problem wird aus einem bestimmten Blickwinkel, der durch die Farbe eines Huts symbolisiert wird, betrachtet. Den Teilnehmern wird entsprechend der Art oder Rolle, in der sie denken sollen, ein Symbol für einen Hut in einer bestimmten Farbe zugeteilt. Sie sollen sich dann auf ihre zugeteilte Farbe mit den dazugehörigen Eigenschaften einstellen und sich in der Diskussion entsprechend diesem vorgegebenen Rahmen bewegen.

Hut	Aufgaben des Huts	Typische Fragestellungen des Hutinhabers
Weiß	Der „Träger“ nimmt eine objektive Haltung ein. Er soll alle zur Verfügung stehenden Informationen sammeln, ohne irgendeine Wertung vorzunehmen.	Haben wir alle Informationen vorliegen? Brauchen wir zu einem Gesichtspunkt noch Daten?
Rot	Der „Träger“ nimmt eine subjektive Haltung ein: Er denkt und empfindet emotional, sowohl positiv als auch negativ. Seine Gefühle und seine Intuition muss er nicht begründen.	Was gefällt mir? Was gefällt mir nicht? Wie sehe ich das gefühlsmäßig?
Grün	Der Inhaber dieser Rolle ist für Kreativität zuständig. Er sucht neue Ideen oder Alternativen. Er darf alles vorschlagen, was zu neuen Ansätzen führt, egal wie verrückt oder unrealistisch dies zunächst erscheint.	Wie lässt sich dieses Problem mal ganz anders lösen? Wenn wir die ganzen Rahmenbedingungen jetzt einfach mal vergessen, wie könnte dann eine Ideallösung aussehen?
Schwarz	Der „Träger“ dieses Huts denkt kritisch. Er versucht, möglichst objektiv (!) alle negativen Aspekte der Problemstellung zu finden.	Welche Gefahren und Risiken gibt es hier? Was ist das Worst-Case-Szenario? Welche Probleme könnten bei der Umsetzung auftauchen?
Gelb	Der Inhaber dieser Rolle denkt optimistisch. Er sieht objektiv (!) alle möglichen vorteilhaften Aspekte der Problemstellung und -lösung.	Welche Vorteile bringt dies? Welchen Nutzen haben wir noch zusätzlich bei der Umsetzung?
Blau	Der Inhaber dieser Rolle strukturiert und kontrolliert den gesamten Denkprozess. Er fasst dessen Ergebnisse zusammen und behält den Überblick. Er übernimmt oft die Moderatorenrolle.	Wie können wir das tatsächlich umsetzen? Was brauchen wir für die Umsetzung? Wie können wir die Umsetzung kontrollieren? Wie erkennen wir die Zielerreichung?

Es sind zwei grundlegende Vorgehensweisen denkbar:

- Jeder Teilnehmer bekommt eine Rolle zugeordnet und bleibt während der gesamten Sitzung bei dieser Rolle.
- In vom Moderator vorgegebenen Zeitabständen werden die Rollen getauscht.

Zusammenfassung

Nach der Entscheidung über die Durchführung des Projekts

Nullphase

- Projektidee
- Austausch über die Projektidee
- Überlegungen über das Projektteam
- Formulierung der Projektidee
- Entscheidung über die Projektidee

↓

wird das Projekt gestartet

Projektdefinitionsphase

- Untersuchung des Problems
  - Problemklärung
  - Ursachenforschung
- Untersuchung der Vorgaben des Auftraggebers
- Formulierung der Projektziele
- Skizzierung einer möglichen Problemlösung
- Prüfung der Durchführbarkeit
- Ernennung des Projektleiters
- Projektauftrag
- Zusammenstellung des Projektteams
- Klärung der Regeln, Ressourcen und Informationswege
- Kick-off-Meeting

Aufgaben

1. Was versteht man unter der Nullphase eines Projekts?

2. Welche Tätigkeiten werden in der Phase des Projektstarts in Wirtschaftsprojekten durchgeführt?

3. „Die Bearbeitungszeit von Reklamationen ist deutlich zu reduzieren."
   a) Beurteilen Sie dieses Projektziel.
   b) Finden Sie ggf. eine bessere Zielformulierung.

4. Was ist eine Kick-off-Sitzung?

5. Wie kann es zur Projektidee in Unterrichtsprojekten kommen?

6. Welche Punkte umfasst eine Projektskizze?

7. Warum ist das Beherrschen von Kreativitätstechniken in Projekten von erheblicher Bedeutung?

8. Warum wird das Brainwriting oft auch „6-3-5-Methode" genannt?

9. Sie sind Unternehmensberater für Projektmanagement. Beurteilen Sie die folgenden Zieldefinitionen und machen Sie Verbesserungsvorschläge.
   a) Das Projekt gilt als erfolgreich, wenn der Auftraggeber mit dem Buchführungsprogramm zufrieden ist.
   b) Die Maschine für die Fahrradproduktion wird nach der Erstellung des Fabrikgebäudes aufgebaut.
   c) Das neue Fahrradmodell Cycle-Extreme soll in nächster Zeit am Markt eingeführt werden.
   d) Die Rationalisierung der Logistik soll zufriedenstellend abgeschlossen werden.
   e) Das ERP-Programm soll schnell installiert werden.

3 Die Projektplanung

Einstiegssituation

Frau Schwab spricht Sandra Krollmann an.

Frau Schwab:
„Wir können jetzt in die Projektplanung einsteigen. In dieser Phase müssen wir das Projekt in Teilaufgaben zerlegen. Dazu werden wir demnächst einen Projektstrukturplan erstellen. Zu meiner Unterstützung können Sie sich ja schon einmal in diese Thematik eindenken ..."

Sandra Krollmann:
„Ja, klar, mache ich."

Frau Schwab:
„Am besten fertigen Sie für unsere neue Filiale in Bern einen ersten Projektstrukturplan als vorläufigen Entwurf an. Sie wissen, dass wir dort auf einem gekauften Grundstück Geschäftsräume und ein Lager bauen werden. Zur Repräsentation sollen auch die Außenanlagen schön gestaltet werden."

Arbeitsaufträge

1. Führen Sie auf, welche Schritte ein Projektteam im Rahmen der Projektplanung durchführen muss.
2. Erstellen Sie einen Projektstrukturplan.

Die Projektplanung in Wirtschaftsprojekten

Innerhalb dieser Phase wird die Projektarbeit inhaltlich und terminlich genau strukturiert. Zunächst einmal müssen die für das Projekt erforderlichen **Arbeitspakete** erkannt und erfasst werden. Ein Arbeitspaket stellt eine geschlossene, nicht mehr unterteilbare Aufgabenstellung innerhalb des Projekts dar. Darauf aufbauend wird ein **Projektstrukturplan** angefertigt. Dieser zeigt für das Projekt die einzelnen Teilprojekte und die jeweils dazugehörenden Arbeitspakete auf.

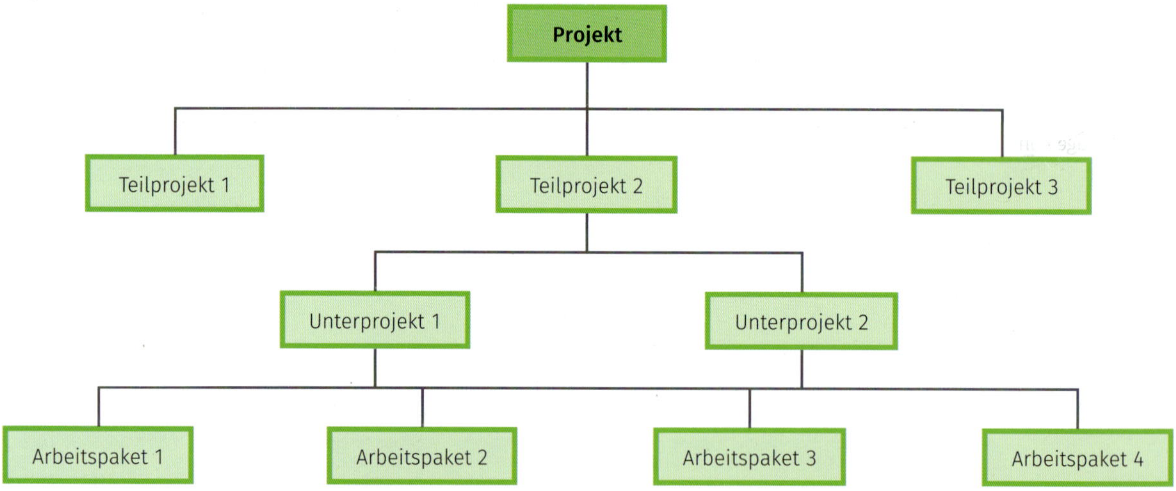

Ein Beispiel für einen Projektstrukturplan

Das Projektteam führt anschließend die **Planung des Projektablaufs** durch. Es durchdenkt also zukünftige Arbeiten im Projekt. Anschließend erfolgt die **Visualisierung des Projektablaufs:** Grafische Darstellungen erlauben es, komplexe Zusammenhänge im Projekt schnell und intuitiv zu präsentieren und zu verstehen. Auch die Termine, zu denen Ergebnisse vorliegen müssen, werden definiert. Dabei werden wesentliche Zwischenziele – die sogenannten **Meilensteine** – formuliert, die dafür Verantwortlichen werden festgelegt. In diesem Zusammenhang sind Arbeitspakete nötig, um die Meilensteine zu erreichen. Schließlich muss das Projektteam im Rahmen der **Ressourcenplanung** die für die Durchführung notwendigen Sachmittel und Personen ermitteln und eine **Kostenkalkulation** durchführen.

Projektrisiken
Projekte sind außergewöhnliche Vorhaben. Solche außergewöhnlichen Vorhaben sind durch drei Risiken gekennzeichnet:

- **Qualitätsrisiko:** Es besteht die Gefahr, dass die Projektziele nicht in vollem Umfang erreicht werden können.
- **Kostenrisiko:** Es besteht die Gefahr, dass das Projekt teurer wird als geplant.
- **Terminrisiko:** Es besteht die Gefahr, dass das Projekt nicht rechtzeitig abgeschlossen wird.

Diese drei Risiken bestehen – in unterschiedlichem Ausmaß – bei jedem Projekt. Um sie zu minimieren, müssen die kritischen Faktoren des Projekts bereits im Vorfeld erkannt und ggf. Gegenmaßnahmen geplant werden. Dabei geht man am besten in drei Schritten vor:

1. Projektrisiken erkennen
2. Projektrisiken hinsichtlich der Kategorien Eintrittswahrscheinlichkeit und Auswirkungen auf das Projekt bewerten
3. Gegenmaßnahmen planen

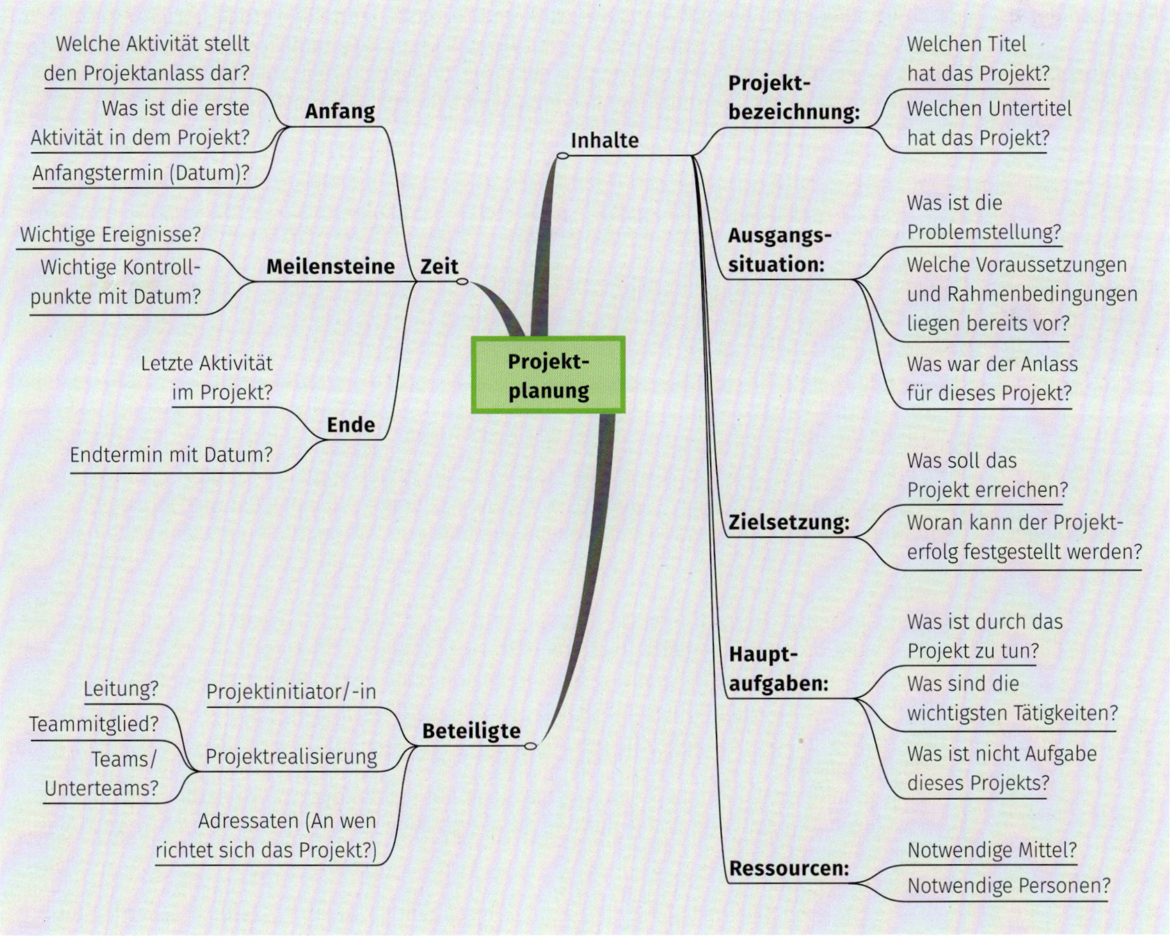

<table>
<tr><th colspan="2">Idealtypischer Ablauf der Projektplanungsphase</th></tr>
<tr><th>Teilschritt der Phase</th><th>Erläuterung</th></tr>
<tr><td>Identifikation und Beschreibung von Arbeitspaketen</td><td>Zunächst einmal muss man einen Überblick über die im Projekt zu erledigenden Aufgaben gewinnen. Damit strukturiert man das Projekt und macht es transparent. Eine solches Vorgehen gibt dem Projektteam später eine klare Richtung vor. Die Projektplanung beginnt mit dem Erkennen und Beschreiben von Arbeitspaketen. Arbeitspakete sind abgrenzbare Aufgaben, die nicht weiter sinnvoll unterteilt werden können.
Um die Arbeitspakete zu identifizieren, hat es sich als sinnvoll erwiesen, stufenweise vorzugehen. Die gesamten Tätigkeiten sind in einer hierarchischen Form zu ordnen:
▪ Ausgangspunkt des Vorgehens ist das Hauptprojektziel (also die Aufgabe, die das gesamte Projektteam betrifft).
▪ Dieses wird in Teilaufgaben zerlegt, die hierarchisch wiederum in Unteraufgaben zerlegt werden können.
▪ Ein Arbeitspaket liegt vor, wenn eine Unteraufgabe nicht mehr zerlegt werden kann. Dies ist der Fall, wenn das Arbeitspaket in sich abgeschlossen ist. Das Arbeitspaket ist dann in Art und Umfang übersichtlich und von anderen Tätigkeiten (Arbeitspaketen) im Projekt klar abgrenzbar.
Alle festgestellten Arbeitspakete ergeben zusammengefasst den gesamten Leistungsumfang des Projekts. Für ein Arbeitspaket ist später dann eine Gruppe oder ein einzelner Mitarbeiter zuständig.</td></tr>
<tr><td>Erstellen des Projektstrukturplans</td><td>Nach dem Erkennen der Arbeitspakete wird ein Projektstrukturplan erstellt. Dieser unterteilt das Projekt visuell in einzelne Blöcke, die für das Projektteam verständlich sind. Der Projektstrukturplan gliedert das Projekt ausgehend von der Projektaufgabe in Teilprojekte und Arbeitspakete. Er enthält sämtliche zur Erreichung des Projektziels durchzuführende Arbeitspakete.
Die Zergliederung der gesamten Projektaufgabe lässt sich
▪ objektorientiert
▪ funktionsorientiert
vornehmen. Oft kommen in einem Projektstrukturplan beide Gliederungsprinzipien vor; man spricht dann von einem gemischtorientierten Projektstrukturplan.</td></tr>
<tr><td>Planung des Projektablaufs</td><td>Steht der Projektstrukturplan, wird im nächsten Schritt der eigentliche Projektablauf geplant. Für jedes einzelne Arbeitspaket wird festgehalten,
▪ wie viel Zeit das einzelne Arbeitspaket normalerweise verbraucht: Zu vermitteln ist also die Dauer der einzelnen Tätigkeiten,
▪ wie die einzelnen Arbeitspakete logisch und zeitlich sinnvoll zusammenhängen. Geklärt wird, in welcher Reihenfolge die Arbeitspakete zu erledigen sind.</td></tr>
<tr><td>Visualisierung des Projektablaufs</td><td>Um einen besseren Überblick über komplexe Projekte zu bekommen, wird das Ergebnis einer Projektablaufplanung i. d. R. visualisiert, d. h. grafisch dargestellt. Zunächst wird immer eine Vorgangsliste erstellt. Diese ist eine Tabelle, die folgende Informationen in vier Spalten aufnimmt:
▪ eine Vorgangsnummer,
▪ eine eindeutige Bezeichnung für den Vorgang,
▪ die Dauer des jeweiligen Arbeitspakets und
▪ den Vorgänger des Arbeitspakets, der zum Beginn unbedingt beendet sein muss.
Darauf aufbauend können für die grafische Darstellung des zeitlichen Ablaufs drei Visualisierungsinstrumente erstellt werden:
▪ Termintabelle:
Eine Termintabelle enthält die Arbeitspakete in der Reihenfolge ihrer Bearbeitung mit den jeweiligen Anfangs- und Endbeständen. Termintabellen werden oft nur in einfachen Projekten verwendet.
▪ Balkendiagramm:
Dieses ist erheblich übersichtlicher als die Termintabelle. Auf einer Zeitachse werden die einzelnen Arbeitspakete durch waagrecht verlaufende Balken dargestellt. Deren Länge lässt die Dauer der jeweiligen Tätigkeiten erkennen.</td></tr>
</table>

Idealtypischer Ablauf der Projektplanungsphase	
Teilschritt der Phase	**Erläuterung**
	▪ **Netzplan:** Ein wichtiger Nachteil von Balkendiagrammen ist, dass nur schwer erkennbar ist, wie die Arbeitspakete miteinander zusammenhängen. Deshalb verwenden die meisten Projektteams in komplexen Projekten immer Netzpläne. Diese stellen sämtliche Arbeitspakete und deren Abhängigkeiten voneinander in einer Form dar, die einer Netzstruktur ähnelt.
Ressourcenplanung	Um den mit den Visualisierungsmitteln erstellten Projektablauf später erfolgreich durchführen zu können, muss das Projektteam nun noch überlegen, welche Ressourcen dazu benötigt werden: Geklärt werden sollte zunächst, welche Mitarbeiter des Unternehmens für die Erledigung des jeweiligen Arbeitspakets zuständig sind. Eventuell können auch unternehmensfremde Personen hinzugezogen werden. Weiterhin müssen die benötigten Räumlichkeiten reserviert werden. Auch die erforderlichen Sachmittel wie z. B. Computer und Programme sind festzustellen.
Kostenkalkulation	Die Daten aus der Projektablauf- und Ressourcenplanung werden hinzugezogen, um die Kosten des Projekts zu berechnen. Dadurch kann entschieden werden, ob es sich überhaupt lohnt, das Projekt durchzuführen. Andererseits dient die Kostenkalkulation dem Controlling: Die eingeplanten Kosten für die einzelnen Arbeitspakete sind später in der Phase der Projektdurchführung zu überwachen. Eventuelle Überschreitungen des Kostenrahmens können andere Projekte bzw. sogar die finanzielle Lage des Unternehmens gefährden.
Qualitätsplanung	Nicht nur die Termine oder die Kosten eines Projekts müssen eingehalten werden, auch die Qualität des Projektergebnisses muss vorher definierten Ansprüchen genügen. Um die Zufriedenheit des Auftraggebers sicherzustellen, sollten im Rahmen der Qualitätsplanung Qualitätsmaßstäbe festgelegt werden. Es gibt verschiedene Verfahren, die die Beibehaltung einer hohen Qualität bzw. eine Steigerung der Qualität zum Ziel haben.

Die Projektplanung in Unterrichtsprojekten

In dieser Phase entsteht aus der Projektskizze ein konkreter Projektplan. Mit dem Projektplan wird das Betätigungsfeld genau festgelegt. Er dient während der Projektarbeit als Orientierungshilfe: Arbeitsschritte und -formen werden geplant, die notwendigen Ressourcen (Personen, Zeit, Materialien, Medien) ermittelt. Diese Phase kann auch genutzt werden, um sich auf ein Endprodukt zu konzentrieren (z. B. Präsentation, Videofilm, Ausstellung).

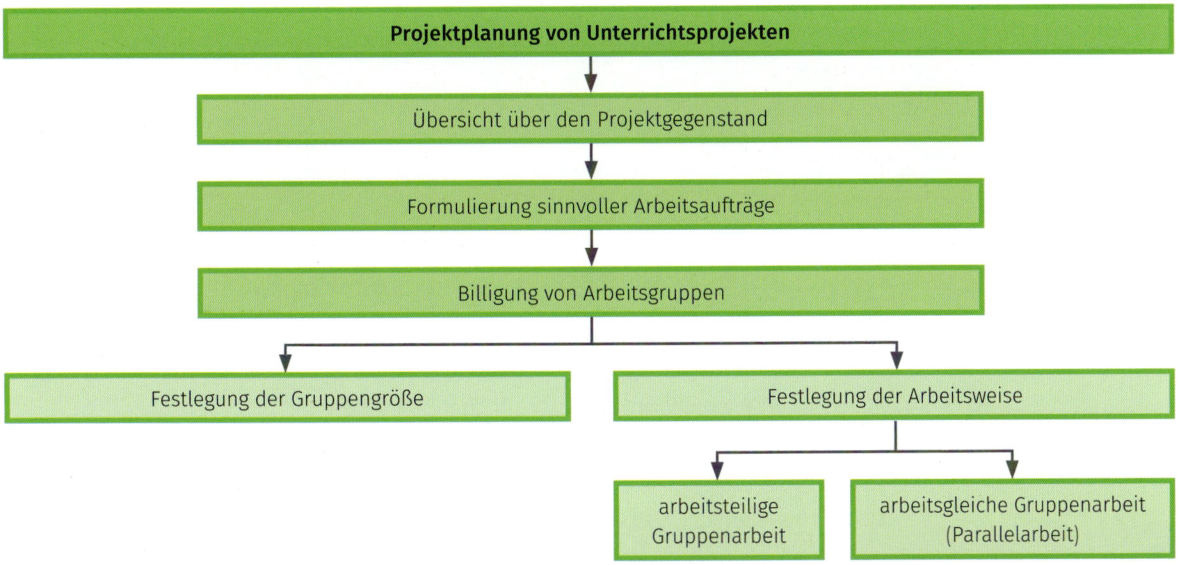

Zusammenfassung

Projektplanung
Inhaltliche und terminliche Strukturierung des Projektablaufs

- Identifikation und Beschreibung von Arbeitspaketen
- Erstellen des Projektstrukturplans
- Planung des Projektablaufs
- Visualisierung des Projektablaufs
- Ressourcenplanung
- Kostenkalkulation
- Qualitätsplanung

Aufgaben

1. Was sind Arbeitspakete?
2. Erläutern Sie den Begriff „Meilenstein".
3. Was ist die Aufgabe eines Projektstrukturplans?
4. Führen Sie Projektrisiken auf, die bei der Planung berücksichtigt werden müssen.
5. Welche Informationen enthält eine Vorgangsliste?
6. Wodurch unterscheiden sich Balkendiagramme und Netzpläne?
7. Welche Ressourcen müssen im Rahmen des Projekts bedacht werden?
8. Führen Sie Ziele der Kostenkalkulation in einem Projekt auf.

9. **a)** Rufen Sie die Internetadresse *www.e-teaching.org/projekt/organisation/ressourcen/zeit* auf.
   b) Untersuchen Sie die dort aufgeführten Informationen zur Netzplantechnik.
   c) Bereiten Sie sich darauf vor, einen Vortrag zur Netzplantechnik zu halten.

10. Der Zeitfaktor ist ein wesentlicher Aspekt beim Projektablauf.
Arbeitsabläufe im Rahmen von Projekten können sehr schön mithilfe von Balkendiagrammen visualisiert werden. Diese ermöglichen eine einfach zu erstellende Terminplanung von Arbeitspaketen und Meilensteinen, die in Form von Balken über eine Zeitskala dargestellt werden.

Beispiel

In der Finanzbuchhaltung eines Versandhandelsunternehmens haben die verschiedenen Mitarbeiter ihre Urlaubswünsche angemeldet:
Dies sind der Abteilungsleiter Müller, sein Stellvertreter Meier und die Sachbearbeiter Schulze, Brunotte, Putzig und Gutfried. Der Urlaub soll in einer Zeit von acht Wochen genommen werden. In der Personalabteilung wird daraufhin zunächst der gewünschte Urlaubsplan als Balkendiagramm erstellt:

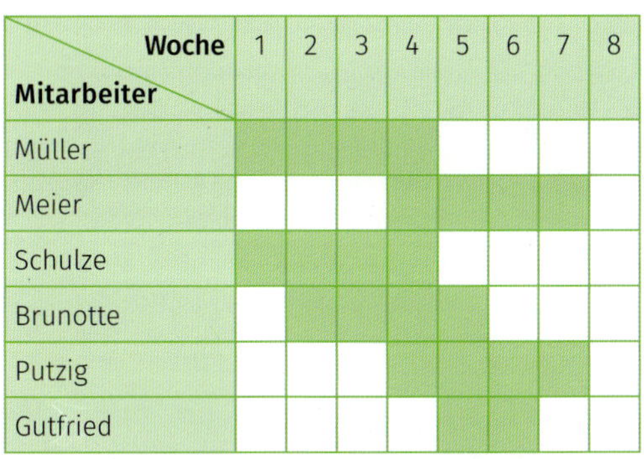

Balkendiagramme eignen sich besonders für die Terminplanung. Die Balkendauer gibt die Zeitdauer eines Vorgangs an.
Müller und Schulze haben Kinder und können daher ihren Urlaub nur in den Schulferien (1. bis 6. Woche) nehmen. Die Unternehmensleitung gibt zudem die Anweisung, dass immer ein Vorgesetzter und möglichst die Hälfte der Sachbearbeiter im Betrieb anwesend sein sollen. Daraufhin erstellt die Personalabteilung das folgende Diagramm:

Die Gehlers & Ehrenberg KG plant auch, in Österreich eine Filiale zu eröffnen. Dazu wird ein Projektteam gebildet. Nachdem in einem Wiener Gewerbegebiet ein Grundstück gefunden wurde, soll nun das Betriebsgebäude errichtet werden. Das Projektteam plant die Zeit bis zur Fertigstellung:
Für Ausschachtarbeiten werden zwei Wochen eingerechnet. Der Rohbau wird mit elf Wochen eingeplant. Ist er hochgezogen, werden die Installationsarbeiten (8 Wochen) vorgenommen und gleichzeitig der Dachstuhl (2 Wochen) aufgesetzt und dann die Dachdeckerarbeiten (1 Woche) ausgeführt. Erst wenn diese drei Arbeiten vorgenommen wurden, können Fenster und Türen eingesetzt werden (1 Woche). Anschließend können der Innenputz (2 Wochen) und der Außenputz (3 Wochen) parallel angebracht werden. Ist das geschehen, werden gleichzeitig die Zufahrt zur Rampe erstellt (1 Woche) sowie die Malerarbeiten (2 Wochen) vorgenommen. Zwei Wochen werden letztlich noch für die Tätigkeiten der Betriebseröffnung (Beschicken des Lagers, Einzug) benötigt.
Erstellen Sie für dieses Projekt ein Balkendiagramm.

11. Vor allem bei größeren Projekten wird die **Netzplantechnik** – in der Regel unter EDV-Einsatz – zur Darstellung von Projektabläufen angewandt.
Ein Netzplan zeigt – genau wie das Balkendiagramm – die zeitliche und logische Aufeinanderfolge von Vorgängen. Er zeigt drastisch die Ablaufstruktur eines Arbeitsprozesses. Mit einem Netzplan kann man Engpässe und mögliche Störungen frühzeitig erkennen und entsprechende Gegenmaßnahmen einleiten.
Ein Netzplan ist hervorragend dazu geeignet, bei einer größeren Anzahl an Arbeitspaketen eines Projekts die inneren Abhängigkeiten zwischen den einzelnen Arbeitspaketen abzubilden. Aus einem Netzplan können die Projektbeteiligten Folgendes ablesen:
- Wie lange wird das ganze Projekt dauern? Welche Risiken treten dabei auf?
- Welche kritischen Aktivitäten des Projekts können das gesamte Projekt verzögern, wenn sie nicht rechtzeitig fertig werden?
- Ist das Projekt im Zeitplan, wird es früher oder später fertig?
- Wenn das Projekt früher fertig werden soll, was ist am besten zu tun?
- Wie kann man eine Beschleunigung des Projekts mit den geringsten Kosten erreichen?

Der Grundgedanke der Netzplantechnik liegt in der Erkenntnis, dass wenige Tätigkeiten, die den längsten Pfad durch das Netzwerk bilden, den Erfolg des gesamten Projekts beeinflussen können. Werden diese „kritischen" Aktivitäten frühzeitig erkannt, können die Projektbeteiligten frühzeitig Gegenmaßnahmen ergreifen.
Der Netzplan erlaubt eine
- Konzentration auf die kritischen Tätigkeiten,
- Umplanung unkritischer Vorgänge, ohne dass das gesamte Projekt negativ beeinflusst wird.

Beispiel für eine Netzplanerstellung:
Die Erstellung eines Netzplans erfolgt in fünf Schritten:

Schritt 1: Vorgangsliste erstellen

Für die Erstellung eines Netzplans werden alle Vorgänge eines Projekts in einer Vorgangsliste mit dem jeweiligen unmittelbaren Vorgänger und Nachfolger erfasst:

Vorgangsnummer	Vorgang	Unmittelbarer Vorgänger	Unmittelbarer Nachfolger
1	Ausschachten	–	2
2	Rohbau	1	3, 4
.	.	.	
.	.	.	.
.	.	.	.

Schritt 2: Vorgangsknoten erstellen

Aus der Vorgangsliste kann der eigentliche Netzplan erstellt werden. Dabei wird zunächst jeder einzelne Vorgang durch einen Vorgangsknoten dargestellt:

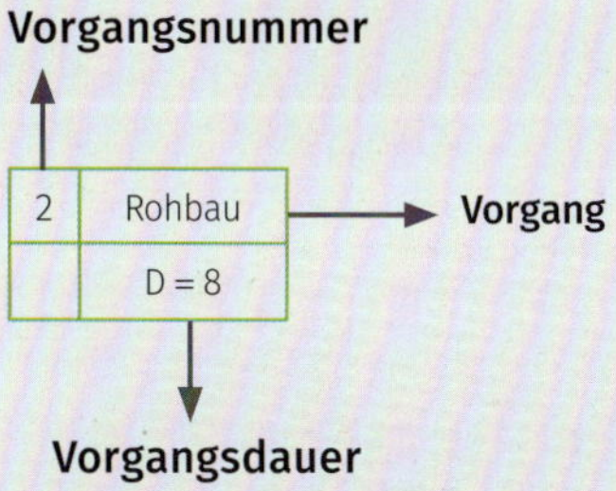

Schritt 3: Vorgangsknoten in Beziehung setzen

Ein Pfeil kennzeichnet im Netzplan die Beziehung zwischen Vorgänger und Netzplan:

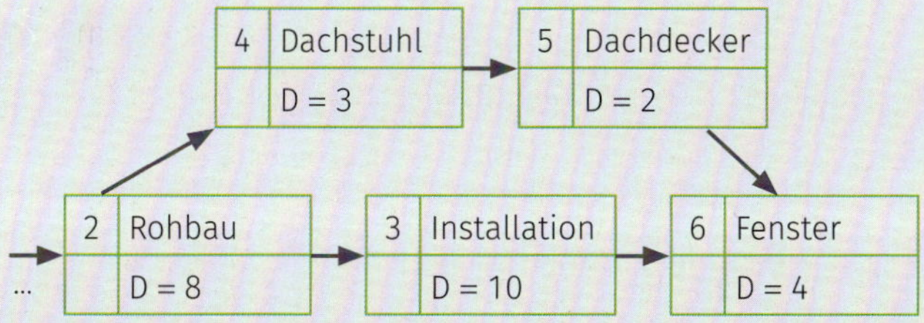

(Ausschnitt aus einem Netzplan)

Schritt 4: Anfangs- und Endzeitpunkt der einzelnen Vorgänge ermitteln

Man ermittelt zunächst für jeden Vorgangsknoten den jeweiligen **frühesten Anfangszeitpunkt** (FAZ) und **frühesten Endzeitpunkt** (FEZ). Der FAZ gibt an, wann jeder einzelne Vorgang jeweils beginnen kann. Der FEZ informiert über den Zeitpunkt, wann der Vorgang frühestens beendet sein kann. Der FAZ wird am Vorgangsknoten oben links, der FEZ oben rechts eingetragen.

Anschließend wird der **späteste Anfangszeitpunkt** (SAZ) und der **späteste Endzeitpunkt** (SEZ) des jeweiligen Vorgangsknotens unten links bzw. unten rechts eingetragen. Der SAZ gibt an, wann der Vorgang spätestens zu beginnen hat, damit die Gesamtprojektdauer nicht gefährdet wird. Der SEZ informiert darüber, bis wann ohne Beeinträchtigung des Projekts der Vorgang spätestens beendet sein muss.

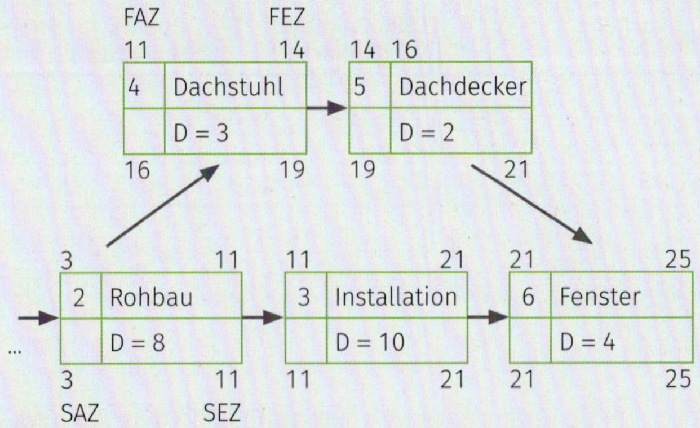

(Ausschnitt aus einem Netzplan)

Bei der Berechnung der Werte gelten die folgenden Regeln:

- Bei der Ermittlung von FAZ und FEZ beginnt man beim ersten Vorgang und geht dann vorwärts zu den nächsten.
- Der erste Vorgang erhält den FAZ 0.
- Der FEZ ergibt sich dann immer nach der folgenden Formel: FAZ + Vorgangsdauer = FEZ.
- Der FEZ des letzten Vorgangs bestimmt die Dauer des gesamten Projekts.
- Man beginnt bei der Bestimmung von SEZ und SAZ beim letzten Vorgang und geht dann rückwärts zum *jeweils letzten Vorgang*.
- Der FEZ des Endvorgangs entspricht dem SEZ des Endvorgangs.
- Der SAZ wird dann jeweils ermittelt nach der Formel: SAZ = SEZ – Vorgangsdauer.

Schritt 5: Kritischen Weg ermitteln

Für jeden Vorgang berechnet man die Gesamtpufferzeit nach der Formel

Formel

Gesamtpufferzeit = SAZ – FAZ.

Ist diese größer als null, hat man eine entsprechende Zeitreserve. Entspricht jedoch der SAZ dem FAZ (die Gesamtpufferzeit ist gleich null), ist der Vorgang kritisch: Da man keine Zeitreserven hat, führt jede Verzögerung dieses Vorgangs zu einer Verlängerung der Gesamtprojektdauer.

In einem Projekt wird also besonders auf den kritischen Weg geachtet. Diesen erhält man, wenn alle kritischen Vorgänge verbunden werden.

Im obigen Ausschnitt aus einem Netzplan gehören die Vorgänge 2, 3 und 6 zum kritischen Weg.

Das Projektteam „Neue Filiale in Österreich“ entscheidet sich, den Verlauf des Projekts mit einem Netzplan darzustellen.

a) Erstellen Sie Vorgangsliste und Netzplan.

b) Bestimmen Sie den kritischen Weg.

12. **a)** Sammeln Sie mithilfe eines Brainstormings mögliche Projektrisiken. Stellen Sie sich die Frage: Was könnte alles schiefgehen? Halten Sie die gefundenen Projektrisiken fest.
b) Untersuchen Sie die Internetadresse *https://dieprojektmanager.com/risikomanagement-in-projekten/*.
Sammeln Sie alle Gegenmaßnahmen für die dort aufgeführten Projektrisiken. Halten Sie sie auf einem Medium Ihrer Wahl fest.
c) Bereiten Sie sich auf eine Präsentation zu dem Thema „Projektrisiken und Gegenmaßnahmen" vor.

4 Die Projektdurchführung

Einstiegssituation

Sandra Krollmann trifft Allan Stevenson.

Allan:
„Na, Sandra, wie läuft es bei euch im Projekt?"

Sandra:
„Och, eigentlich ganz gut. Bald sind unsere Schweizer Filialen eröffnet. Wenn da nicht nur immer dieser Papierkram wäre. Jetzt hat mich Frau Schwab gebeten mitzuhelfen, einen Projektstatusbericht zu erstellen. Der muss regelmäßig an den Projektauftraggeber – in diesem Fall also an unsere Geschäftsleitung – geschickt werden, sagte Frau Schwab. Ich finde das merkwürdig: Ich dachte bisher immer, wir sollten unser Projekt zum Erfolg führen. Stattdessen werden wir gezwungen, Formulare auszufüllen ..."

Arbeitsauftrag

Beurteilen Sie die Meinung von Sandra Krollmann.

Die Projektdurchführung in Wirtschaftsprojekten

In dieser Phase wird die Erreichung der Projektziele sichergestellt: Während der Projektdurchführung werden die Arbeitspakete in der festgelegten Reihenfolge unter Beachtung der Zeitvorgaben planmäßig abgearbeitet. Entscheidungen im Projektablauf werden kontinuierlich dokumentiert. Es erfolgt eine ständige Kontrolle zwischen den erreichten (Ist-Zustand) und den am Anfang formulierten Zielen (Soll-Zustand). Abhängig von der Qualität der erreichten Zwischenziele kann das Projekt auf unterschiedliche Weise vorangetrieben werden.

Die Projektdurchführung orientiert sich am festgelegten Projektplan und ist das Herzstück eines Projekts. Nachdem die notwendigen Planungsarbeiten im Projekt geleistet wurden, kann mit der Umsetzung begonnen werden.

In der Phase der Projektdurchführung koordiniert der Projektleiter alle Elemente eines Projekts. In dieser Phase hat er die Aufgabe, den Projektverlauf im Sinne der Projektplanung aktiv zu steuern und zu beeinflussen. Es muss regelmäßig geprüft werden, ob das Projekt nach Plan läuft: Der Projektleiter gleicht ständig den ursprünglich geplanten und den aktuellen Projektverlauf ab. Sollten diese Verläufe nicht übereinstimmen, sind geeignete Steuerungsmaßnahmen einzuleiten. In der Phase der Projektdurchführung sind also

- Planabweichungen festzustellen.
- gegebenenfalls Ursachen zu analysieren.
- gegebenenfalls Konsequenzen zu ziehen.

Der Projektleiter muss auch sicherstellen, dass alle am Projekt Beteiligten ein Feedback über den Stand des Projekts bekommen.

Hilfsmittel des Projektmanagements in der Phase der Projektdurchführung	
Hilfsmittel	**Erläuterung**
Meilensteinorientierte Fortschrittsmessung	Es wird die zeitliche und qualitative Zielerfüllung von Meilensteinen überprüft. Mit einer solchen Analyse kann der Projektfortschritt regelmäßig ermittelt werden. Für jedes Arbeitspaket gibt es laut Projektplan einen Sollwert. Diesem wird der an einem Stichtag ermittelte Istwert der Termine und Kosten gegenübergestellt.
Projektstatusbericht	Der Projektstatusbericht gibt dem Auftraggeber oder den Entscheidern eines Unternehmens Auskunft über den Stand des Projekts. Solche Berichte können erfolgen ▪ periodisch (monatlich), ▪ bei gravierenden Abweichungen von Terminen oder Kosten, ▪ wenn ein Meilenstein erreicht wurde.
Projektdokumentation	Neben dem Projektergebnis wird eine Projektdokumentation erstellt. Die Dokumentation ist eine wesentliche Grundlage für die Präsentation, aber auch die Reflexion und Evaluation des Projekts. Sie sollte daher Informationen über alle wichtigen Ergebnisse, Stadien des Arbeitsprozesses und Erfahrungen der Projektmitarbeiter liefern.

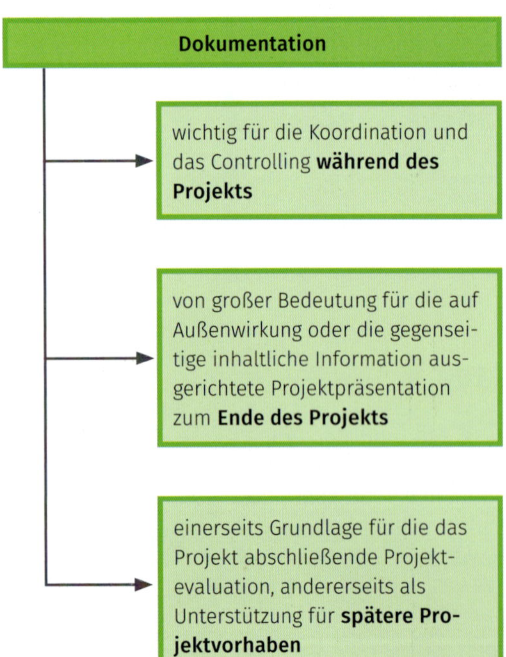

Besteht die Gefahr, dass Termine oder Kosten überschritten werden, gibt es verschiedene Gruppen von Steuerungsmaßnahmen:

- Zeitliche Beeinflussung der Dauer von Arbeitspaketen: die Anzahl der Arbeitsstunden erhöhen oder weiteres Personal rekrutieren; eventuell Teilaufgaben fremd vergeben.

- Änderung der Reihenfolge von Arbeitspaketen: Arbeitspakete parallel laufen lassen bzw. diese sich überlappen lassen.

- Verschiebung von Terminen: Als letzte Möglichkeit kommt das Verschieben der Meilensteine bzw. sogar des Endtermins in Betracht.

<table>
<tr><td colspan="5">Projektstatusbericht</td></tr>
<tr><td colspan="4">Projekt: Ehlers & Gehrenberg goes Schweiz!</td><td>Anlass: Monatsbericht März 20..</td></tr>
<tr><td colspan="4">Datum: 1.4.20..</td><td>Projektleiter: Frau Schwab</td></tr>
<tr><td colspan="5">Stand der Gesamtleistung: Das Projekt läuft insgesamt planmäßig. Alle Meilensteine in diesem Monat wurden erreicht. Abweichungen gibt es im Projektabschnitt „Bekanntmachen der Ehlers & Gehrenberg KG“.</td></tr>
<tr><td colspan="4">Stand der einzelnen Arbeitspakete:</td><td></td></tr>
<tr><td colspan="5">Arbeitspaket 1:
...</td></tr>
<tr><td colspan="5">Arbeitspaket 2:
Bekanntmachen der Ehlers & Gehrenberg KG: Stand auf der Schweizer Textilmesse</td></tr>
<tr><td></td><td>planmäßig</td><td>abweichend</td><td>kritisch</td><td>Bemerkungen</td></tr>
<tr><td>Termine</td><td></td><td></td><td>X</td><td>Lieferant von Material für den Messestand ist überraschend zahlungsunfähig und kann nicht mehr liefern</td></tr>
<tr><td>Kosten</td><td></td><td>X</td><td></td><td>Günstigster Anbieter im Angebotsvergleich</td></tr>
<tr><td>Qualität</td><td>X</td><td></td><td></td><td></td></tr>
<tr><td colspan="5">Arbeitspaket 3:
...</td></tr>
<tr><td colspan="5">Arbeitspaket 4:
...
...</td></tr>
<tr><td colspan="5">Probleme und Risiken: Beschaffung der Materialien für den Messestand könnte nicht rechtzeitig erfolgen und wahrscheinlich teurer als erwartet werden.</td></tr>
<tr><td colspan="5">Maßnahmen: Beauftragung des Lieferanten, der im Rahmen des qualitativen Angebotsvergleichs eine sofortige Lieferung garantiert. Dieser ist auch bereit, im Fall einer verspäteten Lieferung eine Konventionalstrafe zu zahlen.</td></tr>
<tr><td colspan="5">Erwartete Wirkungen: Fristgerechter Aufbau des Messestandes bei leicht erhöhten Kosten</td></tr>
</table>

Ein Beispiel für einen Projektstatusbericht

Möchte man zu einer optimalen Problemlösung kommen, ist es sinnvoll, verschiedene Lösungsansätze mithilfe von Projektmanagementsoftware[1] durchzuspielen. Mit solchen Programmpaketen kann man

- den Projektstrukturplan darstellen,
- den Einsatz aller Projektressourcen festlegen und der Projektentwicklung anpassen,
- die Entwicklung der Termine und Kosten verfolgen,
- die Projektplanung anpassen.

1 vgl. LF 13, Kap. 6

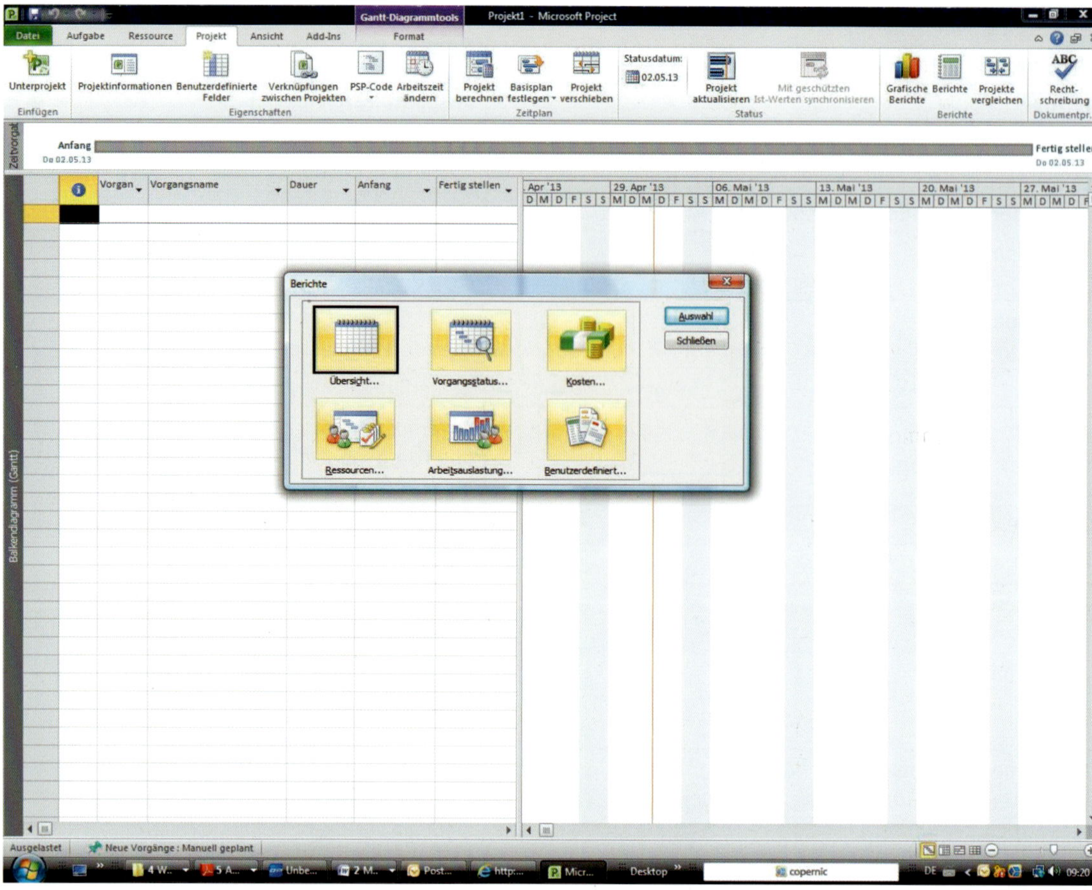

Microsoft Project ist eine Software zum Planen, Steuern und Überwachen von Projekten. Mit einem solchen Programm kann eine Vielzahl von Aufgaben des Projektmanagements erledigt werden. Die Schwerpunkte liegen dabei auf:

- Terminmanagement,
- Ressourcenmanagement,
- Projektüberwachung,
- Erstellung von Berichten.

Während des Projektverlaufs müssen in regelmäßigen Abständen Vergleiche zwischen Planungsdaten (Solldaten) und den tatsächlichen Zwischenständen durchgeführt werden. Betrachtet werden müssen besonders

- die Qualität,
- die Kosten,
- die Ressourcen,
- die Termine.

Werden Abweichungen zwischen Soll- und Ist-Daten festgestellt, sind sofort Korrekturmaßnahmen einzuleiten.
In diesen Zusammenhang haben sich in Projekten **Balanced-Scorecard-Systeme** bewährt. Allgemein versteht man unter der Balanced Scorecard ein Kennzahlensystem, mit dem man den Erfolg einer Strategie kontrollieren und auch erhöhen möchte: Durch Kennzahlen wird der Erfolg einer Strategie messbar gemacht. Diese Methodik kann auch auf Projekte übertragen werden. Eine **Projekt-Scorecard** dient der Steuerung eines Projekts mithilfe von Kennzahlen.

Projektbewertungsblatt

Erfolgsmerkmal	P.	Messgrösse	Mindestwert	Abzug	Erzielter Wert	P.
Projektabschluss-termin	25	Projekt-Enddatum	31. Dezember	pro angefangene Woche Verzug: -5 Pte.	13. Januar	15
Budgeteinhaltung	10	Projektrechnung	2500.- +/- 10%	pro begonnene Fr. 100.- über 2750: - 3 Pte	2850.-	7
Qualität des Projektprodukts	20	5 Einschätzfragen mit Skala1-5	Mittel aus 5 Schätzungen mind 3.5	Für jede angefangene 0.5 geringer: - 3 Pte	3.2	17
Kundenzufriedenheit	20	5 Einschätzfragen mit Skala1-5	Mittel aus 5 Schätzungen mind 3.5	Für jede angefangene 0.5 geringer: - 3 Pte	3.3	17
Sponsorzufriedenheit	25	3 Einschätzfragen mit Skala1-5	Mittel aus 3 Schätzungen mind 3.5	Für jede angefangene 0.5 geringer: - 4 Pte	4.4	25
Mögliche Punkte	100			Total erreichte Punkte		81

■ Ein anderer Begriff für „Projekt-Scorecard" ist „Projektbewertungsblatt".

Die Projektdurchführung in Unterrichtsprojekten

Die Projektteilnehmerinnen und -teilnehmer setzen sich in dieser Phase des Unterrichtsprojekts aktiv mit ihrem Arbeitsgebiet auseinander: Hier wird das angestrebte Projektergebnis erarbeitet. Dazu müssen Informationen gesammelt, aufbereitet, festgehalten und weitergegeben werden.

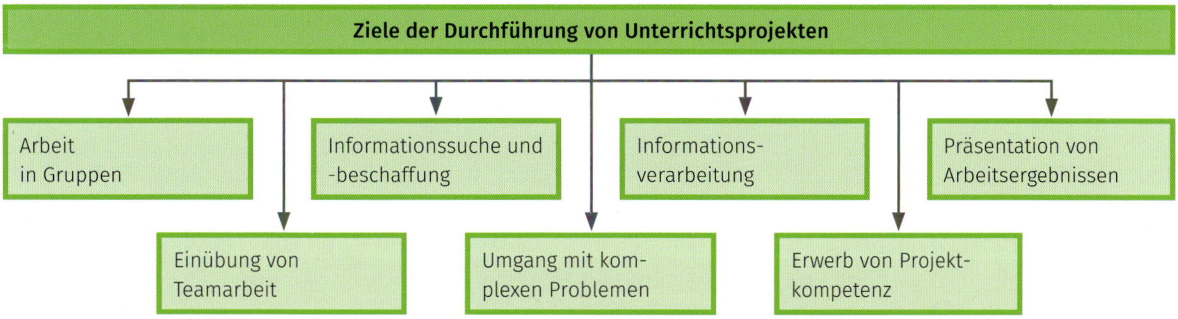

Während dieser Phase besteht – zumindest potenziell – die Gefahr, dass das Projekt aus dem Ruder läuft. Als Lösungsmöglichkeit bietet es sich an, sogenannte „Fixpunkte" einzubauen, um Planungskorrekturen zwischen den Gruppen vornehmen zu können. Beispielsweise unterbrechen die Projektmitglieder bei Bedarf ihre Arbeit, um Fragen zu klären, sich gegenseitig zu informieren, nächste Arbeitsschritte zu planen oder um vorläufige Resultate mitzuteilen.

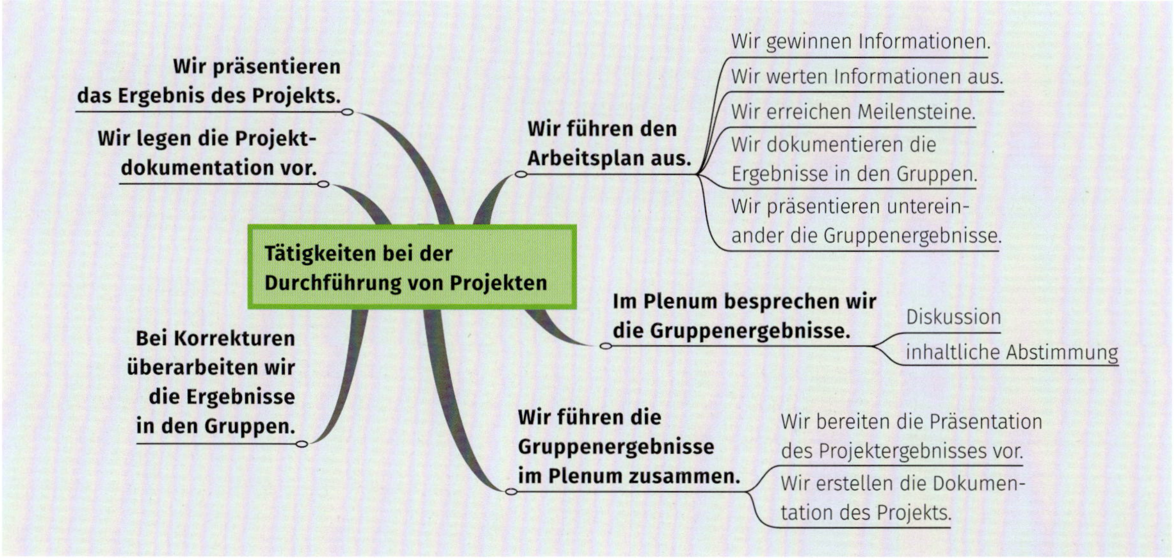

Die Dokumentation sollte folgende Punkte beinhalten:

- Gesamtergebnisse
- Teilergebnisse
- Projektverlauf
- ggf. Reflexion der Zusammenarbeit mit externen Partnerinnen/Partnern
- Anregungen zur Weiterentwicklung
- Darlegung der verwendeten Methoden und Vorgangsweisen z. B. in Form einer Übersicht
- Stimmen der Beteiligten
- ggf. Fotos
- ggf. Reaktionen der „Öffentlichkeit"
- schon vorhandene Evaluierungsergebnisse

Eine Abschlussdokumentation ist einfach zu erstellen, wenn während der gesamten Projektdauer konsequent alle relevanten Unterlagen gesammelt werden.

Beispiele

- Planungsunterlagen
- Protokolle
- persönliche Notizen
- Arbeitsblätter usw.

Die Phase der Projektdurchführung ist durch einen klar erkennbaren Abschluss gekennzeichnet: Das Projektergebnis wird einer „Öffentlichkeit" vorgestellt. Dazu müssen die Schüler wichtige Präsentations- und Visualisierungstechniken anwenden. Dabei müssen immer die beiden folgenden Fragen beachtet werden:

- Welche Zielgruppe soll vom Projektteam angesprochen werden?
- Was will das Projektteam mitteilen bzw. erreichen?

Beispiele

Die normale Präsentation ist die Vorstellung der Arbeitsergebnisse durch die einzelnen Projektgruppen und eine sich eventuell anschließende Diskussion. Denkbar ist jedoch u. a. auch die Präsentation

- einer Ausstellung,
- einer Informationsbroschüre oder eines Readers,
- eines Videos,
- eines Theaterstücks,
- einer Internetseite (Homepage).

Die geplanten Vorhaben werden von den Schülerinnen und Schülern selbstständig durchgeführt. Die Lehrkraft beschränkt sich auf die Rolle als

- Koordinator,
- Experte und
- ggf. Konfliktmanager.

Am Ende dieser Projektphase steht ein sichtbares Ergebnis, sei es in Form eines Produkts oder einer Dienstleistung.

Zusammenfassung

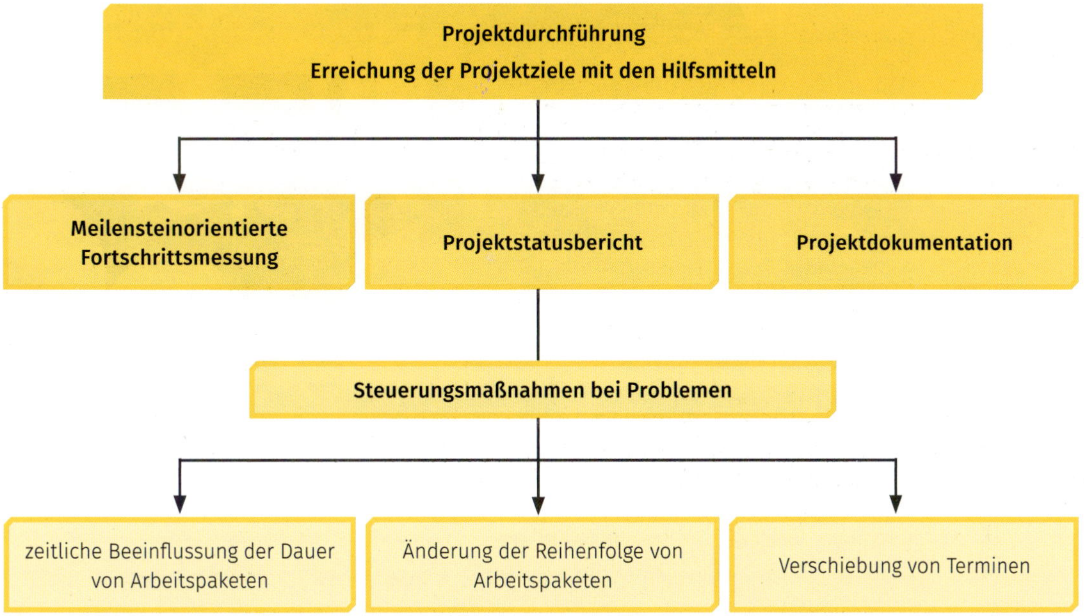

Aufgaben

1. Welche Aufgabe hat die Phase der Projektdurchführung?

2. Was ist ein Projektstatusbericht?

3. Wann werden Projektstatusberichte erstellt?

4. Warum ist es in einem Projekt sinnvoll, eine Dokumentation zu erstellen?

5. Welche Steuerungsmaßnahmen sind denkbar, wenn die Gefahr besteht, dass Termine oder Kosten überschritten werden?

6. Welche Aufgaben können mit Projektmanagementsoftware erledigt werden?

7. Führen Sie Tätigkeiten bei der Durchführung von Unterrichtsprojekten auf.

8. Was versteht man unter einer Projekt-Scorecard?

9. Stellen Sie fest, ob in
   a) Ihrem Ausbildungsbetrieb,
   b) Ihrer Berufsschule
   eine Software für Projektmanagement vorhanden ist.

10. Eine sehr bekannte Projektmanagementsoftware ist MS-Project. Arbeiten Sie sich in das Programm ein mithilfe des Lernprogramms unter der Internetadresse *https://www.youtube.com/watch?v=Y-KsiUGjJmY*

5 Der Projektabschluss

Einstiegssituation

Sandra Krollmann trifft Frau Schwab auf dem Flur.

Frau Schwab:
„Ach, Frau Krollmann, gut, dass ich Sie gerade sehe. Wie Sie ja wissen, haben wir unser Hauptprojektziel in der Phase der Projektdurchführung termingerecht erreicht. Die ersten drei Filialen in der Schweiz sind mittlerweile eröffnet. Jetzt müssen wir unser Projekt noch zum Abschluss bringen. Da brauche ich mal Ihre Unterstützung."

Arbeitsauftrag

Führen Sie die in der Abschlussphase notwendigen Schritte auf.

Der Projektabschluss in Wirtschaftsprojekten

Im Rahmen des Projektabschlusses wird dem inner- oder außerbetrieblichen Auftraggeber das Projektergebnis präsentiert. Weiterhin wird der Ablauf der Projektphasen analysiert: Es werden Stärken und Schwächen der Projektentwicklung dokumentiert.

Der Projektabschluss wird durchgeführt, wenn das vom Projektteam klar definierte Projektziel erreicht wurde. In der Phase des Projektabschlusses erfolgen zwei Schritte:

- Das Projekt wird offiziell beendet und dokumentiert.
- Das Projekt wird deorganisiert und endgültig abgewickelt.

Erreicht werden soll durch diese Phase:

- Wenn die Projekte gut gelaufen sind, sollen sie positiv gewürdigt werden.
- Sind die Projektergebnisse nicht zufriedenstellend, sollte das Projekt dennoch phasengerecht zu Ende gebracht werden.

Vor diesem Hintergrund ist die Abschlussphase ein wichtiger Baustein organisationellen Lernens. Hier wird die Grundlage für zukünftige erfolgreiche Projekte gelegt. In der Projektabschlussphase wird in strukturierter Form eine Rückschau vorgenommen.

Ursachen für erfolglose Projekte		
fehlendes Gesamtkonzept	kein Phasenkonzept (bestimmte Phasen werden nicht sauber durchgeführt)	fehlende Kommunikation zwischen den Beteiligten
keine klare Aufgabenstellung	schlechtes Projektmanagement und -controlling	unklare Verteilung von Verantwortung
keine eindeutige Aufgaben- und Kompetenzabgrenzung	keine bzw. unzureichende Dokumentation	keine methodische Vorgehensweise

Idealtypischer Ablauf der Abschlussphase	
Teilschritt der Phase	**Erläuterung**
Projektabnahme	Zunächst einmal wird das Projekt abgenommen. Das Projektteam und die Auftraggeber stellen fest, ob die Projektziele erreicht wurden. Diese Erfolgsbewertung wird in einem **Abnahmeprotokoll** festgehalten. Ziel der Projektabnahme ist der offizielle Abschluss des Projekts sowie die Entlastung des Projektleiters und des Projektteams.
Evaluation des Projekts	Nach der Projektabnahme erfolgt die Evaluation des Projekts. Untersucht werden sollten unter anderem folgende Fragen: ▪ War der Auftraggeber zufrieden mit dem Projektergebnis? ▪ War der Auftraggeber zufrieden mit dem Projektverlauf? ▪ Was ist in dem Projekt gut gelaufen? ▪ Was ist in dem Projekt warum nicht gut gelaufen? ▪ Was kann in Zukunft bei Projekten besser gemacht werden? ▪ Was haben die Projektteilnehmer bzw. die Organisation während der Projektarbeit gelernt? Die Evaluation erfolgt häufig in einer **Projektabschlusssitzung**.
Projektabschlussbericht	Das Ergebnis der Evaluation ist der Projektabschlussbericht. Hier liegt der Projektleiter Rechenschaft ab über Verlauf und Ergebnisse des Projekts. Die einzelnen Projektmitglieder haben hier auch die Möglichkeit einer persönlichen Stellungnahme. Der Projektabschlussbericht kann folgenden Aufbau haben: ▪ Projektauftrag ▪ Projektziele ▪ Verlauf des Projekts ▪ Soll-/Ist-Vergleich hinsichtlich der Qualitäts-, Zeit- und Kostenplanung ▪ Bericht über eventuelle Störungen ▪ Vorschläge für weitere Vorgehensweise Oft enthält der Projektabschlussbericht auch eine **Nachkalkulation**: Die ursprünglichen Planvorgaben (Termine, Kosten) werden den im Projektverlauf veränderten Plangrößen gegenübergestellt. So können die tatsächlichen Kosten aller Einzelaufgaben (Arbeitspakete) und somit schließlich die Gesamtkosten ermittelt werden. Ziel ist es herauszufinden, ob sich das Projekt finanziell gelohnt hat.
Interne Deorganisation	Schließlich muss noch der Schritt der internen Deorganisation folgen. Die Projektorganisation muss abgebaut werden, die Mitglieder des Projektteams müssen wieder in ihre alten Abteilungen integriert werden. Die Projektleitung wird formal von der Unternehmensleitung bzw. dem Projektsteuerungsgremium entlastet. Intern endet das Projekt oft durch eine inoffizielle Abschlussfeier des Projektteams.

Projektabschlussbericht

Projekt: Ehlers & Gehrenberg goes Schweiz

Stand: 2.5.20..

1 Abstract (Zusammenfassung)

2 Einleitung

3 Geplantes Vorgehen
3.1 Gegenstand und Motivation
3.2 Problemstellung
3.3 Zielsetzung
3.4 Frage- und Aufgabenstellung
3.5 Arbeitspakete und Prüfsteine
3.6 Netzplan

4 Abweichungen vom geplanten Vorgehen
4.1 Zielsetzung
4.2 Termine
4.3 Kosten
4.4 Weitere Ressourcen
4.5 Behandlung der Abweichungen

5 Ergebnisse
5.1 Überblick
5.2 Ergebnisse aus Arbeitspaket 1
5.3 Ergebnisse aus Arbeitspaket 2
...

6 Evaluation
6.1 Evaluation der Vorgehensweise
6.2 Evaluation der Projektergebnisse
6.2.1 Erreichen des Projektziels 1
6.2.2 Erreichen des Projektziels 2
...

7 Ausblick

8 Dank an das Projektteam

Anhang
Erhebungsbögen
Abnahmeprotokoll
Übergabeprotokoll
...

Eine mögliche Gliederung für einen Projektabschlussbericht

Der Projektabschluss in Unterrichtsprojekten

Diese Phase dient der Überprüfung der Projektergebnisse und der Weiterentwicklung der Qualität künftiger Projekte. Grundlage für die Zielformulierungen in der Planungsphase waren die Fragestellungen: Was wollen wir zu welchem Zweck und mit welchen Mitteln erreichen?

Prozessbegleitend und am Ende des Projekts werden diese Ziele auf Basis der gesammelten Daten hinsichtlich ihrer Erreichung bzw. Umsetzung systematisch bewertet.

In den Phasen der Projektreflexion werden die Erfahrungen der Beteiligten und die laufenden Prozesse besprochen. Die Projektreflexion ist ein unabdingbares Element der Evaluation. Sie erfolgt grundsätzlich durch die Projektteilnehmer selbst. Um Betriebsblindheit zu vermeiden, ist es jedoch in manchen Bereichen der Evaluation unerlässlich, auch Außenstehende einzubeziehen.

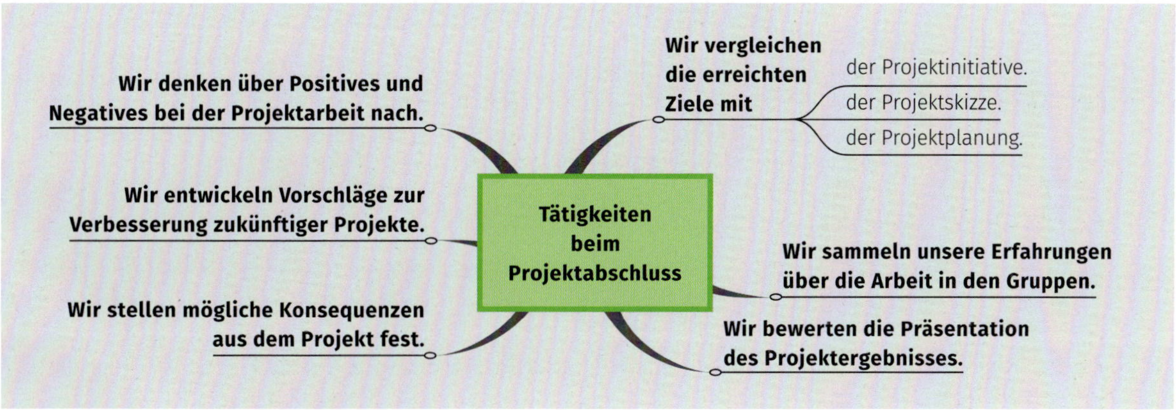

Eine Reflexion des Projekts hilft,

- Fehler aufzudecken bzw. deren Ursachen zu erkennen,
- sich Probleme der Arbeitsgruppen (z. B. hinsichtlich der Effizienz der Teamarbeit) klarzumachen,
- den Mitgliedern der Arbeitsgruppen jeweils die eigenen Stärken oder Schwächen zu zeigen,
- zukünftige Projekte besser durchzuführen.

Insgesamt wird die Projektkompetenz jedes Klassenmitglieds gestärkt.

Zusammenfassung

Projektabschlussphase

- beendet das Projekt
- wichtiger Baustein organisationellen Lernens

→ **Projektabnahme**

→ **Evaluation des Projekts**

→ **Projektabschlussbericht**

→ **Interne Deorganisation**

Aufgaben

1. Was ist das Ziel der Projektabschlussphase?

2. Warum wird der Projektabschluss auch als „wichtiger Baustein organisationellen Lernens“ bezeichnet?

3. In der Evaluation eines Projekts wird dieses als erfolglos beurteilt. Führen Sie mögliche vier Ursachen dafür auf.

4. Was ist das Ziel der Projektabnahme?

5. Welche Fragen sollten im Rahmen der Projektevaluation beantwortet werden?

6. Was ist Aufgabe der Nachkalkulation?

7. Was versteht man unter der internen Deorganisation?

8. Führen Sie Gründe für die Reflexion von Unterrichtsprojekten auf.

9. Fassen Sie die in der Phase des Projektabschlusses notwendigen Teilschritte in einer Mindmap zusammen.

10. Lösen Sie den folgenden kleinen Abschlusstest zum Projektmanagement:

    1. Was ist kein Merkmal eines Projekts?
       a) Hier arbeiten Spezialisten zusammen.
       b) Das Projekt ist zeitlich begrenzt.
       c) Ein Projekt ist ein einmaliges Vorhaben.
       d) Durch genaue Planung und Organisation kommt es immer zur Planerfüllung.
       e) Durch rechtzeitige Absprachen ergibt sich Risikominderung.

    2. Was ist eine Phase eines Projekts?
       a) Meilenstein
       b) Kick-off-Sitzung
       c) Dokumentation
       d) Projektabschluss
       e) Netzplanung

    3. In welcher Phase eines Projekts wird die Projektarbeit inhaltlich und terminlich genau strukturiert?
       a) Projektstart
       b) Projektplanung
       c) Projektdurchführung
       d) Projektabschluss
       e) Nullphase

    4. Die Kick-off-Sitzung ist die erste gemeinsame Sitzung des Projektteams nach der Erteilung des Projektauftrags. Was wird hier nicht besprochen bzw. festgelegt?
       a) Vereinbarung von Spielregeln
       b) Zusammenstellung des Projektteams
       c) Herstellen eines gleichen Informationsstands
       d) Kennenlernen der Projektmitglieder
       e) Verteilung von Aufgaben

5. Was kennzeichnet den Begriff „Meilenstein“?
   a) eine einfach zu erstellende Terminplanung von Arbeitspaketen
   b) ein wesentliches Zwischenziel in einem Projekt
   c) den Projektstart
   d) die Präsentation des Projektergebnisses
   e) die Projektidee

6. Was versteht man unter der Nullphase?
   a) Es wird erkannt, dass ein Problem vorliegt, und dieses Problem soll mithilfe eines Projekts gelöst werden.
   b) Die Nullphase ist der Punkt, an dem das Projekt beendet ist.
   c) Die Nullphase kennzeichnet den Zeitpunkt, an dem alle Projektmitglieder vor einem scheinbar unlösbaren Problem stehen und jeder sprichwörtlich „null Plan“ hat.
   d) Die Nullphase ist der Punkt, an dem das Projekt beginnt.
   e) Es wird erkannt, dass während des Projekts keine Probleme auftauchen dürften (null Problem).

7. Was kennzeichnet der Pfeil in einem Netzplan?
   a) Der Pfeil zeigt die Beziehung zwischen Vorgänger und Nachfolger an.
   b) Der Pfeil markiert in der Darstellung die Stelle des kritischen Weges, wo die meisten Probleme auftauchen könnten.
   c) Der Pfeil gibt an, wann jeder einzelne Vorgang jeweils beginnen kann.
   d) Der Pfeil informiert, wann der Vorgang frühestens beendet sein kann.
   e) Der Pfeil informiert, welche Gruppe für diesen Arbeitsbereich zuständig ist.

8. Wie berechnet sich der früheste Endzeitpunkt (FEZ) in einem Netzplan?
   a) SAZ – FAZ = FEZ
   b) FAZ + FEZ – SAZ = FEZ
   c) FAZ + Dauer des Vorgangs = FEZ
   d) Dauer des Vorgangs – SEZ = FEZ
   e) FAZ –SAZ + (Dauer des Vorgangs + SEZ) = FEZ

11. **Herr Mitschke:**
„Allan, Sie haben ja mal wieder Berufsschultag gehabt. Seit gestern läuft die Projektabschlussphase. Wir sind dabei, den Projektabschlussbericht vorzubereiten. Ich habe hier die handschriftlichen Aufzeichnungen. Wir haben uns Gedanken über die Gliederung gemacht. Die Angaben müssen aber noch in die richtige Form gebracht werden.“

Bestandteil des Projektabschlussberichts	Reihenfolge	Gliederungsnummer
Ausblick		
Abweichungen vom geplanten Vorgehen		
Arbeitspakete und Prüfsteine		
Behandlung der Abweichungen		
Dank an das Projektteam		
Einleitung		
Ergebnisse aus Arbeitspaket 1		
Ergebnisse aus Arbeitspaket 2		

Bestandteil des Projektabschlussberichts	Reihenfolge	Gliederungsnummer
Erreichen des Projektziels 1		
Erreichen des Projektziels 2		
Evaluation		
Evaluation der Vorgehensweise		
Evaluation der Projektergebnisse		
Frage- und Aufgabenstellung		
Gegenstand und Motivation		
Geplantes Vorgehen		
Kosten		
Netzplan		
Problemstellung		
Termine		
Überblick		
Weitere Ressourcen		
Zielsetzung		
Abnahmeprotokoll		
Abstract (Zusammenfassung)		
Anhang		
Ergebnisse		
Erhebungsbögen		
Übergabeprotokoll		

Legen Sie in der Tabelle „Erweiterung der Handlungssituation“ die Reihenfolge der Gliederungspunkte fest und ordnen Sie jeweils die entsprechende Gliederungsnummer zu.

Montagmorgen in der Ehlers & Gehrenberg KG.

Herr Mitschke:
„Guten Morgen, Herr Osterhoff."

Jakob Osterhoff:
„Guten Morgen, Herr Mitschke."

Herr Mitschke:
„Sie wundern sich sicherlich, warum ich vorbeikomme. Frau Nestmann hat sich beim Sport ein Bein gebrochen und fällt aus für das Projektteam, das ich leite. Wir haben überlegt, wer einspringen könnte – und da tauchte Ihr Name auf: Sie wollen ja bei uns bleiben und werden auch von uns übernommen – so viel darf ich Ihnen schon verraten –, da liegt es ja nur nahe, Sie auch Projekterfahrungen machen zu lassen ... Wir haben das Ganze auch mit Ihrem Abteilungsleiter Herrn Kreipe abgesprochen. Sie fangen also sofort im Projektteam an."

Jakob Osterhoff:
„Okay, äh, um was für ein Projekt geht es denn?"

Herr Mitschke:
„Es geht um die Einführung eines neuen Warenwirtschaftssystems für die Ehlers & Gehrenberg KG. Herr Osterhoff, ich weiß, ich überfalle Sie damit jetzt ein bisschen. Wir brauchen aber jemanden, der mir assistiert. Sie werden heute also für sich zunächst einmal klären, was ein Projekt ist und wie sich die Projektarbeit in unserem Team von der Arbeit in der Abteilung bei Herrn Kreipe in der Logistik unterscheidet ... Und ab morgen geht es dann für Sie richtig los. Wir sind gerade in der Projektstartphase ... und wir dürfen hier keinen wichtigen Schritt vergessen. Frau Nestmann hatte schon einmal angefangen, die Projektziele zu definieren und die Kick-off-Sitzung vorzubereiten. Das müssten Sie jetzt mal übernehmen. Hier sind ihre handschriftlichen Aufzeichnungen ..."

Jakob Osterhoff:
„Ich versuche mein Bestes ..."

1. Führen Sie Merkmale eines Projekts auf.
2. Unterscheiden Sie die Arbeit in Projekten von der normalen Arbeit eines Sachbearbeiters.
3. Nennen Sie Beispiele für Projekte.
4. Geben Sie an, wodurch sich interne von externen Projekten unterscheiden.
5. Erläutern Sie den Begriff „Projektmanagement".
6. Übertragen Sie die folgende Tabelle in Ihr Heft und ergänzen Sie diese:

Idealtypischer Ablauf der Nullphase	
Teilschritt der Phase	**Kurze Erläuterung in Stichworten**

7. Übertragen Sie die folgende Tabelle in Ihr Heft und ergänzen Sie diese:

Idealtypischer Ablauf der Projektstartphase	
Teilschritt der Phase	**Kurze Erläuterung in Stichworten**

8. Beurteilen Sie die vier von Tamara Nestmann formulierten Projektziele. Formulieren Sie einen Verbesserungsvorschlag.

Teilziel	**Projektziel**
a)	Das Warenwirtschaftssystem ist möglichst schnell im Unternehmen zu installieren.
b)	Das Warenwirtschaftssystem soll innerhalb mehrerer Wochen nach der Installation funktionieren.
c)	Das installierte Warenwirtschaftssystem soll nach der Installation große Rationalisierungsvorteile bringen.
d)	Das Warenwirtschaftssystem verursacht nur geringe laufende Kosten.
e)	Die Mitarbeiter sollen mit dem neuen Programm zufrieden sein.

9. Jakob Osterhoff überfliegt die handschriftlichen Aufzeichnungen von Tamara Nestmann zum Ablauf der Kick-off-Sitzung.

Projektleiter: Herr Mitschke
Was soll ich machen: Einladung zu Projektteam-Sitzung
Was soll dort passieren?
Herr Mitschke:
Begrüßung (10 min); Vorstellung der Projektleitung (5 min); Vorstellung Projektziel (20 min);
Dann Team:
Vorstellung Projektmitarbeiter (25 min); Rollenverteilung (20 min); Erarbeitung der Projektregeln (20 min); Absprache: Termine und Vorgehen (20 min);

Wie lange: 2 Stunden. Beginn 14:00 Uhr
Thema: Kick-off-Sitzung
Wann: 08.01.

Wer?
Einkauf: Herr Bittner
Verwaltung: Herr Kreckler
Logistik: Herr Kreipe
Verkauf: Frau Zahn
Ich
Rechnungswesen: Frau Bertram

Wo?
Zentrale, Raum 20

Erstellen Sie eine Einladung zur Kick-off-Sitzung.

Herr Mitschke:
„Hallo Herr Osterhoff, Sie waren ja gestern wegen Ihres Berufsschultages verhindert, an der Projektteamsitzung teilzunehmen. Ich möchte Sie über die Ergebnisse der Sitzung informieren. Die Projektphase ist erfolgreich gestartet worden. Seit gestern läuft die Projektplanungsphase. Wir haben schon begonnen, die Arbeitspakete zu identifizieren. Jetzt müssen wir diese in einem Projektstrukturplan darstellen. Das könnten Sie ja mal übernehmen ..."

- Aufgabenstellung für das Angebotsverfahren
- Bedarfsermittlung
- Bewertung der Angebote: Vorauswahl
- Definition der Anforderungen an die Software
- Endauswahl aus den besten zwei Programmen
- Erkundung des Anbieterkreises
- Installation des Programms
- Istanalyse des bestehenden WWS-Programms
- Präsentation der Anbieter
- Programmtest
- Übernahme der Altdaten
- Verhandlungen
- Vertragsabschluss

10. Übertragen Sie die folgende Tabelle in Ihr Heft und ergänzen Sie diese mit den anderen Teilschritten und Erklärungen:

Idealtypischer Ablauf der Projektplanungsphase	
Teilschritt der Phase	**Kurze Erläuterung in Stichworten**
Identifikation und Beschreibung von Arbeitspaketen	

11. Ordnen Sie die auf den Karten festgehaltenen Arbeitspakete den einzelnen Teilprojekten zu und erstellen Sie so einen Projektstrukturplan.

12. Das Projektteam hat aus einer Vielzahl von Programmen zwei für das Unternehmen passende Warenwirtschaftssysteme ausgesucht. Über das weitere Vorgehen im Projekt gibt die folgende Vorgangsliste Auskunft:

Vorgang (Nummer)	**Vorgang (Bezeichnung)**	**Dauer (in Tagen)**	**Unmittelbarer Vorgänger**
1	Entscheidung durch Geschäftsführung und Abteilungsleiterkonferenz	8	–
2	Bestellung und Lieferung	9	1
3	Einweisung des gesamten Projektteams durch die Softwarefirma	4	1

Vorgang (Nummer)	Vorgang (Bezeichnung)	Dauer (in Tagen)	Unmittelbarer Vorgänger
4	Anpassung der alten Datenbestände an das neue System im Rahmen der Testinstallation	10	2
5	Erarbeitung eines Schulungskonzepts	3	3
6	Installation des Warenwirtschaftssystems an allen Arbeitsplätzen	6	2/5
7	Schulung der Mitarbeiter	5	5
8	Testlauf	2	4/6
9	Freigabe: Es kann mit dem neuen System gearbeitet werden	1	7/8

a) Stellen Sie den weiteren Projektverlauf in Form eines Balkendiagramms dar.
b) Führen Sie für den weiteren Projektverlauf die Zeitplanung mithilfe eines Netzplans durch.
c) Geben Sie an, welche Bedeutung ein kritischer Weg in einem Netzplan hat, und bestimmen Sie ihn für den obigen Netzplan.
d) Führen Sie auf, welche Unterschiede zwischen Netzplan und Balkendiagramm bestehen.

Erweiterung der Lernsituation 1

Ein paar Wochen später. Das Projekt befindet sich mittlerweile in der Durchführungsphase.

Herr Mitschke:

„Herr Osterhoff, können Sie sich bitte mal diesen Ausschnitt aus dem Projektstatusbericht anschauen? Falls etwas auffällig ist, machen Sie einen Vorschlag, welche Maßnahmen wir ergreifen sollen."

Arbeitspaket 1: Bedarfsermittlung

	planmäßig	abweichend	kritisch	Bemerkungen
Termine	X			
Kosten	X			
Qualität	X			

Arbeitspaket 2: Definition der Anforderungen an die Software

	planmäßig	abweichend	kritisch	Bemerkungen
Termine			X	
Kosten		X		
Qualität	X			

Arbeitspaket 3: Aufgabenstellung für das Angebotsverfahren				
	planmäßig	**abweichend**	**kritisch**	Bemerkungen
Termine			X	
Kosten			X	
Qualität	X			

13. Beurteilen Sie den Ausschnitt aus dem Projektstatusbericht.

14. Führen Sie Maßnahmen auf, die bei Termin- und Kostenüberschreitungen ergriffen werden können.

15. Übertragen Sie die folgende Tabelle in Ihr Heft und ergänzen Sie diese:

Hilfsmittel des Projektmanagements in der Phase der Projektdurchführung	
Hilfsmittel	**Kurze Erläuterung in Stichworten**
meilensteinorientierte Fortschrittsmessung	

Erweiterung der Lernsituation 1

Herr Mitschke:
„Hallo Herr Osterhoff, wir sind ja mittlerweile in der Projektabschlussphase. Ich bin dabei, den Projektabschlussbericht vorzubereiten, und erstelle gerade die Gliederung. Nun muss ich aber leider in die Abteilungsleiterkonferenz, und das wird eine Weile dauern. Könnten Sie hier weitermachen und mir bis morgen schon einmal die Gliederung fertig aufbereiten? Wir werden morgen dann gemeinsam die Inhalte zu den einzelnen Gliederungspunkten des Projektabschlussberichts formulieren."

Gliederungsnummer	**Bestandteil des Projektabschlussberichts**
1	
2	
3	
3.1	
3.2	
3.3	
3.4	
3.5	
3.6	
4	
4.1	
4.2	
4.3	
4.4	
4.5	

Gliederungsnummer	Bestandteil des Projektabschlussberichts
5	
5.1	
5.2	
5.3	
6	
6.1	
6.2	
6.2.1	
6.2.2	
7	
8	

16. Ergänzen Sie in der Tabelle die Bestandteile des Projektabschlussberichts.

17. Erstellen Sie die folgende Tabelle und füllen Sie diese aus:

Idealtypischer Ablauf der Abschlussphase	
Teilschritt der Phase	**Kurze Erläuterung in Stichworten**

Lernsituation 2

Bisher konnten Sie immer an dieser Stelle lesen, wie Sandra Kollmann, Anna Ruiz Gonzales, Jakob Osterhoff und Allan Stevenson in den Handlungssituationen betriebliche Aufgaben lösten.

Nun sind Sie aber gefordert: Ihre gesamte Klasse und/oder Ihre Arbeitsgruppe soll selbst ein berufsspezifisches

Projekt durchführen. Wenn Sie die folgenden Handlungsaufgaben bearbeiten, stellen Sie sicher, dass Sie in jeder Phase des Projekts strukturiert und zielgerichtet vorgehen: Die folgenden Aufgaben sind als Hilfestellung für Ihr Projekt gedacht.

1. Notieren Sie die Projektidee.
2. Formulieren Sie das durch das Projekt zu lösende Problem.
3. Klären Sie, welche Ursachen möglicherweise zu dem durch das Projekt zu lösenden Problem führten.
4. Halten Sie in Stichworten die detaillierten Anforderungen des Auftraggebers (Ihrer Lehrerin/Ihres Lehrers) fest.
5. Formulieren Sie klare und eindeutige Ziele Ihres Projekts.
6. Skizzieren Sie ein grobes Lösungskonzept.
7. Halten Sie fest, welche Regeln im Projekt gelten.
8. Klären Sie, welche Ressourcen Sie im Projekt benötigen.
9. Legen Sie eine Tabelle an, in der Sie prüfen, ob Sie alle unten aufgeführten Teilschritte der Projektstartphase erfüllt haben.
   Ist ein Teilschritt erledigt, kennzeichnen Sie dies in der entsprechenden Spalte. Halten Sie Besonderheiten in einer dritten Spalte „Bemerkungen" fest.

Teilschritt der Projektstartphase
Untersuchung des Problems
Untersuchung der Vorgaben des Auftraggebers
Formulierung der Projektziele
Skizzierung einer möglichen Problemlösung
Prüfung der Durchführbarkeit
Ernennung des Projektleiters
Projektauftrag
Zusammenstellung des Projektteams
Regeln, Ressourcen und Informationswege klären
Kick-off-Meeting

10. Sie beginnen jetzt mit der Projektplanungsphase.
    Gewinnen Sie einen Überblick über die im Projekt zu erledigenden Aufgaben. Erstellen Sie als Ergebnis einen Projektstrukturplan für Ihr Projekt.
11. Planen Sie den Projektablauf. Visualisieren Sie diesen als Balkendiagramm oder Netzplan.
12. Klären Sie, welche Ressourcen Sie im Projekt benötigen.
13. Legen Sie fest, welche Qualitätsmaßstäbe für Ihre Projektarbeit und Ihr Projektergebnis gelten sollen. (Ab wann kann man diese z. B. als ausreichend oder sehr gut bezeichnen?)
14. Legen Sie eine Tabelle an, in der Sie prüfen, ob Sie alle Teilschritte der Projektplanungsphase erfüllt haben.
    Ist ein Teilschritt erledigt, kennzeichnen Sie dies in der entsprechenden Spalte. Halten Sie Besonderheiten in einer Spalte „Bemerkungen" fest.

Teilschritt der Projektplanungsphase
Identifikation und Beschreibung von Arbeitspaketen
Erstellen des Projektstrukturplans
Planung des Projektablaufs

Visualisierung des Projektablaufs
Ressourcenplanung
Kostenkalkulation
Qualitätsplanung

15. Eine wichtige Tätigkeit während der Phase „Projektdurchführung“ ist die Dokumentation. Diese gibt Auskunft über
- den aktuellen Stand des Projekts,
- die Entwicklung des Projekts,
- die noch unerledigten Projekttätigkeiten.

Legen Sie zur Dokumentation einen Projektordner entweder in elektronischer oder in Papierform an.
Machen Sie hier einen Vorschlag für einen möglichen Inhalt des Projektordners.

16. Informieren Sie Ihre Lehrerin/Ihren Lehrer während der Projektdurchführung viermal über den Status des Projekts. Lassen Sie sich dieses mit Unterschrift in einer Tabelle der folgenden Art bestätigen.
Versuchen Sie mit Ihrer Lehrerin/Ihrem Lehrer bei Schwierigkeiten eine Problemlösung zu finden.

Datum des Projektstatusberichts	**Unterschrift**	**Bemerkungen (z. B. Vorschlag zur Problemlösung)**

17. Überprüfen Sie, ob Sie alle Hilfsmittel der Projektdurchführungsphase angewendet haben.

18. Lassen Sie zu Beginn der Projektabschlussphase von Ihrer Lehrerin/Ihrem Lehrer eine Projektabnahme vornehmen. Durch ihre/seine Unterschrift wird das Erbringen der Leistung bestätigt.

19. Im Rahmen der Evaluation des Projekts wird (als Vorbereitung für einen Projektabschlussbericht) zunächst einmal die Zielerreichung überprüft. Klären Sie, inwieweit Sie die in Handlungsaufgabe 5 formulierten Projektziele erreicht haben.

20. Weiterhin wird bei der Evaluation des Projekts ein Blick auf die Projektqualität geworfen. Bewerten Sie die Projektarbeit.

21. Legen Sie eine Tabelle an, in der Sie prüfen, ob Sie alle Teilschritte der Projektabschlussphase erfüllt haben.
Ist ein Teilschritt erledigt, kennzeichnen Sie dies in der entsprechenden Spalte.
Halten Sie Besonderheiten in einer Spalte „Bemerkungen“ fest.

Teilschritt der Projektabschlussphase
Projektabnahme
Evaluation des Projekts
Projektabschlussbericht
Interne Deorganisation

6 Die Durchführung von Projekten mithilfe von Projektmanagementsoftware

Einstiegssituation

Die Projektinitiierung

Zur Erweiterung der Lagerkapazitäten sowie zur strategischen Ausrichtung und Anbindung an den Tiefwasserhafen Wilhelmshaven plant die Ehlers & Gehrenberg KG den Bau eines neuen Lagergebäudes. Nun soll ein neues Lager in den Außenbezirken von Wilhelmshaven entstehen. Für den Bau des Lagers stehen begrenzte finanzielle Mittel sowie ein fester Zeitrahmen zur Verfügung. Die Geschäftsführung der Ehlers & Gehrenberg KG hat sich dazu entschlossen, die Baumaßnamen in einem Projekt durchzuführen, und beauftragt Sie als Projektmanager mit der Planung und Durchführung des Projekts.

Der Geschäftsführer der Ehlers & Gehrenberg KG schickt Ihnen als Projektleiter eine E-Mail mit dem groben Rahmen des geplanten Projekts.

Von:	Geschäftsführer <geschaeftsleitung@ehlers-wvd.de>
Betreff:	Neubau eines Lagers in Wilhelmshaven
An:	Das Projektteam <projekt@ehlers-wvd.de>

Sehr geehrter Projektmanager,
sehr geehrte Projektmanagerin,

schön, dass Sie die Rolle der Projektleitung für das Projekt zum Bau unseres neuen Lagers übernommen haben. Wir freuen uns auf die Zusammenarbeit. Folgend habe ich Ihnen den groben Rahmen des Projekts zusammengefasst.

Ziel des Projekts ist der Bau und die Eröffnung einer neuen Lagerhalle in Wilhelmshavens Außenbezirken innerhalb der kommenden zwölf Monate.

Der Projektumfang umfasst:
1. Planung des Projekts mit den zugehörigen Vorgängen und Projektphasen
2. Durchführung der Bauplanung, des Rohbaus sowie des Innenausbaus

Das Projekt muss sich NICHT um die Auswahl des benötigten Personals vor Ort kümmern. Dies übernimmt unsere Personalabteilung parallel zum Projekt.

Für die Baumaßnahmen stehen 1.000.000,00 € zur Verfügung.

Mir ist es darüber hinaus wichtig, den Neubau mit den Mitarbeitern zu feiern. Bitte planen Sie ein Richtfest zur Fertigstellung des Rohbaus und ein Mitarbeiterfest zum Abschluss der gesamten Baumaßnahmen ein.

Dies sollte fürs Erste genügen. Sprechen Sie bitte mit unserer Architektin Frau Kleimenhagen, um die Details des Bauprojekts zu klären.

Mit freundlichen Grüßen

Michael Ehlers und Susanne Gehrenberg
– Geschäftsführer –

Erstes Projektgespräch
In Ihrem Gespräch mit der Architektin Frau Kleimenhagen und ihrem Team wird festgelegt, dass das Projekt in mehreren Ausführungsphasen durchgeführt werden soll:

Gesprächsprotokoll

Datum: 01.03.20..
Teilnehmer: Frau Kleimenhagen (Architektin), Projektleiter
Thema: Bau des neuen Lagers in Wilhelmshaven

Projektphasen
Das Projekt wird in drei Phasen durchgeführt.

Erste Phase → Planungsphase
Zweite Phase → Rohbauphase
Dritte Phase → Innenausbauphase

Des Weiteren wurden die Ziele und grundsätzliche Aktivitäten der einzelnen Projektphasen besprochen und festgehalten.

Planungsphase

In der Planungsphase sollen Entwürfe der Bauzeichnungen durch die Architektin erstellt und durch die Geschäftsleitung der Ehlers & Gehrenberg KG freigegeben werden. Die Entwürfe sowie benötigte Bauanträge werden bei den zuständigen Behörden der Stadt Wilhelmshaven (Bauamt) zur Prüfung und abschließenden Freigabe eingereicht. Der Kaufvertrag über das Grundstück für das Lager wird bei dem Notar Dr. Bremer geschlossen. Auf Basis der freigegebenen Bauzeichnungen sollen Gespräche mit Handwerkerbetrieben der verschiedenen Gewerke (z. B. Tiefbau, Hochbau, Sanitär & Heizung, Elektro, Dachdecker, Maler etc.) geführt und anschließend entschieden werden, welche Unternehmen den Zuschlag erhalten.

Ziele der Planungsphase
- durch den Notar beglaubigter Grundstückskaufvertrag
- durch die Geschäftsleitung freigegebene Bauzeichnungen
- durch das Bauamt der Stadt Wilhelmshaven genehmigte Bauanträge
- pro Gewerk mit den Handwerkerfirmen abgeschlossene Verträge

Nach Schätzung der Architektin wird die Planungsphase gut drei Kalendermonate in Anspruch nehmen.

Rohbauphase

In der Rohbauphase wird das Lager im Rohbau fertiggestellt. Dies umfasst u. a. Erdarbeiten, das Fundament, den Aufbau des Gebäudes, Einbau der Fenster sowie die Dachkonstruktion. Am Ende der Rohbauphase soll ein Richtfest gefeiert werden. Dies ist für die Geschäftsführung der Ehlers & Gehrenberg KG ein wichtiger Meilenstein, der mit den Mitarbeitern gefeiert werden soll.

Ziele der Rohbauphase

- Der Rohbau für das Lager ist fertig und der Innenausbau kann beginnen.
- Das Richtfest wurde gefeiert.

Nach Schätzung der Architektin Frau Kleimenhagen wird die Rohbauphase gut drei Kalendermonate in Anspruch nehmen.

Innenausbauphase

In der Phase des Innenausbaus werden alle Gewerke koordiniert. Elektro- und Netzwerkleitungen werden verlegt, Wasserleitungen sowie Heizungen werden installiert, die Wände werden verputzt und tapeziert. Das Lager wird mit Büromöbeln und Lagerregalen ausgestattet. Zum Abschluss wird der Bau durch die Geschäftsleitung der Ehlers & Gehrenberg KG abgenommen.

Ziele der Innenausbauphase
- Alle Gewerke wurden koordiniert und die betroffenen Arbeiten fertiggestellt.
- Das Lager ist mit den benötigten Möbeln bzw. Lagerregalen ausgestattet und betriebsbereit.
- Die Baumaßnahmen wurden abgenommen.
- Das Mitarbeiterfest wurde gefeiert.

Nach Schätzung der Architektin wird die Innenausbauphase gut vier bis sechs Kalendermonate in Anspruch nehmen.

Projektbeginn

Als Beginn für das Projekt wurde der erste Arbeitstag des kommenden Monats festgelegt. Nach Vorgabe der Geschäftsleitung soll das Projekt nicht länger als ein Kalenderjahr dauern.

Projektüberblick

Als Projektleiter müssen Sie die Komplexität des Projekts reduzieren können, um die Menge der Aufgaben zu überblicken. Zudem müssen Sie als Projektleiter auch Kreativitätstechniken beherrschen, um die Mengen an Aufgaben übersichtlich darzustellen.

Arbeitsauftrag

Führen Sie die Schritte des Projekts mithilfe der Projektmanagementsoftware MS-Project durch.

Übersicht und Funktionen der Benutzeroberfläche von MS-Project

Beispiel

Planen mit MS-Project

Herr Hacker, Leiter der IT-Abteilung der Ehlers & Gehrenberg KG, hat Ihnen zur Unterstützung Ihrer Arbeit als Projektleiter die Software MS-Project auf Ihrem Arbeitsrechner installieren lassen. MS-Project stellt einfache Werkzeuge zur Terminplanung, Ressourcenplanung und zum Reporting (Berichterstattung) im Projektmanagement bereit. Neben der Software überreicht Ihnen Herr Hacker eine Infobroschüre „Grundlagen und erste Schritte in MS-Project", mit der Sie sich mit der Software vertraut machen sollen.

Grundlagen und erste Schritte in MS-Project

Übersicht der MS-Project Benutzeroberfläche

Im unteren Teil der Benutzeroberfläche befindet sich der Planungsbereich. Hier werden Vorgänge angelegt und bearbeitet. Ebenfalls wird die Terminplanung grafisch als Balken-Diagramm dargestellt (Abb. I).

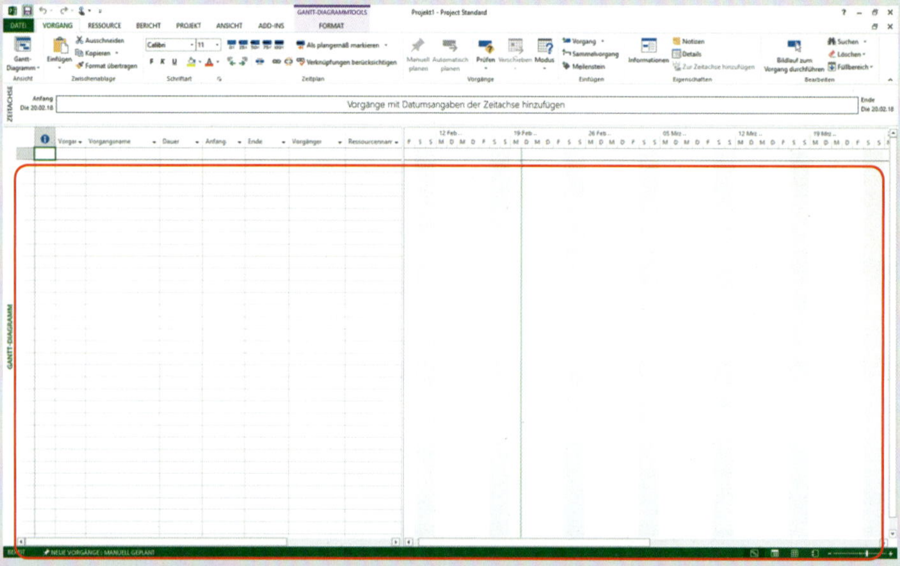

Menüband

Im oberen Bereich der Benutzeroberfläche befindet sich das Menüband mit den Registerkarten. Hier bietet MS-Project viele Möglichkeiten, Ihnen das Arbeiten möglichst leicht und einfach zu machen (Abb. II).

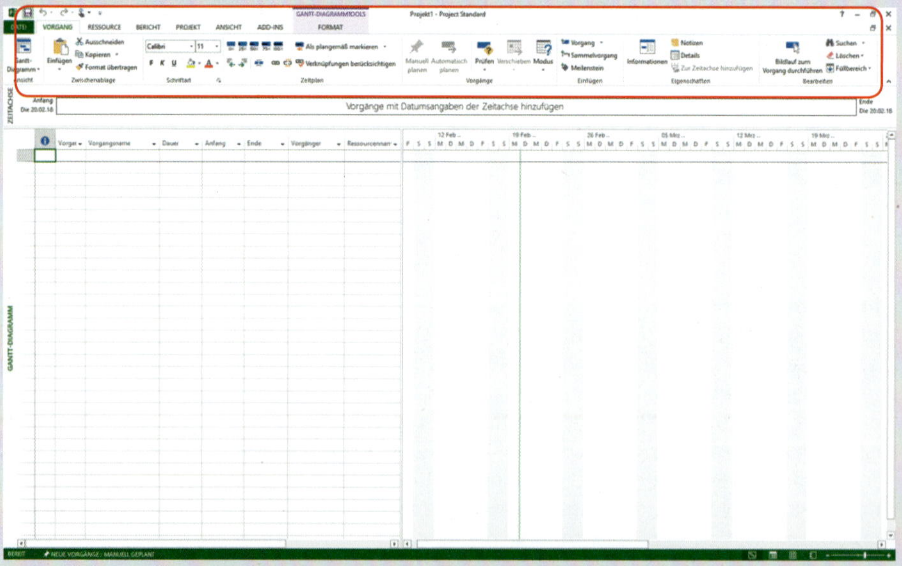

Registerkarte

Auf der Registerkarte „Datei“ kann eine neue Projektdatei erstellt oder eine bestehende geöffnet werden. Darüber hinaus wird hier ein bestehendes Projekt gespeichert. Zudem finden sich hier die Druckoption sowie Möglichkeiten zur Dateifreigabe und zum Export von Dateien, um sie mit anderen Personen zu teilen.

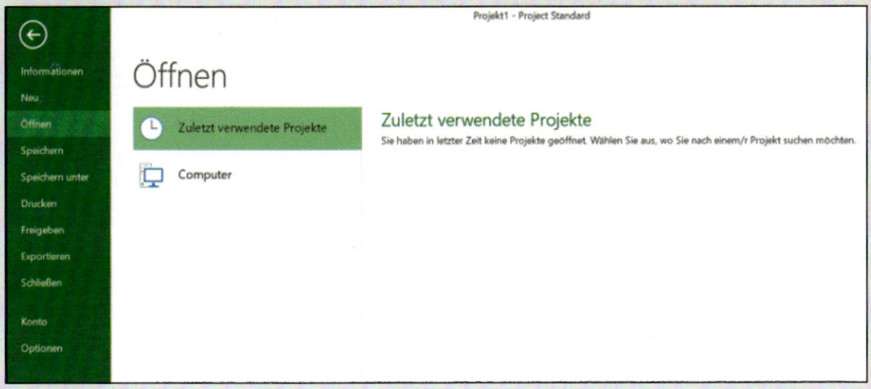

Auf der Registerkarte „Vorgang“ können einzelne oder mehrere Vorgänge eines Projekts verändert werden. Neben Standardfunktionen wie zum Beispiel das Verändern der Schriftart und -größe können hier zu einem Vorgang ein Fortschritt (0 %–100 %) festgelegt, Verknüpfungen zwischen einzelnen Vorgängen erstellt sowie Vorgänge anderen Vorgängen über- oder untergeordnet werden.

Des Weiteren kann über die Registerkarte „Vorgang“ festgelegt werden, ob ein Vorgang manuell oder automatisch geplant werden soll. Manuelle Planung bedeutet, dass Start- und Enddatum fixiert, also nicht z. B. durch Verlängerungen oder Verkürzungen vorhergehender Vorgänge verändert werden können. Dies ist sinnvoll, wenn der manuell geplante Vorgang zu einem bestimmten Zeitpunkt durchgeführt werden muss. Automatische Planung wiederum bedeutet, dass der Vorgang z. B. durch Verlängerung oder Verkürzung vorhergehende Vorgänge verschiebbar ist. Er ist also bzgl. Start- und Endtermin flexibel, ohne dass dabei die Vorgangsdauer verändert wird.

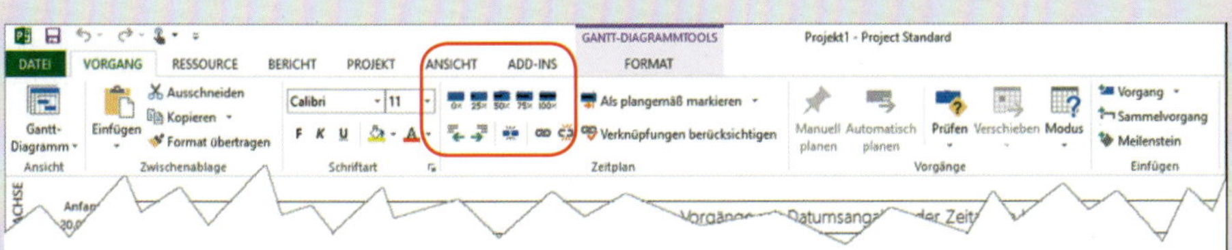

Auf der Registerkarte „Ressource“ können dem Projekt Ressourcen (z. B. Personen oder Geldmittel) zugewiesen werden.

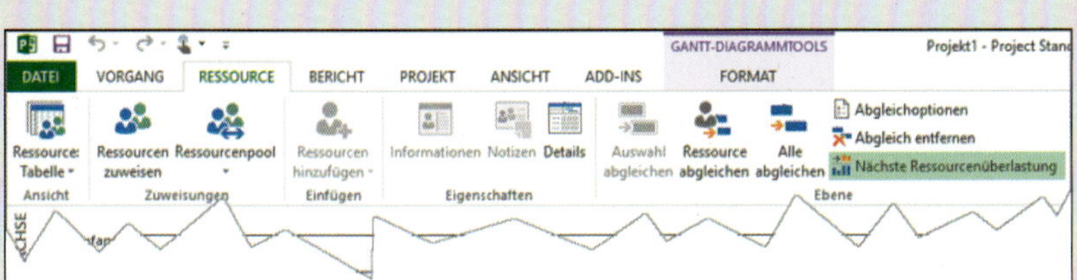

Auf der Registerkarte „Bericht“ befinden sich verschiedene Berichts- und Reportingoptionen. So können hier zwei Projektplanungsstände miteinander verglichen werden. Zudem ist es möglich, schnelle und aussagekräftige Reports (z. B. Dashboard-Berichte) zu erstellen.

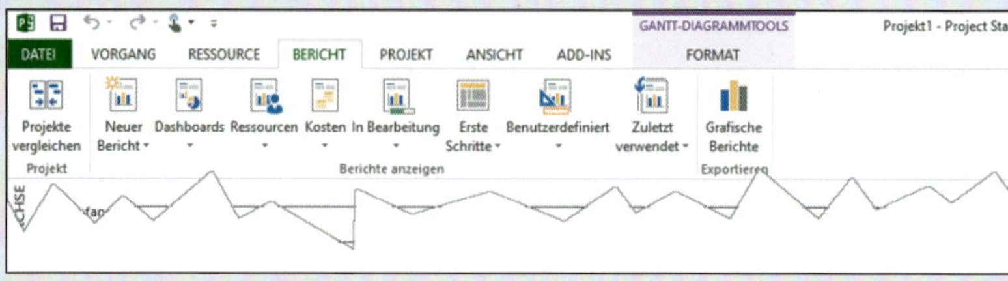

Auf der Registerkarte „Projekt“ können grundlegende Projektinformationen bearbeitet werden.

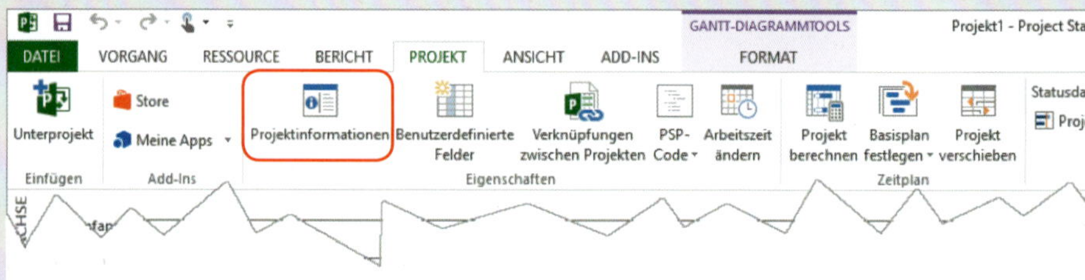

Auf der Registerkarte „Ansicht“ können verschiedene Ansichten des Projekts gewählt werden. So ist es zum Beispiel möglich, das Projekt als Balkendiagramm (auch Gantt-Diagramm genannt), als Netzplan oder als Kalender darzustellen. Außerdem bestehen verschiedene Möglichkeiten zur Gliederung des Projekts oder zum Filtern von Vorgängen.

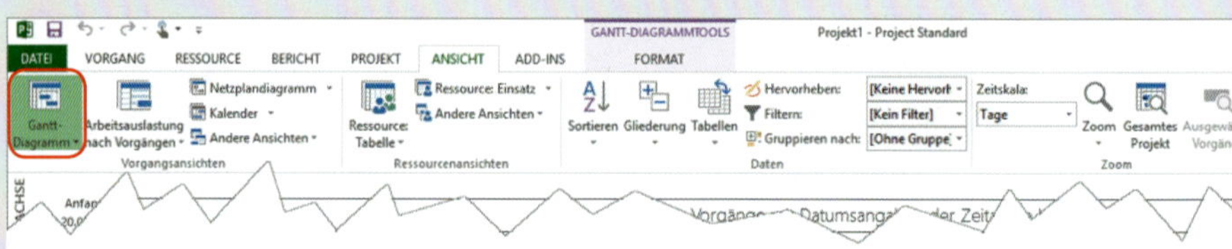

Erste Vorgänge planen

Mit MS-Project lassen sich schnell und einfach Projektpläne erstellen. Dabei wird zwischen einem einzelnen Vorgang (z. B. dem Einsetzen eines Türrahmens im Wohnzimmer eines Neubaus), einem Sammelvorgang (z. B. dem Einsetzen aller Türrahmen des Neubaus) sowie einer Projektphase (z. B. Innenausbau) unterschieden.

Einzelne Vorgänge werden mit einem Vorgangsnamen, einem Anfang- und einem Enddatum im Planungsbereich eingegeben. MS-Project errechnet automatisch die Vorgangsdauer.

Vorgänge in MS-Project präzisieren

Wenn Sie einem Vorgang einen festen Start- und Endtermin geben, ermittelt MS-Project automatisch die Vorgangdauer. So hat zum Beispiel der Vorgang „Einbau Türrahmen Wohnzimmer“ mit Start- und Endtermin am selben Tag eine Dauer von einem Tag. Der Vorgang „Einbau Türrahmen Schiebetür Esszimmer“ mit Start- und Endtermin an zwei aufeinanderfolgenden Tagen hat eine Dauer von zwei Tagen.

Beispiel

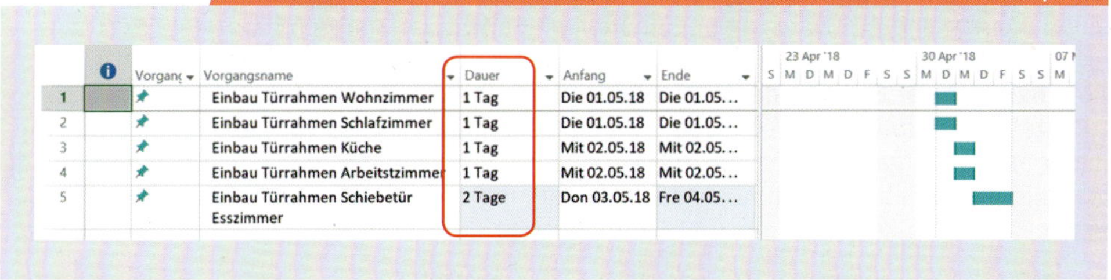

		Vorgangsmodus	Vorgangsname	Dauer	Anfang	Ende
1			Einbau Türrahmen Wohnzimmer	1 Tag	Die 01.05.18	Die 01.05...
2			Einbau Türrahmen Schlafzimmer	1 Tag	Die 01.05.18	Die 01.05...
3			Einbau Türrahmen Küche	1 Tag	Mit 02.05.18	Mit 02.05...
4			Einbau Türrahmen Arbeitstzimmer	1 Tag	Mit 02.05.18	Mit 02.05...
5			Einbau Türrahmen Schiebetür Esszimmer	2 Tage	Don 03.05.18	Fre 04.05...

Unter „Dauer" versteht man die Zeit, die ein Vorgang benötigt, um abgeschlossen zu werden.

Einzelne Vorgänge lassen sich zu Sammelvorgängen zusammenführen. Das ist sinnvoll, da ein Projekt bei einer großen Anzahl an Vorgängen schnell unübersichtlich wird. Sammelvorgänge umfassen eine beliebige Anzahl an Vorgängen.

Um Vorgänge zu einem Sammelvorgang zusammenzuführen, markieren Sie die gewünschten Vorgänge im Planungsbereich und klicken in der Registerkarte „Vorgang" auf „Sammelvorgang".

Beispiel

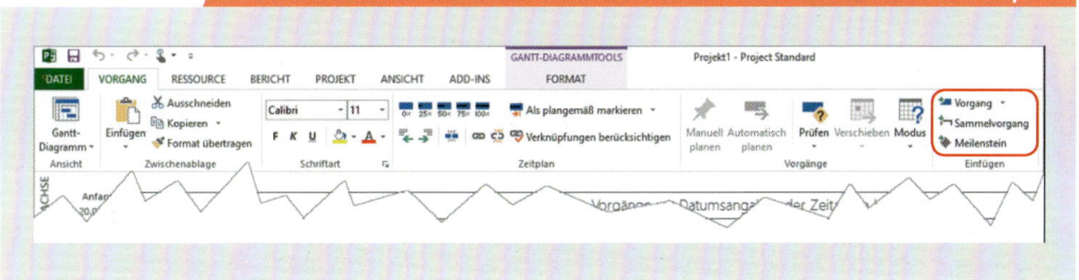

Die markierten Vorgänge werden unter dem neuen Sammelvorgang eingerückt. Sammelvorgänge werden fett dargestellt. Zum Anpassen der Bezeichnung des Sammelvorgangs klicken Sie doppelt auf den Sammelvorgang und passen Sie den Vorgangsnamen an. Die Gesamtdauer des Sammelvorgangs wird automatisch errechnet und in der Spalte „Dauer" dargestellt.

Zudem gibt es die Möglichkeit, Vorgänge nicht mit festem Start- und Enddatum zu planen, sondern über eine Vorgangsdauer. Sie werden feststellen, dass Vorgänge, die über eine Dauer, jedoch nicht über festgelegte Start- und Endtermine geplant werden, in MS-Project verschwommen dargestellt werden.

Abhängigkeiten zwischen Vorgängen darstellen

Vorgänge haben häufig Vorgänger und Nachfolger, zu denen eine logische Abhängigkeit besteht. So können Zimmertüren erst eingebaut werden, wenn die Türrahmen bereits vollständig eingebaut wurden. Diese einfache Form der Abhängigkeit nennt sich „Ende-Anfang-Beziehung". Ein Vorgang (oder Sammelvorgang) muss abgeschlossen sein, bevor ein Folgevorgang (oder Sammelvorgang) beginnen kann.

In MS-Project können Abhängigkeiten auf zwei Wege hergestellt werden, per Drag-and-Drop und per Eingabe der Vorgangsnummer des Vorgängers im Planungsbereich

Abhängigkeit per Drag-and-Drop herstellen: Um Vorgänge per Drag-and-Drop zu einer „Ende-Anfang-Beziehung" zu verknüpfen, klicken Sie im Balkenplan des Planungsbereichs auf das Ende eines Vorgängervorgangs. Halten Sie die Maustaste gedrückt und bewegen Sie den Mauszeiger zum Anfang des Nachfolgevorgangs. Lassen Sie Maustaste nun los. MS-Project wird den Nachfolgevorgang verschieben, sodass er nach Abschluss des Vorgängers beginnt. Die Abhängigkeit wird über einen Pfeil im Balkenplan grafisch dargestellt.

Abhängigkeit per Eingabe der Vorgangsnummer des Vorgängers herstellen: Um Vorgänge zu miteinander zu verknüpfen, geben Sie die Zeilennummer des vorhergehenden Vorgangs in der Spalte „Vorgänger“ des Nachfolgevorgangs ein. MS-Project wird den Nachfolgevorgang verschieben, sodass er nach Abschluss des Vorgängers beginnt. Die Abhängigkeit wird über einen Pfeil im Balkendiagramm grafisch dargestellt.

Meilensteine und Projektphasen erstellen

Je komplexer und aufwendiger Projekte werden, desto schwieriger wird es, die Übersicht über die verschiedenen Projektaktivitäten und den Fortschritt zu behalten. Im Projektmanagement bedient man sich daher zweierlei Werkzeugen um die Übersicht zu behalten: **Meilensteinen** und **Projektphasen**.

Meilensteine sind Ereignisse, die im Projekt von besonderer Bedeutung sind. Mit ihrer Hilfe wird ein Projektverlauf in überprüfbare Etappen und Zwischenziele aufgeteilt. Durch das Erreichen von Meilensteinen wird der Projektfortschritt leicht messbar und transparent.

Beispiel

Meilensteine in Projekten[1]

- Abschluss von Projektphasen
- Abschluss von zusammenhängenden Arbeitseinheiten (z. B. vollständiger Einbau der Türen in einem Haus)
- Freigaben, Abnahmen oder Prüfungen (z. B. Freigabe der geplanten Baumaßnahme durch das Bauamt)
- Entscheidungen (z. B. Entscheidung über die Farbe des geplanten Außenanstrichs eines Hauses, offizieller Projektbeginn, Übergang von einer Projektphase in die nächste; offizieller Projektabschluss)

Um einen Meilenstein in MS-Project zu erstellen, fügen Sie einen neuen Vorgang im Planungsbereich ein und weisen Sie diesem eine Dauer von „0“ Tagen zu. Im Balkenplan wird der Vorgang nun als Meilenstein (Rautesymbol) dargestellt.

Vorgängen Ressourcen zuweisen

MS-Project bietet die Möglichkeit, den Namen von verantwortlichen Bearbeitern eines Vorgangs in das Balkendiagramm zu integrieren. Bearbeiter werden in MS-Project in der Spalte „Ressourcenname“ festgelegt. In der Spalte „Ressourcenname“ wird der Name des Bearbeiters (z. B. eines Handwerkers) oder einer Firma (z. B. Tischlerei) eingetragen. Werden mehrere Ressourcen einem Vorgang zugewiesen, so werden diese mit Semikolon („;“) getrennt. Der den Vorgängen zugewiesene Ressourcenname wird im Balkendiagramm dargestellt.

MS-Project bietet die Möglichkeit, Ressourcen Einheiten und Kosten zuzuweisen.

1 vgl. zu den Projektphasen LF 13, Kap. 2–5

Beispiel

Es kann definiert werden, dass die Ressource „Tischler" den Vorgang „Türrahmen einbauen" zu 100 % der verfügbaren Zeit ausführt und dafür eine Dauer von 10 Tagen benötigt wird. Können nur 50 % der Ressource „Tischler" den Vorgang „Türrahmen einbauen" ausführen, wird durch MS-Project automatisch die Dauer des Vorgangs auf die doppelte Zeit (20 Tage) angepasst (halber Ressourceneinsatz = doppelte Dauer). Bei 200 % Ressourceneinsatz wiederum halbiert sich die Dauert auf 5 Tage (doppelter Ressourceneinsatz = halbe Dauer).
Die Einheit und Kosten einer Ressource können durch Doppelklick auf den Vorgang angepasst werden. Im Dialogfeld „Informationen zum Vorgang" – Reiter „Ressourcen" können die Einstellungen vorgenommen werden.

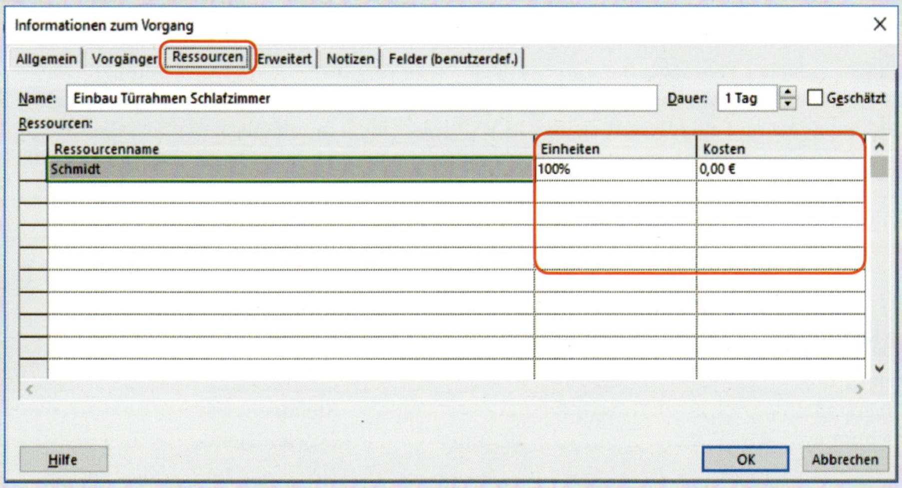

Planung von Projekten

Beispiel

Planung des Bauprojekts der Ehlers & Gehrenberg KG
Das Projekt zum Bau des neuen Lagers der Ehlers & Gehrenberg KG in Wilhelmshaven beginnt mit der Planungsphase. In der Planungsphase soll der Grundstückskaufvertrag abgeschlossen werden. Die Bauzeichnungen werden durch die Architektin erstellt, durch die Geschäftsleitung der Ehlers & Gehrenberg KG freigegeben und anschließend beim Bauamt der Stadt Wilhelmshaven zur Freigabe eingereicht. Die Genehmigung der Behörde wird länger dauern, deswegen will die Architektin parallel mit der Auswahl der Handwerksbetriebe beginnen.
Frau Kleimenhagen, die Architektin, versendet eine E-Mail mit den wichtigsten Planungsdaten und Zeiten.
ACHTUNG: Wenn nicht anders gefordert, sind Vorgänge „automatisch" zu planen.

Von:	Architektin Kleimenhagen <architektin@kleimenhagen-bau-wvd.de>
Betreff:	Die Vorgänge in der Planungsphase
An:	Das Projektteam <projekt@ehlers-wvd.de>

Sehr geehrter Projektmanager,
sehr geehrte Projektmanagerin,

schön, dass es endlich losgehen kann. Wir haben viel zu tun, packen wir es an. In der Planungsphase kümmern wir uns zunächst um die Bauzeichnungen, die Freigaben durch die Stadt Wilhelmshaven und die Auswahl der Handwerker für die verschiedenen Arbeiten. Ich habe Ihnen unten eine Liste der Vorgänge und der geschätzten Vorgangsdauern angehängt. Können Sie diese bitte in MS-Projekt planen und mir dann für die Übergabe an die Geschäftsleitung der Ehlers & Gehrenberg GmbH ausdrucken lassen? Danke schon mal.

Ach ja, Sammelvorgänge habe ich fett dargestellt. Das hilft Ihnen, den Projektplan zu strukturieren. Achten Sie bitte auch auf die Vorgänger mancher Vorgänge. Dazu gibt es noch einige Vorgänge, die ein festes Datum haben müssen. Dabei handelt es sich um Freigabevorgänge durch die Geschäftsleitung, die nur an diesen Tagen Zeit hat. Bitte planen Sie dies entsprechend ein (diese Vorgänge in MS-Project nicht automatisch planen lassen).

Nr.	PHASE/Vorgang	Dauer (Tage)	Fester Termin?	Ressource	Vorgänger
1	**PLANUNGSPHASE**				
2	**Kaufvertrag**				
3	Entwurf Kaufvertrag erstellen	10		Dr. Bremer (Notar)	
4	Unterzeichnung Kaufvertrag	0 (Meilenstein)	15. Mai	Geschäftsleitung	3
5	**Bauzeichnungen**				4
6	Bauzeichnungen erstellen	5		Kleimenhagen	
7	Freigabe Bauzeichnungen	0	19. Juni	Geschäftsleitung	6
8	**Genehmigungen**				7
9	Bauanträge fertigstellen	10		Kleimenhagen	
10	Unterlagen einreichen	2		Kleimenhagen	8
11	Bearbeitung Bauamt	20		Bauamt	10
12	Freigabe der Bauzeichnungen	0		Bauamt	11
13	**Auswahl Handwerker**				7
14	Angebote Tiefbau einholen	20		Kleimenhagen	
15	Angebote Sanitär und Heizung einholen	20		Kleimenhagen	
16	Angebote Heizung einholen	20		Kleimenhagen	
17	Angebote Dachdecker einholen	20		Kleimenhagen	
18	Angebote Maler einholen	20		Kleimenhagen	
19	Angebote Tischler einholen	20		Kleimenhagen	
20	Angebote bewerten 14;15;16;17;18;19	5		Kleimenhagen	
21	Handwerker beauftragen	2		Geschäftsleitung	12; 20
22	Abschluss der Planungsphase	0		Geschäftsleitung	21

Mit freundlichen Grüßen

Kleimenhagen
– Architektin –

Nachdem die Planungsphase in MS-Project angelegt wurde, kann die Planung der nächsten Projektphase „Rohbauphase“ beginnen. In der Rohbauphase werden das Fundament gelegt, die Mauern errichtet, das Dach gedeckt sowie die Fenster eingebaut. Die Geschäftsleitung möchte den Abschluss der Rohbauphase mit einem Richtfest für die Belegschaft feiern.

Von:	Architektin Kleimenhagen <architektin@kleimenhagen-bau-wvd.de>
Betreff:	Die Vorgänge in der Planungsphase
An:	Das Projektteam <projekt@ehlers-wvd.de>

Sehr geehrter Projektmanager,
sehr geehrte Projektmanagerin,

danke für den Entwurf der Planungsphase in MS-Project. Das sieht gut aus. Wir können nun mit der Planung der Rohbauphase beginnen. Hier werden vorrangig die Tiefbauer, Maurer, Tischler und Dachdecker ihre Arbeiten erledigen. Vergessen Sie bitte nicht, dass ihre Geschäftsleitung den Abschluss der Rohbauphase mit einem Richtfest für die Belegschaft feiern möchte. Dies sollten Sie bitte ihn ihren Projektplan einplanen.

Unten finden Sie die Liste der Vorgänge der Rohbauphase. Bitte planen Sie in MS-Project.

Nr.	PHASE/Vorgang	Dauer (Tage)	Fester Termin?	Ressource	Vorgänger
23	**ROHBAUPHASE**				22
24	**Tiefbau**				
25	Erdarbeiten	5		Tiefbauer	
26	Fundament gießen	2		Tiefbauer	25
27	Fundament Trocknung	15		Tiefbauer	26
28	**Hochbau**				27
29	Mauern setzen	20		Maurer	
30	Einbau Fenster				29
31	Fenster in EG einbauen	5		Tischler	
32	Fenster im OG einbauen	5		Tischler	31
33	**Dach**				29
34	Dachkonstruktion	15		Dachdecker	
35	Richtest	0 (Meilenstein)		Geschäftsleitung	32;34

Mit freundlichen Grüßen

Kleimenhagen
– Architektin –

Die Planungsphase und die Rohbauphase sind in MS-Project angelegt. Das Projekt beginnt jetzt. Die Innenausbauphase wird zu einem späteren Zeitpunkt im Detail geplant, wenn das Projekt läuft und sobald absehbar ist, ob es zu Verzögerungen kommen wird.

Von:	Architektin Kleimenhagen <architektin@kleimenhagen-bau-wvd.de>
Betreff:	Die Vorgänge in der Planungsphase
An:	Das Projektteam <projekt@ehlers-wvd.de>

Sehr geehrter Projektmanager,
sehr geehrte Projektmanagerin,

danke für die Planung der Rohbauphase. Damit haben wir vorerst genug geplant, um mit der Planungsphase und der Rohbauphase zu beginnen. Sobald wir absehen können, ob der Projektfortschritt den Erwartungen und Planungen entspricht, beginnen wir mit der Detailplanung der beiden verbleibenden Phasen. Bis dahin ist es ausreichend, wenn Sie die Innenausbauphase ganz grob als einzelnen Vorgang mit geschätzten Anfangs- und Enddaten planen. Ich habe Ihnen meine Annahmen kurz in der unten stehenden Liste zusammengestellt.

Nr.	PHASE/Vorgang	Enddatum	Vorgänger
36	Innenausbauphase	Letzter Arbeitstag im Februar des Folgejahrs	35

Bitte planen Sie in MS-Project.

Mit freundlichen Grüßen

Kleimenhagen
– Architektin –

Projektausführung I

Beispiel

Die ersten beiden Projektphasen (Planungsphase und Rohbauphase) sind in MS-Projekt fertig geplant. Das Ergebnis sind ein Zeitplan und ein entsprechendes Balkendiagramm.
Ein wichtiger Aspekt des Projektmanagements ist die stetige Fortschrittskontrolle. Wenn die Arbeit an einzelnen Vorgängen voranschreitet (z. B. die Fundamentarbeiten zu 50 % abgeschlossen wurden), dann wird dies in MS-Project dokumentiert.
Häufig kommt es im Projektmanagement zu Abweichungen im Projektverlauf. So kann es etwa vorkommen, dass sich Vorgänge verschieben, weil die Arbeit erst verspätet begonnen werden konnte. Andere Vorgänge wiederum dauern länger oder werden schneller abgeschlossen als geplant.

Fortschrittskontrolle mit MS-Project
Ihr Projekt ist mittlerweile weit fortgeschritten. Die ersten Vorgänge wurden erfolgreich durchgeführt. Sie erhalten eine E-Mail vom Notar Dr. Bremer sowie von der Architektin Frau Kleimenhagen.

Von:	Dr. Bremer <bremer@bremer-und-partner-wvd.de>
Betreff:	Grundstückskaufvertrag mit der Ehlers und Gehrenberg KG - Lager Wilhelmshaven
An:	Das Projektteam <projekt@ehlers-wvd.de>
Anhang:	kaufvertrag_entwurf.pdf

Sehr geehrter Projektmanager,
sehr geehrte Projektmanagerin,

wir haben wie geplant den Entwurf des Kaufvertrags fertiggestellt. Diesen erhalten Sie zur Ablage im Anhang dieser E-Mail.

Die Unterzeichnung des Kaufvertrags durch die Geschäftsleitung der Ehlers und Gehrenberg KG und dem Vertragspartner ist ebenfalls abgeschlossen.

Dieser Vorgang ist aus unserer Sicht damit abgeschlossen.

Mit freundlichen Grüßen

Karl-Heinz Bremer
– Notar –

Von:	Architektin Kleimenhagen <architektin@kleimenhagen-bau-wvd.de>
Betreff:	Stand Bauzeichnungen und Freigabe durch GL
An:	Das Projektteam <projekt@ehlers-wvd.de>
Anhang:	bauzeichnungen_freigegeben.pdf

Sehr geehrter Projektmanager,
sehr geehrte Projektmanagerin,

wir haben die Bauzeichnungen gemäß den Vorstellungen der Ehlers & Gehrenberg KG erstellt. Diese wurden bereits von Ihrer Geschäftsführung freigegeben. Ich habe Ihnen eine Kopie der Zeichnungen inkl. der Freigabe an diese E-Mail angehängt.

Die Arbeitsschritte des Sammelvorgangs „Bauzeichnungen“ sind aus unserer Sicht damit abgeschlossen.

Wir werden nun damit beginnen, die Bauanträge fertigzustellen, und sehen uns auch schon mal nach den Handwerkern um.

Mit freundlichen Grüßen

Kleimenhagen
– Architektin –

Mit Verzögerungen in MS-Project umgehen

Frau Kleimenhagen hat mit der Fertigstellung der Bauanträge begonnen. Parallel fordert sie Angebote von verschiedenen Handwerksunternehmen ein, um die unterschiedlichen Gewerke bald beauftragen zu können.
Sie erhalten eine E-Mail der Architektin Frau Kleimenhagen.

Von:	Architektin Kleimenhagen <architektin@kleimenhagen-bau-wvd.de>
Betreff:	Verzögerungen beim Bauamt
An:	Das Projektteam <projekt@ehlers-wvd.de>
Anhang:	bauzeichnungen_freigegeben.pdf

Sehr geehrter Projektmanager,
sehr geehrte Projektmanagerin,

die Bauanträge sind durch uns fertiggestellt und beim Bauamt fristgerecht eingereicht worden.

Ich habe heute mit dem Bauamt der Stadt Wilhelmshaven gesprochen. Sie haben die Unterlagen erhalten. Aufgrund der Urlaubszeit wird sich die Freigabe der Bauzeichnungen durch das Bauamt verzögern, da viele Beamte des Bauamts derzeit im Urlaub sind.
Der Leiter des Bauamts gibt den Fertigstellungsgrad des Vorgangs „Bearbeitung Bauamt“ mit 50 % an. Allerdings schätzt er, dass seine Kollegen noch weitere zehn Arbeitstage zur Bearbeitung benötigen werden. Die Freigabe der Bauzeichnungen durch das Bauamt verzögert sich entsprechend.

Parallel zu diesem Vorgang holen wir weiterhin Angebote der Handwerksfirmen ein.

Mit freundlichen Grüßen

Kleimenhagen
– Architektin –

Projektplan vervollständigen und Fertigstellungsgrade festlegen

Trotz der Verzögerungen beim Bauamt geht die Arbeit am Projekt weiter. Die Architektin Frau Kleimenhagen hat Kontakt zu verschiedenen Handwerksunternehmen aufgenommen und holt Angebote über die benötigten Leistungen ein. Sie erhalten eine E-Mail von Frau Kleimenhagen.

Von:	Architektin Kleimenhagen <architektin@kleimenhagen-bau-wvd.de>
Betreff:	Stand Handwerker Angebote
An:	Das Projektteam <projekt@ehlers-wvd.de>

Sehr geehrter Projektmanager,
sehr geehrte Projektmanagerin,

ich bin mit verschiedenen Handwerksbetrieben im intensiven Kontakt, um die besten Angebote für die unterschiedlichen Arbeiten zu erhalten.

Hier eine Kurzübersicht über den aktuellen Stand der Angebote und Verhandlungen:

Gewerk	Firma	Status/Dauer Angebotsabgabe	Abschluss	Preis
Tiefbau	Tiefbau Grube	liegt vor (10 Tage)	100 %	120.000,00 €
Tiefbau	Helmut Loch & Sohn	eine Woche später (25 Tage)	50 %	–
Sanitär/Heizung	Brüter Gas, Wasser, Heizung	keine Antwort bisher	0 %	–
Sanitär/Heizung	Beckman Sanitär-Technik	liegt vor (15 Tage)	100 %	250.000,00 €
Sanitär/Heizung	Gevci Heizungs-Spezialisten	liegt vor (20 Tage)	100 %	220.000,00 €
Maurer	Stein auf Stein GmbH	liegt vor (5 Tage)	100 %	90.000,00 €
Maurer	Häusle Bauten	zwei Wochen später (30 Tage)	25 %	–
Dachdecker	Weiche Ziegel GmbH & Co. KG	liegt vor (20 Tage)	100 %	145.000,00 €
Dachdecker	Kraliczek Dächerprofis	liegt vor (10 Tage)	100 %	180.000,00 €
Maler	Klecks und Partner GbR	liegt vor (20 Tage)	100 %	65.000,00 €
Maler	Malermeister Kunterbunt	liegt vor (20 Tage)	100 %	70.000,00 €
Tischler	Saphir Fensterbau GmbH	drei Tage später (23 Tage)	75 %	180.000,00 €
Tischler	Fenster Fritz	keine Antwort bisher	0 %	–

Wie Sie sehen, kommen wir gut voran. Leider verzögert sich bei einigen Handwerkern die Angebotsabgabe. Übertragen Sie die Verzögerungen bitte in Ihren Projektplan. Bekommen wir zeitliche Probleme oder haben wir noch Puffer?

Mit freundlichen Grüßen

Kleimenhagen
– Architektin –

Die Berichterstattung

Beispiel

Einen Bericht mit MS-Project erstellen

Die Planungsphase ist in vollem Gange. Leider haben sich kleinere Verspätungen ergeben. Sie erhalten eine E-Mail der Geschäftsleitung der Ehlers und Gehrenberg KG.

Von:	Geschäftsleitung <gl@ehlers-wvd.de>
Betreff:	Statusbericht des Bauprojekts
An:	Das Projektteam <projekt@ehlers-wvd.de>

Sehr geehrter Mitarbeiter,
sehr geehrte Mitarbeiterin,

ich hoffe, Sie kommen gut voran mit unserem Bauprojekt in Wilhelmshaven. Sie wissen ja, wie wichtig der neue Lagerstandort für die Entwicklung unserer Firma ist.

Lassen Sie mir bitte einen kurzen Statusbericht über den Fortschritt in unserem Projekt zukommen. Mich interessiert, wie weit die Planungsphase abgeschlossen ist und wie groß eventuelle Verzögerungen sind.

Besten Dank.

Ihre Geschäftsführung

Mit MS-Project lassen sich eine Vielzahl verschiedener Statusberichte erstellen. Für eine Kurzinformation der Geschäftsleitung ist der „Dashboard"-Report besonders gut geeignet. Er besteht aus den wichtigsten Kennzahlen des Projektfortschritts und lässt eine zu detaillierte Darstellung aus.

Beispiel

Im Menüband „Bericht" ist über den Button „Dashboards" der „Projektübersicht"-Bericht auswählbar.

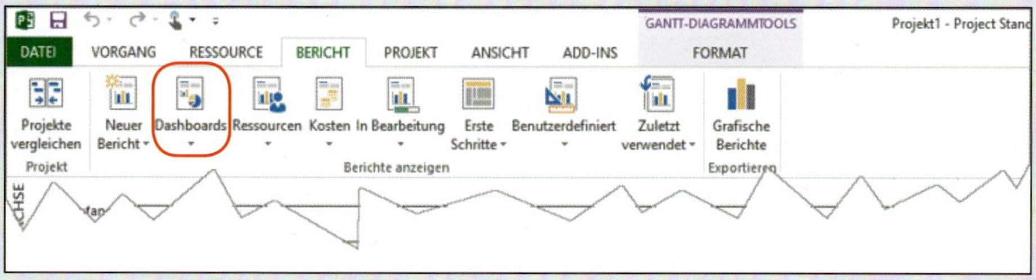

Der „Projektübersicht"-Bericht informiert kurz und knapp über den Gesamtfortschritt des Projekts in Prozent, über die anstehenden Meilensteine und über den Fortschritt der einzelnen Projektphasen. Durch einen Doppelklick auf das Balkendiagram kann dieses angepasst. Es ist ebenfalls möglich, dem Diagramm weitere Felder hinzuzufügen. Um die Abweichung der Dauer einer Phase ebenfalls im Balkendiagramm darzustellen, muss das Feld „Dauer" → „Benutzerdefiniert" → „Abweichung Dauer" hinzugefügt werden.

Der Phasenübergang

Beispiel

Phasenübergänge in MS-Project steuern
Inzwischen sind die Angebote der Handwerkerfirmen eingegangen. Sie erhalten eine E-Mail der Architektin Frau Kleimenhagen und eine der Geschäftsleitung der Ehlers & Gehrenberg KG.

Von:	Architektin Kleimenhagen <architektin@kleimenhagen-bau-wvd.de>
Betreff:	Handwerker Angebote und Bewertung
An:	Das Projektteam <projekt@ehlers-wvd.de>

Sehr geehrter Projektmanager,
sehr geehrte Projektmanagerin,

leider hat es etwas länger gedauert als ursprünglich geplant. Inzwischen sind aber alle Angebote der Handwerker eingegangen. Diese wurden von mir und meinem Team bewertet. Ich habe Ihrer Geschäftsleitung die folgenden Beauftragungen empfohlen:

Gewerk	Firma	Preis	geplante Arbeiten
Tiefbau	Tiefbau Grube	120.000,00 €	Erdarbeiten; Fundament gießen
Sanitär & Heizung	Gevci Heizungs-Spezialisten	220.000,00 €	Frisch- und Abwasserleitungen verlegen; Heizungsleitungen verlegen
Maurer	Stein auf Stein GmbH	90.000,00 €	Mauern und Wände setzen
Dachdecker	Weiche Ziegel GmbH & Co KG	145.000,00 €	Dachkonstruktion; Dach decken
Maler	Klecks und Partner GbR	65.000,00 €	Verputzen der Wände; Tapezieren der Wände
Tischler	Saphir Fensterbau GmbH	180.000,00 €	Fenster im EG einbauen; Fenster im OG einbauen

Wenn Ihre Geschäftsleitung die Handwerker beauftragt, kann damit die Planungsphase abgeschlossen werden. Als Nächstes beginnen wir mit der Rohbauphase.

Mit freundlichen Grüßen

Kleimenhagen
– Architektin –

Von:	Geschäftsleitung <gl@ehlers-wvd.de>
Betreff:	Beauftragungen Handwerker
An:	Das Projektteam <projekt@ehlers-wvd.de>

Sehr geehrter Mitarbeiter,
sehr geehrte Mitarbeiterin,

ich folge der Empfehlung der Architektin zur Beauftragung der Handwerker. Die Beauftragungen sind fristgerecht rausgegangen. Bitte fahren Sie im Projekt wie geplant fort.

Mit freundlichen Grüßen

Ihre Geschäftsführung

Die Projektausführung II

Beispiel

Die Planungsphase des Bauprojekts wurde erfolgreich abgeschlossen. Die Rohbauphase beginnt. Sie erhalten eine E-Mail der Architektin Frau Kleimenhagen.

Von:	Architektin Kleimenhagen <architektin@kleimenhagen-bau-wvd.de>
Betreff:	Probleme mit dem Fundament
An:	Das Projektteam <projekt@ehlers.de-wvd>

Sehr geehrter Projektmanager,
sehr geehrte Projektmanagerin,

die Arbeiten der Rohbauphase haben begonnen. Die mit den Tischlern und Dachdeckern vereinbarten Termine sind bestätigt und fixiert. Aufgrund der aktuell hohen Auslastung der Saphir Fensterbau GmbH und der Weiche Ziegel GmbH & Co. KG sind beide Unternehmen nur innerhalb des vereinbarten Zeitrahmens verfügbar.

Die Fundamentarbeiten sind abgeschlossen. Allerdings dauert die Trocknung des Fundaments aufgrund der aktuellen Witterungslage deutlich länger als geplant. Die Trocknung ist zur Hälfte abgeschlossen, wird aber voraussichtlich zehn Tage länger dauern. Deshalb können die Maurer ihre Arbeiten erst später beginnen.

Da Tischler und Dachdecker nur zu den vereinbarten Zeiträumen arbeiten können, bleibt uns weniger Zeit für die Arbeiten der Maurer. Ich habe mit den Maurern gesprochen und erfahren, dass sie aktuell wenig ausgelastet sind. Sie können mit der doppelten Mannstärke (200 %) die Arbeiten antreten. Damit sollten wir es schaffen, die Verzögerungen auszugleichen.

Bitte bilden Sie dies in Ihrem Projektplan ab.

Mit freundlichen Grüßen

Kleimenhagen
– Architektin –

Folgende Projektphasen planen

Das Projekt schreitet voran. Sie erhalten eine E-Mail von der Architektin Frau Kleimenhagen.

Von:	Architektin Kleimenhagen <architektin@kleimenhgen-bau-wvd.de>
Betreff:	Planung der Innenausbauphase
An:	Das Projektteam <projekt@ehlers-wvd.de>

Sehr geehrter Projektmanager,
sehr geehrte Projektmanagerin,

die Arbeiten der Rohbauphase schreiten gut voran. Durch den doppelten Ressourceneinsatz der Maurer, konnten wir die Verzögerungen durch die verlängerte Trocknung des Fundaments ausgleichen. Gute Arbeit. Es wird nun aber Zeit, die Vorgänge der abschließenden Innenausbauphase zu planen. Ich habe heute leider keine Zeit, Ihnen eine detaillierte Liste der Vorgänge zu erstellen, daher hier die wichtigsten Informationen zusammengefasst.

a) Die Innenausbauphase kann erst beginnen, wenn die Rohbauphase abgeschlossen und das Richtfest gefeiert wurde.
b) Die Gewerke „Elektro", „Sanitär & Heizung", „Maler" sowie „Einrichtung" müssen geplant werden. Hier eine kurze Aufstellung der Vorgänge und der jeweils geplanten Dauer.

Sammelvorgang/Vorgang	Dauer (Tage)	Ressource
Elektro		
Stromleitungen verlegen	60	Elektriker
Netzwerkleitungen verlegen	30	Elektriker
Telefonleitungen verlegen	20	Elektriker
Sanitär & Heizung		
Frisch- und Abwasserleitungen verlegen	60	Klempner
Heizungsleitungen verlegen	50	Klempner
Maler		
Wände verputzen	20	Maler
Tapezieren	5	Maler
Einrichtung		
Büromöbel	10	
Lagerregale	10	

c) Die Arbeiten der Elektriker und der Klempner können parallel beginnen und durchgeführt werden.
d) Die Maler können erst beginnen, wenn die Elektriker und Klempner ihre Arbeiten abgeschlossen haben.
e) Die Einrichtung mit Büromöbeln und Lagerregalen kann erst beginnen, wenn die Maler fertig sind.
f) Wenn die Einrichtung abgeschlossen wurde, sollen die gesamten Baumaßnahmen durch die Geschäftsleitung abgenommen werden. Dies ist ein wichtiger Meilenstein.
g) Nach Abnahme durch die Geschäftsleitung kann das Mitarbeiterfest stattfinden.
h) Wenn das Mitarbeiterfest beendet ist, kann das Projekt abgeschlossen werden.

Dies ist der letzte Meilenstein. Bitte planen Sie in MS-Project.

Mit freundlichen Grüßen

Kleimenhagen
– Architektin –

Die Vorgänge der Rohbauphase abschließen

Während die Innenausbauphase im Detail geplant wurde, schritten die Arbeiten der Rohbauphase voran und wurden indessen abgeschlossen. Sie erhalten eine E-Mail der Architektin.

Von:	Architektin Kleimenhagen <architektin@kleimenhagen-bau-wvd.de>
Betreff:	Abschluss der Rohbauphase
An:	Das Projektteam <projekt@ehlers-wvd.de>

Sehr geehrter Projektmanager,
sehr geehrte Projektmanagerin,

danke für die Planung der Innenausbauphase in MS-Project. Damit sind wir für die letzte Phase gut aufgestellt.

Die Arbeiten der Rohbauphase sind mittlerweile vollständig abgeschlossen. Gestern fand das Richtfest statt. Wir sind bereit, die Innenausbauphase zu beginnen.

Bitte planen Sie in MS-Project.

Mit freundlichen Grüßen

Kleimenhagen
– Architektin –

Der Projektabschluss

Beispiel

Den Projektfortschritt kontrollieren
Der Rohbau des neuen Lagers steht, das Richtfest wurde gefeiert. Damit ist ein wichtiger Meilenstein erreicht. Die Innenausbauphase hat begonnen. Die Elektriker verlegen Strom-, Netzwerk-, und Telefonleitungen. Die Klempner haben bereits begonnen, die Wasser- und Heizungsrohre zu verlegen.
Sie erhalten eine E-Mail von der Architektin Frau Kleimenhagen und eine der Geschäftsleitung der Ehlers & Gehrenberg KG.

Von:	Architektin Kleimenhagen <architektin@kleimenhagen-bau-wvd.de>
Betreff:	Innenausbauphase
An:	Das Projektteam <projekt@ehlers-wvd.de>

Sehr geehrter Projektmanager,
sehr geehrte Projektmanagerin,

die Arbeiten der Innenausbauphase kommen gut voran. Sowohl Elektriker als auch Klempner haben ihre Arbeiten begonnen. Nach meiner Einschätzung sind die Arbeiten an den Netzwerk- und Telefonleitungen bereits zu 50 % abgeschlossen, die Arbeit an den Stromleitungen bereits zu 75 %.

Bei den Arbeiten der Klempner sind wir etwas hinterher. Hier sind jeweils erst 25 % abgeschlossen, die Klempner sind aber zuversichtlich, den Terminplan einhalten zu können.

Bitte planen Sie entsprechend in MS-Project.

Mit freundlichen Grüßen

Kleimenhagen
– Architektin –

Von:	Geschäftsleitung <gl@ehlers-wvd.de>
Betreff:	Auflagen zur Ausgleichsbepflanzung
An:	Das Projektteam <projekt@ehlers-wvd.de>

Sehr geehrter Mitarbeiter,
sehr geehrte Mitarbeiterin,

heute hat uns die Stadt Wilhelmshaven darüber informiert, dass eine Ausgleichsbepflanzung auf dem Grundstück vorgenommen werden muss. Leider hat das Bauamt versäumt, uns darüber zu informieren, dass bei einem Neubau auch Bäume gepflanzt werden müssen, um den Auflagen des Naturschutzes gerecht zu werden.

Bitte planen Sie die Ausgleichsbepflanzung mit Bäumen und Sträuchern in Ihren Projektplan ein. Die Pflanzung sollten möglichst nicht im Winter durchgeführt werden. Unser Haus-und-Hof-Gärtner benötigt zwei Wochen. Planen Sie die Durchführung bitte so spät wie möglich, jedoch ohne die Meilensteine zur Abnahme der Baumaßnahmen, das Mitarbeiterfest oder den Projektabschluss zu gefährden.

Danke und Gruß

Ihre Geschäftsführung

Das Projekt in MS-Project abschließen

Die Arbeiten der Innenausbauphase sind nach Plan gelaufen und wurden termingerecht abgeschlossen. Auch die Ersatzbepflanzung wurde durch den Gärtner durchgeführt. Die Baumaßnahmen wurden abgenommen und es wurde ein rauschendes Mitarbeiterfest gefeiert.
Sie erhalten eine E-Mail der Architektin Frau Kleimenhagen und eine der Geschäftsleitung der Ehlers & Gehrenberg KG.

Von:	Architektin Kleimenhagen <architektin@kleimenhagen-bau-wvd.de>
Betreff:	Abschluss der Innenausbauphase und des Projekts
An:	Das Projektteam <projekt@ehlers-wvd.de>

Sehr geehrter Projektmanager,
sehr geehrte Projektmanagerin,

die Gewerke Elektro, Sanitär & Heizung, Maler sowie die Einrichtung der Büroräume und des Lagers sind aus unserer Sicht erfolgreich abgeschlossen. Es kam zu keinen weiteren Verzögerungen. Bitte dokumentieren Sie dies in MS-Projekt.

Ich freue mich, das Projekt mit Ihnen durchgeführt zu haben und auf weitere zukünftige Zusammenarbeit.

Mit freundlichen Grüßen

Kleimenhagen
– Architektin –

Von:	Geschäftsleitung <gl@ehlers-wvd.de>
Betreff:	Auflagen zur Ausgleichsbepflanzung
An:	Das Projektteam <projekt@ehlers-wvd.de>

Sehr geehrter Mitarbeiter,
sehr geehrte Mitarbeiterin,

wir haben die Baumaßnahmen erfolgreich abgenommen, und auch das Mitarbeiterfest war ein voller Erfolg. Vielen Dank für Ihre gute Arbeit. Ein letzter Schritt bleibt noch: Bitte aktualisieren Sie abschließend Ihren Projektplan. Aus meiner Sicht kann das Projekt damit beendet werden.

Mit freundlichen Grüßen

Ihre Geschäftsführung

Aufgaben

1. Verschaffen Sie sich mithilfe der Ausgangssituation und des E-Mail-Verkehrs einen Überblick über die verschiedenen Aufgaben und Ziele der unterschiedlichen Projektphasen.

2. Stellen Sie die Projektliefergegenstände (detaillierte Arbeitsergebnisse eines Projekts, z. B. ein Kaufvertrag oder eine eingebaute Zimmertür) übersichtlich mithilfe einer Mindmap-Software dar.

3. Gruppieren Sie die Projektliefergegenstände nach Projektphasen. Beginnen Sie mit der Planungsphase.

4. Stellen Sie das Ergebnis Ihren Projektmitarbeitern vor, damit diese den gleichen Wissensstand wie Sie haben.

5. Legen Sie den Projektstarttermin auf den ersten Arbeitstag im Mai fest, indem Sie auf der Registerkarte „Projekt“ auf „Projektinformationen“ klicken. Im erscheinenden Dialogfeld wird der Anfangstermin festgelegt.

6. Am ersten Arbeitstag im Mai sollen die Türrahmen im Wohnzimmer und Schlafzimmer eingebaut werden.
   a) Legen Sie dafür jeweils einen Vorgang an.
   b) Beenden Sie beide Vorgänge am selben Tag.

7. Am zweiten Arbeitstag im Mai sollen die Türrahmen in der Küche und im Arbeitszimmer eingebaut werden.
   a) Legen Sie dafür jeweils einen Vorgang an
   b) Beenden Sie beide Vorgänge am selben Tag.

8. Am dritten Arbeitstag im Mai soll der Türrahmen der Schiebetür zum Esszimmer eingebaut werden.
   a) Legen Sie dafür einen Vorgang an.
   b) Planen Sie für diesen Vorgang zwei Arbeitstage.

9. Fassen Sie die einzeln geplanten Vorgänge zu einem Sammelvorgang zusammen.

10. Nennen Sie den neuen Sammelvorgang „Einbau der Türrahmen“.

11. Die Zimmertüren im Wohnzimmer, Schlafzimmer, der Küche sowie im Arbeitszimmer können alle an einem Tag eingebaut werden. Die Einbaumaßnahmen haben eine geplante Dauer von einem Tag. Die Esszimmerschiebetür ist schwieriger einzubauen. Dieser Vorgang hat daher eine geplante Dauer von zwei Tagen. Planen Sie alle Vorgänge zum Einbau der Zimmertüren zu einem Sammelvorgang „Einbau der Zimmertüren“.

12. Planen Sie einen Meilenstein „Zimmertüren fertig eingebaut“ nach Einbau der letzten Zimmertür.

13. Erstellen Sie einen neuen Vorgang „Zimmertüren fertig eingebaut“ im Planungsbereich (achten Sie darauf, dass der Vorgang auf der obersten Vorgangsebene geplant ist und nicht innerhalb des Sammelvorgangs „Einbau der Zimmertüren“ – nutzen Sie ggf. die Buttons zum Herauf- bzw. Herunterstufen von Vorgängen in der Registerkarte „Vorgang“).
   a) Weisen Sie dem Vorgang eine Dauer von „0“ Tagen zu.
   b) Weisen Sie dem Vorgang den Sammelvorgang „Einbau der Zimmertüren“ als Vorgänger zu.
   c) Tragen Sie dazu die entsprechende Vorgangsnummer in die Spalte „Vorgänger“ des Meilensteins ein.

14. Planen Sie eine Phase „Innenausbau“ im Planungsbereich, die die Sammelvorgänge „Einbau der Türrahmen“ und „Einbau der Zimmertüren“ umfasst.
   a) Erstellen Sie einen neuen Vorgang, indem Sie im Planungsbereich einmal auf den Sammelvorgang „Einbau der Türrahmen“ rechtsklicken und „Vorgang einfügen“ wählen.
   b) Geben Sie dem Vorgang den Namen „Innenausbau“.

15. Markieren Sie alle Vorgänge im Planungsbereich bis auf den neuen Vorgang „Innenausbau“. Stufen Sie die markierten Vorgänge über den entsprechenden Button auf der Registerkarte zum „Vorgang“ herab. MS-Project rückt die markierten Vorgänge ein und stellt den Vorgang „Innenausbau“ als Projektphase dar.

16. Die Sammelvorgänge „Einbau der Türrahmen“ und „Einbau der Zimmertüren“ werden durch eine Tischlerei ausgeführt. Weisen Sie den benannten Sammelvorgängen die Ressource „Tischlerei“ zu.

17. Der Einbau der Türrahmen und Zimmertüren in Wohnzimmer, Schlafzimmer, Küche und Arbeitszimmer übernimmt der Tischlergeselle Thomas Schmidt. Weisen Sie den Vorgängen die Ressource „Schmidt“ zu.

18. Der Einbau des Türrahmens im Esszimmer und der zugehörigen Schiebetür ist aufwendiger. Die Kollegin Ulrike Bergmann wird Herrn Schmidt unterstützen. Weisen Sie den entsprechenden Vorgängen die Ressourcen „Bergmann“ und „Schmidt“ zu.

19. Legen Sie das Projektstartdatum in MS-Project auf den ersten Arbeitstag im Mai fest.

20. Geben Sie den Vorgang „Planungsphase“ in MS-Project ein.

21. Geben Sie die Sammelvorgänge „Kaufvertrag“, „Bauzeichnungen“, „Genehmigungen“ und „Auswahl Handwerker“ in MS-Project ein.
    a) Rücken Sie die Sammelvorgänge unter „Planungsphase“ ein.
    b) Weisen Sie den Sammelvorgängen die jeweils untergeordneten Vorgänge mit Dauer, zugeordneter Ressource, festem Ausführungstermin (wenn zutreffend) und Vorgänger zu.
    c) Drucken Sie das fertige Ergebnis über die „Drucken“-Funktion in MS-Project aus.

22. Legen Sie die Phase „Rohbauphase“ an. Planen Sie die Sammelvorgänge „Tiefbau“, „Hochbau“, „Einbau Fenster“ und „Dach“ in MS-Project

23. Legen Sie zu den Sammelvorgängen die jeweils untergeordneten Vorgänge an.

24. Berücksichtigen Sie die Dauer, zugeordnete Ressourcen, feste Ausführungstermine (wenn zutreffend) und Vorgänger.

25. Planen Sie den Termin für das Richtfest.

26. Drucken Sie das fertige Ergebnis in MS-Project aus.

27. Geben Sie die in der Email benannten Vorgänge in MS-Project ein.

28. Geben Sie jeweils das feste Enddatum ein. Achten Sie darauf, dass es sich um manuell geplante Vorgänge handelt.

29. Markieren Sie die Vorgänge des Sammelvorgangs „Kaufvertrag“ in MS-Project als vollständig erledigt.

30. Markieren Sie die Vorgänge des Sammelvorgangs „Bauzeichnungen“ als vollständig erledigt.

31. Setzen Sie den Fertigstellungsgrad des Vorgangs „Bauanträge fertigstellen“ und „Unterlagen einreichen“ auf 100 %.

32. Setzen Sie den Fertigstellungsgrad des Vorgangs „Bearbeitung Bauamt“ auf 50 %.

33. Erhöhen Sie die Dauer des Vorgangs um die von der Architektin angegeben Zeit.

34. Wie wirkt sich die Verzögerung auf den Meilenstein „Freigabe der Bauzeichnungen“ aus?
    a) Identifizieren Sie, ob es weitere Auswirkungen auf Folgeaktivitäten gibt.
    b) Beschreiben Sie ggf. die Auswirkungen.

35. Fügen Sie unter dem Vorgang „Angebote Tiefbau einholen“ zwei weitere Vorgänge „Tiefbau Grube“ und „Helmut Loch & Sohn“ hinzu.

36. Definieren Sie in MS-Project den Vorgang „Angebote Tiefbau einholen“ als Sammelvorgang.

37. Aktualisieren Sie Dauer und Fertigstellungsgrad der neuen Vorgänge „Tiefbau Grube“ und „Helmut Loch & Sohn“.

38. Aktualisieren Sie die Sammelvorgänge „Sanitär und Heizung“, „Maurer“, „Dachdecker“, „Maler“ und „Tischler“.
    a) Beschreiben Sie die Auswirkungen der verzögerten Angebotsabgabe
    b) Wie wirken sich die Verzögerungen der Angebotsabgabe einiger Handwerksbetriebe auf den Vorgang „Angebote bewerten“ aus?
    c) Wie wirken sich die Verzögerungen auf den Vorgang „Handwerker beauftragen“ aus?
    d) Beschreiben Sie den Effekt auf den Abschluss der gesamten Planungsphase.

39. Drucken Sie das fertige Ergebnis über die „Drucken“-Funktion in MS-Project aus.

40. Erstellen Sie einen „Projektübersicht“-Bericht als Dashboard über das Menüband „Bericht“.

41. Erweitern Sie das Balkendiagramm „% abgeschlossen“ um die „Abweichung Dauer“.

42. Drucken Sie den „Projektübersicht“-Bericht über die „Drucken“-Funktion von MS-Project aus.

43. Schließen Sie folgende Vorgänge in MS-Project ab.
    a) Das Einholen der Handwerkerangebote,
    b) die voraussetzenden Vorgänge zur Beauftragung der Handwerker.

44. Beenden Sie die „Planungsphase“ in MS-Project vollständig. Stellen Sie dabei sicher, dass alle Aktivitäten der Phase zu 100 % abgeschlossen sind.

45. Planen Sie die entsprechenden Vorgänge aus der E-Mail in MS-Project als „manuell geplant“.

46. Bilden Sie den Fertigstellungsgrad der in der E-Mail benannten Vorgänge in Ihrem Projektplan ab.

47. Die Trocknung des Fundaments dauert zehn Tage länger.
    a) Bilden Sie die Verzögerung in MS-Project ab.
    b) Beschreiben Sie die Veränderung im Projektplan.

48. Die Maurer setzten doppelte Anzahl an Mitarbeitern ein.
    a) Bilden Sie den doppelten Ressourceneinsatz in MS-Project ab.
    b) Beschreiben Sie die Veränderung im Projektplan.

49. Planen Sie die Innenausbauphase nach den Vorgaben von Frau Kleimenhagen.
    a) Stellen Sie sicher, dass die Innenausbauphase nicht vor dem vollständigen Abschluss der Rohbauphase beginnt.
    b) Planen Sie die Sammelvorgänge für die benötigten Gewerke gemäß den Vorgaben der Architektin. Weisen Sie den Vorgängen die entsprechenden Ressourcen zu.
    c) Stellen Sie sicher, dass die Sammelvorgänge in der vorausgesetzten Reihenfolge geplant werden.
    d) Planen Sie die den Meilenstein „Abnahme der Baumaßnahme" durch die Geschäftsleitung, das Mitarbeiterfest sowie den Meilenstein „Projektabschluss" gemäß den Vorgaben.
    e) Stellen Sie sicher, dass die Abhängigkeiten zwischen den Vorgängen korrekt in MS-Project geplant sind.

50. Dokumentieren Sie den Abschluss der Vorgänge der Rohbauphase in MS-Project.

51. Übernehmen Sie den Fortschritt in den Sammelvorgängen „Elektro" und „Sanitär & Heizung" in MS-Project.

52. Planen Sie den neuen Sammelvorgang „Ausgleichsbepflanzung".

53. Planen Sie in MS-Projekt, dass die Ausgleichsbepflanzung abgeschlossen sein muss, bevor das gesamte Projekt abgeschlossen werden kann.

54. Dokumentieren Sie den Abschluss der Vorgänge in MS-Project.

55. Dokumentieren Sie den Abschluss aller Meilensteine bis zum „Projektabschluss".

56. Drucken Sie den gesamten Projektplan in MS-Project aus.

57. Präsentieren Sie Ihr Ergebnisse.
    a) Welche Erkenntnisse haben Sie mit der Arbeit in MS-Project erlangt?
    b) Wo kann MS-Project die Arbeit von Projektmanagern erleichtern?
    c) Wo stößt MS-Project ggf. an Grenzen?

7 Agiles Projektmanagement

Einstiegssituation

Anna Ruiz-Gonzales kommt nach überstandener Grippe das erste Mal wieder in die Ehlers & Gehrenberg KG.

Anna Ruiz-Gonzales:
„Ihr hattet gestern ein Gespräch mit Herrn Ehlers?"

Allan Stevenson:
„Ja, weil wir vier Auszubildenden in diesem Jahr alle in Projekten im Unternehmen mitarbeiten, wollte Herr Ehlers uns über eine neue Methode informieren ..."

Anna:
„Nämlich, worum geht es?"

Jakob Osterhoff:
„Er hat uns über eine Vorgehensweise informiert, die sich vom normalen Projektmanagement unterscheidet: das agile Projektmanagement."

Sandra Krollmann:
„Er hat uns die SCRUM-Methode vorgestellt."

Anna:
„Was ist das denn?"

Jakob:
„Das ist ein Begriff aus dem Rugby. Warte mal, ich zeig dir das mal auf meinem Handy, was ein Scrum ist."

Jakob zeigt Anna ein Foto auf seinem Smartphone:

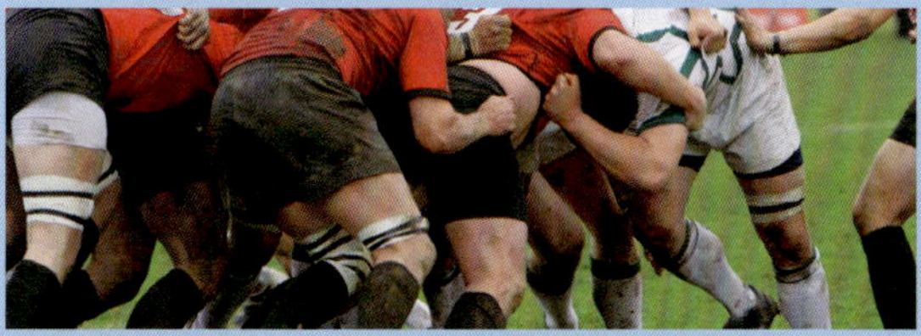

Jakob:
„Das ist ein Scrum im Rugby. Das bedeutet ‚geordnetes Gedränge'. Damit wird im Rugby das Spiel zum Beispiel nach kleineren Regelverstößen neu gestartet."

Anna:
„Und was hat das mit Projektmanagement zu tun?"

Allan:
„So wie im Rugby wird auch bei dieser Form des Projektmanagements im Prinzip das Projekt mit seinen Schritten neu bewertet und gestartet."

Sandra:
„Ich versuche es dir mal kulinarisch zu erklären: Es ist wesentlich einfacher, einen kleinen Bissen zu verdauen als einen großen. Deshalb schneiden wir ja auch ein Schnitzel in mundgerechte Teile, bevor wir es essen. Übertragen auf das Projektmanagement bedeutet das: Es macht Sinn, ein großes Projekt in mehrere Zwischenschritte zu unterteilen. Im Gegensatz zum normalen Projektmanagement können die Zwischenschritte sich allerdings ständig verändern."

Arbeitsauftrag

Erläutern Sie den Unterschied zwischen dem normalen Projektmanagement und dem agilen Projektmanagement.

Projekte in Unternehmen dienen der Umsetzung von komplizierten und komplexen Vorhaben, die nicht allein in einzelnen Fachbereichen und Abteilungen bewältigt werden könnten. Sie sind durch feste Anfangs- und Endtermine zeitlich begrenzt. Projektziele sind klar und messbar beschrieben (SMART) und werden üblicherweise fachbereichsübergreifend bearbeitet.

Projekte

- dienen der Abwicklung von komplizierten und komplexen Vorhaben,
- sind zeitlich durch Start- und Endtermine begrenzt,
- haben überprüfbare Zielvorgaben,
- machen die Bildung einer eigenen Organisationsform notwendig,
- zeichnen sich durch begrenzt verfügbare Ressourcen wie Geld, Zeit und Personal aus,
- werden fachbereichsübergreifend durchgeführt,
- sind einmalig.

Klassisches Projektmanagement: das „Wasserfall-Modell“

Das klassische Vorgehen in einem Projekt wird auch „Vorgehen nach dem Wasserfall-Modell“ genannt. Dabei werden Projekte in verschiedene Projektphasen Schritt für Schritt durchgeführt. Die einzelnen Projektphasen werden dabei klar voneinander abgegrenzt. In der grafischen Darstellung dieser Projektphasen wird der „Wasserfall“ erkennbar. Dabei wird deutlich, dass die einzelnen Phasen nacheinander abgearbeitet werden.

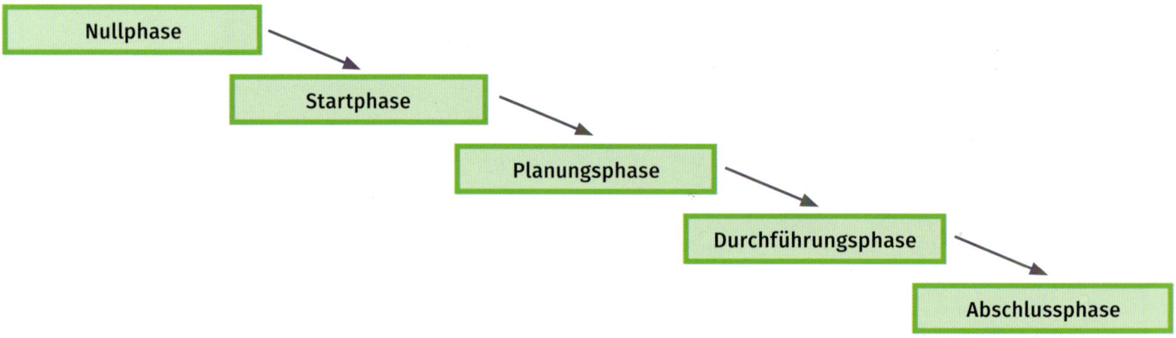

Vorteile des Wasserfall-Modells:

- hohe Planungsicherheit durch vorher festgelegten Projektablauf in definierten Phasen,

- Meilensteine und Phasenübergänge bieten sehr gute Möglichkeiten zur Projektsteuerung,

- hohe Verlässlichkeit, da der Umfang des Projekts sowie die Qualität der Projektergebnisse festgelegt sind.

Durch die geordnete Struktur und das klare Vorgehen im Wasserfall-Modell können äußerst umfangreiche Projekte klar und genau geplant sowie zuverlässig durchgeführt werden. Das Wasserfall-Modell eignet sich besonders für Projekte, die eine hohe Planungssicherheit benötigen. Kurzfristige Änderungen der Anforderungen und Prioritäten werden dabei nicht besonders berücksichtigt.

Aus den genannten Vorteilen des Wasserfall-Modells ergeben sich jedoch auch die größten Nachteile. Für Projekte, die ein hohes Maß an unvorhersehbaren Faktoren aufweisen, wie zum Beispiel sich häufig ändernde Kundenanforderungen und Prioritäten, ist das Wasserfall-Modell eher ungeeignet. Durch das starre, in der **Planungsphase** festgelegte Vorgehen zeigen sich Fehler in der Umsetzung häufig erst am Ende des Projekts, wenn das Arbeitsergebnis geliefert wird. Die fehlerhaften Ergebnisse können zum Beispiel unzufriedene Kunden, eine verlängerte Projektlaufzeit und höhere Kosten sein.

Nachteile des Wasserfall-Modells:

- geringere Flexibilität durch festgelegtes und starres Vorgehen,
- häufig eher theoretisches Vorgehen, da sich Projektphasen und die darin durchgeführten Arbeiten nicht immer klar voneinander abgrenzen lassen oder strikt sequenziell bearbeitet werden können,
- das durch das Projekt bearbeitete Produkt (z. B. ein Softwareprogramm) wird erst zum Ende des Projekts eingeführt:
  - So werden Fehler erst spät erkannt und behoben,
  - der durch das Produkt erwartete Nutzen tritt erst spät ein.
- Durch die Schwierigkeit, alle Arbeitsschritte und -ergebnisse zu Beginn eines Projekts im Detail zu planen, besteht das Risiko, dass das fertige Produkt letztlich nicht den Anforderungen des Auftraggebers entspricht.

Wasserfall-Modell: Pro und Kontra

Pro Wasserfall-Modell	Kontra Wasserfall-Modell
hohe Planungssicherheit	weniger flexibel aufgrund des starren Vorgehens in Phasen
einfache Projektsteuerung und Fortschrittskontrolle	Fehler im Projekt werden ggf. spät erkannt.
besonders für umfangreiche Projekte ohne regelmäßige Änderungen der Anforderungen und Prioritäten geeignet	Nutzen des Produkts tritt erst sehr spät oder nach Projektabschluss ein.
	Produkt entspricht ggf. nicht den Anforderungen, da eine detaillierte Vorabplanung häufig schwierig ist.

Beispiel

Die Ehlers & Gehrenberg KG hat ihre Anforderungen an eine Software zur Unterstützung des Rechnungswesens in einem Lastenheft beschrieben und den Auftrag zur Programmierung an die Firma softec vergeben. softec beschreibt die Umsetzung der Softwarelösung in einem Pflichtenheft und macht sich an die Arbeit. Die Projektlaufzeit beträgt sechs Monate. Nach Projektabschluss stellt man gemeinsam fest, dass sich die Anforderungen der Ehlers & Gehrenberg KG in der Zwischenzeit verändert haben und die fertige Software den Anforderungen nun nicht mehr entspricht.

Agiles Projektmanagement

Um die Nachteile im Vorgehen nach dem klassischem Wasserfall-Modell abzumildern, wurden agile Vorgehensweisen im Projektmanagement entwickelt, die zum einen eine höhere

Flexibilität sicherstellen, zum anderen die Planungssicherheit, vorrangig bezüglich Zeit und Kosten, weiterhin sicherstellen.

Das agile Vorgehen im Projekt unterscheidet sich dabei vom klassischen Wasserfall-Modell. Beim Wasserfall-Modell werden die Anforderungen an das durch das Projekt zu liefernde Produkt bereits in der Planungsphase definiert, der Projektumfang wird festgelegt und das Produkt wird zum Projektabschluss geliefert. Dagegen werden beim agilen Projektmanagement Anforderungen dauerhaft in schnellen Iterationen (Iteration = Prozess mehrfacher Wiederholungen) erfasst und priorisiert. Der Projektumfang ist im Gegensatz zu den Faktoren Zeit und Geld flexibel und das Produkt wird bereits im Laufe des Projekts in Teilprodukten bereitgestellt.

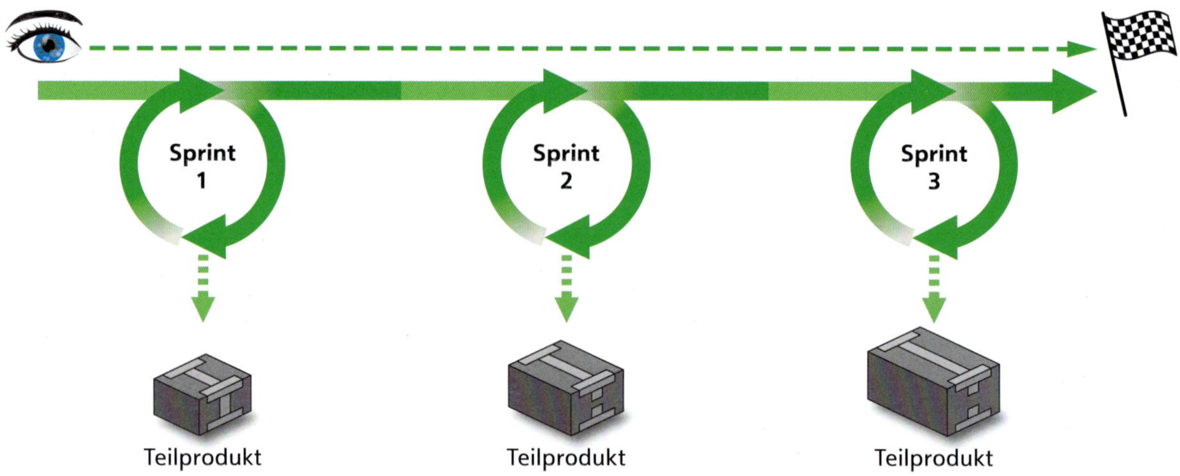

Es werden verschiedene agile Vorgehensweisen unterschieden, die sich in das jeweilige Projektmanagement einbetten lassen. Ein in der Praxis erfolgreiches agiles Vorgehensmodell ist Scrum. Dies wurde ursprünglich in der Softwaretechnik entwickelt.

Im Gegensatz zum klassischen Vorgehen nach dem Wasserfall-Modell wird beim agilen Projektmanagement nicht nach einem langfristigen Plan vorgegangen. Innerhalb kurzer, sich wiederholender Entwicklungs- und Bearbeitungsschritten – sogenannten **Sprints** – werden Anforderungen erfasst, detailliert und priorisiert und fertiggestellte Teilprodukte getestet. Bei erfolgreichem Test werden diese an den Auftraggeber ausgeliefert und somit abgeschlossen. Sprints dauern in der Regel zwischen ein bis vier Wochen.

Vorteile des agilen Projektmanagements:

- Veränderte Anforderungen werden schnell erkannt und es kann entsprechend zügig reagiert werden.
- Anforderungen werden gemeinsam zwischen Auftraggeber und Auftragnehmer detailliert besprochen und somit besser verstanden.
- Regelmäßiges Priorisieren der Anforderungen stellt sicher, dass die wichtigsten Anforderungen zuerst geliefert werden.
- Regelmäßiges Liefern von Teilprodukten bzw. Teilergebnissen stellt sicher, dass das Produkt schneller (wenn auch nicht im vollen Umfang) genutzt werden kann.
- Neue Anforderungen, die sich aus der Nutzung des Teilprodukts ergeben, werden aufgenommen.

Nachteile des agilen Projektmanagements:

- Zu Projektbeginn ist noch nicht absehbar, wie das fertige Produkt aussehen wird.
- Agile Projekte haben nicht immer einen festen Endzeitpunkt.
- Agile Projekte neigen dazu, dass immer mehr Anforderungen aufgenommen werden und somit die Projektlaufzeit verlängert wird.

Ein Sprint im Detail

Ein Sprint setzt sich üblicherweise aus verschiedenen Arbeitsschritten zusammen.

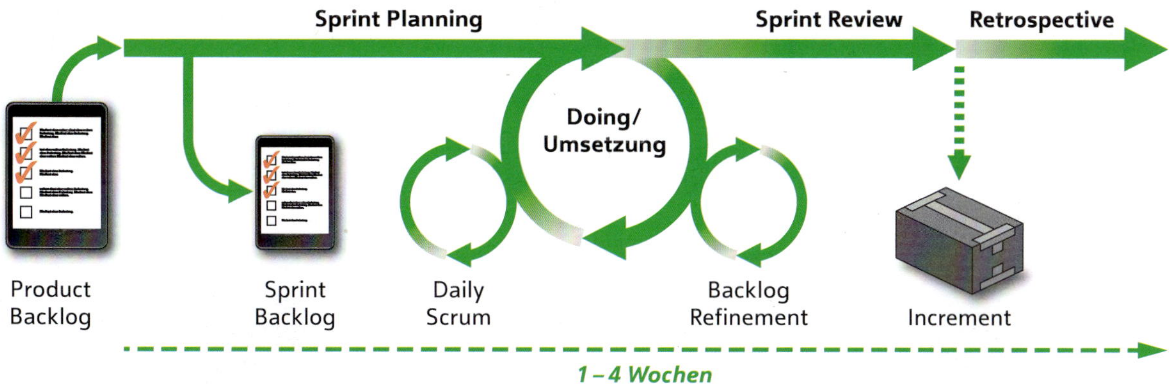

Arbeitsschritt	Erläuterung
Sprint Planning	Im „Sprint Planning"-Meeting wird entschieden, welche Anforderungen im kommenden Sprint umgesetzt werden sollen. Die Anforderungen werden dem „Product Backlog", einer priorisierten Liste aller Projektanforderungen, entnommen. Die gewählten Anforderungen bilden das „Sprint Backlog".
Doing/Umsetzung Backlog Refinement Daily Scrum	Im „Doing" oder „der Umsetzung" werden die Anforderungen des „Sprint Backlogs" umgesetzt. Im „Backlog Refinement"-Meeting werden Anforderungen gemeinsam mit dem Kunden detailliert und priorisiert, um sie in einem kommenden Sprint bearbeiten zu können. Im „Daily Scrum"-Meeting bespricht das Projektteam/Entwicklerteam regelmäßig, z. B. täglich, aktuelle Fortschritte, Herausforderungen oder neue Erkenntnisse wie etwa Risiken.
Sprint Review	Im „Sprint Review"-Meeting präsentiert das Projektteam/Entwicklerteam das Ergebnis der Arbeit des aktuellen Sprints.
Inkrement	Entspricht das Arbeitsergebnis des aktuellen Sprints den Anforderungen, wird es als Teilprodukt („Inkrement") geliefert.
Retrospective	Im „Retrospective" – der Retroperspektive = Rückblick – bespricht das Projektteam/Entwicklerteam den zu Ende gegangenen Sprint. Dabei wird identifiziert, was gut gelaufen ist und gefördert wird. Alles, was schlecht gelaufen ist, wird verbessert. Im Anschluss an die Retroperspektive beginnt der nächste Sprint mit dem „Sprint Planning"-Meeting.

Beteiligte an einem agilen Projekt

Die Rollen und Aufgaben der Beteiligten an einem agilen Projekt (am Beispiel SCRUM) sind mit denen im klassischen Projektmanagement vergleichbar. Die zu verantwortenden Aufgaben ergänzen sich jedoch um die Tätigkeiten, die das agile Projektmanagement sicherstellen.

Rolle im agilen Projektmanagement	Aufgabe	Vergleichbare Rolle im klassischen Projektmanagement
Scrum Master	Der Scrum Master sorgt dafür, dass agile Prozesse korrekt eingehalten werden.	Projectcoach und/oder Projektleitung
Product Owner	Der Product Owner vertritt die fachliche Sicht, entscheidet über die Prioritäten im Product Backlog und stellt Anforderungen in Hinblick auf Funktionalitäten und Benutzbarkeit.	Projektauftraggeber
Team	Das Team sorgt für die Umsetzung der Anforderungen in Produktfunktionalitäten.	Projektmitarbeiter im Projektteam

Beschreiben der Projektanforderungen mit „User Stories"

Die Anforderungen an ein Projekt ergeben sich im agilen Projektmanagement aus den „User Stories". Der Zweck von „User Stories" ist es, ein gemeinsames Verständnis zwischen Auftraggeber und Auftragnehmer über die Anforderungen und Bedürfnisse des Auftraggebers herzustellen. Dabei wird nicht nur die erwartete Funktionalität beschrieben (z. B. ein Kontaktformular auf einer Internetseite), sondern die erwartete Handlung, die der Nutzer der Funktionalität mit einem Kontaktformular ausführen wird. Der Fokus liegt also auf dem Nutzen einer Funktionalität für den Kunden statt auf der technischen Beschreibung einer Funktionalität allein.

„User Stories" werden dabei üblicherweise mit der Rolle des Nutzers, der erwarteten Funktionalität und dem gewünschten Nutzen beschrieben.

Muster einer „User Story": „Als <Rolle> möchte ich <Funktionalität> um <Nutzen>."

Beispiel

User Story	Klassische Anforderung
Als Besucher der Webseite der Ehlers & Gehrenberg KG möchte ich über ein Formular meinen Namen, meine E-Mail-Adresse und meine Telefonnummer angeben können, um mit der Ehlers & Gehrenberg KG in Kontakt zu treten.	Die Webseite muss ein HTML-Kontaktformular enthalten.

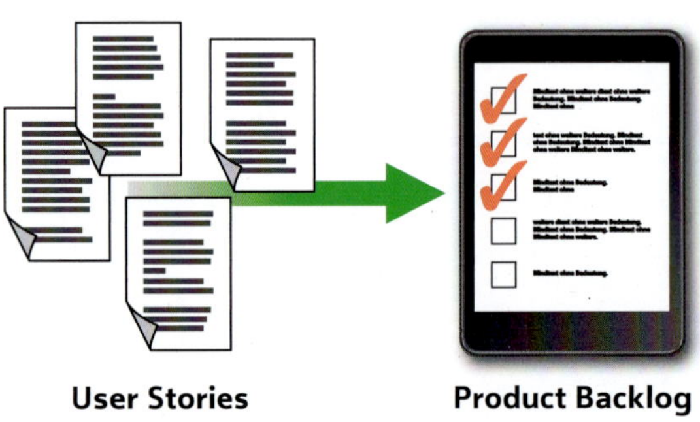

Auf den ersten Blick erscheint die Beschreibung von Anforderungen mittels „User Stories" aufwendiger. Sie stellt jedoch sicher, dass Kundenanforderungen klarer beschrieben und somit besser vom Projektteam/Entwicklerteam verstanden werden können.

Die Gesamtheit aller „User Stories" bildet das „Product Backlog".

Vorteile des Product Backlogs gegenüber dem klassischen Pflichtenheft

Das Pflichtenheft legt dar, wie die vom Auftraggeber gestellten Anforderungen erfüllt und realisiert werden müssen. Im agilen Projektmanagement ist das Product Backlog, das die Gesamtheit aller User Stories umfasst, am ehesten mit dem Pflichtenheft vergleichbar. Es bietet im Vergleich jedoch entscheidende Vorteile.

Product Backlog	Pflichtenheft
umfasst die Gesamtheit aller User Stories	umfasst die Anforderungen des Kunden und eine Beschreibung, wie diese umgesetzt werden sollen
ist nach Wichtigkeit priorisiert	ist üblicherweise nicht priorisiert
Inhalte werden regelmäßig in jedem Sprint detailliert und ggf. umpriorisiert.	wird zu Projektbeginn angefertigt und bleibt dann über die Laufzeit des Projekts unverändert

Priorisieren von Anforderungen

Das Priorisieren von Anforderungen ist ein wichtiger Teil des agilen Projektmanagements. Das regelmäßige Priorisieren stellt sicher, dass die wichtigsten Anforderungen zuerst und weniger wichtige Anforderungen im Anschluss umgesetzt werden können.

Es gibt verschiedene Techniken zur Priorisierung von Anforderungen. Zwei Techniken, die jeweils einen anderen Anwendungsbereich haben, werden hier vorgestellt.

Priorisierungstechnik	Anwendung
MoSCoW-Methode	eignet sich besonders gut, wenn grundlegende Ziele und Anforderungen über einen längeren Zeitraum priorisiert werden müssen
Sortieren (1, 2, 3, ...)	eignet sich besonders gut für Priorisierungen auf Detailebene, zum Beispiel für die Priorisierung verschiedener technischer Arbeitsschritte ohne Abhängigkeiten untereinander

Im agilen Projektmanagement werden Anforderungen regelmäßig bei jedem Sprint in den „Backlog Refinement“ Meetings vom Kunden priorisiert.

Die MoSCoW-Methode

Die MoSCoW-Methode unterteilt Anforderungen in vier Gruppen mit jeweils unterschiedlicher Wichtigkeit.

M = **M**ust have (MUSS-Anforderung)
o
S = **S**hould have (SOLLTE-Anforderung)
C = **C**ould have (KÖNNTE-Anforderung)
o
W = **W**on't have now (NICHT JETZT-Anforderung)

Priorität	Erläuterung
M = Must have	„Must have“ oder MUSS-Anforderungen beschreiben Mindestanforderungen, die essenziell für das Projekt bzw. das zu liefernde Produkt sind. Das Produkt und auch das Projekt werden nicht abgenommen, solange nicht alle MUSS-Anforderungen erfüllt sind. Als Faustformel sollten nicht mehr als 60 % aller Forderungen MUSS-Anforderungen sein.
S = Should have	„Should have“ oder SOLLTE-Anforderungen haben eine hohe Relevanz für den Kunden sowie für den Erfolg des Projekts bzw. Produkts. Diese sind allerdings keine erfolgskritischen Mindestanforderungen.

Priorität	Erläuterung
C = Could have	„Could have" oder KÖNNTE-Anforderungen haben eine geringere Relevanz. Sie werden erst berücksichtigt, wenn alle MUSS- und SOLLTE-Anforderungen umgesetzt wurden. „Could have"-Anforderungen werden auch gerne als „Nice-to-have"-Anforderungen bezeichnet.
W = Won't have now	„Won't have now" oder NICHT JETZT-Anforderungen sind die Anforderungen mit der niedrigsten Priorität. Sie sind zwar fachlich oder technisch wichtig, jedoch zeitlich nicht kritisch. Die Umsetzung kann daher verschoben werden.

Beispiel

Ein Kugelschreiber mit Verschlusskappe und Firmenlogo soll produziert werden.

User Story	Priorität	Erläuterung
Als Nutzer des Kugelschreibers erwarte ich, dass der Kugelschreiber eine Mine enthält, damit ich schreiben kann.	M = Must have	Ohne Mine kann der Kugelschreiber nicht schreiben und wäre nutzlos.
Als Nutzer des Kugelschreibers erwarte ich, dass der Kugelschreiber einen Griff hat, der die Mine umschließt, damit ich ihn greifen kann, ohne farbverschmierte Finger zu bekommen.	S = Should have	Einen Griff sollte der Kugelschreiber haben, damit man sich beim Schreiben die Finger nicht schmutzig macht. Theoretisch wäre die Mine zum Schreiben allein jedoch ausreichend.
Als Nutzer des Kugelschreibers erwarte ich, dass dieser eine Verschlusskappe hat, damit der Kugelschreiber nicht austrocknet.	C = Could have	Eine Kappe für den Kugelschreiber wäre sicherlich praktisch, damit er nicht austrocknet. Jedoch wäre der Kugelschreiber auch ohne Kappe voll funktionsfähig.
Als Nutzer des Kugelschreibers erwarte ich, dass auf den Kugelschreiber ein Logo der Ehlers & Gehrenberg KG gedruckt ist, damit ich erkennen kann, dass ich den Kugelschreiber von der Ehlers & Gehrenberg KG erhalten habe.	W = Won't have now	Ein auf den Kugelschreiber gedrucktes Logo ist unabhängig von allen anderen Anforderungen. Das Logo kann beliebig später nachgedruckt werden.

Nachteil der MoSCoW- Methode: Es kann dazu kommen, dass zu viele Anforderungen als MUSS-Anforderungen eingeteilt werden.

Priorisierung durch Sortieren

Die Priorisierung durch Sortieren unterscheidet nicht nach MUSS-, SOLLTE- oder KÖNNTE-Anforderungen, sondern priorisiert Anforderungen als Liste von 1 bis n.

Beispiel

Priorität	Anforderung
1	Anforderung 1
2	Anforderung 2
...	...
n	Anforderung n

Bei dieser Art der Priorisierung hat die Anforderung an Position 1 die höchste Priorität. Die folgenden Anforderungen sind demnach von geringerer Wichtigkeit.

Die Priorisierung durch Sortieren hat den Vorteil, dass es nicht zu einer Inflation von MUSS-Anforderungen kommen kann. Dem priorisierenden Auftraggeber fällt es jedoch häufig schwer, eine klare Unterscheidung in der Wichtigkeit seiner verschiedenen, einzelnen Anforderungen zu formulieren. Daher eignet sich die Priorisierung durch Sortieren eher für das Priorisieren einzelner Detailanforderungen.

Zusammenfassung

Normales Projektmanagement

- Wasserfall-Modell
- Definition des Projektergebnisses und -umfangs in der Planungsphase
- Lieferung des Projektergebnisses beim Projektabschluss

↓

- mehr Flexibilität
- höhere Kundenzufriedenheit
- schnelle Bereitstellung von Lieferergebnissen

↓

Agiles Projektmanagement

- Anforderungen werden während des Projekts mehrfach erfasst und priorisiert.
- Projektumfang ist flexibel.
- Projektergebnis wird in Teilergebnissen geliefert.

Aufgaben

1. Beschreiben Sie das Vorgehen in einem Projekt nach dem Wasserfall-Modell.
2. Nennen Sie Vorteile des Wasserfall-Modells.
3. Nennen Sie Nachteile des Wasserfall-Modells.
4. Erläutern Sie, zu welchem Zeitpunkt im agilen Projektmanagement Anforderungen des Auftraggebers erfasst und priorisiert werden.
5. Wie werden die sich wiederholenden Entwicklungs- und Bearbeitungsschritte im agilen Projektmanagement genannt?
6. Nennen Sie die Vorteile des agilen Projektmanagements.
7. Nennen Sie die Nachteile des agilen Projektmanagements.

8. Nennen Sie die wichtigsten Arbeitsschritte in einem agilen Projekt.
9. Nennen Sie die Beteiligten an einem agilen Projekt und beschreiben Sie ihre Aufgaben.
10. Erklären Sie den Unterschied zwischen User Stories und klassischen Anforderungen.
11. Nennen Sie, woraus sich das Product Backlog zusammensetzt.
12. Nennen Sie die Vorteile eines Product Backlogs.
13. Nennen Sie zwei unterschiedliche Methoden zur Priorisierung von Anforderungen.
14. Erläutern Sie die Prioritäten der MoSCoW-Methode.

Sachwortverzeichnis

Bildquellenverzeichnis

action press – die bildstelle, Hamburg: REX FEATURES LTD. 407.1

Beuth Verlag GmbH, Berlin: 273.2, 273.3, 273.4, 273.6, 273.7, 273.8, 273.9, 274.1, 274.2, 274.3, 274.4, 274.7

Bundesministerium der Finanzen, Berlin: Zoll 207.1, 208.1, 209.1

Commerzbank AG, Frankfurt/M.: 342.1

Deutsche Post AG, Bonn: 180.1, 180.2

Deutscher Genossenschafts-Verlag eG, Wiesbaden: 333.1

Deutscher Industrie- und Handelskammertag, Berlin: 249.1, 252.1

Diamant Software GmbH, Bielefeld: 127.1

DIN-Deutsches Institut für Normung e. V., Berlin: 273.1, 273.5, 274.5, 274.6

dreamstime.com, Brentwood: Ethnica 416.1, 416.2

fotolia.com, New York: asaflow 398.1; Denis Junker 185.1; momius 136.1; topae 187.1, 187.2

Generalzolldirektion, Bonn: 259.1, 259.2, 265.1, 266.1

Görmann, Felix (RV), Berlin: 153.1, 159.1, 171.2, 179.1, 400.1, 446.1

Hild, Claudia, Angelburg: 11.2, 113.1, 114.2, 126.1, 141.1, 146.1, 150.1, 152.1, 161.1, 163.1, 167.1, 173.1, 191.1, 191.2, 191.3, 246.1, 396.1, 405.1, 441.1, 441.2, 441.3, 441.4, 476.1, 477.1, 478.1

Jecht, Hans, Hildesheim: 431.1

Mainzer Volksbank eG, Mainz: 348.1, 349.1

Microsoft Deutschland GmbH, München: 105.1, 105.2, 105.3, 106.1, 106.2, 106.3, 107.1, 107.2, 135.1, 135.2, 430.1, 452.1, 452.2, 453.1, 453.2, 453.3, 454.1, 454.2, 454.3, 455.1, 455.2, 457.1, 463.1

OKS Group, Delhi: 204.1

Picture-Alliance GmbH, Frankfurt a. M.: dpa-infografik 171.1; dpa-Zentralbild/euroluftbild.de 124.1

Pitopia, Karlsruhe: Stöhr, Volker 112.1

PUREPROGRESS GmbH, Zürich: 199.1

Purschke und Hensel Verlag GmbH, Brieselang: 203.1

stock.adobe.com, Dublin: annebel146 214.1; Art14 254.1; AytugAskin 114.3; Babelon, Pierre-Yves 166.1; Bacho Foto 451.1; bluedesign 310.1; Bowden, Alison 473.1; brainwashed 4 you 258.1; corners74 Titel; dell 110.1; den-belitsky 142.1; digitalstock 235.1; Eisenhans 370.1; furuoda 145.1; GIS 119.1; Gorodenkoff 137.1, 137.2; grigvovan 230.1; Gstudio Group 402.2; hotrippcologne 156.1; igor_wall 186.1; ihorzigor 121.1, 121.2, 121.3, 121.4, 121.5, 121.6; industrieblick 296.1, 358.1; JFL Photography 417.1; johnmerlin 155.1; Kaesler Media 11.1, 23.1; katinkah 292.1; lassedesignen 193.1; Le Moal, Olivier 299.1; mafffi 234.1; Mahesh 115.1; MarkusL 177.1; meryll 449.1; metelevan 218.1; MQ-Illustrations 392.1; mstudio 227.1; muratart 288.1; nadiinko 120.1, 120.2, 120.3, 120.4; nanuvision 402.1; New Africa 269.1, 427.1; Nuan 389.1; OSORIOartist 335.1; Patrick 232.1; Petrov, Michail 404.1; Popov, Andrey 434.1; prescott, paul 148.1; Rawf8 287.1; Rawpixel.com 122.1; sabthai 131.1; sergray 114.1; Taras, Prilutschny 271.1; THATREE 361.1; Thissatan 216.1; Torbz 375.1; trekandphoto 283.1; tuastockphoto 222.1; v.poth 32.1; VlaDee 126.2; ©undrey 125.1

TIMOCOM GmbH, Erkrath: 220.1, 220.2

Transporteca ApS, Kopenhagen: 277.1